KB270223

새로운 **사회 운영** 시스템

새로운 **사회 운영** 시스템

**네트워크화된 개인주의Networked Individualism가 지배하는
디지털 세상의 현재와 미래**

리 레이니 · 배리 웰먼 지음 | 김수정 옮김

에이콘

4

이 책에 쏟아진 찬사

리 레이니와 배리 웰먼은 우리 시대의 새로운 마샬 맥루한이다. 이들은 온라인과 오프라인 세상의 흐름을 수년간 관찰해왔고 이런 변화를 다채롭게 표현한다. 레이니와 웰먼이 들려주는 이야기와 통찰력 있는 분석을 통해 새로운 사회 규범을 맛볼 수 있다.

- **빈트 서프**(Vint Cerf) / 인터넷 선구자

내 자녀들에게 반드시 좌우를 꼭 살피라는 이야기를 하지 않고 함부로 길을 건너게 하지는 않을 것이다. 그와 마찬가지로, 이 책을 읽지 않고 함부로 온라인 활동을 해서는 안 된다. 이 책에서는 현대의 온라인 소셜 네트워크를 통한 상호 교환으로 인해 변화된 삶을 사는 사람들의 실제 이야기부터 시작해서, '네트워크화된 개인주의' 시대에 인간의 삶이 어떻게 변화하고 있는지를 사회학적, 심리학적 이론까지 모두 다룬다. 이 책은 오늘날 온라인 삶에 대한 필독서다.

- **하워드 라인골드**(Howard Rheingold) / 『Net Smart』, 『Tools for Thought』,
『The Virtual Community』, 『Smart Mobs』의 저자이자 평론가

오랜 기간을 거친 연구를 통해, 레이니와 웰먼은 네트워크화된 개인주의 시대에서 직장이나 가족, 삶 전반에 관한 실례와 영향력에 관한 자료를 매우 많이 수집했다. 소셜미디어의 네트워크 영향과 결과에 대해 묻는 사람이 있다면 당장 이 훌륭한 책을 보내줄 생각이다.

- **로날드 버트**(Ronald S. Burt) /
시카고대학의 사회 · 경제대 교수이자 『Structural Holes』의 저자

리 레이니와 배리 웰먼은 연결된 세상 속에서 인터넷의 확산, 모바일 도구, 소셜 네트워크와 미디어라는 세 가지의 엄청난 변화를 21세기의 미래와

현재라는 하나의 이야기로 묶어 보여준다.

- **클레이 셔키**(Clay Shirky) /
『끌리고 쏠리고 들끓다』와 『많아지면 달라진다』의 저자

저자들은 기술 발전과 변화에 대한 과다한 찬사를 교묘하게 피해나가며, 네트워크화된 개인주의라는 현대 사회의 근원적인 문제를 직면하게 해준다. 타고난 글솜씨와 위트를 섞어, 점점 디지털이 퍼져나가는 일상의 모든 면면에서 인터넷, 모바일, 소셜 네트워크의 3대 혁명이 어떻게 영향을 미치고 있는지에 대해 예리한 통찰을 제공한다. 변화하는 소셜 네트워크와 디지털 세상을 좀 더 깊게 이해하고 싶은 사람들에게 강력히 추천하는 바이다.

- **제임스 카츠**(James E Katz) /
러트거스 대학 모바일 커뮤니케이션 연구 센터장

이 책은 검색과 소셜 네트워킹, 그리고 모바일 기기를 통한 상시 온라인 접속이 어떻게 조합되어 인터넷의 사회적 역할을 변화시켰는지 설명한다. 선도적인 두 권위자가 집필한 이 책은 인터넷과 뉴미디어, 사회를 이해하기 위해 꼭 읽어야 할 필독서다.

- **윌리엄 더튼**(William Dutton) / 옥스포드 대학 인터넷 연구 학회

퓨 인터넷 프로젝트^{Pew Internet Project}는 네트워크화된 연결성이 인간 관계의 정형화된 패턴을 바꾸고 있는 방식에 대해 사려 깊고 체계적인 연구를 수행함으로써 명망과 관심을 모았다. 이 책에서 퓨 인터넷 프로젝트의 수장인 리 레이니와 공동 저자인 배리 웰먼은 기술이 우리의 삶에 미치는 영향과 앞으로 벌어질 일들, 그리고 엄청난 경이로움과 불확실성이 어디서 유래하는지에 대해 설명한다.

- **제임스 팰로우즈**(James Fallows) /
〈더 아틀란틱〉의 기술 분석가 겸 국내부 기자

우리는 네트워크 사회를 살고 있다. 이 책은 실증적인 증거와 철저한 분석을 바탕으로 우리가 왜, 어떻게, 무엇에 대해 파고든다. 잘 정리돼 있으며 깊은 사고를 기반으로 잘 저술된 이 책을 반드시 일독하라.

– 마뉴엘 카스텔(Manuel Castells) / 서던캘리포니아 대학교,
커뮤니케이션 기술과 사회학의 월리스 애넌버그 의장(Wallis Annenberg Chair)

디지털 시대에서 소셜 네트워크를 통해 어떤 일들이 벌어지는지 잘 설명해주는 필독서다. 네트워크를 따라 흐르는 리소스나, 현대 기술이 네트워크화된 우리의 삶을 형성하는 방식을 리 레이니와 배리 웰먼만큼 잘 파악한 이는 아무도 없다. 우리는 우리에게 힘이 되는 네트워크와 함께하는 개인으로 소셜 세상을 살아간다. 완전히 고립된 개인으로 살아가지도 않으며, 구식의 마을 중심 관계를 맺지도 않는다. 쉽게 손에 잡을 수 있는 이 책에서 광범위한 현상을 대변하는 흥미로운 사람들의 이야기를 만날 수 있다.

– 케네스 프랭크(Kenneth Frank), 미시건 주립 대학 교육학과

추천의 글

소셜네트워크 분야의 개척자로 부르는 토론토 대학의 배리 웰먼 교수와 퓨 리서치 센터의 디렉터인 리 레이니가 공동으로 쓴 책이 번역본으로 나온다는 말을 듣고 매우 반가웠다. 이미 원서를 구해서 읽고 있는 중이었기 때문에, 지금 즐거운 마음으로 추천사를 쓴다.

배리 웰먼 교수는 사회학자로서 일반 사회학 주제뿐만 아니라 인터넷이 가져온 사회와 개인의 변화에 관한 수많은 논문을 쓰고 전 세계에 다양한 국가에서 찾아온 제자들을 양성한 분이다. 여러 개념이나 용어의 창안자로도 널리 알려졌는데, 그 중에 가장 유명한 것이 '네트워크화된 개인주의Networked Individualism'라는 개념이다. 또한 에고ego 중심의 개인 네트워크라는 용어를 사용해서 현대 사회가 집단이 아닌 개인을 중심으로 네트워크가 형성되고 있기 때문에 개인 네트워크에 중점을 두고 연구를 수행해야 한다고 주장해왔다.

그는 INSNAInternational Network for Social Network Analysis(소셜 네트워크 분석을 위한 국제 네트워크)를 1977년에 창립해서 1988년까지 이끌어왔고, 이 전문가 모임을 통해서 많은 연구와 교류를 추진해온 학계의 거물이다. INSNA는 서로 다른 분야에서 네트워크를 분석하는 학자들이 모여서, 학제적인 연구와 토론이 가능하게 만든 매우 포괄적이고 광범위한 연구 네트워크다.

리 레이니 역시 〈US 뉴스 앤 월드 리포트US News and World Report〉의 편집 임원을 거쳐 퓨 리서치 센터의 인터넷, 과학, 기술 영역 연구 책임자다. 소셜미디어가 사회에 미치는 영향이나 개인의 삶을 변화시키는 증거가 필요할 때마다 내가 참고하는 연구 조사 출처가 퓨 리서치 센터이고, 여러 보고서에서 그의 이름을 봐왔다.

사실 이 책은 두 저자의 이름만 보더라도 사회학이나 정보 미디어, 인터넷과 소셜미디어, 정보 사회학, 네트워크 과학에 관심이 있는 사람이면 꼭 읽어야 할 책이라고 생각한다.

이 책에서 두 저자는 거대하면서도 느슨하게 연결된 네트워크 개인주의의 소셜 서클이 어떻게 학습, 문제 해결, 의사 결정, 개인 간의 상호작용 기회를 확대하는가를 설명한다. 인간은 도구가 아닌 인간에 의해 영향을 받는다는 주장으로 시작해서, 이제 우리 사회가 개인을 중심으로 하나의 네트워크를 이루기 시작했다는, 웰먼 교수가 창안한 네트워크화된 개인주의를 처음부터 강하게 내세운다. 네트워크의 중심에 단 한 명의 사람, 즉 본인만이 존재하는 에고 중심의 개인 네트워크를 강조한다.

이 책에서는 이 네트워크화된 개인주의를 새로운 사회 운영 시스템이라고 선언하는데, 이 네트워크화된 개인주의가 사람이 서로 연결되어 소통하고 정보를 교환하는 방식을 잘 보여주기 때문이다. 소셜 네트워크, 인터넷, 모바일 기술의 3대 혁명이 이 사회 운영 시스템에 서로 엮여 들어가고 있으며 계속적으로 사회와 인간의 행동 양식을 변화시키고 있다는 것이다.

'네트워크화된 운영 시스템은 사람들에게 새로운 문제 해결 방법을 제공하고 색다른 소셜 니즈를 끌어냈다. 개인의 역량을 높이고 자신의 생각을 실행에 옮길 수 있는 여유가 생기면서, 현대 사회의 개인은 이전 시대에 비해 더 많은 자유를 누릴 수 있다. 그와 동시에, 네트워크화된 개인주의 운영 시스템은 사람들에게 문제를 해결하는 새로운 기술과 전략을 세우도록 유도한다.'

사실 웰먼 교수가 제시한 사회 운영 시스템이라는 개념은 2009년 미국 아칸사스 대학 연설에서 이미 거론했다. 이후 그 개념을 다듬고 정리해서 이렇게 하나의 책으로 펴낸 것이라 볼 수 있다.

책은 크게 3부로 나뉜다. 1부는 소셜 네트워크, 인터넷, 모바일 혁명의 3대 혁신 기술이 네트워크화된 개인주의에 어떤 영향을 미쳤는지, 그리고 3대 혁명이 커뮤니티와 가정, 직장에 어떻게 접근하는지 설명한다. 디지털 기술의 발전, 인터넷의 발전이 사람이 만나고 정보를 검색하는 데 어떤 영향을 미쳤고, 모바일 기기가 연결의 주요 수단으로 발전하는 과정을 소개한다.

2부에서는 네트워크화된 개인주의가 작동하는 다양한 모습을 영역별로 소개한다. 지리적 관계를 넘어서고, 네트워크화된 가정의 모습, 수평적이고 원격으로 일하는 조직문화의 형성, 창조적 개인들이 협력하면서 아이디어의 진화가 이루어지고, 디지털 기술과 소셜 네트워크가 인간의 정보 검색과 수집 문화에 불러온 변화를 설명한다.

마지막 3부에서는 현재와 미래를 비교하면서 가까운 미래 사회가 제공하는 정보, 사회적 지원, 새로운 공동체로 나아가는 모습을 얘기한다. 두 사람은 네트워크화된 개인이 마주칠 현실은 어쩔 수 없이 서로 연결하고 자신을 찾아낼 수 있도록 드러내야 한다는 점을 지적한다. 사생활과 고독을 용납하지 않는 오늘날의 현실이 어쩔 수 없음을 일깨우고 나중에 사물마저 네트워크로 연결될 경우까지 생각해야 함을 이야기한다.

몇 년 전에 읽은 데이비드 와인버거의 『지식의 미래』(원제: Too big to know)라는 책에 언급된 '네트워크가 이제 지식 자체를 나타낼 수 있다'는 저자의 주장과 연결하면, 이제 네트워크화된 개인주의 개념으로 내 개인 네트워크가 어떻게 형성되고 확장되며 누구와 연결되는가는 이제 나의 생활, 내가 사는 공간과 조직, 그리고 내가 속한 사회를 움직이는 가장 핵심 요소가 될 것이다.

한 친구가 몇 년 전 배리 웰먼 교수의 논문 중에 내 트위터 아이디가 나온다고 알려줘서 흥미롭게 살펴본 적이 있었다. 지금은 사용하지 않는 내 개인 아이디가 그와 그의 제자 논문에서 사례로 등장한 것이다. 왜 웰먼 교수 자신의 트윗이 본인 계정보다 내 계정을 통해 더 확산이 될 수 있었을까를 이야기하는 논문이었다. 그의 논문을 밤에 읽으면서 미소 짓던 생각이 떠오른다. 이 책은 많은 연구자나 학생들에게 소셜미디어 연구를 왜 해야 하고 어떻게 해야 하는지, 소셜 네트워크가 우리 사회에 왜 큰 의미를 지니는지에 대해 다시 한 번 생각하게 할 것이다.

한상기 / 소셜컴퓨팅연구소 소장, 『한상기의 소셜미디어 특강』 저자

지은이 소개

리 레이니 Lee Rainie

퓨 리서치 센터의 '인터넷과 아메리칸 라이프 프로젝트'의 디렉터이자
〈US 뉴스 앤 월드 리포트〉의 전 편집장이다.

배리 웰먼 Barry Wellman

토론토 대학의 사회학과의 S.D. Clark 의장 교수이자 정보학부 내 넷랩
NetLab의 수장이다. 또한, INSNAInternational Network for Social Network Analysis의 창립
자이자 FRSCFellow of the Royal Society of Canada이다.

지은이의 말

책을 쓰는 동안, 제목을 놓고 고민이 많았다. 소셜 네트워크, 개인화된 인터넷, 언제나 접속 가능한 모바일로의 획기적인 전환에 대한 '3대 혁명The Triple Revolution'이라고 붙이면 어떨까? 정말 미묘했지만, 결국 '3대 혁명'은 1부의 제목으로 달고 3개 장에 걸쳐서 각 혁명 주제를 다루기로 했다.

'네트워크화된 개인주의Networked Individualism'라는 제목은 어떨까? 이렇게 제목을 붙인다면, 책 내용을 잘 알고 싶은 독자들을 갸우뚱하게 만드는 모호한 의미의 제목이 될 수도 있고, 한편으로는 이 책의 내용을 단지 인터넷과 모바일 연결에만 국한된 것으로 한정지을 수도 있는 일이었다. 2부에서는 3대 혁명이 유대 관계, 가정, 일터, 창의성, 정보적인 측면에서 어떤 영향을 미치는지 자세하게 살펴보기 때문이다. 그렇다면 '소셜 네트워크The Social Network'라는 제목은 어떨까? 하지만, 이건 아니었다. 요즘 유행하는 페이스북과 관련된 내용이라는 느낌이 너무 강하게 들었기 때문이다(실제로 페이스북의 창업기를 다룬 〈소셜 네트워크〉라는 영화는 2010년 아카데미 시상식에도 오르기도 했다). 우리 책에서는 소셜 네트워크가 페이스북 그 이상이라는 점을 매우 상세히 다룬다.

그리하여 결정한 제목이 바로 『네트워크화: 새로운 사회 운영 시스템 Networked: The New Social Operating System』이다. 어떻게 해서 사람들 간의 네트워크가 대면 혹은 온라인으로 연결하는 방식을 엄청나게 변화시켰는지를 강조하는 제목이기도 했다.

그와 함께, 우리는 또 다른 결정도 내렸다. 우리가 이 책에서 인터넷과 모바일 혁명을 심층적으로 다루긴 하지만, 단순히 인터넷과 스마트폰 기술의 경이로움에 대해 논하는 책은 아니라는 점을 분명히 했다. 새로운 스마트 기기에 온갖 관심이 쏠리고는 있지만, 기술이 인간의 행동을 결정짓지는 않는다. 인간이 기기의 용도를 결정할 뿐이다. 더욱이 기기나 기술에 집중해서 내용을 서술하는 순간, 얼마 못 가 그 글은 낡은 것이 될 수밖에 없다. 우리가 책을 쓰고 있는 시점은 2011년 9월인데, 2012년에도 이 책은 출간되기 어려울 것이다. 분명히 그 사이에 기술적으로 상당한 변화가 일어날 것은 당연지사다. 다만, 한 가지 사실은 분명하다. 인터넷과 모바일폰 기술로 인해 덕분에 사람들의 소셜 네트워크의 모습이 새로워졌으며 그 규모도 더 커지고 다양해졌다. 또한 두 기술은 사람들이 네트워크를 활용해서 무언가를 배우고, 문제를 해결하며, 결정을 내리고, 서로를 도와가는 방식을 바꾸고 발전시켰다.

또 누가 아는가? 여러분이 이 책을 읽을 때쯤 페이스북이나 태블릿 컴퓨터가 데스크탑이나 노트북 컴퓨터 사용을 추월하고, 디지털 시장에서 모바일 '앱'이 웹을 능가하는 위치를 점하게 될지도 모를 일이다. 하지만 우리는 무엇보다도 3대 혁명과 관련된 기본적인 사회 변화 과정을 반드시 이해해야 한다. 이 책의 내용이 미국과 캐나다(북미) 지역 내의 사회에 초점을 맞추고 있긴 하지만, 이 책에서 다루는 논의는 좀더 광범위하게 적용 가능하리라 본다.

마지막으로, 모든 혁명은 매끈하게 빚어진 것이 아니라는 점을 일러둔다. 예를 들어, 우리의 혁명적인 논의에도 불구하고, 이 책은 여전히 전통적인 방식으로 만들어졌다(종이책으로 보든 전자책으로 보든 간에 말이다). 개정판에서는 우리가 참고한 모든 기사나 논문, 그리고 영화 제목이 모두 하이퍼링크로 연결되어 참조할 수 있게 되길 바란다. 하지만, 이 책에는 분명히 좋은 읽을거리가 많을 것이다. 우리는 전문 용어를 가급적 사용하지 않으려 노력했으며, 지적인 일반 독자라면 누구나 쉽게 읽을 수 있게 서술했다. 물론, 전문가들이 만족할 만한 내용도 많다. 이런 우리의 노력이 성공적이라 믿으며, 독자 여러분이 우리가 즐겁게 책을 쓴 것보다도 훨씬 더 많이 이 책을 즐기기를 바란다. 우리 저자에게 전하고 싶은 말이나 궁금한 점이 있으면 이 책의 웹사이트 http://networked.pewinternet.org를 방문해주시라. 모두에게 감사 인사를 전한다.

감사의 글

이 책은 네트워크로 연결된 여러 팀과의 온라인 소통을 통해 탄생했다. 공동 저자인 리 레이니와 배리 웰먼의 경우 실제로 만난 일은 몇 번 없었으며, 책에 대한 논의는 주로 이메일(엄청난 양의 링크와 원고가 첨부된)과 모바일폰으로 나눴다.

게다가 레이니는 퓨 리서치 센터^{Pew Research Center}의 인터넷 앤 아메리칸 라이프 프로젝트^{Internet & American Life Project}의 수장이며 웰먼은 토론토대학의 넷랩^{NetLab}을 총괄하는 위치로 둘 다 연구 네트워크의 핵심 업무를 맡고 있었다.

퓨 인터넷과 이를 아우르는 퓨 리서치 센터의 경우, 레이니가 어디서부터 기여하고 스태프들이 어디까지 참여하는지 그 한계를 규정하기란 불가능하다. 수잔나 폭스, 아만다 렌하트, 크리스틴 퍼셀, 애런 스미스, 존 호리건, 코넬리아 카터, 캐서린 지커, 데보라 팰로우즈, 폴 테일러, 스콧 키터, 앤드류 코헛의 학식과 창의력, 유대감으로 뭉친 동료애가 있었기에 가능한 일이다. 이 책을 작업하는 동안, 너그러이 자신의 시간을 내어주고 품위 있게 중재 역할 맡아준 메리 매든 네스퍼는 어느 누구보다도 통찰력을 발휘하고 세심한 편집 작업을 도와주었다. 한편, 제시카 비타크, 시드니 존스, 에이미 트레이시 웰스, 엘리자 제이콥스, 로렌 시저스, 징푸 위안, 테렐 프레이저, 마가렛 그리피스, 니키 우다드 같은 퓨 인터넷 연구원들의 도움도 컸다.

아울러, 퓨 채리터블 트러스트^{Pew Charitable Trusts} 위원회와 퓨 리서치 센터 위원회의 재정적, 실질적 도움도 있었음을 밝힌다. 레베카 라이멜, 도널드 키멜만, 팀 더킨, 엘리자케스 그로스 등 퓨 인터넷 프로젝트 팀원들의 기술 연구에 관한 헌신과 개인적인 노력 또한 이 책에 크게 공헌했다.

또한 레이니는 잔나 앤더슨, 키이스 햄튼, 마이클 넬슨, 링컨 캐플란, 애덤 클레이튼 파월3세, 에스더 다이슨, 린다 스톤, 클레이 셔키, 제임스 팰로우즈, 마조리 블루멘탈, 래리 어빙, 빌 탠서, 마이클 델리 카피니, 다나 보이드, 제프리 아이제나흐, 데이비드 실버, 엘린 루덴, 조너선 지트레인, 하워드 라인골드, 질 니쉬, 조셉 터로우, 폴 파슨스, 에드 포이, 톰 로젠스틸, 에이미 미첼, 루이스 루고, 마이클 디먹과 같은 선생님들과 조언자들의 도움을 받았으며, 이들의 노력은 책 곳곳에 배어 있다.

이번 작업의 중심에는, 폴레트 레이니(예리한 독자이자 인내심 있게 참아준 베타리더이자 지고지순한 아내)와 아만다, 크리스티나, 애비게일, 클레이(아빠의 작업을 응원해준 아이들)가 있었다는 사실도 꼭 말해두고 싶다.

토론토 대학의 넷랩은 배리 웰먼이 아이디어를 생각해내고, 커뮤니티를 운영하며 지원하는 등 그가 수십 년간 이어온 모든 관계의 중심이다. 수년 동안, 로날드 배커 교수와 딘 베렌스, 빌 벅스턴, 디미트리나 디미트로바, 보니 에릭슨, 아렌트 그레브, 아나톨리 그루즈드, 알렉산드라 마린, 로나 맥큐언, 카쿠코 미야타, 디아나 모크, (고인이 된) 주디스 메릴, 제이슨 놀란, 애나벨 콴하스, (고인이 된) 자넷 살라프, 마릴린 만테이 트레메인, 헬렌 후아 왕은 우리의 생각을 자극하며 큰 도움을 주었다.

이들은 웰먼과 함께 연구해온 예전 박사 과정 학생들과도 작업했으며 아이디어들을 발전시키고 연구를 진행했다. 특히 수잔 바스타니, 크리스틴 버그, 제프리 보스, 후안안토니오 카라스코, 웬홍 첸, 빈센트 추아, 로셀 코테, 키이스 햄튼, 캐롤라인 헤이손스웨이트, 버니 호건, 트레이시 케네디는 핵심 멤버였다.

이 책을 준비하는 작업은 많은 넷랩 연구원들이 참여한 집중적이고도 광범위한 모험이었다. 특히 저스틴 애비게일 유는 '8장, 네트워크화된 컨텐츠 제작자'와 '9장, 네트워크화된 정보', 그리고 '일상 2: 끝나지 않는 대화'를 함께 집필했으며, 샤오린 저우는 9장에서 이집트 혁명에서 인터넷과 모바일폰이 어떻게 창조적으로 사용되었는가에 대한 내용 집필에 큰 도움을 줬다. 마야 콜럼은 '일상 1: 연결된 삶을 살아가는 우리의 하루'를, 트레이지 케네디는 '6장, 네트워크화된 가족'을, 웬홍 첸은 '7장, 네트워크화된 업무 방식'을, 크리스티안 비어맨과 잭 하야트는 '11장, 네트워크화된 개인주의의 미래'를 공동 집필했다.

다른 넷랩 멤버들 역시 큰 공헌을 해줬다. 빈센트 추아는 2장을, 미르나 가자리안은 4장과 5장, 7장을, 줄리아 채와 멜리사 갓보우트, 샤란프리트 켈리, 론다 맥큐언, 유 재니스 장은 5장을, 줄리아 아모로소와 마리나 마저스키는 6장을, 안나 브래디는 7장을, 모하마드 하크는 2장 앞부분의 복잡한 그래프 작업을 도와줬다.

크리스티안 비어맨, 코트니 카도조, 이자벨라 츄, 사브리나 쿠타이아, 크리스틴 엔슬렌, 마리암 페이즐자란디, 제니퍼 카야하라, 나탈리아 코노넨코, 장 린, 줄리아 마데즈, 모 광 잉, 바바라 네브스, 에이든 샤임, 애니 쉬, 릴리아 스메일, 신예 탕, 에린 바인커프, 나탈리아 징코는 연구 진행과 집필 작업을 순조롭고 즐겁게 이끌어가는 데 핵심 역할을 해준 영웅들이다.

우리는 서로에게서 많은 것을 배웠으며, 서로를 웃게 해줬으며, 새로운 지식을 함께 쌓았다.

그 누구보다도 이 책을 읽고 함께 고민하며 기획하고 수정하고 모든 원고의 단어 하나하나까지 신경 써준 베벌리 웰먼에게 깊은 감사를 전한다. 베벌리 웰먼은 배리에게 삶을 통틀어 심장이며 영혼이고 두뇌와 같은 존재다.

일련의 연구 팀이 1968년 이후 세 번이나 이스트 요크 주민에 관해 연구했다. 넷랩이 네 번째 연구 팀이었다. 토론토의 이스크 요크 지역의 건물과 사람들이 변화하는 모습을 보는 것 자체가 감동이었다. 연구를 진행하는 동안 우리는 주민들에게 환대와 영감을 받았다. 이 책을 통해 조금이나마 보답을 하고 싶다.

우리의 후원자들은 넷랩 연구원들이 생각하고 소통하며 증거를 찾아내 분석할 수 있는 환경을 만들어줬다. 캐나다의 사회과학과 인문학 연구위원회는 넷랩의 연구에 든든한 기반이 되어 주었다. 또한 벨 캐나다, 인텔, 미텔, 노텔 네트웍스, 텔러스 등의 기업 관계자들은 우리에게 기꺼이 후원을 아끼지 않았다. 2010년 초부터 그랜드 NCE^{GRAND Network of Centres of Excellence} 또한 넷랩이 네트워크화된 조직과 개인 관계에 관한 연구를 진행하는 데 큰 도움을 줬다.

넷랩은 토론토 대학의 도시와 커뮤니티 연구 센터^{Centre for Urban and Community Studies}와 사회학부로부터 도움을 받았다. 학자들은 혼자 연구할 수 없다. 서로 연결되어 돕는 것이다.

여러 후원과 도움을 아끼지 않은 MIT 출판사 분들에게도 감사한다. 특히 마거리트 에이버리와 줄리아 콜린스, 멜 골드사이프, 케이티 퍼슨스에게 깊은 감사를 드린다.

마지막으로, 이 책을 집필하는 데 영감을 주고 우리의 집필 작업에 큰 도움을 준 피터와 트루디 존슨 렌츠 부부에게 고개 숙여 감사의 인사를 전한다.

옮긴이 소개

김수정 windy0125@gmail.com

카이스트에서 전자공학을 전공했으며 기술문서 번역 등 다양한 활동을 펼치다가 지금은 로스쿨에 합격해 진학을 앞두고 변호사의 꿈을 키우고 있다. 양질의 IT 서적을 만드는 데 일조하고자 『엔터프라이즈 Ajax』, 『크라임웨어』, 『우리가 어나니머스다 We Are Anonymous』 등을 번역했으며 에이콘출판사에서 출간된 여러 전문 기술서와 소셜미디어 관련 서적의 편집자로도 일했다.

옮긴이의 말

인터넷이 널리 보급되고, 휴대 전화가 진화를 거듭해 스마트폰으로 탄생하고, 소셜 네트워크가 더욱 활성화된 매우 편리한 세상이 열렸는데도 오히려 혹자들은 사회가 매우 삭막해졌다고 말한다. 서로 얼굴을 마주하고 소통하기보다 작은 스마트폰 화면을 주시하며 연신 무언가를 입력하는 모습 속에서 대화가 단절되고 인간은 더욱 외로워졌다고 평하기도 한다. 정말 현대 기술 문명 사회에 들어선 인간들은 더욱 외로워진 걸까? 온라인이라는 가상 세상에 빠져 현실을 등한시한 채 형체 없는 사회 속에서 살아가고 있는 것일까?

이 책의 저자 리 레이니와 배리 웰먼은 인터넷과 휴대 전화(모바일), 소셜 네트워크가 탄생하고 보급화된 현상을 세상을 바꾼 '3대 혁명'이라 정의하며, 이와 같은 3대 혁명으로 야기된 디지털 세상의 현재와 미래에 대한 해답을 명쾌하게 제시해 준다. 즉 인간은 3대 혁명을 통해 과거와 완전히 다른 라이프스타일을 영위하게 되었으며, 이 과정에서 인간은 결코 고립된 존재가 아닌 더욱 더 긴밀하게 연결되어 서로가 서로에게 엄청난 영향을 미치며 살아가고 있다는 것이다. 또한 여기에 네트워크화된 개인주의 Networked Individualism라는 새로운 패러다임을 도입함으로써, 수많은 네트워크의 일원으로서 활동하며 중첩된 아이덴티티를 지니고 살아가는 현대인의 고민과 생활 방식, 디지털 세상을 활용할 기술까지 꼼꼼하게 짚어나간다.

레이니와 웰먼 교수는, 온라인이 오프라인 세계를 등한시하게 하지 않으며, 혹은 둘은 완전히 다른 세계일 수 없다고 주장한다. 혁신적인 3대 기술 혁명으로 우리 삶 깊숙이 자리 잡은 온라인이라는 사회가 오히려 오프라인 세계의 부족한 점을 채워주는 역할을 하며, 개개인이 네트워크화된 개인으로서 자신의 삶을 더욱 다채롭게 즐길 수 있도록 하는 기폭제가 된다는 것이다. 이들은 이런 결론을 얻기까지 3대 혁명이 우리 삶에 어떤 변화를 가져왔는지 개인 관계부터 가족, 직장 등으로 그 범위를 넓혀가며 차근차근 설명해준다. 또한 단순히 이론적인 개념을 던지는 것이 아니라, 여러 석학들의 연구 자료와 현대 삶의 변화를 객관적으로 보여주는 구체적 자료, 인터뷰 사례 등을 풍부하게 이용해 피상적인 현대인의 모습이 아닌, 사실적인 현대인의 모습과 3대 혁명이 현대인에게 미친 영향을 정확하게 제시한다.

TV가 처음 보급되기 시작했을 때, 사람들은 TV를 바보상자라 칭하며 기피했다. 휴대전화가 보급되어 학생들이 너나 없이 사용하기 시작하자, 기술의 발전이 자라나는 학생들을 망친다고 염려하는 사회적 분위기도 횡행했다. 이처럼 혁신 기술로 인해 현대인의 삶이 망가지고 피폐해진다고 생각할 수도 있다. 하지만 TV가 그렇고, 휴대 전화가 그러하듯, 기술은 결국 인간이 어떻게 사용하느냐의 문제다. 이 책은 3대 혁신 기술로 가능해진 다양한 삶의 가능성을, 현대인이 어떻게 받아들여 자신의 삶을 더욱 가치 있게 영위해나갈 수 있을지 알려주는 완벽한 길잡이일 것이다.

이 책을 번역하며 나 스스로 기존의 사고 틀을 여러 번 깼다. 어쩌면 나도 그동안 고정관념처럼 박혀 버린 기존의 사회 틀에 갇혀 새로운 삶의 방식을 받아들이지 않으려 무의식적으로 거부했을지도 모른다. 이렇게 훌륭한 책을 번역하면서 내 삶의 방식을 새로운 시각으로 바라볼 수 있는 기회를 주신 에이콘 권성준 사장님과 김희정 부사장님께 가장 감사드린다. 또한 언제나 더 좋은 책을 만들기 위해 애써주시는 에이콘 식구들과 여러 디자이너, 편집자님들에게도 감사의 말씀을 전하고 싶다. 중간중간 힘들 때마다 힘이 되어준 소연 언니와 은경 언니, 고마워요. 그리고 마지막으로 번역을 시작하고 끝날 때까지 옆에서 큰 힘을 준 우리 가족, 사랑하는 민이와 남편에게 고마움을 전한다.

목차

1부_ 소셜 네트워크 시대의 3대 혁명

1부_ 소셜 네트워크 시대의 3대 혁명

1장_ 네트워크화된 개인주의 시대의 새로운 사회 운영 시스템

2007년 12월 3일 새벽, 트루디 존슨 렌츠는 쏟아지는 비에 발이 미끄러져 현관문 앞 계단에서 넘어졌다. 머리를 바위에 부딪친 트루디는 의식을 잃었고, 트루디를 깨우기 위한 남편 피터의 노력도 허사였다.[1] 앰뷸런스에 실려간 트루디는 아침 8시에 오리건 주 헬스 앤 사이언스 대학병원 수술대에 올랐다. 트루디의 두개골은 피로 가득 차 있었다. 집도의는 트루디의 뇌에 공간을 확보하기 위해 두개골의 3분의 1을 절제해 냉동 보관고로 보내고 두개골에 고인 피를 제거했다. 피터는 의료진으로부터 트루디가 생존할 확률이 50퍼센트라는 것과 살아남는다 해도 환자의 75퍼센트 정도가 평생 장애를 안고 살 수 있다는 설명을 들었다. 하지만 이런 악조건에도 불구하고 트루디는 12시간이 지나자 서서히 회복하기 시작했다.

트루디의 곁을 지키던 피터는 잠시 자리를 비우기 전에 자신의 휴대폰을 꺼내 수술 후 머리에 붕대를 감고 튜브에 의존해 숨쉬고 있는 트루디의 모습을 사진으로 찍은 뒤 가까운 친구들에게 보냈고, 친구들은 따스한 격려의 말을 전했다. 수술이 끝난 뒤 36시간 정도 흐르자 놀라운 일이 벌어지기 시작했다. 북미 지역 150여 명의 사람들이 트루디에 관한 소식을 전해 듣고 메일을 전송했다. 트루디의 소식을 접한 사람들은 위로와 격려가 담긴 시를 적어 보내기도 했고, 트루디를 위해 기도한다는 메시지와 함께 도움을 주고 싶다는 뜻을 전했다. 피터는 대부분의 메시지를 컴퓨터로 확인했지만 급하거나 중요한 메일은 휴대폰으로 바로 바로 확인했다.

그후 이틀이 지날 무렵, 근교에 살던 친구들이 실질적인 도움을 주기 위해 나섰다. 존 스탭은 도시락을 준비해 병원에 들러, 여러 방안을 고민하던 중 장기간 병원 생활을 해야 하는 피터 부부를 위해 점심 식사를 배달하자는 캠페인을 벌이기 시작했다. 퍼시픽 노스웨스트 트랜스플랜트 은행의 임원인 마이크 실리는 병원 내 사회복지 담당자를 피터 부부에게 소개해 앞으로 피터가 준비해야 할 보험과 치료비, 의료 지원을 받는 데 필요한 서류 등을 준비할 수 있게끔 도움을 줬다. 그리고 마틴 툴과 척 엔사인은 소소한 심부름을 도맡아 했으며, 트루디가 퇴원한 뒤 안전하게 지낼 수 있도록 집을 내주었다.

평소 가깝게 지내지 않던 지인이나 피터 부부와 멀리 떨어져 지내던 친구들은 다른 방식으로 도움을 주고자 했다. 지역 재즈 라디오 방송국KMHD-FM에서 자원봉사의 일환으로 쇼를 진행하던 DJ들은 생방송 중 트루디의 상황을 청취자들에게 알리고 쇼를 헌정했다. 특히 트루디와 피터는 평소 재즈 보컬리스트인 커트 엘링의 웹사이트에서 인터넷 포럼을 함께 진행했는데,[2] 트루디의 소식을 들은 수많은 재즈 라디오 청취자들과 엘링의 포럼 참여자들은 트루디의 회복을 바라는 마음으로 좋아하는 음악을 모아 직접 CD를 만들어 보내주기도 했다.

트루디와 피터의 친구들은 넷위버 전문가netweaver extraordinaire[3]라 불리는 리사 킴벌에게도 트루디의 사연이 담긴 이메일을 전송했다. 그리고 사연을 접한 리사는 트루디와 피터가 꺼내기 어려운 문제인 재정적인 도움과 관련된 내용을 적어 '존슨 렌츠 부부'라는 이름으로 이메일을 작성했다. 리사는 피터에게, 재정 문제를 꺼낸다는 것이 얼마나 어려운 일인지 잘 알고 있으나 "저는 진정으로 네트워크란 이런 일을 위해 존재하는 거라 생각해요."라고 말했다. 더군다나 존슨 렌츠 부부는 자영업자인 탓에 소득 보장이나 건강 보험 혜택을 받기 어려운 상황이었다. 2007년 12월 7일, 리사 킴벌이 작성한 이메일은 다음과 같다.

친애하는 P+T의 친구 여러분(P+T는 피터와 트루디가 1977년부터 써온 온라인 상의 닉네임이다)

저는 여러분께서 지금 읽고 계신 이 메일을 쓰겠다고 피터를 설득했고, 매우 기쁜 마음으로 여러분에게 메일을 써내려 갑니다(피터, 언짢겠지만 미안해요). 저는 오늘 오리건 주의 한 병원에 수표 한 장을 보냈습니다. 여러분 모두 '베푸는 것'이 무엇인지 잘 알고 있으리라 생각합니다. '갚는 것' 또한 어떤 것인지도요.

피터와 트루디의 활동은 오랜 기간 저에게 지대한 영향을 미쳤습니다. 따라서 지금 제가 그들을 도울 수 있는 것 이상으로 저는 이 부부에게 큰 빚을 지고 살아간다고 생각합니다. 우리가 지구라는 별에서 인연을 맺고 살아가듯 우리 모두 같은 동네에 살고 있다면, 이 부부가 겪는 어려운 시간 동안 병원으로 간식을 사 들고 가거나, 냉장고를 채워주는 등 많은 부분을 도와줄 수 있겠지요.

하지만 물리적으로 피터 부부와 멀리 떨어져 살고 있는 탓에 도울 수 있는 부분이 많지 않지만, 기금 모금을 통해 피터와 트루디가 겪는 재정적인 어려움을 덜어줄 수 있습니다. 생사를 오가는 상황만으로도 힘들 테니까요. 이 부부를 도울 수 있는 다른 좋은 방법을 생각하셨다면, 우리의 네트워크가 그 일을 할 수 있게 도와주세요. 저를 믿어주세요!

― 리사 드림

피터와 트루디가 진행하는 포럼의 참여자이자 친구 중 하나인 제시카 립낵은 킴벌이 작성한 이메일 내용을 자신의 블로그에 게재했다.[4] 얼마 지나지 않아 수많은 수표가 트루디와 피터에게 도착했고, 수표를 보낸 사람 중에는 이들 부부와는 일면식도 없지만 온라인상으로 소식을 전해들은 사람들도 있었다.

그후 몇 달 동안 트루디에게는 많은 고비가 있었다. 두개골은 어느 정도 회복됐지만 포도상구균에 감염돼 응급수술도 받았다. 그리고 그 와중에 피터는 가벼운 뇌졸중 증세까지 보였다. 가까이 사는 친구들이 이 기간 동안 피터와 트루디의 일상을 도우려 노력했다. 친구 마틴 툴의 부인인 도나 툴만 하더라도 피터를 직접 만난 적은 없었지만, 피터의 뇌졸중 소식을 듣고는 단숨에 달려와 피터를 설득해 곁을 지켰다. 또 다른 (일면식 없는) 친구의 배우자 역시 부부를 돕고자 했는데, 영양학자라는 자신의 직업에 어울리게도 당시 항생 식이요법을 진행 중이던 트루디에게 생균제가 포함된 식단을 추천했다. 피터와 트루디 부부가 친구들과 함께 만든 두 웹 사이트 덕분에 수많은 사람이 직간접적으로 부부를 돕고자 애썼다. 로트사 헬핑 핸즈Lotsa Helping Hands라는 원스탑 웹 기반 단체는 사람들이 자선 커뮤니티를 개설해 식사 배달이나 환자 이동, 가사 일 스케줄 설정 등 실질적인 도움을 주거나 따뜻한 격려의 한마디 등을 남길 수 있는 시스템을 제공했다. 특히 피터와 트루디 부부의 친구로 지역 식료품점에서 일하며 부부의 식이요법을 도와준 샤론 쏜은 부부의 식사 메뉴를 결정했다. 킴벌은 전자상거래 웹 사이트인 페이팔에 기부 전용 계정을 개설했다. 2008년 가을경에는 대략 90여 명의 친구와 가족이 기부를 했으며 이 중에는 피터와 트루디 부부가 예전에 단 한 번도 만난 적 없는 '생판 모르는 남'도 있었다. 먼 곳에 사는 30명이 넘는 사람들은 로트사 헬핑 핸즈를 이용해 지역 음식점에 부부의 식사 제공에 기여했다.[5] 이같이 원거리상에 있는 사람들(네트워크)은 이메일, 그룹 소프트웨어, 웹사이트, 휴대폰 등을 이용해 기부에 참여했다. 피터는 "우리는 기본적으로 책상에 앉아 컴퓨터를 하는 부류입니다."라고 말하면서 "하지만 휴대폰 덕분에 병원에 있거나 여행을 하면서도 책상에 앉아 있는 것과 같은 활동을 할 수 있었습니다."라고 덧붙였다.

피터와 트루디는 사람들이 보내준 넘치는 성원과 이타주의가 소셜 네트워크의 힘을 방증하며, 이런 지원을 받기까지 노력을 아끼지 않아야 한다고 생각했다. 그리고 친구들에게 보낸 이메일에, 소셜 네트워크를 유지하는 데에는 때로 잘못된 선택이나 기회비용이 발생해 고생하기도 한다면서 '네트워킹의 기술'이 무엇인지에 관한 여러 이야기를 썼다. 일부 메일의 경우에는 세익스피어의 『아센즈의 타이몬』을 21세기 형으로 고쳐 인용하며 시작하기도 했다. "나는 친구가 있기에 행복하네."라는 문구를, 피터와 트루디는 종종 "우리는 네트워크가 있기에 정말 행복하다네."라고 고쳐서 썼다. 피터와 트루디는 당시의 경험과 느낌을 다음과 같이 표현했다.

가까운 친구들에게 '어느 정도의 도움'은 받을 수 있었겠지요. 하지만 단지 작은 도움을 요청했을 뿐인데, 이 정도로 엄청난 일이 벌어질 줄은 꿈에도 몰랐습니다. 우리 네트워크의 존재가 실로 대단함을 느꼈습니다. 도움을 준 친구들 개개인과의 관계는 저희 부부가 여기까지 회복하는 데 정말 큰 힘이 되었습니다. 지금껏 네트워킹이 무엇인지, 어떻게 다뤄야 하는지 잘 알고 있다고 생각해왔는데, 이번 일은 정말이지 완전히 새로운 경험이었어요.

현 기술 시대의 일부 네트워킹 기술, 즉 어떤 네트워킹 도구를 사용할지 정하며, 언제 어떤 이메일을 어떻게 작성하고 업데이트하며 보관해야 할지, 선택 기능을 설정해야 하는지, 음식 배달 일정 조정에 도움될 만한 도구는 무엇인지, 기부 받은 음식과 선물 등에 보답하려면 어떤 정보를 따라가야 하는지 등을 고민해야 함을 깨달았답니다.

사회적인 면에서 보자면, 얼마나 자주 소식을 업데이트해야 하는지, 어떤 사진을 어느 정도의 정보와 함께 올려야 하는지 고민했습니다. 솔직함과 낙천적인 모습, 인간적인 모습을 어떻게 균형 잡아야 할지도 몰랐고요. 사람들이 알고 싶어 하는 것 이상으로 저희 부부의 모습을 보여주고 싶다는 생각 역시 없었습니다. 동시에 얼마나 많은 사람이 저희 부부의 치료 과정이나 힘든 시기의 이야기를 듣고 싶어했는지 알았을 땐 정말 깜짝 놀랐어요.

혹자는 저희 부부가 스스로를 타인과 격리한다고 걱정하기도 했습니다. 하지만 마이어스 브릭스의 MBTI 성격 분류 중 INFJ형에 해당되는 저희 부부는 저희 삶을 글로 적어 다른 사람들과 교류하길 좋아합니다.[6] 그러다 보니 의식하지 못할 때에도 사람들과 많은 이야기를 나누며 상호작용해 서로 신뢰를 쌓으면서 협업하는 스타일인 것이지요. 이제는 더 활발하게 활동하며 삶을 나누고 정보를 교류해 네트워크를 발전시켜야겠다는 생각이 듭니다.

이제는 근본적으로 서로가 서로를 신뢰하고, 한 단계 도약해 무엇을 선택하든 그 길을 따라가 결과를 지켜보는 수밖에 없다고 생각합니다. 그리고 결과에 승복해야겠지요.[7]

네트워크화된 개인주의

피터와 트루디의 이야기를 듣고 나서도 인터넷이 사회를 망가뜨린다고 여전히 불평하는 사람이 있다. TV나 오토바이가 등장할 당시, 이 새로운 도구가 사회성에 악영향을 미칠 것이며, 16세기경 출판 문화가 새롭게 바뀌면서 앞으로 너무 많은 정보로 인해 사회에 과부하가 걸리리라 걱정하던 사람들의 모습이 떠오를 뿐이다. "아이고, 이러다가는 하늘도 무너지겠다."라며 한탄하는 말들이 당시 뉴스 헤드라인으로는 적합했을지 모르나, 사실은 전혀 아니었다. 지금 이 책 자체가 지금까지 이야기한 기술들이 결코 사회나 시스템을 격리하지도 격리되지도 않았다는 증거다. 이전에도 그래왔듯이 새로운 기술은 사람들의 삶에 자연스럽게 녹아 들게 마련이다. 사람은 도구가 아닌 사람에 의해 영향을 받는다. 사람들이 인터넷을 사용한다고 해서 스스로를 격리시키지는 않는다. 오히려 이메일을 보낸 사람이나 블로거, 페이스북 친구, 위키피디아 사용자나 여타 웹 기고자들과 새로운 관계를 맺는다. 걸어다니면서 휴대폰으로 문자를 보내는가? 이는 문자를 보내는 상대방과 소통하며 걸어가는 셈이다. 물론 예전과 조금 달라지긴 했다. 새로운 도구를 삶에 받아들이면, 그 도구로 말미암아 타인과 소통하는 방식이 달라진다. 이제는 집단이 아닌 개인을 중심으로 하나의 네트워크를 이루기 시작했다. 네트워크화된 개인주의에서는, 네트워크의 중심에 특정 집단이나 가족, 회사 부서, 이웃, 공동체가 아닌 단 한 명의 사람, 즉 본인만이 존재한다.

따라서 피터와 트루디의 이야기는 가슴이 따뜻해지는 미담일 뿐만 아니라, 소셜 네트워크를 어떻게 활용해야 하는지 보여주는 사례이기도 하다. 또한 거대 관례 체계나 가정, 지역 커뮤니티, 업무 부서 등을 중심으로 하는 소규모의 집약된 집단이 아닌 '네트워크화된 개인주의Networked Individualism'라 부르는 새로운 사회 운영 시스템을 매우 잘 설명한다. 네트워크화된 개인주의를 '운영 시스템'이라 부르는 이유는, 사람들이 서로 연결되어 소통하고 정보를 교환하는 방식을 잘 보여주기 때문이다. 한편으로는 컴퓨터 시스템처럼 기회와 제약 사항, 규칙과 처리 과정 등 특정 네트워크 구조가 사회에 있기 때문이기도 하다. '사회 운영 시스템'이라는 용어는 현 기술 시대의 모습을 정확하게 반영한다. 대다수 사람들이 운영 시스템으로 돌아가는 컴퓨터와 모바일 디바이스를 이용해 엔터테인먼트를 즐기거나 업무를 한다는 점을 보면 알 수 있다. 컴퓨터 운영 시스템이나 모바일 시스템처럼, 소셜 네트워크 운영 시스템 또한 '개인적'이다. 컴퓨터를 통해 연락하는 주체는 컴퓨터 사용자 '본인'이며, 사용 여부도 자율적으로 결정한다. 또한 사람들은 다수와 소통하는 '멀티유저'의 특징과, 동시에 여러 일을 수행하는 '멀티태스킹'과 '멀티스레드'의 모습을 보이기도 한다.

피터와 트루디는 자신이 구축한 풍부한 네트워크(인맥)와 그 네트워크가 보내준 도움을 바탕으로 새로운 세상을 창조한 셈이다. 이들 부부는 자신의 네트워크 운영 시스템을 이용해 도움을 찾고 문제를 해결하며 지식과 네트워킹 기술을 한 단계 발전시킬 수 있었다. 자신들의 부모나 조부모 세대와는 다른 방법으로 도움을 받았고 어려움을 극복했다. 비슷한 어려움을 극복해야 했던 이전 시대 사람들이 기껏해야 가족이나 가까운 이웃에게 도움을 받았던 것에 비해 규모가 훨씬 더 큰 사람들(심지어 생면부지의 남)에게 도움을 받았다. 우리의 조상들은 자신들이 속한 집단에 묶였던 탓에 네트워크를 통해 삶을 발전시킬 수 있는 기회가 부족했던 것이다. 피터와 트루디 같은 네트워크화된 개인에게 네트워킹 기술은 아주 간단하고 자연스러운 일이다. 피터 부부는 친한 친구들은 물론이고, 지인들로 인해 확장된 시스템, 거기에 덧붙여 자발적인 미디어 참여를 통해 새로이 네트워크로 편입되어 관계를 맺게 된 사람들 등 확장된 소셜 네트워크 안에 존재하는 폭넓은 기술을 활용해 열심히 그리고 사려 깊게 일했다.

피터 부부의 분석에 따르면, 자신들의 네트워크는 서로 연결된 여러 개의 작은 조각으로 나뉜다고 한다. 피터 부부의 친구 각자가 서로 다른 배경을 지닌 사람들인 데다, 피터 부부를 도우려 연락을 받은 가까운 사람들이 각자의 친구에게 다시 연락을 했기 때문이다. 피터 부부를 도운 사람 중 약 20명만이 가까운 친구나 가족이라고 한다. 이 20여 명으로 이뤄진 내부 집단 외의 사람들은 피터 부부와 가깝다고 이야기하기 어려운 사람들이라는 뜻이다. 10여 명은 의료진들인데, 이들 외의 10여 명 정도는 사회복지나 환자를 대변하는 변호사 집단, 보험 전문가 등이라고 한다. 그 밖에 파트타임 봉사자, 사회 기부자, 혹은 피터 부부의 회복을 기원하는 지지자도 많았다. 네트워크 구성원 중 대다수는 피터 부부의 직업과 관련되거나 부부가 평소 활동하던 재즈 커뮤니티를 통해 알게 된 사람들이 있었다. 같은 지역(포틀랜드)에 사는 이웃도 있었다(네트워크로 연결된 시대라 해도 여전히 지리적 가까움은 빼놓을 수 없는 조건이다). 이들 외에 리사 킴벌이 보낸 메일을 본 수백 명의 사람들이 피터 부부에게 재정적 도움을 주거나 조언, 일자리 추천 등 격려를 보냈다. 이렇듯, 곳곳에 산재한 수많은 사람으로 이뤄진 피터 부부의 네트워크는 이들이 회복하는 데 감정적으로나 현실적으로 매우 큰 힘이 되었다.

이렇게 피터와 트루디 부부가 보여준 네트워크화된 현대 사회의 전형적인 모습은 마을을 중심으로 이어지는 이전 시대의 커뮤니티와는 확연히 다르다. 이들의 경우, 피터 부부에게 의학적인 조언을 아끼지 않았던 사람들과 피터 부부에게 따뜻한 위로와 격려를 아끼지 않았던 사람들은 서로 아는 사이가 아니다. 모든 구성원이 함께 긴밀히 상의해 부부를 도와준 것도 아니다. 그저 피터 부부를 도와주겠다는 공통점 하나로 뭉쳐 부부의 일상과 퇴원 후 생활을 도와주려 나선 것뿐이다.

자, 그렇다면 피터 부부가 보여준 현대 사회의 새로운 특징은 무엇일까? 옛 방식의 커뮤니티 사람들은 구성원이 어려움에 처했을 때 도와주지 않았을까? 당연히 서로 도움을 줬을 게다. 다만, 피터 부부의 네트워크 구성원들이 취한 방식과 달랐을 뿐이다. 이전 세대에서는 시골이든 도시든 상관 없이 가족이나 가까운 친구, 이웃, 교회 같은 지역 커뮤니티 그룹의 리더 등을 중심으로 개인이 속한 시스템을 지원하고 안전을 도모할 수 있는 사람들과 밀접한 관계를 맺는 소규모의 네트워크를 이뤘다.

네트워크화된 개인주의가 등장한 현대 사회에서는, 이전에 비해 그 관계가 좀 더 느슨하고 좀 더 분할된 네트워크가 서로 묶여 네트워크 구성원 간의 어려움을 도우며 하나의 큰 네트워크를 이룬다. 이 같은 형태의 네트워크는 인터넷이 등장하기 이전부터 시작됐다. 다만, 인터넷과 휴대폰이 널리 보급되면서 소규모 집단에서 개인을 중심으로 한 폭넓은 네트워크로의 혁명적인 사회 변화 속도에 탄력이 붙은 것이다. 일부 분석가들은 이전에 비해 교회나 동네 볼링 클럽과 같은 지역 커뮤니티 조직을 중심으로 한 사람들의 결속력이 약해진다는 점을 우려한다.[8] 이는 곧 개인의 외로움과 타인에 대한 불신이 커지며, 사회적으로 합동하려는 응집력이 약해져 결국 서로를 돕는 데 인색해지리라는 결론으로 이어지기 때문이다. 150여 년 전부터 이어진 사회성에 대한 우려는 인터넷이 등장하면서 더욱 커지고 다음과 같은 한 가지 이슈를 추가한 셈이다. 과연 컴퓨터 모니터 혹은 휴대폰 화면을 앞에 두고 인간적인 교감이 가능할까? 직접 서로의 눈을 보며 이야기하고, 체취를 맡고 작은 소리까지 들을 수 있었던, 참 좋았던 시절의 커뮤니티를 '흉내'라도 낼 수 있을까?

그와 같은 우려를 간직한 사람들은 그저 희뿌연 안경을 쓰고 새로운 세상을 본 것과 같다는 몇 가지 증거가 있다. 우리가 연구한 바에 따르면 가족이나 동네 같은 소규모 집단에 대한 관념 자체가 근대에 들어서면서 서서히 약해졌음을 알 수 있다. 규모는 커졌지만 서로 공유하는 공통점은 오히려 줄어든 새로운 소셜 네트워크를 중심으로 하는, 이전과는 다른 사회 질서가 출현했기 때문이다. 네트워크화된 운영 시스템은 사람들에게 새로운 문제 해결 방법을 제공하고 색다른 사회적 요구사항을 끌어냈다. 개인의 역량을 높이고 자신의 생각을 실행에 옮길 수 있는 여유가 생기면서, 현대 사회의 개인은 이전 시대에 비해 더 많은 자유를 누릴 수 있다.

그와 동시에, 네트워크화된 개인주의 운영 시스템은 사람들에게 문제를 해결하는 새로운 기술과 전략을 세우도록 유도한다. 피터 부부의 이야기처럼, 현대의 개인은 예전보다 훨씬 많은 시간과 에너지를 투자해 네트워킹 기술을 익히며 지속적으로 네트워크 활동에 참여해야 한다. 긴급한 상황을 제외하고는, 더 이상 지역 사회가 자신을 돌봐주고 컨트롤하도록 놔두며 수동적으로 살아서는 안 된다. 이제는 능동적으로 네트워크 전면에 나서야 한다. 노력을 필요로 하는 것은 기본이요, 때로는 관계를 유지하기 위해 재정적인 지원도 할 수 있어야 한다. 휴대폰이든 오프라인 방문이든 단순 온라인을 통한 방법이든 관계 유지 방식은 개인의 선택에 따라 다르다. 다만 어느 네트워크 구성원이 언제 나에게 도움이 되는지, 단순히 심심할 때 같이 놀 수 있는 친구라도 각 구성원의 특징을 기억하자. 서로 모르던 사이라도 관계를 형성해 새로운 커뮤니티를 만들 수도 있다. 한마디로, 네트워크화된 개인주의는 개인에게 자유를 부여함과 동시에 그 자유를 유지하기 위해 더 많은 노력을 들여야 한다는 책임을 지운다.

모순적이긴 하지만, 사람을 서로 연결해주는 새로운 기술은 사람들에게 관계 유지에 필요한 추가 업무를 선물한다. 피터 부부가 말하듯, 온라인 상의 커뮤니티 활동에 만족하려면 오프라인 상으로 얼굴을 맞대고 관계를 형성하던 시절에 들였던 시간과 노력 이상을 들여야 한다. 인터넷으로 인해 손가락을 까딱하는 것만으로도 쉽게 관계를 시작할 수 있고 수많은 사람을 만날 수 있지만, 그만큼 일상 생활에 더 큰 방해가 되기 때문에 관계를 유지하기란 더욱 어렵다. 이메일과 문자 메시지 등으로 좋은 관계를 맺은 사람들은 곧 "목소리가 듣고 싶어요. 직접 만나서 악수도 나눠보고 싶네요."라고 말한다.

우리의 연구 결과는 이 같은 현상을 뒷받침한다. 사람들에게 해결하고 싶은 문제나 이루고 싶은 목적이 있을 경우, 사회적인 자유는 곧 그만큼의 노력을 필요로 한다. 그리고 바로 이때, 기술은 우리에게 도움의 손길을 내민다. 이전 세대와 현 세대의 다른 점은, 새로운 기술을 통해 관계를 맺은 현대인들은 상대로 말미암아 이전 세대보다 더 큰 즐거움과 도움을 받을 수 있다는 데 있다. 이 책은 현대의 인터넷과 정보통신 기술(ICT, information and communication technology)이 커뮤니티에 어떤 현실적인 도움을 주는지 설명한다.

피터 부부의 소셜 네트워크 운영 시스템이 우리 부모 세대의 소셜미디어 환경과 어떻게 다른지 살펴보는 것도 정보통신 기술의 등장으로 인한 변화를 알아보는 좋은 방법이다. 피터와 트루디 부부의 경우를 다시 살펴보자. 피터 부부의 부모님 세대에서 가까운 친구란, 말 그대로 어릴 적부터 함께 자란 사이(트루디 부모님은 포틀랜드, 피터의 부모님은 덴버)다. 부부의 두 모친은 자녀가 청소년이 될 때까지 전업 주부로 생활하셨다. 부모님의 생활은 주로 자녀와 아버지의 직업, 교회나 이웃 간의 브릿지 게임, 보이 스카우팅과 같은 봉사 활동을 중심으로 이뤄졌다.

피터와 트루디는 어린 시절 『딕과 제인』* 책을 읽으며 자랐다. 그리고 TV 프로그램인 〈미키 마우스 클럽〉을 보거나 지역 신문과 지역 뉴스, 〈라이프〉 지와 같은 잡지를 읽고 동네 도서관에 가서 책을 빌려 읽으며 정보를 얻었다. 하지만 피터는 정작 자신이 문제에 직면했을 때, 이 같은 미디어나 툴에 근거해 해결 방법을 모색하는 부모님의 모습은 거의 본 적이 없다고 말한다. 학교 숙제에 필요한 기술적인 정보나 전문 지식이 필요한 경우 식구들이 모두 둘러앉아 백과사전을 펼쳐보는 상황에서, 문제에 대한 해결책을 찾는 데 즉각적인 도움을 받거나 버튼 하나로 질문에 대한 상세한 답변이 나오는 모습을 기대하기는 어렵다. 피터의 부모님은 친구들과 사회 문제를 토론했으며, 토론은 그저 토론으로 끝날 뿐 직접 뉴스 매체나 기자 혹은 당사자에게 궁금한 점을 직접 문의하지는 않았다. 가까운 친구나 가족에 대한 가십거리가 아니라면, 자신만의 버전으로 뉴스를 만들어 다른 사람들과 공유하는 일도 거의 없었다. 명절이나 특별한 날에 정기적으로 가족 소식을 적어 보내는 카드가 아닌 이상 개인적으로 뉴스를 전할 일은 없었던 셈이다.

현대에 들어와서는 어떠한가? 피터와 트루디는 자신들의 소식을 전하는 데 인터넷과 전화기, 책, 잡지, 소식지 등 매우 다양한 도구를 활용했다. 동시에 인터넷과 휴대폰 덕분에 소셜 네트워크 구성원들 간 활발한 소통이 가능했으며, 어떤 상황에서든 장소에 구애받지 않고 더 자주 연락할 수

---

* 원제 『Read with Dick and Jane』으로 1930~1970년 대까지 미국 내에서 어린이들에게 마치 바른 생활 책처럼 읽힌 보편적인 생활 가이드 북. 딕과 제인은 이 책의 주요 캐릭터다. - 옮긴이

있었다. 다양한 기기를 활용한 멀티태스킹도 가능했다. 평소에는 잘 몰랐던 고마운 사람들이 전해준 기부 내역을 확인하고 정보를 검색하는 한편 친구들이 집안일을 도와주는 일정을 조정하는 이메일을 보내는 등 동시에 많은 일을 처리했다.

"정보통신 기술 덕분에 저는 많은 일을 훨씬 쉽고 빠르게 처리할 수 있어요." 트루디는 말한다. "제가 하고 싶은 모든 일을 다 처리한다는 건 결코 쉬운 일이 아니에요. 정보통신 기술이 없었다면 도대체 그 많은 사람과 다양한 이슈를 처리하는 일이 가능하기나 했을까 싶어요." 전적으로 의존한다고 해도 좋다. 인터넷 덕분에 트루디는 수많은 사람과 관계를 맺을 수 있다. 인터넷 자체는 엄청난 기술이 아니라 말할지 모르겠으나, 어쨌든 트루디는 이 새로운 기술 덕분에 삶의 다양한 면을 알게 됐고, 개인적인 관심사를 어떻게 표현하고 사람들과 나눌 수 있는지 배웠다.

물론 피터와 트루디의 문제를 해결하는 데 소셜 네트워크가 유일한 방법은 아니었다. 부부의 네트워크에서 몰려든 엄청난 지원에도 불구하고, 수술과 치료 등에 따른 재정적인 타격은 복구하기가 쉽지 않았다. 회복 후 재정적으로 자립하며 서서히 새로운 삶을 일궈나가는 데에는 친구들의 도움이 매우 컸다.

피터와 트루디는 1970년대부터 온오프라인으로 활발히 커뮤니티를 구축해나가며 활동하던 네트워커라는 점에서, 이 부부의 이야기가 현대 시대에서 쉽게 찾아볼 수 있는 사례가 아니라는 생각을 할지도 모른다. 피터 부부가 일반 사람들(미국 국민)에 비해 네트워킹 활동이나 경험이 풍부한 사람이라는 데에는 찬성한다. 1970년대부터 소셜 네트워크와 가상 커뮤니티의 개념과 관련 툴을 함께 구축해온 사람들이니 말이다. 인터넷이 널리 사용되기 이전인 1978년에 두 명 이상의 사람들이 온라인에서 함께 작업할 수 있게 하는 소프트웨어를 일컫는 '그룹웨어'라는 용어를 탄생시킨 사람이 바로 피터와 트루디다. 오늘날에 들어서야 깨달았지만, 피터와 트루디는 당시 '그룹'에 속한 것이 아니라 '소셜 네트워크'의 일원이었을 뿐이다.

연구를 계속할수록, 피터와 트루디가 선구자 역할을 하긴 했지만, 현대의 많은 사람이 피터 부부와 비슷한 방식으로 활발하게 네트워크에 참여하고 있다는 사실을 알 수 있었다(이 책의 핵심이다). 이어지는 절에서 이 새로운 사회 운영 시스템이란 무엇인지 설명할 예정이며, 개인의 모바일 정보통신 기술과 함께 소셜 네트워크가 사람들이 서로 관계를 형성하는 데 어떤 역할을 하고, 함께 일하고 배우며 시간을 보내는 데 유용한 정보를 제공하는지 등도 계속해서 함께 알아보겠다.

북미를 중심으로 연구하긴 했지만, 정보통신 기술을 받아들인 곳이라면 어디든지 큰 차이는 없을 것이며, 특히 인터넷과 휴대폰 사용이 급증한 선진국이라면 어디든 비슷한 현상이 일어나리라 생각한다.

네트워크화된 개인주의를 살아가는 시대에 3대 혁명이 미치는 영향

피터와 트루디 부부의 이야기는, 소셜 네트워크와 인터넷, 모바일 혁명이 가족과 이웃을 중심으로 밀접한 관계를 맺은 소규모 커뮤니티를 중심으로 한 사회를, 어떻게 널리 퍼져 있는 사람들과 (이전 세대에 비해) 느슨한 관계를 맺되 개인을 중심으로 이끌어 나가는 네트워크로 이양시키는지 매우 잘 보여준다. 실제로 새로운 사회 운영 시스템이 불러온 현실적인 변화 역시 확인할 수 있었다.

우선, 소셜 네트워크 혁명은 밀접한 관계를 맺은 커뮤니티를 넘어 새로운 관계를 찾고자 하는 사람들에게 기회(동시에 스트레스)의 문을 열었다. 새로운 소셜 세계 안에서의 다양한 관계는 물론, 그 속에서 새로운 구성원들과 소통할 수 있는 다리가 생긴 셈이다. 동시에 자신의 가족을 중심으로 했을 때에는 경험할 수 없었던, 다양한 사람들과의 관계 안에서 부딪히는 스트레스도 생겼다.

인터넷 혁명은 사람들에게 인터넷 등장 전의 시대가 우스워 보일 정도로 강력한 커뮤니케이션 파워와 정보 검색 능력을 선물했다. 또한 소셜 네트워크 내에서 스스로가 출판인이자 방송인이 되어 소식을 전달할 수 있는 새로운 언론의 장을 열었다. 이 같은 변화는 사회의 접점을 가족 혹은 직장에서 개인으로 바꿔놓았다. 개인은 남과 다른 자신만의 인터넷 경험과 이야기를 만들어 낼 수 있는 시대가 됐다.

마지막으로, 모바일 혁명은 시간과 장소를 불문하고 정보통신 기술이 친구와 소통하고 정보를 얻을 수 있는 시대의 중심에 설 수 있도록 한 단계 발전시켰다. 손만 뻗으면 정보통신 기술의 혜택을 누릴 수 있는 시대가 됐다는 뜻이다. 네트워크 안에 항상 머무를 수 있으며 타인의 존재 또한 느낄 수 있다. 시공간에 따른 분리는 무의미해졌다.

결국 이 같은 세 가지 혁명은 '네트워크화된 개인주의'라 부르는 새로운 사회 운영 시스템을 탄생시켰다. 네트워크화된 개인주의의 특징은 집단 내 구성원으로 있을 때보다 점점이 연결된 개인으로 있을 때, 그 개인이 더 큰 능력을 보인다는 데 있다. 예를 들어, 가족구성원의 역할 역시 단순한 가족을 구성하는 한 구성원으로서의 역할을 하기보다는 네트워크의 한 구성원인 개인으로서의 역할로 그 모습이 달라졌다. 이제 더 이상 집은 개인을 사회에서 분리하는 공간이 아니다. 개인이 지닌 컴퓨터와 휴대폰, 타인과 나누는 일정표 등을 중심으로 각 가족구성원은 집이라는 공간을 외부 세계와 소통하는 본부처럼 생각할 뿐이다.

하지만 현대의 사람들을 철저한 개인주의자라고 말하기엔 어려움이 있다(본인이 스스로를 그렇게 생각한다고 해도 말이다). 사람들은 소규모로 밀접하게 연결된 커뮤니티보다는 느슨하면서 폭넓게 연결된 네트워크를 이룸으로써 자신의 사회적, 감정적, 혹은 경제적 필요와 욕구를 충족시킨다. 이 말은 곧 네트워크화된 개인이란, '집'이라는 확실한 커뮤니티와 조금 다르지만, 의지할 수 있는 다양한 종류의 사회적 연대 망을 유지하며 살아간다는 뜻이다. 다만 이렇듯 느슨하면서도 폭넓게 연결된 소셜 네트워크를 유지하는 데에는 좀 더 많은 노력과 투자가 필요하다. 소셜 네트워크에는 일반적으로 다양한 분야의 사람들로 가득하며, 사람들은 네트워크 안에서의 수많은 관계에 의존해 자신의 욕구를 충족시킨다. 예를 들어, 반려견 돌봄이나 잔디에 물을 주는 일상적인 도움을 줄 수 있는 사람부터 의학적 조언을 줄 수 있는 사람, 힘들 때 정신적인 도움을 주는 구성원, 혹은 정치적 견해를 주로 나누고자 하는 사람이나 재정적인 조언을 줄 수 있는 전문가, 맛집을 추천하는 사람, 신간이나 최신 음악을 소개하는 사람까지, 네트워크 내에서 맺을 수 있는 관계의 종류는 무궁무진하다.

이전 시대의 고정된 소규모 집단에서는 개인이 마치 평생 구성원처럼 활동하며 강한 유대감을 느꼈지만, 현대의 네트워크화된 개인은 수많은 네트워크에 부분적으로 참여하는 듯한 모습을 보인다. 언제든 어떤 도움을 바라야 하는지 머릿속으로 계산하면서 자신이 필요로 할 때 도움을 줄 수 있는 인맥을 자랑하는 사람은 누구인지 살펴본다. 설사 연락을 하고 지낸지 오래된 사이라 할지라도 도움을 요청한다는 것을 어렵게 생각하지 않는다. 사회가 워낙 빨리 변화하는 시대에 살다 보니, 본인의 네트워크 구성원 변화에 적응할 줄 알아야 한다는 말이다.

대규모로 확산된 광범위한 소셜 네트워크가 현대에 들어 효과적으로 동작하는 데에는, 사람들이 활용하는 정보통신 기술의 역할이 크다. 일부 비평가들은 이런 현상을 사회적 문제라 생각하기도 한다. 사람들이 서로 얼굴을 맞대고 관계를 맺기보다는 정보통신 기술을 바탕으로 한 소통에 전적으로 의존하면서 결국 기술이 사회적 고립을 낳는다고 여기기 때문이다.[9] 하지만 나는 다르게 생각한다. 인터넷과 휴대폰 같은 기술은 사람들이 폭넓은 인간 관계를 좀 더 효율적으로 관리할 수 있게 도와준다. 피터와 트루디의 이야기를 다시 한 번 떠올려보길 바란다. 인터넷이나 휴대폰은 인간 관계를 파괴한다기보다는, 오히려 소규모의 집단 중심 문화를 광범위하고 폭넓은 네트워크 문화로 발전시킨 역할을 했다. 예를 들어, 2002년에서 2007년 사이의 인터넷 사용자를 대상으로 한 연구를 보면, 그 이전에 비해 일주일에 만나는 친구 수가 약 33퍼센트 정도 증가했다고 한다.[10]

소셜 환경이 변화하면서, 사람들은 물리적으로나 감정적으로 멀리 있다고 느끼는 상대와 관계를 맺는 데 좀 더 적극적으로 나선다. 인터넷으로 말미암아 평소에 가깝지 않게 지내던 친구나 친척, 동료에게 예전보다 편하고 쉽게 다가갈 수 있기 때문이다. 피터와 트루디의 경우를 보자. 부부의 어려운 상황은 평소 가깝게 지내지 않던 사람들에게도 전달됐으며, 이들은 안타까운 사연을 듣고 의학적 결정이나 의료비 지원 문제 등에 관한 도움을 아끼지 않았다. 인터넷은 피터와 트루디 부부에게 더 넓은 의미의 사회와 소통할 수 있는 길을 터줌으로써 새로운 세상의 문을 열어준 셈이다. 3대 혁명으로 인해 다양한 정보와 사람을 만날 수 있게 하는 등 여러 가지로 소통할 수 있게 된 덕에 피터와 트루디 부부는 어려운 상황을 효율적으로 관리할 수 있었다.

새로운 매체는 곧 새로운 이웃과도 같다. 참여의 장을 열어주는 미디어인 인터넷은 네트워크화된 개인에게 특별한 존재다. 지리적으로 한 동네에서 함께 생활하는 이웃은 분명 사회 생활에 있어 매우 중요한 존재다. 일상이 이뤄지는 공간을 공유함으로 인생의 대소사를 함께하기 때문이다. 그럼에도 현대 개인 인맥에서 이웃이 차지하는 비율은 약 10퍼센트에 불과하다고 한다. 이 수치는 우리의 사회적 모습이 부모님이나 조부모님 세대와는 다른 양상을 띠는 이유이기도 하다. 현대인은 이전 세대와 마찬가지로 이웃, 동료와 자주 마주치며 살아가긴 하지만, 다른 동네 혹은 외국에 거주하는 친구와의 연락을 더 중요시한다. 인터넷 덕분에 거리와는 상관 없이 인간 관계를 유지하는 일이 가능해졌기 때문이다.

네트워크화된 개인은 자신만의 매체와 프로젝트를 만들어 목소리를 높이고, 이를 중심으로 개인의 소셜 월드를 구축해나간다. 인터넷은 이메일(누가 뭐래도 아직까지는 인기 있는 채널이다), 블로그, 트위터 메시지, 페이스북 등 타인과 소통할 수 있는 수많은 채널을 제공하므로, 개인의 목소리를 중심으로 구축된 소셜 월드 내 인맥은 다양한 채널을 통해 매우 중요한 관계로 발전할 수 있다. 사람들은 소셜미디어를 통해 자신의 이야기를 나누며 필요할 경우 이야기를 들은 타인에게 도움을 받기도 한다. 퓨 인터넷[Pew Internet]이 시행한 조사에 따르면, 성인의 3분의 2, 10대 청소년의 4분의 3 이상이 온라인상에서 컨텐츠를 제작한 경험이 있다고 한다. 새로운 매체를 통한 창작 활동은 대부분 함께 작업하면서 짧은 혹은 장기간의 대화를 나누는 소셜 활동(네트워크 활동)으로 이어진다.

현대에 들어서면서 정보, 통신, 실생활의 활동 간의 경계가 모호해졌다. 네트워크화된 개인은 인터넷, 휴대폰, 소셜 네트워크를 활용해 손가락을 까닥하는 것만으로도 정보를 얻을 수 있으며 옳든 그르든 자신의 목소리를 높일 수 있는 새로운 힘을 거머쥐었다. 현대인은 소셜미디어와 웹을 광활한 정보의 보고로 활용한다. 필요한 정보를 얻고 비슷한 경험을 한 사람을 찾아 이야기를 공유하고 서로의 의견을 비교하며, 전문가를 찾아 조언을 얻고, 선택의 기로에 섰을 때 타인에게서 제2, 3, 4의 의견을 들어 결정에 참고한다. 피터와 트루디의 주치의 역시 훌륭한 분이었지만, 부부는 인터넷을 이용해 웹을 검색하고 소셜 네트워크 내 도움을 줄 수 있는 친구들을 찾아 편하게 조언을 구했다.

이와 같은 새로운 권력은 비단 건강 문제에만 국한되지 않는다. 예를 들어, 어떤 상품을 구입했을 경우 상품 구입을 유도한 블로그나 뉴스 사이트에 사용 후기를 올린다거나, 주요 사항을 '태그'로 달아 새로운 검색을 유도할 수도 있다. 작성한 구매 후기는 추후에 같은 상품을 구입하려는 사람들에게 큰 도움이 되기도 한다. 상호작용하는 웹 2.0 환경은 사용자에게 다양한 기회를 부여해 서로 모르는 사람들 간의 새로운 관계를 이끌어 내기도 한다. 웹 2.0 환경에서는 개인의 소셜 네트워크에 '관객'이라는 층을 더하는데, 이 층은 '자주 연락하지 않는 사람과의 관계' 바로 위에 위치한다. '관객'이라는 층은 서로 전혀 모르는 사람들로 이뤄졌는데, 피터와 트루디의 이야기에서 알 수 있듯이 생면부지의 남도 네트워크 내에서 매우 중요한 역할을 할 수도 있다. 또한 자신의 목소리를 높일 방법을 찾는 반체제 인사나 일정 권한을 부여받은 아마추어가 전문가나 정보 모니터의 역할을 맡을 수도 있다.

새로운 기회와 커뮤니티로 가득한 소셜 네트워크는 또 다른 모습으로 발전하기도 한다. 특정 취미를 가진 마니아나 상담 전문가 등 다양한 부류의 커뮤니티는 오프라인에서 활동하는 실재 커뮤니티와 연계가 되거나 아예 새로운 오프라인 모임을 시작하기도 한다. 네트워크화된 개인은 자신의 상처나 질병, 관심사 등을 중심으로 해 커뮤니티를 조직할 수 있다. 또한 트위터 같은 소셜미디어를 활용해 공통 관심사를 나눌 수 있는 사람이나 모임을 찾아 관계를 맺을 수도 있다.

피터와 트루디는 트위터를 사용하지 않았지만, 재즈 보컬리스트인 커트 엘링 포럼과 미래 예측 토론을 비롯한 여러 가상 커뮤니티와 소셜미디어 등을 중심으로 구축된 커뮤니티에 의존했다. 엘링의 재즈 작업에 대한 포럼을 진행하는 것은 물론 관련 뉴스나 기사, 리뷰 등 개인 정보도 포스팅했으며, 그 외에도 여타 온라인 블로그에 엘링과 관련된 유익한 의견을 많이 남기기도 했다. 엘링 네트워크가 이름뿐인 네트워크로 남지 않도록 열심히 참여하고 활동한 것이다. 그런데 신기하게도, 피터와 트루디가 어려움을 당한 후 인터넷상에서는 피터 부부의 건강과 일상 생활에 필요한 도움을 중심으로 새로운 커뮤니티가 생겨났다. 이 커뮤니티에는 부부의 오래된 친구는 물론, 부부가 개인적으로는 알지 못하는 새로운 구성원도 있었다.

네트워크화된 개인은 소셜 네트워크에 참여할 뿐만 아니라 각 집단에서 매우 특별한 역할을 맡기도 한다. 대부분의 대인 관계는 각 개인의 전체적인 모습이 아닌 필요나 관심사에 따른 특정 모습을 기반으로 맺어진다. 피터와 트루디의 경우에 발생한 네트워크는 부부의 건강 상태를 바탕으로 맺어졌다. 부부의 가족과 이웃, 동료 온오프라인에서 활동하는 봉사 지원 그룹도 있었지만, 부부에게 실질적인 의료 관련 도움을 줄 수 있는 의사나 의료 보험 전문가, 투병 생활이나 의료 조건을 조사하는 전문가 등이 네트워크 구성원으로 참여했다.

변화하는 환경과 수많은 관계 속에서, 네트워크화된 개인은 자신의 신념, 관심사, 라이프스타일, 취미, 관계를 맺은 타인 등의 영향을 받아 고유의 복잡한 아이덴티티를 형성해나간다. 특히 온라인상에서의 관계는 종종 상황에 따라 달라지는데, 네트워크화된 개인은 각 상황에 따라 다양한 기회를 제공받는다. 예를 들어 피터와 트루디는 재즈 애호가이자 컨설턴트였으며, 미래 예측가인 동시에 소프트웨어 디자이너이자 친구였다. 특정 상황에서는 아이덴티티가 중복되기도 한다. 어쨌든 각기 다른 네트워크라 하더라도 피터와 트루디는 참여한 네트워크마다 다른 사람이 아닌 언제나 같은 인물이다. 처한 상황에 따라 많은 아이덴티티 중 필요한 부분만 부각돼 나타날 뿐이다.

형식을 탈피한 자유로운 일대일 관계 형성이 쉬워지면서, 이전에 비해 직장 생활 내에서의 상하관계가 절대적이지 않다. 퓨 인터넷 조사에 따르면, 미국인 근로자의 4분의 3 정도가 인터넷 서핑과 이메일, 메시지 전송과 더불어 휴대폰을 이용한 통화와 메시지 전송 등을 기본적으로 할 줄 안다고 답했다. 이런 업무 능력은 단지 시작점일 뿐이다. 기술과 관련된 업종에 종사하는 근로자 대부분은 획일화된 문서 업무나 생산 능력이 아닌 창의적인 근무 능력을 중요시한다. 이런 분위기는 근로자 개인에게 더 많은 자율과 권한을 부여한다. 직장 상사나 부하 직원과의 자유로운 관계는 개인 의견 창출을 유도해 창의적인 결과물을 도출해내기도 한다.

네트워크로 연결된 사람들은 항상 옆에서 일하는 동료보다는 다양한 팀과 함께 일하기 때문에, 조직 생활 자체가 수직적인 상하 관계를 탈피해 수평적이고 자유로운 편이다. 피터와 트루디도 항상 둘이 함께 평등한 위치에서 컨설팅에 임했는데, 시간이 흐르면서 신뢰하는 사람들끼리 뭉치면서 프로젝트 구성원이 늘어났다. 때로는 이런 네트워크가 일상의 조직 관계를 바꾸기도 한다. 이들은 주로 인터넷이나 조직 내 인트라넷, 휴대폰을 이용해 정보를 공유하고 작업한다.

작업 공간이 다양해졌다. 전형적인 산업 구조 모습을 보여주는 19~20세기의 근로자는 대형 공장이나 사무실로 매일 출퇴근했다. 한곳에서 제품을 생산하거나 근무를 하니 협업하기 좋을뿐더러, 관리자 입장에서도 좀 더 쉽게 관리하고 지시를 내릴 수 있었다. 하지만 인터넷과 모바일 혁명이 일어나면서 장거리에서 근무 일정을 조율하고 관리하는 일이 가능해져 제품 생산이나 서비스 등을 다양한 장소에서 제공할 수 있게 됐다. 작업한 문서나 그림 등 역시 첨부파일 기능을 이용해 인터넷상에서 전송 가능하며 언제 어디서든 접근할 수 있는 인터넷 클라우드에 저장해 놓으면 그만이다. 휴대폰과 무선 인터넷이 가능한 노트북 컴퓨터는 다양한 작업 공간을 허락했다. 집이든 길거리든 커피숍이든, 서로 인터넷으로 연결돼 연락할 수만 있으면 근무하는 데 아무 문제가 없다. 자동차나 선박 같은 기존의 육로 혹은 해상 교통수단에 항공 기술이 더해져 비행기를 통한 사람과 물류의 운반이 가능해진 것 역시 이런 변화에 큰 몫을 담당했다.

인류 역사상 직장과 집의 분리가 가장 어려워졌다. 일하는 곳과 쉬는 곳의 경계가 모호해졌다는 뜻이다. 직장인은 하루 종일 집에서 쉬는 날 혹은 퇴근 후 집에 머무는 시간에도 자신이 맡은 업무를 끝마치려 직장에서 해야 할 일은 계속한다. 예를 들어, 피터와 트루디는 한 장소에서 업무와 생활을 겸했다. 집이 곧 직장이자 작업실이었던 셈이다. 새로운 매체(인터넷)의 등장으로 인해 일에서 자유로울 수 없다고 말하는 사람들은, 직장을 떠나 있어도 일을 해야 한다는 압박감과 마감 기한 때문에 엄청난 부담을 느낀다고 한다. 반면, 인터넷 덕분에 지루하고 힘든 출퇴근 전쟁에서 벗어날 수 있어 자유를 느낀다고 말하는 사람도 있다. 후자의 경우, 업무를 보는 것과 동시에 웹 서핑을 하거나 페이스북으로 친구와 교류하고, 인터넷 쇼핑을 하며 친구나 가족과 채팅을 하는 등 '집'에서 하는 활동을 업무와 병행해 동시에 할 수 있다는 데에 큰 가치를 둔다. 간단히 말하자면, '집'에서 하는 활동이 업무 환경을 '침범'했으며, 이와 동시에 '직장'에서 하는 활동이 집에서의 일상 생활을 '침범'한 것이다.

정보통신 기술은 직장과 집의 경계를 무너뜨림과 동시에, 개인의 사생활과 공적인 생활의 경계 역시 흐려놓았다. 거실 한가운데 전화가 놓여 가족구성원 모두 통화 내용을 들을 수 있었던 예전 시대에 비해, 휴대폰이 등장한 현대에는 상대방과 은밀히 통화하며 개인의 사생활을 보장받을 수 있다. 게다가 칸막이를 사이에 두고도 오가는 문자 메시지는 휴대폰을 통한 통화보다도 더 강력한 사생활 보호를 자랑한다. 블로그는 공개 일기장과 같은 채널이 되었고, 페이스북이나 트위터 같은 소셜미디어는 개인의 현재 소재와 생각, 활동 등을 즉각적으로 타인에게 알리는 길을 열어주었다. 피터와 트루디는 트루디의 머리를 가로지른 수술자국을 담은 사진을 비롯해 매우 다양한 모습과 상황을 여러 사람과 공유했다. 공공장소에서 휴대폰을 이용해 사적인 대화를 나누거나 커피숍에 앉아 노트북으로 업무를 보는 등, 이제는 공공장소에서 개인의 사생활을 내보이는 일이 당연하게 여겨진다. 그저 서로를 훔쳐보지 않길 바랄 뿐.

개인과 조직의 모습이 투명하게 드러나는 현실에 따른 새로운 역할과 환경이 필요하다. 일정 기준에 따라 개인의 정보와 활동을 선별적으로 공개하는 일종의 평판 관리는, 네트워크 내에서 활동할 자격을 얻어, 문제에 부딪히거나 중요한 결정을 내릴 때 필요한 정보를 얻는 데 신뢰할 수 있도록 관계를 유지하려는 사람에게 꼭 필요한 능력이다. 농경 사회나 유목 부족을 중심으로 살아가던 옛날에는 좋든 싫든 서로를 속속들이 알았다. 덕분에 상대를 편하게 대할 수는 있었지만 서로 감시한다는 불편함 역시 숨길 수는 없었다.

집단 중심의 사회에서 네트워크를 이루는 사회로 변화해오면서, 사람들은 자신이 처한 환경에 따라 다양한 모습을 표출한다. 무엇보다 이런 행동 세분화를 이끈 일등공신은 인터넷과 모바일 혁명이다. 이메일, 문자 메시지, 휴대폰 등은 대개가 일대일 미디어다. 하지만 소셜미디어가 등장하면서 사람들은 다시 하나의 네트워크로 모여들었다. 페이스북과 같은 인기 있는 소셜미디어는 사람들이 각자의 네트워크 속에서 저마다의 역할을 해내는 미묘한 기능에 대해서는, 적어도 아직까진, 큰 기능을 발휘하지 못한다. 오히려 개인의 네트워크를 마치 하나의 거대 엔티티로 보고, 무한한 표현의 자유를 허락한다. 물론 그 덕분에 사람들은 자신의 굉장히 많은 부분을 타인과 공유한다. 소셜 네트워크 참여자 중 친구를 사귀거나 친구의 친구와 연결되고 관계를 발전시키는 등 사교를 목적으로 하는 젊은 성인의 경우에는 더더욱 많은 내용을 공유해야 하기 때문에 느끼는 불편함보다는 이로써 자신이 누릴 수 있는 이점이 더 많다고 말한다.

다시금 나타난 (거실 한가운데서 통화할 때와 같은) 사생활 노출 현상은 개인 정보가 자신이 원치 않는 상업적 목적으로 쓰이는 문제를 일으키기도 한다. 페이스북에서 관계를 맺은 친구뿐만 아니라, 소셜미디어 회사 역시 미국에 거주하는 20세의 대학생을 비롯해, 학생의 45세 부모님의 관심사는 무엇인지 정보를 수집하고 분석할 수 있다. 구글의 전 CEO 에릭 슈미트는 다음과 같이 말했다. "우리는 여러분이 어디에 있는지, 어디에 있었는지 알고 있습니다. 여러분이 생각하는 것 이상으로 여러분에 대해 잘 알고 있지요."[11]

수평적이며 경계가 모호한 네트워크 환경일수록, 전문가에게 이의를 제기하는 경우가 많아지며 관계가 견고하지 않은 탓에 정보 출처에 대한 신뢰도가 낮다. 정보가 넘쳐나면서, 사람들은 자신이 속한 네트워크에 전적으로 의지하는 매우 모순적인 모습을 보인다. 기관과 조직이 인터넷상으로 제공하는 정보가 많을수록, 사람들은 동료나 친구의 이야기에 귀를 기울이지 않으리라 생각했다. 하지만 그 반대로, 흘러 넘치도록 쏟아지는 정보는 사람들로 하여금 소셜 네트워크에 의존하도록 유도했다. 그 결과 사람들은 어떤 문제에 부딪히게 되면, 메신저나 이메일, 문자 메시지 등을 이용해 소셜 네트워크 내 구성원과 상의하고 그 내용을 바탕으로 인터넷 검색을 하는 등 논의와 검색을 번갈아 하면서 정보를 모아 결정을 내린다. 한마디로, 인터넷과 휴대폰 사용이 급증하면서 사람들은 점점 더 네트워크화된 개인의 모습에 가까워져 간다.

3대 혁명이 사회에 미치는 영향

간단하게 대답하자면, 악영향을 미치기도 하고 이점을 제공하기도 한다. 계속 이야기하겠지만, 우리의 연구에 따르면 네트워크화된 개인주의는 결국 많은 현대인의 일상, 즉 현실이다. 네트워크화된 개인주의가 확산되면서 세상의 규칙 역시 바뀌고 있음을 보여주는 명확한 증거도 있다. 네트워크화된 개인은 타인과 교류하고 정보를 관리하는 능력을 수시로 시험받는 환경에서 살고 있다. 이들의 세상에서, 정보라는 존재는 점점 더 그 몸집을 불려나간다. 개인과 사회는 더욱더 빠른 속도로 뉴스를 쏟아내고, 사람 혹은 정보를 만날 수 있는 장소 역시 급격하게 늘어나는 실정이다. 정보를 검색하는 능력은 그 어느 때보다도 발전돼 있으며 정보를 모아 걸러내고 자신에게 맞게 변화시키는 툴도 매우 강력한 기능을 자랑한다. 정보를 생산하고 공유하기도 쉬워졌으며 언제 어디서 누구를 만날지 모를 정도로 빠르게 돌아가는 세상이 됐다. 자신이 속한 작은 집단을 파고들어 그 안에서 만족하기보다는, 네트워크로 관계를 확장하고 활발히 활동해야 한다. 어떤 이는 네트워크 전문가가 되어 시스템을 탐색하고 작동시키는 일에 능력을 발휘하고 싶어 한다.

네트워크 종류에 따라 작동 기제도 달라진다. 대다수 네트워크는 참여자들에게 소속감과 도움을 받고 있다는 따뜻한 느낌으로 줌으로써 안식처와 같은 역할을 한다. 또 일부는 어려운 상황에 처했거나 스트레스에 지쳐 힘든 마음을 위로받고 때로는 실질적인 도움도 받음으로써 치료제 역할을 하기도 한다. 혹은 위기나 악재를 예방해주는 안전망과도 같은 역할을 한다. 결국 모든 소셜 네트워크는 집이나 직업 등 자신이 처한 환경을 바꾸거나 세상, 적어도 교칙이나 정치적 행동을 이끌어내는 등 자신의 주위를 환기시키는 일부터 위기에서 살아남는 데 도움을 주는 극적인 역할까지 인간관계와 관련된 자원을 제공하는 소셜 시대의 '구심점'을 제공한다. 이때 네트워크 참여자에게는, 네트워크의 어떤 부분에 참여해야 하는지, 구성원들과 어떻게 소통해야 하는지(직접 대면할 것인지, 전화, 이메일, 문자 메시지, 페이스북 등으로 만날 것이지)를 결정할 책임이 있다.

현대는 개인이 그 어느 곳에도 묶이지 않는 자유로운 시대다. 그렇다고 각 개인이 고립됐다거나 독단적으로 살아간다는 뜻은 아니다. 다만, 선대들의 능력을 뛰어넘어 네트워크를 확장할 수 있는 강력한 기술로 무장해, 네트워크로 이어진 시대에서 탄생한 새로운 제약 조건과 도전에 부딪히며 살아가는 우리와 이 세상이 연결돼 하나로 돌아가는 시대인 것이다. 이런 현실의 장점을 제대로 받아들인 사람이라면, 자신의 이야기와 아이디어를 타인과 공유하고 대화하며 서로 피드백을 나눌 수 있다. 네트워크화된 개인의 활동 중 대부분은 주요 소셜 네트워크에 참여해 신뢰를 쌓는 데 집중한다. 네트워크는 사람들의 사회적 성공에 있어 필수적인 요소이기 때문에, 온라인이 제공하는 새로운 신뢰 쌓기 방법은 점점 그 가치를 더해나간다. 네트워크화된 개인주의 세상에서는 형태가 없거나 일상적인 컨텐츠를 나누는 평범한 사람에게도 활발하게 활동할 수 있는 기회가 주어진다. 이런 사람들은 도움을 줄 대상 혹은 자신에게 필요한 도움을 줄 대상을 찾기도 하는데, 친구나 이웃, 직장 동료 등 수많은 소셜 네트워크의 다양한 부분에 속하는 사람들과 균형 잡힌 관계를 유지하는 사람일수록 폭넓고 특화된 도움을 받을 수 있다.

인터넷과 휴대 전화 등의 보급이 이뤄진 3대 혁명이 소셜 네트워크에 끼친 변화는 완전히 나쁘다고 혹은 좋다고만 말할 수는 없다. 그보다는, 네트워크화된 개인주의가 불러온 일부 변화가 사람들에게 더 멋진 사회를 꾸려나갈 수 있는 능력과 동시에 때로는 사회를 더 가혹하게 느끼고 개인의 요구를 충족시키기 어렵다는 좌절감도 함께 선물했다는 표현이 맞다고 생각한다. 또 어떤 변화는 굳이 나쁘거나 좋다고 표현하는 수준이 아닌 그저 새로운 방향을 열었다고 말하는 편이 옳은 경우도 있다. 게다가, 네트워크화된 개인주의를 받아들이는 개인의 성향이나 처한 환경에 따라 그 효과가 달라지기도 한다.

이 책은 네트워크화된 개인주의가 지금껏 사회에 미친 영향과 변화, 그리고 앞으로 나아갈 방향을 설명한다. 1부에서는 소셜 네트워크, 인터넷, 모바일 혁명을 일컫는 3대 혁명이 네트워크화된 개인주의에 어떤 영향을 미치는지 알아본다. 2장은 집단과 개인이라는 인간 행동 분석의 전통적인 두 관점에 따라 소셜 네트워크가 어떻게 적용되는지 살펴본다. 3장은 미국의 인터넷 발전사를 알아보고, 현대 미국인들이 온라인상에서 즐겨 하는 활동은 무엇인지 알아본다. 또한 고속 인터넷 망과 무선 인터넷 연결 기술 발전이 사람을 만나고 정보를 검색하는 데 어떤 영향을 미쳤는지 설명한다. 4장에서는 휴대폰이 단순한 들고 다니는 전화기라는 개념을 넘어 언제 어디서든 네트워크에 연결되는 주요 수단으로 발전하기까지의 과정을 알아보겠다.

2부는 소셜 네트워크, 인터넷, 모바일의 3대 혁명이 커뮤니티와 가정, 직장에 어떻게 접근하는지 설명한다. 5장은 지리적 관계에 따른 이웃 중심 커뮤니티를 벗어나 어떻게 다양한 인간 관계가 형성되기 시작했는지 알아본다. 6장에서는 네트워크화된 가정의 모습으로 변모한 현대인의 가정을 안팎으로 관찰해 이전 세대의 가정과 다른 점을 비교해본다. 7장은 수직적인 조직 문화가 수평적이며 원거리로 떨어져 일하는 팀 문화로 변화한 직장 내 모습을 설명한다. 8장은 개인이 아이디어를 창출해 타인과 공유하고, 그 과정에서 아이디어를 조정하며 또 타인에게 방송하는 모습을 묘사한다. 9장에서는 디지털 기술과 소셜 네트워크가 인간의 정보 검색과 수집 문화에 불러온 변화를 살펴보겠다.

2개의 장으로 이뤄진 3부는 미래를 예측하는 이야기로 채운다. 2부까지 함께한 사람이라면 "그래서 뭐 어떻게 할 건데?", "그럼 내가 어떻게 해야 하는데?"라는 질문을 마구 던질지도 모른다. 10장은 네트워크화된 개인주의 사회에서의 개인과 조직의 역할을 정리한다. 11장에서는 이를 바탕으로 현재의 기술, 사회적 트렌드를 짚어내 이런 흐름이 다가오는 미래에 어떤 영향을 미칠지 예측해본다. 가까운 미래 사회는 사람들에게 엄청난 양의 정보와 개인적인 니즈를 충족시켜주는 사회적 지원을 제공하며, 전 인류가 하나라는 공동체 의식을 바탕으로 거대한 네트워크를 구축할 수 있는 무한한 기회를 선물할 것이다. 물론 그만큼 더 불확실하고 불안정한 모습을 보이기도 하겠지만 말이다. 3대 혁명 시대의 막이 오른 이상, 네트워크화된 개인주의의 시대는 계속될 것이다.

2장_ 소셜 네트워크 혁명

사람들은 소셜 네트워크라 하면 대부분 "아, 페이스북."이라고 이야기한다.[1] 그리고 많은 사람이 소셜 네트워크 혁명은 2004년 페이스북의 등장과 함께 시작됐다고 생각한다. 물론, 페이스북은 분명 소셜 네트워크 서비스의 대표주자다. 하지만 소셜 네트워크는 페이스북보다 훨씬 큰 개념이며, 호랑이가 담배 피우던 시절에도 있던 개념이다. 컴퓨터 기반의 네트워크가 시작된 시대, 페이스북이 등장하기 훨씬 이전에도 전혀 낯선 개념이 아니란 뜻이다.

소셜 네트워크 혁명을 빼놓고는 네트워크화된 개인주의networked individualism를 이야기할 수 없다. 인터넷 혁명이나 모바일 혁명보다도 더 먼저 이야기해야 할 정도로 소셜 네트워크 혁명은 네트워크화된 개인주의를 이끈 핵심 개념이다. 이 책에서 '네트워크 혁명'이라 부르는 이 혁명은, 아무래도 어떤 형태가 있는 기술적인 개념이 아닌, 사람 사이에서 일어난 혁명이다 보니 두 기술 혁명(인터넷과 모바일)에 비해 사람들 입에 오르내리는 일이 많지는 않다.

소셜 네트워크는 사람이나 조직, 국가 등으로 이뤄진 네트워크 구성원들 간 관계의 집합체다. 네트워크 관점에서, 몇 가지 짚고 넘어갈 사항이 있다. 우선, 사회란 단순히 개개인 각자 또는 개인 간 유대의 총합과는 다르다. 오히려 모든 개인은 기회와 제약, 정치적 연합 등을 제공하는 관계의 구조 안에서 살아간다. 그렇다고 사회를 끈끈한 연대감으로 단단히 묶인 집단이라고 정의내리기도 어렵다. 그보다는 특징에 따라 분절되거나 해체된 언제든 침투 가능한 네트워크 안에서 활동하는 네트워크화된 개인이 모여 형성한 것이 '사회'라고 보는 편이 맞다. 소셜 네트워크 전문가는 각 개인의 성향보다는 개인과 개인 간의 관계에서 보이는 특징에 집중한다.

소셜 네트워크라는 개념이 그토록 오랫동안 우리 곁에 있었다면, 왜 새삼 근래에 들어서 그 개념이 더 강조되는 것일까? 간단히 말하자면, 새로운 기술의 발전과 주요 사회 변화가 이어짐에 따라 현대인들에게는 개인의 자유와 자율성이 더 강조되기 때문이다. 현대 미국인들은 거주지 이전이 잦으며, 일상적으로도 이동 거리가 길다. 그로 인해 자동차를 업무용뿐 아니라, 개인적인 오락이나 사회 활동을 하는 데도 많이 사용한다. 미국인들은 그 어느 나라 국민보다도 개인의 자율성에 매우 큰 가치를 둔다. 게다가 소셜 네트워크로의 이동은, 순식간에 나타난 사회적 급변이라기보다는 천천히 단계적으로 이뤄진 변화다.

이는 비단 미국에만 국한되는 이야기가 아니다. 선진국을 비롯한 여타 사회에도 그대로 적용되는 이야기다. 현대인은 자신의 국가, 마을, 이웃에 묶여 생활하지 않는다. 선진국 사회는 사람 간의 관계가 점점 유연해지고, 집단의 장벽이 낮아져 직접적인 정보 접근이 가능해지는 추세다. 결국 모두 네트워크화된 개인주의로 변모하고 있다는 뜻이다. 그렇다고 단순히 이 모든 변화가 소셜 네트워크 혁명 때문만은 아니다. 인류는 기술적으로나 사회, 경제적으로 네트워크 운영 시스템을 구축하는 데 힘을 쏟아왔다. 이어지는 절에서는 네트워크화된 개인주의를 불러온 9가지 주요 변화에 대해 이야기하겠다.

소셜 네트워크 혁명으로의 변화

광범위한 연결

1. 자동차와 비행기 기술의 발달로 원거리 여행이 가능해졌으며, 이런 교통 수단의 발전은 소셜 네트워크가 세계적으로 확산되는 데 일조했다.

1950년에서 1980년대까지 이어진, 7만 5,000킬로미터에 이르는 미국의 주 간 고속도로 건설 덕분에 미국 횡단이 가능해졌다. 국내 원거리 여행이 일상으로 자리잡으면서 국민의 자동차에 대한 의존도가 커졌고, 자동차 산업의 발달은 이런 변화를 지원했다. 66번 도로^{Route 66}의 로망이 사라진 것이다.[2]

1969년에는 차량 미보유 세대 수가 전체 미국 가정의 21퍼센트를 차지했지만 2001년 조사에 따르면 그 수치가 8퍼센트로 떨어졌다. 그리고 같은 기간 동안 세대당 차량이 한 대인 가정은 48퍼센트에서 31퍼센트로 낮아졌으며, 한 세대가 두 대 이상의 차량을 보유한 비율은 약 60퍼센트에 이른다고 한다(그림 2.1). 1970년대에는 1년 동안 미국 내 자동차가 달린 거리가 1조 4,500억 킬로미터였던 데에 비해, 2001년에는 2조 4,000억 킬로미터로 급증했다. 같은 기간 동안 일반적인 차량 한 대가 달린 거리는 1만 6,000킬로미터에서 약 1만 9,200킬로미터로 20퍼센트 증가했다. 그리고 조사에 따르면, 2010년 한 해 동안 고속도로를 이용한 국민 수가 그 이전 10년간 이용한 수보다 많았으며, 반면 고속도로 사고로 인한 사망자 수는 줄었다고 한다. 간단히 말하자면, 미국인은 예전보다 더 많은 자동차를 보유했으며, 더 많은 거리를 운전해 더 멀리 이동한다는 뜻이다. 좋든 싫든, 자연스럽게 자신의 거주 지역이나 지역 사람들에 따른 제약이 줄어든 셈이다.[3]

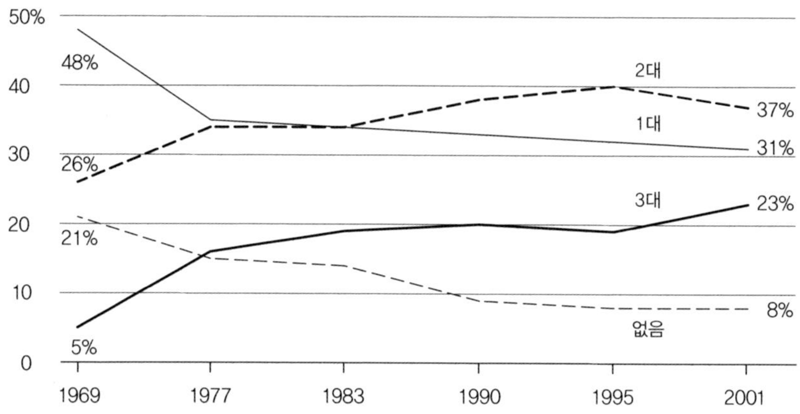

그림 2.1 미국 내 가구 당 보유 차량 수
출처: NHTS 여행 경향 요약, 2004년. 차량 이용도와 활용

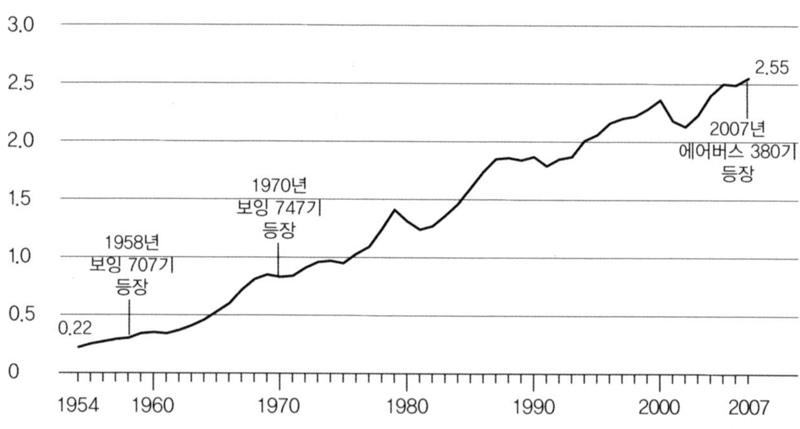

그림 2.2 미국 내 비행기 탑승 인원
출처: 미국 교통통계국

1959년 보잉 707기 시대가 도래하면서, 제트 여객기를 이용한 원거리 여행은 이제 일상으로 자리잡았다. 1970년대는 최초로 미국과 유럽에서 항공 규제가 완화되면서 점점 더 많은 비행기가 하늘을 가르며 비행했다. 물리적인 거리는 더 이상 친구 사이를 갈라놓거나 아쉬운 긴 이별의 이유가 되지 않았다. 그림 2.2는 1954년에 조사한 자료로서, 4년마다 비행기를 이용해 이동하는 미국 국민 수를 보여준다. 1954년에는 4년마다 한 번꼴로 비행기를 이용하던 수치가 2005년에는 1년에 2.55번으로 증가했다. 자동차와 비행기를 이용한 원거리 여행의 증가는 소셜 네트워크를 전 세계를 대상으로 확장시켰다.[4]

2. 통신과 컴퓨터 기술의 급격한 발전은 개인 차원에서의 강력하고도 편리한 의사소통과 정보 습득을 가능케 했다.

1930년대에 들어서, 전화통신 시스템의 자동화가 지역적으로 이뤄졌으며, 자동화된 장거리 직통 전화 서비스가 시작됐다. 그리고 1960년대에는 전화 교환원을 대신하는 지역별 전화 코드가 생겼으며, 70년대에 들어서는 국제 통화가 가능해졌다. 그 후, 국민의 전화 보유 수와 통화 수는 급격하게 증가했으며 분당 국제 통화 요금이 줄어들어 국제 통화 수는 늘었다(그림 2.3과 2.4). 여전히 물리적 거리를 무시할 수는 없지만, 전화 통화를 하는 데 큰 문제가 되지는 않는다. 가정 내 전화기 보유 수도 늘었다. 같은 번호를 사용하는 전화기를 여러 대 두기도 하며, 각 방 혹은 개인적인 업무에 따라 여러 전화기를 사용하기도 한다.[5]

1950년에서 2000년까지 급격한 기술 성장을 바탕으로, 전화 사용 문화에 큰 변화가 찾아왔다. 2000년만 해도 유선 전화를 보유한 국민 비율이 전체의 68퍼센트에 이르렀던 반면, 2006년에 들어서는 58퍼센트로 떨어졌다. 사용하기 편리하며 여러 기능을 제공하는 휴대 전화의 엄청난 발전

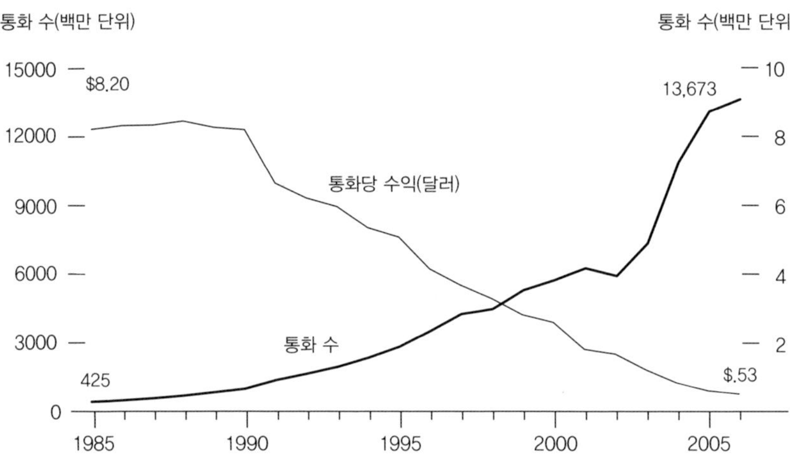

그림 2.3 미국 내 국제 통화 수와 통화료
출처: 미국 연방통신위원회

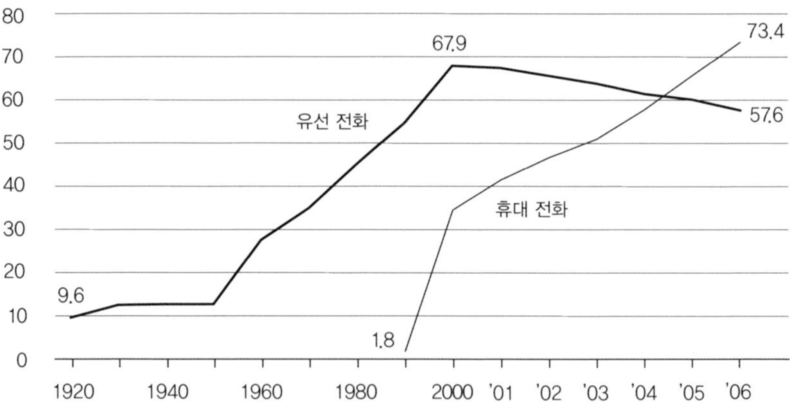

그림 2.4 미국 내 유선 전화와 휴대 전화 보유 수(100명당)
출처: 미국 연방통신위원회

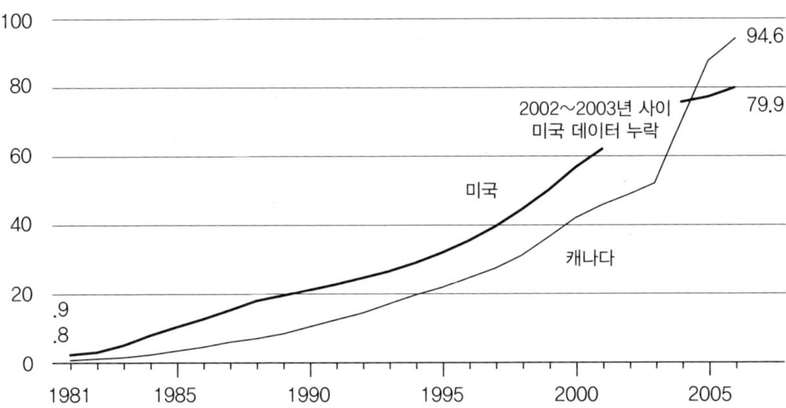

그림 2.5 미국과 캐나다 국민이 보유한 개인용 컴퓨터 수(100명 당)
출처: 국제전기통신연합

을 고려한다면 이런 수치 감소는 당연하다고 말할 수 있다. 또한 광대역 인터넷 망이 보급되면서 인터넷 전화 사용이 증가한 것도 한몫을 했다. 2006년이 되면서, 미국 내 휴대 전화 사용은 유선 전화 사용을 앞질러 캐나다의 사용량에 근접해졌다(그림 2.4). 2010년 후반기에는 휴대 전화만 사용하는 국민 수가 약 30퍼센트나 증가했으며, 이 수치는 30대 이하 국민의 절반에 해당한다.[6]

인터넷이 일반 대중에게 보급된 1980년대 후반에서 1990년대 초기, 컴퓨터를 기반으로 하는 정보통신 기술이 급속도로 발달하면서 개인은 더 많은 사람과 소통할 수 있는 기회를 갖게 되었다. 우선 이메일을 탄생시킨 인터넷에서 시작해, 언제 어디서나 소셜미디어를 접할 수 있는 휴대 전화까지 기술은 점점 더 발달해나갔다(그림 2.5). 전 세계가 모두 같은 커뮤니케이션 프로토콜을 쓰기 때문에, 이런 변화는 전 세계적으로 걸음을 같이 했다. 앞서 이야기한 자동차와 비행기를 이용한 편리한 원거리 이동과 이같이 발달된 정보통신 기술이 결합하면서, 도시는 단순한 사람과 산업이

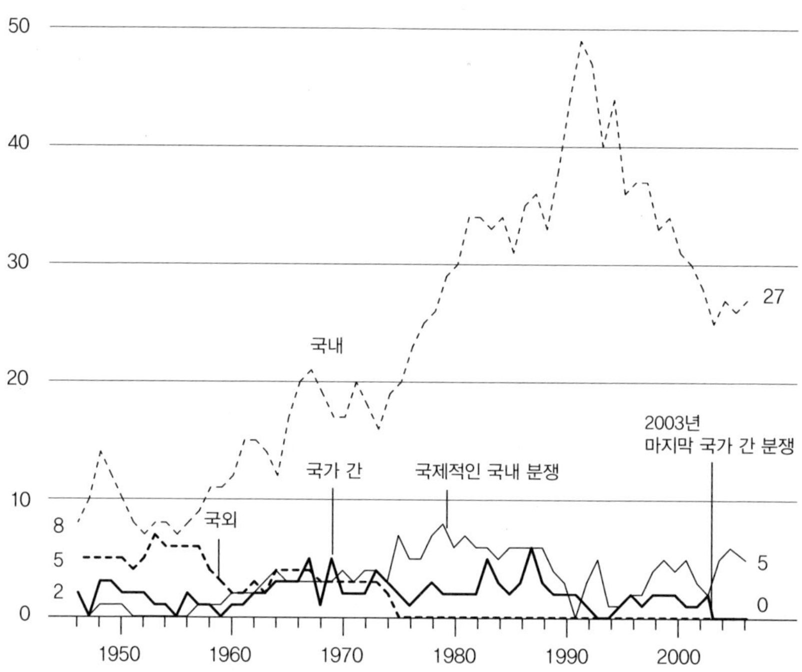

그림 2.6 세계 분쟁 횟수

출처: 웁살라 분쟁 데이터 프로그램(UCDP)/오슬로 평화 연구 기관(PRIO), UCDP/인류 안보 조사 프로젝트 데이터베이스.

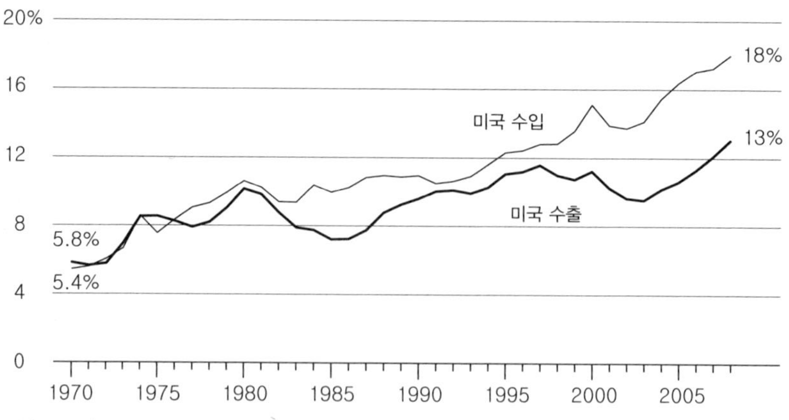

그림 2.7 미국 GDP의 수입과 수출 비중

출처: 세계은행그룹, 경제 기업 개발 조직, 미국 상무성 경제 분석

집약돼 있는 장소라기보다는 소셜 네트워크 허브로서의 개념으로 변모했다.[7]

3. 활발한 국제 교류는 경제를 비롯한 사회적인 교류를 이끌었다.

개인이 외국의 개인 혹은 조직과 관계를 맺는 데에는 이제 별 어려움이 없다. 2011년 현재까지, 2003년에 있었던 미국의 이라크 침공이 국가 간에 벌어진 마지막 충돌전이라는 자료에서도 알 수 있듯이 국가 간 무력 충돌 빈도도 낮아졌다(그림 2.6). 27개의 유럽 국가가 모여 결성한 유럽 연합[EU]의 등장과 1985년 25개의 유럽 국가가 모여 체결한 센겐 조약에 힘입어, 유럽 내에서는 경제 교류와 여행 등에서 장애가 거의 사라졌다. 세르비아나 수단, 리비아, 콩고 등의 국가에서 내전이 계속되고 있긴 하지만, 분명 선진국가들에서는 분쟁이 거의 사라진 상황이며 이런 안정된 국가의 국민은 자유로운 여행이 가능하다.[8]

　제품 생산과 소비가 전 세계를 무대로 이뤄지면서, 세계는 좀 더 평화로워지고 보이지 않는 국가 간 장벽도 낮아졌다. 미국과 유럽이 아시아나 남아메리카에 제품 생산 공장을 세우기 시작한 1970년대 이후부터 선진국과 후진국(혹은 개발도상국) 사이의 쌍방향 수출이 가능해졌다. 1980년에서 90년 사이에는 중국의 경제 구조가 변화하기 시작했으며, 1989년과 1990년 사이 동구 공산권과 서구 사이를 가로막은 철의 장막[Iron Curtain]이 사라지면서 동구와 서구는 여행과 경제 교류의 제한을 완화했다. 특히 미국의 수출이 전 세계 경제에 미치는 영향이 커지면서, 1970년대에는 미국 GDP[gross domestic product] 중 수출이 차지한 부분은 6퍼센트밖에 되지 않았지만, 2008년에는 13퍼센트로 증가하며 약 두 배 이상 상승했다. 수입 역시 수출 못지 않게 성장하면서 1970년대 GDP의 5퍼센트를 차지하던 것이, 2008년에는 17퍼센트로 증가했다. 1982년 이후, 특히 1998년 이후의 수입

은 엄청난 성장세를 보였다(그림 2.7).[9]

이제는 제품 생산도 글로벌해졌다. 제품을 구성하는 부품만 하더라도 세계 여기저기서 생산된 부품을 모아 하나의 완성품을 탄생시킨다. 제품과 서비스를 고르는 데에도 전세계 시장을 바탕으로 하며, 소비자 입장에서는 선택의 폭이 넓어졌다고 볼 수 있다. 이런 현상은 집단에서 네트워크로 옮겨가는 현 시대의 상황과 맞물린다. 예를 들어, 토론토 소재 한 수퍼마켓의 경우, 판매하는 과일만 해도 3개의 대륙, 총 10개국 이상에서 수확해 수입한 것을 판매한다(그림 2.8 참조).[10]

그림 2.8 토론토에서 판매하는 전세계에서 수집된 과일
출처: 토론토의 피에스타 팜 수퍼마켓에서 찍은 사진. 2010년 그레고리 잔셀레위츠와 배리 웰먼

집단 개념의 약화

4. 가정의 범주가 집단에서 네트워크로 넓어지면서, 가족 구성원과 역할, 책임 등이 달라졌다.

결혼하지 않은 1인 세대가 늘고 가족 구성원 수가 줄어든 핵가족이 보편화되며, 여성의 사회 진출이 활발해지면서 주부를 중심으로 하는 전통적인 가정의 모습은 점점 네트워크화된 가족을 중심으로 바뀌었다. 이제 '집'은 가족이 똘똘 뭉쳐 생활하는 성곽이라기보다는, 사회 생활을 준비하는 데 필요한 '쉬는 곳'이라는 개념이 더 강하다. 미국 가정을 예로 들어보자.

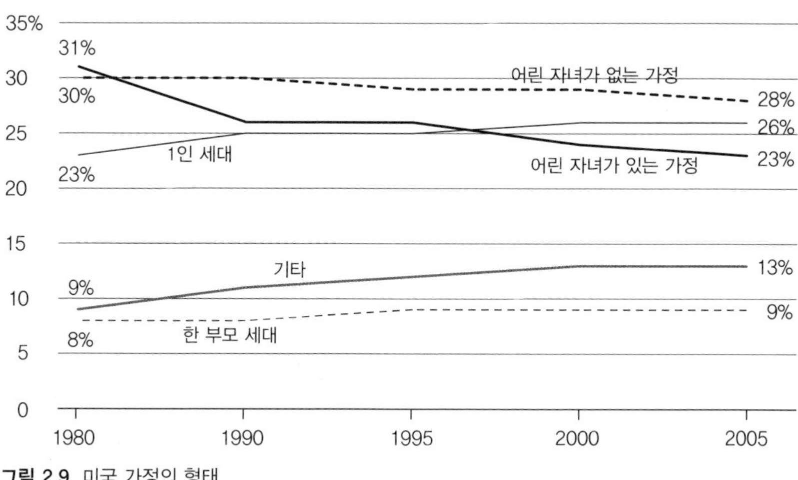

그림 2.9 미국 가정의 형태
출처: 미국 노동통계국

1980년에서 2005년 사이, 결혼한 부부가 자녀와 함께 이룬 가족의 수는 31퍼센트에서 23퍼센트로 약 4분의 1 정도가 줄었다(그림 2.9). 게다가 가족 구성원, 특히 여성의 경우 집에서 가족과 함께 보내는 시간이 줄었다. 1992년 캐나다 여성의 경우 집에서 9.1시간을 보낸 반면, 2005년에 들어서는 집에서 보낸 시간이 8.5시간으로 약 36분이 줄었다(수면 시간은 제외한다). 그나마 자녀를 출산한 '엄마'는 1992년 9.5시간, 2005년 8.7시간으로 조금 더 집에 있는 시간이 긴 편이다. 게다가 적어도 한 번 이상 집에서 혼자 식사를 하는 캐나다인이 1986년에는 17퍼센트였던 한편, 2005년에 들어서는 27퍼센트가 그렇다고 대답했다.[11]

5. 즉석으로 구성되었거나 참여자 제한이 없는 등 정형화되지 않은 시민 단체나 종교 단체가 전통적인 자원 봉사 단체의 역할을 대신하기도 한다.

정치학자인 로버트 퍼트넘Robert Putnam은 『나 홀로 볼링』에서 미국 내 32개의 대형 단체의 평균 구성원 수가 1960년에서 1997년 사이 약 절반가량으로 줄었다고 이야기했다. 마찬가지로, 특정 단체에 소속돼 활동하는 국민 수는 1973년 전체 국민의 16퍼센트에서 1994년 8퍼센트로 줄었다.[12]

이런 변화는 매주 일요일에 교회에 가는 것과 같은 제도화된 종교 활동 등에서 벗어나 개인의 삶을 중시하는 현대인의 모습을 방증한다. 퍼트넘의 『아메리칸 그레이스』를 보면, 1960년대가 종교적 실험의 시발점이라고 한다. 즉 개인의 영적 탐험을 중시하기 시작하면서, 교인의 수가 줄기 시작했다는 것이다. 현대 미국인 중 종교 활동을 하는 사람은 별로 없다. 수많은 미국인이 좀 더 유연하고 개인적인 방법으로 종교 활동에 참여하고자 한다. 침례교나 감리교와 같은 전통적인 개신교나 (특히) 천주교의 경우, 어릴 때의 종교 활동이 성인이 돼서까지 연결되는 경우는 드문 반면, 특정 교파에 속하지 않았거나 무신론자로 살아가는 성인은 훨씬 늘었다(표 2.1). 게다가 모태신앙인 경우는 거의 없으며, 성장하면서 종교를 선택하거나 믿음을 버리기도 한

표 2.1 종교 활동에 대한 미국 국민 응답(아동일 때와 성인이 된 후). 2008년 조사

	어린 시절	현재	합계
침례교	20.9	17.2	−3.7
감리교	8.3	6.2	−2.1
특정 교파에 소속되지 않음	1.5	4.5	3.0
루터교	5.5	4.6	−.9
장로교	3.4	2.7	−.7
펜테코스트파	3.9	4.4	.5
성공회교	1.8	1.5	−.3
천주교	31.4	23.9	−.75
몰몬교	1.8	1.7	−.1
여호와의 증인	.6	.7	.1
유대교	1.9	1.7	−.2
이슬람교	.3	.4	.1
불교	.4	.7	.3
힌두교	.4	.4	0
기타 종교	.3	1.2	.9
무교	7.3	16.1	8.8

다. 천주교의 경우 교인이 8퍼센트, 침례교는 4퍼센트, 감리교는 2퍼센트 정도 줄어, 천주교에 대한 믿음을 버린 미국인이 가장 많은 것으로 나타났다. 반대로, 특정 교파에 속하지 않은 기독교인은 3퍼센트, 어느 종교든 믿음이 전혀 없다고 응답한 국민은 9퍼센트 증가해 가장 많은 증가율을 보였다. 그렇다고 미국인들에게 종교적인 믿음이 없다는 말은 아니다. 종교와 대중 생활을 조사하는 퓨 포럼[Pew Forum]의 2008년 6월 조사에 따르면, 약 92퍼센트의 미국 국민이 '신'의 존재를 믿는다고 응답했다.[13]

6. 소수의 대중매체 회사에 지배받던 문화에서 다양한 채널, 다양한 기기를 통해 전달되는 세분화된 문화 구조로 변화했다.

인터넷이 수천만에 이르는 웹 페이지와 비디오를 제공하기 이전부터, 사람들은 미디어의 종류가 늘어날수록 다양한 성격의 프로그램을 볼 수 있는 기회가 늘어난다는 사실을 잘 알고 있었다. 특히 텔레비전 채널은 가장 접하기 쉬운 옵션이었는데, 초창기에는 다이얼을 돌려서(당시 TV 프로그램 진행자가 "채널을 돌리지 마세요"라고 표현한 이유기도 하다), 그 후에는 리모트 컨트롤러로 채널을 선택했다. 이렇듯 하드웨어의 변화는 정보 전달의 방식을 개인화하는 데 큰 역할을 했다. 예를 들면, 과거의 가정 내 텔레비전은 거실 한가운데 놓아두고 온 가족이 모여서 시청하는, 마치 숭배의 대상과도 같은 존재였다. 미국 가정 내 텔레비전 보유 수 변화를 보면 1970년에는 1.4대인 반면 2008년엔 두 배로 증가함을 알 수 있다(그림 2.10).[14]

개인의 자율성 증가

7. 선진국에서는 업무의 자율성을 강조한다. 특히 제품을 생산하는 생산직 중심에서, '창의성'을 바탕으로 하는 화이트칼라 업무를 중시하는 문화로 바뀌었다.

한 장소에 모두 모여 큰 기계를 중심으로 앉아 함께 근무하기보다는 개인

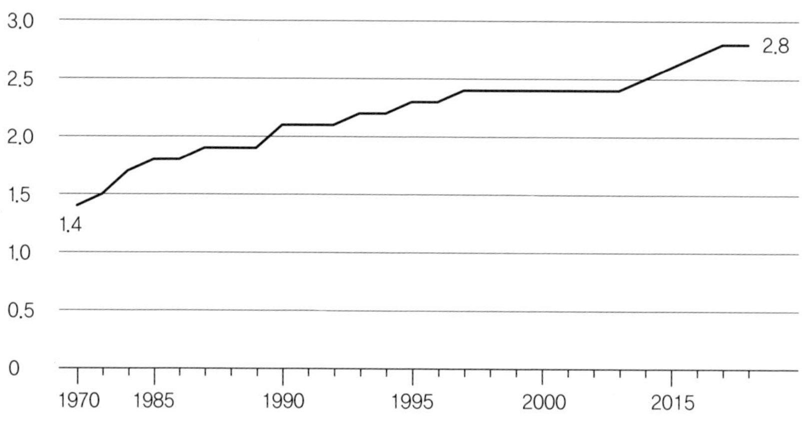

그림 2.10 미국 내 세대당 보유 텔레비전 수

출처: US census bureau

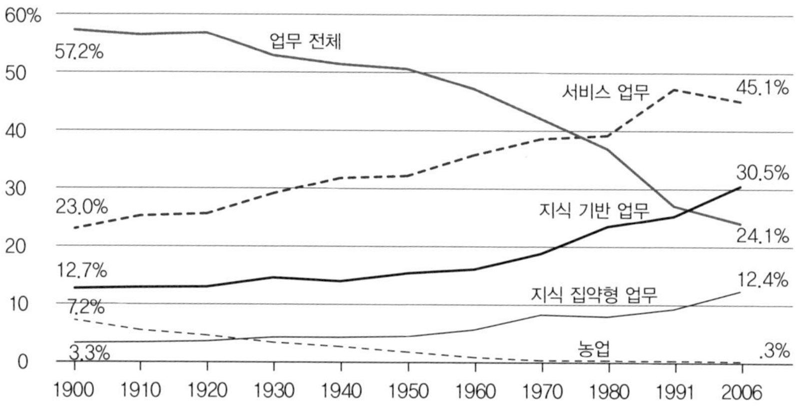

그림 2.11 미국 내 전체 직장 중 창의적인 업무를 주로 하는 지식근로자 비율

출처: 마틴 번영 기관, 토론토 대학

용 컴퓨터를 활용해 근무하는 문화로 점점 바뀌면서, 사람들은 특정 장소, 특정 시간에 묶여 근무하는 시스템에 답답함을 느끼기 시작했다. 따라서 생산 라인을 중심으로 근로자들을 감시하는 작업반장은 점점 자취를 감추고, 대신 목표를 중심으로 팀을 이끌며 개인의 자율을 존중하는 관리자라는 직책이 생겨났다. 또한 생산직은 줄어들고 창의적인 업무를 수행하는 지식 기반 일자리가 늘어나면서, 산업 시대의 수직 관계보다는 네트워크화된 협업 관계를 유지하는 풍토가 주를 이룬다(그림 2.11과 7장 참조).[15]

8. 미국 사회 내 성별, 종교, 인종 차별이 줄어들었다.

1967년 6월 12일, 미 연방대법원에서 흑인과 백인의 결혼을 반대하는 법에 대한 유명한 판례였던 러빙 대 버지니아[loving v, Virginia] 사건에 대한 위헌 판결이 있기 전까지, 미국 내 17개 주에서는 타 인종 간 결혼이 불법이었다. 현재 미국 내에서는 인종이 다른 커플을 보는 일은 일상다반사이며, 심지어 흑인인 버락 오바마는 현 미국 대통령이다. 인종 차별에 대한 반발은 계속 이어져온 일이며, 확실히 젊은 세대일수록 이런 생각이 강했다. 1972년에는 타 인종 간 결혼을 반대하는 법에 반감을 보이는 미국인이 전체의 63퍼센트였던 데 비해, 2002년에는 90퍼센트라고 하니 그 변화를 실감할 수 있다(그림 2.12).[16] 이처럼 인종 차별을 반대하는 사람들이 지속적으로 늘어나면서, 미국 제네럴 소셜 세베이[GSS, General Social Survey]는 2002년 이후로 더 이상 인종 차별에 관한 설문조사를 실시하지 않았다. 2008년 미국 내 결혼에 관한 조사에 따르면, 히스패닉계를 포함한 타 인종 간 결혼 건수가 1980년의 두 배인 14퍼센트에 이르며, 이 수치는 1960년의 여섯 배에 이른다고 한다.[17]

단순히 미국 내 인종 간 갈등이 사라졌음을 말하고자 하는 것이 아니다. 인종 갈등은 지금도 존재한다. 예를 들어, 타국민의 이민을 긍정적으로

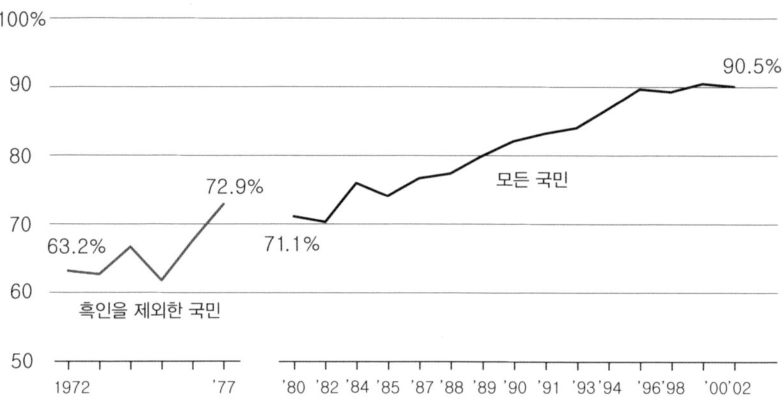

그림 2.12 타 인종 간 결혼을 금지하는 법을 반대하는 18세 이상 성인 비중
출처: 제임스 데이비스(James allan davis), 톰 스미스(Tom W. Smith), 미국 종합사회조사 1972~2002년

생각하는 미국 국민이 1995년에는 10퍼센트였던 데 비해, 2006년에는 약 두 배인 19퍼센트라고 한다. 특히 이슬람계 사람들 중 이민을 반대하는 사람은 1995년 12퍼센트에서 2006년 22퍼센트로 증가했다. 그래도 전반적인 인종, 성별, 종교 등에 따른 차별이나 사회 내 편견은 많이 줄어든 편이다. 활발한 직업 간 교류와 교통 수단 발달로 인해 다양해진 주거 지역은 타 인종 간 결혼을 인정하는 분위기를 이끌었다. 사회 내 보이지 않는 또 다른 종류의 경계 역시 점점 줄어들고 있다. 한 가지 예를 들어보면, 윌 허버그는 1955년 백색 미국(미국 내 백인)은 개신교, 천주교, 유대교도로 나뉜다고 주장했는데, 1960년 당시 공동 저자인 배리 웰먼은 단지 유대교도라는 이유만으로 1960년에 라파예트 칼리지의 학부 협회 가입을 거부당했다. 하지만 이런 잣대는 시간이 흐르면서 자취를 감추었으며, 이제는 차별이라고 언급할 수 없을 정도로 무의미해졌다. 일요일마다 교회에 출석하는 사람들도 점점 줄어들었는데, 실제로는 비정형화된 방법으로 개인의 방식에 맞춰 종교 활동을 하는 추세다. 동성애 역시 사회적으로 용인되는 방향으로 바뀌어가고 있으며, 2010년에는 군대 내 동성애자에 대한 인권 보호

가 인정됐다. 동성 결혼 역시 합법화되는 추세다.[18]

9. 확정급여형 퇴직연금은 감소하고, 개인퇴직계좌는 증가했다.

이전에는 국가적으로 혹은 직장 내에서 근로자의 복지 시스템을 책임지고 운영했지만, 최근에 들어서는 개인의 상황에 맞게 각자 은퇴 후나 노후 생활에 필요한 부분을 알아서 준비하는 분위기로 바뀌고 있다. 불과 얼마 전까지만 해도, 확정급여형 퇴직연금defined benefit pension의 혜택을 받기 위해 한번 입사하면 퇴직할 때까지 충성을 다하는 근로자가 많았다. 하지만 중대형 기업과 정부가 이런 퇴직연금 제도 규모를 축소하면서 1980년 전체 근로자의 84퍼센트가 가입했던 것에 비해 2009년에는 32퍼센트로 가입률이 현저하게 줄었다. 소기업 근로자의 경우 감소율이 좀 더 적게 나타나긴 하지만 상황은 마찬가지다. 1990년에는 가입률이 20퍼센트였던 데 반해, 2009년에는 9퍼센트밖에 되지 않는다. 퇴직연금의 감소는 401K*의 형식으로 개인퇴직계좌를 준비하는 사람들이 더 많아진 데에서 기인한다. 따라서 근로자는 퇴직연금에 대한 손해 없이 이직할 수 있게 됐고, 자신의 퇴직 준비에 더 적극적으로 나서기 시작했다. 또한 근로자가 자신의 건강 보험이나 의료금의 부담 등을 선택하는 '카페테리아 플랜cafeteria plan'†의 등장 역시 이 같은 변화를 이끌었다.[19]

　요컨대 지금까지 다룬 사회적 속성의 9가지 주요 변화는 북미와 유럽 사회의 사회적 유연성이 더 커졌음을 보여준다. 현대 사회는 전통적인 이

---

* 미국의 근로자 퇴직소득보장법의 401조 K항에 규정돼 있기 때문에 붙여진 이름이다. 이 제도의 혜택을 받으면 근로자와 기업주는 일정 한도 내에서 소득 공제와 투자 수익에 대한 비과세 혜택을 누리면서 연금을 개인퇴직계좌에 적립하고 은퇴 후에는 낮은 소득세율로 인출할 수 있다. - 옮긴이

† 선택적 기업복지제도를 뜻한다. 음식점에서 자신이 원하는 음식을 선택하듯이, 기업이 제공하는 복리후생 항목 중 일정 금액 한도 내에서 근로자가 자신의 필요에 맞춰 복리후생 항목을 선택할 수 있게 하는 제도 - 옮긴이

웃, 지역, 국가, 인종, 성별 등에 따른 경계를 낮추고 개인을 중시하는 모습으로 변모했다. 사람들은 더 멀리, 다양한 지역을 여행할 수 있으며 또 많은 사람과 소통하고 정보를 찾을 수 있다. 이는 유연하고 유동적이며 분절된 사회 체계를 향한 움직임이자 소셜 네트워크, 인터넷, 모바일 가용성의 3대 혁명 단계를 마련하는 데 일조했다. 또한 이런 변화는 경계가 명확하고 유리되어 있으며, 동질적 집단으로부터 네트워크화된 개인으로 변화한 원인이자 결과라는 점이 이 책의 핵심이다.[20]

집단이 아닌 네트워크

전통적으로 사회를 분석하는 이들은 이분법적인 관점으로, 사람들을 집단 안에서 서로 연결되어 있는 존재, 혹은 자율적인 개인으로 인식했다. 이런 이분법적 틀에서 이해하기 쉬운 인간의 성향은 제한적이기 때문에 네트워크화된 개인으로의 변화는 대체로 간과됐다. 그리고 1960년대에는 집단 기반의 순응에 대한 반문화적 혹은 반체제적 거부가 팽배했으며, 이 기본 틀에 맞춰 짜인 사회 프레임워크는 현대까지 이어졌다. 말비나 레이놀즈가 1962년에 만들고 피트 시거가 불러 유명해졌으며 2005년 TV 시리즈인 〈위즈〉의 주제곡으로도 쓰인 'Little Boxes'는 이 같은 상황을 잘 정리한 노래다. 사람들은 같은 지역에 사는 이웃, 직장 동료, 조직 내 사람하고만 관계를 맺어 집단을 이루고, 마치 자신이 속한 작은 사회가 전부인 것처럼 생활하며 집단 내 구성원이 아닌 사람을 배척했다. 그 당시 사람들의 특징은 다음과 같다.

- 주로 밤이나 주말, 온 가족이 모이는 '가족 시간'을 매우 중시한다.
- 미국 TV 드라마인 〈위기의 주부들〉의 위스테리아 마을처럼 이웃으로 모여 산다.

- (1980년대 TV 쇼인 〈치어스〉에서 등장하던 식으로) '모두가 서로의 이름을 아는' 술집, 바, 커피숍 등에서 어울린다.
- 교회나 볼링 클럽, 학부모회 등 지역 조직에 소속돼 활동한다.
- 전통적인 상하관계를 바탕으로 하는 사무실이나 공장 등에서 근무한다.

이와 같은 모든 집단은 경계가 명확해 가입과 탈퇴가 매우 분명하다. 또한 군대, 부모와 자식 사이, 목사와 교인, 고용주와 고용인들의 관계처럼 전통적인 수직 구조로 움직이는 내부 조직을 갖는다. 기존 연구자들은 이같은 작은 사회에서의 상호작용은 대개 한 번에 한 집단에서만 일어난다고 생각한다. 그렇지만 〈매시Mash〉라는 텔레비전 연속극의 광팬들이 알고 있듯 서기관인 레이더 오라일리Radar O'Reilly 상등병은 부대를 하나로 묶는 개인이다.

여전히, 사람들은 집단에 속해 있다고 생각하고 싶어 한다. 그게 쉽기 때문이다. "난 몇몇 사람들과 어울리며 이따금 볼링을 치러 다니면서 교류를 가져. 모임 사람 몇 명하고 다른 사람들을 모아서 한 달에 한 번 토요일 밤에 모여 클럽에 가서 놀기도 하고 말야."보다는 "난 퍼트넘 볼링 클럽에 속해 있어."라고 말하는 편이 쉽다. 한마디로 '집단'이란 누구에게든 타인과의 관계를 정의하는 데 우선적으로 떠올리는 고정관념과도 같다.[21]

물론 '집단'이라는 개념을 우선적으로 떠올리는 데에는 타당한 이유가 있다. 첫째, 일반적으로 집단 내에서 어느 한 사람이 집단 내 구성원 중 누군가에게 도움을 요청한다고 해서 곧바로 부탁을 받은 당사자가 요청을 들어줄 거라 생각하지는 않는다. 그보다는 집단 내 누구든 "도와줄 상황이 되는 구성원이 도와주겠지."라고 생각하는 경향이 있다. 폐쇄적 집단에서 상호 도움은 일종의 규범norm이 된다. 서로 도움을 요청하고 들어주는 관계로 발전하기 때문이다.

둘째, 집단 내 주요 구성원은 집단의 '소속감'을 강조해 구성원들 간 유대를 높이고 집단 규칙을 준수하도록 이끄는데, 프랑스의 사회학자 에밀 뒤르켕은 이런 형태를 '기계적 연대mechanical solidarity'라 칭했다.[22] 예를 들어, 미국에서 주류 시장에 편입하기 위해 온갖 모험을 무릅쓰는 유색인종 사업가는 자신과 같은 모국인 집단으로부터 민족 자긍심이 없다는 이유로 되레 비난을 받는 일이 종종 일어난다. 이렇듯, 집단은 분명 사회적인 든든한 버팀목이 되기도 하지만, 반대로 기회를 제한하기도 한다.

셋째, 인간은 자신의 가정, 직장, 커뮤니티에서 뭔가 경계가 불분명하고 항상 변화하는 관계보다는 소규모의 안정된 집단에 속했다는 소속감에 편안함을 느낀다. 조사 결과, 사람들에게 "어느 모임에 속해 있나요?"라고 질문하면, 비슷한 형태의 답변이 돌아온다. 반면 "가장 가깝게 지내는 사람은 누구예요?"라고 질문했을 때에는 사람마다 응답한 관계의 종류가 매우 다양했다. 사람에 따라 현재 처한 상황이나 속해 있는 사회적인 분위기가 다르기 때문이다.

선진국 사회는 경계가 명확한 집단을 중심으로 돌아가지 않는다. 가족을 이루는 가족 구성원이든(6장), 같은 커뮤니티에 속한 구성원이든(5장), 직장 내 동료든(7장) 상관없이, 사람들은 각자 서로 다른 목표와 스케줄을 중심으로 살아간다. 현대인들은 항상 같은 구성원들과 볼링을 치거나 커피숍에 앉아 어울리지는 않는다. 상황에 따라 어울리는 사람들이 바뀌며, 모임의 구성원 역시 달라진다. 직장에서도 근무하는 팀이 계속 바뀌며, 사무실을 떠나 근무하는 경우도 종종 있다. 일방적으로 정보를 제공받는 입장이 아니라(9장) 스스로 컨텐츠와 정보를 생성해내기도 한다(8장). 사람들은 집단과 페이스북 인맥을 넘어 항상 유동적으로 변화하는 네트워크에서 살아가는 것이다.[23]

2010년 2월 10일, 구글이 지메일 사용자들에게 버즈Buzz 서비스를 제공하면서, 사람은 누구나 하나의 집단에 속해 살아간다는 잘못된 고정관념이 산산이 부서졌다. 페이스북의 연결성과 트위터의 마이크로블로그적인 특성을 적당히 섞어놓은 듯한 웹 응용프로그램인 버즈는, 메일 계정을 통해 자주 연락하는 사람들을 개인의 버즈 네트워크로 엮게끔 유도했다.[24]

그런데 이런 과정에서, 구글은 두 가지 중대한 실수를 저질렀다. 첫째, 구글은 사람들이 모두 하나의 집단에 속해 있으며 누구나 자신이 속한 그룹을 좋아한다고 생각했다. 둘째, 이 같은 개인의 집단 정보를 공개하게 했다.

모든 진실이 폭로됐다. 양다리를 걸쳤던 바람둥이들은 그날로 모든 파트너에게 이별을 선고받았다. 머릿속으로만 그리던 로맨틱한 관계가 실망스런 모습으로 눈앞에 펼쳐지기도 했다. 가정폭력에 시달려 이혼을 하고 새 삶을 찾은 해리엇 제이콥스라는 여성은 버즈 때문에 생각하기도 끔찍한 전남편에게 연락을 받았다.[25] 서로의 삶을 속속들이 들여다보며 단순하게 살아가는 이전 시대의 마을과는 달리, 현대인의 사회는 각자 다른 소셜 네트워크를 중심으로 세분화돼 있다. 그리고 이렇게 세분화된 자신만의 네트워크가 서로 겹치거나 영향을 주지 않도록 노력한다.

인터넷의 속도만큼이나 구글 버즈 사용자들의 분노는 빠르게 확산됐고, 버즈는 순식간에 미국 트위터의 상위 10 인기 토픽으로 꼽혔다. 구글은 버즈를 서비스하기 전에 구글 내 직원들에게 베타 테스트를 했으나, 그 당시에는 이런 문제가 생길 거라 예상하지 못한 탓에 적잖이 당황했다. 결국 버즈는 서비스를 시작하고 이틀 만에, 사용자들이 관계를 맺고자 하는 사람을 직접 선택하게 하는 기능을 추가해 배포했다.

버즈의 제품관리자인 토드 잭슨은 "구글은 사용자 여러분이 불편함을 겪으신 데에 대해 매우 죄송하게 생각하며 이런 불편에 대한 여러분의 의견을 전적으로 존중합니다."라고 발표했다. 구글은 버즈 서비스로 인해 사생활을 침해 당한 사용자들에게 집단 소송을 당했으며, 보상금으로 850만 달러를 지급해야 했다. 어쩌면 2010년 2월 16일 구글의 CEO 에릭 슈미트가 "사생활을 공개하게끔 한 버즈의 기능이 정말로 나쁘다고 생각하지는 않는다."라고 한 말이 집단 소송의 도화선이 됐는지도 모른다. 게다가 슈미트는 "남들에게 알리고 싶지 않은 것이 있었다면, 애초에 하지를 말았어야 하지 않을까요."라고 덧붙여, 자신이 속한 네트워크에 따라 다른 모습을 보이고 싶어하는 사람들의 마음을 완전히 무시하고 말았다. 이에 미 연방 거래위원회[FTC]의 파멜라 존스 하버는 구글이 '무책임한 행동'을 보였다며 반대 의견을 피력했다.[26] 결국 구글은 완전한 사생활 보호 프로그램을 만들 것을 요구하는 FTC의 권고를 받아들였다. 이 프로그램에는 구글이 향후 20년 동안 자사의 사생활 관련 관행을 자체적으로 감사하도록 요구하는 내용이 담겼다. 이 사건은 미래에 발생할지 모르는 사생활 침범을 예방하는 시스템을 구축하게 하는 등 FTC가 기업에게 추후 조치를 지시한 최초의 사례로 기록됐다.[27] 구글은 2011년 12월 버즈 서비스를 종료하고 단점을 보완한 구글플러스[Google+]를 발표했다.

구글의 경영진 역시 일반인들과 마찬가지로 세상을 '집단'이라는 관점으로 바라본 것이다. 구글 자체가 네트워크를 바탕으로 일어선 것인데도 불구하고 말이다. 네트워크 사회는 경계가 불분명하고 타인과의 상호작용이 활발하며, 개인이 여러 네트워크에서 활동하는 반복적이고도 재미있는 특징을 보인다. 집단에서 네트워크로 이동했다는 변화의 흔적은 어디서든 볼 수 있다. 국제 간 경제, 정치 교류의 상황만 하더라도 예전의 배타적인 모습이 많이 사라졌다. 기업 내 구조도 어떤 특정 규약을 따르는 획일화된 모습보다는 좀 더 다양하고 복잡해졌으며, 직원들은(특히 관리자급 이상) 한 명이 아닌 여러 상관, 심지어 동료 간에도 서로의 업무를 상의하고 경과를 보고한다. 다양한 사회 변화를 표 2.2에 정리했으니 참고하길 바란다.

표 2.2 집단에서 네트워크로: 비교 분석

집단 중심의 사회	네트워크화된 개인주의
집단 간의 연락	개인 간 연락
집단 연락	집단 구성원 개인끼리 연락
이웃 커뮤니티	다양한 커뮤니티
지역 기반	지역에 제한 받지 않음
볼링 클럽	네트워크에서 만난 볼링 치는 친구
동성끼리	성별 무관
혈연관계 혹은 태어나면서부터 거주하는 지역 이웃	개인의 취향에 따른 자발적인 친구 사이
강력한 사회적 통제	사회적/네트워크간 통제가 거의 없음
집단 내 사회적 자본의 스펙트럼이 매우 넓음	특화된 사회적 자본을 찾고자 다양한 노력을 기울임
집단 간 경계가 분명함	경계가 뚜렷하지 않음
오락 목적인 집단 활동	오락을 함께 즐길 친구들끼리 모인 네트워크
공공장소	사적인 장소 혹은 온라인
게시판	페이스북, 트위터
직장 단위	네트워크화된 조직
경제적 자립	세계화, 아웃소싱

출처: 배리 웰먼, 2011년

네트워크의 특징은 아리스토텔레스가 이야기한 "세상은 집단으로 이뤄졌다."라는 생각과 칼 폰 린네가 창안한 "모든 집단은 작은 집단으로 세분화된다."와 같은 통념을 벗어나야 진정으로 이해할 수 있다.[28] 사물을 여러 관점으로 바라보고 표현한 현대 미술의 대표인 피카소의 작품을 떠올려보자. 과학 분야에서도 마찬가지다. 원자는 마치 하나의 작은 태양계처럼(전자는 원자핵과 중성자 주위를 돈다) 표현됐다. 하지만 네트워크의 관점으로 원자를 바라본 과학자는 원자의 구성요소 간 상호작용을 고민했고, 이런 고민은 곧 양자물리학의 발전으로 이어졌다. 이제 우리는 원자 구조를 생각할 때, 다양한 입자들 간의 상호 작용과 연결 구조 등을 떠올린다. 태양계의 개념도 변했다. 이제는 천문학자조차 '9개의 행성이 태양 주위를 돈다.'는 의견에서 한 발 물러났다. 명왕성은 미행성으로 강등됐으며, 그 외 태양계에 진입하는 여러 운석, 미행성 등을 수없이 관찰한다. 태양계 외의 은하계를 발견하고, 심지어 이런 은하계가 평행 우주 이론과 맞닿아 있다고 생각하기도 한다.[29] 리차드 르원틴Richard Leowontin과 같은 생물학자는 "유기체는 다양한 물질이 주고받는 상호작용의 결과물"이라 주장한다.[30] 과학자들은 고속도로나 인터넷과 같은 복잡한 시스템을 이해하는 데에는 '네트워크적인 관점'이 가장 중요하다는 사실을 깨달은 것이다.

네트워크 안에서 사는 우리

사람들은 자신이 독립적으로, 환경이나 타인의 영향을 받지 않고 결정을 내린다고 생각한다.[31] 자신을 프리 에이전트라 생각할지는 모르겠으나, 실상은 네트워크 내 구성원, 광범위하게는 자신이 생활하는 주위 환경의 영향을 매우 많이 받는다.[32] 신경심리학자인 크레이그 킨슬리는, (집단과 네트워크를 굳이 구분해서 이야기하진 않았지만) 인간은 선천적으로 사회적인 상호작용을 갈망한다고 말했다.[33]

네트워크는 눈에 보이지는 않지만 정보와 사회적 자본의 바탕이며, 중요한 부분으로 존재한다. 예를 들어, 사람들은 이사회의 임원들을 각 개인으로 구분해서 생각하기 쉽지만, 실제로는 임원들 간의 관계가 매우 중요하다. 한 걸음 물러나 생각해보자. 한 기업의 이사회 구성원들을 보면 같은 업계에 속한 각 기업 관련자들임을 알 수 있으며, 학연 등으로 서로 얽히고 설켜 있다. 한 연구에 따르면, 유럽의 주요 기업에 연관돼 있는 16명을 추렸을 때, 이들 간의 관계를 추적한 결과 총 216개 기업과의 연결고리가 생겨난다고 한다. 결국 얼마 안 되는 주요 인사들이 서로 정보를 교환하고 때로는 경제적인 도움도 주고받으며 사업을 이끌어나가고 있는 것이다.[34]

그 어떤 개인주의자도 이 세상을 혼자 살아갈 순 없다. 골프 스타인 타이거 우즈의 난잡한 외도 사실이 대중에게 밝혀졌을 때를 떠올려보자. 2010년 2월 19일 타이거 우즈는 기자 회견에서 다음과 같이 이야기했다.

"저는 지금껏 저만 생각했습니다…. 제가 원하는 것이라면 다 될 줄 알았습니다. 열심히 살았으니 제 주위를 둘러싼 수많은 유혹을 즐길 자격이 있다고 생각했습니다…. 제가 잘못 알고 있었습니다…. 세상의 기준은 모두에게 동일하게 작용합니다…. 저는 제 아내와 아이들, 어머니, 제 아내의 가족, 친구, 후원자들에게 상처를 줬고 저를 우상이라 생각한 전 세계의 모든 아이들에게도 상처를 줬습니다."[35]

정리하자면, 타이거 우즈는 자기 자신만 생각한 극도의 개인주의자였으나, 자신이 속한 여러 겹의 소셜 네트워크가 규정한 일종의 제약과 사회 기준을 벗어날 수 없다는 사실을 깨달았다.

건강 관리 역시 네트워크화됐다. 이제는 가족 주치의를 두는 것뿐만 아니라, 자신의 건강을 스스로 돌보려 하는 수많은 네트워크화된 개인에게도 힘이 실린다. 베벌리 웰먼은 사람들이 척추 통증을 느낄 때, 왜 전문의가 아닌 척추 지압사와 같은 사람을 찾아가는지 연구해봤다. 성별, 나이, 교육과 수입 수준은 배제하는 대신, 개인이 속한 네트워크를 중심으로 설문조사를 벌였다. 그 결과, 대규모로 확장된 네트워크에서 활동하는 사람일수록 대체의학 전문가를 찾아가는 비중이 높았다. 하지만 정보는 한정적이기 마련이다. 신뢰할 만한 친구나 친척이 척추 지압사에게 치료를 받아 완쾌했을 경우에만 자신도 척추 지압사에게 치료를 받았다.[36]

결론적으로, 사회는 모두 연관돼 있다. 인간은 그저 서로를 모르고 지나치는 모래알과 같은 존재가 아니며, 단 둘만 바라보고 사는 연인 관계도 아니다. 타인과의 관계는 단순한 사회 집단 내에서의 유대감을 넘어, 세분화된 수많은 네트워크를 형성하는 바탕이 된다. 따라서 전문가들은 이 같은 인간 관계가 네트워크 내에서 어떤 역할을 하며 서로에게 어떤 자원을 제공할 수 있는지에 초점을 맞춘다.

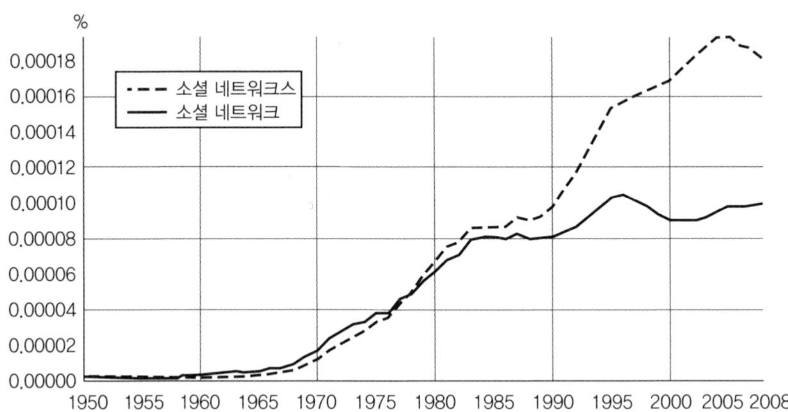

그림 2.13 '소셜 네트워크'와 '소셜 네트워크스'가 책에서 언급된 빈도가 높아짐
출처: 구글랩 북스 엔그램

네트워크 관점으로 바라보기

사회학자들은 세기에 걸쳐 '소셜 네트워크'를 모든 복잡한 인간 관계를 함축한 표현으로 사용해왔다. 1950년대까지만 해도, '소셜 네트워크'는 전통적인 개념인 '경계가 명확한 집단'(마을이나 가족 단위)과 성별이나 인종 등 개인으로서 구분하는 '사회적 범주'와 같이 조직적이며 자의식적인 관계 패턴을 표현하는 용어로 사용했다. 그러던 중 1960년대 중반에 들어서면서, 네트워크 내에서의 인간 관계를 좀 더 심층적으로 다루기 시작했다.[37] 그림 2.13은 이런 연구 트렌드를 구글 엔그램Ngram 프로그램으로 시각화한 자료다. 보다시피, 1950년부터 2005년 이후까지, '소셜 네트워크'와 '소셜 네트워크스Social networks'는 시간이 흐를수록(비록 수치가 높지는 않지만) 그 사용빈도가 높아졌다.[38]

'소셜 네트워크'는 사회적 관계를 가장 잘 표현하는 하나의 개념으로 자리 잡았다. 예를 들어, 직장에서든, 카페, 혹은 인터넷에서 사람들이 어울릴 때 이들은 집단 혹은 여러 개인이 모인 형태, 즉 소셜 네트워크의 울타리 안에 존재한다. 이런 관계를 그룹 관점에서 연구한 사람이라면, 집단

의 경계와 멤버십을 논한다. 하지만 이런 관점은 정치가들이 '커뮤니티'를 논할 때 저지르는 흔한 실수와 일맥상통한다. 정치가들은 해변에서 휴식을 즐기는 한 무리의 사람들을 보면서 그들이 서로를 아는, 말 그대로 함께 놀러 온 '무리'라고 착각한다. 어디에 있든, 사람들은 네트워크를 들락거리기 마련이며 그에 따라 네트워크는 여러 개의 작은 네트워크로 분리됐다 하나로 다시 합쳐지는 등 매우 복잡한 양상으로 변화한다. 그리고 또 어떤 관계는 네트워크의 경계를 넘어서기도 한다.

현대 사회의 가정과 직장의 모습은 이런 네트워크적인 관점으로 볼 때 더 이해하기 쉽다. 자세한 내용은 추후에 다시 살펴보자. 네트워크적인 관점이 무엇인지 가장 잘 보여주는 것은 국민 사회national society가 아닐까 싶다. 어느 나라든 국가 내 국민들의 상호작용 및 문화적 통합은 그 어느 때보다도 복잡하고 동적으로 변화한다. 미국의 남북전쟁 발발 원인이 된 남부 여러 주의 연방 탈퇴 사건이나, 캐나다의 퀘벡을 생각해보자. 오랜 시간 프랑스 국왕과 각 지역의 영주, 추기경이 여러 개로 쪼개진 프랑스 사회를 하나의 통일된 사회로 이끌어 나가려 어떤 노력을 했는지도 떠올려보자. 2011년 3월, 트리폴리타니아와 카레나이카로 나뉘어 시작된 리비아의 내전 사태는 또 어떠한가? 아직까지는 '사회'라는 용어를 이전 시대에서 사용하던 뜻의 연장선상에서 사용하고 있지만, '집단'의 관점으로 바라보기보다는 '네트워크'적인 관점으로 사회 내 개인과 집단, 그들 간의 관계를 분석해야 한다.

소셜 네트워크 관점으로 현대 사회의 인간 행동을 관찰하면 다음과 같은 의문점이 생긴다.

- 느슨하게 연결된 수많은 네트워크를 이끌어 나가는 사람은 어느 네트워크에 속한 어떤 사람인가?
- 사람들은 타인과 어떤 관계를 유지해 나가는가? 사랑이나 돈으로

얽힌 좁은 의미의 관계인가, 사랑과 돈으로 얽힌 좀 더 넓은 의미로 바라봐야 하는 관계인가? 아니면 단순히 아이를 맡기는 사람과 돌봐주는 사람의 관계인가?

- 이런 관계는 사람들이 살아가는 데 어떤 도움을 주는가? 관계와 관계는 어떻게 얽히는가? 뭉치고 흩어지는 이유는? 중심이 되는 사람과 주변 사람은? 애착을 보이는 사람과 대상은 누구인가?

- 이런 네트워크의 경계를 넘는 방법은 무엇인가? 네트워크로 들어오려는 사람들에게 호의적인가, 배타적인가?

- 각 소셜 서클과 관계를 맺고 적극적으로 활동하는 데 네트워크화된 개인주의가 도움이 되는가?

위와 같은 질문에 하나씩 대답하다 보면 흥미로운 문제에 관한 해답을 얻을 수 있다. 예를 들어, 켄 프랭크^{Ken Frank}와 함께한 웰먼의 연구에 따르면, 가족 전체의 성향과 분위기는 부모와 성인이 된 자식 간의 관계에 영향을 미친다고 한다. 사회과학자는 이를 두고 창발성^{emergent property}이라 부른다. 즉 (예를 들어) 두 사람 간의 관계만을 보고는 그 사람이 상냥한 사람인지 판단해서는 안 되는데, 이는 두 사람이 속한 네트워크의 성향이 두 사람에게 영향을 미치기 때문이다.[39]

네트워크는 행복이나 슬픔 등 인간의 감정과 혼합돼 양상을 달리하는 특성이 있으며, 소셜 네트워크 관점 역시 맥락을 같이한다. 사회과학자인 니콜라스 크리스태키스^{Nicholas Christakis}와 제임스 파울러^{James Fowler}의 연구에 따르면, 매사추세츠 주 프레이밍햄 심혈관질환 연구 참가자 중 15퍼센트 정도는 행복한 사람들과 가깝게 지낼 때 본인 역시 행복감을 느끼는 것으로 나타났다. 행복한 사람은 행복한 사람끼리 어울린다는 뜻으로 해석할 수 있는데, 이는 창발성으로 해석할 수도 있다. 즉 친구가 행복하다면 그 친구와 함께하는 나도 행복감을 느낀다고 할 수 있으며, 심혈관질환 연구 참가자 중 위에서 이야기한 15퍼센트와 추가 10퍼센트 정도는 옆에 있는 사람이 행복하다면 본인도 행복할 것이라고 응답했다. 또한 친구의 친구가 행복해도 영향을 미치는 것으로 나타났다.[40] 한편, 친구가 우울하다면 본인 역시 우울한 감정에 빠질 것이라 조사됐다.[41]

크리스태키스와 파울러는, 사람은 자신의 흡연, 비만, 음주 정도 등 성향이 비슷한 사람들과 어울린다는 네트워크 현상을 연구해 보고했다.[42] 따라서 불행(행복)을 다른 사람들과 함께 나눔으로써 만족을 얻는다는 생각(동병상련)은 시간이 흐르면서, 다른 사람과 함께 함으로써 불행(행복)을 나눈다는 생각으로 바뀐 셈이다. 행복, 불행, 식습관 등은 함께 하는 사람에게 전염되며, 그러면서 비슷한 환경에 노출된 비슷한 성향의 사람들끼리 모이기 마련이다(유유상종). 크리스태키스의 동료인 데이먼 센톨라^{Damon Centola}는 유익한 활동을 함께 하고자 하는 여러 집단이 곧 네트워크와 네트워크를 잇는 다리 역할을 하기 때문에 이 같은 현상이 나타난다고 주장했다.[43]

크리스태키스와 동료 연구진의 연구 중 가장 놀라운 연구는 네트워크로 연결된 사람들은 유사한 유전적 표지^{genetic marker}를 갖는다는 결과다. 당연히 유전자는 사람들이 네트워크 안에서 서로 연결을 맺기 전에 자신의 조상에게 물려받은 것이다. 이 연구 결과는 웰먼의 넷랩^{NetLab}이 초창기에 실시한 군거성^{gregariousness}에 관한 연구에서 대규모 네트워크의 구성원이 소규모 네트워크의 구성원보다 훨씬 협동심이 강하다는 사실을 봐도 알 수 있다. 일부 학자들은 크리스태키스와 파울러의 연구는 통계적 모형이 정확하지 않으므로 결과가 다소 과장됐다고 지적하기도 한다.[44]

소셜 네트워크 관점의 발전

사람들의 사회적 행동 양상에 대한 연구와 관점의 변화는 곧 네트워크화된 개인주의로의 변화를 이끌었다. 소셜 네트워크 분석가는 사람을 각 개인을 중심으로 보거나 집단 행동을 하는 사회적인 집단으로 보기보다, 사람 간의 관계가 서로에게 어떤 기회를 제공하며 어떤 방식으로 행동을 제약하는지에 집중한다. 즉 네트워크 관점은 사회와 사회, 인간과 인간의 관계를 이론적으로 분석하는 일종의 체계화된 방법을 제시한다. 소셜 네트워크적인 분석 방법은, 탈농脫農, rural-urban migrant을 거치면서 변화한 인류학적 관점과 원거리 커뮤니티의 등장, 국제 간 교류 증가, 페이스북 등 매우 다양한 분야의 이론과 현상을 바탕으로 한다.

소셜 네트워크적인 분석 기법은 인간과 조직의 행동 패턴이 사회에 어떤 영향을 미치는지 조사함으로써 광의적인 사회 패턴을 연구한다. 세상을 바라보는 새로운 관점이 등장한 셈이며, 이 새로운 눈은 천체물리학, 유전학, 원자물리학, 영문학에까지 영향을 미친다. 그리고 이런 다방면의 변화는 관계의 패턴이 결국 개개의 행동에 영향을 끼친다는 사실로 귀결된다. 그건 밤하늘의 별일 수도 있고, 말, 유전자, 원자, 인간, 기업, 국가, 그 어떤 것이 될 수도 있다. 사회학자 버니 호건Bernie Hogan은 다음과 같이 이야기했다.

성격, 인종, 성별과 같이 인간 관계에 드러나는 특정 패턴은 매우 중요하다… 네트워크는… 개인이 기회와 제약 조건을 탐색해, 개인의 존재와 사회에서 제공하는 기회, 제약 등이 별개가 아닌 서로 연관된 것임을 설명한다. 예를 들어, 정치계의 거물을 만나거나 후원자를 만나지 않고, 스스로 고위 당직자에 오르기란 여간 힘든 일이 아니다.[45]

뿌리를 찾아서 - 게오르크 짐멜

소셜 네트워크 혁명은 수년 동안 이뤄져 근래에 결실을 맺었다. 한 세기 전, 네트워크 혁명이 시작된 당시로 돌아가보자.

독일 출신의 사회학자 게오르크 짐멜[Georg Simmel](1858-1918)은 네트워크 관점을 최초로 주장했으며, 이 관점을 산업 혁명 이후의 격변한 사회에 적용해 분석했다. 짐멜은 인간의 삶, 특히 도시인의 삶은 유동적 양식의 네트워크라고 이야기했다. 페르디난드 퇴니스[Ferdinand Tönnies](1855-1936)는 이 같은 짐멜의 주장을 반박한 인물로, 19세기 말 산업화와 관료화, 도시화에 따라 독일 마을의 집단 연대의 실종을 한탄했다. 퇴니스는 공동체 연대는 온데간데 없으며, 비인간적인 관계로 가득한 조직과 도시인들이 독일을 뒤덮었다고 비난했다.[46]

하지만 퇴니스는 계약으로 맺어진 관계(개인주의)가 집단(마을)을 중심으로 하는 사회의 모든 관계를 잠식해나갈 것이라는 이분법적인 사고를 하는 큰 실수를 저질렀다. 반면 짐멜은 네트워크화된 도시에 대한 찬사를 담은 〈대도시와 정신적 삶〉 기고문을 발표했다.[47] 짐멜의 네트워크적인 관점은 반유대주의가 지배적이던 당시 독일에서 유대인으로 살아가는 본인의 처지를 바탕으로 한다. 천재적인 학자로 유명해졌음에도 불구하고, 짐멜은 대학에서 종신교수직을 받을 수 없었다. 교수협회 구성원조차 될 수 없었던 그는, 특정 집단에만 몸담고 활동하는 사람보다는 여러 다른 집단을 연결하는 주변인의 삶에 초점을 맞췄다. 그리고 노동분업에 따른 타인의 상호보완적 활동에 의지하는 당시 사회에서, 사람들은 어떻게 개인의 삶을 영위해 나가는지 고민했다.

짐멜은 동시대의 인간을 네트워크화된 개인으로 바라본 최초의 인물로, 세 사람이 무리를 지어 있을 때와 두 사람만 있을 때 개인의 행동과 타인과의 관계가 어떻게 다른지 비교 분석함으로써 인간의 네트워크가 어떤 작용을 하는지 증명했다. 단 반드시 세 사람(두 명으로 이룬 집단과 타인 한 사람도 가능)이어야 했다.

게다가 한 개인이 두 사람에게 접근했을 때, 본래 있던 두 사람의 상호 작용에는 제약이 있었다. 두 남자가 한 여성에게 동시에 관심을 보인다고 하자. 누구든 두 명만 있었다면, 한 사람이 그 자리를 떠나는 즉시 상호작용은 끝이 난다. 하지만 세 번째 사람이 있다면, 한 명이 떠나면 그 사람의 존재만 사라질 뿐, 남은 두 사람 간의 상호작용은 계속된다. 세 명 중 관계를 완전히 끊어낼 사람은 아무도 없다.

냉전 시대가 불러온 소셜 네트워크적인 사고

짐멜의 주장에도 불구하고, 1960년대에 이르기까지 소셜 네트워크 관점은 그리 발달하지 못했다. 드디어 냉전 시대의 막이 오른 1960년대, 집단사고를 줄이고 국가 간 개방의 문이 열리기 시작하는 당시의 시대정신^{zeitgeist}에 따라, 사회과학 분야 연구가 활발해지기 시작했다. 점차 쇠퇴되어가는 식민주의와 시골에서 도시로 급증해 이동하는 이주자들로 인해, 1950년대와 1960년대에 저개발국가에서의 사회과학 분야에 대한 충성도는 유동적이었다. 또한 미국과 영국 정부는 아프리카와 아시아, 남아메리카 국가의 정치적(이념적) 성향을 걱정했다. 국가의 전통적인 사회 체계에 불만 없이 조용히 살아가는 국민들일수록 공산주의자의 정치 활동에 넘어가 공산주의화되기 쉽다고 판단했기 때문이다. 즉 사회적으로 제어할 수 있는 집단이 제약 없는 개인주의로 변화해나가는 과정에서 정치적인 격동이 일어나리라 생각했고, 이런 상황은 사회과학자들의 연구를 부추겼다.[48]

수많은 사회과학자들의 연구는 흥미롭게도 하나의 결과로 모아졌다. 저개발 국가는 무너지지 않는다는 것이다. 시골에서 도시로의 이동이 심화된다고 해서 커뮤니티가 사라지지는 않았다. 단지 분리되어 고립된 사람이 몇몇 있을 뿐이다. 하지만 새로 개발된 도시의 모습은 이전 지방 사회, 즉 이웃끼리 서로 속속들이 알며 동네 이장을 중심으로 모이는 마을 중심의 사회와 현저히 달랐다. 도시로 모인 사람들은 사회학자들이 '소셜 네트워크'라 부르는 양상을 보였다. 그들은 이사오기 전 지방의 이웃들과도 연락했으며, 현재 근무하는 직장, 현재 주거하는 동네의 이웃, 협력사 등의 사람들과 관계를 맺었다. 지방 소도시, 시골 마을 중심의 관계를 넘어 광범위한 사회를 아우르는 좀 더 유동적인 새로운 소셜 구조가 탄생한 것이다.

네트워크에 대한 연구는 역시 서방 국가를 중심으로 이뤄졌다. 인류학자인 엘리자베스 보트Elizabeth Bott는, 1950년 대 영국의 노동 계급인 부부가 다른 부부와 달리 여가 시간을 함께 보내는 이유를 연구하면서 유명세를 탔으며, 당시 가장 유명한 소셜 네트워크 분석가로 이름을 떨쳤다. 보트의 연구 결과는 수입이나 나이와는 상관이 없었다. 그보다는 여성의 사교 네트워크에 큰 비중이 있었다. 즉 자신의 딸이나 자매들과 사이가 좋은 여성일수록 남편과 함께하는 시간이 적었으며, 사이가 좋지 않은 여성일수록 남편과 여가 시간을 보내는 경우가 많았다.[49]

1960년대, 도시로의 이동이 증가하던 미국 사회에서도 비슷한 일이 벌어졌다. 시민 권리 운동, 도심 내 흑인들의 빈곤층 증가, '작은 사회'로의 순응을 거부하는 학생 운동과 같은 세 가지 변화가 몰려온 것이다. 당시 미국 정부는 미국 사회와 단절돼 소외돼 있는 사람들이 폭동을 일으킨다고 믿었으며, 이런 신념은 냉전 시대를 야기한 두려움과 유사한 믿음이었다. 사회 과학자인 조 피긴Joe Feagin과 할란 한Harlan Han은 이런 신념에 반대하는 주장을 내세웠다. 교도소 수감자들을 상대로 인터뷰를 진행한 결과, 사회의 물의를 일으키는 사람들이 단순히 소외되고 버림받은 도심 빈민층이 아니란 사실이 밝혀졌기 때문이다. 즉 개인주의적인 설명은 더 이상 유효하지 않았다. 수감자들은 지역 사회에서 꽤 지위가 있는 사람들이었으며 친구들도 많았고, 사회 정의에 관심이 많은, 그저 '사회에 물의를 일으키는 부랑자 같은' 이미지를 보일 뿐이었다. 실제로 당시에는 인맥이 넓고 지역 내에서 명망이 있는 사람일 경우 자신의 목소리를 높여 사회적으로 폭동을 일으킬 가능성이 높았다.[50]

한편, 미국 도시 연구가인 허버트 건스Herbert Gans와 엘리엇 리보우Elliot Liebow, 캐롤 스택Carol Stack 등은 도시 생활이 인간에게 얼마나 유익한지 증명하는 연구를 펼쳤다. 리보우의 경우 도시에 모여 살면 가난한 자는 도심에 모여든 부유한 자의 도움을 받기가 쉽다고 이야기하면서도, 상대에 대한 의존도가 클수록 관계는 긴장될 수밖에 없다고 덧붙였다. 수디르 벤카테시의 『괴짜사회학』(김영사, 2009년)은 이런 리보우의 주장의 연장선상에 있다. 벤카테시는 이 책을 통해서, 부자들을 위한 고층 빌딩을 짓기 위해 시카고 주가 소위 '도시 재개발'이라 부르는 계획하에 어떻게 저소득층의 주택단지를 허물어 그들의 보금자리를 빼앗고, 이런 상황에 사회적 지원 구조는 어떻게 얽히고 설켜 있는지 낱낱이 고발한다.[51]

냉전 시대의 시작이자 사회적으로도 급변하던 1960년대는 소셜 네트워크 관점의 세 번째 포인트를 제공했다. 저개발 국가 국민들은 지방에서 도시로 생활권을 옮긴 것과 동시에 매우 높은 출산율을 보였다. 먹여 살릴 입이 늘었으니 가정의 빈곤은 심화되었고, 인구는 늘어 도시 생활에 대한 불만은 더해졌다. 결과적으로 서방 국가의 수많은 정책입안자들은 저개발 국가에게 산아제한 정책을 도입해 출산율을 낮출 것을 권했다. 이 과정에서 2단계 유통 모델two step flow of communication*이 등장했다. 2단계 유통 모델이 등장하기 전까지는 일반적으로 신문, 잡지, 라디오, 텔레비전과 같은 매스미디어, 즉 1단계 유통만으로 마케팅이 이뤄졌다. 하지만 이렇게 전달된 메시지는 사람들 사이에서 회자되지 못했다. 그리하여 1950년대, 학자

---

* 매스미디어로부터의 정보나 영향력을 곧바로 수용 대중에게 흐르는 것이 아니라, 사람의 입을 거쳐 다시 대중에게로 흐른다는 커뮤니케이션 모델 – 옮긴이

들은 '혁신의 확산diffusion of innovation'을 연구하기 시작했다. 혁신의 확산이란, 어떤 정보(혁신)가 시간을 두고 네트워크(사회 체계) 내에서 가장 발 빠르게 움직이는 사람 혹은 다른 네트워크를 연결하는 연결자의 입(특정 채널)으로 확산되는 과정을 일컫는 말이다.[52] 당시 정책입안자들에게 가장 이슈가 되는 문제였던 저개발 국가의 산아제한 정책을 비롯해, 의료 개혁, 에이즈의 확산, 비밀조직 염탐, 특정 브랜드의 운동화를 광고하는 유명인까지, 혁신 확산의 개념과 1단계 유통 모델이 합쳐져 탄생한 2단계 유통 모델은 어디 한 곳 적용되지 않는 데가 없었다.[53]

인터넷이 도입되기까지의 이야기는 긴 세월 학자들이 관찰한 사회의 단계별 적용 패턴과 명확히 들어맞는다. 우선 그 첫 번째는 '혁신 수용자innovator' 단계다. 사회의 극소수에 해당하는 어떤 이들은, 항상 신기술을 받아들이고 개선해 무언가 새로운 제품이나 서비스를 개발하려 노력한다. 개인용 컴퓨터를 처음 사용하기 시작했으며, 인터넷이 존재하기 이전부터 초창기 온라인 커뮤니케이션 서비스를 개발해 사용한 이들이 바로 이 부류에 속한다. 2단계는 '조기 수용자(얼리어 답터early adopter)'다. 얼리 어답터들은 대중에게 공개된 아이디어나 제품, 서비스를 곧바로 수용해 문화를 이끌어나간다. 세 번째는 '전기 다수 수용자early majority' 단계다. 새로 출시된 제품이나 서비스가 자신에게 가치 있다고 판단한 후에 기꺼이 수용하는 부류로서, 웹을 볼 수 있는 브라우저와 검색 엔진, 화려한 인터페이스 등이 모두 개발된 후에 인터넷을 사용하기 시작한 사람들이 여기에 속한다. 4단계는 '후기 다수 수용자late majority'다. 이 부류에 속한 사람들은 대중적으로 널리 사용돼 그 가치와 특징이 인정되기 전까지는 무언가를 수용하기 꺼려 하는 특징이 있다. 예를 들어 인터넷과 휴대폰 사용이 대중화되어 이런 새로운 기술을 처음 접하는 사람이라도 별다른 어려움 없이 받아들일 수 있는 현재 상황에 이르러서야, 이런 디바이스를 사용하겠다고 결심한다.

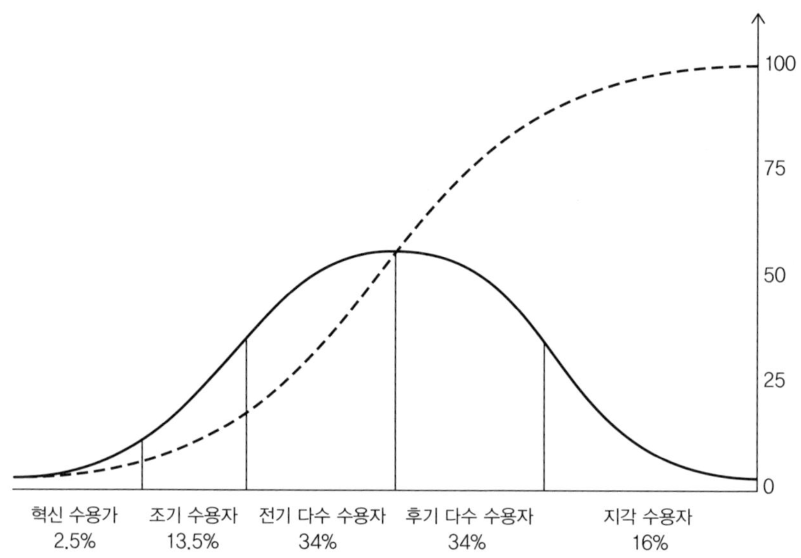

그림 2.14 혁신 확산 5단계에 해당하는 인구 비중
출처: 위키피디아 '혁신의 확산'

마지막은 '지각 수용자laggard'다. 이들은 변화에 관심이 없다. 21세기에도 인터넷과 휴대폰을 사용하지 않는 북미의 아미시Amish 마을이 이런 부류에 속한다.

미국의 경제학자 에버렛 로저스Everett Rogers는 혁신 확산 연구의 선구자 중 한 명이다. 그림 2.14에서 보는 바와 같이, 확산의 5단계에 해당하는 각 부류의 사람들을 따져본 결과 종 모양과 같은 곡선이 그려진다. 이 곡선이 알파벳 S와 같을 경우에는, 혁신이 확산되는 속도는 느리지만 한 번 수용되면 그 속도가 빨라져서 마지막 5단계에 이르면 수용 속도가 다시 느려진다. 어쨌든, 정보든 혁신이든 언제나 같은 속도로 확산되지는 않는다.[54] 여러 종류로 이뤄진 네트워크는 그 구성인의 성향이나 배경 등이 매우 다양하므로 확산 속도를 늦춰 충돌을 미연에 방지하는 경향이 있다. 예를 들어, 남자 초등학생은 여자 초등학생과 잘 어울려 놀지 않는다. 다른 성별 간의 우정이 천천히 싹트기는 하지만, 기본적으로 남학생과 여학생은 가십을 전하는 데 서로 다른 채널을 쓰기 때문이다.[55]

　그렇다면 네트워크 내 핵심 영향자는 어떤 사람일까? 일반적으로 네트워크 중심에 위치해 서로 밀접하게 연관된 일부 사람들에 의해 아이디어나 정보, 혹은 질병이 확산되는 경우가 대부분이다. 하지만 한편으로는, 서로 다른 사회(네트워크)의 문화와 기술을 받아들이는 데에는 비교적 네트워크 내에서 영향력이 적은 주변인이 중요한 역할을 하기도 한다.[56]

소셜 네트워크의 구성

소셜 네트워크 분석가들은 지금까지 이야기한 여러 종류의 인간 관계로 이뤄진 네트워크를 바탕으로, 정보, 돈 혹은 사랑 등이 유통되는 패턴을 분석해 이 패턴이 네트워크에 속한 개인에게 어떤 영향을 미치는지 알아냈다. 이때, 일반적인 친구 사이부터, 원수지간, 금융 거래를 하는 관계, 웹 링크 등 하나 혹은 다수의 관계로 구성된 여러 네트워크를 대상으로 했다. 네트워크의 특징을 결정짓는 요소는 다음과 같다. 우선 (1) 감정적인 유대 혹은 동료애를 느낄 수 있는 관계를 제공하는 관계의 '질', (2) 얼마나 자주 교류하며 어느 정도의 유대감을 느낄 수 있는지 알 수 있는 '양', (3) 네트워크 내 다양한 관계를 일컫는 '다중성', (4) 도움을 주고 받는 데에 따른 관계 간의 '균형'이 바로 그 중요 요소다. 또 한 가지, 네트워크는 그 규모에 따라서도 성격이 달라진다. 네트워크란 수천만의 페이지로 이뤄진 월드 와이드 웹만큼이나 규모가 클 수 있으며, 초등학교의 한 교실 내 학생 수만큼 소규모일 수도 있다. 동네 친구들과 야구 게임을 하는 것처럼 별 의미 없는 관계일 수도 있으며, 세계 경제를 움직이거나 국가 정책을 입안하는 정치가들의 관계만큼 중요한 관계일 수도 있다. 또한 네트워크 내 구성원들은 각자의 위치에 따라 맡은 역할이 다르다. 예를 들어 웹에는 느슨하게 연결된 클러스터들로 둘러싸여 있고, 그 중심에 빽빽하게 연결된 코어(중심부)와 완전히 고립된 웹사이트들이 있다.

구글은 이 같은 웹 네트워크를 구성하는 웹 사이트를 돌아다니며 자동으로 크롤링하는 봇(스파이더)을 이용해 검색엔진을 작동시킨다. 그렇다면, 구글(혹은 개인)은 어떻게 수천만이 넘는 웹 페이지를 훑으면서 웹 사이트 사이를 옮겨 다니는 걸까? 한 가지 분명한 사실은, 웹과 웹의 관계를 묶는 클러스터가 이 같은 이동을 돕는다는 것이다. 예를 들어, 퓨 사이트에서 pewinternet.org로 접속하기란 결코 어려운 일이 아니다.

또 한 가지, 모두를 알고 있는 〈스타 트렉〉의 웜홀처럼, 웹의 경우에 대입한다면 모든 웹 페이지와 연결돼 있는 초연결자superconnector가 있기 때문에 가능하다. 초연결자는 자신이 찾는 정보를 검색하기까지 거쳐야 하는 거리(네트워크 용어로는 경로길이path length)를 좁혀주는 허브와도 같은 존재다. 그런데 21세기에 들어서면서, 던칸 왓츠Duncan Watts라는 사회수학자가 트위터를 연구한 결과, 이제는 이런 초연결자의 도움 없이도 자신이 원하는 정보를 손쉽게 얻을 수 있다고 한다.[57] 수많은 연결자로 뭉쳐 고도로 밀집된 네트워크는 특히 크라우드소싱*에 유용하다.

'누적 이득'이란 것이 있다. 타인과 맺는 관계가 많을수록 나에게 돌아오는 이점은 크다는 뜻이다. 이런 분포를 두고 수학자는 '멱법칙power law'이라 한다.[58] 이 멱법칙은 사회학자 로버트 머튼Robert K. Merton이 '마태효과 Matthew effect'라고 부른 것의 변형인데, 여기서 마태효과란 쉽게 말해 '부익부빈익빈' 현상을 뜻한다. 마태복음 25장 29절의 "무릇 있는 자는 받아 충족하게 되고 없는 자는 그 있는 것까지 빼앗기리라."는 구절에서 이름을 따왔다.[59] 다시 말해, 네트워크란 서로 연결되지 않은 개개인의 임의적 모임이 아닌, 돈, 정보, 사랑과 같은 리소스를 다른 사람에게 전달하거나 가

---

* 대중이나 아마추어의 컨텐츠를 활용하는 행위 – 옮긴이

져오는 채널 역할을 하는 복잡한 관계의 모음이다.[60]

　네트워크 허브는 웹 사이트처럼 사람과 사람, 사람과 장소, 장소와 장소를 연결한다. 서로 다른 두 개의 소셜 네트워크를 연결하는 허브는 직장이나 주택 등 새로운 정보를 얻는 데 굉장히 유용하다.[61] 서로 안면만 있는 정도의 약한 관계(연결)는 때로 서로 속속들이 알고 지내는 가까운 친구보다 더 도움이 되기도 한다. 서로 다른 소셜 서클에 소속돼 있는 경우가 많으므로, 항상 함께하는 사람보다 더 다양한 정보를 제공해줄 수 있기 때문이다. 마크 그라노베터[Mark Granovetter]는 보스턴 지역에서 구직 활동을 벌이는 전문가들에게 밀접한 관계의 사람보다는 약한 관계를 맺은 사람이 더 도움이 된다는 연구 결과를 발표했다.[62]

　조직사회학자인 로날드 버트[Ronald Burt]는 '네트워크 중개자'라는 용어를 이야기하면서, 서로 다른 소셜 서클 사이에서 구축된 관계는 더 다양한 의견과 행동을 유도한다고 지적했다. 또한 공통된 관심사를 보이지만 서로 다르게 생각하는 사람을 찾아 다양한 정보를 얻는 데에는 네트워크를 활용하는 것이 제격이라고도 말했다. 이런 다양성은 인간의 행동에 대안을 제시하기도 한다.[63] 버트는 자신의 이론을 온라인 가상 현실인 〈세컨드 라이프[Second Life]〉 시민*에게까지 확장했다. 즉 〈세컨드 라이프〉의 네트워크 중개자는 이 가상 세계를 더 가치 있는 공간으로 이끄는 데 필요한 사회적 인프라스트럭처를 제공할 정도로 성취도가 높은 사람이라는 데 집중했다. 〈세컨드 라이프〉의 네트워크 중개자는 가상 세계의 사람들을 끌어모으는 매력적인 커뮤니티를 찾아내는 데 능했고, 중개자들의 이목을 끄는 커뮤니티가 아닌 〈세컨드 라이프〉 속 네트워크에서 살아가는 데에는 더 많은 비용이 필요했다.[64] 가상 현실뿐만 아니라, 실제로 직장이나 집, 파트너를 구하는 데에도 네트워크 중개자의 능력은 똑같이 발휘된다. 따라서 가장 좋

---

* 〈세컨드 라이프〉상에서 활동하는 가상 인물들 ― 옮긴이

은 방법은 내가 누구와 아는 사이인지(가까운 관계든 얼굴만 아는 약한 관계든 상관 없이) 모두에게 공개해 내가 원하는 것을 손에 거머쥐는 것이다.

요약하자면, 관계 내에서든 관계 밖에서든, 정보를 얻고자 하는 사람에게 관계 간 다리 역할을 하는 교량 관계bridging tie는 굉장히 중요하다. 반면 관계의 경계를 넘지 않는 유대 관계bonding tie는 네트워크 내 신뢰나 효율성, 유대감 증진에 매우 중요한 존재다. 로버트 머튼은 이같이 사회에 필요한 서로 다른 구조적 역할을 각각 '코스모폴리탄cosmopolitan'과 '로컬local'이라 불렀다.[65] 잭 삼촌은 자신의 작은 코트 공장에 대해 조카인 나(배리 웰먼)에게 이렇게 말하곤 했다. "우리 회사에는 '아웃사이드맨'과 '인사이드맨'이 있지. 아웃사이드맨은 고객이나 거래처 사람들, 은행 관계자들과 수다를 떨면서 관계를 이어나가는 역할이란다. 그리고 인사이드맨은 코트가 제시간에 좋은 품질로 생산되는지 감시하는 역할을 하지."

잭 삼촌 이야기의 설득력이 부족하다면, 네트워크의 공간적이고 사회적인 다양성이 해당 지역의 경제 발전과 연관된다는 영국의 예를 제시하겠다. 영국에서는 더 번창한 지역일수록 높고 낮은 지위의 사람들을 모두 연결하는 더 넓은 네트워크가 형성돼 있다.[66]

소셜 네트워크 분석

소규모의 네트워크는 네트워크 내 수많은 구성원을 연결하는 여러 선을 이용해 시각적으로 표현하는 데 별 어려움이 없다. 그런데 구성원 수가 20명을 넘어서면서부터는, 시각적인 그래프로 표현하기 점점 어려워진다. 그래서 분석가들이 고안한 방법이 이런 수많은 연결선을 하나의 행렬로 표시하는 것인데, 표 2.3에서 보는 바와 같이 각 행과 열은 네트워크 구성원 수를, 각 항은 두 네트워크 구성원 간에 존재하는 연결을 의미한다. 반복적으로 다루지는 않겠지만, 여기서 간략하게나마 소셜 네트워크 분석 방법인 행렬 표현을 살펴보자.

행렬을 사용하면, 다음과 같은 특징을 알 수 있다.

- 연결점이 많은 사람은 누구인가? 이런 사람들이 진정한 집단 구성원이다.

- 네트워크 내 구성원 간 연결이 얼마나 가까운가(밀집돼 있는가)? 예를 들어, 친척 간의 연결이 친구와의 연결보다 견고하다. 다만 친척이라 해도 서로 연락하지 않고 지내는 경우가 걸리기는 한다.

- 서로 다른 네트워크를 연결하는 다리는 누구이며, 구조적 공백 structural hole은 어디이고 다리가 없는 경우는 어떤 때인가? 구조적 공백은 사람들에게 네트워크를 연결하는 연결자 혹은 연결을 끊는 단절자가 될 수 있는 기회를 제공한다. 브릿지 역할을 하는 사람은 어떤 사람이며 그 사람의 사회적 위치는 무엇인가?

- 네트워크의 네트워크. 서로 다른 네트워크에 속한 구성원끼리 연결돼 있다면, 두 네트워크는 추후에 연결될 가능성이 높다. 기업의 이사회 임원들이 바로 이와 같은 형상을 띤다. 인터넷 서비스 제공자

표 2.3 강한 연결과 약한 연결: 누가 누구와 연결돼 있는지 보여주는 행렬

	A	B	C	D	E	F	G	H	I	J
A	–	2	2	2	1	0	0	0	0	0
B	2	–	0	2	0	0	0	0	0	0
C	2	0	–	2	0	0	0	0	0	0
D	2	2	2	–	0	0	0	0	0	0
E	1	0	0	0	–	1	0	0	0	0
F	0	0	0	0	1	–	2	0	0	0
G	0	0	0	0	0	2	–	0	1	0
H	0	0	0	0	0	0	0	–	1	2
I	0	0	0	0	0	0	1	1	–	2
J	0	0	0	0	0	0	0	2	2	–

참고: 0= 연결 없음, 1= 약한 연결, 2= 강한 연결.
출처: 배리 웰먼이 작성한 표. 2011년

나, 기업, 조직, 정부와 같은 주요 사이트에 수많은 하위 사이트가 연결돼 있는 웹 역시 이와 같은 구조다.

- 표 2.3의 A에서 E, F로 연결되는 것과 같은 네트워크 내 간접적 연결. 정보나 감염성 질병이 확산되는 경로이기도 하다.

- 평등한 관계. 예를 들어 학교 내 같은 반 친구들끼리는 선생님과의 관계에 있어 누구나 똑같은, 평등한 모습을 보인다(선생님은 학생들을 차별하지 않는다). 버튼 파스터나크[Burton Pasternak]와 자넷 살라프[Janet Salaff]는 이 네트워크 분석 기법을 이용해 주기적으로 농민들과 상인들에게 뇌물을 받는 내몽골의 고위 공산당원들을 알아냈다.[67]

네트워크화된 개인 집단

네트워크화된 사람이 다수의 사람과 무리 지어 다니는 경우는 좀처럼 많지 않다. 대신 몇몇의 사람들과 매우 밀접한 관계를 맺어 자신만의 클러스터[cluster]를 형성하는 경향이 있다. 예를 들어, 앞서 살펴본 표 2.3의 A, B, C, D의 경우, B와 C는 서로 관계를 맺지 않았지만 이 넷은 엄연한 하나의 클러스터다. UCINet이나 Pajek, NodeXL과 같은 표준 네트워크 분석 소프트웨어 프로그램을 사용해 네트워크 구성원 간의 관계를 행렬로 표현하면, 대규모의 네트워크에서 이 같은 클러스터를 찾아내는 일은 그다지 어렵지 않다.

그렇다면, 이런 클러스터를 커뮤니티라 부를 수 있을까? 좋든 싫든 간에, 이른바 클러스터 접근 방식[clustering approach]에 따르면, 커뮤니티에 속한 구성원 간의 개인 감정(서로 사이가 좋고 나쁨의 정도)은 배제하고, 단순한 연결 여부에만 집중한다. 이런 접근 방식은 실제로 커뮤니티가 존재하지 않는데도 (존재한다고) 잘못된 주장을 펼치는 사람들에게 반박하는 데 매우 유용하다. 클러스터 접근 방식이 정확한 측정 방법이긴 하지만, 사람들이

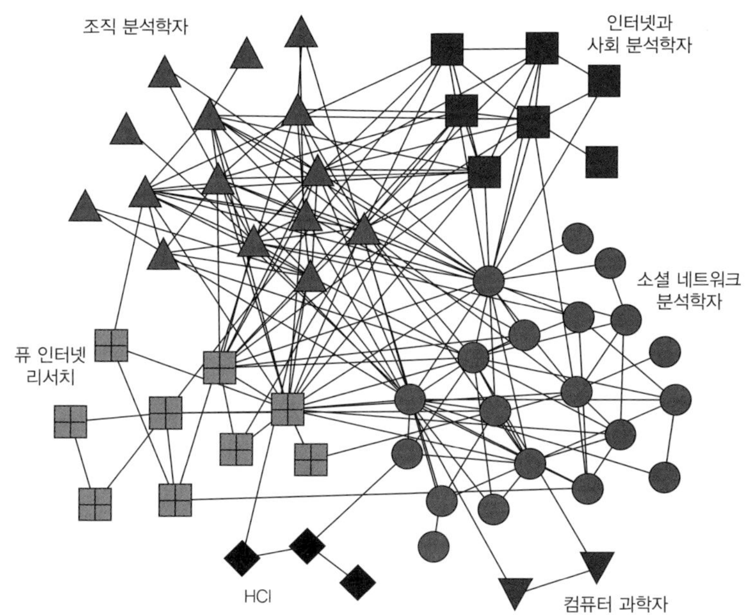

그림 2.15 서로 트윗을 주고받는 웰먼의 네트워크 내 집단
출처: 아나톨리 그루즈드(Anatoly Gruzd). 2010년.

다수의 네트워크에 속해 있다는 사실을 간과했다는 치명적 약점을 지니고 있다. 40여 년 전, 베벌리 웰먼Beverly Wellman이 토론토로 이사해 유대교 학교에서 영어를 가르칠 때의 일이다. 하루는 교장이 웰먼에게 이렇게 물었다.

"언제부터 그 부류에 속했습니까?"

"지식이란 게 존재하는 순간부터요!"

베벌리의 대답이다. 교장은 '유대교'를 물어본 것이었고, 베벌리는 '선생님'이라는 뜻으로 답을 했다. 개인이 하나의 커뮤니티, 특히 자신이 관심을 보이고 자신이 속한 커뮤니티에만 상대가 속할 것이라는 잘못된 생각에서 비롯된 '우문현답'의 상황이라 할 수 있다.

이 책의 공동 저자인 웰먼과 서로 트위터 메시지(트윗)를 주고받는 네트워크 내 관계를 생각해보자. 관계도는 마치 이리저리 뒤섞인 스파게티

면과 같은 형상이다(그림 2.15). 보는 바와 같이, 네트워크 내에는 여섯 개의 클러스터가 있으며, 클러스터 내 구성원들과 특히 많은 트윗을 주고 받는다. 이들은 웰먼의 학술적 연구 주제에 관심이 있는 사람들로, 웰먼의 다른 친구나 친척, 이웃 등과는 트윗을 주고받지 않는다. 따라서 그림 2.15의 트위터버스twitterverse는 웰먼이 누리는 소셜 네트워크 라이프의 극히 일부만 보여주는 것이다.[68]

이런 커뮤니티는 도대체 어디서 시작된 것일까? 사회학자 스콧 펠드Scott Feld는 포커스foci라는 굉장히 유용한 개념을 생각해냈다. 이 개념은 온라인과 오프라인에서 공유하는 커뮤니티의 기반을 찾는데, 직장 내 소수 인종이나 같은 교회에 다니는 교인처럼 서로 자주 만나는 계기를 제공하는 개인적 특징 또한 이 포커스 중 하나다. 하지만 포커스는 커뮤니티가 아닌, 사람들이 연결된 가능성을 창출하는 공유된 맥락을 제공하는 공동체의 기반이다.[69]

일반적으로 클러스터는 서로 밀접하게 관계를 맺은 사람들로 구성되지만, 가끔 상호 고립적인mutually isolated 특징을 보이기도 한다. 웰먼의 네트워크 내 여섯 개의 클러스터를 표현한 그림 2.15를 떠올려보자. 오른편 아래쪽을 보면, 소셜 네트워크, 조직, 인터넷과 사회 분석학자들 사이에서 정보가 오고가는 것을 알 수 있다. 즉 자신이 받은 트윗을 리트윗함으로써 자신의 클러스터뿐만 아니라 주위 클러스터에도 정보를 확산시킨다.

다행히도, 클러스터는 철옹성이 아니다. 인간과 클러스터의 이중성은 클러스터 내 유대bonding와 클러스터 간 다리 역할bridging을 생성한다. 한 클러스터 안에 있는 두 사람은 서로 연결돼 있다. 하지만 이 둘은 각자 서로 다른 클러스터의 구성원이기도 하므로, 이 두 사람 간의 관계는 곧 서로 다른 두 클러스터 간의 연결을 의미한다. 즉 두 사람의 관계는 공통된 클러스터 안에서의 유대임과 동시에 다른 두 클러스터 간의 다리다.[70]

클러스터를 분석하면 커뮤니티의 공통된 의견이나 정신적인 모델 등도 알 수 있다. 조직 사회학자인 발디스 크렙스^{Valdis Krebs}는 2008년 미국 대선 직전에 미국 내 정치 분야 서적 구매자들의 네트워크를 분석했다. 그 결과, 오바마 대통령이 미 의회에서 재직할 당시와 관련된 서적이 많았다. 크렙스가 작성한 다이어그램은 단순히 서적을 구매하고 읽은 사람들의 네트워크를 보여주는 것뿐만 아니라, 그 네트워크 구성원들의 공통된 의견(정치적 성향)을 보여준다.

그림 2.16은 세 개의 클러스터가 서로 아이디어를 공유하지 않는 모습을 보여준다. 민주당 클러스터는 밀집도가 낮다. 즉 클러스터 안에서의 의견이 다양하다는 뜻이다. 실제로 전체 연결의 14퍼센트만이 이 클러스터에 속한다. 반면, 공화당 클러스터는 30퍼센트의 비중을 차지했으며 밀집도가 두 배 정도 높았다. 공화당 관련 서적이 워낙 적은 탓도 있지만, 대선 이후 열렬한 공화당 지지자들의 응집력이 그만큼 높아졌다는 뜻이기도 하다. 마지막 세 번째, 여섯 권의 책으로 이뤄진 클러스터는 오로지 버락 오바마 대통령 개인에게 관심이 있을 뿐, 공화당이나 민주당이라는 정당에는 관심을 두지 않는 사람들이다.[71]

그림 2.16은 서적 구매의 방향성을 보여준다. 예를 들어, 민주당 클러스터의 가장 위에 있는 『patriotic grace』를 처음으로 구매한 사람은 『snowball』를 구매하기도 하며, 이어서 『when markets collide』를 구매하는 경우도 있다는 뜻이다. 이런 방식으로 『patriotic grace』 독자의 생각이 『snowball』이나 『when markets collide』의 독자에게로 연결된다.

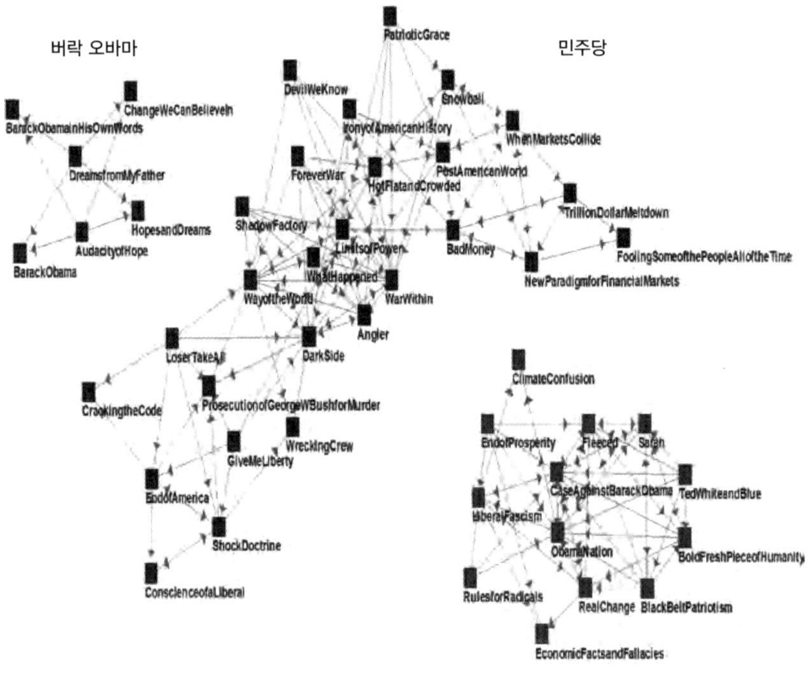

그림 2.16 2008년 미국 대선 전의 서적 구매 연결 그림
출처: 발디스 크렙, http://orgnet.com/divided.html, 2008년

그림 2.16에 보인 이 네트워크에는 다리가 없다. 각 책은 네트워크화됐지만, 각 책의 주제 의식은 널리 확산될 수 없다. 공화당, 민주당, 버락 오바마를 주제로 한 서적을 읽은 독자는 자신이 지지하는 대상에 대한 정보만 얻었을 뿐, 이데올로기적 교류가 활발했다고 이야기하기엔 무리가 있다. 심지어 민주당 클러스터에서 오바마 클러스터로 연결되는 다리조차도 없다. 즉 오바마에 대한 개인적인 관심은 그의 정치적 행보까지 이어지지 않았다는 뜻이다. 결국 오바마가 대통령으로 당선돼 이끌어 가는 국정에서 공화당과 민주당, 오바마 대통령 사이에서 소통이 되지 않아 어려움을 겪는 데에는 다 이유가 있는 셈이다.

개인 네트워크

지금까지 다양한 종류의 네트워크를 이야기했다. 네트워크 내에서 정보와 질병, 혹은 사랑이나 돈 등이 어떻게 확산되고 교류되는지도 알아봤다. 하지만 이 지구에 사는 인간은 자기 중심적이며 소셜 네트워크를 자신의 친구나 친구의 친구를 통해 맺은 직, 간접적 관계만을 생각해 자신만의 관점으로 바라보고자 한다.

그러다 차츰 자기 자신이 개인 네트워크의 중심이라는 사실을 깨닫기 시작했다. 개인은 또 다른 개인, 네트워크 혹은 특정 조직과 연결돼 정보와 커뮤니케이션의 교환원 역할을 수행한다. 게다가 전세계로 뻗어나가는 통로임과 동시에 타인의 친구와 내가 속하지 않은 소셜 서클로 다가가는 다리와도 같은 존재다. 네트워크의 규모나 그 복잡도에 따라 네트워크화된 개인은 자신만의 독특한 방법으로 타인과 균형적인 관계를 유지해 나간다. 페이스북이 가장 좋은 예 중 하나다. 수백만 사람들의 개인 네트워크가 서로 얽히고 설켜 있는 이 페이스북 세상에서는 각자의 홈페이지를 통해 친구와 자신의 관심사로 연결된다.

실제로, 세상과 단절돼 살아가는 은둔형 인간을 제외하면 모두가 서로 연결돼 있는 세상이다. 사회 심리학자 스탠리 밀그램Stanley Milgram이 1960년대 후반에 발표한 유명한 '6단계 분리 이론'에 따르면, 여섯 명만 거치면 전 세계인이 다 연결된다고 하지 않던가! 밀그램의 이 분리 이론은 후에 브로드웨이 쇼나 영화로도 제작됐지만, 사실 증거가 많지 않은 상황에 비해 대중적인 인기가 높은 편이라는 평가가 많았다.[72] 하지만 트위터의 리트윗 메시지는 이같은 비판적 평가를 엎고도 남는다. 트위터 클러스터에는 리트윗과 팔로워라는 수많은 다리가 있으며, 트위터 전체 사용자의 83퍼센트 정도가 다섯 단계만 거치면 모두 연결될 수 있다고 한다.

평균적으로 트위터 사용자의 절반 정도는 서로 네 단계만 거치면 연결된다고 한다. 물론 모든 팔로어가 메시지를 리트윗하지는 않지만(심지어 아예 확인을 하지 않기도 한다) 분명히 정보 확산 속도는 매우 빠른 편이다. 실제로 같은 언어를 쓰는 사람끼리 어떤 메시지를 공유하려면 물리적으로 평균 1,540킬로미터를 횡단해야 한다고 한다. 이런 상황이니, 트위터 링크를 지도로 그리면 전세계 비행기가 다니는 항공 지도가 나오지 않을까 싶다. 특히 전세계의 대도시를 집중적으로 다니는 비행기 말이다.[73]

개인 네트워크에 대한 연구는 네트워크 운영 시스템의 현실을 방증한다. 인간은 결코 혼자인 존재가 아니며, 오히려 다양한 정보를 제공하는 수많은 소셜 서클에 연결되어 있다. 집단에서 네트워크로 이동하는 사회 변화는 인간의 행동과 사회적인 전략에 영향을 미친다. 따라서 사람이라면 누구나 속해 있는 인간 사이의 태양계를 탐사해 제대로 이해해야 할 필요가 있다.

네트워크 사회

몰리에르의 희곡 〈부르주아 장티욤Bourgious Gentleman〉의 주인공 주르댕은 산문 형태의 글을 쓰는 방법을 따로 배운 사람이 아니었다.[74] 비슷하게, 우리 모두는 네트워크를 형성하고 이를 활용하면서 살아가는 방법을 어디서 따로 배운 적은 없다. 때로는 세상을 색다른 관점으로 바라볼 필요가 있다. 수학자 브누아 망델브로Benoit Mandelbrot는 '프랙탈 이론Fractal theory'을 발표하면서 "구름은 모두 원형이 아니며, 산은 뾰족한 고깔 모양이 아니요, 해안선은 둥근 곡선이 아니다."라고 말하지 않았던가.[75]

근래에 들어 좀 더 보편화되어 신경이 쓰이는 것뿐, 네트워크는 항상 우리와 함께 했다. 그렇다면 이전부터 소셜 네트워크가 제공해온 장점 외에 우리가 누릴 수 있는 혜택은 또 무엇이 있을까? 우선, 네트워크를 이해하는 순간, 우리가 살아가는 이 사회의 구조와 기능에 대한 새로운 통찰력을 얻을 수 있으며 그 안에서 어떻게 대처하며 생활해야 하는지 알 수 있다. 또한 집단 중심의 사고에서 벗어나 "어머나, 어떻게 해야 하는 거지? 다 흩어져버리기만 하잖아."라고 내뱉는 탄식 대신, 세상이 좀 더 다양하게 분화되어 복잡해지고, 그만큼 흥미로운 것들도 많아진다는 사실을 깨닫고 여유를 찾을 수 있다.

특히 네트워크의 구조를 정확하게 이해함으로써 사회를 보는 안목이 달라진다. 예를 들어, 많은 소셜 네트워크가 부분적으로 연결되는 경향이 있다. 실제로 A가 B와 C를 안다고 해서, B가 C를 안다는 뜻은 아니다. 이는 관계의 이동성, 개인의 사생활 보호 혹은 침해를 야기하기도 한다. 하지만 이런 네트워크의 모습은 타인과 소통하고 정보를 얻을 때 어떤 방식으로 접근해야 하는지 알려준다. 부분적으로 연결된 네트워크는 종종 다른 다수의 소셜 서클과 연결되는 다리 역할을 하기 때문이다. 반면, 시골 마을 같이 밀접하게 연결된 네트워크는 구성원 간 긴밀한 협력을 이끌어내지만, 서로 통제하려 하거나 편협해지는 경향도 있다.[76]

2장에서는 소셜 라이프에 필요한 네트워크 운영 시스템의 영향을 이론적으로 살펴봤다. 하지만 집단 중심의 문화가 없어지면서 함께 잃는 것도 많다. 예를 들어, 교통과 통신의 발달로 기동성이 높아지면서, 집단 구성원으로서의 아이덴티티에서 오는 편안함은 점점 약해졌다. 사회학자인 버니 호건[Bernie Hogan]은 소셜 네트워크로의 변화를 다음과 같이 이야기했다. "우리는 혼자 볼링을 치지 않습니다. 대신 친구들에게 문자를 보내 함께 게임을 할 수 있는 사람을 찾아 전자매체를 통해 초대를 하고 서로 스케줄을 맞춰서 친구가 도착할 때까지 기다립니다. 운이 좋다면, 친구들에게 연락을 받아 정말로 모두 함께 게임을 할 수 있겠지요."[77]

특정한 자격 요건이나 불이익 없이 관계를 맺고, 자신이 속하지 않은 집단의 타인을 믿는 개인과 개인 간의 유연한 관계를 바탕으로 새로운 네트워크 운영 시스템이 탄생했다. 이러한 개인 간의 유연한 관계와 소셜 거리에 상관 없는 타인에 대한 신뢰가 깨지지 않는 이상, 앞으로도 지금과 같은 네트워크화된 세상은 계속 유지되리라 믿는다.

3장_ 인터넷 혁명

인터넷 혁명에 앞장선 이들은 막상 자신이 창조한 이 새로운 세상이 어떤 위력을 지니고 있는지 알지 못했다.[1] 인터넷 통신은 컴퓨터 충돌 현상과 별 의미 없는 메시지에서 출발했다. 역사상 첫 정보 패킷 전송은 1969년 전선으로 연결된 두 대의 컴퓨터 사이에서 일어났다. 이는 1844년에 사무엘 모스Samuel Morse가 "What hath God wrorght?"라는 모스 부호를 보낸 것처럼 제대로 의도된 성공은 아니었다. 1969년 10월 29일, UCLA 전자공학부 학생이던 찰리 클라인Charley Kline이 LOG를 입력하자 갑자기 컴퓨터가 멈춰버리고 말았다(당시 찰리는 자신이 개발한 파일 전송 프로그램을 시작하려고 LOGIN을 입력하려던 중이었다). 프로그램 개발에 참여한 친구들은 재빨리 달려들어 결함을 복구했고, 컴퓨터를 재부팅하자 컴퓨터는 상대 컴퓨터로 파일을 전송하기 시작했다.[2]

최초의 정보 전송 실험이 이뤄지고 2년 후인 1971년, 최초의 이메일 서비스 시도가 이뤄졌다. 이때도 역시, 1876년 알렉산더 그레이엄 벨Alexander Graham Bell이 "이봐 왓슨, 여기 좀 와보게나. 당신이 필요하다네."라고 말하는 목소리가 생생히 전달됐던 것과 같은 엄청난 실험은 아니었다. 미 국방부와 계약하고 프로젝트를 진행하던 레이 톰린슨Ray Tomlinson은 자신의 컴퓨터에서 2미터도 채 되지 않는 거리에 있는 컴퓨터에 별다른 의미 없는 전형적인 테스트 메시지를 보냈다. 나중에 더 자세히 설명하겠지만, 톰린슨은 자신의 웹사이트에 "당시 테스트 메시지에 어떤 말을 적었는지 기억조차 나지 않는다.”라고 적었다.[3] “지금 와서 생각하길 영문 키보드 자판의 맨 윗줄에 있는 QWERTYUIOP를 적지 않았나 추정한다. 다만, 전자적 주소를 표현하는 기호인 @를 적은 것은 기억한다.”

이처럼 시작은 미약했으나, 사회적으로 엄청난 파장을 몰고 온 신기술은 이렇게 탄생했다. 인터넷을 탄생시킨 이들은 정작 몰랐지만, 그들은 때마침 네트워크 운영 시스템을 바탕으로 개개인을 네트워크화된 개인주의로 이끌어가고 있는 시대에 사회, 경제, 정치적으로 완전히 새로운 또 하나의 세계를 창조해냈다. 사람들은 인터넷 덕분에 광활하면서도 세분화된 현 시대의 네트워크 사회를 효율적으로 살아간다. 인터넷은 현대인에게 미디어를 창조하고, 필요한 정보를 검색하며, 자신의 욕구를 충족시켜줄 집단을 형성하는 강력한 툴을 제공해 개인의 존재를 확장시켜 다양한 종류의 관계를 맺을 수 있는 권한을 부여했다. 또한 자신의 의견을 들어주며 필요한 정보를 제공해주는 수많은 청중과 자료 출처의 문을 열었다. 사람들은 자신이 몸담고 살아가는 소셜 네트워크의 형태와 규모를 바꾸고, 심지어 네트워크 내에서의 커뮤니케이션 패턴도 바꾸기 시작했다.

지난 10년 동안, 인터넷과 온라인 세상에서의 혁신적인 기술들은 대중에게 소셜 네트워크적인 의미로 발전했다. 인터넷이 지금처럼 강력한 문화적 채널로서의 역할을 하기 전에는, 사람들은 자신을 단지 소셜 네트워크의 한 구성원이라고만 생각했다. 하지만 지난 몇 년간, 소셜 네트워킹 활동으로 표현되는 다양한 활동에 초대되거나 스스로 네트워킹 기회를 찾아다니는 등 어디를 가나 소셜 네트워킹에 대한 이야기를 들을 수 있는 세상으로 변화해오면서 사람들의 생각도 달라졌다. 소셜 네트워크에 쉽게 다가가 참여하고, 자신이 중심이 될 수도 있다는 인식이 확산되면서, 인터넷은 이런 현대인에게 네트워크에서 기술적으로나 사회적으로 자신의 존재를 부각시킬 수 있는 수단을 제공한다. 네트워크의 정의와 역할을 설명하는 데 새로운 네트워크 운영 시스템인 인터넷과 그 배경을 설명하는 것만큼 훌륭한 답도 없으리라 생각한다.

인터넷의 경우, 2장에서 이야기한 혁신의 확산 모델이 매우 잘 들어맞는다. 정부, 회사, 대학 등에서 연구하는 혁신가를 비롯해 괴짜라고도 불렸던 개인 혁신가들은 20여 년 동안 온라인 세상을 창조해냈다. 1980년 초반까지 정확한 인터넷 인구 데이터는 없으나, 전문가들은 수천 명 정도로 예측한다. 1983년 9월, 한 통신 회사가 조지 오웰의 소설 제목 『1984』를 따라 지은 "Road after 1984: the impact of technology on society"^{1984 이후의 세계: 기술이 사회에 미치는 영향}라는 타이틀로 미국 가정 내 보유한 컴퓨터 수를 물어보는 설문조사를 진행했다. 조사 결과, 당시 응답한 인구의 10퍼센트가 보유했다고 대답했으며, 보유한 사람만을 대상으로 "전화선을 이용해 컴퓨터상에서 정보를 주고받은 적이 있는가?"라는 질문을 다시 던졌다. 그러자 2차 질문을 받은 사람 중 14퍼센트 정도가 "그렇다"라고 대답했으니, 1983년 가을 미국의 인터넷 사용 인구는 전체 인구의 약 1.4퍼센트라는 답이 나온다.[4]

1983년 가을, 설문에 컴퓨터 보유자라고 응답한 사람들에게 다음과 같은 미래지향적인 질문을 했다. "다른 사람과 컴퓨터를 이용해 정보를 주고받는 일이 개인적으로 큰 도움이 된다고 생각합니까?" 설문에 참여한 조기 수용자^{early adopter}(컴퓨터 보유자) 중 23퍼센트는 '매우 도움이 된다'고 대답했고, 31퍼센트는 '어느 정도는 도움이 된다', 45퍼센트는 '별 도움이 되지 않는다'고 대답했다. 게다가 조기 수용자의 74퍼센트는 "컴퓨터를 이용해 제품을 구입하는 행위는 너무 쉽게 구매 결정을 내려 예산에도 없는 충동구매가 될 수 있으므로, 유익하지 않다."고 대답했다.

인터넷 기술이 등장한 초기에는 대학생들 사이에서나 이뤄지는 이메일 서비스가 주를 이룰 뿐 큰 발전이 없었다. 이 때 팀 버너스리^{Tim Berners-Lee}는

1989년 월드 와이드 웹을 개발, 1991년에 대중에게 공개했다. 당시 인터넷을 사용하는 '조기 수용자'는 전세계적으로 500만이 채 되지 않았다. 팀 버너스리의 월드 와이드 웹은 '웹 사이트' 시대의 시작이었으며, 그때만 해도 웹 사이트를 개발할 수 있는 사람은 많지 않았다. 어쨌든 1990년대 초반에 들어 데이터 검색과 표현을 쉽게 도와주는 브라우저가 등장하면서, 이후 미국 인터넷 사용자 수는 1,500만으로 엄청난 증가세를 보였고, 이에 대비해 숨 고르기에 들어갔다.[5]

지금까지 현재 우리가 알고 있는 인터넷 기반 기술의 발달사를 이야기했다. 1993년은 드디어 인터넷 사용을 지지하는 '전기 다수 수용자early majority'가 등장한 해다. 또한 대중도 사용하기 어렵지 않은 웹 브라우저인 모자이크Mosaic가 탄생하고, 본격적인 이메일 서비스가 개시된 시기이기도 하다. 1980년대가 독립형 컴퓨터의 시대였다면, 1990년은 연결형 컴퓨터의 시대다. 특히 1993년을 지나면서, 다양한 버전의 모자이크 브라우저가 배포됐으며, 모자이크의 개발자인 NCSANational Center for Supercomputing Applications의 마크 안드레센Marc Andreessen과 에릭 비나Eric Bina는 애플 매킨토시와 마이크로소프트 윈도우용 1.0 버전을 발표했다. 당시 모자이크 브라우저의 인기는 엄청났으며, 월드 와이드 웹이 인터넷 트래픽의 중심이 되는 도화선으로 작용했다. 컴퓨터에 비트 형태로 저장된 데이터가 드디어 쉽게 탐색하고 이해할 수 있는 형태로 표현돼 다양한 청중에게 다가갈 수 있는 시대가 도래한 것이다. 모자이크와 그 연속선상의 기술인 넷스케이프 내비게이터Netscape Navigator는 웹 문서를 서로 연결link하는 기술을 선보였다. 브라우저 개발자는 HTMLhypertext markup language이라는 단순한 포맷을 사용해 다른 컴퓨터에 저장된 데이터를 그래픽적 요소로 보여주는 '웹 페이지'를 탄생시켰다.[6] 혁명은 진행형이었고, 미국 내에서는 유례 없는 엄청난 수의 '후기 다수 수용자late majority'가 등장했다.

그 후 10년 동안, 인터넷은 역사상 가장 빠르게, 가장 많은 사람에게 확산된 기술이 됐다. 라디오는 5,000만 미국인의 관심을 끌기까지 38년이, 텔레비전은 13년이 걸렸다. 모자이크 출시일을 인터넷의 첫 기원이라고 간주한다면, 웹이 그 많은 사람을 끌어들이는 데는 단 4년이 걸린 셈이다.

인터넷 확산의 이유

인터넷은 그 자체로 지금의 위치에 오른 것이 아니다. 사람들이 지금처럼 인터넷을 사용하기까지는 수많은 요인이 작용했다.

첫째, 미국 연방 정부와 모험심 강한 개인들은 인터넷 사용의 선구자 역할을 했다. 미 정부는 인터넷 개발을 국가적으로 지원하기 시작하면서, 인터넷 사용률을 전국적으로 끌어올리는 등 규제 권한을 쥐게 됐다. 클린턴 행정부와 공화당 주도하에 있던 의회는 인터넷 성장을 지원하고 온라인상의 규제를 최소화하는 정책을 입안하고 채택했다. 정부는 1995년, 인터넷 인프라스트럭처에 대한 규제 권한을 민간에게 위탁해 인터넷 기반 시설을 확충하고 인터넷 활동에 관해서는 비과세로 처리하는 등 온라인 경제 활동을 지원했다.[7] 연방통신위원회^{FCC}는 1996년 통신법^{communications act}을 발의하며, "상호적인 컴퓨터 서비스와 인터넷에 관련된 시장은 연방 혹은 주의 규제를 받지 않는다."는 항목을 포함해 인터넷 지원을 강화했다.[8] FCC는 인터넷을 '정보' 서비스로 정의하며, 통신 서비스에 비해 규제를 완화했다. 이런 정책 변화는 사용자들에게 인터넷 환경에서 더 많은 역할을 하며 활발한 피드백을 보이도록 유도해 전체적인 인터넷 사용을 권장했다.

둘째, 급격한 기술의 발전은 사용자에게 향상된 사용성과 흥미로운 서비스를 제공했으며, 이를 통해 하드웨어/소프트웨어 제조사의 수익이 증가했다. 연결형 컴퓨터는 시간이 흐르면서 가격은 하락하되 성능은 향상됐다. 인텔^{Intel} 사의 공동창업자인 고든 무어^{Gordon Moore}는 1965년 4월, 1958

년부터 변화 정도를 관찰한 결과, 마이크로칩의 용량이 (같은 가격일 때) 매년 두 배씩 증가할 것이라 예고했다. 하지만 발전 속도가 점점 더뎌지면서 18~24개월 주기로 두 배씩 증가할 것이라 정정하고, 자신의 이름을 따 무어의 법칙Moore's law이라 명명했다.[9] 무어가 말하길, 더 많은 트랜지스터를 집적회로에 추가할수록, 컴퓨터는 엄청난 속도로 빨라지며, 컴퓨팅 파워는 같더라도 가격은 성능 증가와 같은 속도로 내려갈 것이라 말했다. 인텔은 무어의 법칙을 실제 상황에 적용해 설명했는데, 1978년에는 뉴욕발 파리행 비행의 경우 약 900달러의 항공비가 필요하며, 비행 시간은 7시간이 걸린다고 했다. 따라서 항공 산업의 중심인 1978년 당시의 반도체 산업에 무어의 법칙을 적용한다면, 오늘날 뉴욕발 파리행 항공편은 1달러도 들지 않아야 하며 비행시간은 1초도 걸리지 않아야 맞다.[10]

셋째, 컴퓨팅 파워는 향상되고 프로세서의 가격은 떨어지듯이, 통신 기술(대역폭)에서도 같은 효과가 일어난다. 다이얼을 돌려 전화를 하던 시절에는 전화 간 메시지 전송 등의 기능이 불가능했지만, 곧 '광대역' 기술이 등장하며 더 많은 정보를 더 빠르게 구리선을 통해 전송할 수 있게 됐다. 이후 광섬유 케이블을 통해 컴퓨터가 서로 연결되는 시대에 이르렀다. 그 결과, 1, 2년마다 대역폭은 거의 두 배로 증가해, 1970년대 중반 초당 300비트였던 속도가, 2011년에는 초당 1기가바이트(10억 비트)의 속도로 빨라졌다(2011년 봄에 구글이 발표한 내용으로, 캔자스 주의 캔자스 시티에 구축한 시스템 기준으로 한다).[11] 게다가 캔자스 시티 시스템의 초당 기가바이트 속도보다 열 배 정도 빠른 이더넷 시스템에 관한 국제 표준이 얼마 전 정해졌다. 따라서 개발자들은 이제 표준에 맞춰 개발할 수 있다.[12] 비용 역시 매년 절반 정도로 감소하는 추세다. 여기에 데이터의 주요 부분을 유실하지 않으면서 컴퓨터 파일의 크기를 압축하는 기술이 속속들이 개발됐다.[13] 이 같은 대용량 데이터의 전송 시간 감소와 비용 절감은 모든 인터넷 사용자에게 클릭 한 번만으로도 영화를 스트리밍해 볼 수 있는 현실을 선물했다.

넷째, 방금 전까지 이야기한 요인보다는 극적이지 않지만, 라디오 스펙트럼에서의 변화도 한몫 했다. 개발자들이 데이터 전송 속도를 효율적으로 높이고 대역폭 간의 간섭을 최소화하면서, 데이터를 무선으로 전송하는 방법이 개발됐다. 덕분에 컴퓨터는 가벼워졌고, 데스크탑의 복잡한 연결선도 자취를 감췄으며, 급기야 스마트폰이 세상에 나왔다. 자세한 내용은 4장 '모바일 혁명'에서 다루겠다.

다섯째, 인터넷은 상호연결된 네트워크가 있다. 전세계적으로 연결된 전화 시스템처럼, 나뉘어 경쟁하거나 서로 연결되지 않은 비트 조각이 아닌 대규모 네트워크로 연결된 인터넷 서비스 제공자[ISP]에 의해 운영된다. 서비스 제공자에 따라 다른 네트워크가 설정되어 자신이 속한 네트워크에 따라 .com이나 .biz 등 사이트 주소를 바꿔 써야 한다면 혼란스럽지 않을까? 아마 서로를 찾아내기도 쉽지 않을 것이다. 커뮤니케이션, 정보, 경제 활동 등이 모두 세분화돼 통합될 수 없으며, 심지어 인터넷 활동을 규제하고 제약하려는 비판적 세력이 판을 칠 수도 있다. 다행히도 아직까지 이런 경쟁적인 구도는 등장하지 않았다.[14]

여섯째, 과거 미국 내 대부분의 인터넷 서비스 제공자는 모든 대역폭 사용에 대해 고정 요금을 지불했다. 예를 들어, 사용자가 인터넷으로 '엄마, 잘 지내세요?'라고 간단한 이메일을 보내든, 대용량 영화 파일을 내려받든 아무런 상관이 없었다. 이런 뷔페 식의 요금 지불 환경은, 온라인 사용 문화의 새로운 바람을 일으켰다. 그리고 실제로도 이런 요금 정책은 기술 발달을 지원하고 지속적으로 증가하는 온라인 인구에게 양질의 서비스를 제공하는 데 매우 중요한 역할을 했다. 특히 인터넷을 이용한 영화나 대용량 비디오 전송에 기여한 바는 매우 컸다. 일부 회사는 망 사용 정도에 따라 금액을 차등적으로 지불하게 하는 요금제를 제공하기도 했다. 그리고 이런 차등 요금제에서 아이디어를 얻은 서비스 제공자들은, 한정된 자원으로 인해 간혹 먹통이 되기도 하는 무선 환경의 모바일 사용자들에게 이 같은 요금제를 제공했다. 어찌됐든, 이와 같은 세태는 온라인상에서의 경제 활동이나 서로 연결된 디바이스들의 생태계 등 온라인 문화를 바꾸는 데 큰 역할을 하게 됐다.

일곱째, 개인용 컴퓨터와 스마트폰, 기업 설비 등의 저장 용량이 매우 커졌다. 무어의 법칙과 비슷한 '크라이더의 법칙'은 디지털 저장 장치의 정보 저장 용량이 2년마다 배로 늘어난다는 개념으로, 디스크 드라이브가 처음 선보인 1956년에 마크 크라이더의Mark Kryder가 주창했다.[15] 그 후, 정보 저장 용량은 2,000바이트에서 2테라바이트(2조 바이트)로 증가했으며, 이 모든 정보는 작은 사각형 모양의 디스크에 모두 저장됐다. 정보 저장 용량의 증가는 정보가 개인용 컴퓨터에 저장되는 것을 넘어 온라인상에 저장되는 클라우드 컴퓨팅을 가능케 했으며, 이는 지메일 계정, 페이스북 프로필, 유튜브 비디오 등 엄청난 변화를 불러일으켰다.

여덟째, 이 모든 변화는 결국 완전히 새로운 개념인 '애플리케이션(앱)'의 개발로 이어져, 사람들이 좀 더 폭넓게 인터넷을 사용하도록 유도했다. 이메일은 예나 지금이나 미국 인터넷 사용자들이 매일 사용하는 가장 인기 있는 앱이다. 초창기 인터넷 사용자들을 대상으로 한 설문조사에 따르면, 이메일은 가장 먼저 사람들이 인터넷을 받아들임과 동시에 가장 많은 사람이 인터넷 활동을 시작한 원동력이었다. 1998년 연방 정부가 시행한 조사에서는, 미국 온라인 사용자 중 78퍼센트가 이메일을 사용하고, 과반 이상(54퍼센트)의 인터넷 사용자가 집 밖에서 이메일 계정에 로그인한다고 응답했다. 이 숫자는 지속적으로 증가했으며, 개인의 성별, 수입, 연령 등은 전혀 상관 없었다.[16] 퓨 인터넷은 2000년에서 2011년까지 정해진 기간 동안 가장 많은 이용자를 끌어들인 유일한 인터넷 활동이 바로 이메일이라 발표했다. 실제로 2011년 중반에는 미국 인터넷 사용자 중 78퍼센트가 인터넷을 사용한다고 답했으며, 이 78퍼센트의 사용자 중 94퍼센트는 이메일 사용자였다. 이 수치는 퓨 인터넷이 2000년에 같은 주제로 조사한 수치와 크게 다르지 않아 이메일 사용자층이 유지된다는 사실을 보여줬다.[17]

네트워크화된 개인주의와 개인용 컴퓨터

우리는 기술의 용도를 당연하게 받아들이는 경향이 있다. 하지만 우리가 생각하는 용도로만 그 기술을 사용할 필요는 없다. 예를 들어, 전화 기술 개발에 앞장선 사람들은 전화기가 음악, 뉴스, 강의 등을 전달할 수 있는 채널이 될 수 있다고 생각한 데 반해, 라디오 기술 전문가들은 전화기란 단지 수다나 떠는 단순한 통화 목적의 기술이라고 생각했다.[18] 이런 현상이 바로 사회학자들이 '기술 결정론technological determinism*'에 반대하는 이유다. 사람들은 기술을 개발한 사람조차 생각하지 못한 방향으로 새로운 기술을 창조해낸다.

그럼에도, 기술의 동작 원리를 이해하는 것은 기술을 받아들여 사용하는 데 매우 중요한 단계다. 기술의 디자인은 동작 형태로 직결되는 것은 물론, 그 기술로 말미암아 받아들인 사람들이 특정 행동을 취하도록 유도affordance하기 때문이다. 결국 기술의 활용 여부와 방식을 결정한다는 뜻이다. 컴퓨터를 예로 들어 보자. 컴퓨터의 다양한 하드웨어와 소프트웨어, 연결성은 네트워크화된 개인주의를 발전시켰다.[19]

컴퓨터는 개인을 위한 기술이다. 컴퓨터를 '개인용 컴퓨터personal computer' 혹은 'PC'라고 부르는 이유이기도 하다. 숨은 뜻은 엄청나다. 우선 한 가지만 이야기하자면, 컴퓨터를 사용하고자 모니터 앞에 앉을 때, 대개 한 대당 한 명씩 따로 분리돼 앉는다. 6장에서 컴퓨터 앞에 가족끼리 함께

---

* 사회변동의 원인을 기술적 진보에서 찾는 이론 – 옮긴이

앉아 정보를 공유하는 상황을 설명하기도 하지만 어쨌든 대부분은 개인별로 사용한다. 또 다른 경우를 이야기하자면, 인터넷을 할 때 개인이 자신의 이름과 비밀번호로 로그인하지 단체 명의로 하지는 않는다. 이런 컴퓨터 사용 습관을 당연하게 여기겠지만, 초창기 정보통신 기술을 받아들인 사람에게는 굉장히 생소한 풍경이었다. 신문, 잡지, 서적, 백과사전 등의 자료는 일반적으로 가정 내에 비치해 서로 공유하는 자료였다. 집 안의 전화기가 울리면 가족 구성원 중 누구라도 수화기를 들어 응답할 수 있었다(미국 중산층 가정에서는 종종 '청소년 전화'라고 해서 자녀들만을 위해 따로 전화기를 구비해놓기도 했다). 하지만 인터넷은 (특히 휴대 전화로 이용할 경우에는) 지극히 개인적인 정보 기술이다.

컴퓨터는 연결되어 있다. 개인용 컴퓨터가 처음 등장했을 때에는 독립형 기기의 모습으로, 컴퓨터라기보다는 계산기나 단순 타자기와 비슷했다. 하지만 인터넷이 보급되면서부터 컴퓨터는 서로 연결되기 시작했으며, 이때부터 컴퓨터와 인터넷은 서로 불가결한 존재가 됐다. 덕분에 개인은 네트워크로 연결돼 직장, 정부, 특정 조직 등 온라인상에서도 활동하기 시작했다.

컴퓨터와 인터넷은 인도적인 기술로 발전했다. 컴퓨터 기술이 등장한 초창기에는 사용자의 편의를 고려한 컴퓨터 스크린이나 키보드 없이, 스위치나 IBM 천공 카드 등을 이용해 정보를 입력하고 출력했다. 심지어 개인용 컴퓨터가 막 등장했을 때만 해도 브라우저와 검색 엔진이 개발되지 않아, 마법사 프로그램을 이용해 인터넷에 접속했다. 지금이야 아이콘이나 메뉴, 버튼을 클릭하면 언제든 인터넷에 접속해 검색 엔진을 활용할 수 있지만 말이다. 이제는 어린 아이들이 받아쓰기는 못해도 컴퓨터는 사용할 줄 아는 시대가 됐다.

컴퓨터는 인간에게 위협적이기보다는 도움이 되는 기술이다. DOS가

사용자의 편의를 고려한 그래픽 사용 환경을 탑재한 윈도우와 매킨토시에게 자리를 내어준 바로 그때부터, 사람들은 인터넷을 지인과 항상 연결돼 연락을 주고받고 구인, 구직 활동에 도움이 되는 기술로 인식하기 시작했다(이 책의 2부에서 자세하게 다룰 예정이다). 존 마코프John Markoff 기자의 말을 빌자면, 사람들은 인터넷을 인공 지능artificial intelligence이라기보다는 지능 증강intelligence augmentation으로 생각한다고 한다. 여기서 지능 증강이란, 모르는 곳을 찾아갈 때 GPS를 이용해 길을 찾거나 문서를 작성할 때 틀린 철자를 고쳐주는 등 매우 다양한 형태로 표현된다.[20] 극적인 경우를 하나 예로 들겠다. 19살인 쉴라 흐투는 2004년 캐나다로 망명한 미얀마 소녀다. 컴퓨터나 전화기 같은 디지털 기술의 혜택을 전혀 받지 못하고 성장한 쉴라는 캐나다에 오자마자 매우 빠른 속도로 컴퓨터 사용법을 익히기 시작했다.

> 처음 캐나다에 왔을 때, 나만 떨어져 있다는 외로움에 젖어 채팅에 집착하다시피 했다. 온라인으로 많은 친구를 사귀었고, 때로는 밤새 채팅을 하며 시간을 허비하기도 했다. 온라인에는 나처럼 미얀마에서 망명한 카렌 족*친구들이 많았고, 난 그 친구들과 연락하며 지냈다. 오빠와 여동생은 태국에서 공부를 하고 있어서, 이메일로 소식을 주고받았다. 다른 가족은 나와 통화하기 위해 태국의 카렌 마을까지 2시간을 걸어 가 전화를 해야 했다. 그러던 우리 가족과 친구들은, 이제 스카이프와 MSN, 구글 채팅을 이용해 연락을 주고 받는다. 난 인터넷이 무엇인지도 모르는 사회에서 태어나 자랐지만, 지금은 인터넷 사용이 매우 자연스럽다. 이제는 인터넷 없이는 하루도 살지 못할 것 같다.[21]

커뮤니케이션 방식이 좀 더 사적이고 개인화됐다. 인터넷이 등장하기 전에는, 특정 사람하고만 정보를 공유하고자 할 경우 직접 상대를 만나 얼

---

* 미얀마 남동부에 거주하는 소수 민족 – 옮긴이

굴을 맞대고 이야기하거나, 전화로 혹은 봉한 편지를 부쳐 연락했다. 그러고 나서, 상대가 다른 사람에게 비밀을 이야기하지는 않는지 다른 사람이 나와 상대의 연락을 엿듣거나 엿보지는 않았는지 신경을 곤두세웠다. 하지만 인터넷이 보급되면서, 이제는 내가 연락하고자 하는 특정 개인만 확인할 수 있는 방법으로 정보를 전달할 수 있다. 이메일 서비스를 시작으로, 이제는 비밀번호를 설정한 유튜브 동영상 등의 클라우드를 이용한 정보 공유가 가능해졌으며, 심지어 페이스북에서는 공개 옵션을 적절히 조절해 원하는 사람에게만 게시물을 공개할 수도 있다.

인터넷은 개인의 선택에 열려 있고 분산돼 있다. 컴퓨팅 기술이 탄생한 이래, 기술과 정보를 한 곳으로 집중해 제어하고자 하는 대기업(중앙 집중 방식)과 자신이 원하는 방식으로 컴퓨터와 인터넷을 활용하고 싶어하는 수많은 개인(분산 방식) 간의 다툼은 계속해서 이어지고 있는 실정이다. 점점 더 서로의 목소리를 높이고 있지만, 아직까지는 자유를 원하는 개인의 목소리가 조금 더 큰듯하다. 네트워크화된 개인의 생각은 현대의 분산 컴퓨팅 기술과 잘 들어맞는다. 기업에서 사내용으로 사용하는 것이 아닌 이상, 개인은 자신의 소프트웨어와 하드웨어를 자율적으로 선택하고 원하는 방식대로 업그레이드하거나 개선할 수 있다.

인터넷은 비동기적인 기술이다. 얼굴을 맞대고 이야기하거나 수화기 사이로 나누는 대화와 달리, 인터넷 사용자들은 자신이 원하는 정보를 찾거나 대화를 나누고 싶을 때면 언제든 온라인에 접속한다. 온라인에서는 정보의 습득이 빠르며 비밀이 보장되고, 커뮤니케이션의 속도 역시 우편이나 보이스메일을 주고받는 것과는 비교도 안 될 정도로 빠르게 이뤄진다. 따라서 인터넷의 비동기성이란, 네트워크화된 개인이 상대의 스케줄을 고려하거나 응답을 기다릴 필요 없이 자신이 원하는 때 언제든 온라인에 접속해 활동할 수 있다는 뜻이다.

인터넷의 보급: 조기 수용자의 이야기

인터넷 사용 인구 증가의 역사는 월드 와이드 웹이 등장해 온라인 환경을 완전히 바꿔놓고 사용자의 인터넷 경험을 한층 끌어올린 이야기와 같다. 기업가, 교육자, 정부 부처, 비영리 조직, 뉴스 매체 등을 비롯한 수백만의 개인은 온라인 세상을 구축하는 데 막대한 돈과 시간을 투자했다. 이메일과 인터넷 브라우징 기술을 개발하고, 이 기술 혁신을 받아들여 사용하고 개선해, 지금의 유용하고 경쟁적인 온라인 환경을 만들기까지의 이야기는 수도 없이 많다. 예를 들어, 레너드 위트Leonard Witt가 〈미니애폴리스 스타 트리뷴〉의 일요 주간지 편집자로 자신의 네트워크 라이프를 처음 시작할 무렵인 1980년대 중반, 회사는 처음으로 사내용 메신저 시스템을 배포했다. "계단을 오르락내리락 하거나 전화기를 들 필요 없이, 동료들과 의견을 주고받고 이야기할 수 있다는 데에서 메신저는 정말 충격적인 프로그램이었습니다. 메신저 기본 사용 방법을 숙지하고 사용 규칙을 정하고 나니, 저와 저희 팀원 모두 업무 능력이 한 단계 업그레이드된 느낌이었지요."

프로디지Prodigy 온라인 서비스가 제공하는 이메일을 사용하기 시작한 1990년대 초반과 오픈 웹 환경이 문을 연 1990년대 중반 무렵, 위트는 자신의 인맥이 이전보다 훨씬 더 넓어졌음을 깨달았다. "전 언제나 사람들과 나누고픈 아이디어가 굉장히 많은 편인데, 그럴 때마다 사람들에게 한 번에 메시지를 보내 생각을 나눌 수 있으니 얼마나 좋은지 몰라요." 위트는 회상했다. "아이디어라는 게 순간 떠올라 잊어버리기 쉽잖아요. 이메일로 기록해두고 공유하지 않았다면 얼마나 많은 아이디어를 잊어버렸을지. 저만 기억하는 게 아니라 이메일을 받은 친구나 동료들도 기억할 뿐더러 때로는 서로 개선 사항을 알려주기도 했어요."

2002년, 위트는 인터넷에 대한 열정과 혁신적인 아이디어를 점점 발전시켜 조지아 주의 케네소 주립 대학에 커뮤니케이션학 교수로 근무하기 시작했으며, 동시에 인터넷 역시 대중에게 훨씬 더 강력한 매체로 성장해 경제적인 역할까지 수행하는 존재로 변모해 있었다. 위트는 1990년대 중반 즐겨 사용하던 야후와 같은 포털 사이트를 떠올리며 새로운 종류의 컨텐츠 택소노미taxonomy(분류법)를 개발해내려 노력했다. 당시 포털 사이트에는 수많은 뉴스와 건강 정보 사이트, 소프트웨어 다운로드 사이트, 엔터테인먼트 리뷰, 종교 자료 등 사람이 작성하고 분류해 놓은 긴 링크 리스트가 있었다. 이들 포털의 모습은 원시적이긴 하지만 인터넷 사용자에겐 모든 것이 담긴 쇼핑몰과 같은 역할을 했으며, 사이트를 분류하고 리스트를 작성한 사람들의 노고가 있었기에, 컨텐츠가 뒤죽박죽 섞여 있는 초창기의 광활한 인터넷 세상을 탐색하고 다닐 수 있었다. 또한 실제로 월드 와이드 웹 세상에서 정보가 생성되고 있음을 눈으로 확인할 수 있었다. 하지만 1997년, 위트는 이런 거대 쇼핑몰과 같은 포털의 모습이 거추장스러워서 특정 정보를 찾는 데 오히려 방해가 될 수도 있다는 생각을 했다. 당시 포털의 성장세는 주춤하고 있었으며 인터넷 역시 열기가 조금 식는 듯했다.

알타비스타AltaVista(1995년) 그 후에 등장한 구글Google(1998년)과 같은 검색 엔진은 인터넷 사용자에게 확장된 웹의 세상을 빠르게 탐색할 수 있는 능력을 선사했다. 사용자들은 이들 검색 엔진을 이용해 엄청난 양의 웹 페이지에서 자신이 원하는 특정 정보와 자료를 탐색할 수 있었다. 위트는 "이전에도 투박한 검색 엔진이 있긴 했지요. 그 당시에는 언젠가 컴퓨터를 이용해 웹상의 모든 정보를 검색할 수 있는 날이 오리라 생각만 했습니다. 그런데 이제는 손 안의 스마트폰만 이용해도 전세계의 모든 정보에 쉽게 접속할 수 있지요."라고 말했다.

1990년대 후반과 2000년대 초반은 전기 다수 수용자early majority adopter의 시대였다. 새로운 관심사를 따라 온라인 세상에 발을 들여놓는 사람들이 늘기 시작했으며, 관심사에 대해 의견을 나누고 활동을 하기에 인터넷은 가장 적합한 도구였다. 온라인 환경에서 여러 경험을 하던 사용자들은, 급기야 인터넷과 자신의 생활을 통합하는 방법을 생각해내기에 이른다. 삶을 더욱 풍성하게 해주며, 재미있고, 때로는 업무에도 도움을 주는 인터넷의 특징은 사용자들의 지속적인 지지를 얻기에 충분했다. 수많은 인터넷 사용자를 대상으로 실시한 인터뷰에 따르면, 다음과 같은 활동이 새로운 사용자를 인터넷 세계로 이끌었으며, 기존의 사용자 역시 인터넷을 더욱 사랑할 수밖에 없도록 유도했다고 한다.

- 1994년에 탄생한 아마존[Amazon]이나 1995년에 모습을 드러낸 이베이[eBay]와 같은 상거래 사이트는 사용자에게 선택의 폭을 넓히고 편리한 쇼핑의 길을 안내함으로써, 순식간에 온라인을 새로운 시장으로 발전시켰다.

- 1995년 무렵 헐리우드와 워싱턴 가십 이메일 리스트로 서비스를 시작한 드러지 리포트[Drudge Report] 등의 뉴스 사이트는 조기 수용자의 뉴스 채널과도 같았다.

- 컴퓨서브[CompuServe] 등의 상업적 시분할 서비스의 일부분으로 발전된 온라인 게임은 1980년대에 처음 시작됐으며, 1990년대 초반 MMORPG 같은 형태로 발전했다. 초반에는 소년이나 청년, 게임 괴짜들 사이에서 인기를 끌던 온라인 게임은, 1990년 중후반 온라인 카드 게임과 보드 게임이 등장하면서 세대를 아우르는 놀이문화로 급부상했다.

- 포르노 산업은 초기 온라인 세계에 들어온 산업 중 하나로, 젊은 남성 사용자들을 온라인 세상으로 이끌어 오는 데 매우 큰 역할을 했다.

- 1995년에 시작된 미 국립보건원의 메드라인[Medline]과 웹엠디[WebMD] 같은 건강 정보 사이트는 특히 여성 사용자층에서 큰 인기를 끌었고,

남성 사용자가 주를 이루던 인터넷 세상의 사용자 성비가 2000년에 들어서는 남녀 반반 정도로 바뀌었다.[22]

- 1994년 온라인 라디오 서비스가 문을 열면서, 새로운 장르와 다양한 선곡 목록, 어릴 적 좋아하던 방송이나 원정경기 중계 등을 선보이며 수백만 명의 온라인 청취자를 끌어들였다.

- 전문지식을 바탕으로 하는 사이트는 새로운 사이트 구독자를 끌어들여 한 가지 주제를 중심으로 하는 하나의 공동체를 만든다. 기업 내부 가십이나 시장 변화 등에 관심을 기울이는 사람들은 재정 관련 뉴스를 다루는 사이트에서 큰 도움을 받을 수 있다. 등산이나 가구 제작 등 다양한 취미 생활과 관련된 사이트는 인터넷 사용자의 참여도를 높여 커뮤니티를 늘려나갔다. 스포츠 관련 사이트는 스포츠 팬에게 승패 통계, 판타지 리그 등 다양한 흥밋거리를 제공했으며, 스타와 관련된 가십 사이트는 특히 인기가 좋았다.

- 1996년에 선보인 ICQ나 1997년 AOL의 AIM과 같은 인스턴트 메시지 프로그램은 10대와 젊은 성인 사용자층에게 인기를 끌었다.

- 1999년에 탄생한 냅스터Napster의 P2P 파일 공유 프로그램은 인터넷 사용자에게 새로운 바람과 같았으며, 이때부터 무료로 음악을 공유하고 다운로드하는 풍토가 시작됐다. 법적인 문제로 냅스터가 서비스를 중단했음에도 불구하고, 수백만의 사용자는 여전히 웹을 통해서 음악이나 영화, 동영상 등을 공유하는 방식에 친숙해졌다.

위트는 사용자들의 이 같은 인터뷰 결과가 그저 '대단하게' 느껴졌다고 이야기한다. 단순히 월드 와이드 웹이 천천히 성장해왔다고 생각한 골수 인터넷 사용자들이 자신의 손으로 인터넷을 더 자주 방문하고 싶고, 더 많은 사람을 만나 관계를 맺고 싶은 경쟁적인 장소로 바꿔놓은 것이기 때문이다. 구글이 처음으로 웹의 규모를 측정한 1998년, 웹에는 2,600만 페이지가 존재했다고 한다. 그리고 2년 후인 2000년, 인터넷상의 웹 페이지 수는 10억 개를 넘어섰다. 2008년 상반기 조사 결과에 따르면 1조 이상의 페이지가 존재한다고 한다. 그 중 구글이 실제로 색인한 페이지는 '고작' 400억 페이지밖에 안 된다.[23] 측정 불가능한 페이지는 '암흑 인터넷dark internet'이라 부르며, 관측되지 않는 우주를 설명하는 '암흑물질dark matter'에서 그 이름을 따왔다.

언제부터인가 인터넷상에서 정보를 창출하는 부류와 정보를 요구하는 부류가 하나로 합쳐져 경계가 모호해졌다. 네트워크가 성장하면서, 네트워크에 연결되는 것 자체의 가치만 성장한 것이 아니라, 지속적으로 네트워크를 확대하고 유지해나가는 연료가 필요해졌다. 인터넷의 성장은 자력 증강self reinforcing의 연쇄 작용을 매우 잘 보여준다. 이메일 계정을 보유한 사람이 많아질수록, 개인 커뮤니케이션 수단으로서 이메일의 가치는 높아진다. 상업적, 교육적, 비영리 목적, 개인용 등의 웹사이트가 많이 개설될수록, 온라인에서 정보를 찾고 상호 교류하려는 사람들은 많아지게 마련이다. 사용자의 참여를 이끌어내고 개인에게 맞춰주려는 툴이 개발될수록, 더 많은 사람이 온라인에 들어와 정보를 공유하고 미디어를 창출한다. 인터넷 초기에는 회사나 학교에서 직원과 학생들에게 인터넷을 사용해주길 권유하거나 강제하기도 했다. 2000년대 초만 하더라도 인터넷 사용자의 과반수 이상이 온라인 세상을 처음 경험하게 된 계기가 회사 혹은 학교에서 필요한 사항을 위해서라고 응답했다. 하지만 온라인 사용자는 점점 증가해, 이제는 사적인 혹은 공적인 업무와 관련된 전문 정보 검색과 인맥 등의 목적을 위해 자발적으로 인터넷을 사용한다.

인터넷의 활용도가 높아지면서, 네트워크화된 개인주의에 있어 인터넷은 매우 요긴한 도구다. 인터넷은 사용자로 말미암아 좀 더 네트워크화됨과 동시에 개인을 중시하는 문화를 이끌어냈다. 특히 대다수 인터넷 사용자가 가장 많이 사용하는 이메일의 경우, 친구나 가족들과 쉽게 자주 연락할 수 있다는 느낌을 주어 인터넷을 통한 인간 관계에 대한 거부감을 줄여주었다. 또한 약한 연결로 맺어진 인맥을 유지하거나 새로운 관계를 맺는 데에도 도움이 됐다. 웹의 발전 역시 개인주의에 힘을 실어주었다고 조사됐다. 퓨 인터넷이 2000년 3월에 처음 실시한 조사에 따르면, 미국 내 온라인 사용자 중 78퍼센트가 무언가를 새로 배우는 데 인터넷이 매우 큰 도움이 된다고 응답했으며, 76퍼센트는 친구와의 관계에 도움이 된다고 답했다. 55퍼센트는 가족 구성원 간의 관계를 유지하는 데 도움이 된다고도 답했다. 그리고 미국 내 인터넷 사용자의 약 3분의 1 정도는 자신의 건강 관리에 인터넷이 큰 도움이 된다고 하며, 재정 문제나 쇼핑 등 경제 활동에도 유익하다고 응답했다.[24] 몇 년 후 같은 설문조사를 진행했을 때 각 질문에 대한 응답자는 더 늘었으며, 지금도 역시 지속적으로 증가하는 추세다.[25]

전기 다수 수용자와 후기 다수 수용자의 천로역정: 광대역 통신의 발달

1990년에서 2000년대까지 시간이 흐르면서, 인터넷은 대부분의 사용자에게 신기한 장난감과도 같은 존재에서, 사용하기 편리하며 어디서나 접할 수 있는 매우 중요한 기술로 그 의미가 발전했다. 이제 인터넷은 현대인의 삶에 완벽히 녹아 들어 곳곳에서 자연스럽게 베어 나온다.

언론인인 레너드 위트는 이 같은 인터넷 의미의 변화를 일찍이 눈치챘다. 자신 스스로 인터넷에서 보내는 시간이 점점 늘고 있음을 깨달았으며, 온라인상에서 하는 활동 역시 더 많아졌다. 심지어 오프라인상에서 할 수 있는 활동을 온라인으로 옮겨 수행하는 경우도 있었다. 이제 위트 부부는 인터넷 서점을 이용해 책을 구입하고, 휴가를 맞아 여행지로 정한 파리의 호텔 매니저에게 직접 이메일을 보내고 웹사이트를 방문하는 등 숙소 예약과 일정 계획도 모두 온라인에서 해결한다.

무엇보다도, 1996년부터 2002년까지 MPRCJI[Minnesota Public Radio Civic Journalism Initiative]의 이사로 역임한 위트는, 인터넷상에서 컨텐츠를 만들어 배포하는 크나큰 업무 성과를 냈다. 처음에는 마법사와도 같은 웹마스터를 써서 컨텐츠를 만들고 업로딩했으나, 얼마 지나지 않아 이런 프로그램 없이도 컨텐츠를 생성할 수 있었다. 2003년부터는 '공공 저널리즘'에 관한 블로그를 개설해 1990년대부터 시작한 저널리즘 운동을 온라인상에서 이어나가기 시작했다.[26] 위트는 자신의 블로그를 통해, 기존 뉴스 매체의 위기를 설명함과 동시에 개인 저널리스트나 새로운 커뮤니티 조직이 이런 기존 매체를 대체할 것이라는 의견을 피력했다. "블로그를 처음 시작했을 때, 세상이 저를 중심으로 돌아가는 느낌이었습니다. 저는 조금 더 크고 맑은 목소리로 저의 생각을 들으려 하는 분들에게 제 의견을 당당하게 이야기할 수 있었습니다. 매일같이 수많은 사람에게 제 글에 대한 의견을 받지요. 저를 둘러싼 세상은 훨씬 더 커졌습니다. 이전에는 사람들과 이메일을 통해서 연락했지만, 블로그를 시작하고 나니 연락하기가 더 쉬워져 이제는 수천만의 사람들과 소통할 수 있습니다." 위트의 말이다. 말 그대로, 위트는 컨퍼런스의 연사로 초청되고, 뉴스룸에 초대받으며, 미디어 애널리스트와 연계해 작업하는 등 영향력이 점점 더 넓어졌으며, 그의 의견은 신문 기사, 블로그 포스트, 프리젠테이션 등 수많은 매체에 실리기 시작했다.

가정과 직장 내 고속 광대역 망의 발달은 위트의 인터넷 사용을 부추기는 결정적인 촉매제 역할을 했다. "광대역 망은 저에게 무슨 일이든 할 수 있는 힘을 실어줬습니다."라고 위트는 말한다. "광대역 망은 온라인상에서 일하거나 활동을 할 때 겪는 어려움을 해소해줬으며, 이제는 그 이상의 일을 해주고 있지요. 저는 이런 발전이 선형으로 이뤄진다고 생각하지 않습니다. 연결 속도가 빨라질수록 저는 훨씬 더 빨리 더 많은 일을 해낼 수 있습니다."

위트는 인터넷상에서의 웹 검색과 커뮤니티 활동을 이야기한다. 네트워크로 연결된 정보를 검색하고 다양한 커뮤니케이션 방식을 통해 연결된 커뮤니티를 찾아다니는 일은 "링크를 따라가다 보면 시간가는 줄 모르지요."라고 말할 정도로 위트에게는 매우 즐거운 일상으로 자리 잡았다. 때로는 동료를 불러 조언을 구하기도 하며, 연락하고자 하는 집단에게 전체 메일을 보내기도 하고, 자신의 블로그에 글을 올려 여러 사람에게 자신의 생각을 알리기도 한다.

위트는 네트워크화된 개인주의를 능동적으로 실천하는 조금 더 특별한 경우이긴 하지만, 인터넷에 대한 의존도의 변화는 여느 인터넷 사용자와 조금도 다를 게 없다. 장난감에서 유용한 유틸리티로 인터넷의 의미가 매우 빠르게 변화한 데에는, 전화선에서 고속 광대역 망 연결로의 기술 변화가 매우 큰 역할을 했다. 퓨 인터넷 앤 아메리칸 라이프 프로젝트가 처음 조사를 실시한 2000년 3월만 해도 가정 내 광대역 망을 설치한 성인 인구는 전체 5퍼센트 미만이었다. 그런데 2011년 여름이 되면서, 이 수치는 61퍼센트로 크게 증가했다(그림 3.1 참조). 이렇듯 개선된 연결망으로 발전해

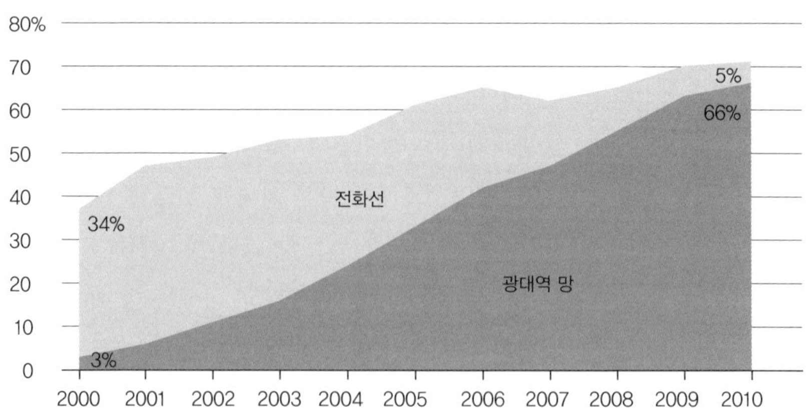

그림 3.1 가정 내 인터넷 연결을 전화선에서 광대역 망으로 교체한 성인의 비율
출처: 2000–2011 퓨 인터넷 앤 아메리칸 라이프 프로젝트 조사

오기까지 미국인들의 반응은 위트와 같았다. 인터넷을 조금 더 의미 있는 일을 하는 데 활용하기 시작했으며, 온라인상에서 더 진지한 활동을 하기 시작했고, 다양한 도구를 이용해 훨씬 더 즐겁고 친밀한 관계를 맺는 등 적극적으로 온라인 활동에 참여했다.[27]

고속 인터넷 연결 망은 사용자들에게 온라인 활동 요소 중 하나로 동영상을 활용할 수 있게 해줬다. 대용량 파일이 좀 더 효율적으로 전송될 수 있게 되면서, P2P 파일 전송이 늘어나 사람들은 오프라인 상점에 가서 컨텐츠를 따로 구입할 필요 없이 동영상이나 책 한 권 분량의 글 등을 주고받았다. 2011년 중반에는 인터넷 사용자의 71퍼센트가 온라인에서 동영상을 감상한다고 응답했다.[28] 대역폭이 넓어질수록 스토리지 비용은 낮아져 클라우드 애플리케이션과 같은 기술이 등장했다. 이제 사람들은 자신의 컴퓨터의 워드프로세서와 같은 소프트웨어로 작성한 파일을 컴퓨터가 아닌 서버 '팜farm'에 저장한다. 이는 곧 파일을 개인 컴퓨터에 저장하는 개인 컴퓨팅 환경이 변화하고 있음을 의미한다. 자세한 내용은 4장에서 다루겠다.

퓨 인터넷의 조사 결과를 종합해보면, 광대역 망을 사용하는 인터넷 사용자는 온라인 컨텐츠를 생성함과 동시에 온라인 시장에서의 주요 고객이라는 결론이 나온다. 컴퓨터는 더 이상 홀로 존재하는 기술이 아닌 인터넷을 중심으로 서로 연결된 기술로 변모했다. 컴퓨터 사용자와 인터넷 사용자를 따로 분리해 조사해보면 이같은 변화를 매우 잘 알 수 있다. 1980년대 초의 전화통신 회사가 실시한 조사에 따르면(2장에서도 이야기했지만), 약 10퍼센트 정도의 컴퓨터 사용자가 네트워킹 애플리케이션을 사용한다고 응답했다. 1994년에는 25퍼센트 정도의 컴퓨터 사용자가 온라인을 경험했고, 퓨 인터넷이 2000년부터 실시한 조사의 첫 해에는, 76퍼센트의 컴퓨터 사용자가 온라인을 사용한다고 답했다. 그리고 2011년, 전체 컴퓨터 사용자 인구의 98퍼센트가 인터넷 사용자라고 한다. 광대역 망은 인터넷을 컴퓨팅의 중심으로 끌어올렸으며, 사람들은 수많은 데이터와 다양한 미디어, 도구 등을 이용해 창의적인 인터넷 활동을 이어나간다.

인터넷 사용자가 일단 광대역 망으로 연결을 교체하고 나면, 다양한 자신의 니즈를 만족스런 방식으로 충족시켜주는 굉장히 매력적인 네트워크 환경을 만나게 된다. 2002년에는 인터넷 사용자의 31퍼센트가 인터넷 사용을 포기하기란 '정말 힘들다'라고 답했다. 그리고 2007년에는 같은 응답을 한 사용자가 전체의 47퍼센트로 증가했다. 덧붙여, 광대역 망으로 교체한 뒤 인터넷 사용을 포기하기가 더욱 힘들어졌으며, 이젠 인터넷이 일상으로 자리 잡았다고 이야기했다. 인터넷 사용 빈도 역시 증가했는데, 2000년에는 일상적으로 인터넷을 사용한다는 사람이 29퍼센트였던 것에 비해, 2011년에는 무려 두 배 가까이 증가한 60퍼센트에 이르렀다.[29] 또한 가정에서 인터넷에 여러 번 로그인한다는 사용자는 2004년 18퍼센트에서 2011년 38퍼센트로 증가했으며, 직장에서 여러 번 로그인한다는 사용자는 같은 시기 17퍼센트에서 34퍼센트로 두 배 가량 증가했다. 인터넷 사용 인구의 약 3분의 1이 인터넷을 단순한 놀이의 장소로 이용해 오락적인 요소를 즐긴다고 응답했다.

특정 온라인 활동의 증가 역시 인터넷 사용 증가와 같은 맥락을 보인다. 퓨 인터넷은 일반적인 조사의 응답자에게 '어제' 인터넷을 하면서 한 온라인 활동은 무엇이냐고 질문했다. 여기서 '어제'라는 용어를 씀으로써 '일상적으로' 온라인상에서 하는 활동이 무엇인지 유추했으며, 인터넷 사용자의 온라인 활동이 시간이 흐르면서 매우 다양해졌음을 알 수 있었다.

- 2000년에는 일상 생활 중 이메일을 주고받는다는 미국 성인이 21퍼센트였으며, 2011년에는 두 배가량 뛰어 53퍼센트였다.
- 2000년에는 일상 생활 중 검색 엔진을 이용한다고 응답한 사용자가 18퍼센트였으며, 2011년에는 42퍼센트였다.

- 온라인 뉴스 구독자는 2000년에 11퍼센트였으며, 2011년에는 41퍼센트였다.
- 일상 생활 중 인터넷 기상 뉴스를 확인한다는 응답자는 2000년에 8퍼센트, 2011년에는 32퍼센트였다.
- 2000년에는 온라인 뱅킹을 한다는 응답자가 2퍼센트였던 것에 비해, 2011년에는 열 배 이상인 26퍼센트였다.

인터넷을 통해 할 수 있는 온라인 활동이 다양해지고 인터넷상에 게재되는 광고가 많아지면서, 인터넷에 기대하는 역할의 종류와 기능은 점점 더 많아졌다. 퓨 인터넷이 2007년 가을, 살아가면서 부딪히는 각종 문제에 대한 해결 방법을 찾는 정보 출처가 어디인지 묻는 조사에서, 응답자들은 1위로 인터넷을 꼽았다. 그리고 2위부터 순서대로 전문가, 가족이나 친구, 신문과 잡지, 정부부처, 텔레비전과 라디오, 도서관이 뒤를 이었다.[30] 퓨 인터넷과 퓨 리서치 센터가 2011년 초에 미국인을 대상으로 저널리즘에 관한 질문을 던진 조사에서는, 인터넷 사용자들 사이에서 오고 가는 다양한 주제의 로컬 정보의 주요 출처로 인터넷이 뽑혔다. 교육 관련 자료, 비즈니스 뉴스, 구직, 이사, 날씨, 지역 정치, 문화 활동, 사회서비스, 커뮤니티 이벤트 등 모두 주요 출처는 인터넷이었다.[31]

2008년 레너드 위트가 '대표 저널리즘Representative Journalism'이라 부르는 자신의 새로운 아이디어를 블로그에 게재하면서 연결망 변화에 따른 인터넷의 새로운 기능이 부각되기 시작했다. 하니쉬 협회 대표인 루쓰 앤 하니쉬Ruth Ann Harnish는 인터넷을 통해 위트의 아이디어를 확산시키고 지지하고자 했으며, 일 년만에 150만 달러를 모아 위트의 저널리즘을 지지하는 '지속가능한 저널리즘Sustainable Journalism' 센터를 세울 수 있었다. "인터넷이 없다면 절대 해낼 수 없는 일이었습니다. 인터넷에서는 크고 작은 일과 다양한 일이 매일같이 벌어집니다. 진짜라고 믿기 어려웠지만, 매번 실제 상황이었지요." 위트가 말했다.

정보 격차

2011년 중반은 인터넷과 모바일 혁명이 주를 이룬 시대였다. 당시 퓨 인터넷은 미국 성인의 78퍼센트와 청소년의 95퍼센트가 인터넷을 사용한다고 발표했다. 미국인의 61퍼센트는 집에서도 광대역 망을 이용하며, 59퍼센트는 무선 인터넷을 이용한다는 결과도 덧붙였다.

하지만 인터넷과 모바일 혁명에서 빗겨 나간 사람들도 있다. 2011년 3월에 퓨 인터넷이 실시한 조사 중, 미국 성인의 22퍼센트는 인터넷을 사용하지 않는다는 결과가 있다. 39퍼센트는 가정에서 고속 광대역 망을 연결하지 않았으며, 41퍼센트는 무선 인터넷을 사용하지 않는다고 응답했다. 실제로 성인의 17퍼센트, 십대 청소년의 24퍼센트가 휴대 전화를 갖고 있지 않았다. 인터넷을 사용하지 않는 데에는 연령, 경제적 여건, 장애, 교육 수준 등의 여러 요인이 영향을 미친다. 특히 가정 내 광대역 망을 설치하지 않은 데에는 도시보다 시골에 거주하는 사람들의 응답률이 높았다.[32]

시간이 흐르면서 퓨 인터넷은 인터넷이나 광대역을 사용하지 않는 이유와 시간이 흘러도 비사용자의 수치가 크게 낮아지지 않는 현상을 분석해 원인을 내놓았다. 비사용자의 절반 가량은 새로운 기술의 수용 여부와는 상관없이 인터넷이나 광대역 망을 사용하지 않는다고 한다. 그저 인터넷이 필요하지 않거나, 인터넷이 새로운 정보 출처 혹은 유용한 커뮤니케이션 채널이라는 사실을 모른다고 응답했다. 또한 비사용자의 20퍼센트 정도는 컴퓨터 구입 비용이나 인터넷 연결 비용이 문제가 된다고 했으며, 컴퓨터 사용이 귀찮다고 응답한 사람도 20퍼센트나 됐다. 그 외, 5~10퍼센트는 자신의 거주 지역에서는 인터넷 연결이 되지 않는다고 답했다. 가장 놀라운 조사 결과는, 인터넷 비사용자 중 13~21퍼센트가 가정 내 인터넷 연결이 완비돼 자신을 제외한 다른 가족 구성원은 인터넷을 사용하는데도, 인터넷을 사용하지 않는다는 응답이었다. 어떤 이유에서든, 이와 같은 인터넷 비사용자들은 온라인 삶에 참여하지 않기로 결정한 것이다. 추가 조사에 따르면, 가족 구성원 중 극성맞은 컴퓨터 사용자가 있거나 의도적으로 온라인 세계에 들어가길 꺼리는 것이라고 한다.[33]

한정된 온라인 활동을 하는 인터넷 사용자도 많다. 예를 들어, 미국 내 인터넷 사용자 중 24퍼센트는 온라인 뉴스는 보지 않으며, 42퍼센트는 온라인 뱅킹을 하지 않고, 35퍼센트는 페이스북Facebook이나 마이스페이스MySpace 같은 소셜 네트워크에 참여하지 않는다. 그리고 34퍼센트는 인터넷을 통해 호텔 예약을 하지 않으며, 온라인 상거래를 하지 않는 사용자도 이와 비슷한 수치를 보인다. 인터넷을 통한 구직활동을 하지 않는 사람도 46퍼센트에 이르며, 위키피디아를 확인하지 않는 사람은 47퍼센트, 검색엔진을 활용하지 않는 사람도 13퍼센트다. 여기에 이메일을 사용하지 않는 사람이 6퍼센트나 되는데, 이 수치는 퓨 인터넷이 2000년 중반에 실시한 수치와 크게 차이가 없다.

정보 격차는 인구 통계학적인 관점에서도 그 증거가 나타난다. 인터넷 시대가 도래하기 전 선호하는 미디어의 종류는 인터넷 혁명 이후의 정보 격차와 연관성을 보이기도 한다. 일반적으로 남성보다는 여성이 커뮤니케이션 채널 사용을 선호하는 편이며, 그러다 보니 이메일이나 소셜 네트워크 사이트 등 소셜 온라인 활동에 매우 관심이 많은 편이다. 마찬가지로, 육체적, 정신적 건강과 연관된 자료도 남성보다는 여성이 훨씬 더 많이 검색한다. 대신, 남성 사용자들은 온라인 뉴스나, 구직 정보, 스포츠나 취미, 정치, 시민 활동 등에 관련된 정보를 검색한다. 30대 이하의 연령층에서는 성별에 상관 없이 30대 이상 성인보다 온라인 사용량이 더 많다. 소셜 네트워크 사이트를 사용하거나, 온라인 데이트 사이트에 회원으로 가입하고, 게임, 구직 활동, 동영상 공유, 가상 세계 참여 등 활발히 활동한다. 연령층이 높아질수록, 젊은 사람들에 비해 뉴스, 건강 정보, 정부 관련 자료, 온라인 상거래, 온라인 뱅킹 등에 더 큰 관심을 보이는 경향이 있다. 인종이나 민족과 관련된 커뮤니케이션 활동은 그 격차가 뚜렷이 나타나기도 한다. 예를 들어, 백인은 유색 소수 인종에 비해 이메일 사용 선호도가 높다. 반면 흑인이나 라틴 민족은 백인에 비해 문자 메시지나 사진, 동영상 전송, 음악 감상, 게임 등 휴대 전화상에서 이뤄지는 데이터 활동을 더 많이 한다.

점점 사회는 네트워크화되는 추세며, 일상의 많은 활동이 인터넷을 통해 연결된다. 덕분에 주위에서 인터넷 비사용자를 찾는 일은 이제 쉽지 않은 일이 돼버렸다. 굳이 컴퓨터 앞에 앉지 않아도, 휴대전화나 자동차 등 각종 기기가 이미 인터넷과 연결돼 있다. 그러다 보니 사회적으로 벌어져 있던 각종 격차가 조금씩 줄어들고 있다. 어제의 60대 인터넷 사용자는 내일의 70대 사용자라는 말처럼, 세대 격차가 줄어들었다. 또한 인공위성이나 무선 연결에 따른 시골 지역의 인터넷 사용률이 높아졌으며, 인터넷 서비스 비용이 저렴해지고 정부나 비영리 조직의 지원이 잇따르면서 경제적 빈곤층의 인터넷 사용률 역시 증가했다.

현대 사회의 대부분의 사람들이 인터넷을 사용하는 가운데, 인터넷을 효과적으로 사용하지 못하는 사람들도 있다. 사회학자인 에츠테르 하르기타이Eszter Hargittai는 이런 인터넷 활용 능력을 '디지털 스킬digital skills'이라 부르며, 분석가인 하워드 라인골드Howard Rheingold는 '인터넷 문해력internet literacy'이나 '넷 스마트net smart'라 부른다. 풀어서 설명하자면, 사회적 불평등을 불러일으킬 수 있는 인터넷 활용 능력의 차이는 곧 새로운 시대의 정보 격차를 뜻한다. 예를 들어, 온라인 활용 능력이 출중한 사람은 인터넷을 통해 정치, 경제, 기업, 정부 관련 정보를 습득하는 경향이 있다. 어떤 정보를 어디서 찾아야 하는지 정확하고도 빠르게 판단하는 데 능숙해 높은 효

율성을 보이므로, 이들은 대부분 좋은 직장에 취업하는 경향을 보인다.[34]

인터넷 문화

시대에 따라 변화하는 인간의 도덕성, 경제 환경, 사회 구조 등에 따라 온라인 세상의 문화도 변화한다. 따라서 네트워크화된 개인주의에 어울리는 인터넷 환경을 구축하는 데에는 매우 다양한 요소가 개입하는 셈이다. 사회학자인 마뉴엘 카스텔Manuel Castells은 인터넷 문화를 형성하는 데 적어도 네 가지 서로 다른 문화가 어우러진다고 이야기한다. 이 네 가지 문화의 구성원이 소수의 인터넷 사용자라 할지라도, 전체적인 인터넷 문화에 미치는 영향은 크며 결과적으로 네트워크화된 개인주의를 어떻게 지원할지 결정 짓는다고 주장한다.

네 가지 문화의 구성원 중 첫 번째는 '테크노 엘리트techno-elite' 집단이다. 이 집단은 인터넷 프로토콜의 개방된 과학적, 기술적인 면모를 결정지으며 기술의 발전을 이끌어내는 가치 있는 시스템을 지속적으로 지원한다. 주로 혁신 수용자나 조기 수용자로 구성되며, 소프트웨어의 개방된 커뮤니케이션을 중심으로 상호 연결적이며 글로벌한 커뮤니티를 구축하길 희망하는 훌륭한 프로그래머들이 많다. 특정 자격이 있어야 하는 건 아니지만, 온라인 세계에서의 평판은 생각보다 중요 요소로 작용하며 끊임없는 서로 간의 평가와 견제가 일어난다. 그렇다고 경제적인 특권이 주어지지는 않는다. 그보다는 컴퓨터 세상의 괴짜들이 만들어내는 커뮤니티를 이끌어나갈 수 있다는 권력이 부여된다. "인터넷 문화는 과학의 발전을 추구하는 전통 학문적 욕구와 학계에서의 평판, 지식에 대한 개방과 공유, 권위자의 인정 등을 바탕으로 한다." 카스텔의 말이다.[35] 덧붙여, 개방된 테크노 엘리트의 문화는 서로의 의견을 공유하고 주고받는 네트워크화된 개인의 특징을 이끌어냈다고 이야기한다.

두 번째 집단은 '해커Hacker'다. 여기서 이야기하는 해커는 네트워크를 망가뜨리거나 타인의 재산을 탐하는 나쁜 의미의 해커가 아니다. 대개 '해커'라 하면 '범법자'의 의미가 강하지만, 정확히 말하면 이런 사람들은 '크래커cracker'라 불러야 한다. 카스텔이 말하는 해커란, 기업이나 기관에 묶이지 않고 개인적으로 인터넷 기술을 한 단계 발전시키는 프로그래머를 뜻한다. 혁신 수용지로서의 해커 커뮤니티는 온갖 종류의 기기와 인터넷 서버에서 다양한 소프트웨어가 실행될 수 있도록 개발하고 대중에게 보급하는 데 큰 기여를 했다. 이들은 컴퓨터를 이용하는 데 어려움이 없으며, 인간과 기기의 교감이 모두에게 이롭다고 생각하고, 이런 세상을 구축하려 노력한다. 그러다 보니 어떤 기술 개발에 있어 누구의 허락을 받을 필요는 없다고 생각한다. 카스텔은 이런 해커들의 문화를 컴퓨터 시대와 접목해(미래에도 그 뜻은 변함 없을) 다음과 같은 말로 표현했다. "해커에게는 창조의 자유, 지식 활용의 자유, 기존 지식을 바탕으로 한 지식의 재창조와 지식을 알리는 데 사용할 채널 선택의 자유를 누릴 권리가 있다." 이 말은 현대의 이상적인 네트워크화된 개인주의 풍토하에서는 신조와도 같다.[36]

다음은 '가상 공산 사회주의자virtual communitarian' 집단이다. 테크노 엘리트와 해커의 문화는 인터넷의 기술적, 정치적 기초를 마련한 반면, 가상 공산 사회주의자 집단은 인터넷의 사회적인 구성, 프로세스, 활용도를 결정한다. 이 집단은 샌프란시스코 베이 지역의 반체제 사람들에 기반한다. 1980년대와 1990년대 초반, 온라인 세상에는 매우 다양하고 훌륭한 커뮤니티가 많았으며, 당시 수많은 커뮤니티는 다음과 같은 두 가지 가치를 공유했다. 한 가지는, 기업형 매스미디어와 거대 관료체계에 반대하는 '수평적이며, 자유로운 커뮤니케이션'이다. 그 다음은 '자발적 네트워킹'이다. 자발적 네트워킹이란 '누구에게나 네트워크 활동의 목표가 있기 마련이며, 목표를 찾지 못했다면 자신의 정보를 공개하고 컨텐츠를 생성해 자신만의 네트워크를 만들어낸다'는 뜻의 용어다. 간단히 말하면 '네트워크화된 개인주의'를 지향한다는 말이다.[37] 실제로 '자신만의 네트워크 형성'은 네트워크화된 개인주의의 모토와도 같다. 이 같은 초창기 인터넷 사용자의 문화는 주류에 편승하지 않는 새로운 기술의 등장 이유를 설명해준다. 이미 네트워크화된 개인주의로 삶의 방향을 정하고 준비가 완료된 사람들에게 새로운 기술은 그저 이들의 욕구에 따라 움직인 것뿐이다. 카스텔의 말처럼, 자발적 네트워킹은 조직적이며 합동적이고 건설적인 도구다.[38] 또한 위로나 축하 등의 감정적 욕구와 실질적 문제 해결을 도와주는 훌륭한 도구이기도 하다.

마지막은 '모험적인 기업가entrepreneur' 집단으로서 인터넷을 본격적으로 사회에 보급하는 데 앞장 선, 대부분 샌프란시스코 실리콘밸리의 기업가들이다. 이들이 온라인 세계에 남긴 문화는 (좀 신기하긴 하지만) 미래에 대한 아이디어로 돈을 벌 수 있다는 경제적 개념이다. 카스텔은 말한다. "기업가 문화의 근본은 기술적 노하우와 비즈니스 비전을 경제적 가치로 바꿀 수 있는 능력에 있다. 그리고 이 가치를 어떤 방법으로는 실물적 자산으로 바꾸는 것이다." 더군다나 대중이 인터넷의 역량과 가치를 깨달으면서 기업가들은 점점 더 구미가 당겼다. 기술 분야의 기업가들은 인터넷상에서 가능한 기술을 이용한 서비스와 제품을 상용화하기 시작했다. 기업가 집단의 이같은 행동은 느슨한 네트워크를 바탕으로 하는 개인주의라는 온라인 문화를 만들어냈다.[39]

'참여자participator'는 카스텔이 말한 네 가지 문화에 속하지 않는 집단으로, 온라인상에서 컨텐츠를 만들고 공유하는 인터넷 사용자들을 일컫는다. 이 광범위한 집단의 존재는 퓨 인터넷이 실시한 조사에서 찾을 수 있다. 수많은 개인 인터넷 사용자가 온라인상에 부수적인 컨텐츠를 생성해 올리는데, 대략 총 인터넷 사용자의 3분의 1 정도가 이 활발한 참여자 집단에 속해 타인에게 도움을 주고 영향을 미치는 유익한 컨텐츠를 올린다고 한다. 블로거, 동영상과 사진을 게재하는 사람, 가상 현실 참여자, 여타 페이스북 같은 소셜 네트워크 사이트에 유익한 컨텐츠를 올리는 사람이 이 집단에 속하며, '온라인 서포트 집단'이라고 말하기도 한다. 이들은 책이나 영화에 관한 비평을 하기도 하며, 자신이 속한 소셜 네트워크 프로필이나 그룹 소개란을 통해 자신의 정치적, 사회적 성향을 대변하기도 한다. 또한 블로그에 직업이나 개인의 생각을 적어 올린다. 기존 미디어를 활용해 색다른 동영상을 만들거나, 여행지에서 찍은 사진으로 사진 공유 사이트를 만든다. 자신의 취미나 관심사에 관한 새로운 정보와 팁을 제공하는 사람도 있다. 참여자 집단에 관한 자세한 이야기는 8장에서 나누겠다.

활발한 참여자 집단은 카스텔이 이야기한 가상 공산 사회주의자 집단의 연장선상에 있다. 특히 가장 활발한 참여자들은 온라인 네트워크화된 개인주의를 이끌어나가는 리더 격인 사람들이다. 옥스포드 인터넷재단의 윌리암 더튼^{William Dutton}은 이들을 '시민 사회의 제5계급^{fifth estate in civic life}'이라 부른다. 중세 프랑스는 사회 계층을 성직자, 귀족, 평민으로 나눴다. 그런데 19세기에 들어서면서, 신문이나 기자가 시민의 민감한 사항을 대변하는 새로운 역할을 맡기 시작하고 여기서 제4계급이 탄생한다. 더튼은 이런 역사적 분류를 인터넷 시대에 적용해, 광범위한 정보와 서비스, 기술적 리소스를 다루면서 정부나 기관, 개인에게 영향을 미쳐 결과적으로 네트워크를 움직이는 참여자들에게 제5계급이라는 별칭을 붙인 셈이다.[40] 더튼은, 인터넷의 발달을 통해, 네트워크화된 개인이 정보나 사람, 자원에 접근하는 방법을 발전시킴으로써 기존 사회의 경계를 무너뜨려 새로운 수준의 조직과 개인의 투명성을 탄생시켰다고 이야기한다.

더튼의 연구 결과는 소수의 활발한 온라인 사용자가 참여자 집단을 이끌어 나가고 전체적인 온라인의 분위기를 좌우한다는 퓨 인터넷의 연구 결과와 일맥상통한다. 소수의 활발한 온라인 참여자는 대부분, 대중에게 폭로된 조직의 기밀이나 사람, 기업에 대한 새로운 이야기 등에 영향을 받아 컨텐츠를 생성해 온라인에 공개한다. 동시에, 트위터나 블로그 같은 온라인 포럼을 통해 누가 어떤 컨텐츠를 올리고, 어떤 의견을 내놓는지 서로 '가볍게 감시'하면서 컨텐츠를 생성하기도 한다.

근래에 들어 인터넷상에서 펼쳐지는 새로운 특징 중 하나는, 많은 인터넷 사용자가 자신의 발자취를 남기고 (우연이든 의도에 따랐든) 서로 쫓아간다는 것이다.[41] 9장에서 상세히 다루겠지만, 사람들은 자신이 만나야 하는 사람이나 관계를 맺을 조직에 관한 정보를 검색하는 경향이 있다. 때로는 개인뿐만 아니라, 기업이나 정부와 같은 거대 조직 역시 개인 인터넷 사용자를 '스토킹'하는 모습을 보이기도 한다.

네트워킹의 진화

인터넷을 통해 소셜 네트워크를 형성하고 개인적으로 필요한 정보를 검색하는 등, 네트워크화된 개인주의를 지향하는 사용자들의 혁신적인 노력이 있었기에 인터넷은 지금의 모습으로 발전해왔다. 10년 정도밖에 되지 않은 시간이지만, 그동안 인터넷은 컴퓨터 전문가들의 단순한 장난감에서 대중의 삶에 큰 영향을 미치는 매우 중요한 도구로 변모했다. 인맥을 넓히고, 자신이 몸담고 있는 네트워크에서 영역을 확고히 하고자 하는 네트워크화된 개인에게, 인터넷은 커뮤니케이션의 허브 역할을 톡톡히 한다. 정보와 세상에 참여하는 통로로서, 인터넷은 네트워크화된 개인에게 개인의 관심사를 추구해 나갈 새로운 힘을 부여한다.

인터넷이 지금처럼 인기 있는 존재로 부상하기 이전부터, 네트워크 운영 시스템을 향한 소셜 트렌드는 이미 진행 중이었으며, 인터넷이 이 같은 트렌드가 나아갈 방향을 정하고 그 수준을 한 단계 업그레이드시켰다는

데에는 이견이 없으리라 생각한다. 4장에서는 인터넷 혁명의 발전과 함께
한 모바일 혁명에 관해 알아보겠다.

전통적인 조사 방법은 휴대 전화와 무선 컴퓨터가 어떻게 네트워크 운영 시스템과 함께 하게 됐는지 그 변화를 찾아내기에 역부족이다.[1] 우선 휴대 전화가 등장하기 이전 시대의 사람들은 어떻게 생활했는지 현대와 비교해 보면, 그 차이점을 확실하게 알 수 있다.

모바일 혁명 이전 시대에 방영된 TV 프로그램이나 영화의 장면들을 떠올려보자. 특히, 닐 사이몬이 각본을 쓰고 1970년에 개봉한 영화 〈아웃 오브 타우너스the out of towners〉는 휴대 전화가 없던 시절 서로 연락이 닿지 않아 벌어지는 해프닝을 그린 코미디 영화로, 모바일 혁명 이전의 모습을 유쾌한 분위기로 매우 잘 표현했다. 전화 연락을 할 수 없게 된 극 중 잭 레몬과 샌디 데니스는 도무지 할 수 있는 일이 아무것도 없었다. 예약해 놓은 호텔 룸이 다른 사람에게 넘어가도 손을 쓸 방도가 없고, 곤경에 처한 당시 레몬의 중요한 면접 일정을 조정할 수도, 사기꾼이 늘어놓는 거짓말을 확인할 수도, 강도를 두 번이나 만나고 납치 당하고 센트럴파크에 버려져도 도움을 청하거나 지원책을 찾을 도리도 없었다. 자신들이 있는 곳을 자녀들에게 알릴 방법도 없었다. 레몬의 도둑 맞은 지갑을 찾게 되면 어떻게 할지 경관이 레몬에게 하는 대사가 압권이다. "어디로 연락드리면 될까요?" 레몬은 콧방귀를 뀌며 경관에게 말한다. "전화가 없으니 저희에게 연락하시기 힘들 거예요."

"어디로 연락드리면 될까요?" 모바일 혁명을 거친 우리에게 이 질문은 참으로 신기하게 들린다. 1990년 중반까지만 하더라도, 이 세상의 모든 전화는 유선으로 연결돼 있었다. 모바일 혁명의 시대가 도래하고 나서야, 전화기는 선에서 자유로워졌다. 그리고 이렇게 자유로워진 전화기는 인간과 인간, 인간과 정보의 연결에 크나큰 변화를 불러일으켰다. 모바일 혁명 이전과 이후의 현실을 영화 등의 사례를 통해 비교해보자.

- 혼자 있을 때 괴한의 공격을 받는 경우: 대부분의 서스펜스 영화는 혼자 고립돼 있으면서 도움을 청하지 못하는 상황에 빠지고 만다. 알프레드 히치콕 감독의 1954년작 〈이창〉에서, 제임스 스튜어트는 휠체어에 하루 종일 앉아 있으면서 창문 너머의 그레이스 켈리를 관찰했고, 정작 그녀를 스토킹하는 살인자가 다가올 때 켈리에게 위험을 경고하지 못했다. 1975년 작인 〈로키 호러 픽처쇼〉는 어떠한가. 타이어가 펑크나 어느 외딴 성에 도움을 청하러 갔다가 외계인들에게 잡히고 만 브래드와 자넷의 이야기를 다루는 이 영화만 봐도, 휴대 전화가 있는 현대 사회에서는 어림없는 이야기 아닌가?

- 재난과 사고를 기록: 예를 들어, 2008년 11월 뭄바이에서 테러리스트들에 의해 호텔에 갇히고 만 투숙객들은 자신의 휴대 전화를 이용해 로비에 접근, 탈출 경로를 찾은 뒤 친구들에게 자신이 위험에 처했음을 알렸다.[2]

- 중요한 정보를 전달하기 위해 죽을 힘을 다해 뛰는 장면: 더스틴 호프만이 주연한 1967년작 〈졸업〉을 기억하는가. 캐서린 로스가 사랑하지 않는 사람과 결혼하려는 찰나, 그녀를 붙잡기 위해 정신 없이 달려가는 더스틴 호프만의 모습은 이 영화의 명장면 중 하나다. 요즘 같았으면 문자 메시지 하나 보내면 끝날 일이지만.

- 일탈하는 데 타인의 도움이 필요함: 1986년 작인 〈페리스의 해방〉은 10대들의 판타지를 현실화한 영화다. 영화에서, 주인공인 매튜

브로데릭(페리스 역)은 거짓 핑계를 대고 부모님 몰래 학교를 빠지고 놀다가 집으로 귀가하는 데 성공한다. 페리스의 부모님이나 여동생, 학생주임 선생님 등 그 누구도 페리스와 연락할 수 없었기 때문이다.

- 범죄자들이 유유히 법망을 비켜나감: 퓨 인터넷 기자인 벳시는 다음과 같이 이야기한다. "나는 수 그라프튼Sue Grafton이 1982년에 출판한 『여형사 K$^{A\ is\ for\ Alibi}$』 같은 추리 소설은 도저히 읽을 수가 없다. 상황이 너무 답답해서 '도대체 휴대 전화는 어디 있는 거야?'라는 말을 계속 되뇌기 때문이다."

- 제 시간에 연락하지 못함: 로미오와 줄리엣은 제때에 서로 연락을 하지 못한 탓에 서로 오해를 해 죽음을 맞이하는 비극적 이야기다. 로미오는 줄리엣이 죽었다 생각하고 자살한다. 로미오는 줄리엣이 잠시 죽은 사람처럼 보이는 독을 먹었다는 편지를 받지 못했다. 문자 메시지만 보낼 수 있었어도 해피엔딩을 맞지 않았을까? 모바일 시대의 로미오와 줄리엣은 다른 이야기여야 한다. 그런데 휴대 전화 배터리가 다 되는 바람에 서로 연락하지 못해 비극을 맞았다는 결말은 코미디겠지?

나에겐 너무 무거웠던 첫 휴대 전화

미국에서 처음으로 대중에게 모바일 커뮤니케이션을 소개했을 때의 이야기는 완전 코미디다(나와 같이 생각하는 사람이 적어도 한 사람은 있으리라). 모토로라의 엔지니어인 마틴 쿠퍼Martin Cooper는 1973년 4월 3일에 최초의 휴대 전화 통화에 성공했다고 이야기한다. 이때 사용된 휴대 전화는 최대 통화 시간이 30분이었으며, 배터리 충전에는 1년이 걸리고, 무게는 약 1킬로그램이었다. 쿠퍼의 실험은 당시에 제대로 인정을 받지는 못했지만 그렇다고 외면당하지도 않았다고 한다. 실험 이후, 쿠퍼는 기자들과 함께 맨해튼으로 건너와 취재진 앞에서 최초의 휴대 전화를 공개하며 라이벌인 벨 연구소의 조엘 엔젤Joel Engel에게 전화를 걸었다.

"내가 누군지 알겠나, 친구?" 쿠퍼가 말했다. "또 쿠퍼인가 보군." 엔젤이 동료 연구원들에게 말하는 목소리가 들리고는 전화가 끊겼다. 쿠퍼는 취재진을 끌고 맨해튼 도심을 돌아다니며 계속해서 엔젤에게 전화를 걸어 말했다. "내 목소리가 들리나?"

맨해튼 도심에서 벌어진 이 통화는 쿠퍼에게 두 가지 이유로 매우 특별한 의미를 지닌다. 우선, 당시 벨 연구소는 휴대 전화 개발 기술을 보유하고 있었으나 이 기술을 상용화하지 못하고 있었다. 하지만 모토로라는 해낸 것이다. "이 새로운 통신 기술에 있어서만큼은 절대 벨이 독점하는 모습을 보고 싶지 않았다." 쿠퍼가 어느 인터뷰에서 한 말이다. 둘째, 엔젤은 쿠퍼와 고등학교 때부터 견원지간이었다. 그래서인지 쿠퍼는 남자화장실에서 엔젤에게 전화를 건 적이 있다고 한다. "고등학생 시절로 돌아가면 말이야, 엔젤한테 본때를 보여줄 수 있을 거 같단 말이지. 그 녀석이 놀려대던 '방구쟁이 맥쿠퍼'가 바로 여기 있다고. 내 너에게 진짜 휴대 전화가 뭔지 보여준다고." 1983년, 모토로라는 500그램 무게의 휴대 전화를 개발해 상용화에 성공했으며, 가격은 3,500달러였다.[3]

첫 번째 휴대 전화의 통화 품질은 좋지 않은 편이었으며, 덕분에 (지금은 휴대 전화 예찬론자인) 사람들의 불평불만이 줄을 이었다. 이런 초기의 휴대 전화는 개발 초기 선박 간 무선 통신을 지원한 라디오 통신의 전례를 밟아나가며 돌파구를 찾기 시작했다. 라디오 통신은 1950년대 휴대 통신을 가능하게 하는 트랜지스터가 개발되고 무선 디지털 통신의 국제 표준이 정해진 1980년대 이후로 급격히 발전했다. 1970년대 시민대역CB, citizens band 라디오가 급증하면서 자동차 운전자들 사이에서 무전 통신 문화가 유행했다.[4] 1946년에는 카폰이 등장했고, 1955년 미국 TV쇼인 〈고속도로 순찰대^{highway patrol}〉에서 브로데릭 크로퍼드가 카폰 통화를 끝낼 때마다 "10-4: 오버 앤 아웃"을 외쳐 유명세를 타기 시작했다. 당시까지만 해도 전화기의 무게가 무려 3.5킬로그램 정도였으니 옆에서 도와줄 사람이 필요하긴 했다.

1983년, 모토로라가 최초의 상용 휴대 전화를 내놓은 이후 채 10년도 지나지 않아 신기술이 등장했다. 트랜지스터와 배터리의 기능이 향상되면서 휴대 전화의 크기가 줄어든 것이다. 무선 신호 처리 기술과 전송 용량도 증가해 통화 품질도 개선됐다. 도시 내 기지국 수가 점차 늘어났고 교외에서도 기지국 증설 요청이 증가했다. 1960년에서 1970년대를 거치면서, 회전식 다이얼 전화기는 버튼 누르기 식으로 발전했다. 전화기가 점점 '똑똑해'진 셈이다. 그리고 버튼 입력 방식은 인터넷과 컴퓨터 애플리케이션의 입력 방식으로도 적용돼 키보드로 발전했다. 이와 같이 전화기의 버튼입력 방식을 이용한 저비용의 문자 메시지 전송 기술은 2000년대 초 음성통화 서비스를 위협할 정도로 큰 인기를 얻었다. CCD 방식의 디지털 카메라는 휴대 전화의 필수 기능으로 탑재되기 시작했으며, 휴대 전화 사용자들은 이 카메라 기능을 이용해 사진을 찍어 친구와 공유하거나 인터넷에 업로드했다. 컴퓨터 칩의 놀랄 만한 성능은 단순 휴대 전화를 '스마트폰'으로 발전시켰다. 언제나 웹과 연결되고 GPS 내비게이션과 같은 다양한 애플리케이션을 사용하는 지금의 스마트폰은 그렇게 탄생했다.[5]

모바일 시대로

현대의 휴대 전화는 뛰어난 휴대성과 저비용, 어디서나 사용할 수 있다는 장점 등을 바탕으로 네트워크화된 개인주의의 핵심 요소로 자리 잡았다. 거기다 수많은 스마트폰 애플리케이션(이하 '앱')이 등장하면서, 이제는 단순 전화기를 넘어 보조 컴퓨터 역할까지 한다. 실제로 앱은 사용자의 라이프스타일과 필요에 맞게 선택해 개인용 컴퓨터와는 다른 도움을 준다. 동시에 노트북 컴퓨터 역시 더 가벼워지고 사용하기에 편리해졌다.

휴대 전화와 노트북 컴퓨터와 같은 모바일 기기 사용의 급격한 증가는 사용자들의 생활 패턴을 변화시켰다. 모바일 사용자 수와 모바일 기술을 지원하는 인프라스트럭처(타워, 스위치 등)의 수는 1990년대부터 2000년 사이 엄청난 증가세를 보인 반면 가격은 하락했다(그림 4.1, 4.2, 4.3). 미국 내 휴대 전화 사용자 수는 1985년 34만 명에서 2011년 3억 200만 명을 웃돌며, 이는 성인 인구의 83퍼센트, 청소년 인구의 75퍼센트를 차지한다. 또한 아이폰과 블랙베리는 누구나 아는 유명 기기로 자리매김했다. 2011년 중반에 이 같은 스마트폰을 사용하는 사용자는 성인 인구의 35퍼센트에 달했다.[6]

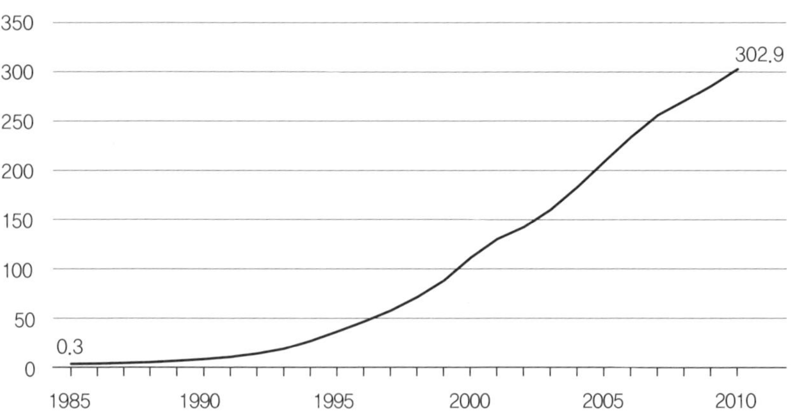

그림 4.1 미국 내 휴대 전화 사용자(100만 단위, 추정치)
출처: CTIA

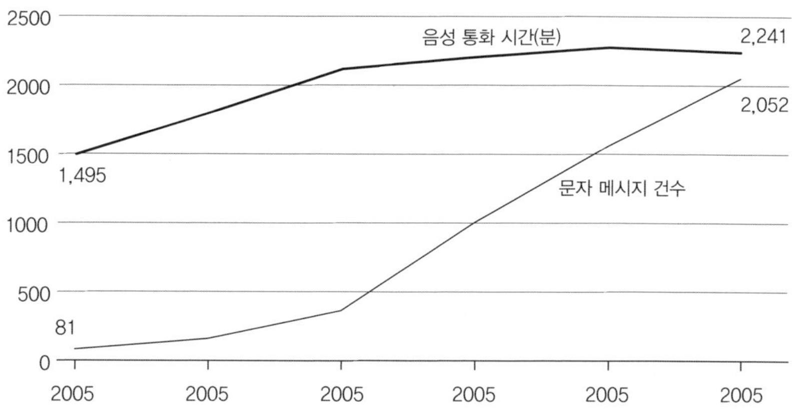

그림 4.2 미국 내 무선 통신 연결 사용: 통화 시간과 문자 메시지 건수(10억 단위)
출처: CTIA

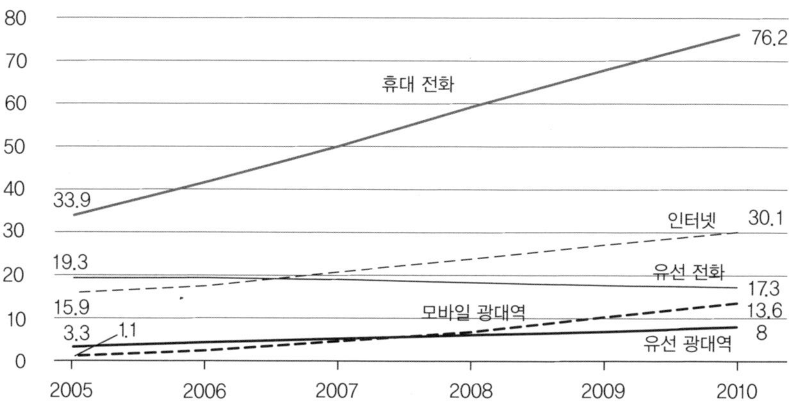

그림 4.3 글로벌 무선통신 기술 사용자 증가(전세계 인구 100명당)
출처: 국제 전기통신 연합

이와 같은 조사 결과는 휴대 전화가 매우 다양한 방식으로 진화돼 왔음을 보여준다. 2010년 후반 미국 내 전화 사용 유형을 조사한 결과, 유선 전화는 사용(보유)하지 않은 채 오직 휴대 전화만 사용한다는 응답이 전체 가정의 30퍼센트에 이르렀다. 그 외 16퍼센트는 유선과 휴대 전화를 모두 사용하지만, 주로 휴대 전화를 사용한다고 답했다.[7] 기타 응답자는 유선과 휴대 전화를 모두 사용한다고 한다. 동시에, 휴대 전화 사용률은 증가했다. 2009년 조사 결과에 따르면, 근 절반에 달하는 45퍼센트의 캐나다인이 휴대 전화 없이는 외출을 하지 못한다고 응답했으며, 10퍼센트는 휴대 전화 없는 삶을 상상할 수조차 없다고 말했다.[8]

퓨 인터넷 데이터에 따르면, 휴대 전화 사용자의 인구 통계학적 비중이 매우 높다고 한다. 물론 연 소득이 3만 달러 이하인 가정과 이상인 가정, 65세 이상과 이하, 도시와 시골 지역의 휴대 전화 사용률에는 아직 차이가 있다(표 4.1). 2011년 봄에 실시한 조사에서, 미국 내 성인 인구 중 휴대 전화 사용자의 비중은 2004년에 비해 크게 증가했다. 하지만 2004년 조사에서 사용률이 낮았던 부류(연령, 인종 등)는 시간이 흘러 사용자가 증가했음에도 전체적인 통계에 따르면 아직 낮은 수치에 속하며, 본래 높은 사용률을 보인 부류는 수치가 더 증가하는 모습을 보였다. 반면 인터넷 사용 초기 시절에 비해 정보 격차의 폭은 급속도로 좁혀졌으며, 사람들은 점점 스마트폰의 작은 키보드 사용에 익숙해져 갔다. 특히 10대들은 매우 민감하게 반응했다. 2005년부터, 청소년의 휴대 전화 사용이 보편화되기 시작했다. 그 결과 2011년 중반 조사에 따르면, 10대 청소년 중 75퍼센트, 18세-29세 청년 인구 중 94퍼센트가 휴대 전화를 보유했다고 한다.[9]

휴대 전화 사용이 보편화되면서, 1990년대 중반 미국 정치가들이 걱정했던 인종, 민족 간의 정보 격차 문제는 다소 해결되는 듯하다. 비록 아직까지 미국 내 흑인들의 유선 인터넷 사용률은 백인보다 낮지만, 오히려 휴대 전화를 통한 인터넷 사용률은 더 높은 편이다. 2011년 3월 퓨 인터넷의 조사를 보면, 휴대 전화를 보유한 백인 인구 중 휴대 전화로 온라인에 접속하는 사람은 41퍼센트인 반면, 흑인은 53퍼센트로 수치가 더 높다. 따라서 흑인들의 이 같은 모바일 인터넷 사용은 전체적인 백인과 흑인 간의 정보 격차를 낮추는 효과가 있다. 라틴계 역시 휴대 전화를 통한 인터넷 사용

표 4.1 미국 내 성인 중 휴대 전화 보유자 비율

	2004년 3월	2011년 5월
성인 전체 인구	74%	83%
남성	74	85
여성	73	81
백인	74	80
흑인	73	89
라틴*	76	86
18–29세	79	94
30–49세	83	90
50–64세	75	82
65세 이상	46	55
소득 3만 달러 이하	56	77
3만–5만 달러	76	87
5만–7만 5,000달러	84	88
7만 5,000달러 이상	94	96
도시	75	84
중소도시	77	83
시골	63	75

* 2004년에는 영어를 사용하는 라틴계, 2011년에는 영어와 스페인어를 사용하는 라틴계 인구
출처: 퓨 인터넷 앤 아메리칸 라이프 프로젝트 설문 조사

률이 높아 흑인처럼 백인과의 정보 격차를 좁힌다. 게다가 현재의 청소년과 청년층이 성장해 현재의 휴대 전화 비사용 연장자층을 대신할 테니, 북미 지역의 휴대 전화 사용률은 점점 높아져 결과적으로 정보 격차를 완전히 해소할지도 모른다.

휴대 전화 사용자의 수는 늘고 있지만, 실제로 사용자들 사이에서는 그 어떤 획기적인 혁신도 이끌어내지 못하는 상황이다. 커뮤니케이션 학자인 제임스 카츠James Katz와 마크 애커스Marc Aakhus는, 모바일 혁명을 받아들인 사람들은 아파라트가이스트apparatgeist(기계의 정신)를 바꾼다고 지적했다. 즉 인간과 디지털 기술의 관계를 변화시키고, 인간과 인간의 관계 혹은 거대 사회 기관과의 관계에 변화를 가져올 것이라고 지적했다.[10] 2006년과

2007년에 실시된 퓨 인터넷의 조사는 모바일 기술 사용자를 두 개의 큰 집단으로 분류함으로써 이 같은 주장을 뒷받침한다.

첫 번째로 이동성을 중시하는motivated by mobility 집단은 모바일 기술로 인해 더욱 긍정적인 삶의 태도를 보이고, 타인에게 도움을 줄 수 있으며 또 주고자 하는 사용자들을 일컫는다. 퓨 인터넷의 조사 중 39퍼센트의 응답자가 이 부류에 속하며, 이들은 모바일 혁명을 전적으로 받아들인 적극적인 참여자 집단이다. 2007년부터 급속하게 그 수가 증가했으며, 모바일 혁명에 앞장서는 사람들이다. 주로 젊은 층이며, 모바일 기기로 무장하고 각지로 출장을 다니는 비즈니스맨이나 재택근무자 등으로, 주로 신속한 커뮤니케이션과 즉각적인 정보 습득을 원하는 사람들이다. 일반적으로 백인들보다는 흑인, 라틴계 등 기타 인종이 많다.

그 다음은 성인 인구 중 61퍼센트를 차지한 사람들로 '안정된 미디어 다수 수용자stationary media majority' 집단이다. 이들은 모바일 혁명을 받아들일 이유가 없는 사람들로, 굳이 디지털 세계에 빠져들 의지가 없는 사람들이다. 전화든 컴퓨터든 주로 유선 기술을 이용한다. 이 집단에 속한 사람들 중 약 4분의 1 정도는 활발한 인터넷 사용자이긴 하나, 휴대 전화를 이용해서는 단순한 통화나 문자 메시지만을 주고 받는다. 반면 나머지 4분의 3은 모바일 기기를 거의 사용하지 않는다. 주로 연령이 높으며, 소득이 적고, 대학 교육을 받지 않거나 시골에 거주하는 사람들이 이 집단에 속한다. 존 호리건John Horrigan은 이들을 '부정적 네트워커ambivalent nentworker', 즉 '기기를 이용한 온라인 연결에는 인색하지만, 결코 포기할 생각은 없는 사람들'이라 부른다.[11]

캐나다인은 휴대 전화를 사용하는 데 거부감이 없다. 캐나다의 통신 회사인 텔러스Telus가 2009년 7월, 13세 이상인 캐나다 국민 중 4분의 1을 상대로 실시한 조사에 따르면, 응답자의 28퍼센트가 친구, 친척과 연락하는 데 휴대 전화를 우선으로 사용하며, 22퍼센트는 자신의 소셜 라이프를 설계하는 데 휴대 전화를 사용한다고 답했다. 그리고 이 수치는 18-24세 층에서는 각각 49퍼센트와 44퍼센트로 약 두 배가량 증가한다.

이 책에서는 주로 북미 지역에 집중해 이야기하지만, 모바일 혁명은 분명 범세계적인 현상이다. 전세계의 모바일 연결 기술 트렌드를 따져볼 때, 북미 지역에서의 인기는 그저 평균치일 뿐이다. 2009년까지 30억 개 이상의 휴대 전화가 사용됐으며, 기지국의 서비스 범위는 전세계 인구의 약 80퍼센트에 이른다(그림 4.3).[12]

전세계적인 모바일 기술 사용이 북미 내에서 유달리 가속화된 데에는 세 가지 경제적 요인이 작용했다. 첫째는 북미 내 유선 통신 라인 설치와 유지 비용이 서유럽의 일부 선진국과 일본, 호주, 뉴질랜드보다 높았다는 데 있다.

둘째, 구리선이나 광섬유 인프라스트럭처처럼 유선 통신에 필요한 고비용 기술을 보유한 국가는 전세계적으로 얼마 없다. 그에 반해 기지국 설치 비용이 상대적으로 저렴하기 때문에, 일부 선진국에서는 기지국을 설치함으로써 유선 통신을 뛰어넘어 곧바로 모바일 혁명을 받아들였다. 그리고 사람들은 이렇게 무선으로 전화 통화를 하거나 휴대 전화를 공유해 사용하는 데 기꺼이 비용을 지불한다. 심지어 휴대 전화에 모바일 카드를 저장해 신용카드처럼 사용하는 사람들도 있다.[13]

셋째, 개발도상국가에서는 휴대 전화의 존재가 매우 중요하다. 이런 국가의 일부 국민에게 통신 기기라는 것 자체가 낯선 개념이기 때문이다. 반면 선진국에서는 휴대 전화 사용률이 증가해 사회적으로 더 큰 발전을 불러온다. 멀리 떨어져 지내는 가족과 손쉽게 이야기를 나누고, 인맥을 넓히며 사회적 능력과 지원을 강화하는 것은 물론, 제품의 가격 정보를 공유하고 가기 어려운 여행을 대체하거나, 새로운 인간 관계를 이끌어내기도 한다.[14]

2011년까지, 전세계 휴대 전화의 4분의 3 이상이 개발도상국에서 사용됐다. 참고로, 중국의 휴대 전화 사용자는 약 8억 7,900만 명 정도다.[15] 아프리카의 최대 이동 통신사인 MTN의 이삭 응세레코[Isaac Nsereko]는 다음과 같이 말한다. "여러분에게는 단순한 모바일 기술의 사용 증가겠지만, 우리에겐 혁명입니다."[16]

대화 반열에 오른 문자 메시지

2000년대 후반에 접어들어 손 안의 작은 기기가 전화기 이상의 기능을 할 수 있기 전까지, 북미의 대중과 미디어는 휴대 전화의 사용률 증가에 대해 큰 관심을 보이지 않았다. 전화기 이상의 기능 중 가장 인기를 끈 것은 SMS, 즉 단문 메시지 서비스 기술이었다. 최초의 문자 메시지 기술은 1980년대 후반 휴대 전화 시장에 데이터의 개념을 추가하면서 탄생했다.[17] 유럽에서 이 기술에 대한 서비스 비용을 측정해 상용화한 뒤 약 10년 후, 미국은 비교적 저렴한 가격으로 160자 문자 메시지 전송 서비스를 시작했다.

퓨 인터넷이 2006년 봄에서 2011년 봄까지 실시한 조사에 따르면, 18세 이상 인구의 SMS 사용은 2006년 31퍼센트에서 2011년에는 약 두 배 가까운 59퍼센트로 증가했으며, 전체적인 통계로 볼 때 각 계층의 문자 메시지 서비스 사용률이 두 배에서 세 배 정도 증가했다. 또한 휴대 전화 보유자에 한해서, 연장자나 저소득층, 지방 거주민도 문자 메시지 서비스는 사용하는 것으로 나타났다. 이 같은 조사 결과는 SMS가 단기간 동안 미국 내 모든 계층을 아우르는 가장 인기 있는 주류 기술로 발전했음을 여실히 증명한다.

특히 10대 청소년의 문자 메시지 사용률은 매우 높다. 2011년 퓨 인터넷이 12-17세 청소년을 상대로 실시한 조사에서, 이들의 하루 평균 수신 메시지는 약 50개(한 달 평균 1,500개)에 이르며 응답자의 3분의 1은 한 달 평균 3,000개 정도의 메시지를 받는다고 밝혀졌다. 미국 내 청소년의 3분의 2는 SMS를 이용하는데, 퓨 인터넷 리포트의 대표 저자인 아만다 렌하트 Amanda Lenhart는 청소년의 높은 SMS 사용률에 대해 '사용하기 간편하며 사생활을 보장받을 수 있는' 문자 메시지의 특성 때문이라도 답했다. "지금의 청소년들이 미국을 이끌어나간다면, 아마 국가 시스템은 전부 다 문자 기반 커뮤니케이션 시스템으로 바뀌어야 할 거에요. 이들에게 말로 하는 대화는 별로 재미가 없거든요."[18]

문자 메시지 사용이 증가하면서, 순수한 커뮤니케이션 데이터의 분량이 늘어나 결과적으로는 네트워크화된 개인주의가 보편화됐다. 각기 다른 새로운 커뮤니케이션 매체는 인간에게 강력한 커뮤니케이션 능력을 부여한다. 그렇다고 이 같은 새로운 매체가 기존 매체를 모두 대신할 수는 없으므로, 전체적으로 따져보면 커뮤니케이션 방법이 매우 다양해진 셈이다. 퓨 인터넷에 따르면, 모바일 커뮤니케이션의 모든 형식은 정보통신 기술의 집약체라고 할 수 있으며, 휴대 전화에서의 문자 메시지 서비스는 10대 청소년의 커뮤니케이션 방식 중, 일반적인 전화 통화나 대면 대화를 넘어서 가장 빈번하게 사용되는 기능이다.

10대 청소년의 조사 결과는 가장 주목할 만하다. 일상적으로 하교 후 친구들과의 연락 방법을 묻는 질문에, 12-17세 청소년의 54퍼센트가 문자 메시지를 이용한다고 응답했고, 38퍼센트는 휴대 전화 통화를 이용한다고 했다. 33퍼센트는 직접 만나서 이야기하며, 30퍼센트는 유선 통화를, 25퍼센트는 페이스북 같은 소셜 네트워크를 통해, 24퍼센트는 인스턴트 메신저를 사용한다고 응답했다. 반면 오랜 기간 1위의 자리를 내놓지 않던 이메일을 사용한다는 청소년 응답자는 11퍼센트에 불과했다.

홀로 사용하는 기기이므로 사생활을 보장받고, 거추장스런 기기가 아닌 덕택에 10대 청소년의 휴대 전화 사용률은 매우 높은 편이다. 교실에서 조용히 사용하기에 편하며, 친구들이나 부모님의 눈과 귀를 피하기에도 쉽기 때문이다. 게다가 전화 통화와는 다르게, 문자 메시지는 비동기적인 특징이 있다. 바쁠 때는 일단 메시지를 보내고 확인은 나중에 할 수 있다. 부모로부터 독립된 아이덴티티를 갖고 싶어 하는 청소년에게 개인화와 네트워크화된 관계의 특징은 그 어느 연령층보다 중요하다. 10대 시절 역시 자신만의 사회를 이루어 나가며 서로 관계를 형성해 관심을 보이긴 하지만, 실질적으로 아직까지는 부모의 따뜻한 관심과 양육이 필요하다.

청소년과 젊은 성인 계층은 휴대 전화를 자신의 인생 설계 도구로 십분 활용한다. 정보 과학자인 론다 맥큐언Rhonda McEwen은 토론토 대학교의 대학생들이 가까운 친구들과 연락하는 데 유선 전화를 사용하지 않는다는 사

표 4.2 문자 메시지를 주고 받는 미국 성인 비율

	2006년 3월	2011년 5월
성인 전체 인구	31%	59%
남성	31	61
여성	29	60
백인	26	56
흑인	39	68
라틴*	47	71
18–29세	56	89
30–49세	37	77
50–64세	18	48
65세 이상	3	13
소득 3만 달러 이하	23	52
3만–5만 달러	34	64
5만–7만 5,000달러	35	67
7만 5,000달러 이상	42	80
도시	33	61
중소도시	31	58
시골	22	47

* 2006년에는 영어를 사용하는 라틴계, 2011년에는 영어와 스페인어를 사용하는 라틴계 인구
출처: 퓨 인터넷 앤 아메리칸 라이프 프로젝트 설문 조사

실을 포착했다. 조사에 따르면 토론토 대학생들의 약 4분의 3이 유선 통신을 사용할 수 있음에도 불구하고, 5분의 4에 이르는 학생들은 가까이 있는 친구들에게조차 무선 전화로 연락한다고 한다. 한편 토론토의 10대 청소년들은 서로 직접 만나기까지 매우 양면적인 모습을 보이는 편이다. 즉각적으로 휴대 전화 번호를 주고받긴 하지만, 관계가 진전되기 전까지는 실제로 연락하지 않는다. 일반적으로 청소년들은 휴대 전화를 친근감을 나타낼 수 있는 도구로 보는 경향이 있다. 따라서 페이스북과 인스턴트 메신저 같은 도구는 가깝지 않거나 새롭게 시작하는 관계의 사람들과 연락하는 데 주로 사용한다.[19]

대화와 문자메시지를 넘어: 스마트폰의 등장

휴대 전화의 진화는 문자 메시지에서 멈추지 않았다. 2000년대 중반에 들어서면서, 컴퓨팅 속도와 저장 공간, 라디오 스펙트럼 관리 등 모바일 기술을 좀 더 간편하고 저렴한 방법으로 발전시키는 다양한 기술이 등장했다. 휴대 전화 자체로도 카메라를 탑재하고 다양한 앱이 개발되는 등 발전을 거듭해왔다. 1킬로그램에 달하던 전화기가 가볍고도 간편한 통신, 웹 브라우징, 엔터테인먼트 기기로 발전해 마치 맥가이버 칼과도 같은 다기능 기기로 재탄생한 것이다. 게다가 근래에는 즉각적인 소셜 네트워크 접속도

표 4.3 휴대 전화를 이용한 활동

	2007	2009	2010	2011
사진 촬영			76	85
문자 메시지	58	68	72	85
인터넷 접속	19	32	38	51
동영상 녹화	18	19	34	40
음악 재생	17	29	34	39
이메일	19	29	34	44
게임	27	27	34	41

출처: 퓨 인터넷 앤 아메리칸 라이프 프로젝트 설문 조사

가능해졌다(표 4.3). 2011년 중반부터 휴대 전화의 소셜적인 기능이 강화되기 시작했으며, 사진과 동영상 전송(74퍼센트), 온라인 게시물 포스팅(31퍼센트), 소셜 네트워크 사이트 접속(48퍼센트), 트위터 등에 상태 업데이트(29퍼센트), 문자 메시지를 통한 기부 활동(10퍼센트) 등 활용 방법도 각양각색이다.

이 같은 다양한 확장 기능 덕분에 휴대 전화를 매우 다양한 방법으로 활용할 수 있게 됐다. 토론토에서는 휴대 전화로 찍은 사진을 대중 교통 수단을 이용하는 데 불만을 표하는 방식으로 활용하기도 한다. 예를 들면 졸음 운전을 하는 운전 기사의 모습이나 시간을 지키지 않고 한가로이 휴식 시간을 보내는 기사들의 모습이 담긴 사진을 찍어 지역 신문사에 보내 좀 더 나은 서비스를 받고자 건의하는 것이다. 이에 대응하여, 토론토의 지하철 기관사들은 '공공 모욕에 대응하는 토론토 기관사들Toronto Trasit Operators against Public Harassment'이라는 페이스북 페이지를 만들어 예의 없고 무질서한 승객들의 모습을 찍은 사진을 포스팅하기도 한다.[20] 모바일 앱이 등장했을 당시의 이야기를 또 하나 소개하겠다. 아이폰은 모바일 앱을 최초로 소개한 기기로, 이제는 수많은 스마트폰 사용자가 자신만의 정보, 게임, 소셜 활동 등을 할 수 있게 지원하는 앱이 수없이 많다. "휴대 전화가 개인에게 서로 연락하고 지낼 수 있는 자유를 선물했다면, 스마트폰은 개인에게 세계를 선물했습니다." 〈이위크eWeek〉 지의 편집자 데브라 던스턴Debra Donston의 말이다. 또한 사용하기 쉽게 개발된 수많은 앱은 휴대 전화를 다양하게 활용할 수 있는 문을 열어줬다.[21] 이 같은 주제로 퓨 인터넷이 2010년 봄에 처음 실시한 조사에 따르면, 미국 성인의 35퍼센트(휴대 전화 보유자의 43퍼센트)는 자신의 휴대 전화에 앱을 설치했다고 응답했다. 이 조사는, 닐슨 모바일 인사이트 집단이 제공한, 한 달에 적어도 하나 이상의 앱을 다운로드하는 휴대 전화 보유자에 관한 데이터를 바탕으로 했다. 내려 받은 앱의 대부분은 게임(특히 퍼즐과 전략, 카드, 아케이드 게임)과 소셜미디어 웹사이트, 지도, 기상 정보와 관련된 앱이었다.[22]

　신기술에 열광해 앱을 개발하는 수많은 개발자가 있는 반면, 사실 실제 모바일 사용자는 아직 개발자만큼 이 새로운 기술에 적응하지 못했다. 퓨 인터넷은 휴대 전화 사용자 중 11퍼센트는 아직도 휴대 전화에 앱을 설치해 사용하는 방법을 모른다고 한다. 미국 국민 중 24퍼센트만이 자신의 휴대 전화에 앱을 설치해 활용하고 있으며, 응답자 중 35퍼센트만이 앱을 설치했다고 응답했다. 그리고 18퍼센트는 자신이 설치한 앱 외에 어떤 종류의 앱을 사용할 수 있는지 전혀 알지 못한다고 한다.

　물론, 사람들이 스마트폰에 조금 더 익숙해지다 보면 이 같은 수치는 분명 변하리라 본다. 실제로, 〈피씨월드^{PC World}〉의 기고가 제프 버골루시^{Jeff Bergolucci}는 다양한 기능을 탑재한 스마트폰이 얼마 지나지 않아 아이팟 같은 MP3 플레이어나, 휴대용 게임기, 디지털 카메라, 캠코더, 녹음기, 내비게이션, 손목시계, 지도, 114 전화번호 안내 서비스 등 수많은 독자적 기술을 대체할 것이라 말한다.[23] 스마트폰의 기술과 그를 둘러싼 다양한 앱 문화가 발달할수록 모바일 앱이나 P2P 서비스 등을 이용한 비디오 공유와 파일 다운로드가 빈번해져, 인터넷을 사용하되 웹을 통할 필요가 없어진다. 기존 미디어와 커뮤니케이션의 대표라 할 수 있는 웹 애플리케이션은 자취를 감출 수도 있다는 뜻이다. 〈와이어드^{Wired}〉 매거진은 "웹은 죽었다. 인터넷만이 살아남을 뿐."이라고 표현하면서, 사람들은 이제 자신의 입맛에 맞게 선택하고 설정할 수 있는 모바일 앱을 이용해 정보를 검색하고 컨텐츠를 생성해나갈 것이라 예측했다. 버골루시와 〈와이어드〉 매거진의 예측이 들어맞을지, 이 책을 읽어나가며 함께 생각해보길 바란다.[24]

컴퓨터와 모바일, 무선과의 결합

사람들에게 "개인용 컴퓨터를 주로 어떤 목적으로 사용하십니까?"라고 질문을 던지면, 대부분 "인터넷 접속하려고요."라고 대답한다. 컴퓨터가 등장한 이래 모든 사람이 이와 같이 답했던 것은 아니다. 컴퓨터가 인터넷 사용 기기라는 개념으로 변모한 지는 불과 15년도 채 되지 않았다. 더 피플 앤 더 프레스The People & The Press와 퓨 리서치 센터가 1996년에 처음으로 실시한 조사에 따르면, 컴퓨터 사용자 중 인터넷 사용자는 19퍼센트를 넘지 못했다. 당시만 해도, 대부분 문서 작업이나 스프레드시트 사용을 위해 컴퓨터를 활용했다. 하지만 2011년 봄 조사에서는 컴퓨터 사용자의 98퍼센트가 인터넷을 사용한다는 결과를 얻었다. 인터넷이 곧 컴퓨터이고, 컴퓨터가 곧 인터넷이 된 셈이다.[25]

수많은 개인용 컴퓨터는 안정적이고 보안성이 강한 케이블을 통해(유선으로) 인터넷에 연결된다. 그런데 언제부터인가 미국 내에서 무선 인터넷 연결이 유행처럼 번지기 시작했다. 퓨 인터넷 프로젝트는 2011년 중반부터 무선으로 인터넷에 연결되는 노트북 사용자들을 조사 항목에 추가했는데, 전체 노트북 사용자 중 88퍼센트가 무선 연결을 사용하며, 미국 내 스마트폰 사용자 중에는 약 63퍼센트가 무선 인터넷을 사용한다고 조사됐다. 무선 인터넷 연결은 사용자에게 이동하면서도 인터넷을 접속할 수 있는 자유를 선사했으며, 그 결과 더 많은 사용자가 더 많은 기기를 이용해 인터넷에 접속한다. 예를 들어, 2011년 중반에 퓨 인터넷에서 실시한 조사에서 미국 국민 중 32퍼센트는 자신의 휴대 전화와 노트북 컴퓨터를 통해 무선으로 인터넷에 접속한다고 응답했다. 웰먼이 가르치는 몇몇 학생도 노트북 컴퓨터를 펼쳐놓고 강의를 기록함과 동시에 스마트폰을 이용해 친구와 문자 메시지를 주고받는다.

모바일 접속률이 늘어남에 따라 인터넷 사용률도 더욱 높아졌다. 무선 사용자들은 고정된 자리에 앉아 유선으로 연결된 인터넷만을 사용하는 사람들보다 훨씬 더 적극적으로 다양한 인터넷 활동에 참여한다. 특히, 퓨 인터넷 조사에 따르면 모바일 접속 사용자들은 고정 유선 인터넷 사용자들에 비해 온라인 뉴스를 소비하는 계층은 41퍼센트나 더 많았으며, 온라인 뱅킹 사용자는 64퍼센트, 온라인 기부활동에 참여하는 사람들은 92퍼센트 더 많았다.[26]

클라우드 세상

노트북 컴퓨터로 할 수 있는 일은 참 많다. 옛날에는 단순히 문서를 작성하거나 스프레드시트 작업만 했다. 그러다 인터넷 연결이 조금씩 가능해지면서 이메일을 보내거나 웹 서핑을 하거나 메신저 등을 사용했다. 지금은 어떠한가? 이제는 '휴대용 컴퓨터'라는 제약이 거의 사라졌다. 다양한 소프트웨어를 활용해 자료를 작성하고, 결과물을 '클라우드cloud'라 부르는 온라인 세상에 저장하기까지 한다. 클라우드 컴퓨팅 애플리케이션은 2000년대 초반에 등장한 새로운 기술이다. 그러나 이후, 페이스북과 마이스페이스가 등장하고 나서야 사람들은 비로소 클라우드 세상을 영위하기 시작했다. 물론, 자신들이 클라우드를 활용한다는 사실을 잘 인지하지는 못했지만 말이다. 사람들에게 그들이 좋아할 만한 온라인 자료에 대해 '알려주는push' 보편적인 기술들은 그 전에도 이미 수년간 존재해왔다. 그러나 소셜 네트워크 사이트들이 "내 친구들은 뭘 하고 있을까?"라는 궁금증에 답을 주는 기능을 본격적으로 활용하기 시작하면서 알림 기능을 구현한 '킬러 앱'이 탄생하게 되었다. 아울러, 무선 연결 기능이 보급돼 사람들이 무선 디바이스를 통해 언제 어디서든 자신의 파일과 비즈니스 애플리케이션에 접속할 수 있는 현대에 이르러서야 클라우드는 더 경쟁력 있고 인기 있는 기술로

부상했다. 덕분에, 이제는 문서나 온라인 캘린더를 웹상에서 공유해, 서로 일정을 조정하고 문서를 수정하는 일까지 가능해졌다.

물론 클라우드를 사용하는 데에는 위험부담이 따른다. 클라우드 서비스를 제공하는 기업이 갑자기 사라질 수도 있으며, 인터넷 연결이 되지 않는 곳에 있을 수도 있고, 감시 당하기도 쉬운 데다가, 개인 정보나 저장한 자료를 해킹 당할지도 모른다. 지메일이 겪었던 아찔한 사건을 이야기해보자. 2009년 10월, 무선 통신 회사인 티모바일^T-Mobile은 자사의 고객들에게 "마이크로소프트 데인저^Danger의 서버 문제로 인하여, 사이드킥^SideKick에서 관리하던 고객 여러분의 (휴대) 기기에 저장된 연락처와 캘린더, 사진 등의 개인 정보가 유실됐음을 알려드립니다."라는 사과문을 발표해야 했다. 마이크로소프트 데인저의 서버가 사용자의 항목들을 백업하기 전에 문제를 일으킨 것이다. 2009년 12월 17일, 해커가 트위터를 공격한 사건도 있었다. 당시 해킹을 당한 트위터 사이트에는 "이 사이트는 이란의 사이버 군대 iRANiAN.CYBER.ARMY@GMAIL.COM에게 해킹 당했음."이라는 공격 문구가 떠있었다.[27]

끊김 없는 연결, 초연결사회

모바일 혁명이 소셜 네트워크와 인터넷 혁명과 어우러지면서, 문화 변화에 가속이 붙었다. 이미 온라인 세상에 참여했거나 휴대 전화를 사용해오던 수많은 사용자는, 모바일 혁명이 불어닥치면서 자신이 원하는 방법으로 언제 어디서나 정보를 검색하고 컨텐츠를 생성해 타인과 공유할 수 있게 됐다. 그리고 이들은 끊김 없는 연결망을 구축해 자신의 라이프스타일을 확장했다. 혁신적인 모바일 기술의 발달은 자신의 상태, 사진, 동영상 등을 업로드해 타인에게 알리고, 무언가 궁금할 때마다 스마트폰이나 노트북 컴퓨터를 이용해 인터넷에 접속하도록 사용자들을 유도했으며, 스마트폰을 이용해 자신의 일상을 타인과 나누는 새로운 문화를 이끌어냈다.

휴대 전화의 크기가 작아짐에 따라, 사용자들은 언제 어디서나 소셜 네트워크에 접속할 수 있다. 이를 두고 '주머니 속의 네트워크[a network in their pocket]'라는 표현이 나오기도 한다. 퓨 인터넷의 조사 결과, 휴대 전화를 보유한 청소년들 중 84퍼센트는 메시지가 오거나 친구의 새 글이 올라오면 바로 내용을 확인할 수 있도록 잠들 때 휴대 전화를 머리맡에 둔다고 한다. 어떤 이들은 휴대 전화가 자신의 분신과도 같다고 말하기도 한다. 사회학자인 마뉴엘 카스텔은 다음과 같이 이야기한다. "우리의 삶은 '무선'이라는 피부에 싸여있으며, 우리가 구축한 네트워크는 곧 우리 자신의 삶이다. 그리하여 우리는 네트워크를 벗어나 살 수 없으며, 네트워크 역시 우리를 버릴 수 없다. 이런 삶이 바로 네트워크 사회이며, 사람들은 자신만의 정보 시스템을 구축할 수 있다."[28]

이렇듯 쉽고 지속적인 연결[perpetual connectivity] 기술은 인간 관계의 모습을 바꿔놓았다. 네트워크화된 개인주의 속에서, 이런 변화는 타인과 관계를 맺는 데 공간적 제약에서 벗어날 수 있게 해주었다. 결과적으로, 단순한 인간 관계뿐만 아니라 시공간, 개인의 존재성과 사회적 연결 개념 등에 모두 영향을 미쳤다. 다시 말해, 가능한 때라면 언제든 타인과 함께할 수 있다는 새로운 의식이 퍼졌다. 모바일 혁명이 시작된 후로, 타인과 정보에 대한 관계 유효성과 검색성[findability]의 개념이 급속도로 바뀌었다. 스콧 캠벨[Scott Campbell]과 마이클 켈리[Michael Kelley]는 알코올 중독자와 멘토가 항상 서로 연락하며 자신의 경험을 나누고 갱생할 수 있도록 지원하는 방식을 선보임으로써 이같은 이론을 뒷받침했다.[29]

어쨌든, 모바일 초연결사회[mobile hyperconnectivity]는 사람들이 홀로 걷거나 앉아있어야 할 필요가 없다고 이야기한다. 이들은 모두 네트워크화된 개인이다. 사람들은 자신의 휴대 전화를 이용해 친구나 새로 만난 사람과 연락하곤 하는데, 그렇다고 이 사람들이 외로운 사회부적응자는 아니다. 물리적으로야 혼자 있으니 외로울지 모르지만, 사회적으로는 전혀 외롭지 않은 사람들이다. 가끔 이렇게 연락하는 '척'하는 사람도 있다고 한다. 휴대 전화를 보유한 미국 성인 중 13퍼센트는 주위 사람들에게 방해받고 싶지 않은 마음에 휴대 전화를 만지작거리며 무언가 하는 척을 하기도 한다고 응답했다.[30] 또 어떤 사람들은, 자신이 조금 위험하다고 느끼거나 뭔가 문제를 피하고 싶을 때, 휴대 전화를 손에 들고 무언가 하는 척한다고 답했다. 하지만 무엇보다, 사람들은 외롭다고 느끼거나 지루함을 떨쳐버리고 싶을 때 휴대 전화를 사용하며(미국 성인의 42퍼센트), 친목을 다지는 목적으로 사용한다. 즉 이미 알고 지내는 사람과 지속적으로 관계를 유지하고 친밀감을 표현하는 목적으로 자주 사용된다는 뜻이다. 따라서 휴대 전화는 인간에게 자유와 더불어 혼자가 아니라는 안정감을 선물했다.

소셜 관계 관리

지금까지 이야기한 지속적인 연결 기술은 인간에게 네트워크에 연결될 수 있는 기회를 부여하므로, 네트워크화된 개인주의에 매우 잘 어울리는 기술이라 할 수 있다. 하지만 사회학자들은 여기서 '일과 삶의 균형work-life balance'라는 문제를 끌어낸다. 언어학자인 나오미 바론Naome Barron은 음성메일, 부재중 메시지, 발신자 확인 등의 기술을 통틀어 표현하는 개념인 모바일 통신을 두고, 개인에게 자신의 삶의 무게를 조절할 수 있는 힘을 주었다고 이야기한다. 휴대 전화를 켜고 *끄거나*, 메시지를 확인 혹은 무시함으로써, 타인이 자신에게 기대하는 역할을 조절할 수 있다는 뜻이다. 하지만 이런 힘이 부여된 대신, 타인에게 다가가기까지 더 많이 노력해야 함을 잊어서는 안 된다.

지속적인 연결 기술은 수많은 스트레스를 만들어낸다. 퓨 인터넷과 인터뷰한 IT 분야 종사자인 예레미아(전체 이름을 밝히지 않았다)는 자신의 변화를 소셜 관계 관리에 빗대어 설명했다. 예레미아가 처음으로 휴대 전화를 사용하기 시작한 1997년, 그는 "휴대 전화를 항상 켜 놓았습니다. 제가 누구에게 언제 연락하고, 또 누군가가 제게 언제 연락하는지 저는 전혀 신경 쓰지 않았습니다."라고 말하며, 당시를 '새로운 소셜 환경에 중독된 시절'이라고 표현했다. "하루 24시간, 365일, 1분 1초 한시도 신경을 쓰지 않는 시간이 없었지요. 제 주위 사람이 하나둘 휴대 전화를 구입해 사용하기 시작하면서, 점점 더 걸려오는 전화도 많아졌고 그러다 보니 슬슬 방해를 받거나 제가 또 누군가를 방해하는 일도 많아졌습니다." "그러다 2000년쯤 샌프란시스코에 있을 때, 한밤중에 웬 아시아인에게 전화가 걸려오더군요. 너무 화가나 '지금 여기가 몇 시인 줄 알아요?'라고 소리쳤더니 상대는 '아, 저는 당신이 싱가폴 근처에 있는 줄 알았습니다.'라고 말했습니다. 그 사람은 제가 어디에 있는지 잘 모를 뿐더러 사실 크게 신경도 쓰지 않았던 거지요."

그때부터 예레미아는 자신에게 타인이 연락할 수 있는 시간 등을 조절하기 시작했다. 우선, 업무에 집중해야 할 때나 이메일을 바로 바로 확인해 답장해줘야 한다는 압박감을 벗어나고 싶을 때는, 이메일 서비스의 '부재중' 메시지 기능을 사용했다. 그 다음 휴대 전화에도 이 기능을 활용해 음성 메일 메시지로 연락을 받고 필요에 따라 답장을 보냈다. 그리고 용도에 따라, 즉 업무나 개인 친목 등에 따라 이메일 계정을 여러 개 만들어 메일 확인 주기를 조절했다. "처음에 어떤 친구들은 제가 자주 연락받기를 꺼려한다는 사실을 알고 매우 화를 내기도 했어요." 예레미아가 말했다. "하지만 시간이 흐르면서 불필요한 만남과 연락을 줄이면서 저 스스로 자기 관리 기술을 익히고 있다는 사실을 느끼기 시작했습니다. 저를 비난하는 친구들의 목소리도 줄어들었고, 저는 제 시간을 관리하는 데 더 능숙해졌지요."

2006년 페이스북이 문을 열었을 때, 예레미아는 자신의 행방을 공개하는 '대중 공개용' 프로필을 개설했다. 그가 말하길, 페이스북에 주기적으로 자신의 상태를 업데이트해서 올리다 보니, 자신의 업무 시간과 개인 여가 시간을 주위 사람들이 정확하게 파악할 수 있게 됐다고 한다. 다만, 가장 가까운 친구들이나 중요한 고객의 경우 응급 시 언제든 자신과 연락할 수 있다고 알렸다.

예레미아는 주위에서 타인과의 연락을 조절하는 데 자신보다 더 극단적인 방법을 적용하는 경우도 목도했다고 한다. 열 명도 넘는 친구들은 실제로 '이메일 파산email bankruptcy'을 선언해 받은 메일을 읽거나 답장하기를 포기하기도 했다. 그러고 난 후에 메일 계정을 다시 여는데, 받은 메일을 다 읽기도 어려울 뿐더러, 답장하는 경우는 더더욱 없다고 했다. 또 어떤 친구들은 연락 방법을 문자 메시지나 인스턴트 메신저로 바꾸고, 특정인에게만 연락처를 알려준다. "업무차 사람들과 연락을 나누는 일은 늘 쉽지 않습니다. 상대가 어떤 커뮤니케이션 채널을 사용하고 어떤 종류의 허락이 필요하든 간에 언제, 어디서든 연락할 수 있도록 방법을 강구해야 합니다. 그렇지 않으면 연락할 수 있는 문이 완전히 닫혀버리고 마니까요."〈뉴요커〉지에 실린 한 만화는 이런 상황을 잘 표현해준다. "전엔 사람들한테 연락을 하려면 전화를 했지. 그 다음엔 전화대신 이메일을 보냈고, 이후엔 문자를 보냈어. 지금은, 그냥 연락 자체를 하질 않아."[31]

예레미아 같은 사람도 있는 반면, 또 어떤 사람들은 자신의 연락처를 바탕으로 커뮤니케이션 집단을 재구성하기도 한다. 사람들은 일반적으로 여러 매체를 통해 타인과 소통하며, 그 중 상황에 가장 잘 맞는 매체를 선택한다. 상대가 어디에 있는지 모른다면 가장 먼저 "어디 있어? 통화 가능해? 누구 다른 사람이랑 같이 있어?"라고 묻게 마련이다. 문자 메시지는 수많은 매체 중 가장 간편한 방법이다. 토론토에 거주하는 줄리아 마에즈는 남편에게 하루 50여 개의 사랑이 가득 담긴 문자 메시지를 주고받는다고 한다.

모바일 커뮤니케이션을 이용한 애드혹 커뮤니티

애드혹 커뮤니티^{Adhoc community}(현장에서 즉석으로 구성된 임시 커뮤니티)는 모바일 커뮤니케이션을 통해 즉각적으로 만들어지는 커뮤니티다. 기술 분석가인 하워드 라인골드는 '똑똑한 군중^{smart mobs}'이라는 개념을 처음 소개했다.[32] 집단은 더 이상 모든 결정을 주도하는 단일 지도자를 원하지 않으며, 위에서 아래로 내려오는 정보 흐름에 반대해 수평적으로 정보를 모으고 집단 내 모든 구성원에게 공개하는 새로운 유형의 사회집단이 바로 '똑똑한 군중'이다. 정보는 집단 내에 확산돼 누구든 필요한 경우 서로 연락해 공유한다. 이러한 애드혹 커뮤니티의 특징은 커뮤니케이션 연구가인 리치 링^{Rich Ling}이 부상당한 한 여성을 도와줬을 때의 경험에 매우 잘 드러난다.

한 여성이 장바구니를 들고 아파트 계단을 올라가던 중 넘어져 다리를 다치고 말았다. 당시 그녀의 두 살짜리 아들은 자동차 뒷좌석에 잠들어있는 상황이었다. 다리 말고 다친 곳은 없었으나, 한시라도 빨리 응급처치를 받아야 했다. 게다가 잠든 아들을 챙겨줄 사람도 필요했다. 여기서부터 이야기가 시작된다. 누구도 지나가지 않는 계단에 혼자 앉아 아파하는 다리를 부여잡고 발만 동동 구르던 중, 친구에게 전화가 걸려왔다. 다친 여성은 친구에게 현재 상황을 설명했고, 친구는 곧바로 집을 나섰다. 하지만 다친 친구가 앉아있는 아파트까지는 30분 거리였다. 바로 그때, 우연히 나는 그 상황을 목격했고, 그녀가 좀 더 편한 자세로 앉을 수 있도록 부축했으며, 가족에게 연락해 아들을 돌봐줄 사람을 찾을 때까지 함께 기다렸다. 그런데 안타깝게도 즉각 달려와 아들을 돌봐줄 사람이 없어 조금 기다려야 했으며, 그렇게 시간은 한 시간 정도가 흘렀다. 그러던 중, 나는 내 딸에게 연락을 했고 딸은 흔쾌히 잠든 아이를 잠시 동안 돌봐주기 위해 한걸음에 달려왔다. 그리고 그녀의 친구 중 한 명은 연락을 받은 뒤 자신의 아이를 잠시 맡기고 친구를 돌보기 위해 응급실로 찾아왔다. 덕분에 나는 아내에게 쇼핑 센터에서 조금 기다려 달라 전화했다.[33]

링은 모든 커뮤니케이션 상호작용의 효과를 직접 느낀 셈이다. 사람들은 실시간으로 상황을 전달했고, 여성을 돕기 위해 자신의 일정을 조정했다. "이 같은 상황이 벌어지려면, 우선 모든 사람이 휴대 전화를 가지고 있으며 즉각적으로 연락돼 누구의 도움도 없이 서로의 일정이나 의견을 조정할 수 있다는 가정이 있어야 합니다." 링의 말이다. "그리고 이런 가정은 실시간 조정 논리의 바탕이 되지요." 8장 '네트워크화된 컨텐츠 제작자'에서 이런 네트워크 상호작용이 전세계적으로 퍼져나가는 데 어떤 힘이 필요하며 그 영향은 무엇인지 자세히 알아보겠다.[34]

새로운 모임의 유형

모바일 혁명 시대가 도래하기 이전에는 사람과 얼굴을 맞대고 이야기하기까지 시간과 공간이 매우 큰 제약 조건으로 작용했다. 사람이 서로 만나려면 현재의 위치와 가능한 시간을 모두 서로 조정해야 했기 때문이다. 대규모 파티나 업무 회의 등 공식적인 만남 일정을 잡으려면 회사까지 나서서 상대와 약속을 정해야 했다. 20세기 초반, 사회학자인 게오르크 짐멜Georg Simmel은 19세기 산업 혁명이 일어났을 때 20세기 초반과 같은 대규모 변화를 이미 경험했다고 지적했다. 산업이 기계화되고, 도시가 생겨나며 수많은 상점과 철도가 건설되면서, 사람들은 모두 정해진 시간과 장소에 한치의 오차도 없이 대기해 자신의 의무를 다해야 했다. 이를 어길 시에는 기차를 타서 약속 장소에 도착하지 못한다거나, 기계를 작동시키지 못해 생산

라인이 마비되고, 고객은 서비스를 받지 못해 불만을 표하는 불상사가 벌어졌다. 대중과 개인의 시계는 산업화된 세계의 시계를 기준으로 똑같이 돌아가기 시작했다. 특정 시간표 없이 자신의 필요에 따라 움직이던 산업화 이전의 농경 사회를 살아가던 이들에게, 이런 변화는 무척이나 버거웠다.[35]

이야기를 확장해보면, 휴대 전화는 인간에게 오히려 시간의 속박에서 벗어날 수 있는 약간의 자유를 허락했다. 모바일 시대가 도래하자 시간은 좀 더 유동적이며, 서로에게 거는 기대 역시 조금 변했다. 링이 주창한 '초연결사회hyper-coordination'는 현대 사회를 절묘하게 잘 표현하는 용어로, 특히 젊은 모바일 사용자층의 세태에 매우 잘 들어맞는다.

지난 10년간, 모바일 연결성mobile connectivity은 너무나도 당연하게 받아들여졌다. 4장을 마친 뒤 살펴볼 '부록 1: 연결된 삶을 살아가는 우리의 일상'에서는 마야가 자신의 친구인 게리와 만나기까지 어떤 과정을 거치는지 재미있게 설명한다 이제 사람들은 언제 어디에서 만날지 정확하기 이야기하기보다, 자신의 휴대 전화를 이용해 우선 근처에 있는 사람들과 모이기 시작해 대략적인 도착 시간을 이야기하고 주위에서 쉽게 발견할 만한 대략적인 약속 장소를 정한 뒤 계속 연락을 주고받은 끝에, 드디어 서로 만난다. 약속 시간에 맞춰 장소에 나가기 전부터 이들은 이미 본래 약속이란 대략적인 것일 뿐 시간과 장소가 어느 정도 변할 수 있다고 예상한다. 굳이 약속한 시간에 도착해야 한다는 생각을 하지 않을 뿐더러, 약속 시간 전에 만날 장소를 정확히 정하는 데에는 더더욱 관심이 없다. 사회학자인 버니 호건Bernie Hogan은 이를 두고 '유연한 시간soft time'과 '유연한 장소soft location'라고 명명했다. 장소를 기반으로 하는 연결에서 사람을 우선으로 하는 네트워크화된 개인주의로 이양해오는 과정 중 하나로, '즉각적인 변화에 따른 유동적 라이프스타일과 지속적인 업데이트'라 정리할 수 있다.[36]

더욱 지속적인 사회적 조우

모바일 커뮤니케이션 덕분에 끊김 없는 연계성 아래서 살아가는 시대에서, 사회적 조우는 때때로 관계를 지속하거나 중요한 관계로 발전하기도 한다. 퓨 인터넷의 설문조사에 참여한 맥신 클라크는 다음과 같이 이야기 한다.

누군가와 만나고 헤어질 때쯤이면 나는 상대와 대화를 하며 무언가를 말하지 못했거나, 어떤 의견을 두고 강하게 표현하지 못했거나, 적당한 반응을 보이지 못한 것에 대해 항상 후회를 하는 편이다. 휴대 전화를 사용하기 전에는 그저 후회하고 넘어가거나, 다음을 기약하고, 집에 돌아와 유선 전화로 상대에게 다시 전화를 걸곤 했다. 하지만 휴대 전화를 사용하기 시작한 3년 전부터, 나는 뭔가 마음에 찜찜하게 남으면 바로 상대에게 연락해 이야기했다. 가끔은 그냥 전화를 걸어 "정말 재미있었어요. 다음에 꼭 또 만나요."라고 간단한 인사를 남기기도 한다. 개인적으로 타인과 연락하는 즉각적이고도 좀 더 인간적인 방법이라 생각한다. 상대에게 메시지를 전하려 굳이 노력하지 않아도 되고, 다음 기회를 기다릴 필요 없이 그 즉시 행동을 취할 수 있다.

정보과학자인 론다 맥큐언^{Rhonda McEwen}은 토론토 대학생들이 서로 만나기까지 일정 과정을 거친다는 사실을 발견했다. 우선 휴대 전화로 통화를 하거나 서로 문자 메시지를 보내 몇 분이랄 것 없는 매우 빠른 시간 안에 만날 약속을 정한다. 그리고 서로 만나 시간을 보낸 뒤 헤어져 각자 갈 길로 돌아서면, 두 번째 연락을 한다. 맥큐언은 "첫 번째 연락은 당일의 약속을 확인하거나 추후 만날 약속을 상기하기 위한 것"이라고 한다. 학생들의 이야기는 다음과 같다. "우선 만나지요. 그 다음 '야, 오늘 만나서 재미있었다'라고 또 연락해요. 휴대 전화로 하는 일상적이고 단순한 일이라고 생각하진 않아요. 만나기 전에 전화하고, 만난 다음엔 문자 보내고. 쉽잖아요.

습관 같은 거죠."

이런 과정에서의 모바일 대화는, 얼굴을 맞대고 만나는 물리적 만남을 넘어 상호작용을 이어나가는 수단이다. 특히 서로 만나기 전에 하는 연락은, 실제 만남 전에 만남에 대한 어려움이나 상호작용의 장애물을 없애는 역할을 한다. 그리고 만남 후에 건네는 정중한 연락은 휴대 전화를 통한 관계의 연속이나 마찬가지다. 한 학생은 만남 전의 연락을 '주요리 전에 맛보는 전채요리'로, 만남 후의 연락은 '후식'이라고 표현했다.

약화되었으나 무시할 수 없는 거리의 제약

인터넷 초창기 시절인 1997년, 〈이코노미스트〉의 기고가 프랜시스 케언크로스[Frances Cairncross]는 자신이 집필한 『거리의 소멸과 디지털 혁명』(세종서적, 1999년)과 논문에서 다음과 같이 이야기한다. "새로운 커뮤니케이션 기술은 개인의 사업과 삶에 있어서 거리의 제약을 급속도로 약화시킨다."[37]

10년이 좀 더 지난 현재, 케인크로스의 말은 맞기도 하고 틀리기도 하다. 이 책에서는 원거리에 있는 사람 간의 커뮤니케이션 예를 매우 많이 다룬다. 이들은 업무상 관계를 맺은 사람이기도 하며, 친구 혹은 가족이다. 물리적 거리의 차이는 더 이상 커뮤니케이션을 단절시키는 요인이 될 수 없다. 서로 다른 시간대에 살아가지 않는 이상, 원거리에 있는 사람과 온라인 게임 대결도 가능한 시대다. 인도에 있는 병원 관계자가 낮 시간 동안 작성한 의료 기록을 미국 병원에서 근무하는 의사에게 전송하면, 의사는 아침에 일어나 기록을 확인할 수 있으니, 시차가 난다고 해서 커뮤니케이션이 불가능한 것도 아니다.

커뮤니케이션이 점점 더 개인적으로 이뤄지고 공간의 제약을 덜 받으면서, 물리적 공간의 개념 역시 약해졌다. 이제 모바일 연결이 곧 '장소'이며, 개인의 아이덴티티는 때때로 자신의 휴대 전화 번호로 대표되고, 인터넷 접속 장소는 개인의 일터이자 삶의 공간이 됐다. 대학원 학생인 크리스 토마스가 2008년 에티오피아 아디스아바바의 고아원으로 급식 지원 봉사를 떠났을 때, 수많은 사람이 토마스에게 자신의 휴대 전화 번호를 '주소'로 건넸다.

> 다음에 방문할 때도 이번에 함께한 운전기사님을 재고용하고 싶어 기사님의 주소를 물었다. "아 그럼요, 그럼요. 가르쳐 드려야죠." 종이에 펜으로 뭔가를 적은 뒤 우리에게 건네줬는데, 메모지에는 국가 식별 번호까지 친절히 앞에 붙은 기사님의 휴대 전화 번호였다. 기사님의 주소는 휴대 전화 번호였던 것이다. 특정 장소에 얽매여 사는 문화가 아니었기 때문에, 집 주소보다는 오히려 휴대 전화 번호가 정확한 주소였다. "여기로 연락하면 돼요."에서 '여기'는 휴대 전화다. 기사님은 우리가 보낼 편지를 받을 수 있는 자신의 집 주소나 고아원의 주소를 알지 못했다. 오히려 왜 굳이 집 주소를 알고 싶어하는지, 휴대 전화 번호로 충분하지 않은지 이해하지 못한다는 표정이었다. 그제서야 아디스아바비의 사회, 경제적 구조는 '주택거주자 vs 노숙자 혹은 판잣집 거주자'로 나뉘는 것이 아니라 '휴대 전화 보유자 vs 휴대 전화 미보유자'로 나뉜다는 사실을 깨달았다.[38]

비단 개발도상국의 이야기만이 아니다. 옥스포드 대학의 사회학자 버니 호건이 2010년 2월 4일에 올린 트윗은 다음과 같다. "누군가 나에게 주소와 전화 번호를 물으면, 난 이메일 주소와 휴대 전화 번호를 알려준다. 누구도 '집주소'를 물어보진 않았으니까."

하지만 여전히 거리의 제약을 무시할 순 없다. 앞으로도 여러 번 이야기하겠지만, 확실히 서로 가까이 있으면서 자주 연락하고 만나는 사이일수록 가깝게 지내기 마련이다.[39] 게다가 위치 기반 소프트웨어가 개발돼 인기를 끄는 현상을 생각해보건대, 네트워크화된 개인이 '장소란 현재 존재하는 곳, 가고자 하는 곳'이라 생각하는 이상 물리적 거리는 여전히 중요한 요소다.

연결된 존재, 부재하는 존재, 존재하는 부재

정보 검색 출처는 물론 사람들과 연락할 수 있는 소셜 연락처가 셀 수 없이 많은 현대 사회에서, 시간의 개념은 '영원'으로 바뀌어가고 있으며 이런 현대 사회를 두고 사회학자 마뉴엘 카스텔은 '흐름의 공간the space of flows'이라 말한다.[40] 우리가 살아가는 이 사회는 (거의) 동시다발적인 커뮤니케이션이 언제든 가능한 시대다. 길거리를 걸어가면서, 운전을 하면서, 버스를 타기 위해 줄을 서서 기다리는 중 그 언제라도 가능하다. 이제 시간의 흐름 자체가 달라졌다. 아침에 일어나면 아침을 먹고 출근길에 올라 회사에서 오전 업무를 본 뒤 점심 식사를 하고, 오후 업무를 한 뒤 집으로 돌아와 저녁을 먹고 여유 시간을 찾은 뒤 잠에 드는 그런 이전의 일상과는 달라졌다는 말이다. 병원에 가서 진료 시간을 기다리고 생각지도 못한 교통 체증으로 짜증내면서 시간을 낭비하는 대신, 이 아까운 시간을 모바일 기기로 뭔가 의미 있는 일을 할 수 있다. 일상 시간의 연속성, 업무와 여가 시간의 구분이 사라져가고 있다. 모바일 기기는 네트워크화된 개인들에게 다양한 행동과 상호작용을 할 수 있는 기회를 제공한다. 물리적으로 함께 있지 않다 하더라도, 커뮤니케이션 과학자인 스콧 캠벨과 박용진 씨가 주창한 '연결된 존재connected presence'와 함께한다.[41] 예를 들어, 사람들은 다음에 친구를 만날 수 있을 때까지 기다리는 대신, 그때그때 바로 친구의 소식을 접할 수 있다. 정보의 적체가 줄어들고 있는 셈이다.

정보통신 기술을 과도하게 사용하다 보면, 분명 한 장소에 함께 모여 있는데도 불구하고 서로 다른 관심사에 따라 커뮤니케이션의 중심이 다른 곳에 가 있는 경우도 종종 발생한다. 사회심리학자인 케네스 거겐^{Kenneth Gergen}은 이를 '부재하는 존재^{absent presence}'라 부른다.[42] 이런 경우, 서로 어색한 분위기가 일어나며 사회적 관계를 지속하기 어려워 집단을 떠나고, 결국 자신과 관심사는 같지만 물리적으로 매우 먼 거리에 있는 상대와 전화 통화나 문자 메시지를 나누는 방식으로 연락을 취한다. '운전 중 주의산만 행위'는 사회적으로 매우 큰 문제가 되고 있으며, 운전 중 휴대 전화를 손에 들고 있는 운전자를 단속하는 등 국가적으로 조치를 취하고 있는 실정이다. 퓨 인터넷은 미국 성인 납세자 중 47퍼센트, 운전이 허용되는 16-17세 납세자 중 34퍼센트가 운전 중 휴대 전화 사용으로 벌금을 납부한 적이 있다고 발표했다. 그리고 성인의 49퍼센트, 10대 청소년 중 48퍼센트는 자신이 승차한 차량의 운전자가 휴대 전화로 문자 메시지를 주고 받는 상황을 목격했다고 응답했다. 마지막으로, 성인의 44퍼센트, 청소년의 40퍼센트는 휴대 전화를 사용하면서 운전하던 운전자 때문에 사고가 날 뻔한 경험이 있다고 이야기했다. 퓨 인터넷의 설문조사에 참여한 마이클 제이미슨이 이야기하는 '부재하는 존재'의 슬픈 경험담을 들어보자.

> 나는 가족에게 대화 중에 손으로 휴대 전화를 만지작거리거나 문자 메시지를 주고받는 태도 때문에 상처를 받는다고 수없이 이야기했다. 내가 이야기하고 나면 곧바로 미안해하며 휴대 전화를 손에서 놓긴 하지만, 대학생이 된 아들 녀석과 아들의 친구들이 함께 할 때 실질적인 상호작용을 하지 않는 것 같아 여간 마음이 쓰이지 않는다. 아들과 친구들은 서로 얼굴을 맞대고 만나기보다는 끊임없이 문자를 주고받는다. 나는 서로의 이야기에 귀 기울여 진실된 마음으로 경청할 수 있는 사람만이 진정한 친구라 생각한다. 도대체 앞에 앉은 사람과 이야기하면서 동시에 다른 사람에게 문자로 대화하는 일이 어떻게 가능한 건지 정말 궁금하다.[43]

수많은 연구 결과가 제이미슨과 같은 문제를 제기한다. 예를 들어, 단순히 휴대 전화를 손에 들고 있다고 해서 운전 중 사고발생률이 높아지지는 않는다. 휴대 전화로 통화를 하거나 문자 메시지를 보내면서 운전을 하는 행위가 문제인 것이다. 길거리를 걸으며 휴대 전화를 사용하는 사람은 주위 상황에 더더욱 신경을 쓰지 않는다. 퓨 인터넷에 따르면, 휴대 전화 사용자 중 17퍼센트가 길거리를 걸으며 통화를 하거나 문자 메시지를 보내다가 타인과 부딪힌 경험이 있다고 한다.[44] 또 어떤 실험에 따르면, 참가자의 절반 이상이 휴대 전화를 사용하느라 옆에 피에로가 외발 자전거를 타고 묘기를 부려도 알아채지 못했으며,[45] 어떤 기업에서는 고용인의 3분의 2가 미팅 중 스마트폰 사용을 금지하길 바란다고 한다. 〈디어 애비Dear Abby〉에 사연을 보낸 한 여성은 공중 화장실에서 휴대 전화로 수다를 떠는 사람들에 대해 불평했다.[46]

이렇듯 휴대 전화에 대한 현대인의 긍정적, 부정적 견해는 퓨 인터넷이 2009년 4월에 실시한 어느 한 응답자의 이야기에 매우 잘 나타난다.

내 남편은 심장에 이상이 있습니다. 지난 가을 갑자기 남편의 심장에 문제가 생겼고, 약 70킬로미터나 떨어진 한 병원의 응급실로 실려가는 일이 있었어요. 그날따라 나는 회의에 참석하면서 휴대 전화를 매너모드로 바꿔놓았어요. 그런데 곧 10분 동안 내가 꼭 받아야 할 것 같은 휴대 전화 진동이 세 번이나 울리는 것을 느꼈어요. 다행히 집에 가기 전에 미리 알고 남편이 있는 병원으로 찾아갈 수 있었어요. 그런데 그날 이후로, 남편의 전화는 저를 엄청나게 괴롭히네요. 남편은 언제나 목청을 높여 통화를 하고, 절대 음성 메시지 기능은 쓰지도 않고, 늘 전화를 소지하고 다녀요. 전화가 오면 하던 일을 모두 멈추고 바로 받고요. 전 안 그러는데 말이에요.

운전 중 멀티태스킹이 가능한 세대에게는 지금 사회의 규범과 제약이 문제가 될 수도 있다. 실제로 유럽에 가면 젊은이들이 삼삼오오 모여 카페에 앉아 자리에 참석하지 못한 친구를 휴대 전화로 연결해 대화를 이어나가는 모습을 심심찮게 볼 수 있다. 거겐의 '부재하는 존재'에 반하는 이런 행동을 '존재하는 부재present absence'라 한다.

공공과 개인 공간의 경계 약화

공공과 개인의 공간을 가르던 경계는 이제 더 이상 예전처럼 견고하게 버텨내지 못한다. 현대인은 주위에 지나가는 수많은 사람을 전혀 개의치 않은 채, 길거리에 서서 자신의 휴대 전화로 사적인 이야기를 나눈다. 직장 상사는 직원들의 가족 모임을 얼마든지 방해할 수 있다. 사적인 부분이 점점 공공연하게 바뀌어 가고 있는 것이다. 퓨 인터넷의 수많은 응답자는 공공 장소에서 자신의 사생활을 침해하는 사람을 만난 적이 있다고 이야기한다. 니키 워터스의 경우, 샌프란시스코의 바트 트레인에서 큰소리로 전화 통화를 하며 자신의 남자친구에게 저주를 퍼붓는 한 여성 때문에 눈살을 찌푸렸다. 참다 못한 워터스는 "목소리 좀 낮춰주세요."라고 이야기했다고 한다. 자신의 사생활을 스스로 공공장소에서 떠벌리는 일은 모바일 시대에서 흔히 접할 수 있는 일이 됐다. 워싱턴 DC에서 뉴욕으로 가는 열차 안에서 한 변호사가 겪은 이야기를 들어보자.

어느 남성 승객이 블루투스를 이용해 전화 통화를 시작하는 순간까지, 나는 여느 승객과 마찬가지로 열차에 몸을 싣고 조용히 앉아 있었다. 그런데 이 남성 승객은 너무나 큰 목소리로 통화했고, 아마 그 열차에 앉아 있는 승객이라면 누구든 통화 내용을 들었으리라. 그리고 통화 내용을 들어보건대, 아이러니하게도 어떤 비밀이 지켜지지 않은 것에 대해 상대에게 마구 화를 내고 있었다. 자세한 내용인즉, 필스버리(필스버리 윈스롭 쇼 피트먼 법률회사)가 15-20명 정도의 변호사를 4개의 사무실에서 3월 말까지 해고할 예정인데, 해고 명단에는 일부 고위직 임원진과 새내기 변호사가 포함될 것이라는 내용이었다. 그런데 여기서, 나는 통화 중인 남자가 밥 로빈슨이라는 사실을 믿을 수가 없었다. 로빈슨은 필스버리의 수장으로 기업보안 팀을 맡고 있는 사람이었다. 거기다 통화 상대는 필스버리의 COO인 릭 도날슨이었다. 더 어이 없는 건, 로빈슨이 직접 전화기에 대고 자신의 이름을 밝혔다는 것이다![47]

이렇듯 어떤 사람들은 사생활을 대중에게 노출하는 데 별 생각이 없을지도 모르지만, 반면에 또 어떤 사람들은 자신의 사생활을 공공장소로부터 보호하고 싶어 한다. 사회학자인 키이스 햄튼Keith Hampton과 동료 연구진은 커피숍이나 공원과 같은 공공장소에서 휴대 전화나 노트북 컴퓨터를 사용하는 사람들을 관찰했다. 그 결과, 어떤 사람들은 다른 사람이 자신의 노트북 컴퓨터나 휴대 전화 화면을 보는 데 큰 신경을 쓰지 않으며 때로는 함께 보는 화면을 주제로 대화를 하기도 하는 반면, 책이나 겉옷 혹은 보호 필름을 이용해 극도로 노출을 꺼리는 사람도 있었다. 그림 4.4는 넬루 한다가 토론토에 있는 에즈라의 파운드 카페에 앉아 노트북 컴퓨터와 휴대 전화 두 개(하나는 개인용, 하나는 업무용)를 두고 환하게 웃고 있는 사진이다. 옆에는 한 잔의 커피와 카메라, 안경을 두고 화상 회의를 준비 중이며, 떠오르는 아이디어를 적어둘 노트도 준비해뒀다. 여러 가지 보조 도구에 둘러싸여 있긴 하지만, 한다는 매우 행복한 표정으로 다른 사람과 담소를 나눴다.

모바일 초연결사회가 불러온 공공 공간과 사적인 공간의 약화된 경계는 인간 관계와 정보 접근성에 큰 변화를 일으켰다. 개인의 자율성은 견고해진 반면, 그에 상응하는 책임, 즉 항상 세상과 연결돼 있어야 한다는 부담이 지워졌다. 이런 현상이 나타난 데에는 소셜 스트라이빙social striving이라고 불리는 심적 요인의 영향이 큰데, 소셜 스트라이빙이란 '누구도 대중과 다른 길을 가고 싶어하지 않는다'는 심리에서 기인한다. 그리고 이런 심리는 곧 FOMO*fear of missing out** 와 일맥상통한다. 그리고 연결에 대한 강박은 "나한테 유용한 걸 제공해줄 사람의 연락을 놓치고 싶어하지 않는" 사회적 욕구에서 기인한다. 이러한 사회적 욕구는 "투명인간 같은 무용한 사람으로 인식되고 싶어하지 않는" 사회적 의무에서 기인한다.

그림 4.4 토론토에 있는 에즈라의 파운드 카페에서 일하는 넬루 한다. 2009년 5월
출처: 배리 웰먼.

개인 업무를 공공 장소에서 볼 수 있는 새로운 환경에서 이전 시대의 에티켓과 예의범절은 재정의될 필요가 있다. 즉 모바일 시대의 에티켓을 일컫는 '메티켓*metiquette*'이 필요한 것이다. 타인과 대화 중에 휴대 전화벨

---

* 남들과 어울릴 수 있는 기회를 놓치고 싶지 않은 마음을 뜻하는 신조어다. ─ 옮긴이

이 울리거나 문자 메시지가 왔다고 해서 대화를 중단하고 휴대 전화를 사용해도 될까? 회의 중에 휴대 전화로 이메일을 확인하는 일이 가능할까? 강의 중에 휴대 전화로 인터넷에 접속해 소셜 네트워크 사이트를 확인해도 문제가 없는 걸까? 버스를 타려고 정류장에 줄을 서서 기다리면서 휴대 전화로 날아온 소식을 보고 경악하며 마구 소리를 질러도 되는 걸까? 네트워크화된 개인주의가 실생활에 미친 영향만큼, 그에 걸맞은 사회 규범이나 에티켓은 아직 발전하지 못한 듯하다.

공공과 개인을 재정의한다는 것은 곧 '부재하는 존재'의 규범을 수정한다는 의미다. 사람은 누구나 상대와 대화할 때, 상대가 나의 말에 집중해주길 바란다. 하지만 웰먼의 학생 중 일부는 대화하는 도중 문자 메시지를 확인하고 보내는 것 정도는 괜찮지 않냐고 반문한다. 마치 채팅방에서 대화하듯 문자 릴레이를 이어나간다면 무례한 행동이겠지만, 단순히 중요한 사항을 확인하고 답장을 보내주는 정도는 문제가 없다는 생각에서다. 사회학자인 어빙 고프먼^{Erving Goffman}은 '예의바른 무관심^{civil inattention}'을 이야기했다. 이는 공공 장소에서 타인을 의식하되 무례한 행동은 보이지 않기 위해 행하는 배려있는 무관심으로, 고프먼은 우리가 살아가며 꼭 지켜야 하는 일이라 말한다.[48] 영화 〈크로커다일 던디〉는 호주 오지에서 생활하던 주인공인 믹 크로커다일 던디가 한 여기자를 만나 그녀의 제안에 따라 미국 뉴욕까지 동행해 난생처음 대도시에 발을 디디며 벌어지는 해프닝을 그렸다. 이 영화에서도 나오지만, 대도시에서 생활하며 모든 일에 신경 쓰고 산다면 아마 심신이 지쳐 버텨내질 못할 것이다. 사생활을 여기저기 모두 떠벌리고 살면 어떻게 될까? 공공장소에서 큰 소리로 통화하며 끊임없이 문자 메시지를 보낸다면? 그림 4.5를 보자. 뉴욕 파크에 모인 수많은 네트워크화된 개인이 어떻게 자신의 사적인 영역을 구별하는지 자세히 들여다보자. 여기 보이는 사람들은 각자 자신만의 또 다른 세계에 연결돼 열중하고 있다.

그림 4.5 맨해튼 도심의 브라이언트 공원 내 노트북 사용자들, 2010년 6월 21일
출처: 오렌 리비오 키이스 햄튼, 2010

  사회과학자들은 아직도 이전 기술을 활용한 모바일 기기 활동 중 사회
적으로 용납되는 수준이 어느 정도인지 조절하느라 바쁘다. 예를 들어, 동
료나 배우자와 점심 식사 중 휴대 전화가 울려 잠시 메시지를 확인하는 사
람을 그 누구도 비난하지 않는다. 불과 몇 년 전만 해도 예의 없다며 핀잔
을 줬을 행동이지만 말이다. 결혼식 피로연에서 축배를 들 때 휴대 전화가
울리면, 어떤 사람은 낄낄대면서 고개를 젓지만, 또 어떤 사람은 쏘아보기
도 한다. 한편, '로체스터'라는 주인공이 막 결혼식을 치른 교회 제단에 서
서 블랙베리를 꺼내들고 자신의 페이스북 상태를 '기혼'으로 바꾸는 모습
에 교회에 모인 하객들이 모두 놀라는 모습을 담은 재미있는 영상이 유튜
브에 올라 있기도 하다.[49]

3대 혁명: 모바일 + 인터넷 + 소셜 네트워크

대부분의 북미인들은 휴대 전화를 사용한다. 하지만 이들 모두가 온라인 세상이나 타인과 끊김 없이 연결돼 있는 것은 아니다. 간편한 휴대용 기기와 디지털 리소스를 이용해 또 다른 세상과 연결되고자 하는 사람이 많긴 하지만, 지금까지의 패턴을 그대로 유지하고 싶어하는 사람 역시 많다. 어떤 사람들은 현재까지 사용해온 일차적인 모바일 기기 용도에 만족해 한결 같이 변함 없는 사용자로 남을 뿐, 활발한 디지털 사용자가 되고 싶지 않을 수도 있다.

하지만 한 가지 분명히 해야 할 것이, 이렇듯 휴대 전화를 이용해서 단순히 통화하고 문자 메시지를 주고 받으며 사진을 찍는, 이제 막 인터넷 연결을 조금씩 시도하는 단순 사용자들은 언제가 됐던 '변환점'을 맞이할 것이라는 사실이다. 그리고 이들이 변환점을 맞은 이 시기에는 모바일 연결성이 최고조에 이르러 그 가치와 영향이 막대할 것이다. 실제로 사람들의 모바일 기기에 대한 의존성이 점점 높아지고 있는 상황이다. 예를 들어, 퓨 인터넷이 조사한 결과에서 '세상에 없다면 안 될 기기는 무엇인가'라는 질문에 2002년에는 4위를 차지했던 휴대 전화가 2007년에는 1위로 급부상했다.[50]

이 같은 변화는, 모바일 연결성이 증가함에 따라 네트워크화된 개인주의가 확산돼 필요에 따른 정보와 자원을 검색하고 타인과 연결돼 이를 조절하는 힘이 커지며, 아이디어 공유, 관심사에 따른 개인 네트워크 생성과 확장 등 물리적 거리의 제약을 받지 않는 새로운 네트워크 관계가 형성됨을 뜻한다. 그리고 이런 과정에서, 모바일 연결성은 개인을 고정된 집단에 속한 구성원으로 보기보단 거대 네트워크에서 활동하는 하나의 개인으로 볼 수 있도록 관점을 변화시킨다.

또한 모바일 연결성은 사회적 윤활유 역할을 한다. 전세계로 연결돼 사용할 수 있는 휴대 전화의 탄생은 역사상 가장 급진적이고 성공적인 소비 기술이다. 그 자체로도 굉장한 의미를 지니지만, 이어서 이야기할 네 가지 기술 발전과 함께할 때 효과는 엄청나다. 첫째, 가벼워진 노트북 컴퓨터 무게다. 이젠 더 작은 태블릿이나 스마트폰과 같은 기기가 등장해 컴퓨터의 역할을 대신하기도 한다. 둘째, 무선 접속 기술의 발달로 언제 어디서나 휴대 전화나 컴퓨터로 인터넷에 연결할 수 있다. 셋째, 이메일이나 문서, 미디어 등을 웹 공간에 저장해 언제 어디서든 인터넷 접속 기기만 있으면 꺼내볼 수 있는 클라우드 컴퓨팅 기술의 등장이다. 마지막은, 스마트폰을 개인용 컴퓨터와 같은 수준으로 끌어올린 다양한 애플리케이션 개발이다.

모바일, 인터넷, 소셜 네트워크 혁명이 어우러져 네트워크 운영 시스템에 큰 영향을 미쳤다는 사실을 여러분도 충분히 이해했길 바란다. 모바일과 인터넷 혁명은 따로 떨어져 생각하기 어려울 정도로 밀접한 연관이 있다. 언제든 연결될 수 있는 모바일 기기의 기술은 인터넷 광대역 연결 기술을 발전시켰다. 그리고 유선이든 무선이든 인터넷에 연결해 활용할 수 있는 모바일 기기의 발달은 많은 이에게 정보와 커뮤니케이션으로의 연결이라는 새로운 세계의 문을 열었다. 실제로, 인터넷과 모바일 기술이 서로 융합함에 따라 스마트폰과 휴대용 컴퓨터를 보유한 네트워크화된 개인들은 자신들의 니즈를 충분히 충족할 수 있게 됐다.

지속적으로 연결된 세상을 살아가고자 하는 사람들 중에는, 본인이 현대 사회에 어떤 영향을 미치며 또 어떤 의미가 있는지 제대로 이해하고 있는 사람이 많지 않다. 시공간의 경계가 점점 더 약해지는 현 시대를 살아가는 현대인들은 그에 맞게 사회화되고, 달라진 작업 환경에 맞춰 일하며, 새로운 네트워크와 조직을 구성하는 방법을 찾는다. 장소는 여전히 중요하지만 수많은 모바일 앱의 도움을 받는다면, 누가 어디에 있든 다 찾아낼 수 있다. 물리적 거리도 무시할 수 없지만 근래에 들어 협상 가능한 제약 조건이 됐다. 공공 공간과 개인의 사적인 공간의 의미가 변화하면서 물리적 존재 여부의 의미는 퇴색됐고, 이와 함께 모바일 기술이 발전하면서 컴퓨터가 있는 곳이라면 어디든 자리에 앉아 업무를 보며 시간을 보내는 일이 많아졌다. 인터넷은 곧 모바일 인터넷으로 변화 중이다. 여러분이 인터넷과 연결된 바로 그 곳이 현재 여러분이 있는 위치다.

네트워크화된 개인들은 인터넷과 모바일 접속을 동시에 시도해서 자신들의 '끊임없이 단편화된 주의력continuous partial attention'을 다양한 소셜 네트워크와 정보 출처에 쏟아 붓는다.[51] 이 같은 모바일화mobile-ization는 온라인상에서 사람이 서로 연결돼 있으며, 정보 니즈를 충족시키고, 컨텐츠를 서로 공유할 수 있게 한다는 점에서 큰 의미가 있다. 2부에서는 3대 혁명으로 인해 현대인의 삶이 어떻게 변화했으며, 네트워크화된 개인주의는 인간관계, 가족, 직장, 창의성과 지식 공간에 어떤 영향을 미치는지 자세하게 살펴보겠다.

일상 1_ 연결된 삶을 살아가는 우리의 하루

초연결사회의 일상 모습은 어떨까? 정보와 통신 기술이 우리의 가정과 직장 생활에 미치는 영향은? 공동 저자인 웰먼은 자신이 근무하는 토론토 대학의 학생들에게 이 같은 질문에 초점을 맞춰 하루의 일과를 적어보라고 권유했다. 그중, 마야 컬럼의 일과는 매우 자세하고 사려 깊은 방식으로 서술돼 있기에 함께 살펴보고자 한다. 요즘 학회 논문으로 많이 출판되는 현 사회의 트렌드도 잘 짚어내고 있으니 참고하기 바란다.

2007년 9월 19일 수요일

여느 때와 다름 없는 평범한 하루였다. 내가 적은 노트를 살펴보기 전까지만 해도 내 삶이 얼마만큼 기술에 의지하고 있는지 알아차리지 못했다.

오전 8시: 여느 아침과 마찬가지로, 오늘도 세계 뉴스를 간단히 확인하며 하루를 시작한다. 매일같이 하는 일이라 거의 자동으로 이뤄진다. 우선 지메일^{Gmail}을 확인하고, 페이스북 계정으로 들어가 업데이트를 확인한 뒤, CBC(캐나다 방송) 웹사이트에 들어가 뉴스를 읽는다. 골치 아픈 스팸 메일을 잘 걸러 내주는 지메일 시스템과 읽은 메일은 바로 바로 삭제하는 습관 덕분에, 오늘은 내가 구독하는 정치/환경 관련 이메일과 친구 그라시아가 보낸 메일을 읽기 좋게 확인할 수 있었다. 그라시아는 근처에 사는 데다가 정기적으로 만나기 때문에 사실 딱히 나눠야 할 밀린 이야기가 많지는 않았다. 그날도 역시 매주 만나는 정기 모임이 있는 날이었으며, 그라시아는 그날 밤 모임을 어떻게 진행할지 물어보려 간단히 메일을 보낸 것이었다. 나도 간단하게 일정을 정리해 답장을 보냈다. 자세한 이야기는 밤에 만나서 해야겠다. 페이스북 담벼락을 확인하고 글을 올리려니 시간이 충분치가 않네.

오전 8시 30분: 남자친구(지금의 남편이 된) 매트가 아래층으로 내려왔고, 출근 전 간단히 이야기를 나눴다. 오늘 밤에 무얼 할 것이며, 저녁은 뭘 먹을지 등 소소한 이야기가 빠르게 오갔다. 자세한 이야기는 밤에 하기로 했다. 어차피 일과 시간 내내 메신저로 궁금한 일이 있을 때마다 이야기를 나누면 된다.

오전 9시: 메신저에 로그인한다.

오전 10시 30분: 평소 알고 지내는 크리스로부터 곧 출연할 쇼에 대한 그룹 메일을 받았다. 답장은 하지 않는다. 이런 그룹 메일에 답장을 보낼 필요는 없으며 거의 에티켓처럼 받아들여지니까.

오전 11시 30분: 직장 동료이자 친구인 시릴이 책상 너머로 얼굴을 내민다. 솔직히 자주 얼굴을 내밀긴 하지만, 시릴이기에 귀찮다는 생각은 하지 않는다. 그는 내 멘토로서, 일적인 문제가 생기면 언제나 시릴과 함께 앉아 회사 내에서 어떤 진로로 어떻게 일을 해나가야 할지 항상 이야기를 나누곤 한다. 시릴은 프로 정신이 있기 때문에 이런 대화에 필요 이상의 시간을 허비하지도 않는다. 15분 정도 지나자 시릴은 자기 자리로 돌아갔다. 그러자, 동료이자 친구인 케이트가 기다렸다는 듯이 다가온다. 언제나 그렇듯 간단한 주제로 수다를 좀 떤다. 10분쯤 이야기를 나눈 뒤 케이트가 돌아가고, 자리에 앉아 케이트와 메신저로 수다를 이어나간다.

정오: 한 시간 내내 점심을 먹는 스타일은 아니기에, 간단히 점심을 해결하고 자리에 앉아 인터넷 서핑을 시작한다. 다시 한 번 지메일과 페이스북, CBC 웹사이트를 확인한다. 그라시아가 아침에 보낸 내 메일에 대한 답

장을 보냈다. 난 그 메일에 다시 답장을 한다. 페이스북엔 몇 가지 글이 올라와 있다. 케이트는 오늘 밤 모임에 대한 공지를 올렸고, 사람들은 댓글을 달아놓았다. 읽을 만한 댓글이 그리 많지는 않다만, 필요한 댓글에 대해서는 케이트의 페이스북 담벼락에서 바로바로 답글을 남겼다. 메신저에서는 케이트, 매트와 창을 각각 띄워놓고 동시에 대화를 이어나간다. 두 사람과 나누는 대화창은 하루 일과 내내 올라와 있다. 대화는 대개 간단하게 요점만 이야기하며, 때로는 이모티콘을 넣기도 한다. 하지만 주의를 요할 정도로 중요한 대화는 나누지 않는다. 엄마가 메일을 보내셨다. 윽… 가뜩이나 질문도 많은데 바로 답장을 보내드려야겠다.

오후 12시 30분: 메신저에 알렉스가 로그인했다. 알렉스 역시 오늘 밤 모임에 대해 물어봤다. 대답을 해주긴 했지만, 페이스북에 올라온 글은 왜 확인하지 않는지 모르겠다. 직장 방화벽 때문에 접속을 못하나… 아무튼 한 15분 정도 알렉스와 채팅을 했다. 그런데 한 번 메시지를 보내면 답변이 오기까지 3분 정도는 걸린 것 같다.

오후 1시: 코너가 메신저로 날 불렀다. 일하다가 좀 지루했나 보다. 중요한 질문을 하지는 않는다. 지금은 바쁘니 나중에 이야기하자고 메시지로 보냈다. 아, 너무 많은 메시지 때문에 도통 집중이 되질 않는다. 메신저 상태를 '바쁨'으로 바꿔놓았다.

오후 2시 30분: 또 다른 방해꾼들이 몰려왔다. 어찌 보면 내 탓이기도 하다. 내가 이메일과 페이스북을 바로 바로 확인하지 않고, 메신저에 로그인하지 않았다면 이럴 일도 없었을 게다. 젠이 메일을 보내왔다. 오늘 밤 모임 참석 여부가 궁금했나 보다. 알렉스는 오늘 밤 계획을 묻는 메시지를 또 보냈다. 케이트는 내가 페이스북에 올린 글에 대해 댓글을 달았다.

오후 3시: 케이트가 메신저로 메시지를 보냈고, 휴식 시간에 잠깐 보기로 했다. 한 15분 정도 만나서 이야기를 나눴나 보다. 젠과 케이트는 오늘 밤 모임과 기타 가십거리에 대한 메일을 또 보내왔다.

오후 3시 30분: 부동산 중개업을 하는 친구 아만다가 크레이그스리스트 Craigslist*에 올린 글을 케이트에게 메일로 보내줬다. 어제 글을 본 뒤 오늘 메일을 보내야 한다고 내 온라인 캘린더에 올려놨었다.

오후 4시: 오늘 밤 모임에 대한 메일이 몇 번 더 오갔다. 아, 좀 짜증난다.

오후 5시: 업무는 모두 끝났다. 이제 학교로 가야겠다.

오후 5시 30분: 수업 시작을 기다리면서 휴대 전화로 음성 메시지를 확인한다. 제이미가 오늘 밤에 내 자전거를 빌릴 수 있냐고 묻는 메시지가 하나 와있다. 문자 메시지로 답장을 보낸다. 문자 메시지 하나면 상황 종료될 것을, 뭐 하러 왔다 갔다 시간을 들여가며 통화를 하는지 모르겠다.

오후 6시 30분: 그라시아와 네 번 문자 메시지를 주고받았다. 그라시아도 수업 중이긴 한데, 우리 둘 다 수업이 지루한 듯하다.

오후 8시: 수업이 끝나자마자 그라시아에게 연락했다. 저녁 계획을 조금 바꿨기 때문이다. 아이러니하긴 하다만, 이것저것 저녁 계획을 세워놓으면 뭐하나. 하루를 끝내고 나면 동네 바에 가서 맥주 한 잔 하고픈 게 소원인 것을. 그라시아도 합류하기도 했다.

오후 8시 15분: 집에 돌아오니, 룸메이트가 활동하는 밴드 피요르드 로우보우트Fjord Rowboat가 현관에 앉아있다. 몇 마디 나눈 뒤 그라시아를 만나기 위해 모퉁이 끝에 있는 동네 바로 향했다. 케이트에게 나와 그라시아가 오늘 밤 모임에 나가지 않을 것이라 문자 메시지를 보냈다. 실망하는 케이트의 목소리를 듣고 싶지 않았기에, 통화 대신 문자 메시지를 보냈다는 데 이의를 달지는 않겠다.

오후 10시: 그라시아와 드디어 만났다. 맥주 한두 잔을 비우고 나니 그곳의 바텐더이자 친구인 안드레가 대화에 끼어든다. 그라시아가 화장실에

간 사이에 매트에게 같이 놀자고 문자를 보냈다. 답문이 없다.

오후 11시 45분: 집에 왔다. 피요르드 밴드는 여전히 현관에 앉아 있다. 리허설을 할 생각은 없나 보다. 마지막으로 맥주 한 잔을 더 한 뒤 12시 30분이 다 되어서야 자리에 누웠다.

이튿 날 오전 1시: 누워서 매트와 통화했다. 둘 다 피곤한 탓에 통화를 오래하진 못했다. 10분 정도 통화했을까, 결국 졸음에 항복했다. 잘자!

자, 마야의 하루를 보자. 마야는 세 가지 일을 중점적으로 이야기했다. 우선 '개인적인 커뮤니케이션이 하루 일과 중 얼마나 많이 일어나는지'에 놀랐다고 한다. 게다가 그 수많은 커뮤니케이션이 대부분 매우 사적으로 이뤄졌다는 것이다. "업무 시간 동안 이렇게 개인적인 커뮤니케이션을 많이 해서는 안 된다는 사실을 알고 있습니다. 수업 시간에도 마찬가지죠." 기술의 발전 덕분에 이런 일이 가능하며, 사실 이런 커뮤니케이션의 방해를 가장 많이 받은 사람은 다름 아닌 마야 자신이다. 마야는 하루 종일 자신의 네트워크와 함께했으며, 관계를 매우 효과적으로 유지했다.

둘째, 마야는 자신의 행동에 대해 크게 죄책감을 느끼지 않는다. "하루 종일 개인적인 커뮤니케이션을 좀 많이 하긴 했지만, 그렇다고 제가 해야 할 일을 못하지는 않았어요. 전 크게 방해 받지 않았다고 생각해요." 마야의 말이다. "제가 개인적으로 친구들과 나눈 커뮤니케이션에, 제 집중력을 모두 소비하지는 않았거든요. 물론 얼굴을 맞대고 대화할 때는 좀 다르긴 하지만… 어쨌든 저는 메신저나 이메일, 페이스북 같은 미디어를 통한 커뮤니케이션을 선호하는 편이에요. 집중력이나 시간 등을 제가 조절할 수 있으니 멀티태스킹이 가능하거든요. 결론적으로 크게 방해받지 않기도 하고, 이런 게 멀티태스킹의 장점 아니겠어요?"

셋째, 마야는 매우 다양한 커뮤니케이션 미디어를 사용한다. 예를 들어,

케이트와는 하루 종일 메신저와 이메일, 페이스북으로 이야기하다가 또 휴식 시간에는 직접 만나서 이야기를 나눴다. 그리고 업무상 문제가 있을 때는 회사 내 유선 전화로도 통화했다. 마야는 다음과 같이 결론을 내렸다.

여러 가지 미디어로 커뮤니케이션을 하다 보면 피곤해지기도 한다. 페이스북처럼 한 가지 미디어로만 연락하는 사람도 있긴 하다. 하지만 나와 주기적으로 연락하며 가깝게 지내는 사람들에겐 무엇이 됐든 가장 쉽고 그 상황에 알맞은 미디어를 활용해 커뮤니케이션한다. 이렇듯 다양한 커뮤니케이션 미디어를 이용하면 누구와 이야기할지, 언제 할지, 또 어떻게 할지 결정할 수 있다. 그리고 이런 상호작용이 내 삶에 어떤 영향을 미치고 또 때로는 방해를 할지 결정하는 것도 결국 나 자신이다. 어느 쪽이든 선택은 내 자유니까.

마야는 끊김 없는 커뮤니케이션을 지원하는 다양한 미디어를 활용해 다른 모든 사람과 마찬가지로 초연결세상을 살아가고 있다. 인간 관계와 사회적 맥락(직장, 집, 길거리 등)에 따라 적절한 미디어를 선택할 수 있으며, 예를 들어 이메일과 문자 메시지처럼 비교적 적은 집중력을 요하는 미디어를 골라 활용할 수도 있다. 마야가 케이트와 이메일과 페이스북, 메신저로 이야기한 것처럼 어느 한 미디어에서 다른 미디어로 옮겨가 대화를 이어나가는 일도 종종 벌어진다. 어찌 됐든, 모바일 초연결사회란 인간의 외로움을 해소해주는 통로가 아닌가 싶다.

2부_ 네트워크화된 개인주의

5장_ 네트워크화된 관계

밀러 맥퍼슨Miller McPherson, 린 스미스로빈Lynn Smith-Lovin, 매튜 브래시어스
Mathew Brashears가 출판한 『미국의 사회적 격리Social Isolation in America』가 2006년
에 「미국 사회학 리뷰American Sociological Review」에 실리면서 사회에 큰 반향을
일으켰다.[1] 이 선구적 논문에서 세 사회학자는 미국 내에서 시행하는 주요
설문 조사 중 하나인 제네럴 소셜 서베이general social survey가 실시한, "지난 6
개월을 돌아보며, 여러분의 중요한 문제를 상의한 사람은 누구입니까?"라
는 질문에 대한 1984년의 응답과 2005년의 응답을 비교했다. 그 결과, 자
신의 문제를 상의할 수 있는 사람 수가 2.9명에서 2.1명으로 28퍼센트나
감소했으며, 약 23퍼센트의 미국인은 자신의 비밀을 터놓을 상대가 없다
고 응답했고, 심지어 배우자에게도 이야기하지 못한다고 했다. 절친한 친
구의 유형도 변화했다. 1984년에 비해 2005년을 살아가는 미국인에게 매
우 가깝게 지내는 친구나 이웃은 훨씬 줄어들었으며, 오히려 가까운 친인
척과 배우자를 꼽은 사람이 많아졌다. 예를 들어, 자신의 모든 모습을 꺼내
보일 만한 절친한 친구가 적어도 한 명이 있다고 응답한 미국인은 1984년
에는 73퍼센트였던 것에 비해, 2005년에는 51퍼센트로 크게 줄어들었다.[2]

    이 같은 우울한 조사 결과는, 개인이 점점 사회로부터 고립돼 외로운
삶을 살아가고 있음을 방증한다. 사회학자들이 인터넷은 사회적 고립에 책
임이 없다고 수없이 주장하지만, 미디어는 이런 사회학자들의 주장에 다
소 회의적이다. 〈토론토 글로브 앤 메일〉의 칼럼리스트인 더글라스 코니쉬

Douglas Cornish는 "인터넷이 발달하면서 점점 개인은 사회에서 멀어져, 결국 인간이 아닌 기계나 기타 존재와 더 가깝게 지내지는 않을까?"라는 질문을 던진다.[3]

코니쉬의 질문에서 보듯이, 퇴보적 인간 관계에 대한 우려는 인터넷이 등장하기 전인 수세기 전부터, 세상이 새로운 혁명과 발전을 맞이할 때마다 등장했다. 지난 100년간 세계는 산업화, 관료화, 도시화, 사회화, 자본주의화 등의 변화를 받아들였다. 그리고 이런 변화는 종종 기술의 발전과 함께했으며, 기술이 발전함에 따라 인간은 새로운 방식으로 관계를 맺기 시작했다. 철도가 등장한 19세기에는 말horse이 교통수단으로서 설 곳을 잃었다지만, 현재는 자동차나 휴대 전화 등의 기기로 사람과 사람이 직접 얼굴을 맞대고 이야기할 기회가 점점 사라지고 있다.[4]

변화에 대한 거부는 반복돼 이어져왔다. 모든 세대를 통틀어 세상의 변화를 두려워하는 사람은 항상 있어 왔으며, 이들은 이전 시대와는 확연히 다른 무언가가 과거와의 연결 고리를 끊으려 한다고 걱정했다. 그리고 항상 이전 시대의 만족스러웠던 생활을 되돌아보며 그리워했다. 예를 들어, 1950-1960년대의 학자들은 그 당시의 급격한 사회적 변화 때문에 이전 시대와의 연결성이 없어진다고 불평하며, '고독한 군중', '대중 사회', '커뮤니티에 대한 탐구' 등 수많은 밈meme*을 정의했다.[5] 예를 들어, 모리스 스타인Maurice Stein은 다음과 같이 이야기했다. "마을 내 모든 사람이 공통된 하나의 커뮤니티에 속해 있다는 오래된 결속력은 오히려 커뮤니티 내의 소집단이 서로를 적대시하는 상황을 야기했다. 그리고 이런 경향이 지속되면서 결국 커뮤니티가 와해됐고 지금의 핵가족 문화가 생겨난 것이다. 심지

---

* 밈(meme)이란 유전적 방법이 아닌, 모방을 통해서 전해지는 것으로 여겨지는 문화의 요소를 말한다. 리처드 도킨스가 『이기적 유전자』에서 처음 제시한 용어로 남의 것을 모방하고자 하는 인간의 심리를, 모방의 뜻이 함축된 그리스어(mimeme)와 생물학적인 용어인 유전자(gene)를 합쳐 meme이라는 용어를 만들어 냈다. ― 옮긴이

어 이제는 한창 성장기에 있는 어린 아이들이 부모를 떠나 생활하는 모습을 지켜보는 시대가 됐다."[6]

이 같은 비난은 인터넷이 확산되기 이전부터 제기돼왔으며, 급기야 지금에 이르러서는 논쟁의 희생양이 되어버렸다. 즉 현대 사회 논란의 중심에는 인터넷이 오프라인에서 이뤄지는 사람 사이의 대면 관계를 방해해 실제가 아닌 온라인상에서의 가짜 세상을 경험하게 함으로써 커뮤니티를 와해시킨다는 부정적 주장이 있다. 1995년 텍사스의 한 라디오 방송 진행자인 짐 하이타워는 "이렇게 전자적으로 요란하게 이야기를 나누고 관계를 맺으면 무엇 하나. 결국 우리는 실제로 서로의 얼굴을 맞대고 인간미를 느끼는 사이가 아닌 컴퓨터나 TV 화면으로 만나기밖에 더하겠나."라며 경고했다.[7]

사회 심리학자인 로버트 크라우트[Robert Kraut]와 그의 연구진은 1998년에 들어서며 주요 신문사가 인터넷을 통해 온라인 신문을 출판하는 현상에 대해 사회적 공헌도를 떨어뜨림과 동시에 인간의 정신적 풍요로움을 박탈하는 행위라 비판했다. 그러나 2002년, 크라우트 연구진은 1998년의 부정적 연구 결과를 철회했다. 2002년을 살아가는 세대는 컴퓨터 활용에 능할 뿐더러, 우려했던 부정적인 사회 현상이 나타나지 않았기 때문이다. 하지만 2002년의 이같은 재발표는 미디어의 관심을 끌지 못했다.[8]

윌리엄 깁슨의 SF 소설 『뉴로맨서』(황금가지, 2010년)를 보면, 인간이 자신의 실재는 잊은 채 사이버 공간[cyberspace](깁슨이 만든 용어로 소설에서 처음 사용된 뒤 널리 쓰인다)에 접속해 가상 공간에서 살아가는 모습이 나온다.[9] 인터넷은 이와 같이 보이지 않는 사회적 붕괴를 불러일으킬 만한 힘이 있다. 사회과학자 셰리 터클[Sherry Turkle]은, 인간은 자신의 존재를 분리해 사이버 공간에 있는 동안 현실에 존재하는 진짜 세상 속에서의 자신의 모습을 잊는다고 주장한다. "인간은 자신의 존재를 잊고 가상의 세계에서 헤맬지도 모릅니다." 1996년 〈와이어드〉 매거진에 실린 터클의 글이다. 터클은 2011년에 출판한 『외로워지는 사람들』(청림출판, 2012년)이라는 자신의 저서에서 사람 간의 상호작용을 사람과 로봇 간의 연결이 대신한다는 이야기를 펼치며 자신의 주장을 이어나갔다.[10] 또한 코 앞에 앉아있는 사람과의 진짜 관계보다 휴대 전화 너머로 연결되는 인간 관계에 더 집착할 수 있다는 우려에 찬 목소리를 내기도 했다.

맥퍼슨, 스미스 로빈, 브래시어스의 논문이 발표되고, 인터넷 기술이 사회에 부정적 영향을 미칠 것이라는 주장이 이어졌다. 그러던 중, 네트워크 전문가인 키이스 햄튼은 퓨 인터넷과 함께 어떻게 정보통신 기술이 사회적 고립을 유발하고 사람의 인적 네트워크를 변화시키는지 연구하기 시작했다. 그런데 햄튼과 퓨 인터넷의 연구는 수많은 학자의 우려와는 정반대 결과를 내놓았다. 정보통신 기술을 활용하는 사람은 그렇지 않은 사람보다 훨씬 더 다양하고 광범위한 네트워크를 형성한다는 것이다.[11] 퓨 인터넷에 따르면 자신의 문제를 네트워크 내 사람들과 의논한다는 응답자의 수가, 휴대 전화 사용자는 비사용자에 비해 12퍼센트, 온라인 사진 공유 사이트 이용자는 비사용자에 비해 9퍼센트, 메신저 사용자도 비사용자에 비해 9퍼센트가량 많았다. 또한 휴대 전화 사용자의 핵심 네트워크(비밀을 이야기할 수 있을 정도로 친근한 관계) 역시 비사용자 대비 25퍼센트 정도 그 규모가 컸으며, 자주 인터넷을 사용하는 사람은 비사용자 대비 15퍼센트, 심지어 가끔 인터넷을 사용한다는 사람도 그렇지 않은 사람에 비해 핵심 네트워크의 규모가 조금 더 컸다.

인터넷이 지역 커뮤니티를 와해시킬 것이라는 일부 전문가의 우려와는 달리, 퓨 인터넷의 조사 결과는 대부분의 인터넷 활동이 지역 활동과 어느 정도 관계가 있으며 긍정적인 영향을 미친다는 사실을 방증한다. 예를 들어, 인터넷 사용자는 비사용자와 마찬가지로 이웃을 만나면 반갑게 인사를 나누는 사람이며, 직장에서 휴대 전화를 자주 사용하는 사용자와 블로거는 청소년 단체나 자선 단체 등 지역의 자원봉사 단체에서 활동하는 경우가 많다. 인터넷은 인간을 공공장소와 단체 활동에서 멀어지게 하는 것이 아니라, 오히려 공원이나 카페와 같은 장소에 더 자주 모이도록 유도한다. 그리고 이런 장소는 다양한 사람들이 모이는 만남의 장이 아닌가!

많은 학자가 정보통신 기술이 사회적 고민을 유발한다고 우려하는 이유는 무엇일까? 인터넷이 세상과 분리된 몰입형 미디어라는 주장에는 몇 가지 함정이 있다.

- 인터넷에 대해, 인간이 자신의 진짜 삶은 잊은 채 '가상'의 또 다른 삶을 살아가게 하는 기술이라고 생각한다. 1부에서 이야기했듯이, 실제로 이렇게 살아가는 사람은 많지 않다. 터클이 연구한 심각한 온라인 게임 중독자를 제외하면, 일반적인 사람들은 온라인과 오프라인의 상호작용을 적절히 조화시켜 생활한다.

- 대면 관계만이 의미 있는 사회적 연결의 형태라 생각하고, 대다수 사람들이 일상적으로 세상과 연결하는 툴인 이메일과 문자 메시지, 페이스북 포스팅, 트윗, 좋아요 등의 파워를 무시한다.

- 표정이나 냄새, 바디랭귀지 등 사회적 표현을 전달하는 데 인터넷의 능력은 부족하다 여긴다. 실제로 이런 사회적 커뮤니케이션 정보를 전달하기에 아직까지 인터넷은 역부족이며 이런 부족한 커뮤니케이션은 관계의 위축을 불러일으킬 수도 있다. 하지만 인터넷을 통해 처음부터 낯선 이와 상호작용을 하는 경우가 많지는 않을 뿐더러, 실제 사회에서처럼 커뮤니케이션 정보가 충분치 않다는 사실을 감안해 온라인에서 관계를 맺을 때에는 그만큼 더 주의를 기울이고, 더 많은 대화를 주고받는다.

- 마샬 맥루한Marshall McLuhan은 '미디어는 메시지'라고 말했다. 현실에

서, 페이스북 화면에 있는 상대의 프로필 사진을 보고 실제 그 사람이 내 앞에 있다고 혼동하는 사람은 없다. 전화를 받은 사람이 무조건 내가 통화하려 하는 사람이라고 단정짓는 사람도 없다. 맥루한은 이런 말도 했다. "미디어는 인간의 확장이다." 친구의 페이스북 업데이트를 보고 이메일을 보낸 사람이라면, 커뮤니케이션하는 상대와 교감을 나누고 있을 것이 분명하다.[12]

기술에 대한 당대의 우려는 대부분 과거의 관습을 부분적으로만 받아들이고 개인에 대한 충분한 고찰이 없이 도출된 기우일 뿐이다. 많은 사람이 길거리를 혼자 걷거나 운전하는 사람을 보며 사회적 고립과 외로움을 목도했노라 말한다. 하지만 혼자 걷거나 운전해 친구를 만나러 가는 길인지도 모를 일이다. 비틀즈의 노래 '엘레너 릭비Eleanor Rigby'의 가사가 떠오른다. "외로운 이들이여, 그대들은 어디서 왔나요?"[13]

사람들은 낯선 이에게 집 현관문을 열어주지는 않지만, 지인을 돕는 일이라면 먼 길도 마다 않고 자동차와 비행기로 날아가거나 인터넷 전화를 건다. 4장의 그림 4.4에 등장한 넬루 한다는 혼자 커피숍에 앉아 노트북 컴퓨터를 켜고 자신의 아이폰으로 친구와 수다를 떨며 음악을 듣는다. 여기서 우리는, 한다가 친구가 마치 커피숍에 함께 앉아있는 것처럼 속 깊은 이야기를 오랫동안 나누고 있다는 사실을 사진만 보고는 결코 알 수 없다.

반면, 기술 신봉자들은 인터넷이 사회에 매우 긍정적 영향을 미칠 수 있다는 연구 결과에 반색을 표한다. 인터넷은 다양하고 수많은 사람이 서로 관계를 맺고 함께 살아가는 세상으로 발전하는 데 중요한 역할을 할 것이라는 게 기술 신봉자들의 주장이다. 즉 사회적으로 고립되거나 소외된다기보다는 인간 관계의 물리적 거리의 한계를 없애고 서로 더 많이 연결돼 네트워크를 발전시킬 것이라는 견해다. 존 페리 발로우John Perry Barlow는 기술 신봉자 중 한 명으로서 1990년대 중반에 전자 프론티어 재단을 설립하고 인터넷 혁명이 긍정적인 사회 변화를 몰고 올 것이라 예견했다. "인터넷이 발전해 네트워크로 연결된 컴퓨터 간의 커뮤니케이션이 활발해지는 시대가 도래하면, 그야말로 인류가 불을 사용한 이후 기술적으로 가장 획기적인 변환기를 맞이하는 것이다."[14]

인터넷 발전에 대한 기술 회의론자와 신봉론자의 주장은 인터넷에 깊이 매료되어, 각각 과거를 통한 현재주의자[presentist]나 편협한 지역주의자[parochial]로 발전할 가능성이 있다. 우선 현재주의자[presentist]로 분류되는 쪽을 살펴보면, 인터넷이 등장하기 전에도 관계에 대해 우려했는지를 돌이켜본 적은 거의 없다고 했다. 그리고 편협한 지역주의자[parochial]인 쪽은, 인터넷이 인간 관계에 급격한 영향을 미칠 것이라는 주장에만 초점을 맞춘다. 사회 과학자들은 정보통신 기술을 어떻게 사회적으로 융합하고 결정지을지 고려하지 않는다는 뜻에서 이런 생각을 '기술 결정론[technological determinism]'이라 부른다. 그리고 이런 무지는 결국 기술 긍정론자든 부정론자든 목적지를 잃고 헤매게 만드는 이유이기도 하다.

끝없는 설전을 펼치는 양측 사람들은 인터넷에 대한 집착에 눈이 멀어, 인터넷이 등장하기 이전의 비행기나 기차, 전화, 자동차와 같은 기술의 발전이 인간 관계나 커뮤니티를 파괴하지 않았을 뿐더러, 당대의 커뮤니티를 지방이나 도시로 국한하지 않았다는 조사 결과를 한 세기 동안이나 무시해 왔다. 50년에 걸친 조사에 따르면, 그동안 인간은 지역적 혹은 원거리에 있는 사람들과의 네트워크를 지원하며 상당한 규모의 네트워크를 유지해 왔다고 한다.[15] 물론 일부는 외롭고 고독한 삶을 살아왔다고 말할 수도 있겠지만, 이렇게 이야기하는 사람일지라도 자신의 친구나 이웃, 친척, 동료 대부분은 네트워크에 속해 구성원들의 격려와 응원 속에서 생활했음을 알고 있다. 하지만 안타깝게도 이런 연구 결과에도 불구하고, 아직도 일부 사람(혹은 학자)들은 네트워크의 보살핌을 받는 사람은 예외 경우일 뿐, 이 예외적인 사람들을 둘러싼 군중은 외로우며 고립돼 있고 두려움에 차 있다고 믿는다.

너무 충격 받을 필요는 없다. 맥퍼슨McPherson과 그의 연구진은 매우 제한된 한 가지 질문만 던졌으며 그 질문에 대한 답변이 부정적이었을 뿐이다. 넓게 보면, 현대인들은 인터넷과 모바일 커뮤니티로 인해 소셜 네트워크 안에서 다양하고 시민활동적인 관계와 커뮤니티를 이끌어 나가고 있음을 증명하는 연구 결과가 더 많다. 로버트 퍼트넘Robert Putnam의 유명한 저서인 『나 홀로 볼링』(페이퍼로드, 2009년)은 20세기 중반부터 후기까지의 사회적 증거를 바탕으로 한다. 이 책에서는 볼링 클럽과 같은 커뮤니티 조직 참여가 저조해진 까닭을, 현대인이 집에 들어앉아 텔레비전을 보고 여성의 사회진출이 많아져 집보다는 직장에서 보내는 시간이 더 많아서라고 이야기한다. 하지만 궁극적인 퍼트넘의 견해는 완전히 달라 책 제목마저도 역설적으로 들릴 정도다. 퍼트넘은, 현대인은 그 누구도 볼링을 혼자 치지 않으며 다만 네트워크 내에서 볼링 칠 여유가 있는 사람들끼리 즉흥적으로 모여 어울린다고 주장한다.[16]

퓨 인터넷과 토론토의 넷랩NetLab, 기타 수많은 조사 결과는 현대인이 정보통신 기술에 힘입어 대규모의 유익한 네트워크를 꾸려나가고 있음을 증명한다. 인터넷과 모바일 혁명이 커뮤니티의 본성에 영향을 미치긴 하지만, 네트워크 운영 시스템 안에서의 네트워크화된 개인에 맞게 단순히 그 형태를 바꿀 뿐 커뮤니티 자체를 파괴하지는 않는다.

가가호호에서 지역 간 네트워크로

현대의 커뮤니티는 이웃이나 가족과 같은 고정된 집단 형태가 아닌 유동적인 개인 네트워크의 흐름이라고 생각하면 그 형태를 이해하기가 더 편하다. 사람들이 가가호호 방문하던 산업화 이전의 커뮤니티 모델은 구성원

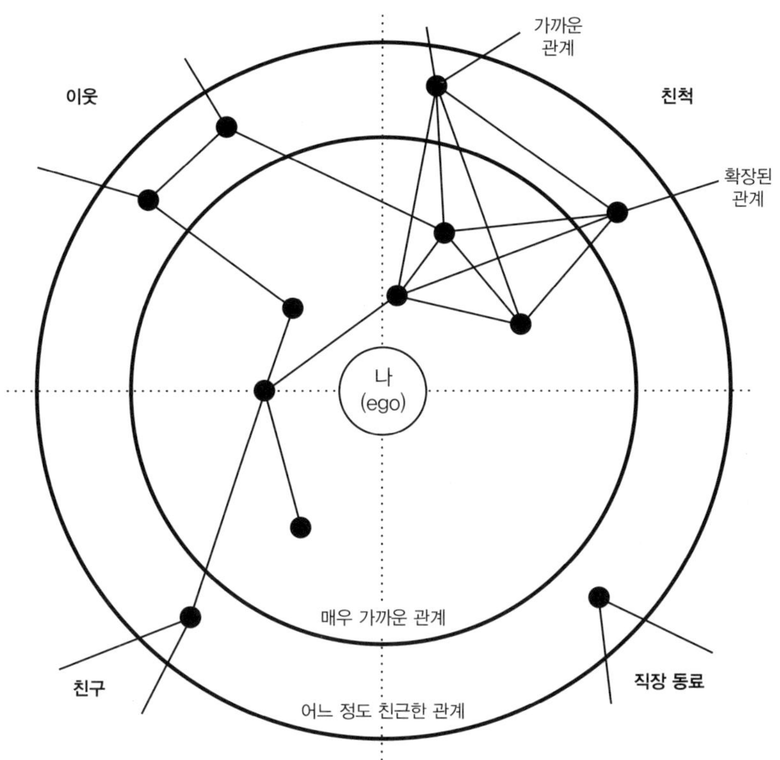

그림 5.1 가까운 관계 내 일반적인 개인 네트워크
노트: 세세한 모든 네트워크 멤버 표시는 생략했음.
출처: 배리 웰먼, 2004

이 서로를 속속들이 알고 지냈고 또 그만큼 관계가 돈독했으나 때때로 사생활을 보호받지 못했다. 시간이 흘러, 이런 마을 중심의 커뮤니티는 다중적이며 세분화된 개인 네트워크로 바뀌었고, 이제는 개인을 중심으로 연결되는 형태를 띤다. 그림 5.1은 이러한 전형적인 네트워크의 연결을 보여준다. 예를 들어, 웰먼의 1968년 초기 연구에 따르면, 이웃은 토론토 시민의 핵심 네트워크 중 13퍼센트만으로 구성된다고 한다. 북미의 디트로이트, 로스앤젤레스, 북캘리포니아에서도 결과는 비슷했다. 사람들은 도움을 구하고 인맥을 넓히는 데 이웃의 범위를 넘기도 했는데, 넘어봤자 대부분 알고 지내던 친구나 친척이었다. 사람들에게 다양한 도움을 주는, 낯선 사람에게도 친근한 사람은 많지 않았다.[17]

마을 중심의 커뮤니티에서 벗어나는 변화는 한순간에 이뤄지지 않았다. 시발점은 2차 세계 대전 후, 인터넷과 모바일 혁명이 시작되기 바로 전이었다. 자동차, 전화, 비행기 등의 교통, 통신 기술의 발달은 '글로컬라이제이션glocalization, global+local connection을 가능케 했다. 소셜 네트워크는 여전히 가정을 중심으로 하긴 했지만, 사람들은 점점 더 멀리 사는 친구와 친척을 만나러 여행을 다니기 시작했다. 이웃 중심의 커뮤니티 역시 존재하긴 했지만, 개인 커뮤니티는 이웃을 넘어 더 광범위하게 확장됐다. 웰먼은 스파디나 고속도로 건설을 저지하려는 '우리 이웃을 지켜주세요'라는 모임의 일원으로 참여하면서 이 같은 변화를 느끼기 시작했다. 이 모임은 자동차를 통해 오고 갈 타지 사람들로부터 이웃을 보호하자는 취지로 모였다. 하지만 이 모임에 모인 사람들을 둘러본 웰먼은, 이들조차 현재 그 마을에 거주하는 이웃이 아님을 알아챘다. 더 이상 마을 사람들만이 모이는 소규모 그룹은 없었다. 이들은 토론토 전역에서 모여들어 커뮤니티 활동을 준비하는 거대 네트워크였다.

웰먼이 긴 시간에 걸쳐 연구한 토론토의 사회적 변화는, 이웃과의 친분을 지속해나가긴 하지만 산업화 이전과 같은 이웃 중심의 네트워크를 벗어났음을 보여준다. 모바일 혁명이 일어나기 전까지 전화기는 가정 내 유선으로 비치됐으며 아직까지 휴대 전화를 이용한 무선 통신은 어려웠다. 덕분에 가정에서는 벨이 울리거나 누군가를 바꿔줘야 하는 등 전화기를 둘러싼 가족 간 상호작용이 많이 일어날 수밖에 없었다. 동시에, 물리적 거리의 제약이 약해지기 시작했다. 웰먼이 토론토의 이스트 요크East York 지역을 기반으로 1968년에 처음 실시한 조사와 1979년에 실시한 두 번째 조사에 따르면, 이웃과의 강한 유대감을 유지하는 사람은 많지 않았다고 한다. 전화기의 등장으로 자신의 선택과는 상관 없이 매일 얼굴을 보는 이웃이나 동료와의 관계에 비해, 자신이 관계를 유지하고 싶어 자발적으로 전화를 걸어 상호작용을 나누는 사회적 친목과 지원이 증가했다는 뜻이다.[18] 이와 같이, 사람들은 가가호호door to door가 아닌 지역 간place to place 관계를 중심으로 연결되기 시작했다. 집이나 직장, 동네 술집, 커피숍, 공장과 같이 물리적인 주거 공간에서 타인과의 관계를 인식하긴 하지만, 자신이 관계를 맺은 사람이 있는 장소와 자신이 거주하는 장소와의 거리는 인식하지 않는다.

지역 간에서 개인 간 네트워크로

3대 혁명은 인간의 개인화와 모바일 연결성을 발달시켰고, 그로 인해 집단 간의 경계가 약화돼면서 기존의 지역 간 네트워크는 개인 중심의 개인 간 네트워크로 변화했다. 대부분의 사람들은 개인용 휴대 전화와 자동차 등을 소유하며 개인적으로 인터넷을 통해 연결될 수 있다. 출산율이 점점 낮아진다는 것은 부모가 집에 머물며 자녀를 양육하는 시간이 점차 줄고 있음을 뜻한다. 집에만 머물며 자신을 양육하는 부모를 필요로 하는 자녀 또한 이제는 많지 않다. 종교, 인종, 직업 간의 경계가 약화될수록 개인의 프리에이전트화free agentry는 가속화된다.

　가정 혹은 직장 내 집단을 중심으로 하는 인간 관계는 이제 개인 대 개인 관계로 그 중심을 옮겨가, 개인 간 네트워크를 이룬다. 현대인은 다양한 환경과 관계로 얽혀있기 때문에 타인과의 관계의 중요성과 지속 여부는 날마다 바뀔 수밖에 없다. 예를 들어, 개인은 가정, 친구와 친척, 직장, 학교 등 자신이 속한 여러 환경에 따라 동시에 다양한 역할을 수행해야 한다. 자신의 네트워크와 밀접한 관계를 맺고 있겠지만, 대개 친구, 친척과의 관계는 다소 느슨하기도 하다. 그렇다고 이들과의 사회적 관계가 결코 약하지는 않다. 『나 홀로 볼링』에 따르면 생각보다 사회적 고립의 경우는 많지 않다고 한다. 다만 연결된 네트워크가 수시로 바뀌거나 다수의 네트워크와 느슨하게 연결돼 있을 뿐이다.[19] 그리고 이런 환경의 네트워크는 개인에게 필요에 맞는 결집력과 장기간의 신뢰를 보여주며 그에 따른 다양한 선택과 기동성을 부여한다.

지역 간 네트워크가 커뮤니티의 로컬 장벽을 와해시켰다면, 개인 간 네트워크는 커뮤니티의 집단 경계를 무너뜨렸다. 이제는 가족, 가까운 친인척, 직장을 단위로 하는 집단이 아닌, 하나의 개인이 연결의 중심이며 가장 작은 관계 단위로 활동한다. 개인 간 네트워크로 이양된 사회는 개인을 네트워크의 중심에 서게 함으로써 다양한 지원과 사회성, 정보, 소속감 등을 제공한다. 현대인은 정보통신 기술을 통해 개인과 개인으로 연결된다. 그리고 개인의 필요에 따라 네트워크 활동은 수시로 바뀐다. 네트워크 구성원들은 각각 개인 대 개인으로 관계를 맺고 있으며, 각자에게는 네트워크 내에서 맡은 역할이 있기 마련이다. 각 구성원은 누군가의 직장 상사이며, 누군가의 아내이자 친구고 자녀다. 자신이 속한 네트워크에 따라 역할이 달라질 뿐 개인은 변하지 않는다.

네트워크화된 개인주의란 다양한 네트워크에 대한 개인의 소속감이, 각 네트워크에서 취해야 하는 역할이나 소속감을 종종 제한한다는 뜻이다. 항상 마주치는 이웃들을 보기 위해 다른 일은 모두 손에서 놓은 채 매일같이 마을회관으로 향한다는 말이 아니다. 개인은 자신이 속한 여러 환경에 맞춰 적응하고 행동할 수 있기 때문에, 오히려 다양한 네트워크에 대한 소속감은 개인이 각 네트워크에서 취하는 행동에 대한 제약을 덜어준다. 예를 들어, 어느 한 사람이 하나의 네트워크(환경)에만 속해 있다면, 그 네트워크에 대한 참여도가 지나친 나머지 그로 인해 개인의 정신적, 신체적 건강에 피해가 올 수도 있다. 자사의 활동 영역을 자치 단위로 분리하는 기업

과 마찬가지로 사람들은, 영국식 법률 용어로 이르자면, 유한 책임의 커뮤니티 안에 속해 있다.[20]

　개인 간 네트워크로의 변화는 대인 관계 방식에 크나큰 영향을 미쳤다. 여기서 영향이란 사회적 고립이 아닌, 관계 내 개인의 자율성 신장이다. 이제 개인은 타인과 상호작용을 하는 데 좀 더 자유로워졌다. 어디서든, 누구든 만날 수 있는 기회가 생겼다. 개인의 일상 생활, 삶, 네트워크 등 관계의 특성은 상황에 따라 변화한다. 이런 변화는 개인이 지정된 특정 커뮤니티를 중심으로 해야 한다는 의무감이 사라졌음을 뜻하며, 이는 곧 인간이 누구와 어떤 관계를 맺을지 고르는 선택권이 커졌음을 의미한다. 과거, 사람들은 집 대문을 잠그지 않고 이웃들에게 개방했으며, 집 안의 전화벨이 울리면 전화를 건 사람이 누구든 상관없이 가족 구성원이라면 누구나 전화를 받을 수 있었다. 하지만 현대의 시카고 가정을 조사한 결과, 이제는 '사생활의 섬islands of privacy' 형태를 띤다고 한다. 현대인들은 상황에 따라 자신의 사생활을 감추거나 고의로 공개하기도 한다. 방문 판매원이나 선교인들을 피하기 위해 대문을 걸어 잠그고, 텔레마케터나 여타 원치 않는 사람들의 연락을 받지 않기 위해 음성 메시지 기능을 켜두기도 한다. 소프트웨어만 잘 사용하면 스팸 메일을 걸러낼 수도 있으며, 특별한 사람들에게만 페이스북으로 초대장을 보내기도 한다.[21]

　이렇듯 새로운 세상에 맞는 새로운 문화가 생겨나기 시작했다. 예를 들어, 어떤 선생님들은 자신이 가르치는 학생들과 페이스북 친구 맺기를 꺼려 하는 추세다. 게다가 온라인에 정보의 공개 여부를 스스로 통제하려는 페이스북, 트위터 사용자들도 있다. 레이니와 웰먼은 트위터에서 사적인 이야기를 많이 나누는 편은 아니다. 또 일부 청소년들은 또래에서만 통하는 은어를 만들어 공개적으로 민감한 이야기를 나누기도 하는데, 다른 사람의 눈에는 암호처럼 보이기도 한다. 그나마 아직까지 114 전화번호 안내처럼 개인의 휴대 전화 번호가 실린 전화번호부가 등장하지 않았으니 그로 인한 사건 사고는 좀 적은 편이다.

대부분의 사람들은 자신이 속한 네트워크를 한두 개의 집단으로 국한하지 않는다. 다양한 네트워크에서 활동해야 내가 언제, 어디서든 여러 네트워크를 통해 도움을 받을 수 있기 때문이다. 그리고 이런 개인의 니즈는 강력한 사회적 자본social capital을 창출한다. 예를 들어, 넷랩NetLab이 토론토의 이스트 요크 지역에서 실시한 커넥티드 라이브즈Connected Lives 연구에 따르면, 사람들은 주로 여자 형제에게 위로를 받으며, 부모에게 돈을 빌리고, 친구를 통해 사회적 인맥을 넓히는 것으로 나타났다.[22]

개인 간 네트워크로의 변화는 개인과 그 개인이 몸담고 살아가는 사회 전체에 엄청난 영향을 미쳤다. 네트워크화된 개인주의는 개인에게 자신의 네트워크를 스스로 유지해 나가야 한다는 막대한 책임이 수반된다. 따라서 네트워크화된 개인은 확장된 네트워크의 일원으로서 다양한 자신의 역할을 끊임없이 고민하고 타협하며 생활함으로써 종종 시간에 속박돼 살아가기도 한다. 개인 간 네트워크로 변화된 사회에서는 집단 중심 인맥보다는 활발한 개인 중심의 네트워킹 활동이 중요하다. 따라서 상대의 능력에 따라 개인적인 도움과 자극을 받는 등 올바른 관계를 유지하는 편이 현명하다.

자, 그렇다면 우리 '자신'은 어떠한가? 여러 소셜 네트워크에 속해 살아가는 주관적인 나 자신의 존재를 확고히 하기란 진정 어려운 일일까?[23] 온라인과 오프라인의 다양한 환경이 부여하는 수많은 역할에 따라 살아가는 다양한 '나'는 정말 하나의 같은 존재인 걸까? 셰리 터클Sherry Turkle은 온라인에서의 '제2의 자아'는 오프라인(실세계)에서의 나와 다른 존재라고 주장한다. 반면 나는 이 책을 빌려, 여러분에게 온라인과 오프라인에서 행해지는 모든 인간의 상호작용은 결국 하나라고 말하고 싶다. 어쨌든, 터클은 이런 내 주장에 대해, 다양한 상황에 처한 인간이 어떻게 다른 관점으로 행동

하는지 더 많은 연구가 필요하다고 환기한다.[24]

'나'라는 존재는 궁극적으로 하나지만, 환경에 따라, 상호작용하는 대상에 따라 나에게 기대하고 강조하는 역할이 다르다는 의미에서의 '네트워크화된 자아networked self'가 무엇인지 고민하는 일은 매우 유익하다고 생각한다. 우리는 이런 인간의 모습을 단세포 동물이자 끊임없이 위족을 바꾸는 아메바에 비유한다.[25] 일부 소수의 학자들이 이와 비슷한 개념을 연구하긴 하지만, 체계적인 연구나 이론은 많지 않다. 그나마 제이 데이비드 볼터Jay David Bolter와 리차드 그루신Richard Grusin이 발표한 "네트워크화된 자아란 자신의 소셜 네트워크를 유지하기 위해 다양한 미디어를 통해 자신을 다채롭게 표현한다."는 연구 정도가 관련 있다고 할 수 있다. 이들은 "인간이란 타인과의 관계를 지속적으로 구축하고 또 끊어내며, 관심을 표현하고 반대로 포기하기도 하고, 이메일이나 문서 작업을 함과 동시에 화상 회의도 진행하는 존재"라고 이야기한다.[26] 어쨌든 볼터와 그루신은 우리와 마찬가지로, 수많은 소셜 네트워크 내에서의 다양한 역할보다는 커뮤니케이션 미디어를 기반으로 개념을 정리한다.

온라인과 오프라인에서의 네트워크화된 관계

개인 간 네트워크로 변화해오면서, 물리적 공간과 사이버스페이스, 즉 문자로 써서 하는 커뮤니케이션과 말로 이야기하는 커뮤니케이션 간의 차이가 사라졌다. 예를 들어, 퓨 인터넷이 조사한 바에 따르면, 미국의 청소년들은 문자를 '쓴다'기보다는 '대화한다'고 인식한다.[27] 게다가 수많은 페이스북 업데이트를 확인하고, 나와 떨어져 있는 물리적 거리에 상관 없이 친구들에게 문자 메시지를 보내 대화하는 등, 청소년들은 '문자'를 바탕으로 소통한다. '다음에 보자'라는 인사든, '그 친구가 그러는데 말야' 하는 대화의 출처든, 이제는 직접적인 만남, 이메일, 트윗, 문자 메시지, 페이스북 포스팅 모두를 뜻한다. 기술을 통한 인간의 상호작용이 일상 생활에 완전히 녹아 든 셈이다.

사람들에게 인터넷과 모바일 혁명이 관계와 커뮤니티에 미친 영향이 무엇이냐고 물으면, 대개 두 가지 상반된 모습을 떠올린다. 하나는 국가 간 장벽이 무너져 전세계가 하나의 사회를 이뤄 손가락 하나만 까딱해도 저 멀리 있는 친구와 사람들의 소식을 알 수 있다는 것이다. 마샬 맥루한은 이를 두고 신화적 글로벌 사회mythological global village가 펼쳐진 것이라 말한다.[28] 한편, 컴퓨터나 스마트폰 화면 앞에 구부정하게 앉아 모든 인간과의 관계를 회피하고 사는 외로운 인간들도 있다. 이 두 가지의 상반되고 모순된 모습은 교황의 설교에서도 언급되기도 했다. 2011년 6월, 교황 베네딕토 16세는 정보를 확산하는 데 정보통신 기술이 기여한 가치와 위력을 이야기하며, 동시에 사람들에게 컴퓨터에서 멀어져 실질적으로 사람들을 만나며 인간적인 상호작용을 나누길 권고했다.

> 새로운 기술은 인간으로 하여금 문화와 공간의 벽을 넘어 서로 만날 수 있는 기회를 선사했으며, 잠재적 우정을 이끌어내는 새로운 길을 만들었다. 이는 매우 유익한 기회지만, 동시에 엄청난 관심과 위기를 내포하기도 한다. 이 새로운 세상에서의 내 '이웃'은 누구인가? 일상생활에서 직접 맞닥뜨리며 사는 상대에게 집중하지 못하지는 않는가? 우리의 실제 삶보다 이 새로운 세계의 타인에게 신경 쓰느라 관심이 분산돼 집중하지 못하는 일은 없는가? 진정으로 진실되고 영원한 인간 관계를 유지하는 데 모든 선택의 노력을 기울이고 있는가? 가상 공간에서 이뤄지는 관계는 결코 우리의 삶에서 실제로 벌어지는 관계를 대체해서도, 대체할 수도 없다는 사실을 잊어서는 안 된다.[29]

교황은 종종 PopebenedictXVI라는 아이디로 트윗을 올리기도 한다.

교황이 이처럼 인터넷과 모바일 혁명의 중요성을 인식하고 있다니 영광스러울 따름이다. 실제로, 사람들은 이 두 혁명을 긍정적으로 받아들인다. 2009년 7월, 캐나다의 통신 회사인 텔러스Telus는 대대적인 조사를 벌였는데, 그 결과 13세 이상의 캐나다인 국민 중 약 55퍼센트가 "인터넷 덕분에 친구와 가족과의 관계가 좋아졌다."라고 답했다. 오직 15퍼센트 정도만이 인터넷을 부정적으로 평가했다고 한다. 게다가 46퍼센트의 캐나다 국민은 "인터넷이 내 삶의 질을 향상시켰다."라고 답했으니, 전국민의 3분의 1 정도가 인터넷을 긍정적으로 평가한 것이다. 그리고 그와 비슷한 수치의 국민이(42퍼센트) "인터넷 없는 삶은 상상조차 할 수 없다."고 응답했다. 그러나 아직 인터넷이 소통 도구로 완전히 자리잡은 것은 아니다. 오프라인 대인 관계보다 온라인으로 더 많이 친구나 가족과 소통한다는 사람은 아직 소수에 불과하기 때문이다.

이 같은 조사는 인터넷이 타인에게 다다르는 방식을 제한할 것이라는 우려와는 정반대의 결과를 보여준다. 인터넷을 통해 연락하는 횟수가 많을수록 직접 만나거나 전화 통화를 하는 횟수도 늘어나기 때문이다. 사람들은 인터넷과 휴대 전화를 이용해 연락하고, 약속을 잡으며, 만남 후에도 이야기를 나눈다. 인터넷이 사람과 사람 사이를 떼어 놓고 오로지 화면 앞으로만 모이게 해 실질적인 관계를 무너뜨릴 것이라는 두려움이 아직도 존재하긴 하지만, 오히려 개인에게 있어 의미 있는 관계의 종류와 수는 더 늘어났다. 한 연구 결과에 따르면 트위터 사용자들은 비사용자보다 훨씬 더 많은 소셜 활동에 참여한다고 한다.[30] 또 다른 연구를 살펴보면, 미국 성인 중 적어도 매주 만나는 친구의 수는 2002년 9.4명에서 2007년 11.3명으로 20퍼센트 가량 증가했다(친척은 포함하지 않았다). 그리고 이 연구의 또 다른 조사에서는 인터넷 사용자가 인터넷 비사용자보다 훨씬 더 광범위한 네트워크를 보유했다고 한다. 인터넷을 즐겨 사용하는 사람들이 매주 만나는 친구의 수가 2002년 9.0명에서 2007년 12.4명으로, 약 38퍼센트나 증가했으니 말이다(그림 5.2 참조). 이와 비슷하게, 퓨 인터넷이 2004년 조사한 결과에 따르면, 인터넷 사용자는 인터넷 비사용자에 비해 약 23퍼센트 가량 더 많이 네트워크에 참여해 활동하는 것으로 나타났다.

간단히 말하자면, 시간이 흐르면서 인터넷은 인간에게 더 많은 친구를 사귈 수 있는 기회를 주었으며 실제로 개인은 이전보다 더 많은 친구와 친분 관계를 나누며 살아간다. 인터넷 비사용자들의 친구 역시 늘어나긴 했지만, 인터넷 사용자들에 비하면 많지 않다. 그리고 비사용자들의 친구가 늘어난 데에는 다음과 같은 두 가지 가능성이 있다. 우선 2002년에서 2007년까지 시간이 흐르면서 '친구'의 의미가 변화했다. 마이스페이스와 페이스북 등이 인기를 끌면서 인터넷의 후광 효과 덕분에 더 많은 친구를 만날 수 있는 기회가 증가한 것이다. 비사용자들의 친구 중 대부분이 인터넷 사용자라는 사실엔 의심의 여지가 없기 때문이다.[31]

정보통신 기술은 관계만큼이나 사회에도 영향을 미친다. 이 기술은 이웃, 자원봉사 단체, 교회 등 전통적인 사회 형태의 참여는 물론, 물리적으

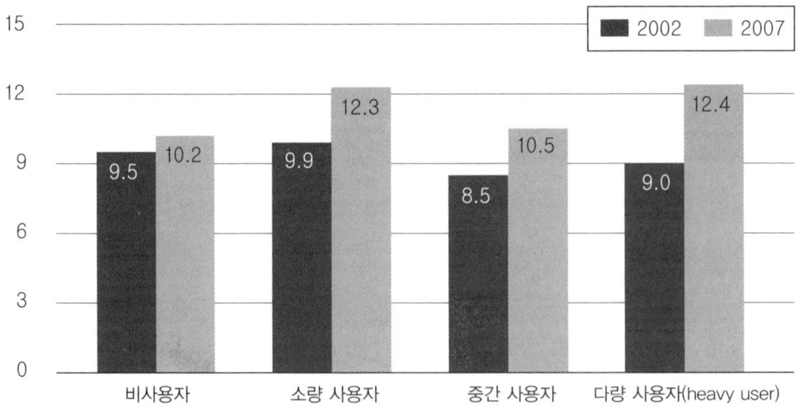

그림 5.2 일주일에 적어도 한 번 이상 만나는 오프라인 친구의 수 변화
출처: 왱과 웰먼. 2010년. 주석 31번 참조

로 멀리 떨어져 있지만 서로 같은 관심사를 공유하는 사람들에게 더 많은 만남의 기회를 제공함으로써 이 같은 소규모 집단의 참여도 지원한다. 예를 들어, 커뮤니케이션 과학자인 낸시 베임^{Nancy Baym}은 온라인에서 서로를 찾은 연인이 실제 오프라인 세상에서도 연인이 되기까지 인터넷이 어떤 역할을 하는지 연구했다. 락 파티든, 심각한 정치 조직이든 인터넷에서 시작된 모든 관계는 곧 휴대 전화로 옮겨가 연락을 나누고 결국 오프라인 모임으로 이어졌다.[32]

결과적으로, 북미 사람들은 그 어느 때보다도 자신의 소셜 네트워크 구성원들과 활발한 교류를 나눈다. 예를 들어, 퓨 인터넷이 실시한 '인터넷을 통한 관계의 강도'라는 연구에 따르면, 사람들은 자신과 가까운 사람들(핵심 관계)에게는 대부분 일주일에 한 번 이상 이메일을 보내며 전화 연락을 한다고 한다. 수많은 사람이 타인과의 약한 유대 관계를 유지하는 데 인터넷을 활용한다. 컴퓨터과학 대학원생인 사리타 야디는 다음과 같이 이야기한다.

나는 두 가지 이유 때문에 인터넷을 사용한다. 하나는 가족과 연락하기 위해서다. 나에겐 18명의 사촌이 있으며, 이들은 대부분 결혼을 했다. 게다가 자녀까지 둔 덕에 종종 가족 사진을 올리기도 한다. 실생활에서 그렇지만, 난 이들 모두와 인터넷을 통해서 더 가깝게 지내고 싶다.

둘째 이유는, 석학들의 삶을 알 수 있다. 예를 들어, 내가 어느 분야의 학회장에 있다고 하자. 나는 언제 어떤 사람들이 올지, 학회 첫날 밤 무엇을 할지, 누가 누구와 저녁 식사를 함께 하는지 등 다양한 정보를 알 수 있다. 페이스북은 트위터에 비해 더 큰 규모의 네트워크를 다루기에 좀 더 유용한 편이다. 유명 석학들의 균형 잡힌 일과 삶의 모습을 들여다보면(그들 대부분이 그러하다), 자식과 수상 경력, 여행, 연구 조사 업데이트 등을 보며 나 역시 그들과 같은 사람이 될 수 있다는 자신감을 얻을 수 있다.[33]

더 다양한 개인 정보통신 기술이 등장하며 가까운 관계를 구축해 나갈 기회도 더 많아졌다. 커넥티드 라이브즈의 참가자인 바모스는 이메일을 통해 얻을 수 있는 개인의 자율성을 매우 높이 산다. "친구가 나에게 이메일을 보내왔다고 해서 당장 답장할 필요는 없지요." 바모스의 말이다. "뭔가 해야 할 일이 있다면, 그 일이 끝난 다음 날 여유 있을 때 답장을 해도 상관없으니까요. 내가 한 말을 상대가 이해 못할 경우 한 시간이고 두 시간이고 전화기를 붙들고 설명할 일을, 이메일로 정리해 보내면 참 간편하지요."

최근까지, 청년층은 대부분 인터넷과 모바일 혁명에 참여해 그 수혜를 입었다. 토론토의 학생 나지아 샤린은 이렇게 말했다. "나보다 우리 부모님은 얼굴을 맞대고 이야기하는 데 큰 가치를 두셔요. 그저 전화 한 통이면 될 것을, 직접 얼굴을 봐야 하신대요. 이런 문제 때문에 나는 '항상 이야기하잖아요.'라고 소리치고 부모님은 또 잔소리를 늘어놓으세요. '이야기하면 뭐하니, 난 널 이 주일에 한 번 볼까 말까 하는데.'"

어디서든 인터넷을 사용할 수 있음에도, 미국인을 대상으로 한 2007년의 디지털 미래에 관한 조사에서, 인터넷 사용자의 23퍼센트만이 온라인상에서만 만나는 '가상 친구'가 한 명 이상 있다고 응답했다. 인터넷을 사용하는 사람 수가 늘어날수록 '가상 친구'의 수 역시 늘어나야 하는 게 정상이다. 가상 친구가 있다고 응답한 사람들 중 하루에 적어도 세 시간 이상 인터넷을 사용하는 다량 사용자에게는 8.7명이, 하루에 한 시간 미만으로 인터넷을 사용하는 소량 사용자들에게 1.3명의 가상 친구가 있다고 조사됐다. 그리고 온라인에서 시작돼 오프라인으로 이어진 관계를 조사해본 결과, 미국인의 20퍼센트는 이 같은 관계의 친구가 적어도 한 명 이상 있다고 한다. 여기서도 역시 다량 사용자는 이런 친구가 2.2명인데 반해, 소량 사용자에게는 0.5명뿐이었다.[34]

이렇듯 가상 공간 속의 우정을 영위한 사용자가 많지는 않지만, 이들 중 일부는 매우 중요한 의미를 지닌다. 가상 친구가 있는 사용자 중 대부분은 멀티플레이어 온라인 롤플레잉 게임MMORPG를 즐기는 사용자로, 동시에 수천 명의 플레이어가 한 가상 공간에 모여 게임을 하며 느슨하게 연결된 네트워크 집단을 조직하기도 한다. 하지만 인류학자인 보니 나디Bonnie Nardi 의 MMORPG 게임 〈월드 오브 워크래프트〉에 관한 연구에 따르면, 가상 우정 자체가 '상호작용 없이 쇠퇴 혹은 비활성'되는 특징이 있다고 한다. 예를 들어, 실제로 집단 행동을 해야 한다는 집단 차원의 압박은 없으며, 사람들은 게임 내 집단을 수시로 쉽게 옮긴다. 따라서 게임 내에서의 관계는 실질적인 관계로 이어지기까지의 연결성이 부족한 셈이다.[35]

　어쨌든, 아직까지 온라인과 오프라인 관계에서 이웃과 지역 중심의 문화를 무시할 수는 없다. 커뮤니케이션 연구가인 키이스 햄튼은 사람들이 온라인과 오프라인에서 이웃과 관계를 맺고 유지하는 방식을 장기간 연구했다. 1990년대 후반, 햄튼은 웰먼과 함께 토론토 근처 넷빌의 '연결된 교외 지역wired subrub'을 개척한 거주자들을 인터넷 사용자와 비사용자로 나누어 비교 분석했다. 그 결과, 인터넷을 사용하는 이웃은 훨씬 더 사회적으로 서로 왕래하고 교류하는 등 비사용자에 비해 광범위한 지역 네트워크를 형성했다.[36] 그리고 그 후에는 교외 지역에 거주하며 인터넷을 활발히 사용하는 사용자 간의 지역 그룹 이메일 리스트가 작성돼 서로 간의 상호작용을 지원하자는 목소리가 높아졌다. 그리고 곧 이 새로운 교외 지역으로 옮겨온 거주자들은 광범위한 지역 정보 네트워크의 일원으로 참여해 세탁소는 어디 있는지, 베이비시터를 해주는 이웃은 누구인지, 배관공은 누굴 불러야 하는지 각종 유익한 정보를 공유했다. 그룹 이메일 리스트는 물리적 거리에 상관 없이 참여자들의 편의를 위해 제공돼 정보의 흐름을 이끌어나갔다. 이런 로컬 인터넷 연결과 관련된 장려책이 없는 경우, 이웃 간의 왕래와 정보 교류는 이만큼 활발하지 않았다. 결국 햄튼은 인터넷 기반 모임인 eNeighbors.org와 iNeighbors.org라는 사이트를 구축해 미국 내 로컬 커뮤니티 구축을 도왔다.[37]

인터넷 덕분에 물리적 거리의 의미가 퇴색되긴 했지만 사람들은 여전히 일상적으로 자주 만나며 가까운 거리에 사는 친구나 직장 동료와 더 긴밀한 관계를 맺고 인터넷과 휴대 전화를 통해 이들과 더 자주 연락하며 정보를 공유하고 약속을 잡아 서로 도움을 준다. 아직까진 이웃 간의 관계에서 얼굴을 맞대고 직접 만나는 방식이 주를 이루고 있긴 하지만, 예전에 비하면 그 비중이 많이 약해진 편이다. 퓨 인터넷의 '온라인 이웃'이라는 연구에 따르면, 46퍼센트의 미국인이 이웃을 만나 커뮤니티 이슈를 논의하는 반면, 21퍼센트는 전화 통화로 이 같은 이야기를 나눈다고 한다. 그리고 블로그로 논의를 하는 사람은 약 11퍼센트, 넷빌처럼 지역 그룹 이메일 리스트를 사용하는 사람들은 전체의 5퍼센트, 이메일로 주고받는 사람은 9퍼센트라고 한다.[38] 따라서 네트워크화된 개인주의 시대에서 아직까지 물리적 거리가 의미를 지니긴 하지만, 단순히 자신이 거주하는 지역 내 사람들만을 '이웃'이라 생각하지는 않는 추세다.

개인 네트워크의 규모

온라인 및 오프라인에서의 친밀한 인간 관계는, 미국인을 대상으로 긴밀한 친구 수가 평균적으로 2.1명에 불과하다는 우려가 다소 과장된 면이 있다는 사실을 방증한다. 물론, 이런 통계가 나온 데에는 '개인적인 문제를 상의하는 상대'라는 제한된 질문이 영향을 미치긴 했다. 하지만 이 같은 질문에 해당하는 인간 관계는 미국인의 훨씬 더 다양하고 규모가 큰 코어 네트워크의 극히 일부분일 뿐임을 알아야 한다.

현대인이 보유한 개인 네트워크의 규모는 어느 정도일까? 옥스포드의 인류학자인 로빈 던바Robin Dunbar에 의하면, 사회적 두뇌social brain라 불리는 인간의 정보 인식 처리 능력에는 한계가 있기 때문에 개인 네트워크는 최대 150명까지 수용할 수 있다고 한다. 그리고 이 같은 결과는 지금보다 덜 발달된, 군대 조직을 바탕으로 하는 사회 구성원들을 연구해 추정한 수치다. 던바 스스로도 "이 150이라는 숫자는 간단히 여러 층의 인간 관계 중 한 층을 뜻하며, 이는 곧 현대 사회가 민족 중심적임을 의미한다."[39]고 이야기했다. 여기서 가장 바깥 층은 '자신이 아는 사람 중 가볍게 관계를 맺고 있는 사람'을 뜻하며, 소셜 네트워크는 네 개의 인간 관계층으로 구성된 '관계의 원'으로서 세 가지 요인을 기준으로 상대적인 규모가 나뉜다는 것이 던바의 설명이다. 가장 안에 있는 원에는 가장 가까운 사이인 5명이, 그 다음부터 차례로 15, 50, 150으로 이뤄진다.[40]

그렇다면, 개인의 네트워크가 150명 혹은 1,000명 이상도 될 수 있을까? 당연히 이 정도 수치라면 의심할 여지 없이 약한 관계를 맺고 있는, 아주 가끔 연락할 정도의 사이일 것이다. 정답은 '가능하다'다. 여기에는 여러 이유가 있다. 예를 들어, 소셜미디어 개발자들은 친구에 관한 정보를 할당하는 데 어느 정도의 공간이 필요한지 궁금했다. 소셜미디어 초창기 시기에는 '던바의 수'를 바탕으로 기본 규모를 잡아, 이웃 중심의 소규모 집단이 아닌 훨씬 느슨한 네트워크를 바탕으로 하는 페이스북 같은 소셜미디어 툴을 디자인했다.[41] 마찬가지로, 정치, 행정가들도 현대인의 외로움 혹은 연결된 정도를 알고자 했으며, 이를 통해 커뮤니티를 구축하는 데 추가적인 조사 자료가 필요한지 이해하고자 했다. 여기서 커뮤니티란 느슨하게 연결된 인간 관계도 포함된다.[42] 사회 심리학자들은 인간이 느끼는 외로움의 근원을 찾고자 했으며,[43] 전염병을 연구하는 역학자들은 에이즈와 같은 전염병이 영향을 미칠 수 있는 네트워크 규모를 파악하고자 했다.[44]

사람들은 종종 지인이 있는 곳으로 여행을 떠나 예전의 관계 혹은 관심사를 상기하거나, 다른 지역으로 이사하면서 예전에 살던 곳에서 맺었던 사람들과의 관계를 유지하고 싶어 하는 경향을 보이기도 하는데, 이는 네트워크 규모가 중요한 또 하나의 이유이기도 하다.[45]

네트워크의 규모가 커질수록, 정보가 흐를 곳은 더 많아진다.[46] 게다가 맺고 있는 인간 관계가 많은 사람일수록 더 다양한 네트워크로 연결되기 마련이다. 대규모의, 더욱 더 다양한 네트워크는 인간을 다양한 사회 환경에 노출시켜 더 다양한 정보와 소셜 관계를 제공한다.[47] 그리고 이런 연결 고리는 사회학자 에밀 뒤르켕Emile Durkheim이 19세기 후반에 처음으로 주장한 '사회 내 노동 분업division of labor in society'이라는 훌륭한 사회적 현상으로까지 이어진다. '사회 내 노동 분업'이란 "서로 다른 소셜 네트워크로 연결될 경우 그 안에서 맺어지는 관계는 서로 다른 환경을 결국 하나의 사회로 통합하는 역할을 한다."는 뜻을 내포한다.[48]

네트워크의 규모가 커질수록 유익한 혜택 역시 많아진다. 대규모의 네트워크는 그만큼 많은 사회적 지원을 낳는다. 피터와 트루디 존슨 렌츠 사례(1장)처럼, 더 많은 정보와 제품, 서비스, 타인의 따뜻한 격려는 인간의 심리적 부담과 스트레스를 줄여준다. 게다가 더 많은 사람과 접촉하다 보면 감기와 같은 가벼운 바이러스에 대한 면역력이 높아져 결과적으로 심각한 전염병에 대한 면역을 갖출 수 있다.[49]

인터넷을 사용하는 사람이 많을수록 온라인을 통해 더 많은 사람과 연결될 수 있다는 사실은 더 말할 필요도 없다.[50]

따라서 네트워크의 규모는 중요한 문제다. 소규모의 네트워크가 훨씬 더 친밀한 관계를 이끌어내며, 이런 친밀한 관계는 수많은 사람과 연결됐을 때의 장점을 대신할 수도 있다. 하지만 실제로 내가 맺고 유지하는 관계가 많을수록 친밀한 관계도 더 많이 이끌어낼 수 있는 법이다. 대규모의 네트워크가 더 많은 지원을 제공할 뿐만 아니라, 그 대규모 네트워크의 구성원들은 대부분 서로를 도와주려 노력하는 경향이 있기 때문이다.[51] 이유는 모르지만, 사회적 자본은 긍정적 피드백 사이클 내에서 더 많은 사회적 자본을 야기한다. 대규모의 활발하고도 특화된, 리소스가 풍부한 관계는 그 자체로도 매우 중요한 자원이다.

대부분 150명 이상의 네트워크를 보유하고 살아가는 선진국 국민들에게 던바의 수는 절대적으로 부족한 수치다. 사실 따지고 보면 인간은 세대를 거치면서 다양한 집단의 사람들과 관계를 맺고 살아가는 탓에 인터넷이 지금처럼 보급되기 이전부터 인간은 150명 이상의 개인 네트워크를 보유했을지도 모른다. 거기에 페이스북과 같은 소셜미디어가 등장하면서 네트워크는 점점 더 몸집을 불려나갔다. 페이스북의 '친구' 목록을 보면 잘 알지도 못하는 사람이 친구로 등록돼 있음을 알 수 있다. 이렇게 '숫자'를 늘리는 일은 결코 어렵지 않다. 하지만 본인에게 어려움이 닥쳤을 때, 이 수많은 느슨한 관계의 사람들은 분명 도움이 된다. 현대인의 네트워크는 워낙 대규모로 구성되며 작게 나뉘어 있고 유동적이기 때문에, 그 수많은 사람과 자주 연락을 하고 지내기란 쉬운 일이 아니다. 즉 직접 만났거나 사진과 이름을 확인하고, 어떤 힌트를 받지 않는 이상 그 많은 사람을 기억할 수 없다는 뜻이다.

언급한 바와 같이, 네트워크를 측정하는 데에는 복잡한 여러 문제가 걸려 있기 때문에 전문가들은 네트워크 규모를 예측하는 다양한 방법을 고안해 발표했다. 예를 들어, 한 연구팀에 따르면 미국인에게 본인의 전화번호부에 저장된 사람들의 이름 중 일부를 알려주면 평균 290명의 이름을 댈 수 있다고 한다.[52] '수'라는 이름이 있다면 상대를 여성보다는 남성으로 인식하는 경향이 있으므로, 단순히 이름을 밝히는 조사 방법은 쉬운 일이 아니다. 또한 흔한 이름의 사람을 기억하기가 더 어렵다는 사실을 고려할 경우, 개인의 네트워크 규모는 예상치를 웃돌 수 있다는 연구 결과도 있다 (평균값이 611명, 중앙값은 470명이다). 미국인의 네트워크 규모는 매우 넓은 데, 약 90퍼센트의 미국 성인 인구는 250-1,700명 정도를 알고 지내며, 평균 400에서 800명 정도의 네트워크를 보유한다. 그리고 여성은 남성에 비해 네트워크의 규모가 9퍼센트 정도 더 작다.[53]

키이스 햄튼Keith Hampton과 로랑 세션즈 굴레Lauren Sessions Goulet가 퓨 인터넷과 함께한 조사에 의하면, 이름 기억하기 방법으로 조사한 미국인의 평균 네트워크 규모(사회적 관계)는 634명이라고 한다. 인터넷 사용자의 평균 규모는 669명으로 전체 평균 이상이며, 비사용자는 506명으로 밝혀졌다. 또한 인터넷을 많이 사용하는 사람은 인터넷을 적게 사용하는 사람보다 규모가 더 컸으며, 휴대 전화 사용자의 네트워크 규모는 664명, 소셜 네트워크 사이트 사용자의 규모는 636명으로 나타났다.[54]

하지만 이같은 연구 결과도 정확한 수치는 아니다. 말했다시피 이름 기억하기 방법을 바탕으로 조사했기 때문에 평소 잊고 지내던 사람들은 포함되지 않았을 가능성이 높아, 직접 상대를 만나거나 회상할 수 있는 힌트가 있었다면 수치는 더욱 높아졌을 것이다. 심리학자인 멜린다 블로Melinda Blau와 카렌 핑거맨Karen Fingerman은 '중요한 이방인consequential stranger'의 존재를 이야기했는데, '중요한 이방인'이란 매일 들르는 단골 커피숍에서 만나는, 이름은 알지 못하지만 상냥하게 인사를 주고 받는 사장님과 같은 사람으로 네트워크 구성원을 떠올릴 때 이름을 알지 못해 목록에 올리지 못하는 사람들이다.[55] 이 같은 수준의 관계를 맺고 있는 사람들은 유용한 서비스, 때로는 새로운 기회를 제공하고 일상 생활에서의 어떤 연대감을 느끼게 해준다. 이런 사람들을 네트워크 목록에 추가하는 방법은 (시간이 걸리겠지만) 직접 따라가 이름을 물어보는 수밖에는 없다. 인류학자인 제레미 보이스뱅Jeremy Boissevain은 실제로 1970년대에 1년간 몰타 지역에서 두 사람을 따라다니며 두 사람의 인간 관계를 모두 기록했다. 보이스뱅의 작지만 충실한 연구 결과에 따르면, '실질적인' 개인 네트워크의 규모는 600명 이상

이며 이는 던바의 수 혹은 최근에 이뤄진 두 연구 집단의 예상 수치를 넘어선 결과다.[56]

개인 네트워크 구성원

개인 네트워크의 구성원은 대개 친구, 친척, 이웃, 학교 친구, 직장 동료 등이 차지한다. 그리고 북미인들의 코어 네트워크를 들여다보면 직계 가족 (부모, 자녀, 형제 등)과 친구가 대부분이다. 예를 들어, 커넥티드 라이브즈 Connected Lives의 연구에 따르면 가까운 관계의 절반 이상이 친인척이라고 한다. 나머지 41퍼센트는 친구, 4퍼센트는 가까운 이웃, 그리고 마지막 5퍼센트가 직장동료 혹은 학교 친구로 나타났다(표 5.1). 하지만 일부일처제를 따르는 사회에서는 한 번 이상 결혼한다 하더라도 친인척의 수에는 한계가 있게 마련이다. 1950년대의 인류학자들은, 영국인의 평균 친인척 수는 50명이라고 예상했다. 그때보다 핵가족화된 지금, 그 수는 현저히 줄어들었을 것이다.[57] 하지만 다른 종류의 인간 관계에는 이 같은 제한이 따르질

표 5.1 가까운 인간 관계의 종류

관계 종류	매우 가까움	현재 어느 정도 가까움	조금 가까움	모든 관계
직계 가족	44	20	6	22
사촌 정도의 친인척	6	10	14	11
모든 친인척	50	30	20	33
친구	37	50	53	47
이웃	4	7	9	7
직장, 학교 동료	5	6	10	7
조직적 관계	0	0	4	2
온라인 친구	0	0	0	0
기타	4	7	4	4
친인척이 아닌 관계	50	70	80	67
총합	100	100	100	100
관계 수	348	229	462	1,039

출처: 퓨 인터넷 앤 아메리칸 라이프 프로젝트 '인터넷 관계의 정도'. 2006년

않는다. 친구나 이웃, 직장 동료를 사귀는 데에는 한계가 없기 때문이다.

개인과 관련된 모든 네트워크는 곧 개인 네트워크로 발전될 수 있다. 위로나 격려를 주는 관계라든지 선물이나 이메일을 주고받는 관계는 모두 잠재적인 개인 네트워크다. 따라서 개인 네트워크를 연구한다는 것은 인간의 사회 모습에 대한 정보를 다룬다는 뜻이기도 하다. 개인 네트워크의 구성원을 보면, 친인척보다는 친구가 더 많다. 네트워크의 규모가 클수록, 친구의 수는 더 많다. 커넥티드 라이브즈의 연구에서 매우 가까운 관계 중 절반 정도가 친인척이라 할지라도, 친구와 친인척이 아닌 사람(이웃이나 회사 동료 등)은 '조금 가까운 관계'의 약 80퍼센트를 차지한다. '가까운 관계'의 기준을 조금 완화해 조사한 퓨 인터넷의 2004년 조사 결과에 따르면, 미국인은 매우 가까운 관계로 23명을 꼽았으며, 어느 정도 중요한 관계의 사람은 27명이라고 한다. 그리고 이들 대부분은 친구와 친인척이 아닌 사람들이었다.[58] 평균적으로 핵심core 네트워크에는 10-15명 정도가 있으며 그 외 500명 이상의 사람들은 친구, 지인, 중요한 이방인에 속했다. 커넥티드 라이브즈는 그 어떤 가까운 관계도 인터넷만을 통해 이뤄지지는 않으며, 적어도 한 번 이상은 직접 만난 사람들이라고 밝혔다.[59]

느슨하게 연결되어 작게 나뉘고 특화된 개인 커뮤니티

네트워크화된 개인은 '느슨하게 연결된' 개인 커뮤니티를 보유한다. 즉 대부분의 네트워크 구성원이 서로 직접적으로 연결돼 있지 않다는 뜻이다. 커넥티드 라이브즈의 첫 번째 연구가 시작된 1968년으로 돌아가자. 당시만 해도 이스트 요크 지역 거주자 중 33퍼센트의 사회적으로 가까운 다섯 관계는 서로 아는 사이였다. 그런데 1979년 연구에서는 느슨하고도 약하게 연결된 관계가 늘어, 자신과 가까운 관계의 사람들이 서로 알고 지낸다고 응답한 사람들은 13퍼센트에 불과했다.[60] 네트워크의 규모가 커질수록 네트워크 구성원이 서로 관계돼 있을 확률은 낮아진다. 최근 연구 결과를 정확히 알 수는 없지만, 페이스북과 링크드인, 트위터같이 인터넷 연결로 가능한 툴에서 친구의 친구를 내 친구로 묶을 수 있는 기능을 제공함에 따라 오히려 현대의 네트워크 구성원끼리 서로 연결되어 있을 확률은 높아졌으리라 예상한다.

개인 커뮤니티는 일반적으로 각 네트워크 구성원이 서로를 다양한 방식으로 돕는 특화된 모습을 띤다.[61] 물론 많은 지원을 서로에게 아끼지 않는 배우자 관계는 제외하기로 한다.[62] 친구는 자신의 비밀을 털어놓고 사회적으로 함께하는 동반자라는 의미에서 그 가치가 매우 크다. 이웃과 직장 동료는 함께 하는 시간이 많으므로 갑작스럽게 어려운 상황에 맞닥뜨렸을 때 서로에게 도움을 주기에 적합한 존재다. 그리고 부모와 자녀, 자녀의 배우자 등은 장기간에 걸친 감정적, 경제적 지원을 제공하며 육아, 집안 수리 등 크고 작은 도움을 준다. 이스트 요크 지역 거주자와 마찬가지로 북캘리포니아의 거주민들 역시, 자신을 10가지 이상의 다양한 방식으로 도움을 준 네트워크 구성원 중 15-19명의 이름을 기억해냈다.[63]

서로에게 도움이 되는 사람일수록, 관계 유지에 용이하다.[64] 물론 네트워크는 유동적이기 때문에 시간이 흐르면서 구성원은 얼마든지 바뀔 수 있다. 우정은 영원하지 않으며, 친인척 간의 친밀함 역시 시간에 따라 약화되기도 한다. 페이스북에서 관계를 끊는다는 의미를 지닌 '친구 끊기 unfriend'는 옥스포드 대학교 출판부에서 발표한 2009년 '올해의 단어'로 꼽히기도 했다. 하지만 친구 관계가 어떻게 멀어지고 약화되며, 때론 절교에 이르는지 밝힌 연구는 그리 많지 않다. 다만, 페이스북에서 친구 신청을 먼저 한 사람이 신청을 받은 사람보다 절교를 선언할 확률이 높다는 연구 결과는 있다. 아마도 원치 않는 친구 신청이 있기 때문일 것이다.[65] 넷랩이 페이스북이 보급되기 이전에 실시한 소규모 연구에 따르면, 네트워크 구성원 간의 관계 변화는 결코 점진적으로 이뤄지지 않으며 결혼이나 출산, 이사 등 갑작스런 사건으로 인해 촉발된다. 진화생물학자인 스티븐 제이 굴드[Steven Jay Gould]가 이야기한 단속평형설[punctuated equilibrium]이 개인 네트워크에도 적용된다고 보면 된다.[66]

핵심 네트워크의 중요성

5장 시작부에서, 미국인에게 자신의 비밀을 털어놓고 상의할 가까운 친구가 평균 2.1명이라는 이야기를 했다. 그리고 가까운 친구가 아예 없다고 응답한 사람도 생각보다 많았다. 여기서 아예 없다고 응답한 사람도 분명 누군가의 핵심 네트워크에 있는 사람일 것이다. 그런데 연구를 좀 더 상세하게 진행해보니, 핵심 네트워크란 단순히 어떤 문제를 상의하는 사람만을 뜻하는 단어가 아님을 깨달았다.[67] 우선 본래 질문에서 '어떤 중요한 문제(비밀)'을 상의하는 상대인지 정확히 물어보지 않았다. 사회학자인 피터 베어만[Peter Bearman]과 파올로 파리기[Paolo Parigi]는 인간에게는 다양한 문제가 있음을 강조했다. 어떤 이는 세상의 전쟁과 평화를 심각하게 고민하는 반면, 어떤 이에게는 당장 내일 어떤 옷을 입고 출근할지가 가장 큰 문제이자 고민거리일 수 있으니 말이다.[68]

사람들이 상의하는 주제도 다양하지만, 무언가를 상의하는 관계가 아니더라도 얼마든지 가까운 관계일 수 있다. 사회학자인 클로드 피셔[Claude Fischer]가 1982년에 처음 이야기한 바와 같이, 서로 다른 두 사람이 가까운 관계가 되는 데에는 매우 다양한 이유가 있게 마련이다.[69] 예를 들어, 무언가를 상의한다기보다는 무언가를 함께 하는 관계일 수 있으며, 광범위한 의미의 친척이나 친구, 직장 동료로서 얽혀 매우 자주 보는 사이일 수도 있다. 또는 이웃인데 같은 직장에 다니는 사람일 수 있으며, 인터넷상으로 자주 만나 대화하는 사이일 수도 있다. 커넥티드 라이브즈의 새로운 연구에 따르면, 사람은 서로 매우 다양한 방식으로 관계를 맺고 가까워지므로, 코어 네트워크 내 구성원 중 자신의 중요한 문제를 상의하는 가까운 관계라고 밝힌 미국 제네랄 소셜 서베이의 2.1명이라는 조사 자료는 정확하지 않으며 실제로는 그 이상일 것이다.

더 자세히 이야기하자면, 커넥티드 라이브즈는 84명의 이스트 요크 주민들을 상대로 자신의 커뮤니티에서 가깝다고 느끼는 상대가 누구이며 왜 그렇게 생각하는지 인터뷰했다. 인터뷰는 두 가지 방식으로 이뤄졌다. 연구원 중 한 명은 조사 참여자에게 직접적으로 '가장 가까운' 사람이 누구인지 질문을 던졌고, 또 다른 한 명은 자신의 네트워크 구성원들을 동심원의 모양(그림 5.1)으로 그려본 뒤, 가장 내부에 있는 원 안에 들어가는 '가장 가까운' 사람이 누구인지 말해 보라는 식이었다. 따라서 연구원들은 이번 조사의 참여자들이 이야기한 '가장 가까운' 사람이야말로 핵심 네트워크 중에서도 가장 친밀한 관계일 것이라 확신했다. 그리고 조사 결과, 참여자들이 생각하는 가장 가까운 네트워크 구성원은 평균 4.1명이며, 어느 정도 가깝다고 느끼는 구성원은 8.2명이었다. 따라서 '가까운 관계'는 총 12.3명으로 제네랄 소셜 서베이가 발표한 2.1명과는 거리가 있었다.[70]

그렇다면 도대체 이 '가까움'이란 무슨 뜻일까? 놀랍겠지만, 본인의 가장 가까운 관계라고 생각한 사람들 중, '중요한 문제'를 상의하는 '가까운 사람'은 불과 31퍼센트에 지나지 않았다. 평균 1.1명이라는 뜻이다. 조사 참여자는 평균 1.3명으로 집계된 '조금 가까운' 관계의 사람들에게 본인의 중요한 문제를 상의한다고 응답하기도 했다. 따라서 총 2.4명의 가까운 사람과 자신의 '중요한 문제를 상의'하는 것이며, 이 같은 커넥티브 라이브즈의 조사 결과는 2005년 제네랄 소셜 서베이가 발표한 2.1명보다 많고 1984년에 발표한 2.9명보다는 낮은 수치다.[71]

가장 가까운 사람들과 자신의 중요한 문제를 상의하지 않는다면, 어떤

까닭으로 이들과 '매우 가까운' 관계를 유지할 수 있는 걸까? 살라미 분석
Salami analysis(연구 결과를 작은 부분으로 모두 나누어 한 부분씩 분석해 나가는 기법) 기법에 따르면, 중요한 문제를 상의하지 않는 가까운 사람들 중 20퍼센트는 거의 매일 서로의 일상을 이야기한다고 한다. 친구나 친척과 소소한 주제로 수다를 떠는 모습을 상상하면 된다. 그리고 다른 12퍼센트는 문제를 상의하지도, 일상을 나누지도 않지만 건강 관련 정보를 공유하거나 컴퓨터 사용 방법 등을 이야기하는 등 다양한 도움을 주고받는다.

가장 가까운 관계의 사람 중 중요한 문제를 상의하지도 않고, 일상을 이야기하지 않으며 도움을 주고받지도 않는 나머지 37퍼센트는 어떤 관계일까? 이 관계에서의 관건은 '얼마나 자주' 만나는가이다. 정확히 이야기하면, 이 37퍼센트 중 13퍼센트는 적어도 일주일에 한 번 정도 만나며, 12퍼센트는 직접 만나지는 않되, 매주 이메일로 연락을 주고받는다. 그리고 얼마 되지 않는 4퍼센트는 매주 전화 통화를 하는 사이라고 한다. 마지막으로 남은 '가장 가까운 관계'의 사람들은 친구, 이웃, 직장 동료(4퍼센트), 부모와 자녀(3퍼센트)로서 매우 가까운 사이이긴 하지만 자주 만나지는 않는 사람들로 밝혀졌다.

이같은 분석 결과는 '가까운 관계'의 의미가 단순히 일차원적이지는 않음을 방증한다.[72] 가까운 관계를 꾸려나가는 데에는 매우 다양한 이유가 있으며, 이는 곧 개인 네트워크가 그만큼 특화돼 있음을 보여준다. 즉 사람들은 다양한 집단의 사람들에게 서로 다른 사회적 도움을 받는다. '중요한 문제를 상의'한다는 기준만으로 사회적 친밀도를 측정한다면, 북미인들의 개인 네트워크는 매우 소규모인데다가 3대 혁명 이전의 사람들보다도 다양하지 못한 네트워크를 보유했다는 결과를 도출할 수밖에 없다. 따라서 다양한 기준을 적용해 개인 네트워크 내에서의 '가까운 관계'를 정의하면, 현대인은 매우 강력하며 끈끈한 유대감으로 묶인, 유익한 네트워크를 보

유했음을 알 수 있다. 토론토 대학의 학생인 미르나 가자리안은 이 '가까운 관계'를 매우 명쾌하게 정의한다. "나와 가까운 관계라고 해서 꼭 가깝게 지내는 친구여야 한다고 생각하지는 않는다. 예를 들어, 직장 상사와 가까운 관계라고 하자. 난 나의 상사와 중요한 정치, 환경, 업무 관련 문제를 자주 상의하지만, 그렇다고 해서 그 상사를 내 단짝 친구라고 생각하진 않는다. 진짜 내 단짝 친구에게 이야기하듯 내 사적인 문제와 비밀을 나누지는 않기 때문이다."[73]

정보통신 기술이 불러온 주요 사회적 변화에도 불구하고, 개인의 네트워크에서 매우 가깝게 지내는 친척과 친구의 비율은 1979년과 별반 다를 바 없다. 1979년에 넷랩이 이스트 요크 거주자들을 상대로 조사한 연구에 의하면, 당시 개인이 생각하는 친밀한 관계 중 48퍼센트는 친척이었으며 39퍼센트는 친구였다. 2005년 연구에서는 각 수치가 50퍼센트와 37퍼센트로 집계됐다. 반면, 친구 관계는 1979년 24퍼센트에서 2005년 53퍼센트로 두 배 정도 증가했으며, 개인의 가까운 관계에서 이웃이 차지하는 비율은 거의 절반 가량으로 감소했다. 즉 정보통신 기술이 인간의 우정(특히 약한 연결을 중심으로)을 확장한 반면, 물리적으로 가까운 이웃의 중요성은 감소시켰음을 알 수 있다.

물론 인생의 단계에 따라 관계의 스타일은 달라지게 마련이다. 결혼과 출산 직후에는 친척과의 친밀도가 높아지고 배우자와의 관계에 매우 많은 에너지와 시간을 투자한다. 미혼들이 주로 친구와 만나서 어울리며 주말 시간을 보내는 반면, 기혼들은 자녀를 돌보거나 가족을 만나 주말을 함께한다. 직장을 다니는 엄마인 경우 항상 시간에 쫓기기 때문에 친구들보다는 친척과 그나마 여유 시간을 함께하는 경우가 많다.[74]

게다가 근래에는 여성과 남성의 네트워크가 합쳐지는 추세다. 인터넷이 등장하기 전의 여성은 대부분 친인척과의 네트워크를 유지하는 데 힘

썼고 남편과 아내가 만나는 친구가 같았다.[75] 그리고 인터넷이 등장한 직후인 초창기 시절에는 남성이 여성보다 훨씬 더 활발한 온라인 활동을 펼쳤다. 한편 인터넷이 보급된 현재, 미국의 대학생들을 대상으로 한 연구에 따르면 아직까지 남성과 여성의 인터넷 사용 스타일에 전통적인 차이가 남아있긴 하다. 여학생은 기존에 자신이 구축한 핵심 네트워크를 유지하고 강화하는 데 집중하지만, 남학생은 인터넷으로 새로운 관계를 시작하는 데 집중한다.[76]

페이스북 시대의 네트워크

소셜 네트워크 사이트가 등장하기 전까지만 해도 소셜 네트워크라는 개념이 대중에게 이토록 강력한 존재감을 준 적은 없었다. 초창기 프렌드스터Friendster에 이어 마이스페이스, 그리고 가장 극적인 역할을 한 페이스북에 이르기까지, 소셜 네트워크 사이트는 네트워크화된 개인에게 그 어느 때보다도 다양한 정보와 우정을 나눌 수 있는 기회를 선물했다. 게다가 서로 간의 의사소통은 인간의 사적 네트워크 가운데에서 대화와 논의를 위한 무

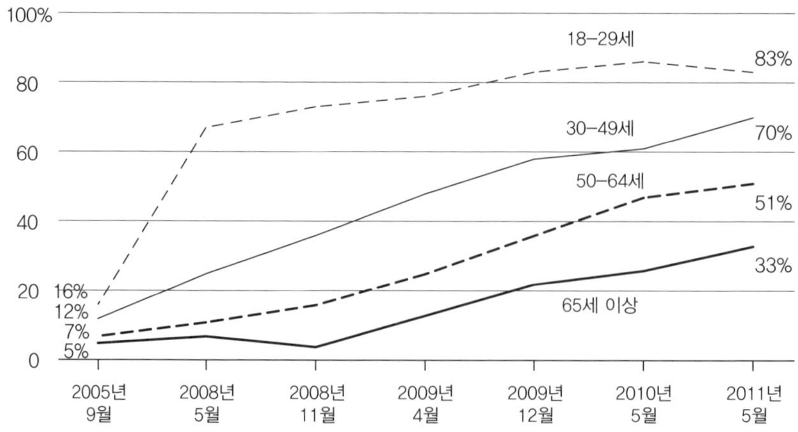

그림 5.3 미국 성인 인터넷 사용자 중 소셜 네트워크 사이트를 사용하는 인구의 증가
출처: 퓨 인터넷 앤 아메리칸 라이프 프로젝트 설문 조사

한한 방안을 열어줬다. 이는 수학자 존 클라인버그John Kleinberg가 "가시적인 대화, 폭발적인 텍스트 생산, 태그와 댓글의 낙서 통제'라고 묘사한 것과 일맥상통한다.[77] 이제 소셜 네트워크 사이트는 네트워크화된 개인에게 인터넷의 계기판과 같은 역할을 한다. 퓨 인터넷 워크의 통계에 따르면, 미국 성인의 절반 가량이 소셜 네트워크 사이트를 사용한다.[78] 특히 2010년 초반에 이르면서, 50세 이상의 소셜 네트워크 사용자 수가 급격하게 증가하는 추세다(그림 5.3).

특히 페이스북은 인터넷과 모바일 사용 증가에 혁혁한 공을 세웠다. 퓨 인터넷이 2010년 9월에 실시한 조사 결과를 살펴보면 페이스북이 어떤 사회 변화를 이끌어냈는지 그 윤곽을 알 수 있다. 2010년 당시, 미국 성인의 42퍼센트(인터넷 사용자의 53퍼센트)가 페이스북 사용자로 집계됐다.[79] 그리고 다수의 사용자가 페이스북상에서 활발한 대규모 네트워크를 구축해 유지했다. 사용자들의 평균 페이스북 '친구' 수는 229명으로, 이는 페이스북 사용자의 전체 소셜 네트워크 예측 규모의 35퍼센트에 달한다. 페이스북 사용자 중 31퍼센트는 하루에도 여러 번 페이스북 계정에 로그인해 뉴스 피드를 확인한다고 응답했으며, 21퍼센트는 하루에 적어도 한 번 확인한다고 한다. 15퍼센트는 적어도 하루에 한 번 이상 자신의 프로필을 업데이트한다고 응답했다. 그리고 또 한 가지, 페이스북 사용자의 35퍼센트는 자신의 프로필 페이지를 휴대 전화를 이용해 수시로 확인한다고 응답해, 모바일 연결성과 소셜 네트워킹 사이의 관련성이 높아지고 있음을 알 수 있었다.

같은 조사에서, 페이스북 사용자의 85퍼센트는 타인의 상태와 담벼락, 링크 등에 댓글을 달며, 21퍼센트는 이 같은 행위를 매일 한다고 응답했다. 또한 이들(85퍼센트의 사용자)는 타인의 사진에도 댓글을 남기는데, 19퍼센트는 매일 한다고 답했다. 78퍼센트는 타인의 상태와 담벼락, 링크에 대해

'좋아요' 버튼을 눌러 관심을 표하며, 25퍼센트는 매일 '좋아요'를 누른다. 마지막으로 72퍼센트의 사용자는 페이스북 메시지를 이용해 사적인 대화를 나누며 10퍼센트는 매일 사용한다고 응답했다.

페이스북은 이제 네트워크화된 개인에게 없어서는 안 될 필수 도구로 성장했으며, 사용자들의 페이스북에 투자하는 시간은 천정부지로 증가하는 추세다. 닐슨은 이런 현상을 표 5.2와 같이 정리해 발표했다. 2011년 3월까지 실시한 조사에 따르면, 인터넷 사용자가 페이스북을 하는 데 들이는 시간은 평균 6.5시간으로, 21분을 기록한 구글을 누르고 당시 최고의 트래픽을 끌어낸 사이트로 꼽혔다.[80]

표 5.2 미국 인터넷 사용자가 온라인에서 보내는 시간에 따른 상위 10위 컨텐츠

순위	카테고리	2010년 6월. 온라인에서 보낸 시간(%)	2009년 6월. 온라인에서 보낸 시간(%)	변화율(%)
1	소셜 네트워크	22.7	15.8	43
2	온라인 게임	10.2	9.3	10
3	이메일	8.3	11.5	−28
4	포털 사이트	4.4	5.5	−19
5	인스턴트 메신저	4.0	4.7	−15
6	동영상/영화	3.9	3.5	12
7	검색	3.5	3.4	1
8	소프트웨어 개발	3.3	3.3	−0
9	다양한 엔터테인먼트	2.8	3.0	−7
10	기밀/경매	2.7	2.7	−2
	기타	34.3	37.3	−8

출처: 닐슨(참고자료 80번 항목 참조할 것)

이처럼, 페이스북이 등장한 이후의 네트워크화된 개인이 개인 간 정보와 컨텐츠 흐름에 미치는 영향은 소셜 네트워크 사이트가 존재한 이래 최고라 말할 수 있다. 그림 5.4는 네트워크화된 개인이 자신의 온라인 프로필을 통해 개인 정보를 공개한 스크린샷이다. 필명이 니콜 소리아노인 이 여성은 자신의 페이스북 프로필을 개인 정보로 가득 채웠다. 예를 들어, 이

한 페이지만 봐도 니콜이 토론토에 거주하며, 토론토 대학에서 정치학과 사회학을 공부했고, 현재 연애 관계는 어떠하며(연애 중) 어떤 언어를 사용하는지(영어, 프랑스어, 스페인어), 생일은 언제이고(9월 6일), 종교는 무엇인지(카톨릭)를 알 수 있다. 게다가 자신의 친구 페이지로 가는 링크(역시 필명이지만)를 걸어놨으며, 자신이 좋아하는 음악과 책, 영화는 무엇인지 적어놓았다. 또한 자신의 일상과 여행 모습을 담은 921장의 사진을 올려놓기도 했다. 페이스북을 사용하는 네트워크화된 개인은 자신의 현재 상태와 직장 경력, 좋아하는 인용 문구, 취미, 연락처 등 다양한 개인 세부 정보를 타인과 공유하기도 한다.

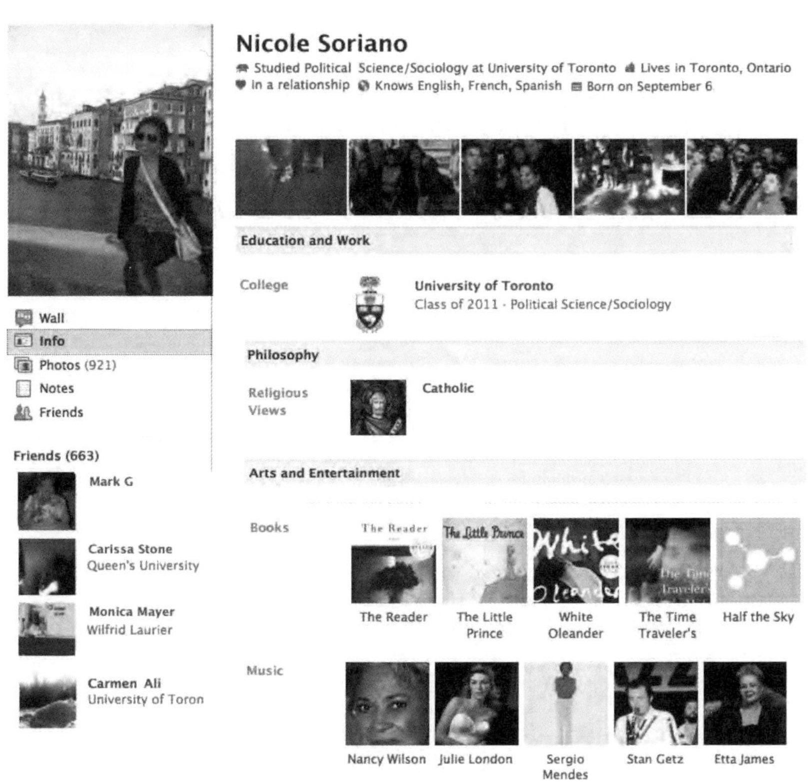

그림 5.4 네트워크화된 개인의 페이스북 프로필
출처: 페이스북 사용자. 2011년

페이스북 창업기를 그려내 2010년 아카데미 각색상까지 거머쥔 영화의 이름이 〈소셜 네트워크〉임에도 불구하고, 사실 페이스북은 네트워크라기보다는 집단에 가깝다. 페이스북은 다양한 사람들에게 자신의 정보를 공개하고 공유하는 데 어떤 제한을 두기보다 기본적으로 모든 페이스북 사용자가 자신의 정보를 페이스북 친구에게 공개하길 원한다고 가정한다. 이는 페이스북 창업자인 마크 주커버그Mark Zuckerberg의 철학인 "인간의 아이덴티티는 유일하다.... 직장 동료나 친구 등 사람에 따라 다른 이미지를 보여준다 하더라도 곧 하나의 모습으로 합쳐지게 마련이다.... 서로 다른 두 가지 아이덴티티를 갖는다는 것은 일관성이 없다.... 유리의 성과 같은 현대 사회의 투영성이 인간에게 두 가지 아이덴티티를 지원할 리 만무하다."와 맞닿아 있다.[81]

다시 니콜의 이야기로 돌아가보자. 니콜의 부모님은 페이스북을 통해 니콜이 밤 늦게까지 파티를 즐긴다는 사실을 알 수 있으며, 니콜의 사촌 동생에 대한 이야기를 니콜의 친구들까지 알 수 있다. 따라서 구글플러스와 같은 소셜 네트워크 사이트는 사용자에게 네트워크를 세분화해, 각 네트워크에 따라 공개할 정보를 다르게 설정하도록 허용하는 기능을 제공하려 노력한다.

니콜이 자신의 프로필에 올려 놓은 링크는 소셜 네트워크 사이트의 다른 페이지로 연결되거나 외부 웹사이트로 연결돼 매우 다양한 정보를 제공한다. 예를 들어, 토론토 대학교 링크는 페이스북의 또 다른 페이지로 연결돼 위키피디아Wikipedia에 등록돼 있는 학교 설명과 함께, 학교와 관련된 니콜 친구들의 포스트, 토론토 대학교를 자신의 프로필에 추가한 사람들 모두로 연결된다. '좋아하는 책' 카테고리에서 'the reader'라는 아이콘을 클릭하면 책 설명과 함께 이 소설을 좋아하는 페이스북 사용자가 얼마나 많은지 보여주는 또 다른 페이스북 페이지로 넘어간다. 따라서 이런 링크는 촘촘하면서도 광범위한 네트워크로 연결되는 정보를 제공해, 니콜뿐만 아니라 그녀가 좋아하는 것, 그녀가 보유한 네트워크가 결국 니콜 자신의 일부분임을 의미한다.

페이스북의 뉴스피드는 니콜의 친구들과 현재 니콜의 상태를 업데이트해 보여준다. 이 뉴스피드는 무작위적이지도, 포괄적이지도 않은 특징이 있다. 페이스북은 사용자의 친구가 자신의 관심사에 따른 정보를 받아볼 수 있도록 하는 알고리즘을 사용한다. 따라서 사용자의 친구들은 니콜에 대한 각기 다른 뉴스피드를 받아본다. 그 중 일부 정보는 전체적으로 공유되기도 하는데, 예를 들어 니콜이 자신의 상태를 '싱글'에서 '연애 중'으로 바꿨다면 아마도 니콜의 친구들은 "누군데?" 혹은 "진짜?"라는 메시지를 날릴 것이다.

이렇듯 전세계적으로 전폭적인 지지를 받고 있는 페이스북이 네트워크 관계에 미친 영향은 무엇일까? 우선, 사용자 간의 약한 관계를 이끌어 내 지속적인 유지를 돕는다는 데에는 이견이 없으리라 생각한다. 그리고 페이스북은 이사를 하거나 이직, 취미를 바꿔 함께 할 새로운 사람들을 찾는 이에게 간편한 연락 체계를 제공하고, 업데이트 메시지를 발송해 친구들이 새로운 소식을 확인할 수 있도록 돕는다. 또한 동문이나, 헤어진 연인, 이전 직장 동료, 이사오기 전의 이웃 등 연락이 끊긴 사람들에게 다시 연락할 수 있는 수단으로 쓰이기도 한다.[82]

페이스북은 새로운 관계 구축^{bonding}과 더불어 관계 연결^{bridging} 역할도 한다. 페이스북에서는 친구의 친구로도 연결이 가능해 타인의 개인 네트워크를 엿볼 수 있으며, 따라서 잠재적 지원 풀을 넓힐 수 있다.[83] 특히 같은 네트워크에서 활동하며 서로 알고 지내는 상호 유대 관계^{mutual tie}인 두 사람은 한 사람이 다른 네트워크에 속한 또 다른 누군가와 새로운 관계를 시작할 때 서로에 대한 보증인과 같은 매우 중요한 역할을 할 수 있다.[84] 토론토 대학의 학생인 샤란프리트 켈리는 다음과 같이 이야기한다.

고등학교 동창들과 오프라인으로는 만날 수 없는 상황인지라, 우리는 온라인에서 관계를 유지해 나간다. 대학생활을 시작하자 내 네트워크는 새로운 사람들로 가득 차기 시작했다. 페이스북은 비공식적인 대학 시스템 역할을 해, 학교 내에서 이뤄지는 소셜 이벤트나 친구들에 관한 소식을 알려준다. 이런 개방된 시스템은 물리적으로 가깝게 지내는 네트워크 외부에 있는 사람들을 만나는 데 매우 결정적인 역할을 한다. 나는 고등학생 때부터 페이스북에 의존하는데, 사회적으로나 오락을 즐길 때, 정보 업데이트 등 정말 다양한 분야에 걸쳐 도움을 받는다. 친구들을 매일 만나기가 어려운 나에게, 페이스북은 이들과 대화를 하고 사회적 관계를 유지하는 데 중요한 연결 수단이다.

켈리의 이야기는 누가 누구와 어떤 일을 하는 데에 페이스북이 얼마나 유용한지, 또 오랫동안 지속적으로 도움을 줄 수 있는 툴인지 잘 보여준다. 물론, 언급한 바와 같은 극도의 투영성 탓에, 페이스북 사용자들은 정치적 혹은 섹슈얼 이슈 등 자신이 알고 싶어하지 않은 문제를 알게 되는 문제에 부딪혀, 관계를 망치거나 타인의 생활을 제어하게 되는 부작용을 경험하기도 한다.

이제 페이스북은 현재와 과거의 친구를 연결하는 단순한 역할을 넘어 네트워크화된 개인에게 맞춤 포털과 같은 존재가 됐다. 사람과 사람을 연결하는 것뿐만 아니라, 니콜의 '좋아하는 책' 카테고리처럼 책, 음악, 조직 등 관심사와 '좋아하는 대상'을 공유할 수 있다. 현재 수많은 기업이 페이스북 페이지를 활용한다. 예를 들어, 니콜이 산미구엘 맥주를 좋아한다고 포스팅했다면, 친구들에게 이를 알릴 목적으로 산미구엘 맥주의 페이스북 페이지를 링크로 걸어놓을 수도 있다. 페이스북은 개인의 '고투 페이지go to page', 즉 홈 베이스다. 페이스북이 오랫동안 사랑을 받는 이유도 바로 여기에 있다. 자동차가 인간의 기본 운송 수단이 됐듯이, 스마트폰은 개인 커뮤니케이션의 기본 도구이며, 구글은 정보 검색, 페이스북은 개인과 개인을 연결하고 관심사를 공유토록 하는 소셜 시스템의 핵심이자 기본 웹이 된 것이다. 동시에, 페이스북은 엄청난 양의 개인 정보와 개인 프로필 파일, 그리고 그들의 소셜 네트워크를 보유했다. 따라서 페이스북은 개인이 개인으로서 사회에 참여하는 네트워크화된 개인주의의 표본이자, 네트워크화된 운영 시스템의 본보기다.

더 많이 그리고 더 재밌게!

인터넷이 사람과 사람 사이를 연결하는 새로운 연결책이 되기엔 적합하지 않다는 비판이 많다. 컴퓨터는 사람 내음이 나지 않기 때문이다. 실제로도 정보통신 기술은 인간 관계를 맺는 새로운 매체라기보다는 도움을 주는 보조 매체라고 생각하는 편이 바람직하다. 사람들은 상대를 직접 만나지 못하는 경우에 전자적 방법, 즉 정보통신 기술의 힘을 빌린다. 특히 휴대 전화는 세 번째 피부라 불릴 정도로 현대인에게 가장 가까운 기기다. 하지만 아무리 휴대 전화 너머로 달콤하고 친숙한 말을 건넨들, 기기가 인간이 될 수는 없는 노릇이다.[85]

정보통신 기술이 대면 커뮤니케이션을 대신할 수 있을까? 혹은 확장, 변화시킬 수 있을까? '대신'할 수 있을지에 대해서는 인터넷이 보급되기 시작하던 초창기 시대의 연구를 제외하곤, 근래에 들어 논란의 여지를 찾아보기 쉽지 않다. 뭐든 대신할 수 있다면, 그건 TV일 것이다.[86] 토론토 대학생인 샤란프리트 켈리가 2011년에 2주 동안 페이스북과 트위터를 끊었을 때의 이야기를 들어보자. "연결을 끊고 오프라인 세상으로 돌아오자, 혹시 내가 잊은 건 없는지 빨리 확인하고 싶어 안달이 났었다." 그리고 켈리는 다음과 같은 말도 했다. "다른 일을 하면서 주의를 돌리려고 노력했지만, 계속 온라인으로 접속해 무슨 일이 있는지 확인하고 싶었다. 마치 커뮤니티에서 나만 홀로 뚝 떨어져 나온 기분이었다. 추방당하기라도 한 것 같아 짜증이 났다."

샤란프리트는 이 갑작스런 금단 증상을 감당하기가 쉽지 않았다. 그리곤 결국 2주를 채우지 못한, 8일 만에 실험을 끝내고 말았다. 계획했던 일은 많았지만, FOMO를 이겨내긴 어려웠다. 직접 만나거나 휴대 전화로 연락하기엔 어려운, 너무나도 독립적이고 분산적인 네트워크를 보유한 탓이었다. 하지만 그녀의 실험은 '정보통신 기술이 대면 커뮤니케이션을 확장시킬 수 있을까'라는 질문에 대한 방향을 제시한다. 페이스북, 이메일, 인터넷 혹은 휴대 전화 통화, 문자 메시지 등은 지속적인 개인 간의 대화를 이끌어내는 중요한 기술이다.

하지만 샤란프리트는 정보통신 기술이 단순한 대면 커뮤니케이션 확장의 보조 역할 이상의 의미가 있다고 이야기한다. 정보통신 기술이 커뮤니케이션과 인간 관계, 커뮤니티를 송두리째 바꿔놓았다는 것이다. 자세히 이야기하자면, 정보통신 기술은 매우 신속하게 개인 혹은 집단 간 연락을 가능케 한다. 마치 동네 단골 술집에 있는 것처럼 말이다. 페이스북, 트위터와 같은 소셜미디어는 자주 얼굴을 보며 이야기하고 정보를 교환하는 물리적으로 가까운 이웃이나 직장 동료와 같은 '소셜 이웃'을 만날 수 있는 곳이다.[87] 게다가 친구의 친구가 보유한 개인 네트워크에까지 접근하고 연결될 수 있으니, 그 힘은 엄청날 것이다.

그렇다면 정보통신 기술의 목적은 무엇일까? 지금까지 이뤄진 수많은 연구에 따르면, 정보통신 기술은 인간에게 해롭다기보다는 유익한 기술이다. 도시든 시외든 시골이든 지역에 상관 없이 어디서나 도움이 된다.[87] 고도로 연결된 이 사회에서 개인이 보유한 인맥과 네트워크의 수와 규모가 얼마나 늘어나고 줄어들었는지에 상관없이 이 같은 질문은 이제 더 이상 간단하게 답하기 어려운 수준에 이르렀다. 초기의 연구들은 모호한 면이 있었으나, 이제는 정보통신 기술이 개인의 인맥과 네트워크의 규모를 확장한다는 사실이 명확해졌다.[88] 게다가 네트워크의 성격은 다양해지고[89] 서로 도움을 주는 방향으로 발전하기까지 했다.[90] 이제는 '정보통신 기술이 새로운 인간 관계를 구축하고 즉각적으로 연결하는 데 도움이 되나요?'라는 질문은 의미가 없다. '정보통신 기술이 어떻게 새로운 인간 관계를 구축하고 즉각적으로 연결하나요?'라고 묻는 편이 옳다. 개인 이메일과 페이스북 계정과 같은 평상시의 상호작용은 물론, 조직적인 도움을 주는 데에도 정보통신 기술은 분명 도움이 된다. 수잔나 폭스^{Susannah Fox}는 이런 관점을 '사람들은 만성질환 혹은 불치병을 앓고 있는 생면부지인 사람을 어떻게 돕는 것인가?'라는 퓨 인터넷의 연구에 반영했다. "가장 놀라운 연구 결과 중 하나는 만성질환을 앓고 있는 사람들이 서로 돕고 있다는 사실이었다."라고 수잔나는 말한다. "인터넷 사용자 중 25퍼센트는 고혈압, 암, 당뇨 등을 앓고 있었으며, 23퍼센트는 이런 만성질환 외의 다른 질환을 앓고 있었다. 그런데 이들은 모두 자신과 비슷한 건강 상태(질환을 앓고 있는)의 사람들을 온라인에서 찾아 서로 도움을 줬다. 반대로, 어떤 질환도 앓고 있지 않은 15퍼센트의 인터넷 사용자는 온라인에서 이 같은 사람들에게 도움을 주고자 했다."[91]

폭스는 다음과 같이 정리한다. "만성 질환을 앓고 있는 사람들은 온라인에서 자신과 비슷한 상황의 사람을 찾아 도움이 될 만한 정보를 공유한다. 비슷한 상황에 처한 사람이 아니라면 별로 유용하지 않을 정보지만 말이다."[92] 네덜란드에서는 온라인 커뮤니케이션이 청소년들의 복지에 도움이 된다는 연구 결과가 발표되기도 했다.[93] 또한 미국에서는 페이스북 사용자들이 소셜 지원을 제공한다는 연구 결과도 있었다. 어느 한 페이스북 사용자는 "구글에서 특정 질병에 관해 검색하면, 수많은 약품 목록이 등장한다. 이 많은 약들이 효과가 있는지 없는지 알 길은 없다. 하지만 페이스북에서 이야기하면, 자신의 자녀에게 먹여서 효과를 봤던 약이 무엇인지 알려주어 실질적인 도움을 받을 수 있다."고 말한다.[94]

온라인과 오프라인에서 네트워크로 연결된 다양한 인간 관계는 네트워크화된 개인주의를 강화한다. 인터넷과 휴대 전화는 인간으로 하여금 자신의 다양한 소셜 서클Social circle을 오가며 관계를 유지할 수 있도록 도와준다. 인터넷과 휴대 전화는 개인이 자신의 소셜 서클 구성원들을 직접 만나지 않아도 관계를 유지할 수 있도록 도와준다. 게다가 사용하기도 쉽기 때문에 새로운 네트워크로 접근하는 데에도 큰 도움을 준다. 책 도입부에서 이야기한 트루디와 피터 존슨 렌츠 부부가 부부의 친구들로부터 물리적 거리에 상관 없이 다양하고 특화된 도움을 받을 수 있었던 것처럼, 인터넷과 휴대 전화는 현대인에게 쇼핑몰에서 쇼핑을 하는 것처럼 자신에게 필요한 도움을 찾아 실질적인 도움을 얻을 수 있는 새로운 세상을 열어주었다.

우리는 다양한 애플리케이션과 가젯을 이용해 자신의 삶을 조직하고 이끌어나가는 수많은 네트워크화된 개인을 인터뷰했다. 그들은 정말이지 복잡한 네트워크화된 운영 시스템을 잘 활용했다. 특정 네트워크 커뮤니케이션에는 이메일을 썼고, 그 외의 경우엔 문자 메시지, 페이스북 포스트나 메시지, 트위터 등을 활용했다. 그리고 대화가 좀 길어질 것 같은 경우엔 직접 전화를 걸어 통화했다. 현대인들의 손에는 그 어느 때보다도 다양한 커뮤니케이션 매체가 쥐어졌다. 그만큼 각 기기와 앱 등을 언제, 어떻게 써야 할지 파악하는 데 엄청난 양의 시간과 노력을 투자해야 한다는 뜻이다. 그나마 자신이 분류한 네트워크와 업무의 종류에 따라 그에 맞는 툴과 연락책을 사용할 수 있으니 얼마나 다행인지 모른다. 네트워크 운영 시스템 내에서 여러 개의 기기와 애플리케이션을 동시에 사용하는 일은 다반사다.

그리고 많은 경우, 정보통신 기술은 직접 만날 약속을 잡을 때, 모임을 계획할 때 매우 유용하게 쓰인다.

인터넷을 사용하는 사람들이 많아질수록, 새로 사귈 친구들이 많아지며 기존의 친구들을 만날 일도 더 많아지고, 개인의 네트워크 종류는 더욱 다양해진다. 인터넷과 휴대 전화는 더 넓어진 네트워크의 결과이자 원인이다. 인간은 인터넷과 휴대 전화를 통해 소셜 지원을 얻어내며, 더 많은 정보에 접근할 수 있고 서비스를 제공받으며 다양한 방식으로 도움을 구하기도 한다. 특히 인터넷은 인간의 사회적 자본, 즉 자신의 필요와 관심사에 따라 구축한 관계에서 얻을 수 있는 리소스를 증폭시킨다. 남은 장에서도 계속 이야기하겠지만, 인터넷은 현대인이 타인과의 약한 연결, 광범위하며 다양한 관계를 영위해 나가는 데 매우 중요한 역할을 한다.

5장에서는 개인 네트워크가 어떻게 확장됐으며 얼마만큼 더 복잡해지고 급속도로 변화했는지 알아봤다. 일부의 우려와는 달리, 커뮤니티는 와해되지 않았다. 예전의 이웃 중심의 친밀한 집단의 모습을 벗고, 광범위하게 분포된, 다양한 수많은 개인 네트워크의 모습으로 변화했을 뿐이다. 어떤 사람이 혼자 앉아 있다고 해서 그 사람이 외톨이거나 외로울 것이라 가정하는 것은 금물이다. 인터넷과 휴대 전화를 통해 언제 어디서나 손가락 하나만 까딱해도 자신의 커뮤니티에 즉각적으로 접속할 수 있으니 말이다. 사람 냄새가 그립거나 물질적인 도움, 물리적인 교통 수단이 없다고 걱정할 필요도 없다. 우리가 살아가고 있는 현재는 대부분의 경우 그 자리에서 필요한 모든 것이 바로 가능한 시대이니까 말이다.[95] 온라인과 오프라인 세상은 결국 하나로 이어져 굳이 구분할 필요가 없다.

6장_ 네트워크화된 가족

소셜 네트워크, 인터넷, 모바일 혁명을 뜻하는 '3대 혁명'은 고유한 조직으로 존중받으며 수비적이고, 가족 중심적인 생활로 가득했던 전통적인 가정의 의미를 변화시켜 견고했던 성곽을 무너뜨렸다.[1] 현대의 가족은 가족 구성원과 친구, 친척, 커뮤니티 그룹과 직장 동료와 함께 하는 외부 활동을 준비하며 네트워크화된 사회로 나아가는 토대의 의미가 강하다.

힐러리 클린턴Hillary Clinton은 이런 변화를 저서 『집 밖에서 크는 아이들』(디자인하우스, 1996년)이라는 책에 담았다. 클린턴은 가족을 더 이상 좁은 의미로 제한하지 않고 네트워크적인 관점으로 바라본다. "우리가 오늘날 구축하고 의지해 살아가는 네트워크 관계는 지역적인 제약을 뛰어넘는다."[2]

클린턴의 주장을 뒷받침하는 증거는 도처에 있다. 현대의 가정은 더 이상 동떨어진 섬이 아니며 견고한 성곽도 아니다. 오히려 개인의 재량을 존중하고 충분한 커뮤니케이션 기회를 제공하며 꼭 함께 있어야 한다는 생각을 벗어나 어느 정도의 유연함을 허락하는 네트워크화된 모습을 보인다. 실제로 과거의 가정보다는 집안에서 물리적으로 함께하는 시간이 줄었으며, 심지어 온 가족이 한 집에 모여 사는 경우도 드물다.[3] 하나의 가족을 단위로 관계를 맺기보다는 가족 구성원 개개인이 주체가 되어 자신만의 네트워크를 꾸려나간다. 각 구성원은 반독립적인 존재로서 자신만의 다양한 이동통신 매체를 바탕으로 서로 연락하며 관계를 유지한다. 북미 지역의 가족은 구조적으로 변화해 가족의 물리적인 접촉 기회가 급격히 줄어들었으며, 좋든 싫든 여러 커뮤니케이션 미디어에 의존해 가족의 모습을 유지한다. 물론 가족이기에 언제 어디서든 끈끈한 유대감을 자랑하며, 직접 만나지 못할 경우 인터넷과 휴대 전화의 힘을 빌리기도 한다.

인터넷과 휴대 전화가 등장하기 전부터 네트워크화된 가족의 모습으로 조금씩 변화하고 있긴 했지만, 어쨌든 개인 중심의 기술이 등장해 발전하면서 변화 속도에 가속이 붙은 것은 사실이다. 정보통신 기술이 개인 중심의 문화를 확산시킴과 동시에, 거실에 놓인 유선 전화가 울리고 가정을 방문한 손님을 가족 구성원 모두가 맞이하는 풍경은 이제 찾아보기 어려워졌다. 또한 네트워크 운영 시스템 내에서의 기술, 사회, 문화적 변화는 엄청나다. 이제는 가족 구성원 개개인이 따로 자동차를 보유하거나, 여성이 직장을 갖고 일하며, 가족의 규모가 작아진 핵가족의 모습을 보이고, 마치 패스트푸드점에서 음식을 고르듯 필요한 집안일만을 골라 보수를 받고 전문적으로 도와주는 직업인 등의 모습은 더 이상 낯설지 않다.

네트워크 시대

오늘날 네트워크로 연결된 가족의 특성을 제대로 이해하려면, 트레이시 케네디의 이야기를 듣고 생각해볼 필요가 있다. 트레이시는 온타리오 지역에 거주하는 싱글맘으로 청소년이 된 아들이 있으며, 정보통신 기술의 힘을 빌려 많은 일을 해결한다.

나는 매일 아침 일어나자마자 컴퓨터 앞으로 가 이메일을 확인하고 답장을 보내며 소셜 네트워크 사이트를 확인하며 하루를 시작한다. 일상적인 하루 일과 중 대부분이 집안에 있는 내 사무실에서 이뤄지며, 주로 정보통신 기술을 활용해 친구, 친척, 함께 일하는 동료들과 이야기한다. 그렇다고 집 밖에 있는 사람들하고만 온라인상으로 상호작용을 나누는 것은 아니다. 우리 아들은 집에 있든 밖에 나가 있든, 나와 정보통신 기술을 통해 연결돼 있다. 예를 들어, 학교에 있는 아들에게 점심 시간 전에 문자 메시지 하나를 받는다. "엄마, 이 수업 진짜 재미없다." 그럼 재치 있으면서도 간단한 답문을 보내고, 아들은 다시 답문을 보내지 않는다. 오후 시간, 아들은 학교 컴퓨터실에서 할 일이 있어 집에 조금 늦게 들어올 것이라고 메시지를 보낸다. 그럼 나는 곧바로 잘 알았다고, 집에 올 시간에 볼 일이 있어 엄마는 집에 없을 거라 다시 답문을 보낸다. 시간이 지나 집에 돌아온 아들은 나에게 콜라를 사오라고 문자를 보낸다.

저녁 시간, 식사 준비가 거의 완료돼 아들을 부르니 응답이 없다. 헤드셋을 끼고 음악을 듣는 중인가보다. 곧바로 스카이프 메신저로 메시지를 보낸다. 그럼 아들은 답문을 보냄과 함께 식탁에 와 앉는다. 저녁 식사 후, 아들과 함께 엑스박스를 켜고는 멀티플레이어 게임인 〈모던워페어〉를 즐긴다. 아들의 친구는 물론 내 친구들과 함께 게임을 하기 때문에, 플레이하는 도중 우리는 다 함께 헤드셋을 통해 수다를 떤다. 늦은 저녁, 아들은 나에게 학교에 들고 다닐 노트북 컴퓨터가 필요하다며 관련 링크를 이메일로 보낸다. 잠들기 전, 나와 아들은 서로의 얼굴을 보며 대화를 나누고 각자 침대로 향한다.

질풍노도의 시기를 겪고 있는 아들을 키우는 싱글맘 입장에서, 정보통신 기술로 아들과 언제든 연결될 수 있다는 사실은 나에게 일종의 안도감을 안겨준다. 아들이 무엇을 하는지, 어디에 있는지, 안전하게 있는지 부담 없이 연락해 이야기할 수 있기 때문이다. 게다가 나는 이 정보통신 기술을 통한 십대 아들과의 소통이, 한 집에 있더라도 각자의 방에 있어 마주칠 일 없는 우리에게 즐거움을 선사하는 매우 매력적인 방식임을 깨달았다. 또한 부모와 자녀 세대 간의 세대 차이도 줄여준다고 생각한다. 아들과 나는 각자의 스타일에 맞게 정보통신 기술을 사용하지만, 결국 우리는 이 정보통신 기술 덕분에 가족으로서 언제 어디서든 연결돼 있다는 느낌을 받는다.[4]

이 이야기는 언제, 어디서든 연결돼 사용할 수 있다는 정보통신 기술의 장점이 네트워크화된 가족의 삶에 어떻게 녹아들었는지 매우 잘 보여준다. 분명 트레이시가 십대 시절 자신의 부모님과 함께 한 일상의 모습과는 확연히 다를 게다(표 6.1).

가정의 변화: 규모와 구성

북미 가족의 모습은 여러 세대를 거쳐오면서 점진적으로 변화해 오늘날에 이르렀다.[5] 〈딕과 제인〉을 보고 배우던, 미국의 전형적인 가족 모습인 결혼해 자녀를 낳고, 이 자녀들과 함께 생활하는 가족의 수는 꾸준한 하락세를 그리고 있다. 1980년에서 2005년 사이, 이같은 가족의 모습은 미국 내에서만 25퍼센트가 감소했다(전체 중 31퍼센트에서 23퍼센트로 감소). 반면, 편부모 가정과 재혼 가정은 모두 증가했다.

가족의 규모도 줄어들었다. 이런 현상에는 낮은 출산율도 한 몫 했다. 1970년대에는 출산하지 않은 여성의 비율이 전체의 10퍼센트에 머물렀던 반면, 2008년에는 20퍼센트로 증가했다. 18세 미만의 자녀가 있는 가족의 비율도 1950년에 52퍼센트에서, 2008년에는 46퍼센트로 감소했다.[6] 이런 조사 결과는 현대에 들어서면서 미국 내 무자녀 가족(28퍼센트)과 편부모 가정(26퍼센트)이 결혼해 자녀를 낳고 함께 생활하는 가정보다 많다는 사실을 보여준다(그림 6.1)[7] 남성과 여성의 초혼 연령이 각각 28세와 26세로 늦어진 만큼, 미혼인 성인에게는 자신만의 분리된 네트워크를 구축할 기회와 시간이 더 많아졌다. 같은 기간 동안 홀로 사는 세대 혹은 자녀가 없는 신혼 부부로 이뤄진 가족의 수는 46퍼센트에서 60퍼센트로 증가한 반면, 가족 구성원의 수가 5명 이상인 가정은 1970년 21퍼센트에서 2003년 10퍼센트로 감소했다.[8]

가족 구성 면에서도 과거의 가족보다 현대의 가족은 다소 불안한 감이 있다. 30-44세의 미국 성인 중 기혼 인구는 1970년 84퍼센트에서 2007년 60퍼센트로 크게 감소했다. 게다가 한 세대 전에 비해 이혼율은 증가했다. 자세히 이야기하면, 1960년 미국 성인 중 이혼 경력이 있는 사람은 1,000명당 2.2명에서 2005년 3.6명으로 늘어났으며 캐나다인은 같은 기간 동안 0.4명에서 2.2명으로 크게 증가했다.[9] 반면 결혼은 하지 않고 부부, 가족처럼 생활하는 동거 형태의 모습이 보편화되고 있는 실정이다. 1980년 당시 결혼 전 동거를 하는 미국 성인은 전체의 16퍼센트에 불과했던 것에 반해, 2000년에는 41퍼센트, 2010년에는 50퍼센트를 넘어섰다.[10]

표 6.1 가정의 변화

	1950~1960	2000~2010
엄마	주부	직장인
아빠	가장	수입이 가장 많음
결혼	평생	재혼
가사	대부분 엄마의 몫	아빠보다 엄마가 많이 할 뿐
아이들의 놀이 공간	앞/뒤뜰, 동네 길, 공원	야구, 발레, 피아노 학원
엄마가 자녀와의 연락 체계	창문 넘어서 소리 지르기, 이웃 집으로 전화	자녀의 휴대 전화
가족이 함께 하는 시간	TV시청	컴퓨터
자동차 보유	가정 내 한 대	성인 한 명당 한 대
음악	아메리칸 밴드스탠드	아이튠즈
대중매체	라디오, 다이얼로 채널을 돌리는 TV 한 대, 라디오	리모컨으로 제어하는 TV 여러 대, 유선 케이블 방송
텍스트 뉴스	매일 발간되는 신문	야후, 구글, RSS
영상 뉴스	〈라이프〉 매거진, TV 네트워크 뉴스	유튜브, 비디오 링크, 블로그
광고	잡지, 전화번호부	아마존, 이베이, 배너, 애드워즈
의사 소통(말)	가정 내 전화기 한 대	발신인이 누군지 확인할 수 있는 개인 휴대 전화
의사 소통(글)	편지, 쪽지	문자 메시지, 이메일, 페이스북
집에 없을 경우	다시 전화	음성 메시지 남김
출근한 배우자와의 연락	긴급 상황에만	언제 어디서든 이메일과 문자 메시지
가족 게임	모노폴리, 라디오, TV, 제스처 놀이	유튜브, 다운로드, 비디오/온라인 게임
영화	극장	다운로드, 넷플릭스

출처: 배리 웰먼, 2011년.

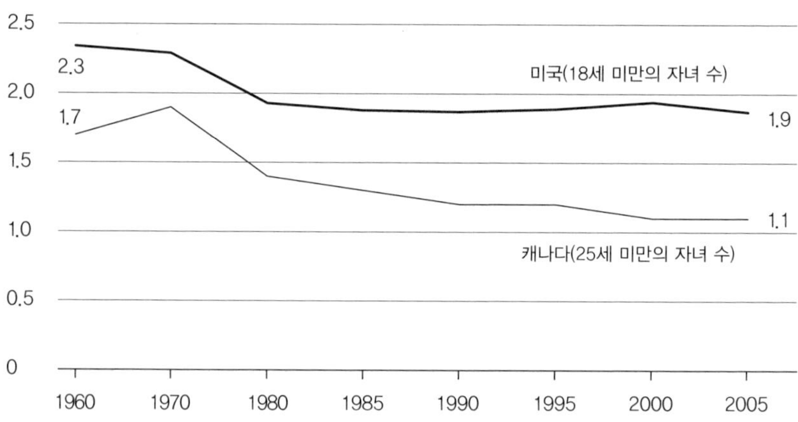

그림 6.1 미국와 캐나다 내 평균 자녀 수
출처: 미국 통계국, 캐나다 통계

가족의 역할 변화

여성의 사회 진출이 늘고, 출산율이 낮아지면서 가족의 역할 또한 변화했다.[11] 오늘날의 부부는 대부분 남편과 아내 모두 직장에 출근해 경제 활동을 한다. 1960년까지만 해도, 직장에 취직해 돈을 버는 여성의 비율은 불과 38퍼센트였으나 2006년에는 59퍼센트로 크게 증가했다. 캐나다도 마찬가지다. 2004년 통계에 따르면 남성 중 73퍼센트가, 여성은 62퍼센트가 직장을 갖고 돈을 번다. 부업 활동을 하는 여성은 1970년 39퍼센트에서 2007년에는 52퍼센트로 증가했다. 그 결과, 청소, 요리와 같은 집안일을 비롯해 아이들 학교 행사와 주말 여가 활동 등 전통적인 부부의 역할은 사라지고 서로의 상황에 맞게 일을 분업하는 경우가 많다. 그 중 가장 큰 변화는 가정 내 경제력의 균형이 바뀌었다는 데 있다. 오늘날 북미 지역의 가족 대부분은 맞벌이다(그림 6.2). 지난 20년 동안, 아내와 남편 사이의 소득 격차와 근무 시간의 차이는 점점 좁혀져 왔다. 예를 들어, 결혼한 캐나다 여성의 42퍼센트는 2007년에 가정 내 전체 소득의 45퍼센트를 차지했

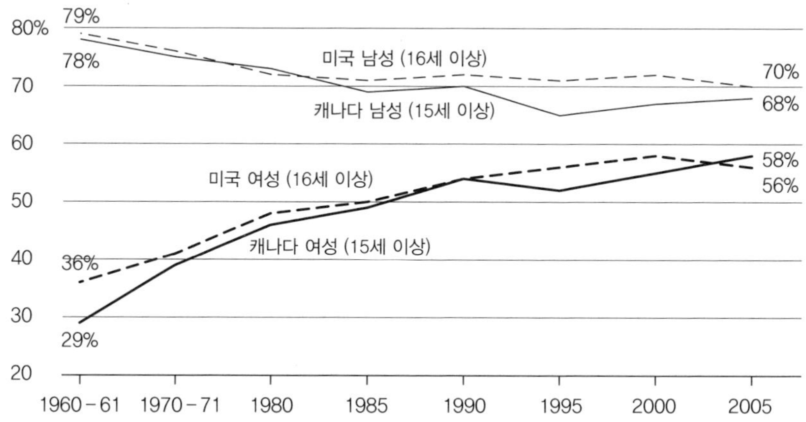

그림 6.2 고용자의 성별 비율
출처: 캐나다 통계국과 미국 노동통계국(참고자료 12번 항목 참조)

다. 1997년에는 37퍼센트였으니 10퍼센트 가까이 증가한 것이다. 또한 65퍼센트의 기혼 여성이 남편과 근무 시간이 같았다.[12]

여성이 가정의 울타리를 벗어나 직장에서 보내는 근무 시간이 늘어날수록, 가족 내 여성과 남성의 역할은 물론 가사와 육아, 여타 가족 활동 등에 투자하는 시간도 변화한다. 1965년과 2005년, 미국 엄마들의 모습을 비교하건대, 1965년의 엄마들은 평균 32시간을 가족에게 투자했다. 그리고 이 수치는 2005년에 이르러 절반 가량 줄어 평균 19.6시간으로 집계됐다. 반면 남성은 4.4시간에서 9.8시간으로 가족과 함께하는 시간이 증가했다(그림 6.3). 1998년과 2007년 사이, 미국 내 패스트푸드 식당의 수가 25퍼센트 증가했고, 1990년과 2007년 사이 캐나다 내 패스트푸드 식당은 36퍼센트 증가했다. 덕분에 항상 시간에 쫓기는 엄마들이 한숨 돌릴 여유가 생긴 셈이다.[13]

현대의 아빠들이 과거에 비해 두 배나 더 많은 시간을 육아와 가사에 투자하는 데에도 불구하고, 여전히 아빠보다는 엄마가 육아의 짐을 지고 있다. 친구와 친척 집을 방문하거나, 자원 봉사, 스포츠 활동 등에 참여하는 집 밖에서의 활동과, TV 시청이나 온라인 채팅, 온라인 게임, 영화 감상 등 집안에서 보내는 여가 시간에 투자하는 시간은 엄마와 아빠 모두 늘어났다. 캐나다 여성의 경우 1992년에는 하루 평균 9.1시간을 집안에서 보냈지만 2005년에는 8.5시간을 보낸다고 한다.

> 직장 생활을 하는 아내가 늘어나면서 육아에 참여하는 남편도 증가해 가족 내에서의 아내와 남편의 역할 구분이 모호해지는 추세다. 실제로, 부부는 네트워크화된 개인으로서 집안에서의 역할을 상황에 따라 나눠야 한다는 뜻이다. 하지만 아직까지 집안일과 이웃, 친구, 친척들과의 유대 관계를 돈독히 하는 등의 인간관계는 대부분 아내의 몫인 가정이 많다.

집에서의 생활과 직장에서의 생활 간 경계가 약화돼 전체적인 근무 시간이 늘어난 만큼, 부부가 직장과 집에 투자하는 시간 역시 유동적이다. 특히 가정에서 근무하는 재택 근무자의 경우, 인터넷을 이용해 업무 관련 내

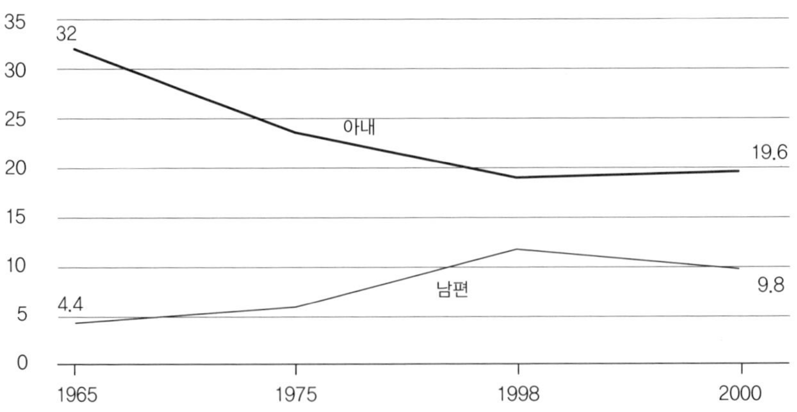

그림 6.3 미국 내 아내와 남편이 가사에 투자하는 평균 시간(일주일 단위)
출처: 미국 노동통계국, 2007년. 세이어 2005년. (참고자료 14번)

용을 연락하고 정보를 검색하며 조직 데이터베이스에 접근하기도 한다. 또 어떤 이들은 휴대 전화를 이용해 업무 전화를 받고 근무하기도 하는데, 길을 걸으면서도 인터넷 검색과 업무 관련 앱을 이용해 업무를 처리하기도 한다. 이처럼 자신의 업무 스케줄을 유동적으로 조절할 수 있는 사람의 경우, 가사와 업무 시간 사이에서 오는 스트레스를 어느 정도 피할 수 있다는 장점이 있다.

컴퓨터 기반 업무가 늘어나면서, 확실히 현대의 부부는 과거에 비해 더 많은 시간을 일하는 데 투자한다. 1980년에는 대학 교육을 받은 남성의 22퍼센트가 주당 50시간 이상을 일했으나, 2005년에는 31퍼센트가 주당 50시간 이상 근무한다고 한다.[14]

업무와 가사, 육아 등에 치여 시간이 쫓기는 부부는 하루 종일 멀티태스킹을 할 수밖에 없다. 아이를 위한 시간은 물론 서로를 위한 시간을 내기에도 바쁘기 때문이다. 때로는 TV 시청 시간을 줄인다거나, 스카우트와 같은 전통적 형태의 봉사 단체에서 탈퇴하고, 이웃이나 친구와의 모임을 줄이기도 한다.[15] 이 같은 추세는 현대인이 가족이나 친구와 보내거나 여행을 떠나는 등 자신이 그나마 활용할 수 있는 여가 시간에 어떻게 만족하는지 보여준다. 편부모 가정과 부업을 하는 가족이 늘어나면서, 결혼한 남성과 여성은 돈을 벌고 가사를 돌보는 데 예전보다 더 많은 시간을 투자하긴 하지만, 오히려 가족 구성원이 함께 모여 보내는 시간은 줄어들었다.[16]

가정 생활의 모습은 개인을 중심으로 매우 급속도로 바뀌었다. 캐나다의 성인이 하루 중 혼자 보내는 시간이 1986년에는 257분이었던 데 반해, 1998년에는 354분으로 약 38퍼센트나 증가했다. 또한 1986년에는 하루 중 남편이 아내와 보내는 시간이 215분, 아내가 남편과 보내는 시간은 198분이었다. 하지만 이 역시 1998년에는 각각 201분과 175분으로, 모두 10퍼센트 이상 감소했다.[17] 부부가 서로와 함께하는 시간이 줄어들었다는 것

은 결국 집에서 이야기를 나누는 부부가 줄어들었음을 의미한다.[18]

가족, 친구, 동료들과 커뮤니케이션하는 데 사용하는 기술이 달라졌으니 사람들의 일상 생활이 바뀌었다 해도 과언이 아니다. 지난 세대를 거쳐 오면서, 컴퓨터는 매우 막강한 권력을 손에 쥐었다.[19] 퓨 인터넷이 2011년 중반에 실시한 조사에 따르면, 미국 성인의 55퍼센트가 데스크탑을, 57퍼센트가 노트북 컴퓨터를 보유했다고 한다.[20] 그리고 개인 컴퓨팅 툴의 크기는 작아진 반면, 데스크탑 컴퓨터 스크린의 크기는 1980년대의 14인치였던 데 반해, 현재는 20인치 이상으로 매우 커졌다. 이렇게 두 배 가까이 커진 스크린은 동시에 여러 프로그램을 화면에 띄워 가족 구성원들이 모두 함께 인터넷을 즐길 수 있는 환경을 조성했다. 모든 가족의 인터넷과 휴대 전화 사용 시간 혹은 사용 방식이 같을 수는 없다. 교육 수준과 수입이 높고, 자녀가 아직 독립을 하지 않은 가정일수록 인터넷을 집에서 사용하는 경우가 많다. 현대의 수많은 가정이 집안에서 여러 종류의 정보통신 기술을 활용한다. 디지털 케이블 박스, 게임 콘솔, 개인 비디오카메라, DVD나 블루레이 플레이어 등 현대 가정의 거실에는 과거에 비해 훨씬 많은 디지털 장난감이 자리 잡고 있다. 1970년대의 12인치였던 TV가 지금은 42인치로 약 4.5배 커졌으니, 한층 커진 TV 스크린으로 현대의 가족은 그만큼 더 TV 프로그램에 몰입해 감동을 느낀다.[21]

가족과 함께하는 시간, 네트워크로 연결되는 시간

미국 서던캘리포니아 대학교의 디지털 미래 연구 센터는 '인터넷 사용에 따른 가족 시간 감소'라는 주제로 수백 개의 기사를 담은 2009년 보도 자료를 발행했다. 이 기사들은 대부분 인터넷 사용이 가족 구성원이 함께 보내는 시간을 보완하기보단 그 시간을 대체한다는 내용을 다뤘다. 즉 인터넷이 가족의 유대감을 높이고, 자녀와 계획된 활동을 함께하는 등 가족에

게 유익한 기술이라는 긍정적 관점은 거의 없었다.[22]

　분명 사회, 경제적 변화는 가족 문화를 과거 한 가족을 중심으로 하는 모습에서 가족의 각 구성원을 중심으로 연결된 반독립적인 가족의 모습으로 재구성하는 데 큰 역할을 했다. 절반에 가까운 현대 미국 부모는 자신이 자녀와 함께 보내는 시간이 너무 적다고 느낀다고 한다. 그 중 가장 큰 이유는 근무 시간이 많은 탓에 항상 변화하는 자녀의 요구를 들어주기가 어렵기 때문이라고 응답했다. 아직까지 가족 구성원이 함께 모여 보내는 가족 시간의 대부분은 TV를 시청하거나, 식사, 친구와 친척을 방문하는 시간이다(그림 6.4). 각자의 일상 스케줄에 따라 달라지기야 하겠지만, 현대의 가족은 아직도 가족으로서 함께 시간을 보내려 노력한다. 결혼한 부모 중 77퍼센트는 근무하지 않는 시간의 전부 혹은 대부분을 가족과 함께 보낸다고 응답했다.[23]

　특히 가족이 식탁에 둘러앉아 식사하며 보내는 시간은 하루 중 서로의 일상을 이야기하고 중요한 문제를 상담하는 등 가족의 유대감이 가장 높아지는 때이기도 하다. 로버트 퍼트넘[Robert Putnam]이 2000년에 자신의 저서

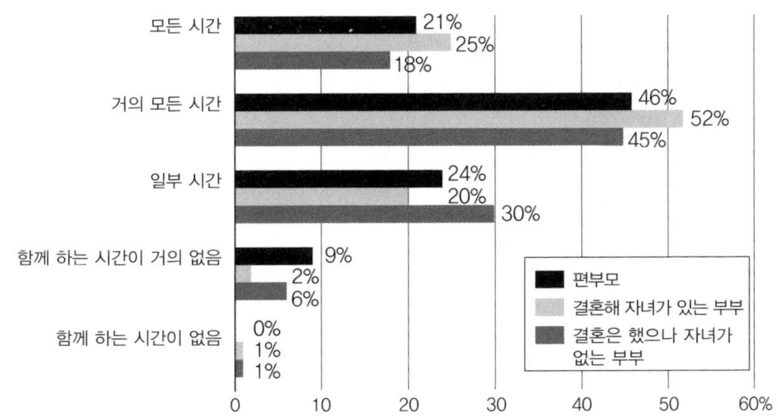

그림 6.4 가족 구성원과 시간을 보내는 성인 수
출처: 퓨 인터넷 앤 아메리칸 라이프 프로젝트, 네트워크화된 가족 조사, 2008년

『나 홀로 볼링』을 발표하면서, 지난 20년간 가족이 함께 저녁 식사를 한다고 응답한 사람이 3분의 1 가량 줄었다고 이야기해 사람들에게 경각심을 불러일으켰다. 우리는 행여나 네트워크로 연결된 가족이라는 말이 곧 부모와 자녀가 한 자리에 앉아 저녁 식사를 거의 하지 않는 가족이라는 의미로 받아들여질까 걱정이 많았다. 하지만 다행히 현재의 여러 상황을 고려하건대, 사람들이 우려하는 것처럼 정보통신 기술로 인해 가족이 와해되는 불상사는 없거니와 긍정적인 측면도 부각되는 추세다. 퓨 인터넷이 북미의 네트워크화된 가족을 중심으로 조사한 바에 따르면, 오히려 예전보다 가족이 모여 식사를 하는 경우가 늘어났다고 한다. 직장 생활이나 육아, 학교, 기타 생활 때문에 가족 구성원이 모두 바쁘긴 하지만, 결혼해 자녀와 함께 생활하는 가족의 대부분(93퍼센트)이 일주일에 적어도 한두 번 이상은 모두 함께 모여 식사를 한다고 응답했다. 그리고 매일 가족 구성원 중 적어도 한 명 이상과 함께 식사한다는 사람은 절반 가량(56퍼센트)을 차지했으며, 거의 매일 모든 가족 구성원이 모여 식사한다는 응답자는 24퍼센트나 됐다. 반면 한 달에 두어 번 가족 식사를 한다고 응답한 사람은 전체의 6퍼센

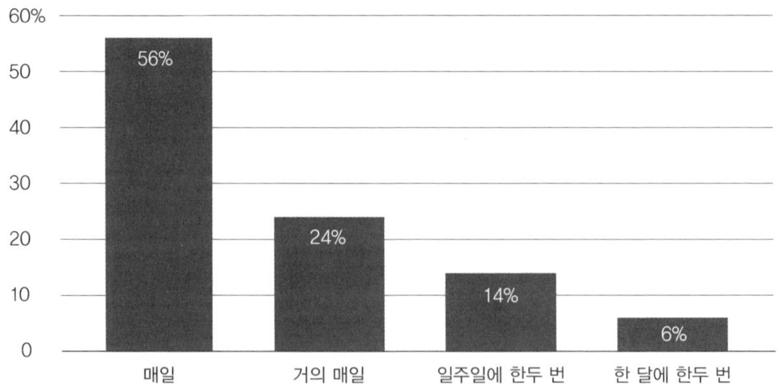

그림 6.5 가족 구성원과 저녁 식사를 함께 하는 빈도
출처: 퓨 인터넷 앤 아메리칸 라이프 프로젝트, 네트워크화된 가족 조사, 2008년

트에 불과했다.[24]

한 세대 전만 해도, 대부분의 사람들은 밤에 TV를 시청했다. TV에서 방영하는 인기 프로그램은 가족 식사시간이나 이웃, 직장에서 사람들과 이야기하는 주요 소재였다. 지금도 TV는 사람들에게 사랑 받는 미디어다. 캐나다의 13세 이상 성인의 경우, 일주일에 14시간, 즉 하루에 평균 두 시간 TV를 시청하며, 이는 인터넷 평균 사용 시간보다 약간 적은 수치다(일주일에 15시간). 미국인 중 거의 매일 TV를 시청한다는 사람은 전체 인구의 4분의 3 가량이며, 18-29세 청년층에서는 5분의 3이 매일 TV를 시청한다고 한다.

인기 있는 컨텐츠, 타겟 시청자, 사람들이 보는 시간과 방식, 기술 등 TV 시청 문화는 예전과 판이하게 바뀌었다. 남성과 여성, 구세대와 신세대라는 전통적인 인구학적 통계에 따른 프로그램 편성도 더 이상 의미가 없다. 대신, 매우 세분화된 타겟 시청자층을 대상으로 하는 유선 TV 방송국이 주를 이룬다. 골프나 요리, 영화, 쇼핑 등 특정 관심사를 다루는 틈새 TV 프로그램이 많다는 의미다. 볼거리는 많으며 그중 무엇을 선택할지는 모두 개인의 선택에 달려 있다. 그리고 이런 프로그램을 볼 수 있는 방식도 다양해졌다. 예전에는 TV를 통해서만 가능했지만, 지금은 유튜브나 훌루hulu 등 인터넷으로 스트리밍 서비스를 제공하는 프로그램도 매우 많다. 넷플릭스Netflix를 비롯한 케이블 TV 제공업체는 영화와 TV 프로그램의 VOD 서비스를 제공하며, 티보TiVo와 같은 비디오 녹화기나 팟캐스트는 자신의 스케줄에 맞게 프로그램을 볼 수 있도록 도와준다.

이같은 변화는 시청자로 하여금 자신의 입맛에 맞는 TV 프로그램을 골라서, 자신의 스케줄에 맞게 시간의 제약을 받지 않고 시청할 수 있는 자유를 줬다. 이전 세대가 '꼭' 정해진 시간에 TV 앞에 앉아야만 프로그램을 시청할 수 있었던 것과는 반대로, 내 상황에 맞는 '재생목록'을 작성해 TV 시간에 얽매이지 않을 수 있다. 서로에게 좀 더 자유롭고 규모도 작아진 현대의 네트워크화된 가족은, 이렇게 새로운 기술과 함께 새 시대에 맞춰 분리 돼있되 언제나 연결된 삶을 살아간다.[25]

그럼에도, TV시청률은 예전만 못하다. 그 많던 시청자는 다 어디로 간 걸까? 정답은 인터넷이다. 시간 차 분석을 해보면, TV 시청 시간이 줄어든 만큼 인터넷 사용 시간이 늘어났다. 예를 들어, 캐나다의 텔러스 통신 회사에 따르면, 캐나다 성인 중 TV 시청자의 수는 2009년 당시 2006년에 비해 무려 44퍼센트나 감소했다고 한다. 게다가 TV 시청 시간을 줄였다고 응답한 이 44퍼센트의 성인 중 46퍼센트는 그 이유를 '인터넷 사용 시간을 늘리기 위해'라고 답했다.[26]

디지털 기술과 네트워크화된 가정

가정에서 컴퓨터는 공동 공간에서 매우 특별한 의미를 차지한다. 〈뉴욕타임즈〉 기자인 케이티 하프너[Katie Hafner]는 2003년에 다음과 같은 문구를 실었다. "주방이 따뜻해졌다면, 누군가 컴퓨터를 켜놓았기 때문이다."[27] 사람들이 집에서 컴퓨터를 하는 공간을 자신의 공간이라 인식한다는 퓨 인터넷의 조사는 이 같은 비유를 뒷받침한다. 일반적으로, 컴퓨터는 집안 공간 중 모든 가족 구성원이 언제든 쓰기 편한 장소에 자리 잡는다. 토론토의 이스트 요크 지역을 바탕으로 커넥티드 라이브즈가 조사한 바에 따르면, 조사 참여자 중 46퍼센트는 거실과 같이 집안에서 공동으로 사용하는 공간에 적어도 한 대 이상의 컴퓨터를 놓는다고 응답했다.

컴퓨터와 인터넷이 보급된 현대 사회에서 아이들은 예전에 비해 컴퓨터와 인터넷 사용에 매우 능숙할 수밖에 없다. 마리아 리아노스 카본은 자신의 5살된 아들 안소니의 이야기를 블로그에 올렸다.

어느 날, 이제 5살 된 안소니가 내 컴퓨터를 스스로 켜고, 인터넷 익스플로러

창을 연 뒤 닉 주니어를 찾아 게임을 하는 모습을 보고, 충격을 금할 수 없었다. 그 작은 손가락으로 아무 스스럼 없이 마우스를 클릭하는 모습을 보고 있자니 아무 생각도 떠오르지 않았다. 하루는 게임에 질렸는지, 유튜브에 들어가 더만 위글스 온라인을 보고 앉아 있었다. 그레그 노래를 영어로 부르는 게 재미 없는 날엔 스페인어로 불렀다. 그러고는 스타폴이라는 무료 교육용 웹사이트에 들어갔다. 이 사이트는 안소니가 다니는 유치원에서도 활용한다고 한다. 우리 남편이 컴맹이라고 이야기했던가? 이젠 우리 안소니가 남편에게 어떻게 프로그램을 종료하는지 가르쳐주는 수준이다. "아빠 봤어? 그냥 여기 있는 X버튼만 누르면 돼."[28]

요즘 주위를 둘러보면, 안소니가 특별한 경우가 아니다. 더 어린 아이들도 부모가 컴퓨터를 사용하는 모습을 보며 자연스럽게 사용 방법을 터득한다. 〈와이어드〉 매거진의 편집장 크리스 앤더슨Chris Anderson은 2009년 9월 11일 다음과 같은 트윗을 남겼다. "우리 아기한테 장난감 전화기를 사줬다. 전화기에는 다이얼도, 수화기도, 코드도 없어서 전화기처럼 안 보였나 보다. 그러더니 TV 리모콘에 대고 이야기하기 시작했다. 리모콘이 전화기처럼 생겼거든."[29]

이런 아이들이 모두 영재라고 할 수는 없다. 텔러스 사가 조사한 바에 따르면, 캐나다 어린이의 58퍼센트가 7세부터 인터넷을 사용하기 시작하며, 2퍼센트는 유치원에 입학하기 전인 5살부터 인터넷을 사용한다고 한다. 10살쯤 되면, 84퍼센트의 아이들이 일주일에 적어도 4시간 이상 인터넷을 한다고 한다.[30] 부모나 형제가 컴퓨터를 어떻게 사용하는지, 어떤 컨텐츠를 보는지, 주변 기기는 무엇을 사용하는지 보며 배운다는 것이다.

사회 과학자인 지나 네프Gina Neff와 필립 하워드Phillp Howard는 해머와 고든이라는 이제 막 18개월 된 쌍둥이 아이들의 사진을 보내왔다. 제목은

그림 6.6 18개월 된 쌍둥이 아이들이 가장 좋아하는 장난감은 부모의 노트북 컴퓨터와 아이폰이다.
출처: 지나 네프와 필립 하워드. 2010년

'난 엄마 노트북하고 휴대 전화가 제일 좋아.'였다(그림 6.6).

모든 집안에 점점 정보통신 기술이 들어차면서, 사람들은 어디로 이동하든 접속 상태를 유지하고 IT 기기를 사용하는 일이 일상이 되어 버렸다. 네트워크화된 가족은 가족 유대감을 높이고 서로 함께 하는 목적으로 정보통신 기술을 활용하기도 한다. 각자의 라이프스타일에 맞춰 여기저기로 이동하면서도 서로 소통하는 데 정보통신 기술은 크나큰 도움을 준다. 또한 정보통신 기술 덕에 새로운 정보나 약속 등을 실시간으로 확인해 가족 구성원이 서로 알려주기도 한다. 집에서는 서로에게 도움이 될 만한 웹 페이지를 가르쳐주고 보여주기도 하며, 온라인 미디어를 시청하거나 이메일 메시지를 보내며 함께 즐거운 시간을 보내는 가족도 많다. 어려움이 있을 때는 다른 부모나 조직에서 운영하는 블로그와 웹사이트를 보며 조언을 얻는가 하면, 그럼으로써 마음의 위안을 얻기도 한다. 개인의 정보통신 기기를 활용해 이 모든 커뮤니케이션을 누리며 각종 컨텐츠를 참고하는 현대의 가족은, 네트워크화된 개인으로서 바람직한 가족 구성원의 역할을 수행할 수 있다. 미국 가정 중 39퍼센트는 가정에 적어도 두 대 이상의 컴퓨터를 보유했으며, 결혼해 자녀를 키우는 가정의 경우엔 58퍼센트라고 한다.

결혼해 자녀를 키우는 가정의 경우 휴대 전화와 컴퓨터를 비롯한 기기를 더 많이 보유하고 있다는 사실이 별로 놀랍진 않다. 가족 구성원 수가 많다는 것도 한 가지 이유가 되긴 한다. 사람이 많을수록 서로 이야기하고 정해야 할 일이 많을 테니 말이다. 예를 들어, 결혼한 무자녀 부부 혹은 자녀가 하나인 편부모 가정처럼 가족 구성원이 두 명이라면, 서로 직접 이야기하기가 쉽다. 반면 부모와 두 명의 자녀가 함께하는, 가족 구성원이 네 명인 가정이라면 관계의 경우가 12가지에 이른다. 결혼해 자녀를 키우는 미국 가정의 대부분(93퍼센트)은 한 대 이상의 개인용 컴퓨터를 보유했으며, 58퍼센트는 두 대 이상이라고 한다. 또한 37퍼센트는 유무선 네트워크를 활용해 집안 어디에서든 인터넷을 활용한다고 집계됐다. 전체 가족 중 부부가 모두 인터넷을 사용하는 가정은 76퍼센트이며, 이들 중 84퍼센트는 자녀가 7-17세다.

커넥티드 라이브즈 연구에 참여한 타냐의 경우를 예로 들어보자. 타냐는 40세가 지나 결혼에 골인한 여성으로 두 자녀의 엄마인 동시에 마라톤 선수다. 거기에 엔지니어이기도 한 타냐는 회사에서 거의 일과를 보내는 편이며, 심지어 저녁 시간과 주말에도 일해야 하는 경우가 다반사다. 본인의 빡빡한 일정은 물론 가족이 함께 해야 하는 가족 일정까지, 타냐는 이 모든 것을 자신의 노트북 컴퓨터에 설치한 캘린더 프로그램을 이용해 관리한다. 회사일은 물론, 가족 이벤트와 여타 사회 활동 등 자신의 삶에 가치가 있다고 생각하는 일은 모두 컴퓨터를 활용해 계획하고 관리하는 편이다. 타냐의 가족 구성원은 모두 자신만의 아이팟, 블랙베리, 컴퓨터를 보유했으며 이들은 이 기기들을 활용해 가족과 서로 소통한다. 일과 시간엔 이메일 메시지를 활용해 서로 이야기하기도 하는데, 특히 타냐는 인터넷을 하루 종일 사용한다. 타냐는 개인적으로 인터넷이야말로 궁극적으로 최고의 리소스라 생각한다. 인터넷은 신문이며, 전화번호부이자 백과사전이기도 하다. 가족 건강에 관해 궁금한 점이 생기면 바로 인터넷 브라우저부터 연다. 타냐에게 있어서, 지금까지 우리가 이야기한 인터넷의 유익/유해 여부는 문제가 되지 않는다. 그저 이 기술이 그녀의 삶에 어떤 도움을 주었는지, 그 사실만이 중요할 뿐이다.

결혼해 자녀와 함께하는 가정의 경우, 각 가족 구성원은 모두 자신만의 휴대 전화를 보유했다고 퓨 인터넷은 이야기한다. 이런 가정의 89퍼센트가 한 대 이상의 휴대 전화를 보유했으며, 47퍼센트는 세 대 이상이라고 집계됐다. 특히 부모의 휴대 전화 사용률은 인터넷 사용률과 비슷한 78퍼센트였다. 반면 자녀의 휴대 전화 사용률은 인터넷 사용률보다 조금 낮았다. 예를 들어, 텔러스는 2009년 캐나다의 7-17세 자녀 중 84퍼센트가 인터넷을 사용한다고 발표했지만, 자신만의 휴대 전화를 보유한 아이들은 57퍼센트였다. 디지털 기기의 가격과 월 사용료가 내려가면서, 10대 청소년의 휴대 전화 보유율이 높아졌다. 퓨 인터넷이 2011년 중반에 조사를 실시한 결과, 12-17세 청소년 중 휴대 전화를 보유한 아이들은 (2004년 45퍼센트였던 데 반해) 75퍼센트에 달했다.[31] 15세 생일을 맞이하고 나면 대부분 본인만의 휴대 전화가 생기는데, 부모와 자녀 모두에게 도움이 되는 일이라고 한다. 즉 자녀 입장에서는 필요할 때 가족과 친구들에게 연락하기에 수월하며, 부모는 자녀와 떨어져 있을 때 자녀와 쉽게 연락할 수 있기 때문이다.

대부분의 아이들은 부모에게서 생애 최초의 휴대 전화를 선물받는다. 선물이라면 응당 그러하듯, 휴대 전화 선물에도 대가가 따르는데, 부모와 자녀의 경우엔 몸은 떨어져 있더라도 항상 부모와 연결돼 있음을 보이는 것, 즉 주기적으로 상황을 보고해야 한다는 책임이 따른다. 부모는 휴대 전화를 이용해 자녀의 안위를 확인하고 약속을 잡는다. 이런 상황을 모바일 혁명의 모순이라 할 수도 있는데, 모바일 혁명 이후의 아이들은 물리적으론 부모와 떨어져 있을지언정 실제로는 휴대 전화를 중심으로 항상 부모와 연결돼 있는 셈이다.

정보통신 기술을 수용해 가족 구성원 각자가 독립적으로 생활하는 데에는 부담이 따르기도 한다. 커넥티드 라이브즈 연구에 참여한 미셸은 다음과 같이 이야기한다. "우리 아이들이 크리스마스 선물로 각자의 컴퓨터를 받은 데에는 한 가지 이유밖에 없다. 학교를 마치고 돌아오면 아이들 셋이 모여 서로 하겠다고 싸우기 때문이다."

또 다른 참여자인 헬렌 역시 집에 컴퓨터가 두 대나 있다. 하나는 헬렌 개인의 업무용 컴퓨터로서, 주로 직장 동료나 친구들과 이메일 연락을 주고받는 데 사용한다. 가족을 위한 정보 검색용으로도 자주 활용한다. 1장에서 이야기한 피터와 트루디의 경우처럼, 정보통신 기술은 삶이 난관에 부딪혔을 때 매우 새롭고 다양한 방식으로 활용되기도 한다. 헬렌은 다음과 같이 회상했다. "아버지께서 암에 걸리셨을 때, 난 인터넷에 접속해 암과 관련된 모든 정보를 찾았다. 그리고 한 번은 어머니가 약 부작용 때문에 고생하신 적이 있는데, 그 때 역시 웹사이트로 달려가 관련 정보를 검색했다. 우리 아들이 참가할 적당한 하키 캠프 일정을 찾기도 한다."[32]

헬렌은 정보통신 기술을 매우 효과적으로 활용해 자기 자신과 가까운 사람들에게 좋은 정보를 알려준다. 싱글맘이기도 한 그녀는 거실에 컴퓨터를 두어 아이들이 항상 자신과 가까운 곳에서 컴퓨터를 쓰도록 유도한다. 집안 사무실 문을 열어두되, 아이들이 크게 떠들거나 친구들과 함께 놀 때에는 잠시 닫아둔다. 헬렌의 아이들은 컴퓨터 귀재다. 유치원에 다닐 때부터 컴퓨터를 사용했는데, 가끔 아이들에게 도움을 받기도 할 정도로 잘 한다. 두 명이 컴퓨터 한 대를 공유해 사용하는데 아직까지 문제를 일으킨 적은 없으며, 그 중 14살 된 아들은 대개 9살 된 여동생이 잠자리에 들면 컴퓨터를 사용한다. 헬렌의 아들은 주로 인터넷을 이용해 학교 숙제를 하는데, 기타 코드를 배우기도 하고, 음악을 내려받거나 하키 관련 정보를 확인한다. 또 이메일과 인스턴트 메신저를 활용해 친구들과 수다를 떨기도 한다. 반면 딸 아이는 컴퓨터와 헬렌의 휴대 전화로 게임을 즐기곤 한다.

가족이 한 대의 컴퓨터를 공유해 사용해야 할 경우라면 여러 가지 대책이 필요하다. 커넥티드 라이브즈의 연구에 참여한 다니엘과 그의 아내의 경우를 예로 들면, 각자의 계정을 따로 두어 사생활을 보호한다. 비록 집 안에는 컴퓨터를 한 대만 두고 사용하긴 하지만, 다니엘은 업무용 노트북 컴퓨터를 들고 다니며 대학 연구를 진행한다. 노트북 컴퓨터를 이용한 연구는 주로 휴일에 진행하는데, 그에 필요한 계보학적 정보를 검색하거나 친구, 친척들과 이메일을 주고 받는다. 이메일은 아침에 한 번, 저녁에 한 번 확인하는 편이다. 다니엘이 출근했을 때 가족들에게 이메일이 오면, 집에 있는 아내에게 메일을 전달하고, 아내 역시 마찬가지로 가족들의 소식을 전해준다. 다니엘 자신이 스스로를 열성 인터넷 사용자라고 이야기하진 않지만, 다니엘은 여행과 상품 관련 정보를 검색하거나 공연 티켓을 예매하는 등 매우 다양한 방법으로 인터넷을 활용한다. 특히, 아내의 병세를 어느 의사가 오진한 이후로는 의료 관련 정보를 자주 찾아보는 편이다.

이와 같이, 네트워크화된 가족은 이전 세대보다 훨씬 더 자주 서로 연락한다. 엄마와 아빠, 자녀는 각자의 상황에 맞는 장소에서 따로 시간을 보내기 때문에 모두 집에 돌아오는 저녁 시간이 아니고서는 서로 이야기할 기회가 많지 않다. 하지만 네트워크화된 개인은 언제 어디서든 다양한 커뮤니케이션 도구를 손에 쥐고 서로의 안부를 묻고 약속을 정하는 등 소통이 가능하다. 한편, 함께 온라인에 접속해 있다 하더라도 각자의 커뮤니케이션 미디어로 연결돼 있는 경우가 종종 있다. 네트워크화된 개인은 대부분 홀로 있는 듯 하지만 알고 보면 두세 명이 연결되어 있으며, 서로 따로 떨어져 사는 가족이라 할지라도 그 안을 들여다보면 조화를 이루고 있다.

새로운 연결: 배우자와 연락하기

부부는 각자의 일과 중 서로에게 연락하는 데 매우 다양한 미디어를 활용한다. 특히 자녀가 있는 부부의 경우 그렇지 않은 부부보다 연락하는 빈도가 더 높은데, 아무래도 부모가 된 만큼 자녀와 가정에 대한 책임감도 높아질 뿐더러 할 일도 많기 때문이다. 조정해야 할 일정도 많으며, 감정적으로든 물질적으로든 서로 소통할 필요가 있다.

　자녀가 있든 없든, 결혼한 부부는 서로의 일상과 특별한 이벤트, 친구나 가족과 함께 해야 하는 행사 등 의논해야 할 일이 많다. 따라서 부부는 물리적으로 떨어져 있더라도 안부를 묻든 수다를 떨든 자주 소통하는 편이 바람직하다. 모든 사람이 일과 시간 동안 자신의 업무만으로도 바쁘겠지만 어떻게 해서든 누군가와 이야기할 시간은 비워둔다. 일을 하든 사회적 활동을 하든 학교에서 자녀를 데리고 오든 쇼핑을 하든 항상 무언가를 하거나 어딘가를 향해 가느라 일상의 대부분을 집이 아닌 밖에서 보낸다. 커넥티드 라이브즈 연구에 참여한 테레사는 남편과 세 명의 자녀와 함께 토론토에 산다. 테레사는 중요한 가족 모임이나 행사 등을 잊거나 실수하지 않기 위해 일과 중에도 남편과 이메일로 자주 연락하는 편이며, 이런 연락을 매우 중요하게 생각한다. 그녀에게 이런 이메일은 오늘의 할 일 목록임과 동시에, 무엇을 해야 하는지 순서를 정해 남편과 함께 해야 할 '수많은' 일의 우선 순위를 정하는 등 가족 시스템을 원활하게 돌아가도록 유지시켜 주기 때문이다. 피터는 아내와 두 명의 쌍둥이 자녀를 둔 가장으로 테레사와 비슷한 이야기를 한다. 그는 이메일을 활용해 아내와 자녀의 스포츠 활동 스케줄이나 방과 후에 데리러 갈 사람을 정하는 등 많은 이야기를 나눈다. "아이들 치과에 데려가야 할 시간이네. 여보, 스케줄 표에 추가해."

부부는 서로에게 휴대 전화나 집 전화로 연락을 많이 한다. 자녀가 있는 부부의 경우, 일주일에 평균 7.3번 정도는 휴대 전화를 이용해 남편 혹은 아내에게 연락하는 편이며, 집에 있는 유선 전화로는 일주일에 평균 4.7번 한다고 한다. 자녀가 없는 부부에 비해 조금 더 많이 연락하는 편이다 (그림 6.7).

자녀와 연락하기

사회적 이유든 자녀의 안전을 위해서든 어떤 이유에서든지 자녀와 부모는 물리적으로 떨어져 있다 하더라도 항상 소통해야 한다. 부모는 서로(부부) 가장 자주 연락하지만, 편부모는 그렇지 않은 부모에 비해 자녀와 더 자주 연락하는 편이다. 더군다나 홀로 아이를 키우다 보니 할 일이 더 많을 뿐더러 아이에 대한 책임감도 더 많이 느낀다.[33]

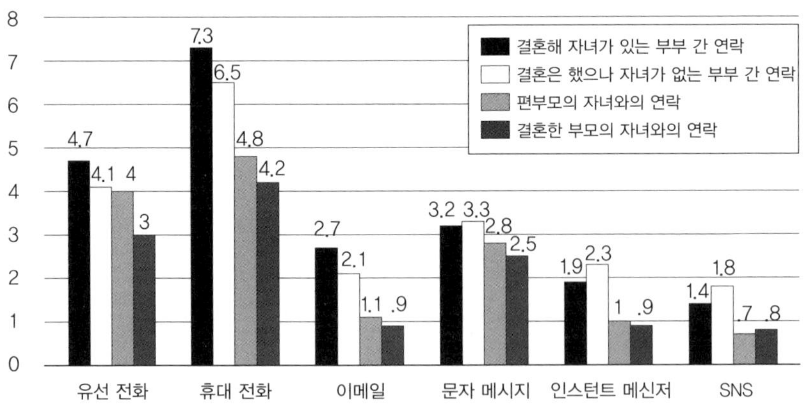

그림 6.7 부부와 자녀가 일상적으로 정보통신 기술을 이용해 연락하는 빈도
출처: 퓨 인터넷 앤 아메리칸 라이프 프로젝트, 네트워크화된 가족 연구. 2008년

미국의 부모들은 자신의 배우자와 연락하는 데 사용하는 미디어인 휴대 전화와 유선 전화를 이용해 자녀와 연락한다. 편부모는 그렇지 않은 부

모에 비해 자녀와 연락하는 빈도가 더 높았는데, 휴대 전화를 이용해서는 일주일 평균 4.8번, 유선 전화로는 4.1번, 문자 메시지는 2.8번 사용하는 것으로 나타났다. 캐롤라인 헤이손스웨이트Caroline Haythonthwaite와 공동 저자인 웰먼은 이처럼 부모가 자녀에게 다양한 미디어를 통해 자주 연락하는 현상을 '미디어 멀티플렉시티media multiplexity'라 부른다. 현대인의 삶이 얼마나 복잡해졌는지, 이 복잡해진 삶에 정보통신 기술은 어떤 도움을 주는지 한 마디로 표현한 용어라 하겠다.[34] '헬리콥터 부모'가 점점 늘고 있긴 하지만, 어쨌든 현대 사회의 수많은 부모는 정보통신 기술을 활용해 자녀와 연락하고 자녀의 생활을 알고 싶어 한다.[35]

커넥티드 라이브즈 연구에 참여한 싱글 대디인 제임스는 이메일과 인스턴트 메신저를 이용해 아들과 주기적으로 연락을 주고받는다. 제임스의 아들은 아빠와 메신저 하기를 좋아하는데, 야후의 '이모티콘'을 즐겨 사용한다. 이 둘은 함께 집에 있으나, 각자의 방에 있느라 얼굴을 보고 있지 않을 때에도 메신저를 사용한다. 재미있기 때문이다. 캐나다에서는 아버지보다 어머니가 자녀와 주로 소통하는 편이다. 따라서 남성보다 여성의 유선 전화, 휴대 전화, 이메일, 인스턴트 메신저의 사용 빈도가 높다. 특히 유선 전화와 휴대 전화로 자녀에게 연락하는 사람은 대부분 아버지가 아닌 어머니인 경우가 많다.

제임스와 아들의 경우를 보면 현대 부모와 자녀의 커뮤니케이션 방식은 물론 부모가 자녀에게 투자하는 시간 그리고 궁극적으로 자녀를 보살피는 방식이 어떻게 변화했는지 알 수 있다. 인터넷이라는 새로운 기술 영역을 어떻게 활용해야 하는지 고민하는 동안 정보통신 기술은 우리의 일상 생활에 더욱 더 깊숙이 파고든 셈이다. 따라서 정보통신 기술의 발전과 함께 성장해 사회 활동이나 여가 생활, 학교 생활의 개념이 완전히 달라져 버린, 네트워크화된 요즘 아이들을 다뤄야 하는 오늘날의 부모들은 '디지털 부모'로서의 면모를 보일 줄 알아야 한다.[36] 좋든 싫든, 요즘 청소년들과 아이들은 대부분의 시간을 인터넷 혹은 휴대 전화를 사용하며 보낸다. 캐롤라인 헤이돈스웨이트와 리차드 앤드류는 정보통신 기술을 학교 시스템에 접목시키면 교사의 수업 능력과 학생들의 학업 성취도에 큰 도움을 줄 수 있다고 이야기한다.[37] 또한 요즘 아이들은 어릴 때부터 비디오 게임을 하며 정보통신 기술을 능숙하게 다루기 때문에, 이들의 삶에 있어서 정보통신 기술 활용 능력은 새로운 직업군을 발굴하거나 새로운 기술을 창조하는 데 매우 중요한 역할을 한다. 커뮤니케이션 과학자인 후아 왕[Hua Wang]과 아빈드 싱할[Arvind Singhal]이 이야기하듯, 게임은 오락용일 뿐만 아니라 교육용으로도 충분히 개발될 수 있다.[38]

청소년 필수 미디어: 문자 메시지

휴대 전화에서 사용하는 문자 메시지만큼 네트워크화된 가족 생활에 큰 영향을 미친 디지털 기술도 없을 것이다. 이미 이야기했지만, 휴대 전화는 가족의 커뮤니케이션 방식을 지역 간에서 개인 간으로 바꿔놓았다. 문자 메시지 기술이 집단 중심의 활동을 개인 중심으로 바꿔놓았다 말해도 과언이 아니다. 현대인은 가족과 함께 하는 저녁 식사 자리에서든 쇼파에 앉아 다 함께 TV를 시청하는 시간이든 상관없이 휴대 전화를 손에 쥐고 자신만의 소셜 네트워크 활동을 즐긴다.

가족 중에서도 십대 청소년, 특히 여자 아이들은 누구보다도 활발한 네트워크 사용자다. 개인용 통신 기기인 휴대 전화의 등장으로 이제 아이들은 가족의 감시 없이 친구들과 사적인 대화를 나눌 수 있다. 퓨 인터넷이 2011년에 조사한 바에 따르면, 12-17세 청소년 중 75퍼센트가 자신만의 휴대 전화를 보유했으며, 이 중 97퍼센트는 문자 메시지를 사용한다고 한다. 그리고 문자 메시지를 사용한다고 응답한 청소년 중 49퍼센트는 한 달에 평균 1,500건에 이르는 문자 메시지를 주고 받으며(하루에 50건 이상), 이 중 3분의 1은 하루에 100건 정도의 문자 메시지를 전송한다고 한다. 특히 여자 아이들의 경우, 하루에 평균 80건(남자 아이들은 30건)의 문자 메시지를 받는다고 한다.

문자 메시지 이용 청소년들에게 사용 이유를 묻자 대부분 '비동기성'이 좋아서 사용한다고 응답했다. 즉 두 사람이 동시에 커뮤니케이션할 필요가 없다는 뜻이다. 십대 청소년들은 문자 메시지를 보낸 후 즉각적으로 답이 오지 않는다고 신경 쓰지 않는다. 문자 메시지를 받은 사람은 상황에 따라 답문을 즉각적으로 혹은 조금 후에, 때로는 아예 확인을 안 할 수도 있다. 따라서 문자 메시지를 주고받는 데에 얽매여 일상을 방해받을 필요가 없다. 퓨 인터넷의 조사 활동 중 한 남자 아이는 다음과 같이 이야기했다. "난 부모님한테 문자 메시지를 잘 보내는 편이다. 실제로 이런 경우가 많진 않지만, 학교에 갔는데 준비물을 잊고 갔을 때라든가 데리러 올 시간을 정해야 할 때 간단하게 엄마한테 문자 메시지를 보낸다. 전화는 자주 하지 않는다."

비밀을 좋아하는 청소년들에게, 휴대 전화는 흔적을 감출 수 있는 좋은 도구이기도 하다. 부모들이 확인하기 좋은 컴퓨터 화면과 달리, 문자 메시지는 자신의 휴대 전화로만 주고받기 때문에 부모가 확인하기 쉽지 않다. 게다가 문자 메시지를 쓸 때는 통화할 때처럼 주변 소음이 전달되지 않는다. 예를 들어, 부모님과 통화하면 자신이 현재 어디에서 누구와 무엇을 하고 있는지, 주변 소음으로 인해 필요 이상의 정보가 같이 전달되기도 한다. 한 고등학생은 다음과 같이 말한다. "가끔은 엄마한테 문자 메시지를 보내기도 해요. 그러면 문자를 받은 엄마는 '문자 보낸 걸 보니 딴짓하고 있구나.'라고 말하죠. 솔직히 때론 거짓말하려고 문자를 보내기도 해요. 엄마랑 통화를 하면 엄마가 주변 소리를 다 들을 수 있기 때문이지요. 그럼 엄마는

'너 지금 누구랑 있니? 어디 있는 거야?'라고 말할 게 뻔하거든요. 문자를 보내면 엄마가 소리를 들을 수 있는 게 아니니 자세히 이야기할 필요가 없어 편해요." 부모는 끊임 없이 자녀의 행방을 궁금해 하고 확인하고 싶어 하며 자녀는 부모의 감시를 피하고 싶어 하니, 모바일 연결은 부모와 자녀 모두에게 나름의 자구책인 셈이다.

문자 메시지는 부모로 하여금 감정적으로나 물리적으로 자녀와 어느 정도 거리를 유지하게 하는 완충 역할을 하기도 한다. 문자 메시지에 서툰 부모가 많다 보니, 자녀 입장에서는 안 좋은 소식이라든가 어려운 부탁을 전해야 할 때, 이 비동기적 커뮤니케이션 수단을 사용하기가 편하다. 비단 부모가 자녀에게 전하는 커뮤니케이션뿐만이 아니다. 자녀가 부모에게 하는 커뮤니케이션에서도 마찬가지다.[39] 한 여학생은 다음과 같이 이야기한다. "엄마한테 뭘 부탁해야 한다거나 나쁜 소식을 전해야 할 때 문자 메시지를 보내요. 엄마가 나한테 잔소리하는 게 듣기 싫어서예요. 엄마는 문자 메시지를 잘 못 보내기 때문에 답문은 항상 간략하게 올 수밖에 없어요. 엄마한테 말하긴 해야 하는데 불편한 엄마 목소리가 듣기 싫은 모든 건 다 문자 메시지로 해결하는 편이에요."

청소년을 대상으로 한 퓨 인터넷 조사를 보면, 문자 메시지가 아이들의 일상 생활에서 얼마나 중요한 미디어인지 알 수 있다. 단순히 상대의 안부나 의중을 떠보려는 상황이라면, 문자 메시지를 더할 나위 없이 좋은 미디어다. 한 중학생은 "그냥 같이 놀 친구 누구 없나 알아볼 때 문자 메시지를 날려요."라고 말한다. 그리고 어느 여자 고등학생은 "가족한테 전화하거나 누군가와 말하는 것보다 친구랑 문자 메시지로 말하는 게 더 많은 것 같아요. 친구들도 그런 것 같아요."

간단하게 말하자면, 문자 메시지는 네트워크화된 개인, 그 중에서도 특히 청소년들이 즐겨하는 가장 대표적인 활동이라는 것이다. 문자 메시지는 극히 개인적인 미디어다. 개인의 취향과 목적에 따라 얼마든지 바뀔 수 있다. 개인에게 타인과 같은 공간에 있지 않아도 사회적으로 대화할 수 있는 가상 공간이며, 다양한 네트워크로 향하는 지름길과도 같다. 네트워크에 따라 달라지는 주제와 상대를 쫓아 항상 연락할 수 있는 수단이며, 부모와 자녀의 새로운 커뮤니케이션 방식이다. 과거의 가족과 현대의 가족은 문자 메시지로 인해 대화 분위기도 바뀌었으니 말이다.

부모: 어디 갔었어?

청소년 자녀: 그냥 밖에.

부모: 뭐했어?

청소년 자녀: 별 거 안 했어.[40]

모두 다 함께

사회 과학자인 셰리 터클Sherry Turkle은 자신의 저서 『외로워지는 사람들』에서, 정보통신 기술의 발전으로 인해 가족이 함께 있어도 각자 자신만의 디지털 기기를 손에 쥐고 개인 활동을 해 가족의 여가 시간이 방해 받는다고 이야기한다.[41] 혹자는 정보통신 기술을 많이 사용하는 가족이 둘러 앉은 식탁을 묘사하며, 각자 휴대 전화를 들고 문자 메시지를 보내며 대화는 하지 않는 모습을 이야기하곤 한다. 이런 비판론자의 경우, 정보통신 기술을 받아들임에 따른 현대 가정의 모습 변화를 1960년대 TV가 등장했을 때와 매우 다르게 본다. 그때만 해도 TV를 중심으로 온 가족이 함께 앉아있었기 때문이다. 신문 칼럼니스트인 스티브 콜린스Steve Collins는 다음과 같이 이야기한다.

그땐 아이팟이 없었다. TV, 컴퓨터, 손 안에 들어오는 디지털 기기로 하여금 현대인은 언제 어디에 있든 타인의 존재를 무시하는 경향이 있다. 비관론자들이 말하듯 인간의 사회성이 붕괴되는 날이 가까워져, TV 한 대 앞에 온 가족이 모여 함께했던 옛날을 그리워할 날이 올지도 모르겠다… 같은 공간에 있는 타인의 존재를 눈치채지 못하면서도(특히 청소년) 다른 누군가와 온라인으로 소통하고 있는 모습을 보면 좀 모순적이기도 하다.[42]

하지만 지금까지 우리는 정보통신 기술이 가족 구성원 간의 소통 능력을 높여 오히려 관계에 도움이 된다는 증거를 봐 왔다. 네트워크화된 가족은 온라인상에서 함께 하는 데 시간을 투자한다. 특히 대부분의 배우자는 온라인을 통해 거의 대부분의 시간을 함께 한다. 결혼은 했으나 자녀가 없는 부부는 자녀가 있는 부부보다 훨씬 더 많은 시간을 온라인에서 함께 보낸다. 조사 응답자 중 절반에 가까운 자녀가 없는 부부는 온라인에서 '자주' 함께 시간을 보낸다고 응답했으며, 같은 응답을 한 자녀가 있는 부부는 응답자의 3분의 1을 차지했다(그림 6.8).

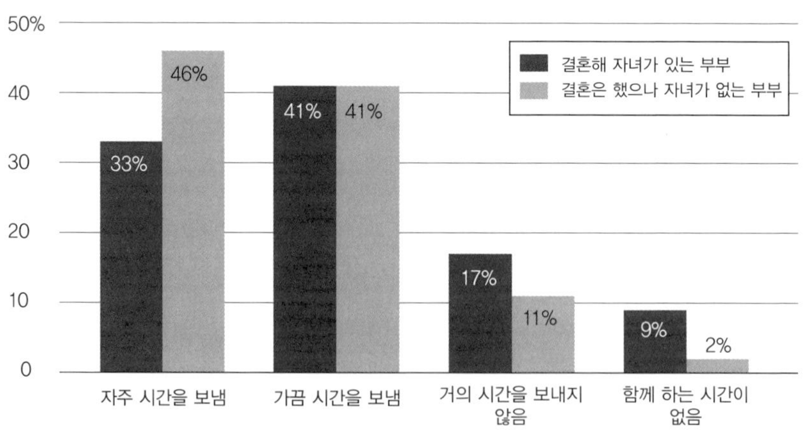

그림 6.8 부부가 함께 온라인에서 시간을 보내는 빈도
출처: 퓨 인터넷 앤 아메리칸 라이프 프로젝트, 네트워크화된 가족 연구. 2008년

온라인에서 함께 시간을 보낸다고 응답한 부부는 대개 서로의 공통된 관심사에 관한 활동을 하거나, 가족에 관한 이야기 혹은 필요한 정보를 찾는다고 한다. 예를 들어, 커넥티드 라이브즈 연구 참여자인 테레사는 남편과 함께 논의해야 할 사항(자동차 구입 등)에 대한 정보를 함께 찾고 이를 바탕으로 결정을 내린다. 부부는 〈어메이징 레이스〉라는 TV 프로그램을 좋아해 함께 프로를 보고 난 다음에는 인터넷에 접속해 함께 예고편을 보기도 한다. 여타 참가자의 경우 온라인에서 가족 휴가를 함께 계획하기도 한다고 응답했다. 40대에 결혼해 엄마가 된 올리비아는, 커넥티드 라이브즈의 조사에서 서로 대화하는 도중 혹은 TV를 보다가 궁금한 사항이 생기면 그에 관한 정보를 검색하러 함께 인터넷에 접속한다고 이야기했다. "남편은 인터넷에서 전세계에 있는 부동산 정보를 검색하곤 해요." 올리비아의 말이다. "저번 밤에는 같이 앉아서 멕시코에 있는 한 콘도를 봤어요. 얼른 같이 가자고 이야기했답니다." 흐뭇하게 웃으며 이야기한다. "그리스에 집을 살까 고민하기도 했어요. 좀 웃기긴 하지만요. analyze.ca에 접속하면 캐나다 구석구석을 볼 수 있어 자주 살펴보곤 해요. 이사할 집을 보든 여행갈 곳을 정하든, 함께 컴퓨터 앞에 앉아 인터넷으로 우리 부부가 원하는 걸 같이 검색하는 편이에요."

미국 부모의 90퍼센트가 자녀와 함께 온라인에 접속한 경험이 있다고 이야기한다. 또한 과반수의 엄마와 30퍼센트 이상의 아빠가 '자주' 자녀와 함께 온라인에 접속한다고 한다(그림 6.9). 그리고 이 주제에서도 마찬가지로, 편부모의 경우 그렇지 않은 부모보다 자녀와 함께 온라인 활동을 하는 데 더 많은 시간을 투자한다. 전체 싱글맘의 5분의 3 싱글대디의 절반 가량이 '자주' 자녀와 함께 온라인 활동을 한다고 응답했다.

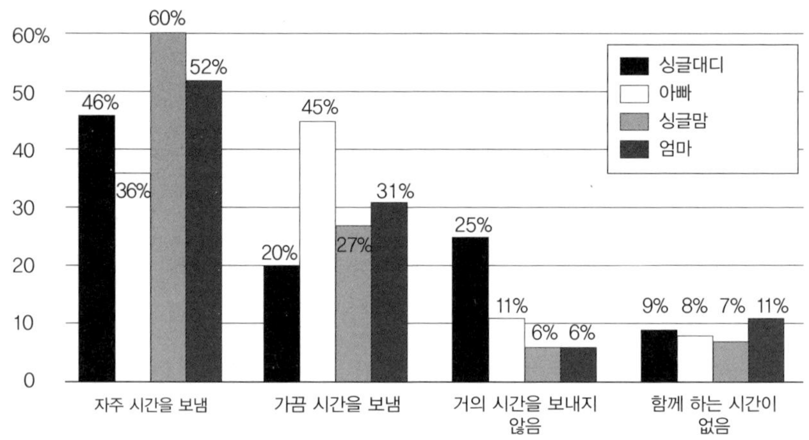

그림 6.9 부모와 자녀가 함께 온라인에서 시간을 보내는 빈도
출처: 퓨 인터넷 앤 아메리칸 라이프 프로젝트. 네트워크화된 가족 연구. 2008년

커넥티드 라이브즈의 연구에 참여한 40대 여성인 제니퍼는 7살 케이티와 함께 온라인 활동을 하는 시간을 기다릴 정도로 좋아한다. 제니퍼에게 있어서 이 시간은 예쁜 딸과 함께 무언가를 배우고, 게임을 즐기며 엄마와 딸 간의 관계를 형성할 수 있는 시간이다. 제니퍼는 딸을 옆에 앉히고 딸이 할 만한 게임을 선택한 뒤 게임 방법을 설명해주기도 하며 온라인 게임을 같이 한다. 하지만 아직 이메일 계정은 만들어주지 않았으며, 케이티가 어떤 온라인 활동을 하는지 지켜보는 편이다. 제법 인터넷 사용을 잘 하는 케이티이긴 하지만, 케이티가 무언가를 물어보면 즉각 대답하는 것이 제니퍼의 육아 원칙이기 때문이다.

커넥티드 라이브즈와 퓨 인터넷의 조사 결과를 보면, 제니퍼처럼 자녀가 어떤 컨텐츠를 보는지, 누구와 이야기하는지 등 자신이 보고 있지 않을 때 온라인으로 무엇을 하는지 걱정하는 부모가 꽤 있다. 그 결과, 가족 내에서 지켜야 하는 네티켓과 메티켓이 생겨나기도 한다. 뉴저지에 사는 베쓰 헤리나는 '가족과 함께 하는 자리에선 문자 메시지 주고받지 말 것'이라는 규칙을 정했다.[43] 커넥티드 라이브즈의 연구 대상이 된 토론토 부모들의 경우, 자녀가 사용하는 컴퓨터에 관리자 모드로 접속해 자녀가 어떤 소프트웨어를 받고 어떤 온라인 활동을 하는지 감시한다고 이야기하기도 했다. 혹은 주방이나 거실 등 가족 공동 공간에 컴퓨터를 설치해 자녀가 무엇을 하는지 물어보거나 불시에 컴퓨터 화면을 들여다본다고 응답한 사람도 있었다.

실제로 자녀의 정보통신 활동을 감시하는 부모는 도처에 있다. 청소년 자녀를 둔 미국 부모 중 85퍼센트는 자녀가 인터넷을 활용하고 웹사이트에 접속하는 데 지켜야 할 규칙을 정했다. 또한 자녀가 온라인으로 공유하고 검색할 수 있는 정보의 종류도 제한했다고 한다. 특히 부모 중 69퍼센트는 자녀가 온라인 활동을 하는 시간에 제약을 두었으며, 53퍼센트는 아예 특정 웹사이트를 차단했으며 45퍼센트는 자녀의 온라인 활동을 감시하는 소프트웨어를 설치해뒀다고 응답했다.[44] 이와 비슷하게, 많은 부모가 자녀의 휴대 전화 사용에도 제약을 두는데, 때론 자녀의 휴대 전화를 감시 도구이자 처벌 도구로 활용하기도 한다. 휴대 전화를 보유한 청소년 자녀를 둔 부모의 64퍼센트는 휴대 전화의 연락 목록이나 전화번호부 등을 확인해 자녀의 휴대 전화 사용 기록을 추적한다고 하며, 62퍼센트는 자녀가 잘못했을 때 휴대 전화 사용을 금지하는 벌을 내린다고 한다. 또한 52퍼센트는 하루 중 휴대 전화를 사용할 수 있는 시간을 제한하며, 48퍼센트는 자녀의 행방을 감시할 목적으로 휴대 전화를 사용한다고 응답했고, 46퍼센트는 자녀가 상대와 통화하는 시간을 제한하며 28퍼센트는 하루에 보낼 수 있는 문자 메시지 건 수를 정해뒀다고 말했다.

다시 한 번 이야기하지만, 자녀와 함께 온라인에 접속해 관심사를 나누고, 정보를 검색하며 게임을 즐기는 부모는 매우 많다. 커넥티드 라이브즈 연구 참여자인 타냐는 일상 중 남편, 자녀와 함께 인터넷을 즐기는 시간이 많은데, 리모델링할 화장실 구조부터 시작해 컴퓨터 게임, 자녀의 숙제 등 매우 많은 활동을 같이 한다. 또 다른 참여자인 펠리시아 역시 아들과 함께 인터넷을 하며 숙제를 돕는다. "작년에 아들 녀석이 역사 숙제를 하나 하는데, 그 당시의 풍습이나 복장을 함께 검색했었지요." 때론 그저 자녀와 즐겁게 '놀' 목적으로 온라인 활동을 함께 하기도 한다. 두 명의 자녀를 둔 헨리는 다양한 퍼즐과 미니 게임을 즐기기 위해 아들과 함께 '토마스 더 탱크 엔진' 웹사이트에 자주 접속한다. 아들이 인터넷 퍼즐 게임을 좋아하기 때문이다. 시에나의 16개월 된 딸 아이는 트리하우스 TV 아동용 웹사이트에서 흘러나오는 음악과 그곳에서 제공하는 게임을 좋아한다. 두 명의 자녀와 함께 하는 아빠인 그레그도 "다들 여기 와봐! 재미있는 것 있다!"라고 외치며 가족과 함께 컴퓨터 앞에 둘러앉아 온라인 활동을 즐겨 한다.

지금까지 이야기한 사례만 보더라도, 집안에서의 인터넷 활동이 반드시 '혼자만' 할 수 있는 것은 아님을 알 수 있다. 인터넷을 함께 하며 정보를 공유하다 보면, TV를 시청할 때처럼 온 가족이 모여 이야기 꽃을 피울 수도 있다. 가족이 모두 함께 앉아 컴퓨터를 할 만한 편안한 소파는 없지만, 우리에겐 노트북 컴퓨터가 있지 않은가. 노트북 컴퓨터를 들고 이 방 저 방 오가며 인터넷을 보고 많은 이야기를 나눌 수 있다.

페이스북이 젊은 사용자층을 타겟으로 했으나 기성 세대까지 사용자층이 넓어진 것처럼, 함께하는 온라인 활동은 가족의 경계를 다시 정의한다. 자녀의 친구와 학교 생활에 관심을 두지 않던 부모가 페이스북을 통해 자녀에게 '친구' 신청을 하는 것처럼 말이다. 퓨 인터넷이 2011년 중반에 실시한 부모의 소셜 네트워킹 사이트 활용 조사에 따르면, 81퍼센트의 부모가 자녀와 '친구'가 되기 위해 페이스북과 같은 사이트를 이용한다고 응답했다.[45] 부모와 자녀는 소셜 네트워킹 사이트를 통해 같은 경험을 할 수 있으며, 자녀와 자녀의 친구들에 대한 정보를 공유할 수도 있다. 그런데 어떤 부모는 그 정도가 조금 지나쳐, 자녀의 컴퓨터에 스파이웨어[SPYware]를 설치해 자녀가 방문한 페이지와 키보드 입력을 감시한다. 자녀의 탈선을 방지하고 안위를 걱정하는 마음에서 한다고는 하지만, 이렇게까지 자녀의 페이스북 사용을 감시하려 하는 부모의 모습은 흡사 '관음증 환자'처럼 보이기도 한다.[46]

네트워크화된 가족

네트워크화된 가족은 3대 혁명을 모두 받아들였고, 새로운 변화에 적응했다고 볼 수 있다. 이들은 정보통신 기술을 활용함으로써, 공공과 사적 삶의 공간 간 경계를 약화시키고 시공간의 장벽마저 허물어뜨린다. 결혼을 하거나 이혼을 하고, 자녀를 낳는 등 복잡한 가족 생활의 순환 속에서 각 가족 구성원은 바뀌는 환경에 적응하고 그에 맞춰 진화하기도 한다. 네트워크화된 가족은 정보통신 기술로 말미암아 이런 복잡함을 조절하고 수시로 바뀌는 요구 사항을 충족하려 노력한다.

퓨 인터넷과 커넥티드 라이브즈의 연구는 디지털 유목민이라 불리는 네트워크화된 개인이 가족 구성원으로서 가정 내에서 어떻게 자신의 일상생활에 기술을 적용하는지 매우 잘 보여준다. 현대 가족은 그 규모와 구성에서뿐만이 아니라, 라이프스타일까지 이전과는 판이하게 다르다. 정보통신 기술은 현대 가족의 삶에 완전히 녹아 들어, 물리적으로 떨어져 있다 하더라도 한 가족으로서의 유대감을 유지하고 발전시키는 데 큰 도움을 준다. 인터넷과 휴대 전화는 가족 구성원들이 어디에 있든 서로 연결시켜주며, 서로의 위치를 찾아주고, 무엇이든 원하는 일을 함께 할 수 있도록 이끌어준다. 따라서 정보통신 기술은 (특히 현대의 발달된 교통 수단과 함께 할 경우) 가족 구성원들이 각자의 삶을 영위하되, 언제나 서로 연결돼 있게 해준다. 모순적이긴 하지만, 현대의 가족은 인터넷과 휴대 전화 덕분에 서로 얼굴을 맞대고 있는 시간은 줄어들었으나 서로 소통할 수 있는 시간은 증가했다.

7장_ 네트워크화된 업무 방식

1960년대의 화이트컬러 직장인의 모습이 궁금하다면, 시대극 TV 드라마인 〈매드맨Mad Men〉을 추천한다.[1] 〈매드맨〉은 1960년대 뉴욕의 매디슨 가를 배경으로 성공한 광고 에이전시의 삶을 그리는데, 당시의 직장인들은 모두 9시부터 5시까지 근무 시간을 철칙으로 여겼다. 각자의 사무실 자리에 앉아 있든 소규모 회의실에 앉아있든, 모든 남성은 프론트 데스크에 앉아 있는 젊은 여성 비서의 수행을 받았다. 드라마 등장 인물들은 성별에 따라 맡은 역할은 다르지만, 종교, 인종적으로는 모두 같은 '기독교 신자이자 백인'이다.

가끔 다른 회사에서 전화가 오는 장면을 빼곤, 모든 남성은 책상에 앉아 펜과 종이를 들고 근무한다. 타자기를 두드리는 건 모두 젊은 여성 비서의 몫이다. 남성에게 있어 멀티태스킹이란, 한 손엔 담배를 들고 다른 한 손엔 스카치 한 잔을 든 채 보고서를 읽는 것뿐이다. 타인과는 오직 얼굴을 보고 이야기할 때만 커뮤니케이션을 한다. 가족의 삶과 직장인으로서의 삶이 겹치는 부분은, 야근하는 남편을 못마땅해하는 전업주부인 아내의 볼멘 소리가 나올 때와 회사 파티에 가족이 참석하는 장면 외엔 거의 없다. 일은 그 자체로 가정과 연결될 일이 없으며, 아내와 아이들은 정말로 중요한 긴급 사태가 발생했을 때를 제외하곤 전화기를 쓸 일이 없다. 따라서 가족이 회사 사무실에 들렀다는 건 그야말로 엄청난 문제가 생겼다는 뜻이다.

드라마 〈매드맨〉은 허구의 이야기지만, 1956년 윌리엄 화이트William H. Whyte의 베스트셀러 저서 중 하나로 2차 세계 대전 후 미국 직장인의 삶을 묘사한 『회사원the organization man』과 매우 흡사하다. 이 책에서는 '회사원 (여성은 없음)'이 회의실에 앉아 팀원들에게 회사 업무를 차례로 하나씩 할 당시키는 상사를 중심으로 한 수직적 계층 구조에 얼마나 충성적이고 순응적으로 적응하게 되는지를 여과 없이 보여준다.[2]

1800년대에 일어난 산업혁명 이후 고용인의 모습을 떠올리라 하면, 거대한 공장이나 사무실, 혹은 동네 슈퍼 같은 작은 소매 가게에 앉아 있거나 트럭 운전수처럼 단독으로 일하는 모습을 가장 먼저 떠올리게 마련이었다. 물론 지금도 수많은 공장과 사무실, 가게 등이 있으나, 개인 혹은 그룹을 중심으로 하는 근무 형태는 네트워크화된 근무 형태의 모습으로 완전히 바뀌었다. 현대의 수많은 직장인은 전세계를 시장으로 하는 글로벌한 경제 구조 속에서 근무하기 때문에, 다양한 목표를 향해 달려가는 여러 팀과 함께 '네트워크화된 업무 방식networked work'을 중심으로 협업한다. 또한 이들이 근무하는 직장은 고용인들이 한 곳에 모여있지 않고 개인적 혹은 조직적으로 여러 곳에 분산돼 있는 '네트워크화된 조직networked organization'의 형태를 띤다.

7장에서는, 현대의 분산된 조직 구조 속에서 다양한 팀과 함께 다양한 프로젝트를 수행해야 하는 직장인의 근무, 생활 방식을 살펴보겠다. 또한 이런 변화가 인터넷, 모바일 혁명과 어떤 관계가 있는지 알아보자. 다만, 7장의 내용은 5장과 6장만큼 명쾌하지는 않다는 사실을 미리 밝힌다. 네트워크화된 조직의 능력과 효용성에 대한 조직 관계자의 주장은 현실에 비해 부풀려진 면이 없지 않기 때문이다. 또 한 가지, 모든 조직과 기업이 네트워크화된 운영 시스템을 바탕으로 하지는 않는다. 북미의 상황만 보더라도, 기존의 시스템을 고수하는 곳도 분명 남아 있다. 게다가 북미 외 지역 고용인의 인터넷 사용률은 생각보다 낮은 편이다. 실제로 2008년 국제 데이터 기업IDC, International Data Corportation가 조사한 바에 따르면, 17개의 선진 국가에서 근무하는 고용인 중 여러 개의 디지털 기기를 사용하며 커뮤니케이션을 위해 새로운 애플리케이션을 사용한다고 응답한 사람은 16퍼센트에 불과하다.[3] 물론 2008년 이후의 수치는 조금 다르긴 하겠지만, 급격하게 증가하진 않았을 것이다. 7장에서 이야기하는 근무 방식은 확실히 몇 안 되는 글로벌 기업에 해당됨을 일러둔다.

네트워크화된 조직의 네트워크화된 업무 방식

네트워크화된 업무 방식을 이끌어낸 데에는 다음과 같은 다섯 가지 요인이 있다. 첫째, 교통수단의 발달로 이동 거리가 확장되면서 기업은 업무 환경과 시장을 전세계로 확장할 수 있었다. 오늘날의 기업과 고용인들은 대체적으로 과거에 비해 더 많은 고객, 동료와 함께 한다.

둘째, 과거의 선진국은 무언가를 생산하고 유통하는 제조 경제를 중심으로 성장했으나, 현대에 들어 데이터를 바탕으로 제품이나 서비스를 판매하고 분석하는 정보 경제를 중심으로 돌아간다. 도시 개발 연구가인 리차드 플로리다^{Richard Florida}는 '창조적 계급^{creative class}'이 이 같은 '데이터 중심의 정보 처리 업무'를 이끌어냈다고 이야기한다. 미국 내 '창조적 계급'은 1960년대 22퍼센트에서 2006년 43퍼센트로, 세대가 바뀌면서 두 배 이상 증가했다고 한다(2장의 그림 2.11 참조). 그리고 이 '창조적 계급'을 구성하는 사람들은 주로 '과학, 공학인들이며, 아키텍처와 디자인, 교육, 예술, 음악과 엔터테인먼트 등 새로운 아이디어와 기술, 컨텐츠를 창조해내는' 직업군에 종사하는 사람이다.[4] 다시 말해, 물질의 바탕인 '원자^{atom}'를 다루기보단, 정보의 근원인 '비트^{bit}'를 다루는 사람들이다.[5]

셋째, 사실 네트워크화된 조직과 업무 방식은 한순간에 등장한 것이 아니다. 인터넷과 모바일 혁명 이전부터 서서히 발전해오던 중 이 두 혁명의 영향을 받아 발전 속도가 더욱 빨라진 것뿐이다. 인터넷과 모바일 혁명으로 인해 '비트 종사자bit worker' 즉 컴퓨터를 이용해 아이디어와 데이터를 처리하는 직업군이 새로 생겨났다. 이들은 기본적으로 물리적 제품을 생산하며 조립 라인을 중심으로 근무하는 '아톰 종사자atom worker'보다 네트워크 활용 능력이 뛰어나다. 고용인의 데이터 처리, 검색, 생성 능력이 출중하다면, 기업 자체적으로도 정보통신 기술을 활용해 서로 연결돼 협업하기에 수월하게 마련이다. 일부 정보통신 기술 관련자들만 보더라도, 제조업이나 일반 사무업보다는 창의적 노력이 필요한 직업군에서 활동한다.

넷째, 현대인은 인터넷 덕분에 머리 떨어져 있는 데이터베이스와 정보에 접근해 공유하고, 소통할 수 있다. 중앙 도서관에 있는 정보부터 회사 기밀까지 검색할 수 있는 시대가 된 것이다.[6] 또한 업무의 성격에 따라 일하는 장소에 제약이 없는 경우도 있다. 조직 연구가인 폴 애들러Paul Adler와 찰스 헥셔Charles Heckscher는 다음과 같이 이야기한다.

지식 기반 사회에 들어서면서, 대기업은 관료체제와 충성도를 바탕으로 하는 커뮤니티의 한계를 느낄 수밖에 없다. 관료체제는 단순 대량 생산을 목적으로 하는 조직을 이끌어 나가는 데에는 효과적이지만, 오늘날 복잡한 상호작용을 바탕으로 하는 민감하고 혁신적인 업무가 주를 이루는 조직에는 적합하지 않다. 관료체제가 지배하는 조직에서는 지식을 자원이라 생각하기 때문에 주요 결정을 내리고 업무를 분배하는 조직의 고위층에게만 필요한 것이라 생각한다. 하지만 시대의 흐름을 타며 혁신적인 아이디어를 내놓아야 하는 현대의 조직에서는 지식은 곧 성공으로 향하는 지름길이며 때론 고위층보다 업무를 전담한 직원이 해당 지식을 더 많이 알고 있는 경우도 비일비재하다. 시대의 흐름을 읽어나가는 민감성과 창의력은 미리 준비한다고 되는 능력도 아닐 뿐더러, 창조적인 협업 역시 단순히 지시를 내린다고 할 수 있는 일이 아니다.[7]

다시 말해, 창조적인 정보, 지식 기반 업무는 경직된 개인주의 시장이나 수직 구조의 관료체제에서는 쉽게 이뤄지기 어렵다. 물론 수직 구조의 관료체제라고 해서 올곧은 나무 구조로 단순 표현하는 데에는 무리가 있다. 또한 모든 시장이 원자화됐다고 말할 수도 없다. 하지만 네트워크가 발달하면서 수직적인 관료체제와 시장 구조는 분명 그 모습이 조금 더 뚜렷해졌다.[8]

다섯째 요인은, 모바일 혁명으로 인한 고용인들의 자유에 있다. 현대의 정보, 지식 산업 종사자는 모바일 혁명 덕분에 답답한 사무실 속 책상에서 벗어나 자신의 스마트폰과 노트북 컴퓨터로 어디서든 업무를 볼 수 있다. 데스크탑 컴퓨터와 유선 전화의 판매율은 낮아진 반면, 스마트폰과 태블릿, 노트북 컴퓨터의 판매율이 높아진 것만 봐도 모바일 혁명의 영향이 어느 정도인지 알 수 있다. 이제는 사무실뿐만 아니라 집, 심지어 커피숍에서도 데이터를 전송해 업무를 보는 일이 결코 어렵지 않다. 출장이 잦은 직업인들도 집이나 호텔, 기차, 비행기, 자동차 등 다양한 장소에서 작업이 가능하다. 물론 모든 종류의 업무가 네트워크화되어 있지는 않다. 아직도 많은 사람이 조립 라인이나 사무실의 칸막이 속에서 근무하며, 가게를 운영하거나 트럭, 택시를 운전한다. 하지만 분명, 인터넷과 태블릿, 스마트폰 등의 정보통신 기기는 우리의 근무 환경 깊숙이 자리 잡았다.

정보통신 기술의 확산

조직 내 혹은 조직 간 원거리 커뮤니케이션은 항상 있어 왔다. 고대 로마는 이집트의 곡창에서 곡물을 공수해왔으며, 동인도 회사가 19세기 인도를 좌지우지해왔다는 역사가 이를 뒷받침한다. 19세기 미국 회사들은 앞다투어 경보 시스템을 이용해 어떤 배가 입항 중이며 또 어떤 물건을 싣고 오는지 알고자 했다. 이런 방식의 커뮤니케이션은 어렵고, 느리며, 고비용에 불규칙적인 데다가 전보나 기차, 전화기, 자동차, 비행기 등의 교통, 통신 수단과 이를 제어할 사람이 함께 해야 가능했다. 즉 모든 업무 관련 커뮤니케이션이 발생할 땐, 담당자가 반드시 회사에서 자리를 지키고 있어야 했다는 말이다.[9] 하지만 인터넷과 모바일 혁명 이후, 네트워크화된 수많은 근로자는 자신의 안락한 집을 비롯한 매우 다양한 장소에서 수직적 조직 구조를 벗어나 일할 수 있는 기회를 잡았다.

컴퓨터는 본래 기업의 회계 업무와 서비스를 지원하는 거대한 메인 프레임으로서의 역할을 수행할 목적으로 도입됐다. 컴퓨터를 개인 업무용으로 활용해야겠다고 생각한 혁신가들이 등장한 지는 불과 30년도 채 되지 않았으며 그 수도 매우 적었다. 게다가 컴퓨터를 이용해 온라인으로 동료들과 협업할 수 있는 사람들은 당시 거의 없었다. 예를 들어, 토론토 대학은 1989-1995년까지 컴퓨터를 이용해 상대와 문자 메시지를 이용하거나 직접 이야기하는 방식으로 화상 회의를 진행할 수 있는 화상 회의 시스템과 원격 현장감 기술을 개발하기 위해 수백만 달러를 투자했다. 아무런 사전 지식이 없는 상황에서 이 시스템에 맞는 하드웨어와 소프트웨어를 고안해 구현해야 했지만, 그때까지만 해도 사용자 입장에서 편하게 이용할 수 있는 인터넷 소프트웨어는 하나도 없었다.[10]

컴퓨터가 개인용 디지털 기기로 발전하면서 모든 변화가 시작됐으며, 이윽고 사회는 네트워크화되기 시작했다. 비즈니스 학자인 앤드류 맥아피 Andrew McAfee는 이를 두고 "미국의 기업은 괴짜 기기와 사랑에 빠졌다."라고 표현했다. 미국 내 기업의 정보통신 기술 활용 정도는 1970년부터 급격하게 증가해, 기업 내 예산 중 정보통신 관련 기기에 투자하는 비용은 여타 기술에 필요한 장비에 투자하는 예산을 훨씬 웃돌았다. 컴퓨터 하드웨어와 소프트웨어의 가격이 하락하고 근로 인력이 늘어났다 하더라도 의미 있는 결과임에는 틀림 없다. 미국 내 IT 관련 기업의 연간 평균 투자금액을 예로 들어보자. 1970년에서 2008년까지 IT 기업의 연간 투자 금액은 50억 달러에서 3,500억 달러로 급증했다. 또한 IT 인력의 임금도 급격하게 증가해 1970년에는 고용인 한 명당 100달러였던 데 비해, 2008년에는 3,000달러에 이르렀다. 기업의 정보통신 관련 예산도 1970년대에는 전체의 10퍼센트 미만이었지만, 21세기에는 전체 예산의 3분의 1에 가깝게 책정된다. 미국 내 정보통신 기술 관련 산업 규모도 크게 성장해, 2008년의 산업 규모는 1995년의 5.5배 정도라고 한다.[11]

시간이 흐르면서 정보통신 기술은 더욱 발전해, 현재에 들어서 기기와 기술 사용료가 낮아짐과 동시에 기기의 휴대성이 높아지고 사용을 도와주는 다양한 소프트웨어가 개발된 덕분에, 개인은 각 가정이나 직장에 적어도 한 대 이상의 개인용 컴퓨터를 보유한다. 또한 이 컴퓨터는 공동 인터넷 서비스 혹은 조직 내 네트워크에 연결돼 있다(3장 참고). 퓨 인터넷이 2000년 3월에 실시한 조사에 따르면, 상근 근로자의 37퍼센트, 비상근 근로자의 18퍼센트가 직장에서 인터넷을 사용한다고 응답했다. 그리고 2011년 중반에 같은 주제로 실시한 조사에서는 각 수치가 76퍼센트와 52퍼센트로 증가했다. 퓨 인터넷이 2008년에 실시한 네트워크화된 근로자에 관한 조사에서는 근로자 중 60퍼센트가 직장에서 매일 인터넷을 사용한다고 응답했으며, 컴퓨터를 아예 사용하지 않는다고 응답한 근로자는 28퍼센트밖에 되지 않았다. 또한 종사하는 직업에 따라 정보통신 사용 정도가 다른 것으로 나타났는데, 그 중에서도 전문직과 관리직, 경영진의 75퍼센트, 사무직, 행정직, 영업직의 절반 가량이 직장에서 인터넷을 사용한다고 한다. 반대로, 서비스 산업이나 기술직에 근무하는 사람의 경우 정보통신 사용률은 이보다 낮게 집계됐다.

수많은 미국인 근로자들이 직장에서 다양한 정보통신 기술을 활용하며, 특히 스마트폰과 개인용 컴퓨터를 주로 사용하는 편이다. 퓨 인터넷의 네트워크화된 근로자에 관한 조사에 따르면, 미국인 근로자의 77퍼센트가 데스크탑 컴퓨터를, 50퍼센트는 노트북 컴퓨터를 사용하며, 그 둘을 모두 사용한다고 응답한 근로자도 매우 많았다. 택시, 트럭 운전수, 배관공 등은 인터넷이 업무에 반드시 필요한 사항은 아니지만 고객 관리와 배차시간 정보 등이 필요해 인터넷을 사용하며, 터미널이나 은행, 마트 출납원의 경우엔 고객이 직접 계산하거나 정산하는 기계를 사용하는 덕분에 특별히 업무 처리를 위해 인터넷을 활용할 일은 없다고 응답했다. 하지만 이들은 모두 수시로 휴대 전화를 이용해 인터넷을 사용하고 있으며, 2008년 통계에 따르면 휴대 전화를 보유한 미국인 근로자는 10명 중 9명으로 확인됐다.

또한 근로자의 대부분이(87퍼센트) 직장에서 매일같이 이메일 계정을 확인한다고 한다(표 7.1). 절반 이상의 근로자는 자신의 휴대 전화를 이용해 한 시간에도 몇 번씩 이메일을 확인하며, 37퍼센트는 푸시 기능을 이용해 계속적으로 확인한다고 응답했다. 특히 휴대 전화를 보유한 근로자 중 33퍼센트는 직장 동료와 주기적으로 문자 메시지를 주고 받으며, 39퍼센트는 친구나 가족과도 문자 메시지로 대화한다고 한다(물론 지금 이 수치는 훨씬 더 높아졌을 것이다). 게다가, 이들 중 75퍼센트는 개인 이메일 계정을 사용하며, 39퍼센트는 적어도 하루에 한 번 이상 계정을 확인한다고 한다. 마지막으로, 이 조사에서 처음으로 소셜 네트워크 사이트 사용에 관한 항목이 추가됐는데, 업무 혹은 개인적으로 관련된 사람들과 소통하는 데 소셜 네트워크 사이트를 사용한다는 응답도 나왔다.[12]

표 7.1 업무 혹은 개인적인 용도로 정보통신 기술을 활용하는 근로자

	지속적으로	한 시간에 여러 번	하루에 여러 번	하루에 한 번 정도	이삼 일에 한 번 정도	잘 확인하지 않음	아예 확인하지 않음
개인 이메일 계정 보유 근로자 (751명)							
개인 이메일 확인	7%	4%	12%	16%	6%	9%	46%
업무용 이메일 계정 보유 근로자 (609명)							
업무용 이메일 확인	37	13	22	15	5	2	6
인스턴트 메신저 사용 근로자 (325명)							
직장에서 직장 동료와 메신저 대화	8	5	13	5	5	8	55
친구나 가족과 메신저 대화	3	·	8	9	5	11	62
문자 메시지 사용 근로자 (455명)							
직장에서 직장 동료와 문자 메시지 대화	3	2	6	6	6	11	67
친구나 가족과 문자 메시지 대화	3	2	11	12	11	16	44
소셜 네트워킹 사이트 사용 근로자 (245명)							
소셜 네트워킹 사이트를 통해 직장 동료와 대화	2	·	1	2	8	5	83
소셜 네트워킹 사이트를 통해 친구나 가족과 대화	2	0	3	4	7	11	72

출처: 퓨 인터넷 앤 아메리칸 라이프 프로젝트, 네트워크화된 근로자 조사 (2008년)

현대인은 서로 네트워크를 통해 연결됐을 뿐만 아니라, 온라인에서 더 많은 시간을 보낸다. 인터넷 실사용자인 근로자의 경우, 하루 중 인터넷에 투자하는 평균 시간이 2001년에는 4.6시간이었으나, 2010년에는 그 두 배인 9.2시간으로 집계됐다.[13] 즉 근무하는 주중에는 매일 평균 9.2시간을 인터넷 사용에 투자한다는 뜻이다. 물론 개인의 상황이나 하루 중 광대역 인

터넷에 접속된 컴퓨터 사용 시간 등에 따라 수치는 조금씩 다르기 때문에, 실사용자는 정의하는 정확한 기준은 없다. 정보통신 기술은 근로자가 직장에서 휴식을 취하기 좋은 환경을 만들어주기도 한다. 퓨 인터넷의 네트워크화된 근로자 조사에 의하면, 직장에서 인터넷을 이용하는 근로자의 22퍼센트는 온라인 쇼핑을, 15퍼센트는 동영상 감상, 10퍼센트는 온라인 소셜 혹은 업무 관련 네트워킹 사이트에 접속한다고 하며, 온라인 게임을 즐긴다는 사람도 있었다(3퍼센트).[14]

그렇다면, 지금까지 이야기한 근로자의 정보통신 기술 활용은 어떤 의미를 지닐까? 조사에 따르면, 정보통신 기술을 사용하는 근로자가 실제로는 업무 효율이 더 높으며, 협업에 유연하고 더 넓은 인맥을 지녔다고 한다. 하지만 정보통신 기술을 사용하는 데 시간을 들이다 보니 전체적인 근로 시간은 더 많으며, 그만큼 스트레스도 많다는 결과도 나왔다. 맥킨지 연구는 다음과 같이 이야기한다. "정보통신 기술을 통한 외부 이해관계자와의 협업 또는 관계 연결은 기업에게 있어 경쟁 속에서도 더 많은 시장 점유율을 얻어낼 수 있는 기회를 제공한다."[15]

네트워크화된 업무 방식

전통적인 직장 내 그룹은 긴밀한 관계는 물론이요, 물리적으로도 협소한 공간 안에 함께 모여 근무하는 특징을 보였다. 이렇게 '어항' 속 환경과 같은 사무실에서 근무하며, 개인의 업무 또한 개별적이고, 그룹별로 맡겨진 업무의 색도 매우 달랐다. 그룹 내 커뮤니케이션은 해당 그룹에서만, 그것도 공개적으로 이뤄졌다. 하지만 네트워크화된 직장의 모습은 정반대다. 높아만 보이던 칸막이는 낮아져 그룹 간의 경계가 약화되고, 부서에 상관없는 협업과 상호작용을 중시한다. 기존의 환경이 '어항' 같았다면, 현재의 조직은 '전화교환대' 같다. 모든 근로자가 서로 직접적으로 소통할 수 있다는 뜻이다. 네트워크화된 조직의 구조는 이렇듯 좀 더 유연하며 수평적이고, 팀을 바탕으로 하되 팀이라는 의미 자체가 매우 확장돼 있다.[16] 네트워크화된 근로자는 상대와 더 자주, 더 쉽고 빠르게, 거리에 구애 받지 않은 채 인터넷, 전화기, 문자 메시지, 메일, 소셜 네트워크 사이트, 블로그, 메신저, 화상 연결 등을 통해 언제, 어떤 미디어로든 커뮤니케이션한다. 게다가 이제 더 이상 업무 관련 데이터를 근로자의 개인 컴퓨터에 저장하지 않고 '클라우드'라 불리는 인터넷상의 공간에 저장함으로써, 조직 내에서는 물론이요, 고객과 거래처 사람들도 더 쉽게 접근할 수 있다.[17] 창의적 업무 능력과 정보력은 직장 상사와 동료, 부하 직원의 관계가 유연한 네트워크화된 조직 구조에서 가장 중요시되는 역량이며, 그 권한과 자율성 역시 네트워크화된 개인의 능력에 달렸다.

하지만 이 모든 네트워킹 과정에는 정보통신 기술 사용이라든가, 새로운 개념에 적응하기까지의 시행 착오, 동적인 업무 관계 관리 등이 수반되며, 이런 과정에는 물질적, 정신적 비용이 발생하게 마련이다. 예를 들어, 네트워크화된 근로자는 팀이나 조직을 자주 옮겨 다닐 수 있는데, 이럴 경우 자신의 업무에 대한 애착이 약해져 책임감이나 충성심 등이 낮아질 수밖에 없다. 또한 물리적으로 떨어져 서로 다른 장소에서 근무하다 보면, 동료들 간의 정보 공유나 계획, 제어 등에 차질이 생겨 프로젝트를 완료하기까지 예상보다 더 많은 시간이 필요한 상황이 발생하기도 한다. 특히 팀의 문화나 업무 방식에 익숙하지 않은 사람이 새로 투입될 경우 이런 어려움은 가중된다.[18]

기존의 업무 방식과 네트워크화된 조직 내에서의 업무 방식을 최대한 단순하게 정리한 표 7.2를 보면 그 차이가 한 눈에 들어온다. 그리고 두 방식 간의 차이를 종합해보면, 네트워크화된 조직의 근로자들과 관료체제의 조직에서 반복적으로 업무를 되풀이하는 근로자들 간에 어떤 문화적 차이가 있는지 누구든 쉽게 짐작할 수 있다.

팀에서 맡은 업무가 수시로 바뀌는 네트워크화된 근로자의 개인 네트워크는 기존의 전통적인 업무 그룹에 맞춰 일하던 근로자에 비해 훨씬 크다. 예를 들어, 퓨 인터넷의 네트워크화된 근로자 조사를 살펴보면 미국인 근로자 중 직장에서 정보통신 기술을 사용하는 근로자는 전체의 80퍼센트에 해당하며, 이들은 정보통신 기술을 활용해 커뮤니케이션 네트워크를 확장할 수 있었다고 답했다. 그리고 46퍼센트의 근로자는 정보통신 기술 덕분에 개인의 네트워크 규모를 매우 많이 성장시켰다고 한다. 또한 73퍼센트는 정보통신 기술이 동료와 아이디어를 공유하는 능력을 신장시키는 데 큰 도움을 줬다고 응답했다.

업무 그룹 간, 그리고 조직 내에서 부서를 막론한 커뮤니케이션이 자주 일어나다 보니, 정보의 습득과 흐름은 매우 중요한 비즈니스 성공 요소로 부상했다. 특히 상사로서 갖춰야 할 전형적인 리더십과 더불어 전략적인 네트워크 내 위치 탐색 능력은 조직의 다양한 부서 사람들과 연결돼 업무를 이끌어나가는 매우 중요한 역량으로 떠올랐다. 즉 집단과 집단을 연결하는 능력이 뛰어난 사람^{betweenness centrality}은 기업 내에서 고용인들을 연결하는 가장 짧은 경로 역할을 하므로 더 훌륭한 업무 능력을 발휘할 수 있다. 한 연구에 따르면, 조직 간 학구적인 네트워크의 중심 축 역할을 하는 '지적 리더'는 매우 다양한 미디어를 사용하는 특징을 보인다고 한다. 이런 리더는 다른 사람들이 이메일로 의견을 주고 받을 때, 직접 상대를 만나 얼굴을 보며 의견을 나누고 조언을 전하는 방식을 선호한다.[19] 누가 누구의 네트워크 구성원인지, 그 누군가가 무엇을 원하며 문제 해결에 어떤 도움을 줄 수 있는지 안다면 조직 내 소셜미디어 사용은 더욱 활발해질 것이다. 전세계의 정보를 다뤄야 하는 글로벌 기업 내 지식근로자를 연구하니, 이들은 조직의 다른 사람들과 연결돼 커뮤니케이션하는 능력이 누구보다도

뛰어나며 이는 곧 기업의 더 높은 수익 창출로 이어진다는 결론을 얻을 수 있었다.[20]

표 7.2 전통적인 업무 방식과 네트워크화된 업무 방식 비교

전통적인 '어항' 그룹	'전화교환대'로 네트워크화된 개인
같은 공간에서 모두 함께 근무	각자 분리되어 근무함
서로가 서로에게 개방돼 있음	필요할 경우 문을 닫아 사생활 보호
누구에게든 물리적 접근이 가능함	유리문일 경우에만 방해할 수 있음
개인의 행동을 모두 볼 수 있음	문이 잠겨 있다면, 반드시 노크한 뒤 들어감. 열려 있다면 허락을 구함
누가 누구와 함께 있는지, 특히 근처에 앉아있는 사람은 대화 내용이 직접 들리는 등 확인이 매우 용이함	문이 열려 있지 않은 한, 문 너머의 상황을 알 수 없음
그룹 내 직원 인원이 정해져 있음	잠재적 동료가 매우 많음. 언제든 바뀔 수 있음
매우 밀접하게 연결돼 누구에게든 곧바로 연락 가능함	서로 잘 모르거나 직접적인 친분이 없는 경우가 많음
강한 유대감으로 묶여 대부분의 상호작용이 작은 그룹 내에서 모두 이뤄짐	느슨한 연결. 다양한 공간에서 서로 다른 수많은 사람과 일하며 각자 자신의 업무를 개인적으로 수행함
그룹에 대한 충성도와 동기 부여가 강함	자기 자신을 중시해, 경력이나 개인의 전문성에 대한 충성도가 높음
자주, 반복적으로 상호작용함	불규칙적인 상호작용
일정을 조정하고 제어하기에 쉬움	일정을 조정하고 제어하기 어려움
장기간 관계를 맺음	다양한 관계 속에서 수시로 바뀜
사무실에서만 근무함	재택근무도 가능함
그룹 일원으로서의 아이덴티티가 강함	협업이 많으며, 수시로 그룹이 바뀜
같은 공간에서 일하는 동료의 도움을 많이 받음	암묵적인 노하우를 배우기 어려움
반복적인 업무, 정확한 퇴근, 낮은 임금	멀티태스킹 지향, 고임금
업무에 대한 충성심과 주인 의식이 강함	수많은 업무에 애착이 분산됨
전체 그림을 보지는 않음	업무와 조직에 대한 전체 그림을 따짐
그룹 내 인터넷, 가상 네트워크 연결	조직 밖으로 연결되는 인터넷
상사 혹은 그룹 내 동료들과 직접적으로 얼굴을 맞대고 대화하며 업무를 지시받음	정보통신 기술을 바탕으로 하는 전자 보안 규칙 등 사내 규범에 맞는 내부 업무 제어
수직적 계층 구조의 맨 위로 올라가려는 성향이 강함	집단 간 연결 능력을 중시함

출처: 배리 웰먼, 2011년.

정보통신 기술은 직장 내 동료 간의 친목 도모에도 도움을 준다. 직장 내에서 업무상 필요한 관계만큼이나 동료애가 쌓인다는 연구 결과도 있으며, 또 다른 연구에서는 업무적인 관계에 개인적인 친목이 더해질 경우 조직 간 커뮤니케이션을 더욱 더 효율적으로 할 수 있다고 발표했다.[21] 이를 뒷받침하는 연구 데이터도 있다. MIT의 조직 분석가인 샌디 펜트랜드[Sandy Pentland]가 착용 가능한 '현실마이닝[reality mining]' 센서를 근로자들에게 입힌 뒤 행동을 분석한 결과 다음과 같은 결론에 도달했다고 말한다. "열 군데 이상의 기업을 대상으로 관찰해 본 결과… 사회적 상호작용은 생산성 향상에 매우 중요한 요소임을 알 수 있었다. 타인과 원활한 정보 교류가 가능한 사람일수록 업무 처리 능력이 높았으며, 그렇지 못한 직원은 회사의 성장에 도움이 되지 못할 뿐더러 사회적 지원을 받지도 못하는 경향이 있었다."[22]

직장 내 동료들은 상황과 관계에 따라, 그에 맞는 다양한 미디어를 활용해 업무나 개인적인 문제에 관한 이야기를 나눈다. 예를 들어, 애너벨 콴하세[Anabel Quan-Haase]와 웰먼은 시카고의 최첨단 기술 기업인 KME의 직원들이 수많은 미디어를 자유자재로 활용하는 모습을 연구했다. 가장 기본적인 커뮤니케이션 방식은 인스턴트 메신저로서, 메시지를 받는 즉시 답을 보냈으며 옆에 앉은 동료들과도 메신저로 대화하는 경우가 많았다. 하지만 뭔가 복잡하고 긴 설명이 필요한 경우에는 곧바로 이메일 계정에 로그인해 메일을 썼고, 민감한 사항을 이야기해야 할 경우에는 휴식 시간이나 점심 시간을 이용해 직접 얼굴을 맞대고 대화하는 모습을 보이기도 했다.

어떤 사람들은 적당한 선에서 커뮤니케이션을 마무리하고 싶어 하기 때문에 때로는 플랫폼을 사용하기도 한다. "무언가에 대한 정보를 알고 싶긴 한데, 다른 사람이 내 반응이나 행동을 눈치채지 못하게 하고 싶은 경우가 있다. 이럴 때 인스턴트 메신저는 가장 좋은 미디어이기 때문에 개인적으로 즐겨 사용하는 편이다. 메신저로 메시지를 보내거나 받은 후에는 어떻게 답을 보내야 하는지 잠시 생각할 시간을 가질 수도 있다." KME에 근무하는 앤디의 말이다.

KME의 직원들은 동료의 자리로 직접 찾아가 이야기하는 방식이 다른 사람들 눈에 노출이 많이 되는 행동임과 동시에 방해를 줄 수 있는 커뮤니케이션 방식이라 생각한다. 예를 들어, 어떤 문제를 상의해야 할 때 린다는 데스먼에게 잠시 밖으로 나가 이야기하자는 내용의 이메일을 보낸다. 서로 대각선 방향으로 가까이 앉아있는데도 불구하고 말이다. 몇 번 이메일을 주고 받으며 시간과 장소를 정한 뒤엔, 커피 한 잔을 들고 슬그머니 나가 이야기를 나눈다.

컴퓨터를 중심으로 서로 연결돼 있는 KME의 직원들이지만, 여기서도 조직 간의 경계 때문에 발생하는 문제는 여전히 사라지지 않았다. 대부분의 커뮤니케이션은 부서 내에서만 이뤄지는 데다가, 웬만한 직원들은 대부분 회사 내 어딘가에 모여 이야기하고 있기 마련이다. 반면 관리자들은 엄청난 양의 메시지와 이메일을 받는다. 캐나다의 통신 회사도 이와 비슷한 모습을 보이는데, 컴퓨터를 활용해 재택 근무하는 이른바 '원격근무' 직원들을 위한 프로그램을 마련해 놓고는 있지만, 조직 구조상 이들을 관리하는 권한은 여전히 회사 내 사무실에 머무른다. 가장 큰 변화라 한다면 출퇴근 시간이 없어진 만큼 늘어난 근무 시간일 게다. 다시 말해, 경계를 넘나드는 커뮤니케이션이 쉬워진 것 이상으로 그 중요성이 커진 셈이다. 어쨌든, 수많은 직원이 연결고리 역할을 하면서 부서 간 정보와 아이디어 전달책으로서의 역할을 다하고 있다.[23]

네트워크화된 조직은 개방적이며 유동적으로 부서를 나누어 직원 간 상호작용을 장려하는 구조를 지향한다. 구글의 전 CEO인 에릭 슈미트[Eric Schmidt]는 구글을 '네트워크를 기반으로 하는 조직의 대표적인 예'라고 표현했다. 자화자찬이기는 하지만, 슈미트는 반복적으로 팀을 재구성하고 목표를 재설정함으로써 단기간의 업무를 집중해 처리하는 소규모 팀의 형태를 강조한 것이다. 구글 내에서 블로그는 지금 현재 누가 무엇에 관해 어떤 생각을 하고 있는지에 관한 정보를 전달하는 미디어로 사용된다. 또한 팀끼리 어떤 정보를 공유하고 싶을 때 유튜브 동영상을 활용하기도 한다. 맡고 있는 프로젝트에 상관 없이 수시로 (네트워크화된) 직원이 서로의 작업을 평가하고 피드백을 준다. 구글의 직원들은 마치 대학 캠퍼스와 같은 환경으로 구축되어 직원 간의 상호작용과 논의를 장려하는 구글플렉스Googleplex에서 근무한다. 이 구글플렉스는 무료로 점심 식사를 제공하는 식당을 비롯, 직원들의 휴식을 위한 오락실과 살사댄스 클럽, 칸막이로 분리돼 있지 않은 여러 개의 소규모 사무실 등으로 구성돼 있다. 이 모든 공간은 음료수 자판기나 복사기 앞에서 만나 이야기를 나누던 기존의 조직 문화를 대신해, 네트워크화된 직원들이 자유롭게 언제든 서로 교류하며 반짝이는 아이디어를 낼 수 있는 기회를 제공한다.[24]

네트워크화된 조직의 발달

관리 분석가들은 유동적이고 네트워크화된 조직은 프로젝트에 필요한 인력과 리소스를 배정하는 데 있어 여러 장점을 지니고 있으며, 동시에 직원들의 자율성과 유연성을 장려하고 권한을 분산시키는 데 일조한다고 주장한다.

네트워크화된 조직의 직원들은 여러 팀과 더불어 다양한 프로젝트를 수행한다. 따라서 기업은 다양한 역량과 관점을 지닌 팀원들을 중심으로 임시 팀을 꾸릴 수 있다. 반면, 여러 팀을 오가는 직원으로서는 개인의 네트워크를 확대해 글로벌 지역주의, 즉 글로컬glocal적인 관계를 형성할 수 있다. 전통적인 기업의 수직적 권한 구조는 협업을 통해 문제를 해결하고자 하는 직원들의 자율성으로 대체된다. 네트워크화된 조직은 조직 내 경계를 허물어 부서와 부서, 조직과 조직, 심지어 나라와 나라를 뛰어넘어 직원의 역량을 발휘할 기회를 줌으로써 조직을 성장시킨다는 장점이 있다.

네트워크화된 조직의 네트워크화된 직원들은 공간의 제약을 받지 않고 서로 협업하며 동료애를 키운다. 이들은 뛰어난 지식과 전문성을 지니고 타인에게 다양한 조언을 줄 수 있는 지식 중개자knowledge brokers로 성장하기도 하는데, 어려운 문제에 부딪히거나 프로젝트를 마무리해야 할 때 역량을 발휘한다. 때로는 '실행 공동체community of practice'의 구성원으로서 조직 내에서 특정 사항에 대한 지식을 전파하고 전문가로서의 명성을 얻으며, 이를 바탕으로 유용한 아이디어를 만들어내기도 한다. 예를 들어, 조직 분석가인 아렌트 그레브Arent Greve는 노르웨이의 석유 산업 내에서 경계 확장자boundary spanner의 역할은 무엇이며, 이들이 어떻게 기업 간 정보와 새로운 기술에 대한 지식을 전달하고 연결하는지 조사했다. "모든 성공한 기업은 '링크'를 보유해 활용했으며, 그렇지 못한 기업은 성공하지 못했다." 모두가 경계 확장자로서의 역할을 수행하진 못했지만, 직원들은 내부적으로 강한 유대감으로 똘똘 뭉쳐 프로젝트를 완수했다.[25]

네트워크화된 조직은 전통적 기존 조직에 비해 그 구조가 상대적으로 수평적이며, 보고체계도 계층적이지 않으며, 격식에 얽매이지 않는 업무 문화를 보인다. 또한, 관료적인 규칙을 강행하지도 않는다. 따라서 직원들은 개방되고 유동적인 공간이나 부서 배치만큼이나 다양한 보고 체계를 갖는다. 팀이 잘 돌아가려면 지식과 기술 같은 하드웨어는 물론이요, 서로 간의 신뢰와 헌신을 바탕으로 하는 소프트웨어가 제대로 준비돼 있어야 한다. 모두의 위에 군림해 업무 진행을 감시하는 관리자가 없으니, 팀의 일원들은 팀 전체의 목표와 활동 계획 등을 제대로 이해하고 서로 공유할 필요가 있다. 또한 지식의 수준과 전달 속도는 직원들 간의 비형식적인 네트워크 구조에 따라 달라지므로, 네트워크화된 조직은 직원들이 자유롭게 상호작용을 나누어 정보와 인맥을 교류할 수 있는 기회를 제공해야 한다. 네트워크화된 조직은 지리적으로 분산되어 인터넷을 기반으로 업무를 진행하는 경우가 많으므로, 유동적인 업무 조직, 부동산 비용 감소(책상 등의 비품 소모도 줄어듦), 통근 거리 감소를 통한 업무 시간 확보, 지식이나 정보 접근에 용이함 등 다양한 이점이 늘어난다. 반면 업무나 프로젝트 진행을 보고하는 데 구조적 취약점이 있으므로, 팀 간의 상반된 목표 설정 혹은 중복된 업무 분담을 지양하기 위한 강력하고 활발한 업무 계획 시스템이 필요하다.

커뮤니케이션 과학자인 피터 몽주[Peter Monge]와 노쉬르 콘트랙터[Noshir Contractor]는, 반복적인 업무나 지식, 명령의 하향 커뮤니케이션에는 중앙집권적 조직[centralized organization] 구조가 효과적이라고 말한다. 하지만 업무가 불규칙적이고, 새로운 지식을 창조하는 역량이 부족한 수준이라면 아이디어를 수직적으로 상부로 끌어올려 전달하는 데 오히려 비효율적이라고 한다.[26]

이와 반대로, 분산된 네트워크 구조는 직원들이 자율적으로 지식을 탐색하고 활용하는 문화를 존중하므로, 협업을 해서 문제를 해결하거나 창의적인 방법을 모색하는 데에 더 효과적이다. 사회학자인 로널드 버트[Ronald Burt]는 팀 간 활발한 네트워크는 어떤 상황을 색다른 관점으로 관심 있게 지켜보는 사람을 찾는 데 도움이 되므로, 다양한 팀의 직원들과 관계를 맺으면 더 다양한 정보를 제공할 수 있다고 이야기한다.[27] 조직 분석학자인 린 우[Lynn Wu]와 연구진 역시 대규모 글로벌 정보 기업의 '구조적으로 다양한' 네트워크는 개인적으로나 팀 단위로도 업무 효율성이 더 높다고 주장한다.[28]

관리 전문가들은 네트워크화된 조직 구조로 변화하는 데에는 직원 관리 방법만이 아니라, 직원 근무 일정과 조직 방법까지 변화해야 한다고 말한다. 초기의 연구들을 통해, 기술이 조직 행동과 업무 수행 능력에 어떤 영향을 미치며 기술결정론의 위험은 무엇인지 이야기했다면, 근래에는 정보통신 기술이 근원적으로 어떤 영향을 미치는지 좀 더 신중하게 살펴보는 편이다. 네트워크화된 조직은 종종 지식과 전문성을 공유하는 협업을 권장하는 문화를 이끌어낸다. SAP 아메리카의 대표인 빌 맥더모트 Bill McDermott는 모바일 기기의 사용에 대해 "타인의 규칙과 업무를 방해하던 모바일 기기는 이제 개인의 라이프스타일에 맞는 업무 방식을 선택해 유지할 수 있게 하는 매우 유용한 도구로 변모했다."라고 말한다.[29] 일부 연구에서, 여러 팀과 함께 협업한 기업이 고정된 관료체제에 맞춰 일하는 기업보다 높은 업무 효율성을 나타냈다는 점만 보더라도 맥더모트와 같은 생각은 분명 새겨들을 가치가 있다. 조직 분석가인 스티븐 폴트록 Steven Poltrock과 글로리아 마크 Gloria Mark는 "기술 개발을 통해 개발을 직접적으로 제품 판매를 증가시키고 개발, 제조 비용을 낮추는 산업은 발전시키기에 수월하다."라고 이야기한다. 하지만 동시에 "사람들과 협업하다 보면 여러 사람의 아이디어 속에서 앞으로 이익을 창출해 낼 주목할 만한 새로운 사업을 구상해 계획할 수는 있지만, 실질적인 예산 문제까지 고려할 정도의 구체적인 결정을 내리기에는 어렵다."라고 경고한다.[30]

　간단히 말하자면, 네트워크화된 조직을 지지하는 사람이나 일부 자료와 같이, 분명 네트워크화된 조직이나 팀은 문제를 좀 더 유연하고 신속하게 처리한다는 면에서 조직 운영에 큰 도움을 준다. 하지만 모든 조직이 네트워크화된 구조로 변화해야 한다고 주장하는 맹목적인 지지자는 아니다. 아직도 수많은 조직은 부분적 혹은 전체적으로 기존의 수직적인 관료 체제 구조를 유지하고 있고, 업무상 필요한 부분도 있기 때문이다.

여러 팀과 협업하기

여러 팀과 협업할 경우, 단일화되고 수직적인 관계를 유지하기보다는 여러 보고 체제reporting relationship를 바탕으로 업무를 수행해야 한다. 1992년 미국 기업을 상대로 국가 차원에서 실시한 조사에 따르면, 당시 50명 이상의 직원을 보유한 미국 기업의 55퍼센트가 자기주도적인 업무 방식을 채택했다.[31] 10여 년 전 사회학자인 데이비드 노크David Knoke는, 직장 중 40퍼센트 이상의 일터에서, 제품이나 서비스를 생산하는 데 직접 관여하는 직원들 중 절반가량 정도는 자율적 관리 팀에 속해 일한다는 사실을 밝혀냈다. 특히 최첨단 기술 산업에 종사하는 직원들은 더더욱 그러했다.[32]

미국 내 대기업에 종사하는 지식근로자들을 대상으로 한 연구에서는, 최근 MBA를 수료한 뒤 근무하는 근로자의 64퍼센트 이상이 동시에 여러 팀의 업무에 관여한다고 밝혀졌으며, 이들은 자신이 몸담고 있는 핵심 팀의 업무를 수행하는 데 개인의 근로 시간 중 절반 정도를 투자한다고 응답했다.[33] 또한 퓨 인터넷이 네트워크화된 근로자를 대상으로 벌인 조사에서는, 미국 내 근로자의 64퍼센트가 하나 이상의 팀과 관련된 업무에 관여하며, 41퍼센트는 아예 소속된 팀이 여러 개라고 답했다(그림 7.1). 오직 한 팀에만 소속돼 해당 팀의 업무만 수행한다는 근로자는 23퍼센트에 불과했다. 반면, 다섯 개 이상의 팀에 소속됐다고 응답한 근로자도 15퍼센트나 있었다. 다만 미국인 근로자의 30퍼센트 정도는 트럭 운전수나 자영업자 등 홀로 일하는 근로자임을 밝혀둔다.

인텔은 칩을 개발하고 기업을 운영하며 제품의 마케팅 전략을 세우고 미래를 계획하는 데 여러 팀에 소속된 비트 종사자bit worker가 참여하는 것으로 유명하다(또한 수많은 근로자가 전통적인 조립 라인에서 최첨단 기술 중 하나인 컴퓨터 칩을 만들기도 한다). 2004년 당시 인텔 직원 중 61퍼센트는 이메일을 이용해 연구 결과를 공유하고 인터넷 회의에 참석하는 등 다양한 방법을 통해 서너 개 이상의 팀과 협업했으며, 한 팀의 인원은 2-10명 가량이었다. 그리고 전체 직원의 절반 정도는 일반 근무일 중 적어도 한 달에 한 번 이상 재택 근무를 했고, 50퍼센트 정도는 휴대 전화나 노트북 컴퓨터 등을 이용해 주기적으로 동료들과 커뮤니케이션 했다.

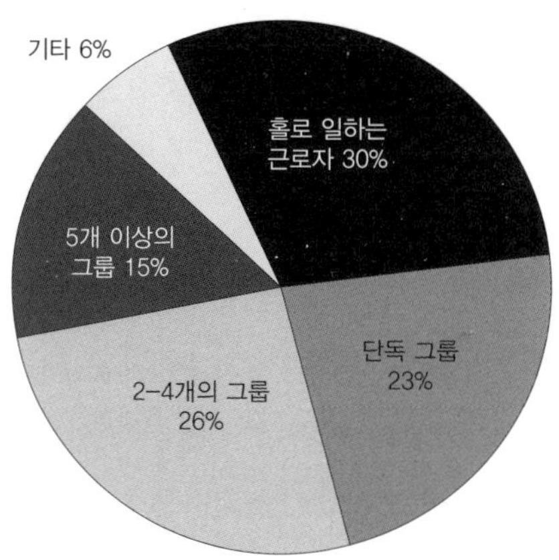

그림 7.1 홀로 일하는 근로자와 단독 그룹 혹은 여러 개의 그룹에서 일하는 근로자의 비율. (대상: 근로자 1,000명)
출처: 퓨 인터넷 앤 아메리칸 라이프 프로젝트, 네트워크화된 근로자 조사. 2008년

인텔은 팀의 개념을 전세계로 확장했다. 예를 들어 약 70퍼센트의 인텔 지식근로자는 주요 사용 언어가 영어가 아님에도 불구하고 한 달에 한 번 이상 정보통신 기술을 통해 전세계에 분포된 팀원들과 연락하며 협업한다 (물론 공통언어는 영어다). 일반적으로 자신의 팀원하고만 업무를 진행하는 방식이 편하긴 하지만, 정보통신 기술로 연결된 팀에는 그만의 장점이 있다. 이런 글로벌한 팀의 팀원들은 70퍼센트 이상이 서로 직접 만난 적이 없다. 분석에 따르면, 이렇듯 전세계로 분포돼 서로 다른 문화와 언어를 사용하는 팀원들이 모였다고 해서 결코 업무 능력이 뒤처지지는 않으나, 서로 전혀 다른 정보통신 기술을 이용해 소통할 경우엔 문제가 될 수도 있다.[34]

업무 방식에 있어 '분산'이란 말은 때로 '지리적으로 떨어져 있다'는 뜻을 내포하기도 한다. 어느 네트워크화된 조직의 관리자는 다음과 같이 이야기한다. "우리 회사엔 8년간 근무한 직원이 있습니다. 그런데 그동안 이 직원을 직접 만난 사람은 아무도 없지요. 멀리 떨어진 어느 섬에 산다고 하는데, 직원들 이야기를 들어보니 그 직원을 실제 이름으로 부르는 사람보다는, 사용자 아이디로 부르는 사람이 많더군요."

하지만 직원들은 8년간 얼굴도 모르는 직원과 별 탈 없이 잘 협업해 왔다.[35]

한편 약화된 경계는 문제를 불러일으키기도 한다. 사람들은 어떤 문제가 발생했을 때 해결책을 논의하고 결정을 요청할 사람이 누구인지 잘 모를 수 있기 때문이다. 2010년 여름, 멕시코만에서 영국 BP사의 원유 시추 시설이 화재로 폭발해 기름이 유출되는 대형 사고가 발생했을 때는 떠올려 보자. 지방 자치 회장인 빌리 넌게서의 말이다. "저에게 '해안 경비대와 BP, 아님 하청회사 중 책임자가 누구예요?'라고 물어본다면, 솔직히 대답해줄 수가 없습니다. 저도 모르거든요." 오바마 미국 대통령은 이 말을 듣고, 자신에게 직접 전화를 달라고 했다고 전해진다. 모두가 대통령에게 직접 전화를 걸 수 있는 건 아니다. 아마도 넌게서라도 선뜻 대통령에게 연락하기는 어려웠을 것이다.[36]

모호해진 직장과 가정의 경계

정보통신 기술이 발달하면서 언제 어디서든, 심지어 자신의 집에서도 업무를 볼 수 있는 시대가 됐다. 많은 근로자가 일상적인 근무 시간 동안, 혹은 주말이나 휴가를 보내는 동안에도 회사와 연결돼 있다. 인터넷과 모바일 혁명 덕분에 일부 근로자는 '원격근무자teleworker', 즉 집이든 카페, 공항 라운지, 호텔 로비, 해수욕장 등 다양한 장소에서 업무를 처리하는 재택근무

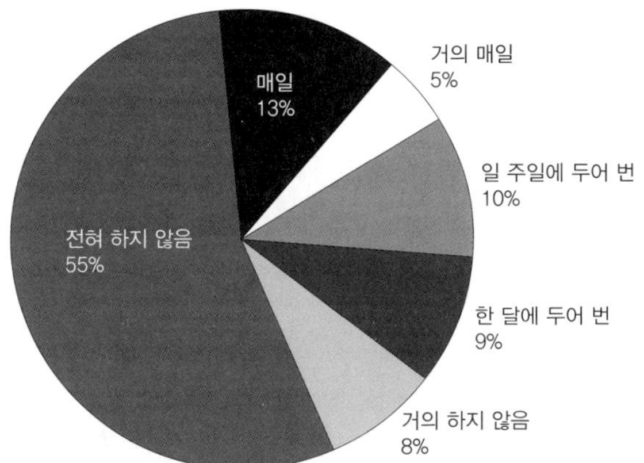

그림 7.2 집에서 근무하며 인터넷을 활용하는 빈도. 대상: 근로자 1,000명
출처: 퓨 인터넷 앤 아메리칸 라이프 프로젝트, 네트워크화된 근로자 조사. 2008년

자가 됐다.

퓨 인터넷의 네트워크화된 근로자에 관한 조사를 보면, 미국 근로자의 60퍼센트가 집에서 업무를 처리하기도 한다고 응답했으며, 18퍼센트는 거의 매일 집에서 일하는 재택 근무자라고 답했다. 그림 7.2를 참조하자.

2008년, 서던캘리포니아 대학교의 디지털 미래 센터는 미국인의 75퍼센트 이상이 집에서 온라인에 접속해 업무를 처리한다고 발표했다. 인텔 직원 중 49퍼센트는 집에서 조금씩이나마 일을 한다고 응답했으며, 17퍼센트는 여행 중 공항이나 호텔 따위의 장소에서도 일하는 소위 모바일 워커이고, 16퍼센트는 인텔 회사 건물 내 다양한 장소에서 업무를 본다고 답했다. 이렇듯 원격근무자의 비중이 늘어나는 가운데, 일부는 아예 집에서만 일하는 재택근무제를 채택하기도 한다. 시간제 근무든 업무시간 외 근무든 이제 집에서 업무를 처리하는 모습은 익숙하게 다가온다. 2008년 당시, 미국인 근로자의 45퍼센트는 일부 업무만 집에서 처리했다(그림 7.2 참고).

퓨 인터넷의 네트워크화된 근로자 연구에 의하면, 이메일을 사용하는 근로자의 절반 가량이 주말이나 병가를 낸 날 혹은 출근 전이나 퇴근 후에도 계정을 확인한다(표 7.3). 이메일을 사용하는 근로자의 30퍼센트 이상은 심지어 휴가 중에도 메일을 열어본다고 응답했으며, 근무 시간이 지나서도 업무 관련 전화를 받는다고 한다. 약 63퍼센트의 미국인 근로자는 주말, 혹은 몸이 아파 집에서 쉬는 날에도 회사에서 걸려온 전화를 받거나 업무 관련 사항을 전화로 전달한다고 응답했다.[37]

하지만 항상 그래왔듯이, 이런 새로운 업무 방식을 받아들이지 않는 사람도 있다. 컴퓨터 과학자인 엘레니 스트로울리아Eleni Stroulia는 2011년 2월, 8일간 이어진 휴가 동안 이메일을 확인하지 않았는데, 8일이 지난 뒤 메일함을 열어보니 무려 470통의 이메일이 엘레니를 기다리고 있었다고 말했다. 물론 일부 메일은 그녀에게 의미 있는 메일이기도 했지만, 이렇게 이야기했다. "사실 결과적으론 이메일이 주는 스트레스에서 벗어날 수 있어 정말 기뻤다. 휴가 내내 마음이 그렇게 가벼울 수가 없었다. 책도 몇 권 읽고, 아이들과 재미있는 이야기도 많이 나누고, 저녁마다 메일함을 열어봐야 한다는 부담감이 없었다. 내일부터 이메일과 새로운 관계를 시작해볼까 한다. 메일을 받는다고 바로 답장하지 않고, 일주일간 그냥 둬보면 어떨까? 일 주일 뒤에 확인하고 답장한들, 메일 내용이 변하는 건 아니니까 말이다."[38]

퓨 인터넷 조사 응답자 중 약 58퍼센트는 정보통신 기술 덕분에 좀 더 유연하게 일정을 잡고 처리할 수 있다고 했으며, 24퍼센트는 업무 유연성도 더 높아졌다고 말했다. 하지만 분명 직업 혹은 업무의 성격에 따라 원격 근무 가능 여부가 달라지며, 회사 외의 장소에서는 업무 처리를 불허하는 기업도 있으므로 고용주의 스타일 역시 큰 영향을 미치는 요인 중 하나다. 전문직 또는 관리직에 종사하는 비트 종사자는 평균 자신의 근무 시간 중

표 7.3 업무 관련 메일과 정규 근무 시간 외에 받는(혹은 거는) 전화 빈도

	자주	가끔	거의 없음	전혀 없음	직장에서 이메일을 사용하지 않음
업무 관련 이메일을 확인한다고 응답한 사람(807명)					
주말	22%	28%	10%	41%	9%
휴가	11	14	9	59	7
출근 전	17	9	7	59	7
퇴근 후	19	16	9	48	8
병가를 낸 날	25	15	6	45	8
쇼핑 혹은 출퇴근 중	7	6	5	75	8
업무 관련 전화를 건다고 응답한 사람(1000명)					
주말	13	21	29	38	
휴가	5	11	20	64	
출근 전	10	17	24	49	
퇴근 후	11	25	25	39	
병가를 낸 날	14	21	27	37	
쇼핑 혹은 출퇴근 중	12	17	18	53	

출처: 퓨 인터넷 앤 아메리칸 라이프 프로젝트, 네트워크화된 근로자 조사. 2008년

10퍼센트 정도를 집에서 보낸다. 반면 생산, 제조, 서비스업에 근무하는 근로자의 경우 공장이나 음식점, 공사장 등 특정 장소에서 반드시 업무를 처리해야 하므로 원격근무를 하기 어렵다.

　일부 원격근무자는 출퇴근 시간을 허비하지 않아도 된다는 편리함에 큰 의미를 부여하는 반면, 조직 분석가들은 원격근무가 기업에 미치는 긍정적, 부정적 영향, 즉 비용 효율이나, 작업 속도, 생산성, 조직에 대한 충성도 등을 알아내려 노력한다. 일부 기업은 부동산 비용을 줄이고자 재택근무를 장려하기도 하는데, 관련 기업의 임원의 말을 빌리자면 실제로 주요 도시에 있어야 할 사무실을 없애고 재택근무를 한다면 직원 한 명당 연간 만 달러 이상을 절약할 수 있다고 한다. 2007년에 이뤄진 46개의 관련 연구를 종합하면, 원격근무는 근로자의 자율성과 직업 만족도를 높이는 것은 물론 업무 효율과 유연성을 향상시킨다는 결론을 얻을 수 있다.

커넥티드 라이브즈의 연구원이 인터뷰한 원격근무자는 대부분, 정보통신 기술이 자신의 업무 효율성은 물론 삶의 질 자체를 높였다고 이야기했다. 출퇴근 스트레스에서 해방되어 좀 더 유연한 업무 스케줄을 짜고, 사무실 내에서 벌어지는 수많은 일에서 자유로워져 업무 효율성도 높일 수 있었다는 말이다. 게다가 자녀 양육을 책임져야 하는 부모의 경우, 원격근무는 양육을 도와줄 뿐더러 아이 때문에 발생할 수 있는 일의 부담감을 오히려 줄여줄 수 있다고 한다.[39] 하지만 주의해야 할 변수가 있다. 미국에서 조사된 바에 따르면, 재택근무는 특히 자신의 업무와 일정을 자율적으로 조절하는 창의적 집단의 멀티태스킹에 도움이 된다고 한다. 원격근무를 하는 미국 여성의 경우 이런 견해에 대한 매우 복잡한 심경을 토로하기도 하는데, 집에서 근무한다는 이유로 온갖 가정사를 관리해야 한다는 주변의 시선과 부담감에서 벗어날 수가 없기 때문이다. 직장 내 계급이 높은 남성 관리직 혹은 전문직 종사자는 모든 미국 남성이 그러하듯 자신이 한가한 시간(업무를 끝낸 후)에 가사를 돌본다.[40]

커넥티드 라이브즈의 연구에 참여한 올리비아는 전업 원격근무자의 매우 좋은 예다. 40대 후반인 그녀는 20여 년간 공식 연설문이나 보도자료, 기업 뉴스레터 등을 작성하는 재택근무자로 일해왔으며, 아침 9시부터 오후 5시까지 사무실에서 일하는 업무 방식과는 사뭇 다르게 일한다. "사무실에선 집중하지 않는 시간이 많아요." 결국 매달 52시간의 근무 시간에 준하는 업무량을 소화하겠다고 약속한 후, 현재는 주요 고객이 된 당시 고용 회사의 재택근무자로 업무 방식을 변환했다.

현대의 많은 근로자에게, 직장과 집의 경계는 그리 뚜렷하지 않다. 집에서 회사일을 처리할 때, 이들은 자신의 스타일에 맞는 방식으로 최종 목표를 달성하고자 가정과 직장의 기대에 부합하는 방향으로 일을 처리한다. 특히 집에서는 업무 공간을 구분하기 어려운 단점이 있는데, 이런 어려움을 극복할 묘안으로 '엄마가 일하는 방'이라고 따로 공간을 지정해 아이들이나 배우자의 출입을 제한하기도 한다. 커넥티드 라이브즈 연구에 참여한 대부분의 재택근무자는 정보통신 기술을 이용해 근무 시간에도 외출 중인 배우자와 자녀들과 연락한다고 응답했다. 그 중, 시간제로 집에서 근무하는 사람보다는 전업 재택근무자의 가정 내 유선 전화 사용 선호도가 휴대 전화보다 높았다. 또한 집에서 근무하는 시간이 많은 사람일수록 정보통신 기술을 활용해 배우자와 연락하는 시간이 더 많으며 업무와 가사를 통합해 처리하는 경우도 더 많은 것으로 나타났다. 예를 들어, 시간제 재택근무자에 비해 전업 재택근무자는 청소나 주방일, 육아 등 일상적인 가사에 참여하는 데 평균 일주일에 세 시간 이상을 더 투자한다. 배우자와 자녀들과 함께 하는 시간 역시 일주일에 평균 두 시간 이상 더 많았다. 결국, 사람들이 집에서 일하는 시간이 늘어날수록, 가정과 일터로서의 삶의 경계는 모호해졌다.

원격근무는 가족 사회학자들이 말하는 '일과 삶의 균형'을 유지하는 데 독이 될 수도, 약이 될 수도 있다. 많은 근로자가 정보통신 기술이 자신의 업무 생활에 부정적 영향을 미쳤다고 이야기한다. 직장 밖에서도 업무를 처리해야 하거나 근무 시간이 늘어나고, 일을 하는 데 방해받는 일이 더 많아졌기 때문이다. 퓨 인터넷이 네트워크화된 근로자에 대해 조사한 바에 따르면, 정보통신 기술을 사용하는 근로자의 절반 이상이 직장과 집의 경계가 모호해졌으며, 이로 인해 근무 시간이 늘어나 스트레스가 가중됐다고 말한다. 게다가 원격근무자의 경우 근무 시간이 일정치 않아, 때로는 지불받는 금액에 비해 더 많은 시간을 업무에 투자해야 하는 상황이 발생하기도 한다. 실제로 재택근무자의 3분의 2 이상이 개인의 방식보다는 고용주의 요구사항을 들어주려 고생한다고 응답했다.

직장과 가정의 경계가 모호해짐에 따라, 특히 어린 자녀를 둔 가족의 경우 가족 때문에 업무를 처리하는 데 방해를 받기도 한다. 예를 들어, 올리비아는 커넥티드 라이브즈와의 인터뷰에서, 완전한 재택근무 체제로 돌입한 이후 남편이 가사나 육아를 도와주는 시간이 줄었다고 말했다. "난 내가 해야 하는 일이라고 생각했기 때문에 가사를 돌보았고, 집에서 일한 이후로는 더 했어요. 그런데 지금 와 생각해보면, 직장에 출근할 때 가족들이 도와주는 경우가 훨씬 더 많았던 것 같아요."

가족뿐만이 아니다. 올리비아 역시 스스로가 가사에 더 참여해야 한다고 생각했다. 하지만 그러다 보니 언제부터인가 자신의 일보다 가사와 육아를 하는 데 더 집중하고 있다는 느낌이 들었다. "이젠 좀 좋아졌어요. 빨래한 다음에 청소해야 한다는 등 가사와 관련된 생각을 연결해서 하지 않기로 했거든요. 다행히도, 사실 전 가사 체질이 아니에요. 처음 재택근무를 시작했을 때 어찌해야 할지 정말 걱정이었지요. 마치 '난 이제 집에 있으니 예전보다 살림을 더 잘 해야 돼' 같은 부담감이랄까요? '자기 하루 종일 집에 있지.'라는 말은 우리 남편이 절대 저에게 해선 안 될 말이에요."

종일 재택근무자의 경우 동료들과의 대면 커뮤니케이션이 부족한 탓에 외로움을 느끼기도 쉽다. 그리고 실제 직장에 나가 근무하는 형태가 아니다 보니 자신의 경력이 정체된 것과 같은 두려움을 느끼기도 한다. 올리비아의 경우 본래 자신의 업무가 단독으로 해야 하는 일이다 보니, 그나마 외로움을 덜 느끼는 편이지만, 한 달에 적어도 한두 번은 사무실에 나가서 사람들과 만나고 회의에 참석하는 편이다. 홈질라Homezilla의 CEO인 샌디 와드Sandy Ward 역시 원격근무자의 업무 효율성을 끌어올리고 만족도를 높이는 데에는 소속감을 심어주는 방법이 좋다고 주장한다.

원격근무자는 혼자 일한다는 외로움과 고립된 느낌에 사로잡혀 업무 효율성이 떨어지기 쉽다. 매달 회의에 참석하도록 유도하거나 담당 관리자가 지속적으로 업무를 평가하며, 즉흥적으로 전화해 도와줄 일은 없는지

(절대 업무 확인이 아님) 물어보는 간단한 방법만으로도 원격근무자의 사기를 높일 수 있다. 또한 다른 팀원과 서로 얼굴을 보며 이야기하는 기회를 가져야 한다. 팀원들이야 회사 복도에서 간식을 먹으며 잡담을 하기도 하지만, 원격근무자는 그렇게 하지 못한다는 사실을 명심해야 한다. 가끔 개인적으로 전화를 걸어 나누는 수다를, 회사 복도에서 갖는 휴식시간이라 생각하자. 많은 사람이 메신저 사용을 권하지만, 개인적으론 그리 좋은 방법이라고는 생각지 않는다. 직접적인 전화 통화는 메신저나 문자 메시지, 이메일보다 훨씬 더 강력한 관계를 형성할 수 있다.[41]

북미와 중국 대륙을 네트워크와 항공으로 오가며 일하는 사업가

정보통신 기술의 발달로 전세계에 사무실을 두고 운영하는 조직이 많아지긴 했으나, 아직까지 '신뢰를 향한 여로travel to trust'를 표어로 삼고 있는 조직도 꽤 남아있다.[42] 2장에서 살펴본 바와 같이, 비행기를 이용한 이동이 가능해지면서 출장의 범위도 넓어졌다. 정보통신 기술을 기반으로 하는 커뮤니케이션도 좋지만, 그만큼 네트워크화된 조직은 직접 상대의 얼굴을 보고 업무를 진행해야 할 필요도 있다. 상대의 눈을 보며 이야기하면 제스처나 억양, 표정 등을 통해 다양한 정보를 얻을 수 있기 때문이다. 예를 들면 사무실 내에서 벌어지는 가십이나 누가 어디에서 어떤 업무를 맡고 있는지 등의 정보 말이다. 이렇게 유대감을 쌓아놓으면, 추후에 업무 노하우나 조직 역사 등 서면으로는 찾아볼 수 없는 지식을 암묵적으로 주고받을 수도 있다. 한 사업가는 넷랩의 연구에 참여해 "성공적인 협업이란 온몸으로 겨루는 격투기 스포츠와 같다."고 이야기했다.

　대면in person 커뮤니케이션은 글로컬라이즈드 네트워크glocalized network에 사람 향기가 나게 하는 매우 중요한 요소다.[43] 중국과 캐나다를 무대로 사업을 하는 국제적인 사업가는 비즈니스 출장을 매우 중요하게 여긴다. 국가 혹은 사업적인 차원에서의 가치 있는 계약을 체결하거나 신뢰를 쌓고, 중국의 현황을 직접 확인하며 관련 지식을 쌓아야 하기 때문에 이들 제트jet족은 절대 출장을 마다하지 않는다. 또한 예전에는 관계를 맺기 힘들었던 비즈니스 파트너나 후원자들에게 다가가 광범위하고 다양한 비즈니스 네트워크를 구축하는 데 출장은 큰 도움이 됐다. 특히 정부 관련 인사들과의 관계는 신뢰를 쌓고 일정 궤도에 올라 유지하기까지 오랜 시간과 노력이 필요하지만, 한 번 구축하고 나면 기대 이상의 이점을 누릴 수 있다. "반드시 공무원과 지역 기업과는 긴밀한 관계를 유지해야 합니다." 러셀의 말이다. 또 다른 사업가인 테일러는 "적당한 파트너가 있는지 인터넷을 검색했습니다. 결국 네 명의 투자자를 인터넷으로 찾았고, 2명은 친구에게 추천을 받았습니다. 이들을 모두 한 번도 만난 적은 없지만 용기를 내어 이메일을 보냈어요. 인터넷이 없었으면 비즈니스를 어떻게 했을지 상상도 안 돼요."라고 말한다. 그리고 다음과 같은 말을 덧붙였다. "사람들은 나에게 한 번도 만난 적 없는 사람을 어떻게 믿냐고 물어봅니다. 온라인 연락은 그저 시작일 뿐입니다. 이메일을 여러 번 주고받으며 많은 이야기를 나눌 수 있습니다. 물론, 가장 중요한 단계는 서로 마주 앉아 이야기하는 것입니다. 그러니 중국까지 날라가 상대를 만나고 아이디어를 경청하는 일을 고생이라 생각해선 안 됩니다."

온라인만으로는 제대로 된 정보나 지식을 얻기 어렵다고 말하는 사업가도 종종 있다. 그리고 이런 차이를 좁히기 위해 직접 만나 회의를 진행하기도 한다. 예를 들어, 새로운 공급자가 필요했던 스텔라는 인터넷으로 관련 시장을 면밀하게 조사했다. 하지만 인터넷 조사를 통해 얻은 거라곤 중국 시장에서 영업/상거래 관련 회사를 찾는 게 다였다. 영업 회사를 운영하는 스텔라는 다음과 같이 이야기한다.

별로 인상 깊은 회사는 눈에 보이지 않았습니다. 중개인이 더 있을 필요는 없기 때문이었어요. 결국 직접 중국으로 가서 현지 비즈니스를 분석할 수밖에는 없었습니다. 몇 군데 후보지를 정하고 중국으로 향했습니다. 2주간 중국에 머무르며, 정부 관계자와 사업가 등 20여 명을 만났습니다. 친구도 있었고, 사업을 하면서 알게 된 사람들도 있었습니다. 그리고 국가발전개혁위원회와 상무부 등에서 근무하는 고위 공무원들이나 수출입 회사 임원진, 보험 회사, 채광회사 관계자 등 매우 다양한 사람들을 만날 기회를 잡을 수 있었습니다. 그리고 이렇게 직접 만나보니, 신뢰를 돈독히 쌓을 수 있었던 것은 물론, 현지의 정책과 개발 경향을 전반적으로 파악할 수 있었습니다. 이들과의 대화에서 정말 많은 정보를 얻었습니다.[44]

보잉 777기와 787기 개발에 숨겨진 이야기

지역적으로 여러 곳에 분산된 다양한 팀들이 힘을 합쳐 디자인한 보잉 777기와 787기는 네트워크화된 조직의 팀이 무엇을 할 수 있는지, 혹은 무엇을 할 수 없는지 매우 잘 보여준 사례다.[45] 앞에서 이야기한 중국과 캐나다를 오가는 국제 사업가의 네트워크는 개인과 개인의 신뢰를 바탕으로 하는 반면, 보잉 사의 경우에는 조직과 조직의 관계를 바탕으로 했다. 당시 12개 이상의 국가에서 일하는 다방면의 수많은 국제 팀은 신기술을 하루빨리 도입해야 한다는 압박 속에서 777기 디자인 프로젝트를 이끌어나갔다. 개발이 한창 진행 중일 무렵에는 전체 참여 팀 인원이 1만 명 가까이 됐다고 한다. 기업 분석가는 777기 디자인 프로젝트 시작에서 완료까지의 기간을 5년으로 예상했는데, 이는 디자인을 보고하고 결재하고 수정하는 등 다단계의 문서 작업을 거치는 작업 방식으로 개발할 경우보다 무려 30~50퍼센트 정도 앞당겨진 것이었다.

777기 디자인 과정은 컴퓨터 기반 시스템의 활약에 힘입어 엄청난 속도로 진행됐다. 역사상 물리적인 모형mock-up이 없는 최초의 비행기이기도 했다. 대신 디자인팀들은 2,200여 대의 컴퓨터 터미널을 미국, 영국, 일본에 설치한 거대한 메인프레임 컴퓨터로 연결해 가상의 모형을 만들었다. 프로젝트의 핵심 인물들은 언제든 신속하게 데이터에 접근해 다른 팀이 개발한 디자인을 적용하고 차이점을 분석해 기록했다. 이와 같은 부분별 수정 사항 추적 시스템은 비행기의 작은 부분 하나하나에도 모두 적용됐다.

보잉 777기 프로젝트는 컴퓨터 네트워크뿐만 아니라 인적 네트워크도 중요하게 여겼다. 다방면의 디자인 개발팀이 서로 협업을 해야 했기 때문이다. 당시 보잉 사는 부서 간 수직적 계층 구조를 기반으로 하는 보수적인 기업 구조를 띠고 있었지만, 보잉 777기 프로젝트에서는 공급자와 판매자, 내부 부서와 세계에 분포해 있는 외부 고객 등을 통합하고 활발한 데이터 교환을 지원해야 하는 만큼 그에 걸맞은 글로벌 네트워크를 새롭게 구축했다. 전체 비행기는 상세 부분으로 나뉘었으며, 이렇게 나뉜 각 부분은 고정익 같은 부품별로 다시 나뉘었다. 이렇게 최종적으로 나뉜 각 부품별로 디자인팀이 배정됐다. 그리고 팀 간 사소한 경쟁과 커뮤니케이션 단절을 최소화하기 위해, 200개의 각 팀은 모두 학제 간 구성원으로 구성됐다. 즉 공학자, 경제 전문가, 제조, 고객 지원, 조립 등 다방면의 전문가들로 팀을 구성했다.

기업의 관리자들은 이와 같은 가상 팀의 구성원들이 모두 대면 커뮤니케이션을 해야 한다고 못박아 두었다. 따라서 팀원들은 그룹만의 문화를 형성하고 이에 참여해야 하며, 다른 곳에서 근무하는 동료와도 상호작용해야 했다. 보잉 사 입장에서는 지리적으로 분산돼 있는 팀원들이 우선 서로 직접 만나 관계를 형성하고, 시애틀 근처의 본부에서 18개월 동안 함께 일하며 신뢰를 쌓길 바랐다. 또한 이 가상 팀들은 여타 주요 항공사와 외국

제조업체들과 협업 관계를 유지해야 했다. 예를 들어, 보잉 777기에 참여한 제조업체의 20퍼센트는 일본 제조사였으며, 디자인 개발팀의 일부 엔지니어들은 일본의 주요 하청 업체 세 군데에서 파견된 사람들이었다.

그렇다면, 삐걱거리는 소리 하나 없이 보잉 777기가 그토록 빠른 속도로 개발될 수 있었던 이유는 대체 무엇일까? 조직 분석가인 아빈드 말호트라Arvind Malhotra와 앤 마흐작Ann Majchzak은 보잉 사의 성공적 팀 운영을 다음과 같은 네 가지 측면에서의 정보통신 활용 능력이 뛰어났기 때문이라고 이야기한다. 첫째, 업무 배정을 기술적으로 잘 지원했다. 즉 어디에 있는 누가 현재 어떤 일을 진행 중인지 모두가 알 수 있었다는 것이다. 둘째, 업무 관련 정보 혹은 문제를 바라보는 새로운 시각이 필요할 때, 정보통신 기술의 도움을 받아 팀 내에서든 팀 밖에서든 적절한 도움을 받을 수 있도록 서로 연결돼 있었다. 셋째, 수많은 팀원이 자신의 생각을 공유하고 다양한 관점을 통합하는 '분산 인지distributed cognition'에 정보통신 기술을 잘 활용했다. 마지막으로, 가장 간단하면서도 결정적인 이유는 팀원들이 모두 자신의 업무와 상황을 전달하는 데 가장 알맞은 정보통신 미디어를 선택해 효과적이면서도 다양한 방식으로 서로 상호작용했다는 점이다.[46]

하지만 이와 같이 광범위하게 분산 네트워크를 통한 협업은 때론 악몽처럼 엉망진창이 되기도 한다. 보잉 777기는 기술적, 상업적으로는 성공했지만 뒤이은 보잉 787 드림라이너는 그 과정이 순탄치 못했다. 787 프로젝트는 777 프로젝트를 뛰어넘어, 더 광범위한 분산 네트워크를 바탕으로 더 많은 제조업체과 공급업체들이 참여했다. 그리고 이 글로벌 네트워크를 통한 개발은 전체 비행기의 5분의 4에 달했으며, 비행기 구조 설계는 4개 대륙의 9개 국가에서 모인 공급 업체들이 맡았다.[47]

세계 각지에서 모인 각 부품은 하나의 비행기로 조립되는 데 서로 어울리지 않았고, 때로는 제 시간에 부품이 도착하지 못하는 사건도 있었다. 특히 서로 맞물려 돌아가야 하는 제조 과정이 문제였다. 조립 라인에서는 직원들이 서로 다른 언어를 쓰는 탓에 소통이 어려웠고, 다양한 국가의 회사가 모인 터라 품질 기준이 다른 경우도 있어, 협업은 난항을 겪었다. 아웃소싱 업체에서 업무를 다시 아웃소싱하면서 일이 지연됐으며, 보잉 사는 업무 일정을 제어하기가 더욱 어려웠다. 예를 들어, 한 미국 회사는 보잉 사의 기체 규격을 맞추는 데 어려움을 겪으며 결국 자금이 부족해졌고, 이 일을 이스라엘의 다른 회사에 하청으로 맡기고 말았다. 하지만 마지막에 남은 것은 커뮤니케이션 부족으로 인한 책임 회피뿐이었다. 프로젝트 일정은 3년이나 지연됐고, 그 과정에서 수십 억이 넘는 예산이 낭비됐다. 임원진 역시 책임성 인사를 면치 못했다. 보잉 787기 개발 프로젝트는 네트워크화된 업무 방식과 조직이 제조업보다는 아이디어나 지식 공유와 같은 지식기반 업무에 걸맞다는 사실을 매우 잘 보여준 사례로 남았다.[48]

온라인, 오프라인에서의 네트워크화된 업무 방식

기술은 그 자체만으론 업무 관계를 생성하지도, 조직하지도 못한다. 대신, 관계에 대한 새로운 가능성을 열고 필요에 따른 제약을 둘 뿐이다. 컴퓨터 기반 커뮤니케이션 기술이 처음 개발된 1980-1990년대만 하더라도, 컴퓨터 커뮤니케이션을 진행하려면 우선 대규모 장비가 필요했으며 그에 반해 전송 데이터 용량은 턱없이 적은 탓에 설사 커뮤니케이션이 가능하다 할지라도 매우 소규모 그룹에서만 가능했다. 우리가 저렴한 비용으로 분산 커뮤니케이션을 손쉽게 활용하게 된 것은 모두 현대식 컴퓨터, 스마트폰, 광대역 네트워크 덕분이다. 하지만 기술만큼이나 이를 활용하는 방법과 그 대상 역시 매우 중요하다.

한편, 정보통신 기술은 물리적으로 분산돼 있는 근로자들의 업무 할당은 물론 국제 간 혹은 조직 간 커뮤니케이션을 담당하기도 한다. 최첨단 기술 업체부터 보험사까지, 다양한 기업의 직원들은 서로 그림이나 동영상을 보여주며 회의를 진행하며, 단순 문서는 물론 방대한 데이터베이스 같은 다양한 파일을 주고받는다. 많은 경우, 정보통신 기술을 활용하는 비트 워커는 상대와 화상 회의를 진행 중이라 하더라도 잠시 업무를 중단하거나 다른 업무를 동시에 진행할 수도 있다. 그리고 정보통신 기술 활용이 가능한 근로자는 일상 근무 시간 중에 가족과 연락할 수 있는 기회도 더 많다.

하지만 정보통신 기술은 사회적 정보 전달에는 아직까지 역부족이다. 정보통신 기술로 얼마든지 연락을 주고받을 수 있는 시대가 됐음에도, 많은 사업가가 비즈니스 출장을 떠나 상대를 직접 만나서 신뢰를 쌓고 무언의 정보를 주고받는 이유이기도 하다. 네트워크 운영 시스템에서 협업을 성공시키려면 컴퓨터 네트워크와 인적 네트워크 사이의 균형을 잘 유지해야 한다. 인적 네트워크는 민감한 정보나 지식을 주고받고 신뢰를 쌓을 수 있는 유일한 통로이기 때문이다. 루 메이Lu Mei와 동료 연구진은 "정보통신 기술은, 같은 팀에 속한 팀원이 서로의 상황이나 소재 등을 의식하지 못하는 환경을 만들기도 한다."고 말한다.[49]

대면 커뮤니케이션이 필요하다는 이야기는 여러 번 반복해도 결코 지나치지 않을 정도로 중요한 이야기다. 한 번 상대와 신뢰를 구축하고 깊은 지식을 주고받고 나면, 정보통신 기술을 통해 협업하기에 훨씬 수월하다. 정보통신 기술을 활용한 광범위한 경험은 더 쉽고 편안한 원격 커뮤니케이션을 가능케 한다.

따라서 네트워크화된 업무 방식으로의 변화가 뒷받침돼야 네트워크화된 개인으로 발전할 수 있다. 네트워크화된 조직은 훨씬 더 유연하고 세분화됨과 동시에 더 많은 협업을 필요로 한다. 그리고 기업이 다양한 팀에 관심을 쏟고 이들을 이끌고 나갈 수만 있다면, 문제 해결 능력을 높일 수도 있다. 반면 네트워크가 제대로 연결되지 않으면 엄청난 정보 흐름을 제어

하지 못해 오히려 업무 효율성은 낮아질 것이다. 직원의 이동성은 높아지나 그로 인해 고독감을 느낄 수 있으며, 지속적인 상사의 감시에서 벗어날 수는 있으나 새로운 커뮤니케이션 채널을 구축하거나 디지털 관리 방식을 통해 오히려 회사에 묶일 수도 있다. 또한 복장과 시간 엄수에 대한 규제가 완화될 수 있으나 그로 인해 삶과 일의 균형이 깨질지도 모른다. 결과적으로 네트워크화된 조직에서 근무하는 직원은 더 행복하고 자유로운 삶을 누릴 수 있으나, 집과 직장의 경계가 무너져 더 많은 스트레스와 업무 방해에 시달릴 수도 있다는 말이다.

많은 이야기를 했지만, 무엇보다도 정보통신 기술로 말미암아 가능한 업무와 관련된 시공간의 유연함은 가정과 커뮤니티에서의 변화만큼이나 네트워크화된 개인주의에 매우 잘 어울린다. IBM의 부사장인 어빙 라다스키버거Irving Wladawsky-Berger는 다음과 같이 이야기한다. "규모에 상관없이 전 세계의 다양한 기업을 상대로 엄청난 경쟁 관계 속에서 사업을 해야 하는 현대의 기업가는 더 유연하고 동적으로 움직여야 살아남을 수 있다."[50]

8장_ 네트워크화된 컨텐츠 제작자

'잉크를 통으로 사들이는 사람하고는 싸우지 말라.'라는 말이 있다.[1] 즉 언론사에 시비를 걸어서 좋을 게 없다는 뜻이다. 그런데 이제는 이 표현도 바뀌어야 한다. '인터넷과 모바일 연결이 뛰어난 네트워크화된 개인과는 절대 싸우지 말라.'

3대 혁명을 거치면서, 현대인은 누구나 인터넷에 연결돼 있으며 전세계인이 볼 수 있는 온라인 컨텐츠를 만들어 낼 수 있다. 다양한 컨텐츠 제작 방식이 개발되고, 개발 방법 또한 쉬워지면서 사람들은 네트워크 운영 시스템에서 컨텐츠 제작자이자 소비자로 활동할 정도로 컨텐츠의 제작과 소비의 경계가 약화됐다. 더군다나 검증 받지 못한 아마추어들이 예전에는 일부 자격이 있는 전문가들만 활동할 수 있던 네트워크에 진출해 활동하기도 한다.

피터 마란시^{Peter Maranci}는 위에서 소개한 오래된 격언을 뒤흔든 디지털 크리에이터이자 활동가다. 정보통신 기술 활용에 능숙함은 물론, 개인적으로 필요한 사항이나 이뤄야 하는 목표가 있을 때 정보통신 기술을 적절하게 활용할 줄 아는 사람이다. 2003년 8월, 피터는 여러 가지 사회 현상에 대한 사견과 어린 아들의 육아일기, 정치적 견해와 유머, 종교와 인종에 관한 생각을 글로 올림과 동시에, 비디오 게이머들과 정보를 교환하며 개인적 경험을 나누는 개인 블로그를 시작했다. 그리고 당시, 피터는 매사추세츠 지역의 지하철 운영 시스템에 관한 우려사항을 정리해 정부 관계자나 교통국 직원, 지역 신문사 등 여러 곳에 접촉을 시도했지만, 번번히 실패로 돌아가 어쩔 줄 몰라 하고 있었다. 고민 끝에 자신의 라이브저널^{LiveJournal} 블로그를 이용하기로 마음 먹은 피터는, 지하철 역의 위생 상태나 열차 지연 사태, 혼잡하고 뜨거운 객실 문제 등을 분석한 포스팅을 시작하며 미국 매사추세츠 교통국에 반대하는 캠페인을 벌이기에 이르렀다.

2007년 7월, 한 여성이 사람이 꽉 들어차 후텁지근한 지하철 안에서 정신을 잃고 쓰러졌다. 승객이 너무 많아 열차가 매우 붐빈 탓에 누구 하나 그녀를 도와주거나 도움을 요청하기도 쉽지 않은 상황이었다. 마침 근처에 있던 어느 임신 중인 간호사와 비번인 응급구조사가 쓰러진 여성을 도왔고, 마란시의 평가에 의하면 '바보같은' 열차 차장으로 인해 여성에게 응급구조대가 갈 수 있는 길을 트는 데까지 수 분 이상이 걸렸다고 한다.

이 불미스런 사건은 마란시로 하여금 지하철 문제만을 집중적으로 다루는 새로운 블로그를 개설하게 했고, 마란시는 이 블로그에 '출퇴근 지하철에 몸을 실은 찰리^{Charlie on the Commuter Line}'라는 제목을 붙였다.[2] 이 블로그의 첫 포스트는 방금 이야기한 의식을 잃은 여성과 관련된 사건으로, 당시 통탄할 정도로 좋지 않은 지하철의 관리 상태를 비난했다. "다행히도 의식을 잃었던 여성은 큰 사고 없이 회복을 했다고 한다. 하지만 혹시라도 촌각을 다투는 상황이었다면 어쩔 뻔했는가? 그 많은 사람으로 가득 찬 열차 안을 비집고 들어가느라 응급구조대가 곧바로 도착하지 못해 처치가 늦어졌다면 끔찍한 일이 벌어졌을지도 모를 일이다." 그리고 마란시는 곧바로 자신과 비슷한 주제로 블로그를 운영하는 사람들의 모임에 가입했다. 이들의 블로그는 서로의 추천 블로그 링크 목록으로 연결됐으며, 덕분에 블로그 방문자 수는 큰 폭으로 증가했고 새로운 독자층까지 생겨났다. 2008년 초반, 마란시는 콩나물 시루처럼 빽빽한 지하철 안 풍경과 연착하는 지하철, 엉망진창인 지하철 역의 모습 등을 카메라로 담아 블로그에 올렸다.

몇 달이 지난 후, 마란시는 자신의 블로그가 지하철 관리 시스템에 변화를 불러일으키고 있음을 알 수 있었다. 우선 마란시를 비롯해 수많은 이용객의 불만을 산 열차는 더 이상 연착하지 않고 제시간에 도착하기 시작했으며, 더러웠던 역 계단은 그나마 조금씩 깨끗해졌고, 무료로 배포되는 통근자용 일간지인 〈보스턴나우BostonNow〉의 한 기자에게 만원 지하철의 문제에 관한 인터뷰 요청을 받기도 했다. 그리고 곧 〈보스턴나우〉에는 마란시의 사진과 함께 관련 기사가 게재됐다. 마란시는 자신의 공공 캠페인만이 이 같은 변화의 이유는 아니라는 사실을 알고 있었다. "캠페인을 벌인 덕분에 더 많은 지하철 이용객과 언론, 지하철 운영 관계자들의 이목을 끌긴 했지요. 제가 그토록 바라던 변화들이 이뤄지는 모습을 보니, 기쁘기 그지없습니다."

마란시는 유명 연예인도, 정치가도 아니다. 하지만 유명인들과 마찬가지로 문제가 있다고 생각한 사안을 알리고 그 문제가 개선되는 데 영향을 미쳤다. 정보통신 기술이 없었다면 마란시라는 사람이 그런 생각을 하고 있는지조차 몰랐을 일이다. 하지만 여전히 컨텐츠 제작자들은 많은 제약과 어려움을 겪는다. 2011년 3월 10일, 마란시는 블로그 구독자들에게 앞으로 블로그에 자주 포스팅하지 못할 것이라는 이야기를 전했다. 재택근무 체제로 바꾸면서 출퇴근할 필요가 없어져, 매일 네 시간에 걸친 출퇴근 시간의 이야기를 담아내지 못하기 때문이었다. 보수를 받지 않는 네트워크화된 컨텐츠 제작자들이 더 활동할 만한 동기 부여나 흥미를 유지하지 못하고 중도에 그만둘 수밖에 없는 현실을 보여준 사례라 하겠다.

어쨌든 마란시는 블로거로 활동하는 동안, 온라인 컨텐츠 제작자로서 활동하는 미국 내 성인 인터넷 사용자의 3분의 2에 달하는 사람들과 연결되어 새로운 기술(온라인 연결, 블로그, 컨텐츠 제작 등)이 주는 혜택을 맘껏 누렸다. 글, 사진, 오디오, 미술, 동영상 등 미디어 제작 활동은 다양한 목적으로 활용될 수 있다. 대다수 디지털 크리에이터에게 컨텐츠 제작이란 고전적인 사진 앨범을 만들듯이 추억을 문서화하는 활동이기도 하다. 한편, 미디어를 만들고 공유함으로써 친분 나눔과 커뮤니케이션의 한 방편으로 활용할 수도 있다. 또 어떤 이는 컨텐츠를 제작하면서 무언가를 배우고 탐구하기도 하며, 자신을 홍보해 낯선 이들에게 자신의 존재를 알리고 전문성을 내보이고 싶어 하는 사람도 있다.

정보통신 기술이 급격하게 발달하면서, 온라인에서 컨텐츠를 제작하는 갖가지 다양한 방법을 모두 따라하고 익히기란 여간 어려운 일이 아니다. 그럼에도, 퓨 인터넷은 확인 가능한 네트워크화된 개인들의 온라인 활동 유형을 추적해 발표했다. 조사 결과에 의하면, 수많은 컨텐츠 제작 활동과 이런 활동에 참여한 네트워크화된 개인의 연령은 2011년 조사 결과에 비해 시간이 흐름에 따라 함께 증가했다.[3]

- 페이스북과 같은 소셜 네트워크 사이트에 컨텐츠 작성: 인터넷 사용자의 65퍼센트
- 사진 공유: 55퍼센트
- 상품이나 서비스 리뷰: 37퍼센트
- 컨텐츠에 태그 달기: 33퍼센트
- 제3의 웹사이트나 블로그에 댓글 작성: 26퍼센트
- 온라인 컨텐츠를 이용해 새로운 컨텐츠로 리믹스remix: 인터넷 사용자의 15퍼센트는 사진, 비디오, 오디오, 글 등의 온라인 컨텐츠를 활용해 리믹스에 참여함
- 블로그 운영: 14퍼센트
- 트위터 사용자: 13퍼센트

퓨 인터넷의 이와 같은 연구 조사에 따르면, 현대의 네트워크화된 개인은 컨텐츠 제작 활동을 한 가지 유형에만 국한시키지 않고 동시에 매우 다

양한 방식으로 참여함을 알 수 있다. 예를 들어 마란시는 지하철 이용객으로서 블로그를 운영했지만, 동시에 인터넷 사용자로서 상품이나 서비스에 관한 리뷰를 올리기도 했다(위의 세 번째 유형). 사용자들이 미용실이나 음식점 등 지역 서비스 업체를 대상으로 등급을 매기고 리뷰를 올릴 수 있게 하는 사이트인 옐프Yelp 회원이었던 마란시는, 자신의 기준에 부합하지 못하는 업체에 대해서는 가차없이 혹평을 남겼고 좋은 업체에는 칭찬을 아끼지 않았다. 또한 인터넷 사용자의 15퍼센트가 그러하듯, 다른 사람이 제작해 올려놓은 컨텐츠를 리믹스해 다시 올리기도 했다. 예를 들면, 마란시는 어느 컬트 영화의 좀비 컨텐츠를 이용해 민주당의 존 케리 관련 동영상을 제작했으며 이 동영상은 수천 명의 조회 수를 기록하기도 했다.[4]

마란시의 온라인 활동 이력을 살펴보면, 온라인 컨텐츠 제작이 네트워크화된 개인이 문제를 해결하고 결정을 내리며 자신의 사회적 인지도를 높이고 정치적 지원을 받는 기회를 얻어내는 데 어떤 역할을 하는지 매우 잘 알 수 있다. 우리는 네트워크화된 개인이 자신의 창의성을 대규모 관중들에게 뽐낼 수 있는 기회를 선사한 다양한 정보통신 기술의 발전이 온라인 컨텐츠 제작 활동에 어떤 변화를 일으켰는지 알아봤다. 그 결과, 현대의 네트워크화된 개인은 강력한 인터넷 연결과 휴대 전화로 무장해 자신의 주위에서 어떤 일이 벌어지는지 기록해 다양한 뉴스 자원으로 제공한다는 결론을 도출했다. 또한 자신의 소셜 네트워크를 확장함과 동시에 사회적 인지도를 높이는 갖가지 방법으로 온라인 컨텐츠를 제작해내기도 한다.

3대 혁명 시대의 컨텐츠 제작

네트워크 운영 시스템에서 미디어를 제작한다는 것은 참여 활동의 하나로 받아들여진다. 이전 세대의 미디어 이벤트마저도 3대 혁명 시대에는 소셜미디어 '대화'로 바뀐다. 2011년 오바마 미국 대통령의 신년 국정연설을

들은 미국인 중 그 누구도 TV 앞에 앉아 화면상의 대통령에게 자신의 목소리를 낼 수 없었지만, 몇몇의 네트워크화된 개인들은 곧장 유튜브로 달려가 원래의 연설 동영상에 자신의 의견과 궁금증을 담은 새로운 버전의 연설 비디오를 만들어 올렸다. 일주일 후, 오바마 대통령은 이라크와 아프가니스탄, 마약과의 전쟁, 옥시덴탈 컬리지 코스와 관련된 내용 등 수많은 주제에 관한 질문이 담긴 몇몇 비디오를 보고 약 45분을 투자해 대답을 보냈다.[5] 2010년 오바마 대통령의 신년 국정연설 후 1만 4,000여 개의 동영상 올라와 그에 대통령이 응답했던 것과 비슷한 풍경이 벌어진 것이다.[6] 물론, 동영상에 담긴 의견과 질문이 전체 미국인을 대표한다고는 할 수 없으며, 응답 메시지가 담긴 동영상을 오바마 대통령이 직접 제작했는지는 알 수 없는 일이다. 하지만 어쨌든 정보통신 기술은 새로운 대화의 문을 열었으며, 특히 일반인이 접근하기 어려웠던 사람이나 권력층과의 대화가 가능해졌다는 점에서 그 가치를 인정받아야 한다고 생각한다.

사회학자인 데이비드 건틀릿David Gauntlett은 "창조는 곧 연결이다."라고 이야기했다. 정보통신 기술은 현대인에게 온라인과 오프라인상의 자료를 활용해 자신만의 무언가를 창조할 권력과 기회를 줬을 뿐만 아니라, 네트워크화된 개인으로 뭉쳐 협업하도록 장려하기도 한다. 건틀릿은 이를 두고 다음과 같이 이야기한다. "유튜브와 이베이, 페이스북, 플리커, 크레이그스리스트, 위키피디아 같은 사이트는 사람들이 직접 참여해 무언가를 만들어내고 이를 활용한다는 데에 그 가치와 존재 이유가 있다. 또한 많은 사람이 참여할수록 가치는 더 커질 것이다."[7] 사회 분석가인 세바스티앙 파케Sebastien Paquet도 현대의 네트워크화된 환경에서 서로를 발견하고 연결되는 데에 드는 비용은 매우 적기 때문에, 그룹을 형성하는 일은 '우스울 정도로 쉬운 일'이라고 이야기한다.[8] 실제로, 예전에는 어떤 분야에 대한 전문가를 찾기까지 여러 경로를 거치거나 제약이 많았지만, 이제는 비전문가도 전문가처럼 활동할 수 있는 길이 열렸다. 미디어 평론가인 더글라스 러시코프Douglas Rushkoff는 다음과 같이 이야기한다. "현대인은 전문성의 관문에 서로 부딪히며 얽혀있다. 신성시되던 전문가와 비전문가의 경계는 약화되었고, 문 너머에 있는 모든 분야의 엘리트들은 아래로부터 끊임없이 올라오는 도전에 맞서야 한다."[9]

따라서 네트워크화된 개인은 자발적으로 자신의 개인 네트워크 경계를 넘나들며 여타 네트워크화된 개인과 손잡고 매일같이 다양한 방법으로 컨텐츠를 제작해 내며, 이는 곧 문제 해결과 지식 확장으로 이어진다. 다양한 디지털 도구는 네트워크화된 개인이 자신의 영향력과 한계를 넘어서고, 컨텐츠 제작자와 소비자의 경계를 무너뜨려 개인 소셜 네트워크의 구조를 재구성하는 데 큰 역할을 한다. 또한 컨텐츠를 제작하고 소비하는 기술에 드는 비용이 크게 낮아짐에 따라, 점점 더 많은 사람이 자신의 이야기를 하고 아이디어를 공유하며 타인과 상호작용을 이어나간다.

위키피디아가 보여주는 놀라운 컨텐츠 제작 협업

위키피디아는 영어 버전 기준 360만 이상의 항목에 대한 지식을, 직접 컨텐츠를 제작하고 수정하며 관리하는 네트워크화된 개인들의 창의적인 노력과 협업에 거의 전적으로 의지한다.[10] 물론 이 온라인 백과사전은 사이트에 등록한 사용자라면 누구든 컨텐츠를 제작하고 수정할 수 있도록 허용하는데, 그 수가 280만 명 정도이며 이 사람들이 그 많은 항목에 대한 편집을 진행한다고 한다.[11] 때때로 컨텐츠를 기고하는 과정은 반대 의견이 없어 간단하게 이뤄지기도 한다. 하지만 편집자들 사이에서도 출처 자료나 기반 사실, 해석 등에 차이가 있어 '편집 전쟁'이라고 불리는 논쟁이 오랜 시간 진행되는 경우도 있으며, 위키피디아는 언제나 중립적 입장을 고수하는 편이다. 결국 "편집자들은 다양한 동기를 지닌 사람으로서, 서로 함께 일한 적이 없어야 하며, 자신이 원하는 만큼 참여할 수 있다."는 협업의 원칙으로 말미암아, 온라인 백과사전의 편집 과정은 복잡하고 험난한 여정이 될 수밖에 없는 것이다.[12]

2011년 3월 11일에 발생한 동일본 대지진과 쓰나미, 그리고 이어서 터진 원전 사고 당시 위키피디안들은 이 대재앙 소식에 매우 발 빠르게 움직였다. 일부 위키피디안은 사고의 중심지인 '센다이'와 '비등수형원자로'와 같은 주요 검색어를 중심으로, 발표된 기사와 예상되는 추가 사고 및 문제점 등에 관한 논의를 모두 모아 위키피디아를 업데이트했다. 또한 '도호쿠 지진과 쓰나미', '시간에 따른 후쿠시마 원전 1호기 사고 분석' 등과 같은 새로운 항목을 업데이트했다. 3월 11일부터 25일까지, 총 2,871명의 편집자들이 75개의 관련 항목에 관해 편집본을 13,175번 업데이트했다.[13]

그림 8.1은 위키피디아 편집자들과 이들이 작성, 참여한 주요 항목에 관한 연관도다.[14] 큰 직사각형은 주요 항목을, 작은 점은 편집인들을 표현한다. 주요 항목을 주위로 후광 혹은 공작새 날개처럼 보이는 부분은 하나의 항목에만 참여한 편집인들을 나타낸다. 반면 아래 쪽에 보이는 '후쿠시마 원전 1호기Fukushima 1 Nuclear Power Plant'와 '원전 1호기 사고Nuclear 1 nuclear accidents'와 같은 항목을 보면 일부 편집자들은 여러 항목에 참여했음을 알 수 있다. 네트워크 다이어그램의 중심에 있는, 왼쪽에서 오른쪽으로 향하는 작은 사각형들을 묶은 테두리는 동일본 대지진 사건으로 인해 파괴된 도시, 마을과 관련된 29개의 항목을 연결하는 주요 링크다. 또한 별 모양처럼 보이는 클러스터 안에 있는 수많은 점은 다양한 항목을 기고하고 편집에 참여한 많은 편집인을 표현한다. 이렇듯 그림 8.1은 위키피디아의 강력한 장점, 즉 하이퍼링크 클릭 한 번만으로도 엄청난 항목과 네트워크화된 정보에 접근할 수 있다는 사실을 매우 잘 보여준다.

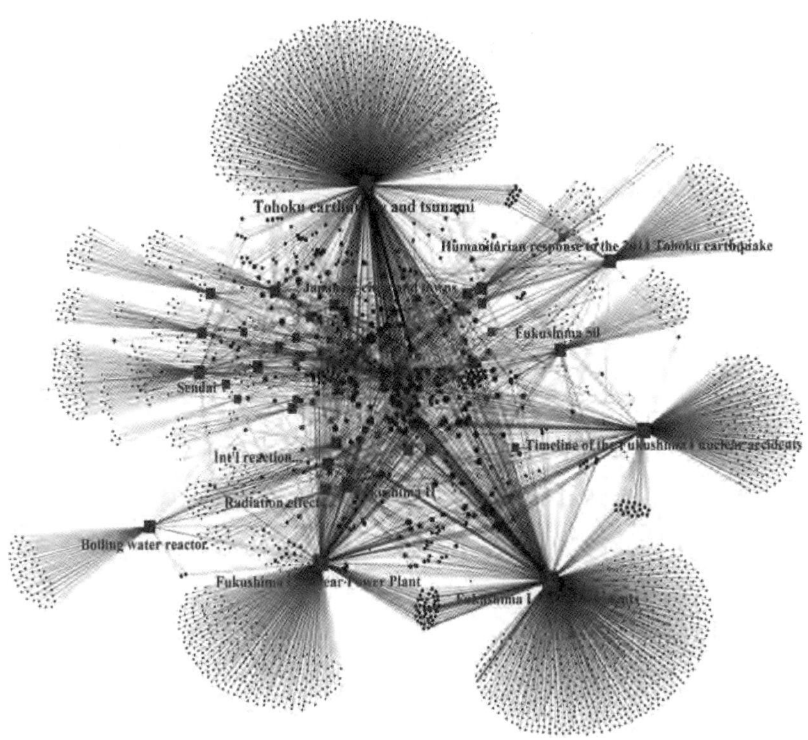

그림 8.1 2011년 동일본 대지진 사건을 중심으로 관련 항목과 편집인들의 관계
출처: 브라이언 키건. 2011년.

또한 그림 8.1은 위키피디아에 실린 항목과 아이디어, 참여자들 간의
관계도 잘 나타냈다. 사회학자인 로날드 브레이거[Ronald Breiger]는 이런 관계
를 '인간과 그룹의 이중성'이라 부르는데, 사람은 그룹을 연결하며 그룹 역
시 사람을 연결한다는 뜻을 내포하고 있다.[15] 예를 들어, '후쿠시마 원전 1
호기'라는 항목이 올라온 3월 14일 이후 관련 항목에 대한 기고와 편집에
참여한 사람은 300명이 넘는다. 물론 내용이 업데이트되는 데 시간차가 있
었고, 일부는 어떤 사람들이 올린 내용을 반복해서 올리긴 했지만 말이다.
매일같이 위키피디아 편집인들은 위키피디아가 제공하는 '논의 페이지'에
모여 이슈들에 대한 의견을 나눴다. 3월 14일, '논의 페이지'에는 총 25개

의 아이템이 등장했으며, 사건 그 자체를 중심으로 모든 항목을 하나로 통합할지에 대한 논의가 이어졌다. 우리가 보는 위키피디아 항목은 수많은 위키피디안이 여러 번 편집하고 논의를 걸치며 업데이트한 결과물이며, 이들 덕분에 우리는 신뢰도 높은 유익한 정보가 가득 담긴 백과사전을 온라인으로 손쉽게 사용할 수 있다. 실제로 이 책을 집필 중인 지금도, 위키피디아의 많은 내용을 신중하게 살펴보며 참고한다.

전세계의 주요 뉴스를 실시간으로 정리해 올리는 위키피디아의 편집인들은, 비록 그 과정에서 엄청난 스트레스를 받을지라도 지식을 창조하는 데 일조한다는 사명감으로 위키피디아 편찬 작업에 참여한다. 한 위키피디아 편집인인 일명 '윌로웨이Willowaye'는 2008년 미국 대선 기간 동안 위키피디아에서 활동하는 수많은 네트워크화된 개인 사이에서 컨텐츠를 제작해 내는 일이 엄청난 작업이었다고 회상한다.[16] 윌로웨이는 당시 새로 올라온 기사 혹은 기존에 있던 기사를 정리해 천 번 이상 편집했다. 윌로웨이에게 위키피디아는 자연스런 디지털 대선 캠페인의 장이었으며, 자신도 선거 문화를 이끌어 나가는 데 일조한다고 믿었다. 그 과정에서, 버락 오바마와 존 맥케인에 관련된 주요 기사는 되도록 피하고 싶었다고 말한다. 이들과 관련된 일에 있어서는 언제든 들고 일어날 열성적인 편집자들이 당시에 많았기 때문이다. 대신 윌로웨이는 오바마의 어머니인 앤 던햄Ann Dunham과 그의 새아버지 롤로 수토로Lolo Soetoro에 집중했다. 자신의 위키피디아 감시 리스트에 이들의 이름을 항목으로 올리고는 새로운 내용이 업데이트될 때마다 알림을 받아 내용을 수정했다.

앤 던햄 항목을 수정할 당시, 윌로웨이는 아무런 증거 없이 그녀의 남성 편력이나 성적 취향에 관한 좋지 않은 이야기가 위키피디아에 올라온 것을 확인한 일이 있었다. 반복적으로 올라오는 이 부정확한 사실을 유포한 사람을 찾아 혐의를 둬야 함이 마땅했으나, 트윙클Twinkle이라 불리는 툴을 이용해 관련 부분을 클릭 한 번만으로 끝내는 것으로 일단락시켰다(이런 기능을 위키피디아에서는 '리버전^{reversion}'이라 한다). 던햄 항목에 올라온 또 다른 이슈도 있었는데, 일부 위키피디아 편집인들은 던햄이 '무신론자일지도 모른다'는 사실을 강조하고 싶어했다. 하지만 윌로웨이를 비롯한 수많은 편집인은 던햄이 무신론자라기보다는 종교를 휴머니스트적인 관점에서 폭넓게 바라보는 불가지론자임을 증명할 증거 자료를 보였다. 결국, 위키피디아의 메인 페이지에는 표시되지 않지만 위키피디아 편집인들이 참여하는 '토크 페이지'에서 이와 관련된 편집 전쟁이 이어졌고, '종교적 믿음'이라는 소제목을 '영혼적 믿음'으로 바꾸는 것으로 상황은 정리됐다. 그리고 2011년 12월 25일 2210 UTC, '영혼적 믿음'은 다시 '개인적 신념'으로 바뀌었다.

이런 사건이 벌어지고 있는 동안, 오바마의 새아버지인 롤로 수토로에 관한 위키피디아 페이지는 새로운 난관에 봉착해 있었다. 수많은 편집인이 수토로의 종교가 이슬람교라는 사실에만 초점을 두고 항목을 정리해나가고 있었기 때문이다. 윌로웨이는 이런 관점이 분명 오바마에게 영향을 미치리라 생각했다. 실제로 대선 기간 동안, 오바마가 이슬람교도라는 허위 사실이 계속적으로 위키피디아에 올라왔다(오바마는 기독교인이다).

지금까지 이야기한 위키피디아 편집 과정에서 윌로웨이가 겪은 타인과의 상호작용은, 네트워크화된 컨텐츠 제작자들이 가치 있는 정보를 창조해내기까지 어떻게 협업하는지 매우 잘 보여 준 사례다. 사실의 검증 여부를 따지고 어투의 공손함, 중립적 입장 등을 기준으로 위키피디아에 실리는 항목의 상세 내용을 결정하는 과정에서, 편집자들 사이의 논쟁과 의견 불일치는 다음과 같은 문구들로 대변된다. "너무 한쪽만 강조하네요." "좀 더 정리해서 항목을 완성해야 한다고 봅니다." "정확한 사실을 기재해주세요." 편집자들 사이에서 이 같은 피드백이 오가지 않는다면, 여러 사람이 함께하는 온라인 백과사전 편찬은 절대적으로 불가능한 일이다.

위키피디아 편찬에 참여한 편집인들처럼, 자신의 시간과 노력을 기꺼이 투자하는 네트워크화된 개인들은 가치 있는 정보를 제작하고 수정할 수 있다. 위키피디아에 컨텐츠를 올리고 싶다고 해서, 반드시 그 분야의 전문가여야 하는 것은 아니다. 위키피디아에 올라온 컨텐츠는 시간을 두고 제3자에 의해 사실 여부가 확인되고 수정되기 전, 즉 컨텐츠가 웹사이트에 올라온 직후 바로 편집되는 경우가 대부분이다. 논쟁거리가 많은 글들을 정리하고 좌지우지할 최종 결정권자들이 각 항목을 제어하는 경우가 많지 않다는 뜻이다. 즉 신뢰할 만한 정보를 제작하는 기존의 전통적인 방식이, 수많은 네트워크화된 개인이 각자의 여가 시간을 활용해 개인적으로 정보를 주고 받는 방식으로 대체된 셈이다.

위키피디아를 통한 정보 습득 방식이 간편하다고 해서, 그곳에 실린 내용이 항상 모두 정확한 것은 아니다. 월로웨이의 경험에 따르면, 하나의 컨텐츠를 제대로 제작해 내기까지 오랜 시간이 걸리는 이유는 그 많은 네트워크화된 개인들이 자신의 의견을 관철시키고자 하기 때문이라고 한다. 그럼에도, 위키피디아의 성공은 정보통신 기술 발전으로 인한 '힘의 논리 power dynamics'가 어떻게 바뀌었는지 보여주는 좋은 예다. 컨텐츠의 제작과 보급은 이제 더 이상 일부 엘리트들만의 전유물이 아니다. 아마추어들이 대부분 편집하는 온라인 백과사전인 위키피디아는 지식의 크라우드소싱 crowdsourcing, 즉 인터넷에 접속할 수 있으며 자발적으로 참여하고자 하는 다양한 사람들이 지식을 창조해나가는 현상을 가장 잘 설명해준다. 위키피디아는 인터넷상에서 가장 많이 참조되는 정보 출처로 계속해서 발전할 것이다.[17]

태그

세상의 트렌드를 짚어 기업에 컨설팅하는 전문가들은 네트워크화된 개인에게서 서로 도와 정보를 제작하고 통합하는 잠재력 협업 능력이 있음을 눈치채기 시작했다. 예를 들어, 미국의회도서관은 2008년 1월 웹사이트에 공지사항을 올리고, 미국의회도서관을 '친구'로 등록한 사람들에게 이메일을 보내 도움을 요청했다. 당시, 마이클 스프링거가 이끄는 도서관의 소규모 팀은 대략 3,000장에 달하는 역사적 사진을 인기 있는 사진 공유 사이트인 플리커Flickr에 업로드하는 작업을 진행 중이었다. 그런 와중에 업로드한 사진에 의견을 달고 라벨을 추가하는 작업, 즉 사진에 '태그tag'를 달아줄 플리커 회원의 도움이 필요해졌다.[18] 범접하기 어려운 존재였던 미국의회도서관이 아마추어에게 정보 제작의 주도권을 스스로 넘겨주고자 한 엄청난 사건이었다.

표 8.1 플리커에 올린 6,416장의 사진에 관한 미국의회도서관 프로젝트 통계

2,630만	사진 열람
13만 33	3,507명의 플리커 사용자들에 의해 태그됨
2만 9,328 개의 댓글	7,889명의 플리커 사용자들이 남김
25개 미만	플리커 사용자가 제작했으나 적절하지 못한 관계로 삭제된 컨텐츠

출처: 미국의회도서관, 2011년.

공지를 올리고 도움을 요청한 다음 주, 도서관 직원들은 여기저기서 봇물처럼 밀려드는 프로젝트 자원 봉사자들에 행복한 비명을 질러댔다. 거기다 뜻밖의 결과에 놀라움을 금치 못했다. 프로젝트에 참여한 사람들은 수많은 태그와 댓글을 달았으며 시간이 흐를수록 그 수는 상상을 초월했고, 플리커 회원들은 사진과 관련된 역사적 사건을 직접 찾아 관련 웹사이트나 뉴스 기사 링크를 걸어놓는 등의 노력을 아끼지 않았다(표 8.1 참고). 또한 이런 현상을 목도한 여타 기관이 비슷한 프로젝트를 계획하기 시작했

다. 일부 냉소주의자들은 의회 도서관의 이 프로젝트가 단순한 아르바이트생이나 악의적 댓글을 다는 인터넷 사용자들에 의해 그 의미가 퇴색되고 오히려 사진과 사이트가 더럽혀질 거라 예상했지만, 프로젝트가 끝난 뒤 의회도서관의 직원들과 함께 참여한 플리커 회원들을 비롯한 여타 관계자들은 다음과 같이 이야기했다. "긍정적 에너지와 유익함으로 가득 찼던 프로젝트였다."[19]

수천 명의 플리커 사용자들은 사진에 태그와 댓글을 달았으며, 부가 정보가 담긴 리소스를 함께 올리기도 했다. 때때로 이들의 댓글은 사진과 관련된 매우 다양한 토론을 이끌어냈다. 사람들은 자신의 어린 시절을 보낸 농촌의 모습을 회상하기도 하고, 조부모님의 생활을 그려보기도 했으며, 2차 세계대전 당시 여성의 모습을 들여다보며 사진에 담긴 과거와 현재의 모습을 비교하기도 했다. 그중에서도 특히 '방직공의 모습'(그림 8.2)이라는

그림 8.2 '방직공의 모습': 시각장애인 여성이 무릎담요를 짜는 모습, 1910–1915년 뉴욕에서 바이런 촬영.
출처: 플리커 공유 프로젝트, 2008년

사진의 인기가 높았는데, 이 사진을 본 네트워크화된 개인들은 사진 속 여성이 시각장애인이며 뉴욕 시각장애인 협회에서 배포하는 무릎담요를 만들고 있는 중이라 설명하고 태그를 달기도 했다. 어느 한 네트워크화된 개인은 이 사진을 촬영한 퍼시 바이런이 자신의 할아버지라 밝히기도 했다 (사진의 아래 부분에 로고가 있다).

프로젝트를 진행한 의회도서관 팀은 플리커의 '이 컨텐츠를 블로그에 담기' 기능을 활성화해, 사람들이 사진을 네트워크화된 개인의 블로그와 웹사이트로 퍼갈 수 있도록 허용하기로 결정했다. 그러면서도 한편, 온라인 여기저기서 사진의 의미가 퇴색되거나 악용될까 걱정의 끈을 놓을 수가 없었다. 서비스가 개시된 뒤 얼마 후, 팀원들의 걱정은 기우였음이 밝혀졌다. 네트워크화된 개인들은 사진을 매우 창의적이되 절대 모욕적이지 않은 방법으로 활용했다. 2차 세계대전 당시 활동하던 간호사들의 모습이 담긴 사진은 어느 블로그 포스트에서 헌혈을 장려하는 용도로 쓰이는가 하면, 반쯤 지어진 고층 빌딩 사진은 블로그 주인이 곧 뉴욕으로 여행을 떠날 것이라 알리는 용도로, 1940년대의 제지 공장 밖에 엄청나게 쌓여있는 종이더미 사진은 데이터에 접근하는 합법적 방법을 알리는 용도로 쓰였다. 일부 네트워크화된 개인들은 1900년대 초반에 찍힌 옛 사진들을 적절히 편집해 현대의 모습을 재구성하는 새로운 작품을 만들어내기도 했다. 어찌됐든 역사적 사진들을 대방출한 이 프로젝트는 의회도서관을 일반인들에게 개방함으로써 현대인의 창의력과 새로운 관점으로 과거를 재해석하는 계기를 만든 유익한 사건으로 기록됐다.

의회도서관은 사람들에게 개인의 의견을 피력하고 타인과 사진에 관한 이야기를 나누게 하는 기회를 제공했다. 그 결과, 위키피디아와 마찬가지로 방대한 도서관 자료에 접근할 수 있는 사람들이 많아졌고 자료의 정확도 역시 높아졌다. 의회도서관은 유물에 관한 정보의 빈곳을 메꾸기 위해 전문 역사가를 찾지 않고도, 네트워크화된 개인들이 태그를 통해 정보 분류체계taxonomy를 만들어내는 과정을 목격했다. 이는 공공기관과 네트워크화된 개인 모두에게 새로운 시스템을 구축하는 데 좀 더 적극적인 방법으로 참여할 수 있는 색다른 기회이기도 했다. 의회도서관의 프로젝트를 통해 네트워크화된 개인들의 잠재적 협업 능력을 확인한 여타 공공기관은 이 기회를 놓치지 않으려 발 빠르게 움직였다. 2011년 12월에 집계된 바에 따르면, 56개의 미국 박물관과 도서관, 문서 보관소 등이 과거의 유물을 현대의 네트워크화된 개인들의 눈을 빌려 재해석하는 플리커 사진 공개 프로젝트에 참여했다. 그리고 자발적으로 이 프로젝트에 참여한 일반인들은 플리커를 통해 함께 정보를 공유하고 상의하면서 역사를 사랑하는 사람들이 반길 만한 유익한 리소스를 많이 제작해냈다. 또한 일부 기관에는 프로그래밍적인 리소스도 지원할 뿐더러, 좀 더 혁신적인 프로젝트 계획을 이끌어내는 데 큰 기여를 하기도 했다.[20]

이집트 혁명: 온라인과 오프라인

페이스북, 트위터, 이메일 서비스를 비롯한 소셜미디어와 휴대 전화는 2011년 중동과 북아프리카에서 촉발된 반정부, 민주화 시위인 '아랍의 봄Arab spring'에서 주목할 만한 역할을 했다. 튀니지, 이집트, 기타 국가에서 일어난 네트워크화된 개인들의 활동은 온라인상의 컨텐츠와 커뮤니티가 오프라인에서의 시위 활동 혹은 집회와 동떨어진 것이 아님을 보여준 사례로서 대규모 동원 시위에서 큰 몫을 해냈다.[21] 2010년 이집트의 인터넷 가입률은 21퍼센트에 불과했지만, 이들 대부분이 혁명의 주도층인 카이로에 거주하는 청년층이라는 데 의미가 있다. 이들은 기존의 형식화된 수직적 조직 구조에 기반하지 않고 새로운 형태로 시위를 계획하고 주동적으로 움직인 새로운 '주도층'이다. 특히 인터넷과 페이스북은 이번 이집트 혁명을 대변하는 주요 미디어로 떠올랐다. 혁명에 참여한 젊은이들은 스스로를 '페이스북 세대'라 일컬으며 과거의 비근대적인 이집트 국민과 거리를 두기도 했다.[22]

이집트의 반정부, 민주화 시위를 신문이나 라디오, 텔레비전과 같은 전통적인 매체를 통해서만 전해들은 수많은 전세계인은 마치 하룻밤 사이에 벌어진 급작스런 사건으로 받아들일지 모르나, 실제로는 점진적으로 이뤄진 일이었다. 이집트와 주변국 시위자들 사이에는 이미 오래 전부터 온라인, 오프라인으로 혁명을 준비하는 커뮤니케이션이 오갔다. 2008년, 아흐메드 마하르Ahmed Mahar와 그의 친구들은 '4월 6일 청년 운동april 6 youth movement'이라는 페이스북 그룹을 개설해 전국적인 노동 파업을 계획했다. 그리고 두어 달 후, 튀니지의 젊은이들은 '튀니지의 진보 청년단progressive youth of tunisia'이라는 그룹을 만들었고, 이 페이스북 그룹은 이집트와 튀니지 시위 참가자들의 커뮤니케이션 장소로 활용됐다.[23] 이집트의 시위 참가자들은 세르비아의 독재자 슬로보단 밀로세비치Slobodan Milosevic를 실각시킨 민주화 운동 오트포르Otpor의 파생 단체인 캔버스Canvas, Centre for Applied Nonviolent Action and Strategies를 포함한 다양한 네트워크를 통해 서로 소통했다. 그리고 실제로 '4월 6일 청년 운동' 그룹의 회원들은 베오그라드로 여행을 가거나 세르비아 혁명가들을 이집트로 초대해 평화적 시위 조직 방법을 직접 배우기도 했다.[24]

이집트 혁명가들이 국내에서 네트워크를 구축하는 데에는 디지털 도구도 한몫 했다. 2010년 6월 28세의 이집트 사업가인 칼레드 사이드가 경찰관들에게 무차별적인 폭행을 당해 사망하는 사건이 터지자, 일부 청년들은 공권력의 잔인함을 대중에게 호소했고 그 결과 군중은 정부를 향한 분노를 폭발시키기 시작했다. 그 다음, 익명의 네트워크로 조직된 수많은 사람들이 '우리는 모두 칼레드 사이드다we are all khaled said'라는 제목의 페이스북 페이지를 개설하고 폭행당한 사이드의 얼굴을 휴대 전화로 찍은 사진을 올렸으며, 유튜브에는 사이드의 행복했던 생전 모습이 담긴 동영상이 업로드됐다. 구글의 마케팅 매니저이자 페이스북 그룹 관리였던 와엘 고님[Wael Ghonim]은 '4월 6일 청년 운동' 회원 중 한 명인 마허를 비롯한 여러 명의 시위 네트워크 구성원과 가깝게 지내며, 이들에게서 얻은 지식을 활용해 '우리는 모두 칼레드 사이드다' 페이지에 더 많은 사람들의 관심과 참여를 불러일으키려 노력했다.[25]

2011년 1월 14일, 튀니지에서 촉발된 민주화 시위의 성공으로 대통령인 벤 알리[Ben Ali]가 축출되는 대 사건이 일어나자, 이집트의 반정부, 민주화 운동도 탄력을 받았다. 튀니지의 민주화 역시 경찰 부패에 맞서면서부터 시작돼 소셜미디어의 힘을 빌려 이뤄졌기 때문에, 이집트인들에게는 큰 자극이 될 수밖에 없었다. 튀니지의 민주화 성공 소식이 전해지면서, 이집트의 네트워크로 조직된 개인들은 1월 25일 반란을 계획한다. '우리는 모두 칼레드 사이드다' 페이스북 페이지는 시위에 참가할 사람들을 모으는 데 매우 활발하게 사용됐으며, 그 결과 10만 명 이상의 사람들이 반란에 참여하겠다고 서명했다(그림 8.3).[26] 이 같은 소식은 온라인상에서 매우 빠르게 퍼져나갔고, 사이버 공간에서의 시위는 1월 25일 타흐리르 광장으로 이어졌다. 이 과정에서, 페이스북은 현 정부에 불만을 품은 이집트 국민들이 모여 혁명의 목소리를 높이는 장소이자, 시위 관련 지식을 공유하고, 독재 치하 속에서 살아가는 두려움을 극복하게 해주는 플랫폼으로서의 역할을 훌륭하게 해냈다.[27] 게다가 과거의 혁명가들이 측근을 통해 직접적으로 메시지를 전달하는 위험한 방법을 선택한 데 반해, 이집트와 튀니지에서 네트워크로 조직된 사람들은 같은 상대가 설사 난생 처음 보는 낯선 이라 할지라도 서로 믿으며 거사를 추진했다. 공통된 목표를 향하고 있다는 이유 하나만으로, 이들 커뮤니티에서의 상호 신뢰와 지원이 자발적으로 생겨난 것이다.

그림 8.3 2011년 3월, 이집트 카이로의 타흐리르 광장에서 판매된 2011년 1월 25일 이집트 혁명을 기념하는 페이스북 티셔츠
출처: 제이넵 튀펙시, 2011년

시위가 벌어지는 동안, 시위를 조직한 사람들은 자신의 네트워크와 자원을 최대한으로 활용했다. 실제로 튀니지와 세르비아에서 이미 혁명에 성공한 사람들의 조언을 구해, 그대로 시위에 적용하기도 했는데, 예를 들면 최루탄 가스에 대비해 레몬이나 양파, 생강 냄새를 미리 맡고 가거나, 스프레이 페인트로 경찰차의 바람막이 창을 엉망으로 만들었고, 시위 참가자들은 자신의 몸을 플라스틱 병이나 두꺼운 판자 등으로 보호했다.[28] 전단지 같은 전통 매체를 이용해 인터넷 연결이 어려운 사람들의 시위를 유도하는 노력도 아끼지 않았다.[29] 그리고 지금까지 이야기한 바와 같이, 온라인상으로 상세한 시위 계획과 전략 등을 공지하고 공유해 철저한 대비 태세를 갖췄다. 이집트 블로거인 마흐무드 살렘[Mahmoud Salem]은 "인터넷은 네트워크화된 개인들의 커뮤니케이션을 허용함에 따라 평행 세계의 또 다른 이집트를 만들어냈다."고 이야기한다.[30]

이집트에서는 개인용 컴퓨터보다 많이 보유한 기기가 개인 휴대 전화

인 덕분에, 이번 혁명에서 보인 휴대 전화의 역할은 가히 대단했다. 타흐리르 광장을 중심으로 매우 빠르게 진행된 시위 참여자들은 휴대 전화에 의지해 실시간 정보를 얻고, 인터넷에 접속해 상황을 공유했다. 트위터와 문자메시지로 상황을 전달했으며, 유튜브에 시위 동영상을 업로드하는 등 당시 상황을 재빠르게 전세계로 전파했다. 이집트 당국이 카이로의 알자지라 방송 사무실을 폐쇄한 후에는, 판 아랍 방송 네트워크가 국민들에게 시위 상황이 담긴 동영상이나 관련 정보를 개인 블로그에 올릴 것을 요청했다.[31] 이집트 국민들은 가로등 선을 이용해 휴대 전화를 충전하면서까지 시위 소식을 전세계에 알리는 기지를 발휘했으며, 그만큼 휴대 전화는 당시 이집트인들에게 없어서는 안 될 소중한 도구였다(그림 8.4).

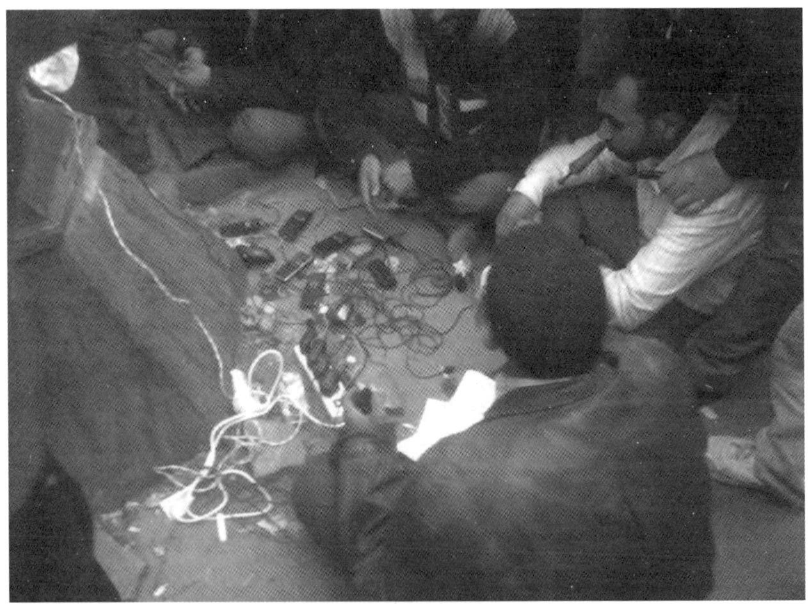

그림 8.4 시위 과정에서 휴대 전화를 충전하는 이집트인들의 모습
출처: 카림 마롤드, 2011년

인터넷과 모바일 혁명은 물론 여타 여러 요소 역시 이집트 혁명을 성공으로 이끄는 데 큰 공을 세웠다. 우선 이집트 혁명의 참가자들은 단순한 카이로 거주자들이 아니었다. 수많은 사회 운동가들이 그러하듯, 이집트 참가자들도 마치 무슬림 형제단처럼 끈끈한 유대감과 동일한 정치적 견해로 뭉친 그룹들의 네트워크를 기반으로 했다.[32] 게다가 반정부 시위대를 지지하는 국제적 여론도 한몫 했다.[33] 하지만 무엇보다도, 이집트 군 당국이 시위대에게 무력을 행사해 제지하지 않았다는 사실을 빼놓아서는 안 된다. 이들은 혁명이 성공한 후에도 힘을 유지하고자 노력했으며, 미국 정부의 어마어마한 지원을 받았다.[34] 이집트 혁명이 발발한 뒤 얼마 지나지 않아 일어난 리비아의 반정부 시위에서 리비아의 군 당국이 카다피 정부에 끝까지 충성을 다한 것과는 상반된 모습이었다.

미디어 판도의 변화

소셜미디어의 등장은 네트워크화된 개인들의 다양한 요구사항을 충족시킬 뿐만 아니라, 전반적인 미디어 환경을 완전히 바꿔놓았다. 퓨 리서치 센터의 언론발전프로젝트^{PEJ, Project for Excellence in Journalism} 조사 결과를 그 증거로 함께 살펴보자.[35] 2009년 1월 19일, PEJ는 전통적인 뉴스 매체가 다루는 주요 뉴스를 분석하는 기준으로 주간뉴스보도지수^{NCI, News Coverage Index}를, 소셜미디어 세계에서 논의되는 주요 주제를 분석하는 기준으로는 뉴미디어지수^{NMI, New Media Index}를 적용했다.[36] 뉴미디어지수는 블로그, 트위터 포스트, 유튜브 동영상에 각기 다르게 적용됐다.

그 결과, 이 지수들은 상당히 다양한 분포를 보였는데, 심지어는 소셜미디어 각 채널의 뉴스 목록과 특징도 서로 달랐다. PEJ 분석을 바탕으로 일 년 동안 가장 가치 있는 자료를 선정해보면, 채널별로 유명세를 탄 뉴스가 조금씩 겹치기도 했다.[37] 예를 들어, PEJ 분석가는 블로거들의 경우 인간의 감정에 호소하는 사건이나 개인 혹은 그룹의 권리와 관련된 소식, 사상적 열정을 불러일으킬 만한 뉴스를 주로 다뤘다고 이야기한다. 그리고 이런 뉴스는 종종 구독자들로 하여금 감정을 이입하게끔 유도해 소셜 포럼으로까지 논의가 이어지기도 하며, 때로는 블로거 스스로가 매우 편파적인 어조로 뉴스를 다루기도 한다. 하지만 기타 미디어와는 달리, 블로그 세계(블로거, 블로그 구독자, 블로그 포스트 등)의 당파 근성은 그나마 약한 편에 속한다. 덕분에 버락 오바마 대통령을 지원한다든가 시민 운동에 동참하는 것과 같은 논쟁 거리가 될 만한 주제에 대한 보수적, 진보적 목소리가 동등하게 허용되는 분위기다.

트위터는 블로그와는 매우 대조적인 모습을 보인다. 트위터 자체가 어느 한 주제를 두고 수많은 포스트가 올라오는 기술을 중심으로 하는 데다가 이런 분위기를 제지할 규범은 거의 없다. "트위터 커뮤니티에서는 단문 메시지를 이용해 주로 중요한 정보를 따라가(혹은 새로운 정보를 전달하거나) 의견을 통합, 혹은 가치를 공유한다." PEJ 연구원의 말이다. 2009년 이란 선거 직후 벌어진 국민들의 시위는 트위터 세계에서 엄청난 반응을 이끌어냈다. 이 소식은 7주 연속으로 트위터에서 가장 많이 회자된 주요 뉴스로 선정됐으며, 지금까지 그 어떤 플랫폼에서 다룬 뉴스도 이런 반응을 얻어낸 적은 없다.

유튜브 또한 수많은 소셜미디어 채널에서 눈에 띄는 존재다. PEJ는 유튜브에 대해 다음과 같이 적었다. "유튜브 사용자는 특별히 댓글을 단다거나 부가적인 통찰력을 가미해 의견을 내놓지는 않는다. 다만 수백만 개의 동영상을 보고 공유하는 행위에 참여할 뿐이다. 그 결과, 뜻밖의 재미를 선사하거나, 강력한 시각 효과를 보이며 엄청난 흥미를 유발하는 동영상은 어김없이 가장 많은 조회수를 기록한 동영상으로 올라온다. 또한 사용자들은 서로 다른 언어를 쓰기 때문에 이해할 수 없는 동영상보다는 언어에 상관없이 공감할 수 있는 동영상을 선호한다." 표 8.2는 각 채널 별 상위 5위까지의 주제를 정리해 보여준다.

표 8.2 미디어 플랫폼별 뉴스 주제, 2009년 1월 19일 – 2010년 1월 15일*

	블로그 (뉴스 비중%)	트위터 (뉴스 비중%)*	유튜브 (비디오 비중%)	전통 매체 (뉴스 비중%)
정치/정부	17%	6%	21%	15%
국외 사건 (미국을 중심으로)	12	13	26	9
경제	7	1	1	9
기술	8	43	1	1
건강/의학	7	4	6	11

*트위터는 2009년 6월 15일 – 2010년 1월 15일
출처: 퓨 리서치 센터, PEJ

PEJ는 49주의 조사 기간 동안 블로그와 전통 매체가 같은 뉴스를 다룬 기간이 13주라는 분석 결과를 발표했다. 반면 트위터와 전통 매체가 같은 뉴스에 집중한 기간은 매우 적어, 주요 언론을 상대로 조사를 펼친 29주 중 4주 정도만이 주제가 겹쳤다고 한다. 유튜브는 49주 중 8주 동안 같은 주제를 공유했다. 또한 같은 주제의 뉴스를 다룬다 하더라도 그 분위기가 채널별로 사뭇 달랐다. 전통적인 뉴스 미디어는 전달하는 뉴스의 진행 상황과 사건으로 인한 결과에 중점을 두는 한편, 소셜미디어는 뉴스 속 인물의 이야기나 좀 더 감정적인 부분에 무게를 실었다. 오바마 대통령이 대규모 경기 부양책을 내놓아 논쟁의 중심에 섰을 때와 마찬가지로, 소셜미디어는 사건의 결과를 두고 어느 한 방향으로 여론을 몰고 나가기도 했다. 또한 팝스타 마이클 잭슨의 사망 소식을 접했을 때처럼 때로는 사건에 대한 개인적인 감정을 표출하기도 했다.

3월 30일에서 4월 5일까지 일주일간의 분석 자료

좀 더 자세한 연구를 위해, PEJ는 어느 한 주를 특별히 선정해 뉴스의 다양도를 측정하고 소셜미디어와 전통 매체의 차이점을 분석했다. 기간은 2009년 3월 30일 주로, 당시 일주일 동안 전통 매체에서는 경제와 관련된 세 가지 주요 뉴스를 중점적으로 다뤘다. 첫 번째 소식은 런던에서 개최된 선진국들의 경제 정상회담으로, 전세계적인 경제 위기를 타파할 대책을 세우는 자리였다. 두 번째 소식은 계속되는 미국 은행 문제로, 벤 베르난케 연방 준비 이사회 의장이 2008년 당시 베어스턴스와 AIG에 마지못해 구제 금융을 지원했다고 말한 사실이 집중 보도됐다. 세 번째 문제는 제너럴 모터스^{GM}의 CEO인 릭 왜고너^{Rick Wagoner}를 해고하는 데 백악관의 개입이 의심된다는 뉴스였다.[38] 그리고 전통 매체의 네 번째 주요 뉴스는 뉴욕 주 빙햄튼의 한 이민 센터에서 벌어진 총격 사건으로 범인을 포함해 총 14명의 사상자가 난 사건이었다. 그리고 다섯 번째는 오바마 대통령이 아프가니스탄에 더 많은 병력을 지원하고자 나토^{NATO}에 도움을 요청했다는 뉴스였다. 이중에서는 당연히 런던의 경제 정상회담 소식이 가장 많은 관심을 모았으며, 신문뿐만이 아니라 방송국에서도 앵커는 연일 관련 소식을 전하느라 바빴고, 직접 영국에서 소식을 전하기도 했다. 회담이 벌어지는 장소는 뉴스를 쫓아다니는 사람들의 이목을 충분히 끌었는데, 특히나 정보를 전해 들은 세계화에 반대하는 사람들에게는 집회를 열기에 딱 좋은 장소였다. 또한 오바마 대통령과 함께 유럽으로 건너 간 미셸 오바마 영부인의 현지 반응 소식은 런던에서 전해온 매우 흥미로운 주변 뉴스거리였다.

그럼 이제 일주일 동안의 소셜미디어 동향을 살펴보자. 블로그와 여타 소셜미디어에서는 사실 경제회담에 그다지 큰 관심을 보이지 않았다. 우선 블로거와 여러 소셜미디어 크리에이터들이 런던에 직접 날아가지 않았을 뿐더러 관련 소식을 반드시 전해야겠다는 의무감도 느끼지 않았다. 이들은 좀 더 거리를 두고 뉴스를 지켜보는 입장이었다. 덕분에 다양한 주제를 다룰 수 있는 여유가 있었으며, 자신이 원하는 링크와 댓글을 찾아 탐색했다.

소셜미디어상에서 이 일주일 동안 가장 많이 회자된 뉴스는 미국 관련 소식도, 실화도 아니었다. 화제의 주인공은 바로, 4월 1일 만우절 장난으로 영국 신문인 〈가디언〉지가 더 이상 종이 인쇄를 하지 않고 오로지 인기 있는 온라인 커뮤니케이션 사이트인 트위터로만 소식을 전하겠다는 소식이었다.[39] 전세계 블로거들은 이 소식을 농담으로 알아듣긴 했지만 큰 관심을 보일 수밖에 없었다. 이런 농담 자체가 소셜미디어 등장으로 인한 엄청난 기술적, 경제적 변화가 일어나고 있음을 꿰뚫어보는 현대인의 통찰력에서 비롯된 것이기 때문이었다. 확실히 소셜미디어 크리에이터들은 현실적인 농담을 좋아한다. 2009년 초반, 텍사스 해커들이 교통통제실을 해킹해 거리의 신호등을 모두 바꿔 '좀비 공격'을 경고했다는 폭스뉴스닷컴(foxnews.com)의 기사가 가장 높은 레벨의 뉴미디어지수를 기록했다. 또한 BBC에 난 어느 토막 기사도 매우 높은 뉴미디어지수를 얻었는데, 한 영국 소년이 집 지붕에 무려 18미터에 달하는 크기의 남자 성기를 그려놓았으며 부모는 이 사실을 1년 동안이나 눈치채지 못했다는 뉴스가 그 내용이었다. 이 이야기가 나와서 말이지만, 독자 기고를 허용하는 온라인 잡지인 〈힙Heeb〉 매거진의 야샤는 다음과 같이 이야기했다. "절망적인 경제 상황이나, 날씨 변화, 본방 사수를 놓친 가십걸 에피소드 등, 이는 모두 살면서 견뎌낼 만한 사소한 일이지만 삶은 언제나 이런 사소한 일에 영향을 받는다." 그리고 이런 야샤의 이야기는 인터넷상에 존재하는 재미있거나 가치 있는 이야기를 매우 빠른 속도로 전파하는 소셜미디어 크리에이터들로부터 큰 인기를 얻었다.

뉴미디어지수가 두 번째로 높았던 뉴스는, 누군가에게 정보를 얻어내는 데 고문 행위가 어떤 영향을 미치는가에 관한 내용이었다. 진보적 성향을 띤 블로거들은 3월 29일 〈워싱턴포스트〉에 실린 알카에다 용의자인 아부 주바이다에게 온갖 험한 고문 기술을 썼지만 유용한 정보를 얻지 못했다는 기사에 관심을 보였으며, 이들은 대부분 미국이 이런 고문 행각을 벌이고 있다는 사실에 강력히 반대하는 사람들이었다. 또한 이 소식은 소셜미디어에서 높은 뉴미디어지수를 받기에 좋은 요소를 갖추고 있었다. 우선 블로그 세계에서 뜨거운 쟁점으로 논의될 만한 주제는 매우 빠르게 전파되는 경향이 있다. 일반적으로, 생각이 비슷한 사람들은 정보 공유도 더 많이, 더 쉽게 하기 때문이다. 블로거들은 서로의 블로그 주소를 링크로 달아놓음으로써 입소문을 부추긴다. 다시 아부 주바이다의 고문 이야기로 돌아가, 진보적 미디어 블로거인 댄 길모어는 자신의 블로그에서 주바이다의 이야기가 궁극적인 대중성의 기폭제와 같다고 이야기했다.

세 번째 뉴스는 '할리우드와 정치의 결합'이었다. 두 번째 뉴스와는 반대로 이 이야기는 주로 보수적 성향의 사람들 사이에서 많이 회자됐다. 여배우 앤지 하몬Angie Harmon은 폭스뉴스와의 인터뷰에서, 오바마 대통령을 지지하지 않는다는 이유로 자신이 인종 차별자로 낙인 찍는 것이 억울하다고 이야기했다. 그리고 곧 보수적 블로거인 사라 페일린Sarah Palin이 자신의 블로그에 하몬의 인터뷰 내용을 인용했고, 동시에 세간의 관심이 쏟아지기 시작했다. "난 앤지 하몬을 지지한다. 하몬은 똑똑하며, 아름답고, 연기력도 좋은, 게다가 자신의 신념을 드러내는 데 두려워하지 않는 용감한 사람이다. 앤지 하몬은 멸종 위기에 처한 몇 안 되는 헐리우드의 공화주의자다!"[40] 이와 같이 영향력 있는 사람이 뉴스를 인용하면, 뉴미디어지수는 더 높아지게 마련이다.

지금까지 이야기한 PEJ의 조사 결과를 종합하면, 소셜미디어와 전통 매체는 주로 다루고자 하는 이야기의 주제, 사건을 바라보는 관점, 사람들의 관심을 유도하는 경로 등이 서로 다르기 때문에 다루는 뉴스가 다를 수밖에 없다. 소셜미디어 크리에이터들은 참여를 매우 중시하기 때문에, 이들이 제작한 컨텐츠는 커뮤니티에서의 파급력이 훨씬 큰 편이다. 퓨 인터넷은 건강 관리, 정치 활동 등에서의 소셜미디어의 역할을 연구했으며, 그 결과 이 새로운 미디어가 사용자의 참여를 이끌어 내 결과적으로 전세계의 정세에 대한 관심을 높이는 역할을 한다는 결론을 도출할 수 있었다.[41]

네트워크화된 시대의 스타

네트워크화된 개인은 정보통신 기술을 활용해 뉴스뿐만이 아닌 매우 다양한 컨텐츠를 제작한다. 그리고 이렇게 제작된 컨텐츠는 광범위한 지역의 수많은 사람들에게 전파될 가능성이 크며, 이런 파급력은 개인 네트워크를 구축할 수 있는 힘을 실어준다. 그 과정에서, 네트워크화된 개인은 자신이 만든 컨텐츠의 유효성을 평가받고, 그에 따라 명성을 쌓기도 하며, 소셜 지원자로 발전하는 토대를 만들기도 한다.

2005년 처음 서비스를 시작한 이래, 유튜브는 신인 가수와 음악가들의 허브로 자리매김했다. 연예계 종사자들은 새로운 스타를 찾아 유튜브 동영상을 뒤진다. 실제로 미국의 아이돌 스타인 저스틴 비버는 2008년에 자신의 모습이 담긴 영상을 처음 유튜브에 업로드했다. 그 당시만 해도 아마추어에 불과했던 이 13세 소년은, 자기 집 거실에서 크리스 브라운의 'with you'를 열창했고 이 모습을 화질도 그리 좋지 않은 카메라로 담아 올렸다. 그런데 이 동영상은 유튜브에서 입소문을 타고 수백만이 넘는 조회 수를 올렸고, 결국 한 기획자의 눈에 띄어 가수로 데뷔하는 데 성공했다. 지금은 발매하는 음반마다 폭발적인 인기를 끌며 영화, 자서전 등을 발표하는 스타로 발전해 2010년에는 아메리칸 뮤직 어워드에서 올해의 가수로 뽑히는 영광을 누리기도 했다.[42]

매시업이나 디지털 자료를 혼합하고 수정해 리믹스하는 일은 보편적인 일이 됐다. 퓨 인터넷이 2010년에 조사한 바에 따르면 미국 성인 중 15퍼센트가 매시업 작업을 한 경험이 있다고 응답했는데, 대부분 온라인에서 발견한 노래나 텍스트, 이미지 등의 디지털 자료를 편집해 자신만의 새로운 컨텐츠로 만들었다고 한다. 특히 이런 활동은 젊은 인터넷 사용자층에 집중돼 있다. 자세히 이야기하면, 온라인을 사용하는 청소년 중 21퍼센트가 매시업을 한 경험이 있다고 한 반면, 같은 응답을 한 30세 이상 사용자는 13퍼센트에 불과했다.

쿠티맨Kutiman(본명 오피르 쿠티엘Ophir Kutiel)은 대표적인 매시업 뮤지션이다. 2009년 초반, 쿠티맨은 유튜브에서 미국 드러머인 버나드 퍼디Bernard Purdie의 동영상을 다운로드했고, 그에 맞춰 기타를 연주한 뒤 적당한 타악기 연주도 곁들였다.[43] "나한테 필요한 거라곤 베이스와 기타가 전부였다… 버나드 퍼디 님은 모르겠지만 그저 그의 연주에 맞춰 함께 할 수 있다는 생각만으로도 난 너무 기쁘다." 〈와이어드〉 매거진에서 쿠티맨이 한 말이다.[44] 그러고는 "유튜브에서 퍼디와 함께 연주할 사람을 또 찾을지도 모를 일이다."라고 말했고 실제로 그후 2달 정도 유튜브에 올라온 수많은 동영상을 보며 'The mother of all funk chords'라는 프로젝트의 일부분이 될 영상을 모았다. 그 결과, 수많은 연주(혹은 기타 음악적 표현)가 모인 'The mother of all funk chords' 동영상이 탄생했다. 이 동영상을 보면, 수많은 네트워크화된 개인의 모습을 촬영한 영상의 부분부분이 모여 하나의 음악을 만들어낸다. 예를 들면, 어느 한 기타 강사는 E9 코드를 연주하는 방법을 알려주고, 한 10대는 트럼펫을 연습하며, 중년 남성은 하모니카를 연주하고 블루스를 부르고, 또 어떤 남성은 악기점에서 테레민을 연주하기도 하며, 교회 오르간 연주자, 겜보이 플레이어 등 수많은 사람의 다양한 소리가 버나드 퍼디의 드럼과 함께 어울려 흥겨운 사운드를 완성한다. 쿠티맨은 이 영상을 만드는 데 총 22개의 동영상을 활용했으며, 타악, 관악 등의 다양한 소리를 편집해 적절한 하모니로 이끌어냈다고 이야기한다.

이 동영상을 완성한 뒤, 쿠티맨은 여러 달의 시간을 투자해 또 다양한 동영상을 만들고 이 동영상들을 7개의 노래로 적절히 편집하는 'thruyou' 프로젝트를 완성시켰다.[45] 쿠티맨은 2008년 3월, 최종 동영상을 온라인에 업로드하면서 20명의 친구들에게 동영상 링크를 전송했다. 일주일 후, 쿠티맨의 'Thruyou'는 100만 조회 수를 돌파했다. "마이스페이스에 로그인하니 엄청난 친구 신청이 들어와 있더군요. 'Thruyou' 동영상을 본 사람들이 내 엉망진창인 페이지를 보려고 난리였지요." 동영상을 업로드한 다음 날 아침 쿠티맨이 한 말이다.[46] 이 때부터 미국 공영 라디오 방송을 비롯한 수많은 주류 미디어에서는 쿠티맨의 작업에 대한 찬사가 이어지기 시작했다.

네트워크화된 개인의 네트워크화된 컨텐츠 제작 활동은 쿠티맨이 한 말에 매우 잘 함축돼 표현된다. "내 관심을 끄는 건 다른 사람의 관심도 끌 수 있다고 생각한다. 난 사람들이 웹캠 앞에 앉아 노래를 부르는 자신의 모습을 녹화하며 무언가 좋은 일이 생기길 기대하는 모습이 좋고, 다른 사람도 그러리라 생각할 뿐이다."[47]

컨텐츠의 정체성과 제작자의 명성

쿠티맨처럼 컨텐츠를 제작해 온라인에 올려 여러 사람에게 자신의 예술성을 표현하고자 하는 사람이 있는 반면, 인터넷과 스마트폰을 이용해 자기 자신을 홍보해 수많은 사람과 연결되어 개인 네트워크를 구축하고자 하는 사람도 있다. 이런 사람들은 정보통신 기술을 이용해 자신의 브랜드 가치를 높여 유명인이 되기도 한다. 패트리샤 랑게[Patricia Lange]가 연구한 것으로, 어느 모녀(자넷과 매디)가 2006년에 개설한 유튜브 채널인 'beyond reality'를 예로 들어보자. 이 동영상은 〈서바이버〉나, 〈탑 셰프〉, 〈뷰티 앤 더 긱〉 등

리얼리티 TV 쇼의 내용을 요약하고 그에 관해 이야기를 나누는 모습을 담고 있다.[48] 청소년인 매디는 '미래의 영화 제작자'로서 자신의 캐릭터를 분명히 밝힌 뒤 원래부터 유튜브 채널을 운영하고 있었으며, 엄마인 자넷은 이런 딸을 격려하고자 참여해 딸과 함께 한 것이었다.[49] 2010년 초에 이 모녀는 300개가 넘는 동영상을 제작해 유튜브에 올렸는데, 이 동영상들의 조회 수를 전부 합하면 380만 회를 훌쩍 뛰어 넘을 정도였다.

랑게는 매디와 자넷이 그들의 프로그램에 '브랜드'의 가치를 부여했다고 이야기한다. 예를 들어, 모녀가 제작하는 모든 동영상은 'beyond reality with maddie and janet'라는 문구와 사운드가 함께하는 고유의 오프닝 클립으로 시작한다. 그리고 항상 그때그때 이야기하고자 하는 TV 쇼의 이름이 들어간 이미지 앞에 모녀가 앉아 연예 프로그램 진행자처럼 대화를 주고 받는다. 랑게의 말처럼, 매디와 자넷은 리얼리티 쇼를 함께 보고 각자 노트를 한 뒤, TV 쇼의 내용을 설명하고 비판을 하기도 한다. 이렇게 녹화한 동영상을 올리고 나면, 매디는 네트워크화된 개인이라면 누구나 그러하듯 유튜브의 다른 사람들에게 동영상이 올라왔음을 알리고 자신의 마이스페이스 페이지에 포스팅하며, 친구들에게 메신저로 얼른 동영상을 확인하라고 메시지를 보낸다.

매디와 자넷은 전문 프로듀서나 디렉터의 도움 없이 제작한 동영상으로 특정 시청자 층을 확보했다. 매디의 채널을 구독해 새로운 동영상이 올라올 때마다 알림 서비스를 받는 구독자가 5,000명 이상이며, 리얼리티 TV 쇼 시청자들의 전폭적 지지를 받는다. 어느 한 〈버첼러렛〉 시청자는 매디와 자넷의 동영상에 다음과 같은 댓글을 남겼다. "쇼를 보지 못했는데, 이 동영상을 보니 내용을 다 알겠네요." 매드는 다른 사람이 매드가 운영하는 채널의 아이콘이나 동영상을 한 번이라도 봐주길 바라는 마음에, 종종 유튜브에서 유명한 사람들의 채널을 구독하기도 한다. 매디는 유튜브 활동 덕분에 뉴욕대학교의 영화 프로그램에 응시해 합격했으며, 자신의 오랜 꿈에 한 발짝 다가갈 수 있었다. 2011년 중반, 이제 'beyond reality'는 거의 자넷의 쇼가 됐으나 '매디의 대학 생활 버전 비디오 블로그[vlog]가 이어집니다.'라는 문구는 유튜브 채널에서 빠지지 않는다.[50]

정보통신 기술은 일반인에게 명성을 얻고 사회적 지위를 높이는 기회를 제공하며, 실제로 일부 네트워크화된 개인은 이 기회를 붙잡아 온라인상에서의 자신의 존재를 확고히 한다.[51] 이들은 자신의 정체성이나 컨텐츠, 개인 정보 노출 등에 관한 문제를 새로운 시각으로 바라볼 줄 안다. 하지만 그 결과 개인에게 있어서의 친구와 대중의 경계가 흐려질지도 모른다. 자세한 내용은 9장에서 살펴보기로 하겠다.

네트워크화된 크리에이터가 되고자 하는 이유

네트워크화된 개인이 컨텐츠를 직접 만들면 어떤 이익이 있을까?

자기 표현: 모든 종류의 컨텐츠 제작이 그러하듯, 온라인 컨텐츠 제작 역시 네트워크화된 개인에게 자기를 표현할 수 있는 하나의 수단이다. 자신의 삶을 블로그에 기록한 피터 마란시나 유튜브에서 매쉬업 컨텐츠로 유명해진 쿠티맨이 바로 그 예다. 쿠티맨은 "내 동영상이 이렇게 많은 관심을 받으리라곤 상상조차 하지 못했다."라고 말한다. 쿠티맨은 음악과 창조의 활동에 영향을 받았으며 "밤도 낮도 잊은 채 작업에 몰두했다. 컴퓨터 앞에서 먹고 잘 정도로 이 새로운 아이디어에 완전히 매료돼버렸다. 꼭 마법같이."라고 말할 정도로 새로운 형태의 컨텐츠를 제작하는 데 몰입했다.[52] 정치 관련 블로그를 운영하는 블로거들이 연구한 바에 따르면, 이들이 블로그를 하는 이유는 세상의 부조리를 비난할 통로가 필요하며, 자신의 생각을 기록하고 거기서 새로운 아이디어를 얻고자 함에 있다고 한다. 한 블로거는 다음과 같이 말했다. "난 타고난 글쟁이다. 한순간도 머리가

쉬지 않는 덕에 이것저것 정말이지 쓸 게 많다. 블로그는 이런 나에게 나 자신을 표현하고 불완전한 생각에 갇혀 허우적대지 않게 해주는 존재다."[53]

배움의 장: 네트워크화된 개인의 컨텐츠 제작은 강력한 정보 교환과 습득의 기회를 제공한다. 예를 들어, 리얼리티 TV 쇼 동영상 제작자인 매디와 자넷은 시간이 흐를수록 기술적으로나 쇼 진행 능력 면에 있어서 성장하는 모습을 보여줬다. 이들이 이런 발전을 거듭하는 데에는 구독자들이 주는 피드백과 때로는 잔인할 정도로 비판적인 댓글이 큰 도움이 됐다. 게다가 맥아더 재단이 청소년과 청년층을 조사한 결과에서도, 정보통신 기술을 통해 친구나 낯선 이에게 프로필을 만들고, 컴퓨터 코드를 작성하거나, 자료를 편집해 온라인에 올리는 방법을 배우는 경우가 매우 많다고 한다.[54] 또한 온라인 컨텐츠 제작은 네트워크화된 개인에게 자신의 능력을 개발하고 가치를 증명하는 기회를 주기도 한다.

협업의 장: 온라인 컨텐츠를 제작하는 네트워크화된 개인은 또 다른 누군가와 상호작용하고 협업할 일이 많다. 상호 간의 정보, 사회적 상호 작용의 교류는 정보통신 기술을 사용하는 사람들에게는 보편적인 일이다. 이들은 컨텐츠를 제작하며 타인과 논쟁을 하거나 친밀한 관계를 맺기도 한다. 앞서 이야기한 위키피디안인 윌로웨이를 떠올려보자. 윌로웨이는 오바마 대통령의 대선 경합 시절, 그의 부모님에 관한 항목을 편집하며 수많은 편집자들과 부딪혀야 했다. 끊임없이 토의하고 글을 수정, 삭제, 추가하기를 반복, 특히나 오바마 대통령의 새아버지인 롤로 수토로의 종교에 관한 항목에서는 이 과정을 수없이 반복해야 했다. 온라인 컨텐츠 생성은 네트워크화된 제작자에게 팀워크가 무엇인지 가르쳐줄 뿐만 아니라, 새로운 형태의 혁신이란 무엇인지 알려주기도 한다.

커뮤니티와 연결되는 곳: 자기 자신을 표현할 수 있다는 것만으로도 가치는 충분하지만, 자기 자신을 넘어서 소셜 네트워크 내의 친구 혹은 낯선 이들과 관심사를 함께 나눈다는 점에서 그 가치는 더해질 수밖에 없다. 퓨 인터넷 조사관인 수잔나 폭스는 낯선 이를 돕고, 또 낯선 이를 돕는 또 다른 낯선 이를 만나 결국엔 모두가 친구가 되어 친구가 친구를 도와주는 형태로 발전하는 부모님의 그룹을 연구한 적이 있다. 수잔나는 이들을 '저스트인타임, 저스트라이크미just in time, just like me' 커뮤니티라 부르는데, 이들은 컨텐츠 제작이나 네트워크 공유를 바탕으로 관계가 형성된다.

1998년 1월까지 뉴욕 미술관의 연구원으로 재직한 카렌 팔레스를 예로 들어보자. 카렌은 1998년 1월 자신이 폐암 말기라는 사실을 알게 됐다. 온라인 상에 뿌려진 수많은 폐암에 관한 정보는 그녀를 더욱 혼란스럽게 했고, 그러던 중 lung-onc라는 메일링 리스트의 서포트 그룹을 발견했다. 이 네트워크의 새로운 친구들은 카렌이 암 수술을 결정하는 데 조언과 격려를 아끼지 않았고, 수술을 받은 카렌은 성공적으로 회복한 뒤 자신과 같은 처지의 사람들을 돕고자 발벗고 나섰다. "이 그룹은 내게 즉각적으로 수많은 정보와 경험담을 들려줄 수백 명의 나와 같은 폐암 환자들을 만날 수 있게 도와줬다. 그리고 나는 내가 그랬듯 다른 사람에게 같은 도움을 주고 싶다." 카렌의 말이다. 후에 카렌 팔레스와 그녀의 네트워크는 암 환자들에게 전문적인 의학 조언부터 사회적, 감정적 지원을 아끼지 않는 대규모 포털 'lung cancer online'을 구축했다. 그리고 이 네트워크를 통해 수만 명의 환자들을 도왔다. "힘든 시절 내가 받은 이메일은 나에게 보물과도 같습니다. 얼마나 많은 도움을 받았는지 모릅니다. 후에 우리 그룹이 도와준 사람들은 우리가 없었다면 자신들은 죽었을 거라고 이야기합니다. 이들의 이런 말은 그 어떤 고마움의 표시보다도 값지답니다."[55]

팔레스는 결국 2009년 폐암으로 세상을 떠났지만, 그녀가 처음에 선고받은 시간보다 무려 11년이나 더 살며 행복한 삶을 누렸다. 그녀의 추모 웹사이트에 가면 팔레스가 생전 도와준 사람들의 기억과 감사함이 고스란히 담겨있다. 그리고 그들의 댓글을 보면 팔레스의 경험담이나 그녀가 적어놓은 여러 이야기가 수많은 이의 투병 생활에 얼마나 큰 도움이 됐는지, 마치 이들의 삶과 팔레스의 사이트가 함께 하는 듯한 느낌을 받는다. 바로 이것이 'just in time, just like me' 관계의 특별한 힘이다. 사람은 무언가를 찾거나 무언가로 인해 고통 받을 때, 상식 수준의 격려와 위로보다는 자신과 비슷한 처지에 있거나 비슷한 일을 경험해본 사람의 이야기를 듣고 도움을 받고자 한다. 정보통신 기술을 활용하는 네트워크화된 개인은 이런 종류의 커뮤니티를 제공하고, 이런 커뮤니티의 도움을 받을 수 있다.

권한 부여: 네트워크화된 개인은 내적인 필요에 의해서든 자기 자신의 표현을 위해서든 블로그를 하거나 다양한 형태의 온라인 컨텐츠를 제작하기 시작하는데, 이런 행위를 지속하다 보면 어느새인가 세상에 영향을 미칠 수 있는 권한을 손에 쥐게 된다.[56] 예를 들어, 이집트인들은 처음에는 자기 표현의 수단으로 온라인 컨텐츠를 제작했다. 그러던 중 무자비하게 폭행을 당한 칼레드 사이드의 얼굴 사진을 온라인에 업로드하고 생전 그의 모습을 영상으로 제작하면서, 경찰의 잔혹성과 독재 정치에 맞서야겠다는 생각으로 발전, 그 생각과 의견을 표현하기 시작했다. 칼레드 사이드를 기리기 위한 페이스북 페이지 가입자는 수천 명을 넘어서기에 이르렀고, 이들은 서로가 점점 더 강력한 유대감으로 묶이고 힘이 더해짐을 느꼈다. 페이스북 페이지 방문 트래픽을 보면서 수많은 이집트인이 함께 하고 있다 느꼈을지도 모른다. 구글 임원인 고님이 페이지에 남긴 표현처럼, 이런 형태의 네트워크화된 컨텐츠 제작은 "난 혼자가 아님을 느낄 수 있다! 지금 이 상황에 아파하는 사람은 많으며, 나와 같은 꿈을 꾸고 있는 사람 또한 많다."[57]

다른 네트워크화된 크리에이터들 역시 네트워크화된 개인들의 지지를 받는 것은 물론, 컨텐츠를 제작함으로써 타인에게 영향을 미칠 수 있기 때문에 본인에게 힘이 생겼다는 느낌을 받는다. 예를 들어 세간의 관심을 끄는 블로그를 운영하거나 동영상을 제작해 올리는 시민 논객에게는 정치적 폭로를 할 수 있는 잠재력이 있다. 어느 한 정치 관련 블로그 운영자는 다음과 같이 이야기한다. "나는 네트워크화된 대중에게서 기존 미디어 채널이 제대로 다루지 못하는 정보를 움직일 능력을 발견했고, 그렇다면 이들을 위해 내가 할 수 있는 일을 해서 도와야겠다고 생각했다."[58] 대중에게 영향을 미칠 수 있으며 그로 인해 그 다음 행동을 취해야겠다고 마음 먹을 수만 있다면, 네트워크화된 크리에이터에게는 충분한 보답이 될 것이다.

더 큰 영광을 위해: 네트워크화된 컨텐츠 제작은 자신의 작품을 감상할 수 있으며 때론 그 자체만으로 유명인이 될 수도 있다. 쿠티맨의 'The Mother of All Funk Chords' 매쉬업 동영상은 수많은 유튜브 구독자에게 찬사를 받았으며, 그로 인해 쿠티맨의 이전 음악 활동이 재평가되는 행운을 누릴 수 있었다. 매디는 또 어떠한가? 매디의 유튜브 동영상은 그녀가 꿈꾸던 뉴욕대학교 영화 프로그램에 진학할 수 있는 문을 열어줬다. 노래 부르기 좋아하는 소년에 지나지 않았던 저스틴 비버는 세계적 아이돌 스타가 됐다. 네트워크화된 컨텐츠 제작은 물질적 보상을 하는 경우는 드물지만, 아마추어를 전문가로 성장시켜 더 큰 꿈을 이뤄주기도 한다.

누구나 하고 싶은 일

미디어 참여의 민주화는 미디어 제작자에게 새로운 바람을 불러일으킴으로써 문화적 단계를 한 단계 끌어올렸다. 또한 전문가와 아마추어의 관계를 재정의하고 사람이 세상에 영향을 미칠 수 있는 방법을 바꿔놓았다. 자신의 목소리를 높여 새로운 정보를 생성하고 타인의 정보를 습득하는 새로운 기회라 생겼다 말하는 사람도 있다. 수많은 영향 중 가장 으뜸은, 결국 네트워크화된 개인이 하나로 뭉쳐 협업할 수 있다는 것이다. 앞에서 이야기한 플리커 사진 업로드 프로젝트에서, 사람들이 옛 사진을 보며 부가적인 정보를 찾아 제공하고 공유한 사례를 떠올리면 쉽게 이해할 수 있으리라 믿는다. 또한 네트워크화된 컨텐츠 제작자는 이집트인들의 페이스북 그룹 생성 및 참여의 사례에서처럼, 네트워크화된 개인으로서 서로 정보를 공유하고 지원할 수 있다. 이집트 시위 참가자들처럼 새로운 소식을 세상에 전할 수도 있다. 마지막으로 이 모든 행동으로 인해 네트워크화된 개인은 매디와 자넷이나 쿠티맨처럼 자신의 명성을 높일 수도 있다.

물론 네트워크화된 컨텐츠 제작자가 되는 일이 꼭 장점만 있는 것은 아니다. 역사가 엘리자베스 아이젠슈타인Elizabeth Eisenstein의 말처럼, 15세기 인쇄기의 발명은 사기꾼, 연금술사, 독재자들에게 자신을 홍보할 수 있는 '지혜'를 선물했다. 즉 인쇄기가 등장하면서 스팸 메일과 같은 쓰레기 정보가 역사에 함께 등장했으니, 아이젠슈타인은 이에 관해 계몽주의가 자리잡고 정보 생태계의 문제가 해결되기까지 수세기가 걸렸다고 이야기했다.[59]

디지털 기술은 누구에게나 평등하게 균등한 영향을 미쳐야 한다. 하지만 수많은 컨텐츠 제작자는 이 기술을 자신의 네트워크 운영 시스템에 맞게 활용하는 방법을 터득했다. 그리고 이들은 같은 디지털 애플리케이션을 이용해 정보를 자신만의 버전으로 각색해 잘못된 이야기를 전달하기도 한다. 모든 음악가가 카네기 홀에 설 수 없는 것처럼, 모든 네트워크화된 제작자가 스타가 될 순 없다. 자신의 친구나 친척 모두에게 사랑받을 수도 없는 일이다. 어쨌든, 이들은 네트워크화된 정보의 세계가 확장되는 데 큰 기여를 했으니, 자세한 이야기는 9장에서 나눠 보자.

9장_ 네트워크화된 정보

정보는 무료로 제공돼야 함은 물론이요, 서로 연결돼 있어야 한다.[1] 존 실리 브라운^John Seely Brown^과 폴 드귀드^Paul Duguid^는 처음으로 '정보가 사회적 존재'라 이야기했는데, 그렇다고 이 문구의 중요성에 압도될 필요는 없다.[2] 자신이 읽던 책 귀퉁이에 휘갈기듯 무언가를 메모한 최초의 독자는 이 문구의 의미를 이해했으며, 자신이 글을 쓰는 데 참고한 자료와 생각의 출처를 밝힌 최초의 학자 역시 그 의미를 이해했으리라. 16세기 비엔나에서 탈무드의 본문과 함께 그에 대한 해석을 주석으로 추가해 출간한 출판인도 이 문구의 뜻을 이해했으리라 생각한다.[3]

미국의 선구적 과학자이자 과학 사상가인 바네바 부시^Vannevar Bush^는 이 문구의 뜻을 정확하게 이해한 사람 중 하나다. 부시는 과학자들이 방대한 양의 정보 더미에서 자신이 필요한 자료를 찾는 데 겪은 어려움을 도서관 사서가 해결하는 데 활용할 수 있다는 '메멕스^memex^'라는 개념을 주창했다. 부시가 상상한 메멕스는, 키보드와 모니터가 달린 책상 모양의 장치로 사용자는 대용량의 마이크로필름을 이 장치에 내장시킬 수 있다. 그 다음, 사용자는 각기 다른 두 페이지의 정보를 관련 정보의 꼬리^trail^에 연결시켜 이 꼬리를 통해 페이지 사이를 오고 가며 마치 하나의 마이크로필름을 다루듯 작업할 수 있는 형태다. 1945년 7월 〈월간 애틀랜틱〉지에 부시는 다음과 같은 글을 실었다. "후에, 언제가 될지는 모르겠으나, 내가 이야기한 여러 아이템 중 하나라도 실제로 구현된다면 줄줄이 다른 아이템 역시 실현

될 것이다. 이 아이템들은 광범위하게 퍼져있는 다양한 정보를 하나로 모아 새로운 형태의 책을 출판하는 것과 같은 역할을 할 것이다. 그리고 단순히 정보를 통합하는 수준을 넘어, 어떤 아이템에 서든 수많은 정보의 꼬리로 연결돼 기능하리라 믿는다."[4]

정보를 연결하고 물리적으로 통합한다는 부시의 생각은 그후 수십 년에 걸쳐 일부 컴퓨터 괴짜들에게 영감과 열정으로 작용해, 단순히 과학자와 과학자의 정보 검색을 도와주는 도서관 사서가 활용하는 수준을 뛰어넘는 엄청난 아이템 개발로 이어졌다. 특히 정보를 연결한다는 생각을 열렬하게 지지했던 컴퓨터 과학자인 테드 넬슨[Ted Nelson]은 부시의 영향을 받아, 전자 기기기상에서 임베디드된 링크로 텍스트를 읽어 들이는 기술인 '하이퍼텍스트[hypertext]' 개념을 전세계에 소개하기에 이른다.[5] 또한 팀 버너스리[Tim Berners-Lee]는 이 하이퍼텍스트의 개념을 기반으로 수천만의 링크를 통해 자료를 다루는 '월드 와이드 웹'을 개발했으며, 이 개념은 현재 구글 검색 엔진의 알고리듬의 초석이라 할 수 있다.

현대에 들어와, 정보는 컴퓨터로 다룰 수 있는 형태로 바뀐다는 특징을 지니게 됐다. 비트로 구성된 정보는 쉽게 생성, 수정, 삭제가 가능하며 이렇게 만들어진 디지털 자료는 직접적이며 효과적으로 관련 자료로 연결되도록 도와주므로, 단순히 종이 위에 적힌 글자로만 정보를 만나던 시절에는 절대 불가능했던 일들을 가능케 한다. 또한 이렇게 작성된 자료는 접근할 수 있는 사람이라면 누구든 상관없이 수정하고 다른 내용을 추가할 수도 있다. 다시 말해, 정보는 디지털 형식을 취할 때 잠재력을 발휘하며, 이와 같은 현재의 사회적 존재인 정보는 네트워크 운영 시스템의 일부분으로 받아들여진다.

한 방향으로만 소통되는 텔레비전이나 라디오, 영화와 같은 미디어와 책, 신문 등의 출판 미디어를 통해서만 수동적으로 정보를 습득하던 20세기에 비하면, 21세기의 정보 습득 방법은 굉장히 동적인 양방향의 상호 작용을 통해 이뤄진다. 지금 여러분이 읽고 있는 9장을 집필하면서 정보를 검색한 방법이 그 좋은 예다. 물론 스스로 '메멕스'가 되어 우리의 기억과 지식을 더듬어 주 내용을 집필하긴 했다. 하지만 온라인에 잘 보관돼 있는 엄청난 양의 논문을 비롯해 수많은 전통 미디어, 즉 책과 인쇄된 논문의 힘을 많이 빌렸다. 또한 트위터 친구들이 보내준 링크를 따라가보기도 했고, 구글 검색 엔진을 이용해 여타 참고자료를 찾아 읽어보기도 했다. 본문 끝에 이어지는 '참고자료'를 보면 정확한 출처를 알 수 있을 테니 후에 참고하기 바란다. 그리고 집필 중에 어려운 부분이 생기면 친구들에게 이메일이나 트윗을 보내 적절한 정보를 찾을 수 있도록 도움을 요청하기도 했다. 실제로 토론토 대학의 자료를 많이 참고하긴 했지만, 온라인 카탈로그와 논문 파일을 받아보았을 뿐 자리에서 일어나 도서관에 간 적은 한 번도 없다.

이번 장에서는, 3대 혁명으로 인해 정보와 미디어의 생태계가 어떻게 변했고, 네트워크화된 개인에게는 어떤 영향을 미쳤는지 다양한 시각에서 살펴보고자 한다. 급격하게 빨라진 정보의 흐름에 맞춰 네트워크화된 개인은 정보의 가치를 분별하고 이를 관리할 수 있는 능력을 길러야 한다. 흐름도 빨라졌지만, 기업, 조직, 정부만큼이나 개개인의 네트워크에서 흘러나오고 들어가는 개인 간 정보 등 활용할 수 있는 정보의 양이 과거에 비해 훨씬 많아졌기 때문이다. 그리고 무엇보다도, 현대 사회의 네트워크화된 개인은 개인정보 보호에 신경 써야 할 필요가 있다.

뉴스의 어제와 오늘

현대 사회의 정보 연결이 사람들의 경험에 어떤 변화를 초래했는지 살펴보는 방법 중 하나는 과거와 현재의 뉴스를 비교해보는 것이다. 공동 저자인 레이니의 동료이자 퓨 리서치 센터 PEJ 참여 연구원인 톰 로젠스틸^{Tom}

Rosenstiel은 출판 형식의 뉴스와 디지털 형식으로 배포되는 뉴스의 요소가 어떻게 다른지 비교해봤다. 우선 문서 출판 시대의 뉴스를 살펴보면, 헤드라인, 서사 텍스트, 사진, 그래픽, 사이드바 뉴스, 인용의 출처 등 구성 요소가 간단하다. 반면 디지털 시대의 뉴스는 다른 뉴스로 이어지는 링크를 비롯해, 본 자료, 댓글, 태그, 사진, 링크 등을 추가할 수 있는 독자 공간, 타임 라인, 목록, 인터뷰 전문, 오디오 자료, 동영상, 뉴스가 만들어지기까지의 배경 자료, 사진 앨범, 뉴스 전달자의 약력 등 그 구성 요소가 50가지도 넘는다. 즉 디지털 형식에서는 링크, 배경 자료, 연관 정보, 기사 목록, 뉴스 관련자의 의견 등 하나의 이야기에 연관된 모든 소식을 담을 수 있기 때문에 출판 미디어에 비해 훨씬 더 풍부한 정보를 제공할 수 있다. 특히 디지털 형식에서는 새로운 브라우저 창을 추가로 열어 다양한 링크를 통한 '가로읽기'가 가능한 반면, 출판 형식에서는 선형적인 '세로읽기'만 가능하다.[6]

이렇듯 디지털 자료의 다양한 표현은 사용자로 하여금 자료를 강조하거나 수정하고 의문을 제시할 수 있는 기회를 제공한다. 실제로 과거에는 신문의 '편집자에게 편지 보내기' 란을 이용해 기사에 대한 의문점이나 개인 의견을 피력할 수 있었던 반면, 현재의 네트워크화된 개인은 그보다 다양한 방법을 통해 훨씬 더 쉽게 의견을 내보인다. 뉴스 사이트에 내장된 댓글 기능을 이용하면, 독자들은 그 자리에서 즉시 편집 팀뿐만 아니라 해당 기사를 보는 누구에게든 자신의 존재와 생각을 공개할 수 있다. 또한 제공되는 링크를 통해 뉴스 작성자에게 메일을 보내거나 트윗을 날려 직접적으로 상대와 소통할 수 있으며 때론 상상 이상의 속도로 답변이 돌아오기도 한다. 과거 의견을 담아 편지를 보내고 답장을 받거나 신문에 출판돼 나오기까지 수일을 기다렸던 것에 비하면 엄청난 발전이다. 일부 사이트는 온라인 채팅방을 열어 실시간으로 해당 문제에 대한 논의를 진행할 수 있는 기회를 제공하기도 한다.

물론, 이런 상호작용 기능을 통해 의견을 전달한다고 해서 항상 상대에게서 답변을 받을 수 있는 건 아니다. 쉽게 메일을 보내고 댓글을 달아 의견을 전달할 수 있는 만큼, 뉴스 작성자는 엄청난 양의 정보에 둘러싸여 미처 다 읽기 어려운 경우도 많기 때문이다. 게다가 독자들의 의견 중 상당수가 잘 정리되지 않은 즉흥적인 표현으로 가득해 의미 전달이 어렵거나, 심지어 이유 없는 저속한 비방 글도 많다. 그럼에도, 디지털 형식의 뉴스는 네트워크화된 개인에게 뉴스 작성자와 상호작용하고 자신의 의견을 피력할 수 있는 기회를 제공한다는 점에서 과거 출판 형식과 차이점이 매우 크다. 뉴스 작성자가 답변을 보내지 않는다 하더라도, 네트워크화된 개인은 댓글을 통해 타인과 생각을 교류할 수 있으며 토론을 함으로써 본래 뉴스에 담긴 정보보다 더 많은 정보와 도움을 얻어갈 수 있다.

출판 환경과 비교할 때, 디지털 환경에서의 데이터는 훨씬 더 조밀하고 광범위하며 깊다. 따라서 디지털화된 뉴스는 독자에게 폭넓은 정보를 제공해 깊은 이해를 끌어낸다. 게다가 어떻게 독자의 관심을 분배하며 독자의 의견에 어떻게 대응해야 하는지 등을 고려한 온라인 컨텐츠의 구조와 체계는 온전히 전통적인 전문 편집인들과 일반 네트워크화된 개인의 손에 달려있다. 그리고 이런 특징은 비단 뉴스만이 아닌 현대인이 소비하는 모든 종류의 디지털화된 정보에 적용됨을 기억하자.

변화하는 정보와 미디어 생태계

소셜 네트워크, 인터넷, 모바일 혁명을 일컫는 이른바 3대 혁명은 과거와는 판이하게 다른 새로운 정보와 미디어 생태계를 탄생시켰다. 정보를 생성하고 수집해, 분배하는 모든 과정은 사회적 경로를 통해 급격하게 네트워크화되기 시작했고, 더불어 네트워크화된 개인주의를 수면 위로 떠올렸다. 특히 현대의 주요 기술 변화는 네트워크화된 개인의 결정이나 행동, 일상에까지 깊게 관여돼 있다.

급격하게 늘어난 정보: 과거보다 훨씬 더 많은 정보가 생성되고 순환된다. 사회과학자인 할 배리안^{Hal Varian}과 피터 라이먼^{Peter Lyman}은 2002년 종이, 필름, 자성/광학 미디어에 저장된 새로운 정보의 양이 과거 3년 동안 두 배나 증가했다고 발표했다. 그리고 구글이 거대 스토리지 서비스를 바탕으로 주요 전자 정보 소비원으로 급부상하면서 그 증가 속도는 점점 더 빨라지고 있다.[7] 마케팅 리서치 회사인 IDC는 2020년 즈음에는 '디지털 우주(IDC가 만든 용어로 디지털 세계에서 생성되고 복제되는 디지털 정보를 뜻한다)'가 35조 기가바이트까지 증가할 것이라 예측한다.[8] 이 중 대부분은 수많은 아마추어와 전문가에 의해 디지털 미디어로 배포된 것으로, 컴퓨터, 카메라 오디오 장비 사용이 증가하고, 온라인에서 정보를 생성해 표현하는 기회가 늘어나며, 대용량 데이터를 저장할 수 있는 서버가 개발된 덕분일 것이다.

차별화된 정보 활용: 모든 종료의 자료의 온라인에 배포돼 표현되고 모바일 기기와 클라우드 컴퓨팅으로 인해 인터넷 사용자가 언제 어디서든 미디어와 데이터에 접근 가능해지면서, 사용자는 더욱 다양한 미디어를 통해 정보를 소비할 수 있다. 즉 때로는 개인 정보 보관소에 다양한 자원을 추가할 수 있으며, 새로운 자료를 끌리거나 대량 생산된 제품에서 탈피할 수 있다는 뜻이기도 하다. 인터넷 분석가인 크리스 앤더슨^{Chris Anderson}은 정보의 양이 늘어날수록 인간은 베스트셀러 책이나, 인기 있는 대중 음악, 블록버스터 영화 등 주요 미디어에서 벗어나, 규모나 종류에 상관 없이 자신의 취향에 맞는 무언가 특별한 대상을 찾고 더 심취한다고 이야기한다.[9]

훨씬 더 다양해진 정보: 한편 커뮤니케이션 전문가인 파블로 보츠코우스키^{Pablo Boczkowski}의 말처럼, 과거보다 전통 미디어를 통제하는 조직의 수가 줄어 다양성이 없어졌다. 예를 들어, 뉴스 코퍼레이션^{News Corporation}은 현재 〈월스트리트저널〉과 〈런던 타임즈〉, 〈뉴욕포스트〉, 〈오스트레일리안〉, 〈하퍼콜린스〉(출판사), 〈20세기 폭스〉(영화사), 〈폭스 뉴스〉(라디오와 TV 방송)등을 소유했다. 여러모로, 인터넷은 오히려 뉴스를 획일화시키는 경향이 있는데, 이는 전통 미디어와 블로그 모두 온라인 가용성이 높아지고 신속한 뉴스 배포가 가능해지면서 서로의 기사를 따라할 기회가 많아졌기 때문이다. 또한 뉴스 조직 간 보안이 약해져, 특히 소셜미디어 포스팅으로 인한 정보 노출이 늘어나면서 디지털 시대의 뉴스는 서로 비슷한 맥락을 보이는 경우가 많다.[10]

한편 이런 현상의 역균형화 작용으로, 인터넷과 모바일 뉴스 앱은 현대인으로 하여금 여러 소셜 네트워크의 구성원으로 활동할 기회를 부여해 다양한 정보를 습득할 수 있는 능력을 길러준다. 따라서 사람들은 인터넷을 검색하고 디지털 커뮤니케이션을 주고받으며 매우 다양한 방법으로 셀 수 없을 정도로 많은 정보와 맞닥뜨린다. 현대인에게 정보 검색과 발견은 우연이자 필연과 같은 의미로 다가온다. 특정 정보를 찾으려 관련 검색어를 입력하지만 때론 정말 찾고자 한 정보가 아닌 의외의 정보를 발견하는 경우도 종종 있기 때문이다. 뉴스 검색을 예로 들어보자. 온라인으로 특정 뉴스를 검색하고자 하지만, 그 과정에서 의도치 않게 새로운 정보를 알게 되는 경험은 누구나 해봤으리라. 2006년 대선 이후 퓨 인터넷이 실시한 한 조사에 따르면, 인터넷 사용자 중 36퍼센트가 인터넷으로 대선과는 전혀 상관 없는 자료를 검색하던 중 본의 아니게 캠페인 관련 뉴스와 정보를 접했다고 한다.[11] 또한 2004년 퓨 인터넷 조사에 따르면, 가장 활발한 인터넷 사용자들은 모든 종류의 정치, 사회적 이슈를 매우 잘 알고 있다는 사실이 밝혀졌다. 특히 자신과 동일한 관점으로 주제를 다룬 자료를 선호했다. 하지만 원하는 정보를 걸러내고 자신에 맞게 정보를 변형하는 능력을 갖춘 인터넷 사용자들(수준 높은 네트워크 구성원이자 능숙한 디지털 가젯 사용자)은 자신의 생각에 반하는 정보들도 알고 있었다.[12] 인터넷은 다양한 관점의 온갖 정보를 접할 수 있는 곳이다.

정보 흐름의 가속화: 고속 광대역망의 보급과 언제든 접속 가능한 모바일 기기의 등장으로, 정보의 흐름은 인간이 작은 공동체를 이루며 살기 시작한 이래 그 어느 때보다 빨라졌다. 2008년, 한 연구진은 미국인이 하루 평균 받아들이는 정보가 무려 34기가바이트, 즉 10만 500단어에 이른다는 결과를 내놓았다. 또한 하루 평균 정보 소비 시간은 1980년 7.4시간에서 2008년 11.8시간으로 늘어났으며, 컴퓨터나 스마트폰의 영향을 받아 정보를 받아들이는 방식으로 '읽기'가 사용되는 비율은 1980년 이후 세 배나 증가했다.[13] 문자 메시지를 이용한 통신량이 급속도로 증가하면서, 음성 통화가 주요 목적이었던 전화기는 이제 문자 도구로 전락해버렸다.

이메일과 소셜 네트워킹 프로필 업데이트, 트윗, 문자 메시지, 휴대 전화 등 커뮤니케이션의 속도가 매우 빨라졌으며 그 정도도 강해졌다. 이는 곧 사람과 조직에 관한 뉴스와 업데이트가 인터넷과 모바일 기기를 통해 계속해서 이어진다는 뜻이며, 현대인의 삶은 이런 지속적인 정보 교류를 바탕으로 다양한 통찰력을 받아들여 더욱 발전한다. 특히 대형 뉴스는 과거에 비해 훨씬 더 빠르고 광범위하게 전달된다. 일부 전문가들은 인터넷을 통해 연결된 개인이 FOMO^fear of missing out를 심화시켰다고 말하기도 한다.[14] 틈새 세상에서 파생된 정보 조각이나 작은 변화의 전파 속도 또한 과거에 비해 훨씬 더 빨라졌으며 그 대상 청중도 광범위해졌다. 우리는 학회에 참석할 경우 연사의 강의 내용을 실시간으로 블로그와 트위터에 올린다. 종종 연사의 파워포인트 자료가 학회 웹 사이트에 올라오기도 한다. 강의하는 연사의 모습이나 학회장 풍경 등 역시 그 자리에서 휴대 전화로 사진을 찍어 사진 공유 서비스를 이용, 온라인에 바로 업로드하는 일도 많다.

이렇게 하면 학회에 참석하고자 하는 사람을 더 유도할 수 있으며 그들의 생각 또한 훨씬 빠르게 전파되어 많은 사람과 함께 공유할 수 있다. 학회장에서 오가는 유익한 정보를 현장에서만 나눠야만 했던 과거와는 매우 다른 풍경이다.

손쉬운 관련 정보 검색: 구글, 위키피디아 등의 온라인 서비스는 네트워크화된 개인에게 편리한 사용성을 제공해 순식간에 방대한 양의 정보에 직접적으로 접근할 수 있도록 도와준다. 검색 엔진은 정보 검색에서 없어서는 안 될 매우 중요한 도구다. 퓨 인터넷 데이터에서 몇 년 연속 이메일 다음으로 인기 있는(2위) 온라인 활동으로 꼽히고 있으며, 이메일 서비스는 조만간 검색 엔진에게 1위 자리를 내줄 것으로 예상된다. 2011년 중반에 실시한 퓨 인터넷 조사에 따르면, 인터넷을 사용하는 미국인의 92퍼센트가 검색 엔진 사용자이며 59퍼센트는 검색 엔진에서 찾은 정보를 참고한다고 응답했다.[15] 일반적으로 온라인 검색은 이메일 다음으로 온라인 활동 중 사용자가 많은 서비스다. 대부분의 인터넷 사용자가 검색 엔진의 검색 결과에 만족감을 표하며, 특히 뉴스나 건강, 제품이나 서비스 관련 정보와 정부가 제공하는 정보, 자신이 직접 검색한 정보에 대한 만족도가 높은 것으로 나타났다.[16] 또한 자신의 취향과 필요에 따라 정보를 골라 받는 '데일리 미' 신문 서비스도 검색 엔진이 있기에 가능하다.[17]

정보 출처의 신뢰도를 판단할 새로운 기준: 과거에는 〈뉴욕타임즈〉나 〈토론토 글로브 앤 메일〉 등 출판된 자료만이 뉴스나 정보의 출처로 사용됐다. 하지만 네트워크화된 정보가 등장하면서, 신뢰도를 판단할 새로운 기준이 필요해졌다. 사용자가 직접 매긴 순위나 등급, 댓글, 태그 시스템은 새로운 정보 판단 기준의 하나로서 그 인기가 날로 높아지는 추세다. 2008년 퓨 인터넷 조사 결과를 살펴보면, 인터넷 사용자의 33퍼센트 이상이 온라인 컨텐츠에 이름이나 위치 등의 상세 정보를 담아 태깅을 한 경험이 있다고 하며, 32퍼센트는 사람이나 제품, 서비스에 등급을 매겼다고 한다.[18] 고심 끝에 작성한 리뷰나 댓글은 해당 자료에 대한 신뢰도를 높여줌으로써, 평가를 본 사람들에게 유익한 정보를 제공할 수 있다. 또한 등급과 점수를 매긴 사람들이 많은 상품이나 서비스는 판매자에게 그만큼 고객이 많다는 정보를 제공해주기도 한다. 시장에서 고객과의 대화는 제품, 서비스, 아이디어를 판매하는 데 매우 강력한 영향을 미치므로, 네트워크화된 정보를 다루는 네트워크화된 개인에 대해 연구할 필요가 있다.

페이스북 곳곳에서 발견할 수 있는 '좋아요'나 '추천' 버튼은 소셜 네트워크 사이트뿐만 아니라 외부 웹사이트에서도 그 비슷한 기능을 찾을 수 있는데, 이런 기능 역시 신뢰도를 표현하는 데 큰 역할을 한다. 뉴스 기사, 블로그 포스트, 사진, 동영상, 전체 웹사이트 등 온라인 어디에서나 발견할 수 있는 이런 버튼은, 독자가 한 번 클릭하는 것만으로도 해당 컨텐츠를 '좋아'하거나 '추천'한다는 사실을 나타낸다. 친구 관계의 신뢰를 활용한 이 기능은 정보의 신뢰도와 관련성을 표출하는 새로운 이정표 역할을 충분히 해낸다.

정보의 관련도와 가치를 평가하는 기준은 축적된 사용자 데이터를 바탕으로 한다. 아마존닷컴은 '이 제품을 구입하신 고객이 구입한 또 다른 제품' 기능을 활용해 성공적인 추천 시스템을 구축했다. 사람들의 입소문이 웹사이트에 들어와 네트워크화된 정보로서 영향을 미친 새로운 사례인 것이다. 뉴스 웹사이트는 어느 뉴스에 가장 많은 트래픽이 몰렸으며, 이메일 링크로 가장 많이 연결됐는지를 따진다. 직접적으로 신뢰도를 측정할 수는 없지만, 적어도 뉴스의 오락적인 가치 등을 파악할 수는 있다. 방대한 사용자 데이터는 컴퓨터 시스템이 가장 관련성이 높은 정보를 분별해내는 데 큰 도움을 주기도 한다. 예를 들어, 구글 알고리즘은 사용자가 가장 유용하게 활용할 만한 검색 결과 링크나 웹사이트에 가중치를 두는 방식으로 돌아간다.

사용자가 직접 정보를 검증하는 방식 말고도, '네트워크화되는' 정보의 특징을 활용해 가치를 판단하는 방법도 있다. 컴퓨터는 정보의 패턴을 분석하고 유사성을 찾아낼 수 있다. 이를 활용한 가장 인기 있는 예가 바로 미국 온라인 음악 서비스인 판도라 라디오^{Pandora Radio}다. 판도라 라디오는 청취자에게 본인이 가장 좋아하는 노래나 뮤지션을 선정해 자신만의 재생목록을 만들게 한다. 그 후 청취자의 선호도를 파악하면, '뮤직 지놈^{music genome}'을 이용해 청취자의 취향에 맞는 노래 목록을 뽑아낸다. 사용자의 선곡과 비슷한 취향의 음악이 재생되고 나면, 사용자는 판도라가 추천한 음악을 자신의 재생목록에 추가할지 선택할 수 있다. 따라서 컴퓨터가 수집하고 분석한 사용자 데이터는 개인의 취향과 필요에 맞는 정보를 판단하는 데 믿을 만한 지표가 될 수 있다.

정보와 커뮤니케이션의 혼합: 고대 그리스 철학자 소크라테스는 글쓰기가 인간성을 말살시킨다며 글쓰기 자체를 그다지 좋아하지 않았다. 여러 이유가 있겠지만, 소크라테스는 글을 쓰는 행위는 진실을 묻는 질문에 대답할 수 없으며 처음 글을 쓴 사람의 의도와 다르게 뜻이 왜곡, 조작되더라도 반박하기에 쉽지 않다고 말했다.[19]

이런 소크라테스의 생각이 인터넷상에서의 글쓰기에도 해당될 필요는 없다. 인터넷은 자신의 글에 대한 타인의 댓글과 비판에 대응할 매우 다양한 방식을 제공한다. 댓글에 덧글을 달 수도 있고, 실시간 채팅방을 열어 직접 대화할 수 있으며, 관련 기사를 올리거나 직접 블로그 포스트를 올릴 수도 있다. 〈뉴욕타임즈〉의 기고가 니콜라스 크리스토프는 미국의 청년들이 개발도상국에서 자신만의 풀뿌리 조직을 시작하고 있다는 내용의 'Do it yourself foreign aid revolution'이라는 칼럼을 기고한 적이 있다.[20] 이 칼럼을 읽은 독자들은 기사에 수많은 댓글을 달며 서로 토론하기 시작했고,

심지어 칼럼에서 소개한 미국 젊은이들의 프로젝트가 미치는 영향과 지속 가능성, 의무 등을 비판하는 글을 자신의 블로그에 올리기도 했다. 일주일 후, 크리스토프는 칼럼에 관한 후속글을 개인 블로그에 올려 독자들 사이에서 논쟁의 중심에 선 몇 가지 사항에 대해 반박했다.[21] 크리스토프의 칼럼이 담긴 〈뉴욕타임즈〉 온라인판은 네트워크화된 디지털 형식을 잘 활용한 컨텐츠였고, 수많은 독자의 댓글과 함께 크리스토프의 블로그 글도 한 번에 확인할 수 있도록 링크로 추가됐다. 크리스토프의 사례에서 보는 바와 같이, 오늘날 인터넷상에서의 글쓰기는 정보와 커뮤니케이션이 디지털 형식으로 매우 강력하게 결합돼, 과거에 비해 저자의 의도와 독자의 의견이 서로에게 정확하고 효과적으로 전달될 수 있다.

네트워크화된 정보 소비의 기저를 이루는 사회 경험은 깊게 연결된 커뮤니케이션을 이끌어 낸다. 2010년 초반에 실시된 퓨 인터넷 조사에 따르면, 미국인의 절반가량은 주변인으로부터 자신에게 필요한 뉴스 정보를 습득한다고 한다. 온라인 환경에서, 사회적 경험은 매우 다양하다. 온라인 뉴스 소비자의 75퍼센트는 이메일이나 소셜 네트워크 글을 보고 정보를 얻으며, 52퍼센트는 이메일과 소셜 네트워크 사이트에 링크를 올려 타인과 뉴스를 공유한다고 응답했다.[22]

이 같은 정보와 커뮤니케이션의 결합은 정보 흐름의 상호작용을 부추기는 효과를 가져온다. 즉 조직이 제공하는 정보와 개인 간 오고가는 정보 사이에서 점점 더 많은 피드백이 오갈 수밖에 없다. 덕분에 본래의 2단계 정보 흐름, 즉 매스미디어로부터 정보를 받아 친구, 가족과 습득한 정보를 이야기하는 전통적 정보 수용 단계는 이제 세분화된 단계의 새로운 모습으로 탈바꿈했다.[23] 커넥티드 라이브즈의 연구에서, 현대인은 직접 혹은 정보통신 기술을 통해 친구나 가족으로부터 가장 먼저 정보를 전달받는다고 한다. 그 다음 인터넷에 접속해 사실을 확인하고 확산시키기 시작한다. 따라서 2단계 정보 흐름은 이제 다단계 과정으로 발전해 사람들이 직접 인터넷을 통해 자신의 소셜 네트워크와 기관의 정보를 검색하고 확인해 서로 사실 여부를 확인하는 양상을 보인다. 사람들은 또한 네트워크 구성원들과 뉴스나 본인이 온라인에서 검색한 정보에 대한 의견을 나누기도 한다. 조직과 개인 네트워크 내에서 오고 가는 지속적인 정보의 순환 속에서, 누구의 말을 믿고 어느 정보를 신뢰해야 하는지 확실치 않기 때문에 끊임없이 정보의 사실 여부를 확인해 가치를 분별해 내야 하기 때문이다.[24]

　　2011년 2월 하순경 웰먼은 트위터에서, 그 당시 중국이 대규모로 발발한 중동 지역의 혁명을 저지하고 있다는 확인되지 않은 루머를 발견했다. 사실 여부가 궁금했던 웰먼은 중국에서 공부하는 학생에게 이메일을 보냈고, 메일을 받은 학생은 친구들에게서 '재스민 혁명'에 대한 이야기를 듣고 웰먼에게 답메일을 보내왔다. 답변을 받은 웰먼은 바로 구글 검색을 시작했고, 그 결과 1,610건에 달하는 검색 결과를 확인했으나 대부분 서방국가의 추측 보도였기에 웰먼은 검색을 멈추지 않았다. 〈연합보도〉 뉴스 피드나 야후 뉴스, 라디오 방송에서도 '재스민 혁명'과 관련된 그 어떤 정보도 얻을 수 없었던 웰먼은 〈뉴욕타임즈〉 온라인판을 샅샅이 뒤진 끝에, 트위터에서 발견했던 루머에 관한 사실 여부를 짤막하게 다룬 기사 하나를 찾아냈다. 결국 웰먼은 이 기사의 링크를 관련 소식에 관심을 보였던 친구들에게 보내 공유할 수 있었다.

　　웰먼의 경험이 보여주는 바와 같이 조직이 제공하는 정보를 개인과 개인 사이에서 오고 가는 정보로 확인해 결합하는 순환적인 행동은, 네트워크화된 개인이 자신의 요구사항에 가장 잘 들어맞는 효과적인 정보 평가 방법에 따라 검증한 최종 네트워크화된 정보를 활용하기까지의 과정이라 할 수 있다. 네트워크화된 개인은 이 과정에서 다양한 미디어와 인적 자원을 활용해 정보를 수집하고 검증한다. 친구와 웹사이트, 전문가 집단, 서적,

여타 출판 미디어를 오고 가는 연결성은 개인의 정보 출처로 충분한 역할을 수행한다. 어떤 결정을 내리기까지 필요한 정보를 검색하는 대부분의 과정이 그러하듯, 사람들은 수많은 정보 소스의 도움을 받고 현명한 친구와 전문가들과의 대화 혹은 그들의 생각이 담긴 컨텐츠를 검색해 참고한다고 퓨 인터넷 조사에서 밝혔다.

너무 많은 정보

오늘날 네트워크화된 정보 시대를 살아가는 현대인의 가장 큰 불만거리 중 하나는, 아마도 너무 많은 정보를 보고 소화해내야 한다는 사실일 게다. 그렇다고 인터넷과 모바일 혁명이 시작된 이후부터 사람들이 이처럼 정보를 부담스러워한 것은 아니다. 역사학자인 앤 블레어는 1550년을 살아간 학자들이 "너무나 많은 책 때문에 혼란스럽고 오히려 해롭다고 느껴진다."라고 말한 기록을 찾았다.[25] 하지만 정보통신 기술은 정보를 전달할 수 있는 수많은 채널을 제공해 다양하게 연결된 현대인들에게 방대한 양의 정보를 공급하며, 이는 정보통신 기술의 특징이기도 하다. 네트워크된 현대인의 삶에 고스란히 녹아 들어간 이 엄청난 정보는 때로 관리조차 하기 어려워 스트레스를 유발하거나 삶을 지치게 만들기도 한다. 커넥티드 라이브즈 연구의 한 참여자는 다음과 같은 불만을 털어놨다. "인터넷에서 정보를 검색하다 보면 쉽게 지루해진다. 시간 대비 효율도 그리 높은 것 같지 않다. 대단치 않은 정보 하나를 찾는 데 몇 시간씩 들이는 건 예사인 데다 그 수많은 정보가 잘 정리돼 있지도 않다."

네트워크화된 개인은 이처럼 감당하기 어려울 정도로 넘쳐나는 많은 정보를 다루기 위해 다양한 수준의 수많은 전략을 적용하기 시작했다. 우선 검색 엔진이나 즐겨찾기, 태그를 많이 사용한다. 때론 본인이 원하는 새로운 정보가 업로드됐음을 알리는 알람 서비스를 개발해 활용하기도 한다.

퓨 인터넷 데이터에 따르면, 미국인의 2/5가 구글이나 야후, 뉴스 서비스, 금융 사이트, 여타 스포츠 관련 소식을 전하는 사이트에 알람 서비스를 설정해 관심 있는 분야 소식이 업데이트될 때마다 알림이 울리도록 해놓았다. 또한 미국인의 3분의 2는 자신의 업무 혹은 취미와 관련된 온라인 뉴스레터를 구독하며, 37퍼센트는 관심 있는 사람이나 사건에 대한 최신 뉴스 정보가 잘 보이는 곳에 배치되게 설정한 개인 맞춤형 웹 페이지를 사용한다.[26]

트위터와 같은 마이크로블로그 사이트는 정보 흐름을 관리하는 새로운 방법을 제시한다. 트위터를 사용하는 네트워크화된 개인은 자신이 원하는 사람을 팔로잉해서 실시간으로 올라오는 정보를 그대로 받아들인다. 페이스북과 다르게, 트위터는 비동기적인 특징이 있기 대문에 사람들은 자신을 팔로우하는 사람보다 더 많은(혹은 더 적은) 사람을 팔로우할 수 있다.[27] 사업가인 마크 서스터의 블로그에는 다음과 같은 포스트가 올라와 있다. "난 다양한 배경지식과 관심사를 지닌 정말이지 똑똑한 사람들을 팔로우하고, 그들로부터 필요한 정보를 얻는다…. 나는 내가 신뢰하고 존경하는 사람들에게 충분한 관심을 표하며 그들은 내 멘토가 된다."[28]

하지만 이런 전략은 수박 겉핥기 수준에 머무를 수밖에 없다. 그저 정보를 수집해 전달하는 행위 외에는 할 수 있는 일이 없기 때문이다. 정보의 가치 평가는 또 다른 문제다. 수많은 소스로부터 쏟아져 나오는 정보의 홍수 속에서, 네트워크화된 개인은 자신의 네트워크에서 전해져 오거나 조직이 제공하는 정보의 가치를 평가하는 능력을 적극적으로 길러야 한다. 개인과 조직에서 흘러나온 정보의 균형을 맞추는 능력이야말로 정보의 홍수 속에서 살아남을 가장 중요한 열쇠다.

2009년 중반 퓨 인터넷은 네트워크화된 개인이 자신의 소셜 네트워크와 미디어를 특정 맥락에서 활용할 경우 나타나는 새로운 패턴을 연구하고자 조사를 실시했다. 국가 차원에서 진행한 전화 설문 조사와, 온라인 인터뷰, 심층 전화 인터뷰에서, 퓨 인터넷 조사원들은 국민들에게 2008년 경제 위기에 관한 정보와 조언을 얻은 방법과 그에 관한 링거링[lingering] 효과는 무엇인지 물어봤다.[29] 응답자들의 답변 중 한 가지 분명한 사실은, 응답자들이 전통적인 경제 이론으로는 결코 쉽게 설명할 수 없는 당시의 복잡한 경제 문제를 제대로 이해하려 노력하고 있다는 점이었다. 퓨 인터넷은 조사에 참여한 네트워크화된 개인들에게 자신의 재정 상태와 당시 일반적인 경제 문제를 잘 이해할 수 있게끔 도와준 조언이나 관련 정보를 얻은 출처를 다섯 가지 정도 꼽아달라고 부탁했다(표 9.1). 우선 일반적인 경제 문제에 대한 정보의 주요 출처는 대부분 방송이나 출판 미디어와 같은 전통적인 뉴스 출처라고 대답했다(방송은 84퍼센트, 출판 미디어는 64퍼센트). 전체 응답자의 64퍼센트는 당시 가정 내 광대역 인터넷을 연결한 사람들이었는데, 이들에게 있어 인터넷은 일반 경제 문제는 물론 개인의 재정 상태에 관한 정보를 습득하는 매우 중요한 경로였다. 심지어 인터넷 사용자들은 친구나 가족에게 정보를 의존하는 경우가 거의 없을 정도였다.

표 9.1 미국 내 전반적인 경제 문제와 개인 재정 문제에 관한 정보 출처

정보 출처	일반 인구		가정 내 광대역 인터넷망 사용자 (응답자의 64퍼센트)	
	일반 경제 문제	개인 재정 문제	일반 경제 문제	개인 재정 문제
텔레비전과 라디오	84%	45%	85%	46%
신문과 잡지, 책	64	44	67	43
인터넷	48	38	67	
친구와 가족	40	37	45	40
경제 전문가	17	24	21	28
기타	6	20	5	18

출차: 퓨 인터넷 앤 아메리칸 라이프 프로젝트

퓨 인터넷의 조사 결과는, 미래가 불투명한 당시 네트워크화된 개인이 조직과 개인이 제공하는 정보의 균형을 유지했음을 보여준다. 사람들은 타인에게 쉽게 정보를 떠벌리지 않았고, 하나의 미디어 플랫폼만을 전적으로 믿지도 않았다. 그보다는 다양한 부류의 수많은 사람과 소통하며 정보를 함께 검색했다. 경제 불황이 침체로 이어지면서, 평범한 미국인들은 두세 가지의 정보 출처를 이용해 현재의 상황을 이해하고 자신에게 필요한 대비책을 강구했다. 다른 사람들과 정보를 공유했고, 신문이나 방송 미디어에 새로운 소식이 업데이트되는지 관찰했으며, 경제적으로 어떤 문제가 있고 이 상황에 어떻게 대처해야 하는지 조언을 구하고자 적극적으로 정보를 검색했다.

네트워크화된 개인의 위와 같은 행동은 퓨 인터넷 조사에 여실히 드러났다. 퇴역한 공군 장교의 아내인 66세 샤론 호킨스미스는 당시 네트워크화된 개인의 모습을 가장 잘 보여주는 전형적인 예라 할 수 있다. 샤론은 경제 시장의 분위기를 비교적 빨리 눈치채는 편이었다. 천성적으로 온갖 정보를 검색해 받아들이는 정보 잡식성information omnivore인 성향 덕분이었다. 경제 위기가 불어 닥치고, 샤론과 남편은 다양한 금융 관련 기업이 제공하는 이메일 뉴스레터와 온라인 알람 서비스를 받기 시작했다. 벼룩시장 소식을 잘 전해주는 일부 경제 관련 블로그도 구독 신청을 했다. 게다가 〈Fast Money〉나 〈The Kudlow Report〉 같은 케이블 방송의 경제 프로그램도 시청하기 시작했다. 한마디로, 샤론은 네트워크화된 개인으로서 수많은 네트워크화된 정보를 적극적으로 관리하려 고군분투한 것이다. "온라인으로 수많은 기업을 검색하고, 투자 담당자와 상의하고, 경제에 관심이 많은 친구들과 다양한 아이디어도 주고받았지요. 그리고 우리가 정말 잘 안다 싶을 땐 주저하지 않고 투자했습니다. 정치적 바람이 불 거라 굳게 믿었지요."

또 다른 정보 균형의 예로, 당시 새로 살 집을 알아보던 퓨 인터넷 조사 응답자의 이야기를 들어보자.

> 새 집을 알아보기 시작한 건 일 년이 좀 안되긴 했습니다. 이웃 지역(브룩클린
> 의 파크 슬로프)의 주택 거품이 꺼지고 집값이 폭락했지요. 임대차계약도 끝
> 나가니, 이 때 내 집 마련을 해야겠다 생각했습니다. NYTimes.com에 나온
> 매물들을 검색했지요. 수많은 부동산 중개업자와 일 년에 걸쳐 이야기하며 필
> 요한 정보를 수집하기도 했습니다. Brooklynian.com이나 여타 온라인 포럼
> 에 가입해 적당한 마을을 찾고 변호사에게 조언도 구했지요. 집을 구매한 경
> 력이 있는 부모님과 형제들, 금융 관련 업무에 종사하는 친구들에게 지금이
> 집을 구입할 적기인지 의견을 물어봤습니다. 이 모든 과정을 거쳐, 우리는 집
> 을 사기로 마음 먹었지요. 그리고 중개인을 거치지 않고 직거래로 우리가 원
> 하는 집을 구했습니다. 모기지 승인도 받았고, 우리는 이렇게 내 집을 마련했
> 지요.

지금까지 본 두 가지 이야기에서처럼, 현대 사회의 네트워크화된 개인
은 다양한 전략을 활용해 온라인이나 오프라인에서 습득할 수 있는, 조직
과 개인이 제공하는 수많은 정보를 관리한다. 그리고 그렇게 일상에서 매
번 부딪히는 많은 문제에 대한 해결책을 구한다.

개인 정보 보호

일반적인 정보와 뉴스의 수준을 넘어, 네트워크화된 개인의 사적인 정보가
디지털 세계에 유출되는 경우도 많다. 소셜 네트워크 사이트 가입자가 점
점 더 늘어나면서, 특히 페이스북의 경우 개인의 거주 지역이나 결혼 여부,
직장, 연락처 등 민감한 개인 정보가 매우 상세하게 대중에게 노출되기도
한다. 인터넷 사용자는 적어도 부분적으로나마 자신의 개인 정보가 온라인

상에 노출될 수 있다는 사실을 알고 있긴 하다. 2009년 9월 퓨 인터넷이 대대적으로 벌인 조사에서, 인터넷 사용자 중 57퍼센트는 검색 엔진을 비롯한 다양한 검색 방법을 이용해 자신에 관한 정보가 온라인상에 노출돼 있는지 검색해본 경험이 있다고 응답했다. 또한 경험이 있다고 응답한 사람의 63퍼센트는 적어도 한 가지 이상의 개인 관련 정보를 실제로 찾았다고 답했다.[30] 추가 조사 결과는 다음과 같다(인터넷 사용자 기준).

- 42퍼센트는 자신의 모습이 담긴 사진을 온라인에서 발견
- 33퍼센트는 자신의 생일이 온라인에 기록돼 있음을 발견
- 31퍼센트는 이메일 주소 유출
- 26퍼센트는 집 주소 유출
- 23퍼센트는 자신이 작성한 글이 온라인에 올라와 있음을 발견
- 22퍼센트는 자신이 특정 그룹 혹은 조직에 가입해 있다는 사실이 온라인에 노출돼 있음을 발견
- 21퍼센트는 집 전화 번호 유출
- 12퍼센트는 정치적 소속 사실 유출
- 10퍼센트는 자신의 모습이 담긴 동영상 유출
- 44퍼센트의 직장에서 근무하는 인터넷 사용자는 자신의 고용주 이름을 온라인에서 발견
- 휴대 전화를 보유한 인터넷 사용자의 12퍼센트는 자신의 휴대 전화 번호를 온라인에서 발견

민감한 개인 정보를 온라인에서 공유하면 네트워크화된 개인에게는 타인과 더 큰 신뢰를 쌓고 좀 더 효과적으로 온라인 상호작용을 할 수 있다는 장점이 있긴 하다. 하지만 수많은 이익에도 불구하고, 이는 분명 개인의 사생활에 좋지 않은 영향을 미치지 않는다는 사실이 자명하다. 프랑스어에 어원을 둔 '감시surveillance'라는 단어는 인터넷 혁명으로 인해 네트워크화된

정보 노출이 늘어나 '보호veillance' 혹은 '관찰monitoring'을 강화해야 한다는 뜻이다. 서로 감시하는 '코베일런스coveillance'와 권력층에 대한 감시인 '수베일런스sousveillance'의 합성어다.

감시

디지털 정보가 사회적 존재라는 특징은, 정부나 여타 조직으로 하여금 새로운 감시surveillance 수단을 활용할 수 있는 기회를 부여한다. 소셜미디어를 모니터링의 수단으로 활용하면, 정부는 국민 혹은 시민의 행동을 효과적으로 감시할 수 있다. 예를 들어, 중국의 공안부는 광범위하면서도 정교한 감시 시스템을 개발해, 국가 안보를 위협하고 국민을 선동할 여지가 있다고 판단한 사람들의 정보 접근을 제한한다. '인권과 민주주의 발전을 위한 국제 센터International Centre for Human Rights and Democratic Development'의 연구원인 그레그 월튼Greg Walton은 다음과 같이 이야기한다. "과거의 검열 시스템은 근래에 들어 유비쿼터스적인 거대한 감시 시스템으로 대체됐다…. 이런 감시 시스템은 대규모 온라인 데이터베이스를 모든 감시 네트워크에 통합한다. 그리고 이 과정에서, 안면 인식, 폐쇄회로 텔레비전, 스마트 카드, 신용기록, 인터넷 보안 기술 등 다방면의 기술을 아우른다."[31]

중국의 사례를 자세히 살펴보자. 중국의 인터넷 서비스 사업자는 적어도 60일간 서비스 가입자의 신분을 포함해, 가입자들이 방문한 웹 사이트와 웹 서핑 시간, 기타 어떤 온라인 활동을 했는지 등에 관한 정보를 반드시 기록해야 한다.[32] 그리고 당국 공무원이 추후에 이 정보를 요구할 경우 모두 건네줘야 할 의무가 있다. 이때, 정부는 단순히 서비스 가입자가 어떤 웹사이트에 접속했는지만 확인하는 것이 아니라, 타인과 어떤 전자적 커뮤니케이션을 했는지까지 모두 감시한다. 이를 위해, 중국 정부는 중국 버전의 스카이프인 톰스카이프TOM-Skype와 손잡고 중국 인터넷 사용자들의 개인

음성, 영상 통화 기록과 문자 메시지 정보를 수집한다. 그리고 그 방법으로
는 특정 키워드, 특히 정치적으로 민감한 사항이나 정부에 공격성을 보이
는 단어를 찾아 주기적으로 채팅 메시지를 스캔한다고 한다.[33]

　이렇듯 개인 감시 시스템을 구축한 국가는 비단 중국뿐만이 아니다. 미
국을 포함한 서방의 여러 민주주의 국가들 역시 이와 비슷한 모습을 보인
다. 예를 들어 2001년 9월 11일 테러 공격 이후, 미국의 국가 안보에 대한
우려는 날로 높아졌다. 그리고 미국 정부는 국내와 국외를 오가는 커뮤니
케이션 정보를 수집할 목적으로 도청 프로그램을 도입했다. 기업도 앞다퉈
소비자들의 취미와 행동 양식, 관심사 등의 개인 정보를 수집해 이윤을 늘
리는 데 활용했다.[34] "개인 정보를 수집하는 국가와 기업의 차이점은 딱 하
나다. 한 시스템은 개인에 대한 정보를 수집해 상대를 파악한 후에 좀 더
관심 있어 할 만한 관련 광고를 보여주는 반면, 다른 시스템은 정보를 수집
해 상대를 파악한 뒤 관심 있어 할 만한 웹 페이지나 기타 정보에 접근하
지 못하게 막는다."[35] 작가 에브게니 모로조프Evgeny Morozov의 말이다.

　아이러니하게도, 기업들은 앞서 우리가 이야기한 정보의 가치와 신뢰
도를 평가하는 새로운 기준을 찾는 방법과 매우 유사한 방식의 시스템을
도입해 사용자 데이터를 수집한다. 즉 기업은 인터넷 활동을 추적하는 기
술을 활용해 네트워크화된 개인이 어떤 온라인 활동을 하는지, 어떤 취미
와 관심사를 보이며 어떻게 상호작용하는지에 관한 정보를 수집한다. 예를
들어, 〈월스트리트저널〉은 미국인이 가장 많이 방문하는 상위 50개 웹사이
트를 발표했는데, 이 과정에서 사용자들의 컴퓨터에 평균 64종류의 추적
기술을 설치했으며 그 결과 3,180개의 추적 파일을 얻어냈다고 한다.[36] 그
리고 이렇게 수집한 정보는 기업이 출시하는 제품이나 서비스의 주요 마
케팅 정보로서 가치가 높아 매우 높은 가격에 관련 사업가들에게 판매되
기도 한다. 〈저널〉 지에 실린 한 사례를 함께 살펴보자. 로탬 솔루션Lotame

Solution이라는 마케팅 기술 회사는 애슐리 헤이스 비티라는 한 여성의 컴퓨터에 본인 동의 없이 4c812db292272995e5416a323e79bd37라는 코드로 구성된 '쿠키'를 설치했다. 테네시 내슈빌에 사는 26세의 이 여성은 〈프린세스 브라이드〉와 〈50번째 데이트〉라는 영화 관련 정보를 검색했는데, 자신이 이 영화 정보를 검색했다는 사실은 물론이거니와 〈섹스 앤 더 시티〉를 시청했으며 연예 관련 뉴스를 검색하고, 퀴즈풀기를 좋아한다는 개인 정보까지 쿠키로 인해 인터넷에 유출됐음을 알고 폭로한 것이다.[37]

해커와 범죄자들도 개인의 일상 생활과 관련된 상태 업데이트나 위치 태깅 등과 같은 기술을 활용해 개인 정보를 수집한다. 맥아피 랩의 보안 연구와 커뮤니케이션 책임자인 데이브 마커스Dave Marcus는 자신의 트윗을 통해 위치를 태깅하고 스케줄을 이야기하며, 직장이나 집 주소를 알리는 등 수많은 네트워크화된 개인이 자신도 모르는 사이에 스스로 자신의 개인 정보를 온라인에 유출한다고 경고한다.[38] 2010년애 개설된 PleaseRobMe. com이라는 웹사이트는 마커스와 의견을 같이해 의도치 않은 온라인 개인 정보 유출의 심각성을 알린다. 포스퀘어Forusquare와 트위터, PleaseRobMe. com 등을 통해 실시간으로 공유되는 개인 정보는 집이 비는 시간과 같은 중요한 정보를 스스로 노출하는 셈이다. 즉 기술을 다루고 활용하는 요령이 있는 사람이 나쁜 마음을 먹거나 의도를 가지고 접근하는 범죄자에게 자신도 모르게 소중한 개인 정보를 스스로 유출한 사람들은 손쉬운 먹잇감이 될 수밖에 없다.[39]

코베일런스: 상호 감시

평범한 시민들은 서로가 서로를 감시하는 '코베일런스coveillance'라는 개념에 매우 익숙하다.[40] 검색 엔진과 소셜 네트워크 사이트는 인터넷 사용자들이 상대(아는 사이건 모르는 사이건)에 대한 정보를 수집하는 데 우선적으로 사용하는 정보 출처다.[41] 누군가 나에 대한 정보를 확인한다는 사실이 불쾌할 수는 있지만, 미국인들은 대체적으로 인터넷을 통한 상대에 대한 혹은 자신에 대한 정보 확인에 꽤 관대한 편이다. 2009년 퓨 인터넷 조사에 따르면, 인터넷 사용자 중 69퍼센트가 온라인에서 누군가에 관한 정보를 검색한 경험이 있다고 응답했다. 이와 같은 조사를 2001년에 실시했을 때에는 응답자의 30퍼센트만이 그렇다고 답한 반면, 2006년에는 53퍼센트, 그리고 2009년에는 69퍼센트로 증가했으며 자세한 조사 내용은 다음과 같다.

- 인터넷 사용자의 46퍼센트는 과거에 인연을 맺은 누군가를 혹은 연락이 끊긴 누군가에 관한 정보를 검색한 경험이 있다고 응답함
- 44퍼센트는 의사나 변호사, 배관공 등 전문적인 조언이나 서비스를 의뢰하기 위해 해당 전문가를 검색함
- 38퍼센트는 친구를 찾아서 검색
- 30퍼센트는 가족 구성원과 관련된 정보 검색
- 26퍼센트는 직장 동료나 비즈니스 경쟁자에 관한 정보 검색
- 19퍼센트는 이웃 혹은 커뮤니티 구성원의 정보 검색
- 19퍼센트는 만난 지 얼마 되지 않은 새로운 인연이나 곧 첫 만남을 가질 상대에 대한 정보 검색
- 16퍼센트는 현재 데이트를 즐기는 상대에 관한 정보 검색

그렇다면 이들은 어떤 정보를 검색했는지 살펴보니, 연락처(69퍼센트), 소셜 네트워크 사이트 프로필 정보(48퍼센트), 사진(43퍼센트), 직장이나 경력에 관한 정보(36퍼센트), 개인 배경 정보(27퍼센트), 부동산 거래 등과 같은 공식 기록과 파산, 이혼 경력 등의 정보(27퍼센트), 그리고 결혼 혹은 만남 여부 관련 정보(17퍼센트) 등으로 나타났다.

이런 식으로 상대에 대해 알아간다고 생각하니 조금 오싹한 느낌이 들

기도 한다. 실제로 '페이스북 스토킹'이나 '크리핑creeping'과 같은 단어는 페이스북을 이용해 자신의 개인 네트워크 내에 있는 혹은 없는 사람에 대한 개인 정보를 알아내는 행위를 표현하기도 한다.[42] 이런 풍토를 별다른 거부감 없이 받아들이는 한 학생은 다음과 같이 이야기한다. "누군가 처음 만났을 때, 온라인을 이용하면 상대에 대한 정말 많은 사실을 알 수 있다. 페이스북 스토킹을 하면 상대에 대한 기본 정보는 물론, 무엇을 좋아하는지, 누구와 데이트하는지, 취미는 무엇이며 친한 친구들은 누구인지 등 첫 만남에서는 절대 알 수 없는 많은 정보를 알 수 있다."

　학문적인 의미에서의 관련 연구도 같은 결론을 도출한다. 페이스북 스토킹이 10대와 젊은 세대 사이에서 일상적인 일이 되다 보니 '페이스북 스토킹…. 난 반대 하지 않음, 얼마든지 환영'이라는 문구를 적어 놓은 페이지를 '좋아요'라고 한 사람들은 82만 명이 넘는다고 한다(2011년 8월 기준).[43] 게다가 구글에는 '페이스북 스토킹 팁'이라는 키워드까지 올라왔으며, 이대로 검색하면 페이스북 스토킹을 할 때 해야 될 것과 해선 안 되는 일, 모범 사례와 잘못된 사례 등이 담긴 오만 가지 블로그와 기사가 뜬다. 또한 근래에 들어 우후죽순으로 늘어나는 온라인 데이트 웹사이트 덕분에, 로맨틱한 만남을 찾고자 하는 사람들이 상대에 관한 정보의 신뢰성을 판단하고 잘못된 만남을 최대한 피하려는 노력의 일환으로 코베일런스가 더 강화되는 결과를 낳았다. 2010년에는 미국인 중 온라인 데이트를 경험한 사람들의 23퍼센트가 온라인을 통해 상대에 대한 공식 기록을 검색하고 여러 웹 사이트에 올라온 상대의 프로필을 교차 비교하는 방법을 이용해 정보를 확인한 뒤에 만남을 시작했다고 응답했다.[44]

　코베일런스는 우리 삶의 다른 분야에도 침투해있다. 2009년에 퓨 인터넷이 실시한 개인의 평판 관리 관련 인터뷰를 보면, 다른 사람에 대한 개인 정보를 검색하면서 얻은 교훈이 있다고 응답한 사람들이 꽤 많았다. 한 여성의 인터뷰를 살펴보자.

> 나는 인터넷을 통해 내 생부가 누구인지 검색했다. 지금 내 이름은 생부가 내 생모의 이름을 따 지어준 것이라고 한다. 개인 정보 검색과 온라인 검색어를 이용해, 나는 내 생모의 재산 기록과 출생 기록, 이론 기록, 족보 기록(삼촌의 출생 기록을 바탕으로 가족 역사를 검색했다) 등을 찾을 수 있었다. 하지만 이렇게 해서 찾은 생모는 결국 나와의 만남을 거부했다.
>
> 몇 년 후 나는 친언니도 찾았다. 그리고 언니는 지금 내 인생 최고의 친구로, 나와 매우 좋은 관계를 유지하고 지낸다. 우리는 생김새뿐만 아니라 많은 면이 닮았다. 알고 보니 나에 대해 희미하게나마 기억을 하고 있었으며, 그 기억을 붙잡고 인터넷을 통해 검색해 나를 찾은 거라 말했다. 지금이라도 서로를 찾아 우리는 정말 기쁘며, 인터넷이 없었다면 이런 행복은 절대 불가능했으리라.[45]

또 다른 응답자는, 자신이 다니는 교회에 새 목사로 추임될 예정이던 한 사람에 관한 좋지 않은 과거를 찾은 경험이 있다고 말했다. 그리고 또 어떤 응답자는 자신이 어느 내과 의사로부터 새로 부임할 예정이던 목사가 성전환자임을 증명할 여러 세부 증거를 얻어내기까지의 과정을 이야기하기도 했다. 한 응답자는 자신의 여동생과 데이트를 하던 남성이 퍼리 팬덤furry fandom, 즉 동물 옷을 입고 동물처럼 행동하는 사람들이 모여 여는 파티의 열혈 참가자였다는 사실을 밝혀내 폭로한 적이 있다고 말하기도 했다. 한 응답자는 자신에게 치료비를 과잉 청구한 어느 한 치과 의사가 다른 환자에게도 똑같이 과다 청구를 한 사실을 찾아낸 경험이 있다고 말했다. 또 어떤 응답자는 자신의 상사가 경쟁사의 스카우트 제의를 받아들였다는 이야기를 온라인에서 찾아냈으며, 세입자가 소아성애자임을 알아낸 경우도 있었다. 많은 사람이 인터넷을 통해 타인에 대한 좋지 않은 과거를 검색해 알아냈거나 오랜 시간 연락이 끊긴 친구를 찾아 다시 만났다고 응답했다. 또 한편으로는 상대에 대한 성적인 정보를 너무 많아 알아낸 탓에 오히려 역효과를 경험한 사람도 있었다.

반면 스스로 생을 마감한 사람들을 추모하는 사이트인 suicidegrief.com을 운영하는 카릴 체스테인 빌처럼 극적인 경우도 있었다. 체스테인 빌의 이야기를 들어보자.

멜리사라는 여성은 자신의 이름을 우리 웹사이트에 있는 추모의 벽에 올렸다. 그녀가 일리노이 주에 산다는 사실을 알고 있는 사람은 나뿐이었다. 나는 곧바로 인터넷 검색에 들어가 그녀의 정확한 주소를 알아냈고 경찰에 곧바로 신고했다. 다행히도 한 움큼의 수면제를 입에 넣어 삼키려고 하는 찰나에 경찰이 도착했다고 한다…. 비슷한 경우는 또 있었다. 한 여성이 내가 운영하는 자살 방지 그룹의 상담사에게 쪽지를 하나 보냈다. 그 쪽지는 자살 유서였고, 상담사는 곧바로 내게 그 쪽지를 전달해주었다. 나는 구글을 이용해 그녀가 캐나다에 살고 있다는 사실을 알아냈고 캐나다 기마 경찰대에 신속하게 신고했다. 경찰이 그녀의 집에 도착했을 때는 이미 그녀가 약을 삼킨 뒤였으나 다행히도 제때 병원에 도착해 응급조치를 받은 끝에 목숨을 건졌다고 한다.

지금까지 이야기한 자기 자신을 감시하는 행위나 타인에 관한 온라인 정보 검색 등은 현대인의 개인 네트워크 내에서 수시로 변하고 이동하는 약한 인간 관계를 강화하는 역할을 하기도 한다. 즉 자신의 네트워크가 지니고 있는 잠재적 능력을 깨닫고 도움을 필요로 하는 누군가의 존재를 알아채 실제로 도움을 줄 수도 있다는 뜻이다. 구직자에게 알맞은 직장을 추천하고 암 환자에게 적절한 조언을 건네 줄 의사를 연결해 줄 수도 있지 않은가? 과거의 가족이나 친구와 같은 존재 사이에서 강하게 연결된 소규모 네트워크에서만 공유되던 정보가, 현대에 들어 광범위한 네트워크 안팎의 여러 사람들에게 폭로되어 결과적으로 네트워크화된 개인의 전문적 혹은 개인적 권한의 폭이 넓어진 것이다. 또한 이런 변화로 말미암아 네트워크화된 개인은 정치적 성향이나 문화적 경험, 우정의 범위, 기본적인 라이프스타일의 선호도, 자신의 네트워크에서 이뤄지는 일상 생활에 필요한 정보 등을 손쉽고 폭넓게 얻을 수 있다.

수베일런스: 더 강력한 감시

수베일런스Sousveillance는 조직이 높은 곳에서 사람들을 관찰하는 감시surveillance의 완전히 반대의 뜻을 지닌 용어로, 좀 더 막강한 조직이나 개인이 아래에서부터 강력한 권력층을 관찰한다는 의미가 강하다. 이 용어는 스티브 만이 보안 카메라를 천장에 장착한 상점에서 자신이 직접 타인과 상호작용하고 상대의 행동을 관찰하며 비디오 블로그를 시작하면서 만들어낸 신생어다.[46] 하지만 정작 대부분의 수베일런스적인 행동은, 네트워크화된 개인이 권력 관계를 흔들어 놓을 만한 잠재력이 있는 정보를 찾을 수 있는 인터넷에서 대부분 일어난다.

위키리크스(wikileaks.org)는 대중 사이에서 가장 큰 논란의 대상이 된 공개적인 수베일런스 사이트라 할 수 있다. 이 조직은 정부 기밀 정보를 익명의 정보원으로부터 받아내 온라인에서 대중에게 공개한다. "진실을 알고자 하는 여러분이 안전하게 그 진실에 다가갈 수 있도록 돕겠습니다."라는 모토를 바탕으로 하는 이 조직은, 2010년 10월 근 40만 건에 달하는 기밀 문서를 폭로했다(후에 이 문서는 이라크 전쟁 기록Iraq war logs라고 불렸다). 그리고 바로 이어서 같은 해 11월에는 1966년부터 2010년까지 전세계에 퍼져있는 미국의 외교관들이 전해온 25만 1,287건에 달하는 외교 기밀 문건도 유출했다. 이 문건에는 비밀 요원 관련 정보, 즉 서로 간의 암호나 신용 카드 번호, 이메일 주소 등을 비롯하여 UN 관계자들의 약력과 생체 인식에 사용되는 생물학적 정보, 그리고 논란을 불러일으켰던 외교 정책에 관한 상세 내용까지, 엄청난 기밀 정보가 담겨 있었다.[47] 익명의 정보 제공자들에게 언제든 투고할 수 있도록 개방하겠노라 선언하고 시작하긴 했지만, 논란거리를 몰고 다니는 사이트의 태생적인 문제 때문에 정부와 조직의 감시가 강화된 탓인지 정보원들의 수는 점점 줄어들었다. 실제로 위키리크스는 2011년 4월 9일 사이트의 문을 닫았다. 위키피디아의 '위키리크스' 항목을 보면 '위키리크스의 도메인이 wikileaks.info라는 미러 페이지로 리다이렉션된다'는 글도 올라와 있다.[48] *

감시의 주체가 수베일런스 대상이 되기도 한다. 오픈넷 이니셔티브 openNet Initiative는 70개 국을 상대로 '인터넷 검열 사례를 분석, 탐구, 폭로'한다.[49] 즉 각국의 인터넷 필터링에 관한 정보를 제공해 그들이 법, 기술, 관리적으로 어떤 툴을 이용하는지 분석한다.[50] 오픈넷 이니셔티브의 자매 연구 기관인 IWM Information Warfare Monitor는 고스트넷 GhostNet으로 알려진 중국발 대규모 사이버 스파이 사건을 보고했는데, 당시 뉴욕의 달라이 라마 티벳 망명 센터의 컴퓨터를 비롯해 수많은 티벳 관련 커뮤니티의 컴퓨터가 피해를 입기도 했다.[51]

이와 같은 일련의 정보 '보호' 관련 사건은 곧 네트워크화된 정보와 세분화된 개인 정보에 대한 보안 문제를 상기시켰다. 다양한 목적을 지닌 사람들은 지금도 온라인을 통해 수많은 방법으로 여기저기 널려있는 가치 있는 정보에 손쉽게 접근할 수 있다. 따라서 정부 입장에서는 국민의 '안전'과 '보안'을 위해 국민을 감시해야 한다는 의미를 지니기도 하며, 기업 입장에서는 좀 더 많은 이윤 창출을 위해 소비자 심리와 행동을 분석할 만

---

* 지금은 아예 미러 페이지 링크를 달아놓았다. ─ 옮긴이

한 개인 정보를 수집해야 하는 의미이기도 하다. 일반적인 인터넷 사용자들의 경우에는, 가족이나 친구, 고용주, 고용인, 연인, 심지어 처음 만난 사람들에 관한 알려지지 않은 정보를 찾을 목적으로 서로가 서로를 감시하기도 한다. 물론 때로는 감시의 주체가 되는 권력층에 맞서 이들을 반대로 '감시'해야 할 필요도 있다. 이처럼 네트워크화된 정보는 겹겹이 싸인, 참으로 복잡한 삶을 사는 '사회적 존재'인 것이다.

투명한 유리의 성을 살아가는 현대인의 삶

지금까지 이야기한 바와 같이 사생활과 개인 정보 보호 문제가 점점 더 대두되는 현 시점에서, 네트워크화된 개인은 자기 자신에 관한 정보를 또 다른 개인이나 정부, 조직, 기업 등과 공유하면서 결국은 상대(개인이든 조직이든)를 감시할 수 있는 권력을 손에 쥐는 셈이다. 썬 마이크로시스템스의 전 CEO인 스콧 맥닐리Scott McNealy는 다음과 같은 유명한 말을 했다. "여러분에게 사생활이란 없습니다… 극복하세요."[52] 페이스북 창업자이자 CEO인 마크 주커버그Mark Zuckerberg도 "사람들은 더 많은, 더 다양한 정보를 공유할 수 있으며 타인과 함께 더욱 개방된 삶을 살아가야 한다는 사실에 익숙해져야 한다. 시간이 흐르며 세상이 변하듯 사회적 인식과 규범도 결국 함께 변화해야 한다."고 이야기했다.[53] 실제로 이 믿음을 바탕으로 외부 애플리케이션 개발자가 페이스북 내 데이터에 접근할 수 있는 권한을 허용했다.[54]

감시, 코베일런스, 수베일런스가 점차 확산되면서, 사람들은 사생활 보호 문제에 점점 더 신경을 곤두세우고 있다. 남녀노소를 불구하고 네트워크화된 개인은 자신의 네트워크 내에서든 그 범위를 벗어난 대중을 상대로든 자신과 관련된 모든 정보를 제어해 자신의 사생활과 개인 정보를 어느 수준 이상으로는 지켜내고 싶어 한다.[55] 2011년 5월 퓨 인터넷 연구에 따르면, 미국의 성인 소셜 네트워크 사이트 사용자 중 58퍼센트가 계정의 사생활 보호 기능을 이용해 자신이 올린 담벼락 글을 친구들만 볼 수 있게 끔 설정했으며, 19퍼센트는 부분적으로만 허용하도록 사생활 보호 기능을 설정해놓았다고 한다. 특히 친구들에게만 계정을 공개한 사용자 중 26퍼센트는 친구들이 볼 수 있는 내용까지 제한하는 조치를 취했다고 답했다. 또 어떤 사용자는 다양한 소셜 네트워크 사이트의 프로필을 모두 다르게 설정해 자신의 신분이 노출되지 않게 하기도 했다. 소셜 네트워크 사이트 사용자 중 42퍼센트는 적어도 두 개 이상의 사이트에 각기 다른 프로필을 사용한다고 응답했으며, 8퍼센트는 한 사이트 내에서도 한 개 이상의 프로필을 사용한다고 응답했다. 게다가 페이스북처럼 사용자가 사생활 보호 기능을 활용하게끔 배려한 사이트가 있음에도 불구하고, 소셜 네트워크 사이트 사용자의 79퍼센트는 사생활 보호 시스템이 어렵지 않거나 사용하기에 그렇게 어렵지 않다고 응답했다.[56] 즉 연구 결과를 종합해보면, 미국의 성인 인터넷 사용자는 어떤 방법을 통해서든 자신의 사생활과 신분이 노출되는 것을 조절하고 싶어함을 알 수 있다.

다나 보이드danah boyd와 에츠테르 하르기타이Eszter Hargittai는 젊은 사람일수록 자신을 보호하고 개인 정보고 대중에게 유출되는 것을 스스로 제어하고자 적극적으로 대처 방안을 찾는다는 사실을 밝혀냈다. 예를 들어, 페이스북 사용자의 24퍼센트는 2009년 한 해 동안 사생활 보호 설정은 4번 이상 바꿨는데, 2010년에는 이 수치가 51퍼센트로 증가했다.[57] 비슷한 맥락으로, 퓨 인터넷 조사에서는 온라인 소셜 네트워크 사이트의 프로필을 보유한 10대 청소년의 66퍼센트가 프로필 접근을 제한하고, 컨텐츠에 암호를 걸거나 컨텐츠를 숨기는 등의 조치를 취한다는 사실을 알 수 있었다.[58] 또한 IT 기술에 능한 젊은이의 경우 정보 흐름을 더 상세하게 제어할 목적으로 친구들에 관한 서브리스트를 나눠 적용하기도 한다고 한다.[59] 한 학생은 "난 우리 가족 구성원에 대한 리스트를 세분화했어요. 특히 이모나 삼촌처럼 연세가 드신 분은 '제한 리스트'에 등록해 내 상태 업데이트나 사진을 보실 수 없게끔 해놨어요. 가끔은 친구들과 파티에서 어울려 노는 사진이나 그 분들이 보실 필요가 없는 사적인 내용을 올리기도 하기 때문이에요."

일부 소셜미디어 사용자는 아예 추후에 연락하고 싶지 않은 친구들을 친구 목록에서 삭제하기도 한다.[60] 퓨 연구원인 아만다 렌하트와 매리 매든은 "10대들에게, 모든 개인 정보는 똑같이 생성되지 않는다."라고 이야기한다. 즉 청소년들인 개인 정보를 필터링해 공유하고 싶은 사람하고만 정보 교류를 한다든지, 필요한 관계 혹은 특정 상황을 기반으로 정보 노출을 조절한다.

청소년과 젊은 세대를 중심으로 한 사례만 보더라도, 인터넷상에 노출될 개인 정보를 제어하고 노출될 경우 정보를 습득할 대상을 제한하는 노력이 분명 이뤄지고 있음을 알 수 있다. 네트워크화된 개인은 온라인상에서 자신의 개인 정보 접근에 대한 규제가 없을 경우 치러야 할 대가를 매우 잘 알고 있으므로, 스스로 그에 맞게 적응하고 행동을 조절해야 한다고 생각한다. 물론 아직도 정부나 거대 조직에 의한 검열이나 사생활 감시는 분명 이뤄지고 있다. 하지만 이 같은 사생활 보호 관련 문제에 대해, 네트워크화된 개인은 코베일런스와 감시, 수베일런스를 받아들여 자신만의 해결 방법을 찾아내려 지금 이 순간도 열심히 노력하고 있다.

네트워크화된 정보의 라이프스타일

네트워크화된 개인과 네트워크화된 정보의 관계는 이들의 라이프스타일을 결정짓는 중요 요소 중 하나다. 이들에게 있어 정보 소비는 자신의 네트워크 관계를 강화하고 온라인상에서의 평판을 개발하는 노력의 일환이자 현대인의 새로운 네트워크 경험이다. 이와 비슷하게, 소셜 네트워크는 사람들이 원하는 정보를 찾아 그 의미를 이해할 수 있도록 돕는다. 이제는 상대와 대화를 나누는 도중이라 하더라도 스마트폰이나 노트북 컴퓨터를 이용해 정보를 검색하는 모습이 일반적인 풍경이 됐다. 공동 저자인 웰먼은 강의 중에 스마트폰이나 노트북 컴퓨터를 꺼내 무언가를 하는 것을 금지한다면, 강의 참석자가 한 명도 없을 것이라 이야기한다.

자, 여기까지는 네트워크 측면에서의 이야기이고, 그럼 개인주의 측면에서도 한번 살펴보자. 디지털 세계를 살아가는 사람들의 정보 소비는 날로 증가했으며 이제는 자신의 입맛에 맞는 정보를 찾아 다닐 뿐만 아니라, 정보를 소비하는 과정이나 방법, 그 출처 등에 대한 책임도 바로 그 개인이 져야 한다. 트위터와 페이스북은 조기에 정보를 제공하는 장소로 급부상했으며, 때로는 그저 개인의 연애 생활을 파악하고자 할 때에도 유용하게 쓰이지만 2011년 이집트 혁명처럼 중요한 사안을 다루는 주요 미디어 역할을 톡톡히 해내기도 한다.

바네바 부시는 1945년에 메멕스 개념을 떠올리며 '도서관 문제'를 해결하려 노력했다. 부시는 정보가 엄청난 속도로 늘어나는 세상에서 도서관 사서가 최상위에 군림할 수 있는 방법을 만들고자 했다. 하지만 오늘날 우리는 실제 도서관에 가기보단 도서관을 우리 바로 눈 앞으로 가져온다. 그리고 검색 엔진으로도 찾을 수 없는 정보가 있다면 언제든 우리를 도와줄 온라인 친구들에게 부탁할 수 있다. 부시는 정보가 급속도로 확산되고 네트워크화되어 사회를 송두리째 바꿔놓으리라 예견했으며, 실제로 인터넷과 모바일 혁명이 일어난 이후부터 네트워크 운영 시스템은 정보 생성과 교환이라는 생생한 네트워크 활동을 바탕으로 강력한 사회 시스템으로 자리 잡았다. 그리고 어느덧 개인 정보 노출 위험을 무릅쓰면서까지도 네트워킹 활동을 즐기는 시대가 도래했다.

일상 2_ 끝나지 않는 대화

초연결 시대에서의 주말 모습은 매우 다양한 커뮤니케이션 계획을 중심으로 과거와 판이하게 다른 모습을 띤다. 우리는 웰먼의 학생인 저스틴 아비게일 유에게 평소에 친구들과 약속을 잡고 놀러 나가기까지의 과정을 자세하게 묘사해주길 요청했다.

학생들의 리딩 위크(학기 중 수업은 없지만 자신의 연구나 독서에 몰두할 수 있도록 학교 측이 배려한 시간) 기간을 향해 시간이 빠르게 흘러가는 가운데, 지난 며칠은 친구들과 정신 없고 스트레스 가득했던 대학 생활에서 잠깐 동안 벗어날 수 있는 이 짧은 휴식 기간 동안 해야 할 수많은 일을 계획하느라 한바탕 소통을 벌였다. 계획 중 대부분은 리딩 위크가 끝난 후에도 이어질 일들이지만, 이 기간이 끝나기 전에 꼭 해야 할 일이 하나 있었다. 덕분에 우리 계획을 명확히 결정해야 하는 시간을 며칠, 심지어 몇 시간 앞둔 그 때까지 친구들 사이에서는 전화, 문자 메시지, 페이스북 메시지, 트윗 알람이 정신 없이 오고 갔다.

〈화요일〉

오후 2시: 개별 지도 시간이 끝난 뒤, 나에겐 4시간 정도의 여유 시간이 있었다. 곧바로 나디아에게 전화를 걸어 오후에 시간이 된다면 다른 여자 친구들과 모두 함께 만나자고 이야기했다. 그리고는 시드니 스미스 홀에서 나디아와 샐리를 만났다. 시드니 스미스 홀은 하루 종일 우리가 편하게 '공부'할 수 있는 장소다. 나디아와 샐리랑 이야기하면서 빅토리아와 애비에게, 시드니 스미스 홀에 나디아, 샐리와 함께 있으니 빨리 달려오라고 문자 메시지를 보냈다.

오후 2시 30분: 잠시 후, 나는 건물 주변을 돌며 군것질 할 게 없을까 둘러보고 있었는데 우연히 또 다른 친구인 안소니를 만났다. 우린 완전히 옆길로 새서 한 시간 정도 그 동안 밀린 이야기를 나누며 금요일에 함께 초대된 친구의 생일 파티에 대해 수다를 떨었다. 그러면서 언제 어디서 만나 파티에 함께 갈지 정하긴 했는데, 사실 확실치는 않다. 생일 파티 자체가 2주 전쯤 페이스북 이벤트를 통해 정해진 건데, 친구들과 정확한 파티 장소와 시간은 정하지 않았기 때문이다. 그냥 TBA[to be announced], 즉 '다시 통보하겠음'이라고 적어놓고는 끝났다.

오후 3시 30분: 한 시간이 좀 더 흐른 뒤, 나는 지금까지 계획한 일들을 정리하고 가방을 챙겨 자리에서 일어났다. 다음 주에 제출해야 할 에세이를 쓰려면 잠시 혼자 있을 시간이 필요했다…. 꼭 이렇게 따로 시간을 빼야 한다. 그래서 누구에게도 방해 받지 않은 공간인 11층 로버트 도서관으로 향했다. 필요한 정보를 그때그때 조사하려면 컴퓨터도 필요했으므로 컴퓨터 앞에 앉아 에세이를 쓰고 있는데, 한 5분 집중했는지 잠시 휴식을 취해야겠다는 생각이 들었다. 그러고는 바로 지메일에 로그인해 메일을 확인하고 이어서 트위터, 페이스북 계정도 확인했다. 그렇게 시간이 흘렀나 보다….

어머니께서 나를 보러 오신다는 메일을 보내셨다. 월요일에 시간이 되면 공항에 마중 나오라고 하신다. 그래서 "당연히 가야지 엄마."라고 답장을 보냈다. 트위터에 들어가니 이번 달 말에 계획한 '트윗업' 모임에 대해 물어보는 트윗이 몇 개 있었고 그에 답변도 했다. 마지막으로 페이스북에 들어가서는, 시간 가는 줄 몰랐다. 고등학교 친구들이 보내온 메시지에 답장을 보내다 보니 시간이 많이 흘러 있었다. 친구들은 토요일에 영화를 보러 가고 싶다는데, 이미 잡힌 약속이 있는 터라 주중에는 보러 갈 수 없는지 친구들에게 물어보며 날짜를 조정했기 때문이다.

그러는 와중에, 나는 온라인에 누가 접속해 있는지 확인했는데 앤드류와 사라가 채팅 가능한 상대로 올라왔다. 앤드류와 사라 역시 금요일에 있을 생일 파티에 초대된 터라, 참석 여부를 물어보고 싶었다. 그런데 사라는 그때 외곽으로 볼일이 있어 나간다 하고, 앤드류는 어떤 친구들이 오는지 물어보면서 누가 오는지에 따라 자기도 참석 여부를 결정하겠다고 말했다. 그래서 나는 모두 함께 아는 친구인 실비아와 헤더, 아이작에게 파티에 올 건지 문자 메시지로 물어봤다. 실비아와 헤더는 참석하겠다고 답문이 왔고, 그 문자를 그대로 앤드류에게 전달했다. 그러는 사이, 사라는 파티에 못 간다고 속상해했고, 그 다음 주에 있을 자신의 생일을 맞아 스스로 파티를 열겠다고 했다. 초대 멤버는 이번 주 금요일에 있을 파티 초대 멤버와 같았다. 나와 친구들은 온라인에서 토론토 주변에 사라가 생일 파티를 열 만한 장소를 물색했는데, toronto.com이나 martiniboys.com과 blogTo.com 등 컨설팅 웹사이트를 돌아다녔다. 사라는 여러 후보지 중에 한 바가 마음에 든다며 결정을 내리는 듯 했지만, 온라인에 올라온 악평을 보고는 당혹스러워 했다. 그래서 결국 친구들과 난 계속 이메일, 트윗, 채팅 메시지, 문자 메시지를 주고 받았고, 내 소중한 에세이 쓰는 시간을 야금야금 빼앗아버렸다. 한꺼번에 너무나도 많은 대화가 오고 갔고, 어느새 나는 그 수많은 대화에 묻혀 조금씩 지쳐갔다.

오후 5시: 지금까지 내가 쓴 에세이라고는 달랑 한 문장이었고, 문득 도서관에 홀로 있다는 게 너무 외롭게 느껴졌다. 그래서 카스와 애비에게 6시 수업 시작 전에 잠깐 도서관으로 날 보러 와 줄 수 없냐고 문자 메시지를 보냈다.

오후 5시 15분: 카스가 날 보러 와 준다기에 우리는 아래층에서 만나 간단히 간식을 먹었다. 우리는 식당 근처에 앉아 이번 주 토요일에 몇 안 되는 친구들과 함께 할 점심 식사에 대해 이야기했다. 이 점심 약속 역시 페이스북 메시지를 통해 잡았는데, 언제나 그렇듯 상세 약속 장소나 시간은 항상 일정을 잡은 날 이틀 전쯤 윤곽이 잡혔다.

오후 6시: 수업 시작. 오늘은 스카이프를 통해 특강이 이뤄질 예정이다. 너무 기대된다.

오후 6시 15분: 기대는 무슨⋯. 정말 재미 없었다. 나는 내 아이폰에 설치한 트윗덱TweetDeck 애플리케이션을 이용해서 몇몇 사람들과 트윗을 주고받았다. 데이터 요금제 선택을 잘해둔 것 같다!

오후 9시 30분: 캠퍼스에서의 긴 하루를 마치고 드디어 집에 돌아온 나는 기계적으로 컴퓨터 전원을 켰다. 오늘 오후에도 그랬던 것처럼, 나는 지메일, 페이스북, 트위터 계정에 로그인해 업데이트를 확인했다. 페이스북에서는 최종적으로 내일 있을 파티에 관한 내용을 확인했는데, 내일 생일 파티의 주인공은 사만다가 파티가 열릴 장소와 자세한 일정을 적어놓았다.

밤 12시: 컴퓨터에 작별을 고한 뒤 침대로 향했다.

〈금요일〉

오전 9시: 아침 일찍 일어나 또 다른 하루를 준비하다! 오늘 아침도 어김없이 눈을 뜸과 동시에 휴대 전화를 켜고 이메일, 트위터, 페이스북을 확인했다. 아, 이제는 이런 생활 패턴은 좀 바꿔야 할 듯⋯.

오전 10시: 오늘은 진짜 에세이 쓰는 데 집중해야겠다고 마음 먹었다. 기적적으로 나는 인터넷, 휴대 전화와 일정 거리를 유지하고 에세이에 집중할 수 있었다.

오후 1시 15분: 애비가 전화를 했다. 내일 점심 식사를 할 식당을 예약했으니 자신을 데리러 올 수 있냐는 내용이었다. 시간 약속을 잡으면서 전화를 끊고 다시 에세이에 집중! 이번 주말은 엄청 바쁠 예정이니 최대한 빨리 할 수 있는 만큼 에세이를 다 써놔야 한다.

오후 3시 20분: 갑자기 친구들에게서 문자 메시지가 홍수처럼 밀려왔다. 오늘 파티에 다같이 모여가자며 어디서, 몇 시에 모이면 좋을지 묻는 메시지가 대부분이었다. 20여 분간 문자를 주고받으며 약속을 조율했다. 그리고 최종적으로 밤 9시에 근처 바에 모여서 간단히 한 잔 한 뒤 10시 30분쯤 파티 장소로 향하기로 정했다.

오후 5시: 파티에 갈 준비를 막 시작하려는데 실비아에게서 전화가 왔다. 파티가 끝난 뒤 어떻게 집에 올지 이야기했고, 결국은 택시를 타고 오되 비용을 반반 나누기로 했다.

오후 7시 10분: 집을 나서면서 실비아에게 출발한다고 문자 메시지를 보냈다. 실비아가 대충 시간을 맞춰 집에서 나와야 바에 같이 도착할 수 있을 테니 말이다.

오후 8시 40분: 바를 향해 걸어가면서, 헤더에게 문자를 보내 도착했냐고 물어봤다. 아직 도착 전이라고 답문이 왔다. 그래서 바로 실비아에게 문자를 보냈고 10분 후쯤이면 도착할 거라는 답문이 왔다. 아 오늘 밤엔 사람이 엄청 많을 테니 얼른 가서 미리 줄 서야겠다.

오후 9시: 파티에 온다고 한 친구들이 모두 제 시간에 도착했다. 이 친구들에게 이런 면이 있다니! 위치 기반 소셜 네트워크 사이트인 포스퀘어 Foursquare 애플리케이션을 이용해 바에 '체크인'했다. 이 모바일 서비스는 특정 장소를 찾거나, 특정 장소에서 주문하면 좋을 음식 같은 상세 정보를 제공해준다. 많은 사용자가 이 바에서는 맥주 피처를 시키는 편이 좋다고 추천했고 난 이 조언을 따르기로 했다. 그리고 트위터 앱을 이용해 지금 내가 어디에 있으며 무엇을 하는지 포스팅했다.

남은 밤 시간 동안에는 지금까지 활용한 커뮤니케이션 기술을 또 사용할 일이 없었다. 그 대신 말 그대로 '진짜' 친구들과의 대화에 빠져 실컷 웃으며 즐거운 시간을 보냈다.

〈토요일〉

오전 10시 30분: 오늘도 하루의 시작은 바뀌지 않았다. 난 휴대 전화를 손에 들어 이메일, 페이스북, 트위터 계정에 로그인했다. 고등학교 친구들이 페이스북에서 내가 보낸 메시지에 답문을 보내왔다. 토요일 대신 수요일에 영화를 보자는 내용이었는데, 나는 내 아이캘린더^{iCalendar}의 수요일 저녁을 영화 일정으로 채워놓음으로써 대답을 대신했다. 그리고 사라가 다음 주 토요일에 있을 자신의 생일 파티 초대장을 페이스북을 통해 보내왔고, 내용을 보자 하니 요 전날 함께 이야기했던 바로 장소를 정한 듯했다. 참석여부를 요청하는 RSVP 박스에 '참석'을 클릭한 뒤, 아이캘린더에 다음 주 토요일 밤에도 일정을 채워놓았다.

오전 11시 15분: 점심 약속에 함께 갈 애비를 데리러 갈 준비를 거의 다 마쳤다. 하지만 출발하기 전에 애비에게 전화를 걸어 내가 지금 출발해도 좋을지 먼저 물어봤다.

오전 11시 30분: 애비 집 앞에 도착해서, 집 앞에 있을 테니 준비되면 나오라고 전화했다. 얼마 지나지 않아 애비가 나왔고 우리는 함께 식당으로 향했다.

정오: 나와 애비가 친구들보다 먼저 도착했다. 어제와 마찬가지로 포스퀘어 애플리케이션에 '체크인'했다. 이 식당은 예전에도 여러 번 온 곳으로, 다른 사용자들을 위해 경험 상 '오징어 요리'가 가장 맛있다는 평을 올려놓았다. 그리고 오늘도 변함없이 트위터에 내가 지금 어디에, 누구와, 무엇을 하고 있는지 포스팅했다.

오후 12시 10분: 니콜에게서 문자 메시지가 왔다. 조금 늦을 것 같으니 먼저 주문해 놓으라는 내용이었다.

오후 12시 30분: 주문한 음식이 나왔고, 사진을 찍어 트위터에 올렸다.

오후 2시 30분: 집으로 돌아왔다. 니콜에게서 정말 즐거운 시간이었고 언제 또 한 번 같이 모이자는 문자 메시지가 왔다. 비슷한 내용의 답문을 보냈다. 애비가 데리러 와줘서 고맙다는 문자를 보내왔다.

오후 2시 45분: 페이스북 계정에 로그인해서 어젯밤 파티에서 찍힌 사진과 함께 내가 태그된 포스트를 둘러봤다. 그중 몇 개에 댓글을 달았고, 실비아의 담벼락에는 우리 사이에서만 통하는 농담을 적어놓았다. 어젯밤에 그랬던 것처럼 뜻을 아는 친구들은 엄청 웃어대겠지. 나 역시 가져간 카메라로 찍은 어제 파티 모습이 담긴 사진을 포스팅했다. 큰 파티가 벌어진 다음 날은 너나 할 거 없이 대부분 온라인에서 자기 자신이나 친구들의 모습이 담긴 사진을 찾아 돌아다니기 바쁘다.

오후 3시 30분: 문득 오후 내 할 일이 없다는 사실을 깨달았다. 고등학교 친구인 카르멘에게 전화를 걸어 영화 보러 같이 갈 시간이 있냐고 물었다. 카르멘은 다른 친구들에게도 몇 번 전화를 걸었다.

오후 3시 45분: 카르멘에게서 다시 전화가 왔다. 전화한 친구들이 다 시간이 된다고 했단다. 전화기 너머로 수다를 조금 떨면서 tribute.ca에 접속해 상영 영화 정보와 시간을 확인했다. 4시 30분 영화를 보기로 정한 뒤, 오늘 오겠다고 한 친구들에게 일괄적으로 문자 메시지를 보냈다.

오후 4시 15분: 영화관 앞에 도착. 다른 친구들은 보이지 않았다. 표 자동 발매기를 이용해 영화표를 먼저 산 뒤, 친구들에게 전화해 어디 있냐고 물었다.

오후 4시 40분: 영화 시작!

오후 6시: 집으로 돌아왔다. 지금부턴 그냥 쉬기로 했다. 지금까지의 일정과 앞으로 해야 할 일을 정리한 뒤, 컴퓨터 앞에서 휴식을 취했다(이게 가능이나 했을까?). 이메일 몇 통과 페이스북 메시지 몇 개가 들어왔다. 친구들이 다음 주 일정을 물어보는 내용이었다. 자, 또 다시 시작이다!

〈정리〉

지금껏 하루 일과를 다시 뒤돌아본 적이 거의 없어서일까, 휴대 전화, 온라인, 친구들과 대면 커뮤니케이션 등 복잡한 상호 작용을 통해 별 의미 없는 일상 생활부터 파티와 같은 큰 이벤트나 친구들과의 모임까지, 내 생활의 대부분은 온통 친구들과의 상호작용으로 가득 차 있었다. 지금부터는 내가 내린 결론을 이야기하겠다.

첫째, 내 생활의 대부분이 정보통신 기술을 통한 상호작용에 의지하고 있는 것은 분명하지만, 상대를 직접 만나 커뮤니케이션하는 방법을 우선으로 하되 상대와 상황에 따라 적절한 툴을 이용해서 상호작용했다. 예를 들어, 페이스북 초대나 사적인 메시지 스레드는 참여 인원이 많을 때 주로 사용됐으며 장시간 연락이 오가는 경우가 대부분이었다. 그리고 개인적으로 어떤 문제를 상의하거나 어느 정도 시간이 걸릴 이야기는 전화 통화로 주고 받았고, 간단한 공지 사항이나 물어볼 내용이 있을 때, 오래 주고 받을 이야기가 아닌 경우에는 문자 메시지를 사용했다.

둘째, 모바일과 온라인 기술을 대개 동시에 사용되는 경우가 많았는데, 심지어 대면 커뮤니케이션 중에 사용되기도 했다. 특히 나는 내가 친구들과 다양한 미디어를 통해 동시에 여러 대화를 주고 받는다는 사실을 깨달았다. 따라서 친구들과 무언가를 계획하고 정할 때는 엄청난 양의 멀티태스킹이 수반되어야 한다. 게다가 그때그때 상황에 맞는 다양한 형태의 기술을 적절하게 선택해 활용할 줄도 알아야 한다.

셋째, 누군가와 약속이나 일정을 잡을 때, 몇 주 혹은 어느 정도의 시간을 앞두고 정해지는 경우는 거의 없었다. 우선 어떤 약속을 하나 잡고 나면, 약속한 날이 거의 다 되어서 서로 가능한 시간과 장소를 이야기하며 조절한 뒤에 정확한 일정을 확정했다. 내 경우만 해도 그렇다. 우선 페이스북 초대나 메시지를 통해 파티 일정을 잡되, 정확한 장소나 시간을 정하지 않았다. 그저 이때쯤 이런 이벤트가 있을 거다라는 내용 정도일 뿐이다. 그리고 약속한 날을 하루 이틀 앞뒀거나 당일 아침이 됐을 때, 친구들과 모여 만날 시간과 약속을 잡는다. 대부분 약속한 일정을 몇 시간 앞두고 휴대 전화로 상세 약속을 잡는데, 약속한 장소 근처에 가서 서로의 위치나 상황을 확인하려고 전화 통화나 문자 메시지를 수시로 주고받는 일이 많다.

넷째, 나와 친구들은 무언가를 결정해야 할 때 인터넷에 매우 많이 의지하는 편이다. 예를 들어, 내 친구 사라와 나는 온라인에서 생일 파티 장소 후보지를 몇 군데 선정한 뒤, 해당 장소에 대한 온라인 리뷰를 살펴보고 최종적으로 장소를 정했다. 영화를 보러 가기 전에도 역시 웹 사이트를 이용해 상영 정보와 시간을 확인했다. 다양한 조언이 담긴 위치 기반 서비스를 제공하는 모바일 애플리케이션도 활용했다. 이런 기술들은 우리에게 무언가를 계획하는 단계에서 매우 가치 있는 정보를 제공한다.

마지막 다섯째, 정보통신 기술 활용은 계획하는 단계에서뿐만이 아니라, 계획을 실행하는 중 혹은 그 후에도 계속해서 이뤄진다. 나는 무언가를 할 때, 내가 지금 어디서, 누구와, 무엇을 하는지 트윗 메시지에 담아 포스팅했다. 사진을 찍어 올리는 경우도 꽤 많았다. 모바일과 온라인 기술은 페이스북 사진 포스팅과 담벼락 확인이나 감사, 추후 약속을 정하는 문자 메시지 등 이벤트가 종료된 후에도 계속 사용됐다.

모바일과 온라인 기술은 우리 삶에서 그 존재를 감추는 시간이 단 1초도 없다. 특히 친구들과 무언가를 계획할 때 이 기술은 없어서는 안 될 매우 중요한 수단이다. 이같이 복잡한 모바일, 온라인, 대면 커뮤니케이션이

우리 삶에 완전히 침투했다고는 하나, 이들만큼 인간이 생활하면서 지속적
으로 생각하고 활용하는 존재도 없으리라 생각한다.

10장_ 네트워크화된 개인주의의 발전

이 책은 전반적으로, 현대 사회가 네트워크화된 세상이며 네트워크화된다는 것이 그리 무서운 일은 아니라는 가정을 전제로 한다. 그리고 이런 네트워크화된 현대 사회는 이 새로운 변화를 받아들여 적응할 줄 아는 사람에게 한 단계 발전할 수 있는 무한한 기회를 제공한다. 단언컨대, 네트워크화된 세상에서의 격차는 단순한 '디지털 정보 격차'가 아닌 '네트워크 격차'일 것이다. 기술은 지금도 멈추지 않고 계속해서 전세계로 퍼져나가고 있으므로, 현대인은 자신의 네트워크를 구축해 운영하는 방법을 반드시 익혀 기존의 집단에만 얽매여 생활하는 고치를 깨고 나와야 한다.

현대의 네트워크 운영 시스템에서 살아남고 싶은 사람이라면, 현실을 직시하고 변화된 현대의 삶에 효과적으로 적응할 수 있도록 연습하는 과정을 거쳐야 할 필요가 있다. 이전 세대와는 판이하게 다른 작금의 정보통신 생태계에 사람이든 조직이든 적응해 살아가야 한다는 뜻이다. 인간 관계는 예전과 같이 강력한 힘을 발휘하지만 예전과는 다르게 네트워크화돼 있다. 이웃 관계도 여전히 존재하지만, 과거에 비해 삶에서 차지하는 비중이 매우 적다. 2킬로미터 가까이 떨어져 있는 페이스북 친구에게 컵 하나를 빌리기는 어려운 게 사실이지만, 어떤 일에 관한 조언을 얻고 누구보다 공감해주며 건네는 위로의 한마디를 얻기는 쉽다. 어떤 학자들은 인터넷 때문에 사람이 서로 직접 만나서 만들어나가는 인간 관계가 약화되고 있다는 우려의 말을 전하기도 하지만, 인터넷이 인간 관계를 발전시키고 확장하는 것만은 분명하다. 현대 사회는 직접 만나서 관계를 이룰 것인가 온라인을 선택할 것인가 하는 이분법적인 문제가 아니다. 오히려 상대를 직접 만나 관계를 꾸려나가기도 하고 인터넷과 모바일을 활용해 광범위한 관계를 만들어나가는, 온라인과 오프라인의 세상을 적절히 조절해야 하는 문제다. 결국 관계의 생태계란 이렇게 저렇게 서로 얽혀있는 것이다.

온라인과 오프라인이 혼재된 세상에서 살아가는 네트워크화된 개인의 위와 같은 모습은 오늘날 새로운 운영 시스템만의 특징이다. 정보의 양은 날로 방대해지고 있으며 확산 속도 또한 상상을 초월한다. 정보의 출처도 가히 폭발적으로 늘어나는 추세다. 특히 개인 소식이나 틈새 커뮤니티의 발전과 확산 속도는 눈여겨볼 만하다. 게다가 이제는 모바일 연결이 가능한 언제 어디서든 정보를 검색하고 미디어를 활용할 수 있다. 정보를 수집하고 소통하는 사람들은 다양한 정보 출처를 활용해 세분화되는 동시에, 자신이 원하는 대상을 좀 더 상세하고 면밀하게 검색하는 양상을 보인다. 정보 자체가 네트워크화되고 밀집되면서, 현대인은 수많은 정보에 에워싸여 자신도 역시 정보를 제공하는 컨텐츠 제작자의 면모도 보인다. 즉각적인 온라인 검색이 가능한 시대를 살아가는 덕분에, 엄청난 양의 정보 더미 속에서 자신이 찾고자 하는 정보를 찾아내는 능력도 날로 발전한다. 가치 있는 정보를 찾아내 평가하고 점수를 매겨 서로가 서로에게 도움을 주는 경우도 많다. 또한 소셜 네트워크 사이트와 여타 애플리케이션을 활용해 개인 네트워크를 구축하고, 새로운 구성원이 되며, 네트워크를 활용해 정보를 얻는 등, 현대의 네트워크화된 개인은 다양한 능력의 보유자로 발전했다.

이 같은 네트워크 운영 시스템의 변화는 개인의 행동과 태도에도 영향을 미친다. 특히 현대인은 거의 모든 주제에 관한 정보를 그 자리에서 즉시 찾아 보고자 한다. 과거에 비해 정보를 검색하는 데 걸리는 시간과 장소에 대한 제약을 점점 더 답답해하며, 타인도 역시 자신과 같으리라 여기는 경향이 강하다. 자신의 시간과 관심을 분배하는 방법도 바꾸었다. 점점 더 많은 정보와 커뮤니케이션의 변화를 자신의 일상에 받아들여 예전보다 훨씬 더 일에 집중하는 데 많은 방해를 받는다. 현대인에게 장소와 거리, 타인과 함께하는 존재의 의미는 '부재하는 존재absent presence' 혹은 '존재하는 부재present absence'라는 특징으로 말미암아 그 뜻이 과거와 완전히 달라졌다. 단단한 단세포 껍질을 깨고 나와 상황에 따라 위족을 움직이며 형태를 바꾸는 아메바처럼 그 뜻을 완전히 달리한 것이다. 게다가 이제는 새로운 기술을 이용해 사회적, 감정적, 경제적 지원을 얻거나 이를 찾아내는 능력이 자신감의 척도이자 사회에서 인정받을 수 있는 기준이 돼버렸다. 그리고 이런 행동들은 네트워크화된 삶을 살아가는 데 반드시 필요한 덕목이기도 하다.

오늘날의 네트워크 운영체제는 변화에 효과적으로 적응한 네트워크화된 개인에게 사회적, 경제적 이득을 제공함과 동시에, 개인의 인맥과 새로운 미디어를 혼합해 자신의 문제를 해결하고 사회적 도움을 받는 데 큰 도움을 준다.

네트워크화된 개인으로 변모한 린다 에반스

린다 에반스라는 여성(린다는 그녀의 중간 이름으로, 지금 사용하는 이름과 다르다)이 네트워크화된 개인으로 거듭나는 과정을 함께 살펴보자. 1995년 1월, 23년간 결혼 생활을 유지해 온 린다의 남편이 갑자기 이혼을 선언하면서 린다의 삶은 새로운 국면을 맞는다. 엄마가 되면서 일을 그만 둔 뒤 그나마 텍사스 교외에 있는 한 초등학교에 수화 통역사로 시간제 일을 시작한 지 얼마 지나지 않았을 때였다. 이혼 절차가 시작됐고, 42살이었던 린다는 자신의 부실한 재정 상태를 직시한 뒤 심각한 우울증에 빠질 수밖에 없었다. 하지만 15살, 13살 난 두 딸과 이제 막 8살이 된 막내 아들을 생각하며 극복하려 최선을 다했다.

린다는 새로운 삶을 계획했고 주위 사람들의 도움도 많이 받았다. 우선, 아무 거리낌 없이 새로운 삶을 시작하는 그녀의 전 남편을 본 뒤 자신도 멋진 모습을 찾아 새로운 삶을 시작하리라 다짐했다. 그러고는 "자 이제 다시 시작하자."라고 되뇌며 교회 내 이혼 혹은 별거를 경험한 사람들의 모임에 나가기 시작했다. 모임에 들어가기 전에는 한 번도 만난 적 없는 낯선 사람들이었지만, 금방 모임에 적응했고 얼마 지나지 않아 집단의 진정한 일원이 되어 자신을 걱정해주고 도움을 주는 친구들을 사귈 수 있었다. 또한 친구들과 교회가 추천한 마음 치유에 도움이 되는 책과 비디오 테이프를 보면서 마음을 다잡았다.

이혼 절차가 완료된 1997년, 린다는 드디어 마음을 정리하고 희망을 갖기 시작했다. 이제는 10살이 된 아들을 올랜도에 있는 디즈니월드에 데리고 가 2주간 신나게 휴가를 즐기고 오기도 했다. 친구들에게 물어도 보고, 여행지 홍보물을 찾아가며 생애 처음으로 스스로 계획한 여행으로, 직접 호텔에 전화해 예약을 하고 그에 맞는 예산도 계획했으며, 지도를 보며 아들과 함께 할 드라이브 코스도 짰다(한적한 시골길로 코스를 짠 덕에 아들과 한산한 시골 풍경을 만끽할 수 있었다). 또한 여행 중 부딪히는 여러 사소한 문제에 침착하게 대처해 무사히 집에 돌아올 수 있었다. 하지만 이 때까지만 해도 인터넷을 그다지 많이 사용하지는 않았다.

린다 자신도 모르는 사이에 교회 내 이혼한 사람들의 모임은 그녀의 삶에 있어 매우 큰 부분을 차지하게 됐다. 그리고 비록 비전문가이기는 하나, 린다는 모임 내에서 사람들에게 큰 도움을 주는 조력자로 발전했다. 린다 역시 스스로 자신이 치유됨을 느낄 수 있었다. 정말 다행이지 않은가. 린다가 모임의 리더와 같은 역할을 시작할 무렵, 당시 막 이혼을 한 존이 모임에 새로 가입했다. 쾌활한 사람이긴 했으나, 린다가 그랬던 것처럼 존도 역시 이혼 초기의 극심한 스트레스에 시달리는 듯 보였다. 모임은 여느 때와 같이 돌아가며 서로의 상처를 이야기하고 보듬어주는 등 일상적인 활동을 시작했고, 린다와 존도 서로의 공통된 아픔을 이야기했다.

시간이 흘러 린다와 존의 관계는 조금씩 발전해나가기 시작했고, 인터넷 활용에 익숙해진 린다는 존과의 관계를 발전시키는 데 인터넷을 활용했다. 존은 어느 한 전자 회사에서 근무하는 온라인 기술 지원 전문가였기에, 마침 재택근무 형태로 근무하는 상황이었다. 거의 대부분의 날을 존과 린다는 서로에게 예의 바른 문구로 가득한 이메일을 주고 받았다. 그러면서 '미스터리한 일주일'이라는 이야기가 담긴 간단한 게임을 함께 하기도 했다. 예를 들면 린다는 다음과 같은 메일을 썼다.

아름다운 어느 봄날의 아침, 수잔은 그날 하루 동안 해야 할 일이 무엇인지 쭉 생각했다. 손에 든 차를 홀짝홀짝 한 모금씩 마시면서, 수잔은 꽃밭에 가득한 다채로운 색을 띤 꽃들을 바라보았고, 문득 꽃을 꺾어 주방에 꽂아 향기를 더 해야겠다고 결정했다. 정원 가위를 손에 들고 나간 수잔은 뒤뜰을 거닐며 어느 꽃을 꺾어야 하나 고민하기 시작했다. 그러고는 흙에서 이제 막 나오기 시작한 듯한 모습의 연꽃 주위를 조심스럽게 밟던 중, 수잔은 갑자기 소리를 질렀고 그녀의 눈은 어느 한 곳에 멈춰서 버렸다….

이렇게 말 줄임표로 끝난 메일을 받은 존은 이후에 들어갈 만한 내용을 상상한 뒤 몇 문장을 추가로 적어 다시 린다에게 보낸다. 그러면 린다는 메일을 받아 마음에 드는 문장을 취한 뒤 다시 존에게 보내고, 이렇게 몇 번 메일을 주고 받으며 완벽한 하나의 이야기를 만들어 나간다. 10킬로미터 정도 떨어진 곳에 사는 탓에, 린다와 존은 직접 만나기보다는 이렇게 메일이나 채팅을 통해 온라인에서 만나는 일이 더 잦았다. 온라인 세상에서 존은 작가이자 조금은 다른 모습을 보이기도 했는데, 린다는 그런 존의 모습을 정말 좋아했다.

존과의 우정이 깊어지면서, 린다는 자신이 힘든 기간을 이겨낼 수 있도록 도와줬던 사람들과는 다른 방식으로 사람들에게 도움을 줄 길을 찾기 시작했다. 예를 들면, 이제 막 풋풋한 사랑을 시작하는 10대인 두 딸의 연애에 조언을 주거나, 홀로 지내는 사람들에게 세미나와 강의를 하러 다니는 남부 침례교회의 목사, 리더들을 도와주었다. "이들은 그저 상처받은 이혼자들이 아닙니다. 이제 막 새로운 관계를 시작하려는 정상적인 사람들이지요." 린다의 말이다. "이혼의 상처를 극복하는 각 단계를 지날 때마다 나는 나에게 도움이 될 만한 것 중 내가 붙들 수 있는 모든 것, 그리고 모든 사람을 붙들고 극복해 여기까지 왔습니다." 모임에서 질문을 받을 때마다 린다가 꼭 하는 말들이다. 그리고 존은 헌신적인 관계를 이끌어나갈 수 있도록 도와주는 비슷한 집단을 찾아 열심히 활동했고, 2001년 3월 린다와의 결혼에 성공했다.

딱딱하게 굳어있던 감정의 껍데기를 벗어 던지고 새로운 시작을 한 린다는 이제 자신의 직업적 능력을 높이고 싶었다. 그녀가 취득한 수화 통역사 학위는 고수입을 보장하지 못한 탓에, 지역에 있는 작은 대학으로 돌아가 7학기를 다시 이수한 린다는 경영학 학사 학위를 받을 수 있었다. 학기를 이수하는 동안, 린다는 근처에 있는 수화 서비스 제공 회사에서 근무하기도 했다. 하지만 직장 생활을 하면서 린다는 한시도 마음이 편하지 않았다. 그리하여 경영학 학위를 따자마자, 린다는 가장 좋아하는 교수님과 이전에 학교에서 일할 때 함께 근무했던 동료 선생님들을 찾아가 교원직을 시작하기 위해 밟아야 하는 과정은 무엇인지 조언을 구했다. 그중에서도 린다가 고등학교에서 재직할 때 함께 근무했던 바브라는 선생님은 그녀에게 가장 훌륭한 조언자 역할을 해주었다. 바브는 린다의 성격이나 관심사, 능력을 정확히 파악했고 린다의 교육학 공부에 도움이 될 책과 기타 직업적 툴을 추천해줬다. "바브는 내 경험과 관심사를 교육학 내용과 접목시켜 내가 쉽게 이해할 수 있도록 도와줬다. 그리고 덕분에 누군가를 가르치는 일이 내 천직임을 깨달을 수 있었다." 린다의 말이다.

2003년 중반, 린다는 그리 멀지 않은 곳에 위치한 주립 대학의 교수공학 석사 학위 프로그램을 신청했다. 인터넷을 통해 프로그램의 대략적인 내용과 일정을 확인하긴 했지만, 60여 킬로미터나 떨어진 캠퍼스까지 차를 몰고 가 직접 입학담당자를 만나 궁금한 사항을 물어보고 답을 듣기 전까지 린다는 자신의 결정이 옳았음을 확신할 수 없었다. "담당자 앞에 앉아 얼굴을 보고 대화하고 직접 캠퍼스에 발을 들여놓고 나니 그제서야 내 결심에 대한 확신이 들었습니다." 그리고 이때 즈음, 린다는 능숙한 인터넷 사용자가 되어 있었다. 석사 과정은 모두 온라인으로만 진행됐다. 교육 관련 직종에 근무하는 사람들과의 네트워크를 통해 인터넷으로 함께 연구와 컨설팅을 진행한 린다는, 결국 가을 학기를 다시 등록하기로 결심하기에 이른다. "내 연구 과정을 함께 보다가 언제 친구들이 조언을 해주기 시작했는지 기억조차 나지 않습니다." 린다의 설명이다. "친구들에게 연구 과정이나 결과를 읽어주다 보면 어느새 친구들이 모여들지요. 물론 이 친구들은 저보다 이쪽 분야 경험도 많고 제가 한 공부를 이미 거쳐간 사람들입니다. 친구들이 조언을 하거나 질문을 던지면 새로운 온라인 검색이 시작됩니다. 검색 결과를 다시 이야기하며 토의하고, 토의에서 나온 사항을 다시 검색하고, 반복인 거예요. 웹사이트를 뒤지다가 다시 친구들과 이야기하고 책이나 유인물을 찾다가 다시 웹사이트를 검색하고요."

이 모든 과정을 훌륭히 해낸 린다는 2년 뒤인 2005년, 석사 학위를 받았다. 당연히 이때는 거의 인터넷 도사였다. 졸업 직후, 린다는 주 밖에 있는 대학의 박사 과정에 등록했다. 이번에도 역시 모두 온라인을 통해 과목 이수가 가능했다. 이번 결정에는 주위 사람들의 도움보다 인터넷을 통한 정보가 결정적인 도움이 됐다. 마르시라는 친한 학생은 린다에게 이메일을 보내 할 수 있다는 용기를 북돋워주면서 린다가 결정한 길에 대한 여러 진로를 함께 모색하기도 했다. 그리고 린다는 이미 동일한 과정을 이수해 박사 학위를 취득한 선배들에게 연락해 과정 중 어려움은 없는지, 진로는 어떠한지 등 그들의 경험을 묻고 관련 정보를 수집했다. 그녀가 배경 정보를 찾는 데에는 온라인 검색과 질문이 주요 수단이었다.

박사 학위 과정을 시작하며, 린다는 집에 광대역 인터넷 망을 설치했다. 2002년 중반에 비하면 약 50퍼센트나 더 비싼 인터넷 요금을 지불해야 하지만, 전화 모뎀으로 인터넷에 연결돼 웹 페이지가 뜰 때까지 한참이나 기다리는 일이 지겨워진 데다가, 점점 더 인터넷 검색을 할 일이 많아졌기 때문에 현명한 선택이라 생각했다. "이때부터 난 모든 일을 온라인으로 처리했어요." 린다가 말한다. 박사 과정을 시작한다고 공립 학교 교사라는 직업을 포기하지는 않았다. 유, 초등 교육과 관련해 선생님들이 다룰 줄 알아야 하는 온라인 학습, 교육 방법을 계속해서 배우고 싶었기 때문이다.

이처럼 감정적으로나 직업적으로 자신의 삶을 새로 일구는 것은 물론, 린다는 재정적으로도 여유를 찾을 수 있도록 자신의 능력을 신장시킬 생각으로 소셜 네트워크에서 매우 활발히 활동하기 시작했다. 2년간의 이혼 절차 후 린다는 위자료 6만 달러, 그리고 얼마 안 되지만 양육 수당을 받게 됐다. 린다의 친구들 중에는 린다가 근무했던 회사를 운영한 수잔[1]만큼이나 투자 시장이나 경제적 논리에 밝은 사람도 없었다. 수잔에게 이혼 후 생긴 이 목돈을 어떻게 투자해야 하는지 조언을 구했을 때, 린다보다 나이가 많았던 수잔은 자신의 투자 담당자에게 전화를 걸었고, 후에 이 투자담당자는 린다를 자신이 운영하는 투자 회사에 주임으로 채용했다.

기본적으로 투자에 관한 조언을 구하는 예의를 갖춘 관계이기도 했지만, 린다에게는 그 이상으로 도움이 되는 관계였다. 그리고 수잔을 통해 트로이를 알게 됐는데, 트로이는 신시아의 아들이자 재정 전문가로서 지역 회계 장부 담당자로 일하며 이전에도 린다와 남편 존에게 세금 관련 컨설팅을 해준 적이 있었다. 린다와 존은 가계의 재정 관리를 트로이에게 맡겼다. 그리고 후에 트로이는 린다 부부에게 투자와 관련된 링크나 컨텐츠 등 온라인 정보가 가득한 이메일 뉴스레터를 전달해주는 등 새로운 온라인 재정 관리의 세계를 열어주었다. 그리고 린다와 존은 스스로 여러 재정 문제 관련 웹사이트와 토론 집단에 참여해 다방면으로 정보를 수집하기 시작했다. 물론 트로이의 고객으로서 다양한 웹 유인물과 재정적 투자와 관련된 질문에 대한 조언을 들었고, 주식 투자나 세금 관련 문제도 함께 상의했다. 결국 린다 부부와 트로이는 린다가 이혼하면서 얻은 목돈을 몇 배로 불려 수익을 얻어낼 수 있었다.

지금 린다가 사용하는 휴대 전화는 인터넷에 접속 가능하며 그녀의 네트워크화된 라이프스타일에 도움을 준다. 린다의 말을 빌리자면, 그녀의 휴대 전화는 더 많은 사람과 더 자주, 더 많은 상황에서 연결될 수 있게 해준다. 덧붙여 유선 전화를 사용할 때와는 완전히 다른 세상이라고 이야기한다. 린다는 종종 여러 개의 기기를 이용해 멀티태스킹도 즐긴다. 예를 들면, 린다가 박사 진학을 할 때 도움을 줬던 친구에게 메일을 보내면서, 교회 내 이혼자 모임에 새로운 구성원이 들어왔다는 소식을 메일로 전해 받는다. 그리고 린다는 재정 관련 미팅을 잡는 전화를 걸어 약속을 잡은 뒤, 전화를 끊자마자 교수님에게서 학기말 리포트 점수에 관한 전화를 받아 통화한다. "이 모든 기술은 많은 일을 정말 빠르게 처리할 수 있도록 도와주죠." 린다가 말한다. "제가 해야 할 일을 잘 조절할 줄만 알면 문제 없어요. 그 많은 사람이 이렇게 다양한 주제에 관해 이야기하고 일을 처리하는 데, 정보통신 기술이 없었으면 어찌 했을까 아찔합니다."

린다가 생애 첫 휴대 전화를 구입했던 1994년, 당시 휴대 전화가 자랑했던 그 많은 장점에도 불구하고 휴대 전화를 오래 사용하지 못했다. 한가한 시간이 되면, "누구한테 전화할까"하고 생각하며 이렇게 자연스럽게 전화할 상대를 고민하는 자신의 모습에 놀라기도 했다. 린다는 당혹스러운 상황에 처했을 때, 휴대 전화의 도움을 받기도 한다. 예를 들어, 약속 시간에 늦었다면 상대에게 전화를 걸어 상황을 이야기하고 사과하거나, 누군가를 기다릴 때에는 전화를 걸어 상황을 물으며, 때로는 안부 전화를 걸거나 받기도 한다.

나는 휴대 전화로 할 수 있는 건 전부 다 하는 편이다. 블랙베리 폰을 구입한 지 얼마 되지 않았는데, 이 휴대 전화로 무엇을 할 수 있는지 최대한 많이 배우려 노력하는 중이다. 지금도 나는 블랙베리를 내 노트북 컴퓨터의 모뎀으로 활용할 수 있는 방법을 검색하고 있다. 아이들과 사진이나 동영상을 주고받기도 하며, 문자 메시지를 자주 보내 이야기를 나누기도 하고, 블랙베리의 GPS 기능도 활용한다. 영화 상영 정보나, 궁금한 점이 생겼을 때 등 수시로 휴대 전화를 열어 검색한다.

휴대 전화가 린다에게 개인적인 해방감을 느끼게 해주었다는 사실은, 린다의 자녀들이 휴대 전화를 보유하면서부터 린다가 제어하기 어려워졌다는 사실과 일맥상통한다. 린다에게는 가족들이 공중 전화나 유선 전화가 있는 곳에서만 연락을 취할 수 있다는 걱정으로부터 벗어난 것이 하나의 해방감이며, 언제 어디서든 자신이 원할 때 연락할 수 있다는 것 또한 해방감으로 작용한다. 즉 자녀들에게 휴대 전화를 사 준 후로는 언제든 자녀의 소재가 궁금할 때면 연락해 걱정에서 잠시나마 벗어날 수 있기 때문이다. 하지만 집 밖 어디든, 공공 장소에서도 통화를 해 사적인 대화를 나누거나 문자 메시지를 주고받을 수 있는 현실에 대해서는 탐탁지 않아 한다. "통화하고 있는 상대가 누군지 알 수 있으니 좋긴 한데, 아이들과 통화할 때 아이들이 하는 말을 반밖에 알아들을 수 없더라고요.”

인터넷과 휴대 전화뿐만 아니라, 린다는 다른 기술을 활용해서 타인과 연결되기도 한다. 오랫동안 린다는 중증 근무력증 환자들을 돕는 모임을 운영해왔는데, 만성적인 근육계의 자가면역 질환은 사람에 따라 다양한 정도의 근력 약화를 가져온다. 린다는 90년대 중반 이혼 절차를 밟는 도중 이 병을 진단받았고, 온라인을 이용해 자신과 같은 병명을 진단받은 사람들의 모임을 개설했다. 얼마 후 린다는 다른 병으로 진단받긴 했으나, 중증 근무력증과 비슷한 병이었으므로 이와 비슷한 또 다른 집단을 하나 더 만들었다. 그리고 린다는 지금도 ‘리스트서브’를 운영하며, 관련 웹사이트를 운영해온 지는 14년이 지났다. 이제 두 집단은 사진 공유 사이트인 플리커 계정을 만들어 자신들이 앓고 있는 병에 관한 설명도 하고 이 커뮤니티 내에서 새로 형성된 관계를 서로 축복하는 사진과 이야기를 나누기도 한다.

“온라인 집단은 사람들에게 희망과 도움을 전할 수 있는 새로운 방법이에요.” 린다의 말이다. “나와 같은 처지에 놓인 사람들과 모여 함께 이야기를 나누고 공유하는 데 이 만한 장소도 없지요.” 린다는 자신이 앓고 있는 질병에 관해 더 알고 싶어하거나 기술적인 도움이 필요한 사람들에게 정기적으로 이메일을 보내고 전화를 걸어 상담을 진행한다. “병세가 악화돼 혼자 생활하기 어려울 정도로 병약해진 분들을 위해서 따로 클럽을 만들어 좀 더 관심을 쏟고 외부와의 커뮤니케이션 용도로 한층 더 강화된 리스트서브 서비스를 제공합니다.” 린다는 또 다음과 같이 이야기하기도 한다. “제가 더 많은 이야기를 해드리고 더 많은 도움을 드리고 싶은데 할 수가 없어 속상해요. 5년 째 학교에서 근무 중인데, 개인 시간은 점점 더 부족해지네요.” 지난 날을 회상하고 앞날을 다짐하며 린다는 다음과 같이 덧붙인다.

인터넷은 내가 들은 정보를 확인해주는 장소이며, 시간을 불문하고 낮이든 밤이든 나를 도와주는, 내가 삶을 다시 시작한 소중한 장소다. 나는 웹 서핑이 정말 좋다. 내 엔터테인먼트 생활(게임을 하진 않는다. 그저 둘러볼 뿐이다)이기도 하지만, 온라인을 통해 공과금을 납부하기도 하고 은행 업무를 보는 등 매우 다양한 활동을 한다. 인터넷을 통해 내 삶을 단순화할 수만 있다면, 그 방법이 무엇이든 발 벗고 나서서 배우고 싶다. 인터넷으로 휴대 전화도 구입하고, 내 아이들과 손주들에게 카드를 보내고, 아마존에서 제품을 구입하기도 한다. 게다가 최근에는 레이저 눈 수술을 받았는데, 수술을 받기 전 유튜브에서 수술 과정이 담긴 동영상을 검색해 자세히 확인하기까지 했다!

네트워크화된 개인으로 거듭나는 방법

이 책의 서두를 연 피터와 트루디 존슨 렌츠 부부처럼, 린다 에반스 역시 네트워크화된 개인이다. 린다의 소셜 네트워크는 여러 단계로 이뤄져 있으며, 린다의 말을 빌리면 자신의 필요에 따라 각 단계가 '활성화'됐다. 린다는 가족과 친구, 그 외의 집단을 통틀어 자신과 가장 가까운 관계인 사람이 전부 8명이라고 말한다. 이 8명은 린다가 정기적으로 자신의 문제를 상의하고 어려운 일이 생길 때 의지하는 사람들이다. 그리고 어느 정도 친하다고 생각하는 친구 혹은 동료는 11명이며 이들과는 때때로 만나 조언이나 도움을 주고받는, 앞서 이야기한 8명에 비해서는 조금 가벼운 관계라고 이야기한다. 그 외 평소에 알고 지내거나 가끔씩 도움을 주기도 하는 사람들은 수도 없이 많다. 앞에서 언급한, 미국인의 개인 네트워크 구성원 수가 평균 600명 정도라는 사실을 기억해두길 바란다.

지금까지 살펴본 린다의 이야기, 즉 린다가 자신의 필요에 따라 어떻게 다양한 소셜 네트워크를 활용해 도움을 받았는지에 관한 이야기는 현대인이 네트워크를 찾아 그 안에서 도움을 받고 안락함을 추구하는지 매우 잘 보여주는 사례다. 린다의 이야기를 보면, 이혼 후 새 삶을 일궈내기까지 다방면으로 그녀를 도와준 수많은 집단의 사람들이 거의 겹치지 않는다는 사실을 알 수 있다. 다시 말해, 린다가 자신의 경력을 쌓고 공부를 다시 시작할 때 도움을 준 사람들은, 그녀가 이혼을 하는 과정과 이혼 후에 감정적으로 힘들며 사회적 재기를 준비할 때 도움을 준 사람들을 알지 못한다. 또한 이들은 린다가 자신의 재정적 문제를 상담한 사람이나 온라인에서 조언을 얻은 사람과는 직접적인 관계가 전혀 없는 사람들이기도 하다.

린다의 이야기는, 사회적으로 네트워크화된 개인으로 변모하는 과정이 사회적, 경제적, 개인적 운영 시스템을 송두리째 바꿔놓는다는 사실을 여실히 보여준다. 강력하고 유익한 소셜 네트워크가 중요한 장점을 매우 많이 제공한다는 사실을 입증하는 증거는 도처에 널렸다. 게다가 약한 유대 관계를 포함한 대규모의 광범위하고 다양한 네트워크는 더 특별한 이점을 제공한다. 사람들은 현대의 다양한 네트워크라는 존재를 통해 더욱 더 다양한 사람, 출처로부터 더 많은 정보와 도움, 조언을 얻을 수 있다. 또한 이 수많은 네트워크에 속박될 필요가 없으며, 자신의 필요에 따라 언제든 자신만의 새로운 집단을 만들고 새로운 관계를 시작할 자유가 있다.

의식적으로 새로운 소셜 시스템의 '규칙'을 따를 필요는 없지만, 린다는 좀 더 훌륭한 네트워크화된 개인으로 살아가기 위해 다음과 같은 행동 수칙을 따랐다.

황금률을 통해 기존의 관계에 투자했으며, 덕분에 어려울 때 기댈 수 있는 든든한 버팀목이 생겼다: 린다가 이혼을 겪은 후 그녀의 안부를 정기적으로 확인하면서 도움을 준 오랜 친구들은 린다가 감정적으로 힘들거나 장기간의 이혼 소송으로 인해 지쳤을 때, 긴 전화 통화를 마다하지 않고 린다에게 위로와 격려를 아끼지 않았다. 그리고 또 어떤 친구들은 린다에게 인터넷과 컴퓨터 사용법을 가르쳐주기도 했다. 지금까지도 아이들 등 하고 때 카풀을 함께하는 등 집안 일과 관련한 일들에 도움을 받는다. "나와 가장 친한 친구들은 매 순간을 나와 함께 합니다." 린다의 말이다. 물론 친구들에게 린다가 필요할 때나 도움을 줄 수 있을 경우엔 린다도 주저 없이 그들을 위해 나선다.

신속하고 열성적인 정보통신 기술 활용: 과거에는 정보통신 기술과는 거리가 멀었던 사람이었음에도 불구하고, 린다는 하나씩 기술을 배우고 익혀 지금은 다양한 인터넷과 모바일 기술을 활용하는 열성적인 사용자가 됐다. 새로운 기술을 받아들이고 사용법을 익히는 단계까지는 일반인도 할 수 있으나, 정보를 검색하고 접근해 이를 자기 것으로 취하고 수정, 개선해 자신만의 컨텐츠로 바꾸는 진정한 네트워크화된 개인으로 발전하기에는 미디어 정보 해독 기술이 뛰어난 사람일수록 유리하다. 그리고 이런 사람은 자신의 네트워크도 훨씬 더 잘 다루는 편이다. 그런 의미에서 당연한 이야기지만, 광대역 인터넷 망을 갖추었으며 기술 활용 능력이 뛰어난 인터넷, 모바일 사용자는 다양하고 광범위한 파트너와 함께 더 다양하고 큰 네트워크를 보유해 운영해나가는 경향을 보인다. 하지만 대규모 네트워크를 보유한 사람이라고 해서 관계의 질을 관리하지 않는다는 뜻은 결코 아니다. 오늘날 속속들이 세상으로 나오는 새로운 디지털 도구들은 이들에게 대규모 네트워크를 효율적으로 관리할 수 있는 기회와 힘을 선사한다.

그렇다고 새로운 정보통신 기술을 모두가 무조건으로 일찍부터 받아들여야 한다는 말은 아니다. 그보다는 기술에 관대한 사람일수록 네트워커로서 활동할 기회가 더 많다는 사실을 입증하는 증거가 많다는 이야기를 하고 싶다. 우리가 '모바일 연결로 동기 부여가 된 사람들'로 분류했으며 퓨 인터넷 기술 사용자 분류체계에 속하는 이들은 자신의 건강이나 사회 활동, 뉴스, 제품 등에 관한 정보를 검색할 때 주로 인터넷을 활용하는 모습을 보인다. 그리고 또 다른 퓨 인터넷 조사 결과에 따르면, 활발한 기술 사용자일수록 더 크고 다양한 네트워크를 보유해 사회적으로 훨씬 유용하게 활용한다고 한다.

정보통신 기술을 활용해 자신의 관심사를 공유할 수 있는 더 많은 사람과의 관계 개발: 린다가 창설한 중증 근무력증 환자 집단의 구성원들은 검색 엔진이나 친구들 사이의 입소문을 듣고 들어온 사람들이다. 현대에는 인터넷 이전 시대에는 절대적으로 불가능하던 방법으로 대중의 지혜가 모아진다. 웹은 현대인이 이타적으로 행동하고자 하거나 낯선 이를 돕고 또 낯선 이로부터 도움을 받는 사례가 모두 담긴 하나의 책과 다름 없다. 현대인의 네트워크 내 '관중' 층은 누군가 도움을 요청해 이에 응답할 수 있을 때를 기다리기도 한다. 피터와 트루디 존슨 렌츠 부부 역시 수많은 생면부지의 사람으로부터 도움을 받지 않았던가?

무작위로 선발돼 온라인 설문조사에 동의한 294명의 활발한 기술 사용자를 대상으로 한 퓨 인터넷 조사에서, 응답자의 3분의 2는 온라인에서 누군가에게 도움을 주고자 이타적 행동을 행한 적이 있으며 먼 거리에 사는 낯선 이에게 도움을 준 경험이 있다고 답했다. 또 많은 이가 리스트서브에 응답하거나 기술적으로 어려움을 겪는 사람들에게 온라인 포럼을 통해 도움을 주며, 제품이나 서비스에 대한 평가를 올려 구매 팁을 전하기도 한다고 응답했다. 한 응답자는, 자신의 즐거웠던 여행 경험을 나눌 겸 사람들에게 비공식적인 여행 조언자로 활동하는 일이 정말이지 기쁘다고 말하기도 했다. 또 어떤 응답자는 비영어권 사람들을 위해 번역 일을 도맡아 하며, 어떤 이는 가정 폭력 피해자들의 상담사로 활약하기도 한다고 답했다. 그리프넷griefnet의 집단 리더인 사람도 있었는데, 사이트에 처음 방문한 사람들과 주기적으로 연락하며 이야기를 나누고 위로를 전한다고 한다. 아마추어 계보 전문가는 우연한 계기에 그저 취미로 자신의 뿌리를 찾고자 온라인에서 시작한 일이 발전해 지금은 다른 사람들에게 관련 자료에 대한 링크를 알려준다고 답하기도 했다. 그 외에도 반려동물을 입양하는 데 도움을 주거나, 자가면역질환을 앓는 사람들을 위한 온라인 집단을 개설해 운영하는 사람, 지방제거 수술을 경험한 사람들의 회복을 돕는 집단 리더, 작가 지망생에게 무료로 원고 편집을 해주는 사람, 살해나 강도 위협을 받은 사람들을 오랫동안 상담해온 상담사, 아마추어 사진작가들에게 무료로 강의를 진행하는 전문 사진작가, 부모에게 재능 있는 자녀들의 교육 방법을 전파하는 사람, 보훈관리국의 도움을 필요로 하는 낯선 이들을 찾아 다니며 도움을 주는 변호인, 이라크와 아프가니스탄 전쟁에 참여한 군인들과 그 가족들을 위한 온라인 집단 운영자 등, 온라인을 통해 타인과 사외에 유익한 도움을 주고자 헌신하는 사람들이 정말 많았다.

활발하고 신속하게: 나와 다른 소셜 네트워크에 속해 있는 사람들을 알 수 있다면, 현재의 어려움을 극복하는 데 도움을 줄 수 있는 사람을 찾아 실제로 도움을 받을 수 있다. 린다는 석사 과정과 박사 과정을 시작하기 전에 자신이 활용할 수 있는 다양한 채널을 이용해 수많은 사람의 도움을 받았다. "처음 학교로 돌아가고자 고민할 때, 주위의 몇몇 여자 친구들에게 조언을 구해 이야기를 듣고 나니, 결정 내리는 일이 그리 어렵지는 않았어요." 린다가 회상한다. "그 다음 박사 과정으로 올라갈까 고민할 때는, 친구들보다는 전문가나 교수님들에게 조언을 구하는 편이 낫다고 생각했어요. 그리고 스스로도 더 많은 자료를 찾아보고 참고했어요. 아무래도 더 어려운 과정이고 나 자신도 확신이 서질 않아 최선의 선택을 하기까지 좀 더 많은 노력을 들일 수밖에 없었습니다."

가장 가까운 사람들에게만 의지해서는 안 된다: 린다는 자신이 필요한 상황에 따라 개인 혹은 집단과 함께 일한다. "나는 항상 상황에 따라, 내가 받아야 하는 도움이 무엇인지에 따라 함께할 사람을 달리한다." 린다의 말이다. 네트워크화된 세상에서 집단은 대개 그 의미와 힘이 약한 반면, 한 분야로 특화된 특징을 보여 전반적인 문제 해결 기간에 맞추기가 어려운 면이 없지 않다. 다양한 리소스에 접근하기가 어렵기 때문이다. 반면 일대일 관계나 부분적인 네트워크는 일반적으로 현대인의 문제를 해결하는 데 효과적이다.

자신과 함께 할 의미 있는 관계를 구축하고, 자신의 목적에 부합하는 새로운 소셜 서클의 일원이 되어라: 린다는 교회 내 이혼한 사람들이 모인 집단에서 새로운 친구를 많이 사귀었다. 석사 과정에 들어가는 데 관련 정보를 제공해준 선생님 친구인 바브나, 박사 과정을 시작할 때 도움을 준 마르시, 재정 멘토가 된 트로이의 엄마 등 추후에 의미 있는 관계로 발전한 경우도 있었다. 집단 내 사람들은 서로 아는 사이가 아니었으며, 관심사와 전문 분야도 모두 달랐다. 덕분에 린다는 고민거리가 있을 때마다 상황에 맞는 분야의 사람들에게 적절한 조언을 들을 수 있었다. 자신의 소셜 네트워크를 확장하려 의도적으로 노력한 적이 있냐고 묻는 질문에 린다는 다음과 같이 이의를 제기했다. "글쎄요. 의도적으로 그랬다기보다는, 누가 나에 대해 잘 알고, 나에게 도움을 줄 사람이 누구인지 잘 알고 있을 사람을 파악했다는 말이 정확하다고 생각해요."

더 크고 다양한 네트워크 개발: 현대인은 1,000명 이상의 사람들로 이뤄진 개인 네트워크를 보유한다. 물론 여기에는 멀리 떨어져 있는, 한 번도 보지 못한 사람이지만 개인의 삶에 의미 있는 영향을 미치는 관계도 포함돼 있다. 린다가 십여 년 동안 구축한 네트워크를 살펴보자. 확실히 잃은 사람보다는 얻은 사람이 많다. 특히 페이스북이나 이와 비슷한 소프트웨어를 이용한 관계 생성에 많이 의존해있으며, 그 동안 알고 지내던 친구들과의 관계 역시 이런 소프트웨어를 활용해 유지하고 더 발전시켰다.

규모가 크다고 해서 항상 좋다고 말할 수는 없겠지만, 다양한 사람들로 이뤄진 광범위한 네트워크는 대개 사회적으로 단점보다는 장점을 더 많이 제공해, 작은 네트워크만을 움켜쥐고 사는 사람에 비해 문제를 해결하는 데에도 더 많은 도움을 주게 마련이다. 양과 질이 비례 관계는 아니다. 따라서 반드시 대규모의 네트워크만이 더 많은 지원과 도움, 정보를 제공하는 것은 아니지만, 지금까지의 수많은 연구 결과에 따르면 소규모 네트워크에 비해 대규모 네트워크에서 이뤄지는 각 관계가 비교적 더 많은 도움을 줄 수 있다고 한다.[2] 그리고 이런 네트워크의 문화는 더 많은 지원을 낳는 법이므로, 대규모 네트워크 내에서 구축된 '약한 관계'라 할지라도 깊고 밀접하게 연결된 소규모의 소셜 네트워크보다 문제를 해결하는 데 더 많은, 그리고 더 적절한 도움을 주고 받을 수 있다.

오늘날의 디지털 시대에서, 네트워킹 활동은 정보를 수집하고 검증하는 데 매우 효과적인 방법이다. 최근 연구에서는, 친구들 혹은 웹 사이트 클러스터 간의 연결이 정보 습득에 효과적인 구조라는 사실이 밝혀지기도 했다. 존 클라인버그의 HITS^{Hyperlink Induced Topic Search} 알고리즘은, 링크 리스트에 많은 웹 사이트를 걸어 놓음과 동시에 다른 웹 사이트의 링크 리스트에도 이름을 많이 올린 웹 사이트일수록 중요한 의미를 지닌다고 말한다. 다시 말해, 이런 사이트는 광범위한 정보 출처로 연결해주는 다리 역할을 해 말 그대로 '네트워킹' 기능을 제대로 수행한다. 특히 대부분의 클러스터에는 초연결자^{superconnector}, 즉 다양한 사회적 상황에 놓인 수많은 사람과 연결돼 있는 존재가 있게 마련이며, 이 초연결자들은 정보를 매우 빠르게 확산시킨다. 동시에, 클러스터 안에서 친구들과 나누는 이야기는 사람들로 하여금 자신이 수용한 정보를 검증하고 확인할 수 있게끔 도와준다.[3]

'전이적'으로 행동: 내가 알지 못하는 새로운 세상과 나를 연결해 줄 수 있는 친구가 자신의 네트워크에 있는지 살펴보라. 린다가 자신의 상사였던 수잔에게 이혼하면서 받은 위자료와 양육비를 투자할 때 조언해 줄 만한 사람을 소개시켜달라고 부탁했던 상황을 떠올리면 무슨 의미인지 받아들이기 쉬울 게다. 린다가 신시아에게 비슷한 질문을 했을 때도 마찬가지다. "그때까지만 해도 내가 알고 있는 훌륭한 재정적 전문가는 주위에 아무도 없었어요." 린다가 회상한다. "그러다 보니 나보다는 재정 문제에 관해 잘 알고 있을 법한 사람에게 도움을 요청할 수밖에요. 지금까지 살아오면서 도움을 요청할 사람이 누굴까 생각해보니 수잔이 떠오르더군요."

자신의 네트워크는 능동적으로 나서서 관리해야 한다: 거주하는 지역을 기반으로 하는 깊고 밀접한 관계 중심의 시스템이 전부였던 과거만 하더라도 사람들은 그저 한 발짝 물러나 상황을 관망할 수 있었다. 그저 동네 단골 술집을 돌아다니며 친구를 찾거나 일요일마다 장모님 댁에 찾아가 함께 저녁 식사를 하면 그게 전부였다. 나에게 문제가 생긴다면 내가 누구에게 의지하고 도움을 요청해야 하는지, 상대는 뻔했다. 하지만 다양하고 느슨해진 개인 간 네트워크 시대에 들어서면서, 좁은 세상이 전부였던 단순한 시대는 끝나버렸다. 린다의 경우만 보아도 알 수 있지 않은가. 그녀는 누군가 자신에게 와서 도움을 주기까지 기다리지 않고, 자신이 직접 교회 집단에 찾아가 자신과 함께 할 사람을 스스로 구하고 도움을 요청했다.

바야흐로 아무 곳에도 얽매이지 않은 자유로운 인간들의 시대며 개인이 스스로 윤리적 행동을 결정하는 시대다. 수완 좋은 영업 사원에게 고객이 모여드는 것처럼, 사회적 이점과 특혜는 네트워크 관계를 올바르게 일궈나가는 사람에게만 주어진다. 따라서 현대의 네트워크화된 세상의 이점을 누리려면, 타인에게 스스로 다가가 자신의 이야기를 공유하고 도움을 아끼지 않으며, 대화를 요청하고 피드백을 주고 받아 상호 간의 소통을 받아들일 줄 알아야 한다. 인터넷과 모바일 기술은 현대인에게 이런 능력을 신장시킬 수 있는 훌륭한 도구 역할을 하며, 누구든 자신이 원하는 우정과 인간 관계를 구축하고 확장시킬 수 있도록 도와준다.

자신의 평판과 브랜드를 관찰하고 관리하라: 우선은 자신과 관련된 정보를 관찰할 필요가 있다. 페이스북이나 블로그, 리스트서브, 플리커와 같은 사진 사이트나 유튜브 같은 동영상 사이트, 온라인 포럼 등에는 공개적으로 등록된 개인 관련 정보가 많이 올라와 있을 것이다.

온라인상에서 생성돼 유통된 정보는 좀처럼 바뀌기 어렵다. 정보 과학자인 다나 보이드는 "여러분이 온라인에서 내뱉은 말은 평생 여러분을 따라다닐 것이다. 이건…. 결국 여러분의 말이 여러분의 일생을 괴롭힐 수도 있다는 점에서 결코 좋은 일은 아니다…. (게다가) 한 미디어에서 나온 말을 여기저기로 복사해 붙여 퍼뜨릴 수 있으니, 정보를 확산해 공유한다는 의미에서는 좋은 일이겠지만, 그만큼 소문이 발 빠르게 퍼질 수도 있다는 뜻이기도 하다."[4]라고 말한다.

실제로, 디지털 방식으로 생성된 컨텐츠는 재생산, 재공유하는 방법이 수도 없이 많다. 게다가 이 모든 과정이 익명으로 이뤄질 수 있으니, 보이드는 아무리 네트워크를 세분화하더라도 사람과 정보를 찾는 데에는 문제가 되지 않느다고 이야기한다. "소셜미디어를 이용하면, 누군가의 흔적을 추적하거나 어떤 컨텐츠를 찾던 중 함께 누군가의 개인 정보를 찾아낼 확률이 높다. 어떤 경우에선 큰 도움이 되기도 하지만, 누군가에게 벗어나고 싶은 사람에게는 결코 장점으로 작용한다고 말할 수 없다."

자기 감시나 타인을 관찰하는 행위나 온라인 상에서 점점 증가함에 따라, 반대로 자신을 드러내고 싶지 않은 사람으로부터 보호하고 감추는 매우 동적인 환경이 새로 만들어지는 추세다. 평판 관리에 관한 수많은 연구가 이뤄졌는데, 그 중에서도 퓨 인터넷의 조사에 따르면 미국 인터넷 사용자 중 57퍼센트가 자기 자신에 관한 정보를 온라인에서 직접 검색해본 경험이 있다고 한다.[5] 그리고 33퍼센트는 자신과 관련된 개인 정보가 얼마나 많은지 걱정한다고 응답했으며, 8퍼센트는 자신과 관련된 정보를 삭제해주길 타인에게 요청했다고 답했다.

소셜 네트워크 사이트 사용자 중 4분의 3 이상은 자기 자신과 관련된 정보를 공유하는 데 제한을 둔다고 한다. 예를 들어, 소셜 네트워크를 사용하는 성인 사용자 중 65퍼센트는 프로필의 사생활 보호 설정을 변경해 온라인에서 자신의 프로필을 볼 수 있는 사람에 제한을 뒀다고 응답했다. 그리고 63퍼센트는 자신의 네트워크에서 본인이 '원치 않는' 관계는 친구 목록에서 직접 삭제했으며, 52퍼센트는 자신이 올리는 업데이트 중 일부만 볼 수 있도록 조정해 놨다. 자신의 프로필에 올라온 타인의 댓글을 삭제한 경험이 있다고 응답한 사람도 44퍼센트에 달했으며, 37퍼센트는 자신의 이름이 태그된 사진에서 자신의 이름을 삭제했다고도 답했다. 반면 온라인에서 개인 정보를 공유해 이익이었다고 이야기하는 사람도 많다. 인터넷 사용자 중 40퍼센트는 온라인 덕분에 과거에 연락이 끊긴 사람들과 다시 만날 수 있었다고 하는데, 이는 2006년 설문 조사 때에 비해 두 배나 증가한 수치다. 48퍼센트의 사용자는 온라인에서는 무언가를 배우기에 쉽기 때문에, 새로운 사람을 만나 의미 있는 관계를 꾸려나갈 수 있어 좋다고 응답하기도 했다. 이 같은 연구를 모두 종합해보면, 결국 디지털 시대에서는 개인 정보를 노출하느냐 보호하느냐는 문제 사이에 기회비용이 발생하며 대부분 개인 정보를 노출해 다른 사람들의 눈에 띄어 얻는 이익에 더 무게를 둔다는 사실을 알 수 있다. 때론 정보 노출을 제한하기도 하지만, 대부분 노출하는 만큼 얻는다는 생각에 정보 노출 문제를 심각하게 생각하지는 않는 편이다.

모든 네트워크화된 개인은 정보 노출과 보호 사이의 기회 비용 문제를 피할 수 없지만, 특히나 자신의 평판에 생계가 달려있는 직업을 갖고 잇는 사람이라면 더더욱 중요하다. 2009년 퓨 인터넷 설문 조사에서, 응답자의 12퍼센트가 직업상 자기 자신을 알려야 도움이 된다고 응답했다. 그리고 분명 이 12퍼센트라는 수치는 시간이 흐르면서 점점 증가할 것이 자명하다. 12퍼센트의 사람들 중 84퍼센트는 자신과 관련된 정보를 온라인에서 수시로 확인한다고 응답했다. 이 응답자들의 73퍼센트는 소셜 네트워크 사이트 사용자이며, 29퍼센트는 블로거였다. 온라인상에는 이렇듯 자신의 가상 아이덴티티와 정보를 확인하는 데 도움이 되는 툴이 매우 많다. 대개 이메일 알람이나 세분화된 뉴스 피드 기능을 이용하면 개인의 이름이 뉴스나 여타 사이트에서 언급될 때마다 이 사실을 즉각적으로 알 수 있으며, 버즈 모니터링 툴을 이용하면 평가나 리뷰 등 소셜미디어 사이트에 개인의 이름이 올라왔다는 사실 역시 알 수 있다.

개인 관련 정보가 점점 더 많은 데이터베이스와 온라인 저장소에 모습을 드러낼수록, 이 같은 정보를 감시하고 제어하는 일이 얼마나 중요한 일인지 알리는 목소리 또한 높아질 것이다. 대니얼 솔로브^{Daniel Solove}는 다음과 같이 이야기한다. "나에 관한 정보가 누군가의 머릿속에 한 번 각인되고 나면, 결코 이 사실을 되돌리거나 그 누군가의 생각을 바꿀 수 없다. 따라서 개인과 관련된 정보의 확산을 제한하고 조절하는 것이 최선의 방법이다."[6] 솔로브는 네트워크화된 개인에게 평판 관리에 관한 다음과 같은 핵심 문제를 제기한다. 많은 정보가 노출되면 개인의 사생활과 자유를 침해할 수 있으나, 반대로 너무 정보를 노출하지 않으면 타인과 신뢰를 쌓고 자기 자신을 알리는 데 실패하며 나아가 언론과 정보 확산의 자유를 억압할 수 있다는 것이다.

아이덴티티 세분화: 린다는 자신이 속한 네트워크에 따라 서로 다른 역할을 맡는다. 게다가 교회 집단, 이혼한 사람들의 집단, 교사 집단, 대학원 과정 친구들과의 모임, 두 개의 근무력증 환자 집단 등 수많은 네트워크에서 활동한다. 자신의 서로 다른 존재를 일부러 감추지는 않지만, 각 집단의 역할이 서로 겹치는 일은 거의 없다.

시간이 흐르면서, 점점 더 많은 사람이 자신의 존재를 세분화해 다양해진 아이덴티티를 관리하는 데 적어도 한두 단계 이상의 노력을 투자한다. 실제로 이처럼 다양한 아이덴티티에 따라 함께 하는 네트워크의 사람들 또한 서로 거의 겹치지 않는다. 그렇다고 세분화한 아이덴티티가 본래의 존재와 완전히 다른 존재라거나, 온라인과 오프라인 상에서의 상호작용이 다르다는 의미는 아니다. 즉 이 모두가 서로 다른 모습의 존재라기보다는 현대인의 자아가 네트워크화됐다는 표현이 적절하다. 핵심 아이덴티티는 존재하되, 각 사회적 상황에 따라 좀 더 강조해야 할 모습이 조금씩 다를 뿐이다.

네트워크화된 개인에게 세분화된 아이덴티티에 따른 기회비용은 사실 다루기에 보통 어려운 문제가 아니다. 자칫 잘못하면 작은 모습 하나가 본래의 총체적인 존재를 위협할 수 있기 때문이다. 예를 들어, 어느 개인이 자신의 필요나 능력, 성과 등을 드러내지 않는다면 누군가에게 도움을 얻거나 한 단계 발전할 수 있는 기회를 놓칠 수도 있다. 필요 이상으로 많은 정보를 노출해도 결과는 같다. 또한 온라인에서의 자신에 관한 정보나 평판을 관리하지 않는다면, 개선할 수 있는 문제를 놓친다거나 한 순간에 모든 평판을 잃고 나락으로 추락할 수도 있는 일이다. 이에 관해 다나 보이드는 다음과 같이 이야기한다. "소셜미디어는 매우 다양하고도 새로운 방식으로 세상을 확장한다. 예를 들어, 단순히 가까운 친구 한두 명에게 전하고자 했던 메시지가 제어 범위를 벗어나 전세계에 알려질 수도 있다." 바로 이 같은 문제 때문에 네트워크를 세분화하고 네트워크 간의 경계를 감시하는 일이 온라인에서 더더욱 중요한 일이 되는 것이다.

다양한 상황을 효율적으로 관리하는 능력을 발전시켜야 한다: 린다와 마찬가지로, 현대인이라면 누구나 여러 개의 네트워크에 속해 살아가는 탓에 각기 다른 규범과 역사, 문화 등에 따라 달라지는 맥락적 지식을 효율적으로 다루는 능력을 신장시켜야 할 필요가 있다. 보이드는 다음과 같이 말한다.

"어떤 문화의 어느 상황에서는 일부 행위가 적합하다 받아들여지지만, 또 다른 문화에서는 절대 받아들일 수 없는 부적절한 행위로 인식되기도 한다. 그런데 소셜미디어가 등장하면서 이렇듯 다양한 문화와 수없이 많은 상황의 경계가 무너져버렸고, 그 속에서 현대인은 무엇이 기준이고 무엇이 적절한 행위인지를 판단하는 데 종종 혼란을 겪는다. 그저 자연스럽게 이 새로운 환경을 이해할 수 있을 때까지 기다리는 수밖에."

사람들은 수많은 다양한 환경 간의 연결점이 무엇인지 반드시 파악해야 한다. 빨리 파악할수록, 자신이 속한 커뮤니티와 네트워크에서 자신의 영역을 확고히 하고 충실하고 효율적으로 역할을 수행할 수 있다.

자신이 처한 환경에서 제자리를 찾고 현명하게 대처하는 이 고전적인 네트워킹 행동은 디지털 시대에서 새로운 복잡한 문제를 야기한다. 보이드는 이를 두고, 네트워크화된 군중들 틈에서 살아가는 현대인의 중심 생활은, 디지털 미디어가 등장함으로써 집단 중심의 사회 문화를 무너뜨리고 탄생한 새로운 삶이라 이야기한다. 덧붙여, 네트워크화된 현대인은 상대가 당연히 들을 수 있다는 가정하에 무엇을, 언제, 어떻게 이야기할지 결정하며 가장 유용한 미디어에 어떻게 담아낼지 고민한다고 말한다.

오늘날, 학회장이나 대학 강의 등에서 전문가를 대상으로 이뤄지는 강연이 실시간으로 블로그에 올라오거나 동영상으로 제작돼 유튜브에 곧바로 업로드되는 일이 매우 많다. 덕분에 해당 장소가 아니라 하더라도, 심지어 한밤 중에 침대에 누워서 혹은 아침에 눈을 뜨자마자 모닝 커피를 마시며 유명 인사나 석학들의 강연을 편안하게 경청할 수 있다. 앞서 이야기했듯이, 보이드는 소셜미디어가 등장하면서 문화와 상황의 경계가 모호해져 행위의 적절함을 판단하는 기준이 서로 달라 혼동을 야기한다고 이야기했다. 따라서 효율적인 네트워커라면 자신의 행동이 용납되는 상황을 확장함에 따라 이와 같은 혼동을 방지하는 기지를 발휘할 줄 알아야 하며, 다양한 독자/관중을 납득시킬 수 있을 만큼 자신의 능력도 발전시킬 줄 알아야 한다. 이를 위해서는 철저한 준비, 심지어 예상치 못한 상황까지 준비하고 사전에 조사하는 방법이 현실적으로 가능한 방법일 게다. 공동 저자인 레이니의 동료인 수잔나 폭스는 새로운 소셜 네트워킹 환경이 "현대인으로 하여금 항상 클로즈업close up을 준비하게 한다"고 이야기한다.

세분화된 각 네트워크 내에서 구성원들과의 신뢰와 사회적 자본을 구축해야 한다: 린다는 자신의 복잡한 삶을 들여다보고 탐구하며 이 조언을 성실하게 행동에 옮겼다. 사회적 자본은 스스로 벌어서 모으고, 확장해 활용할 수 있는 존재다. 말론 브란도가 영화 〈대부〉에서 자산을 모은 뒤 다음과 같이 이야기하지 않던가. "언젠가…(실현하진 못했지만) 내 밑에서 일할 날이 올 걸세. 하지만 그때까지, 지금의 이 정의를 선물이라 생각하게…."[7]

소셜 네트워크는 사람들이 자신이 원하는 정보를 제공할 만한 누군가를 찾아 상호작용하고 싶어 한다는 욕구를 기반으로 한다. 인간에게는 상호작용이란 반드시 주고받는 것이라 생각하는 고정 관념이 있지만, 사회적 자본은 타인이 아닌 자기 자신에게 보상을 준다. 즉 네트워크화된 개인은 자신의 네트워크 내에서 좋은 평판을 얻을 수 있을뿐더러, 자신에게 도움이 될 만한 물질적, 정신적 도움을 얻고, 자신을 스스로 발전시킬 수도 있다. 바로 이 때문에 네트워크화된 개인에게 있어 네트워크 내에서의 신뢰 구축과 구성원과의 상호작용이 이토록 중요하게 여겨지는 것이다.[8]

디지털 미디어와 소셜 네트워크는 온라인상에서 사회적 자본을 구축할 수 있는 새로운 방법을 제공한다. 또한 이렇게 구축된 사회적 자본은 현대인의 성공에 매우 중요한 역할을 하므로 사회적 자본의 기본적 가치는 날로 높아지는 실정이다. 디지털 기술이 네트워크화된 개인에게 있어서의 아이덴티티와 사생활의 의미를 바꿔놓은 것처럼, 신뢰를 구축하는 데에도 몇 가지 동적인 요소를 추가됐다. 그중 가장 중요한 요소 중 하나는, 기술 커뮤니티에서 '투명성'이라 부르는 것이다. 개인 차원에서의 신뢰 구축 과정에는 언제나 어느 정도의 개인 정보 노출이 필요한데, 오늘날 사람들이 기대하는 이 정보 노출의 기준이 점점 높아지는 추세다.

또 한 가지는, 디지털 시대에서 특히 더 많이 일어나는 '실수'와 관련이 있다. 누구나 실수는 하게 마련이다. 하지만 온라인에서 실수를 저지르거나, 오프라인에서 한 실수를 동영상으로 캡처하거나 음성으로 녹음해 올린 디지털 기록은 전세계적으로 누구나 볼 수 있는 형식으로 공개되기도 한다. 특히 이렇게 누군가에게 수치심을 안겨줄 수도 있는 컨텐츠가 주로 당사자의 친구나 직장 동료 등 가까운 사람이 발견할 수 있으며, 심지어 그들이 컨텐츠를 제작해 업로드하는 상황에서, 이런 부도덕한 행동을 사회적으로 점점 더 관대하게 수용한다는 것은 분명 문제의 소지가 있어 보인다(게다가 이런 컨텐츠는 사람들의 이목을 오래 끈다). 기술 커뮤니티의 입장은 간단하다. 인간의 실수를 수용하는 분위기가 확산되면 이 같은 실수를 다시 안 하도록 동기를 부여할 수 있으며, 때론 누군가에게 용서를 구할 수도 있다는 견해다. 디지털 미디어 제작자들이 현대인과 기관에게 투명하게 살아가라고 충고하는 것도 이와 같은 맥락일 테다. 하지만 네트워크화된 개인은 자신의 삶에 부분적으로나마 벽을 쌓고, 그 안을 들여다 볼 수 있는 사람 혹은 들여다 볼 수 있는 정도를 제한하고 싶어 한다. 또한 인터넷상에 퍼져 있는 쓸데없는 디지털 기억을 잘라낼 방법을 찾고 싶어 한다.

경계 관리: 과거의 형식적이고 밀접하게 연결된 집단은 네트워크가 구축되고 개인과 커뮤니티의 경계가 약화되면서 점점 그 힘을 잃어갔다. 디지털 기술이 발전하면서 개인적인 정보나 정부, 조직적 감시 권력층에 관한 정보에 흥미를 보이는 사람들이 늘어났고 실제로 이 같은 정보를 발견해 활용할 수 있는 기회도 많아졌다. 네트워크화된 개인은 여론을 형성하는 데 활용되는 수많은 정보의 미묘한 뉘앙스 차이를 파악할 수 있는 능력

을 길러야 한다. 여기서 활용되는 그 수많은 정보는 결국 사람들이 실제 삶에서 일상적으로 혹은 특정 목적을 띠고 생성해낸다. 오프라인 세계에서 직접 누군가를 만난 후에 생성한 정보라면, 만났을 때의 눈빛, 목소리 톤, 냄새 등 매우 다양한 부가적 정보를 바탕으로 하므로 신뢰도가 높을 수 있다. 하지만 온라인에서는 이 모든 게 스크린 뒤에 있다. 다나 보이드는 다음과 같이 이야기한다.

> 대중과 개인의 경계가 허물어졌다. 본래 '대중'과 '개인'이라는 개념 자체가 장소나 대화가 진행되는 상황에서의 문맥과 화자, 관중을 분류하면서 나뉘는 것인데, 네트워크화된 현대 사회에서는 변화하는 환경에 따라 상황을 조직하고 관리하는 일이 훨씬 더 어려워졌으므로 이런 개념의 분류조차 힘들어졌기 때문이다…. 중재되지 않은 환경에서 지켜야 할 규범이라고도 하지만, 온라인상에서의 사회적 행동에 큰 의미를 두어서는 안 된다.

디지털 시대에서는 네트워크 간 서로 다른 아이덴티티 형성의 경계도 모호하다. 특히 집과 직장(혹은 학교)의 경계는 거의 무너졌다. 집 안에 앉아 일정 근무 시간 동안 업무를 보거나, 사무실 책상 앞에 앉아 여가 활동을 하는 경우가 점차 늘어났기 대문이다. 교육적 목적을 띠고 제작된 게임이 도처에 널린 상황을 고려하건대, 교육과 오락의 구분도 이제 더 이상 명확하지 않다. 오랫동안 절대 흔들리지 않던 소비자와 생산자의 구분도 마찬가지다. 과거의 소비자 입장이었던 사람들이 미디어를 재생산하고 비전문가들이 동영상 공유 웹 사이트나 블로그를 통해 자신의 경험과 지식을 제작해 전파한다는 의미에서, 소비자가 곧 생산자요, 생산자가 곧 소비자가 되었기 때문이다.

보이지 않는 관중을 인식하라: 이 책에서, 우리는 인터넷과 모바일 환경이 접목되어 새로운 소셜 네트워크 층을 만들어냈다고 이야기했다. 바로 '관중'이다. '관중' 층이 활성화되면, 사회적으로 도움이 되며, 트루디와 존슨 렌츠 부부의 사례에서 의학적, 경제적 도움을 준 사람들이 친구의 소개를 받은 생면부지의 남이라는 사실에서 보는 바와 같이 때론 전혀 모르는 사람이 내 소셜 네트워크의 '관중'이 되기도 한다. 동시에, 몸을 감춘 은신자 lurker는 더 이상 좋은 의미로 받아들여지지 않는다. 은신자란 스토커 혹은 경쟁자로서 과거에 비해 타인의 개인, 전문 정보에 훨씬 더 쉽게 접근할 수 있게 됐다. 보이드는 다음과 같이 말한다. "우리가 처음 컨텐츠를 생성해 올린 후에, 최초의 장소가 아닌 완전히 다른 환경에서 우리의 컨텐츠에 접속하는 방문자가 잇다. 따라서 우리는 잠재적 혹은 실제 관중에 관한 완전한 이해 없이 우리의 존재를 내비치고 커뮤니케이션하기도 한다."[9] 따라서 오늘날 네트워크화된 개인은 자신의 정보를 노출하고 보호하는 기준의 균형을 잡아 의도하지 않은 문제가 발생하지 않도록 현명하게 대처해야 한다.

시간을 효과적으로 관리하고, 전략적으로 멀티태스킹하라: 현대인은 그 어느 때보다도 자신의 주의를 신중하게 관리해야 한다. 효율적인 네트워크라면 홍수처럼 밀려드는 정보 입력에서 허우적대지 않고, 좀 더 강력하고 현명하게 새로운 디지털 환경을 받아들여 운영한다. 네트워크화된 개인주의에서, 인간은 자신이 무엇은 원하는지 꿰뚫어 볼 줄 알아야 한다. 네트워크를 유지하는 데 좀 더 많은 시간을 할애해 사회적 자본을 구축하고 보충해야 한다. 또한 자신이 타인의 네트워크에 속한 구성원임을 잊지 말고 자신을 사회적 관계라 인식하는 사람들에게 도움을 줄 수 있는지 살펴볼 줄도 알아야 한다. 수시로 변화하는 네트워크화된 관계 속에서의 에티켓을 익혀, 쉽게 들어오고 나가는 네트워크화된 관계에 당황해 하지 않되 이에 관한 규범을 만드는 데 얽매일 필요는 없다. 하지만 부분적인 관심과 관계의 끈은 놓지 않아야 한다.

네트워크화된 개인의 새로운 문해력

다양한 재능과 에너지, 이타심, 명민한 사회적 통찰력, 능숙한 기술 활용 능력 등을 갖춘 네트워크화된 개인은 대규모의 다양한 네트워크를 구축해 자신이 필요할 때마다 네트워크의 도움을 받아 문제를 해결한다. 그리고 현대의 새로운 네트워크 운영 시스템을 탐색하는 새로운 문해력literacy, 즉 글을 읽고 쓰는 데 뛰어난 능력을 보인다.[10]

첫째, 삶의 많은 부분을 화면상의 미디어를 통해 경험하며 타인과 커뮤니케이션하는 네트워크화된 개인에게 그래픽 문해력은 필수 덕목이다. 화면상의 자료를 해석하고 수정하거나 추가해야 할 부분을 파악해 직접 컨텐츠를 제작할 수 있게 이끌어 내는 이 능력은, 디지털 상호작용과 컨텐츠 제작에 어떻게 참여해야 하는지 파악하는 데 큰 도움이 된다.

또한 네트워크화된 개인은 인터넷 지리를 익혀 수많은 채널을 통해 다양한 형식으로 전달되는 정보를 조정할 수 있게 하는 내비게이션 문해력을 겸비했다. 이들은 정보의 형태가 출판물이나 방송 미디어와 같은 선형 정보 형식에서, 극도로 연결되고 네트워크화된 비선형 정보로 바뀌었음을 이해한다. 또한 이런 새로운 형태의 정보를 검색하는 방법을 알 뿐만 아니라, 디지털 커뮤니케이션 과정에서 적절한 링크를 추천하거나 블로그 포스트 등을 제작해 자신이 직접 정보를 전하는 방식으로 타인이 정보를 검색하는 데에도 도움을 주고자 노력한다.

네트워크화된 개인의 삶에서는 타인과의 상호작용과 정보의 흐름이 함께, 매우 빠른 속도로 이뤄지며, 이런 과정을 돕는 것이 바로 맥락과 연결 문해력이다. 네트워크화된 개인이 습득한 정보가 제아무리 보잘것없어 보이는 사소하고 작은 부분일지라도, 주로 네트워크 구성원들을 통해 얻은 이 정보는 이들에게 문제를 해결해 나가는 데 중요한 역할을 하는 큰 정보 덩어리의 소중한 퍼즐 조각이다. 네트워크화된 개인은 자신의 가족이나 친구, 동료들에게 의지해, 주변에서 일어나는 일이나 무심코 지나치는 정보에 의미를 부여한다.

네트워크화된 개인으로 발전한 이들에게는 집중 문해력이 있을 것이라 생각한다. 이는 여기저기서 울려대는 디지털 알람(피드, 메시지 도착 알람 등)의 방해를 최소화해 자신의 업무를 완료하고 개인적 성취도를 최고로 끌어올릴 수 있는 능력으로, 간단히 말해 멀티태스킹에 능하다 할 수 있다. 여러 소셜 네트워크에 연결된 사람일수록 디지털 기술을 통해 항상 인터넷과 휴대 전화를 사용하는 모습을 보이지만, 그만큼 방해 요소가 많다는 점에서 모순이라 할 수도 있다. 하지만 분명 개인적으로 중요한 프로젝트를 수행하거나 긴급 사안을 처리해야 하는 등 자신만의 집중된 시간이 필요한 경우도 분명 있을 게다. 따라서 가장 현명한 네트워크화된 개인은, 그 무엇에도 방해받지 않고 자신의 일에만 집중할 때와 그렇지 않을 때를 구분하고 효과적으로 이 같은 시간을 분배, 관리하는 사람이다.

어찌됐든, 네트워크화된 개인에게 여러 가지 일을 거의 동시에 처리하는 멀티태스킹 문해력은 필요충분조건이다. 가족, 친구, 직장 동료, 모임, 수많은 대면 관계와 인터넷, 모바일 리소스 등에서 제공하는 정보의 홍수 속에서 살아남은 네트워커(4장의 넬루 한다와 같은)는 이 많은 정보를 별 어려움 없이 관리하고 처리할 줄 안다. 이런 멀티태스킹이 불가능하다고 생각하는가? 그렇다면 대도시의 복잡한 8차선 도로를 운전해 달리는데, 옆에 앉은 친구와 이야기하며 음악을 듣고 주위를 살핌과 동시에 기어를 바꾸고, 신호등을 확인하는 본인의 모습은 무엇이라 생각하는가? 이미 답은 나와있다.

멀티태스킹 문해력의 연장선상에 있는 능력이 회의론 문해력이다. 인터넷 전문가인 하워드 라인골드는 자신의 새로운 책에서, 온라인에서 쉴 새 없이 마주치는 수많은 정보를 개인이 검증한다는 뜻을 지닌 '헛소리 탐지'라는 능력을 이야기했다. 정보 검증은 자신의 소셜 네트워크 내에서 계속해서 생산되는 정보의 스트림 속에서 살아가는 사람에게 무엇보다도 중요하고 시급한 문제다. 가장 성공한 네트워크화된 개인은 친구나 미디어가 전달하는 정보 중 자신의 목적에 부합하는, 관련성 높고 객관적이며 최대한 정확한 정보를 빠르게 찾아내는 능력을 지닌 사람이다. 회의론 문해력 시일이 지났거나, 객관적이지 않고, 완벽하지 않으며 잘못된 정보를 걸러내는 능력이다.

그리고 지금까지 이야기한 이 모든 문해력은 개인의 도덕적 문해력을 바탕으로 해야 한다. 훌륭한 네트워크화된 개인은 직접 생성하거나 걸러낸 정확하고 사려 깊은 정보를 기반으로, 자신의 파트너와 가치 있는 관계를 구축해 신뢰를 쌓는 사람이다. 모두가 출판인이나 방송인이 될 수 있는 현시대에서, 자신이 공유하는 정보는 믿을 만하며 투명하다는 이미지를 축적하는 일만큼 중요한 일도 없을 게다. 반면 잘못된 정보를 퍼뜨리고, 진실을 왜곡하거나 남을 속이면서 관계를 구축하는 사람은 사회적으로 비난받고 처벌받아 마땅하다.

자, 이제 정리해보자. 눈치챘겠지만 결론적으로 이야기하고 싶은 것은, 현명하고 성공적인 네트워크화된 개인은 네트워킹 문해력을 지닌 사람이라는 사실이다. 린다 에반스처럼, 이들은 자신의 개인, 조직적 네트워크와 더불어 디지털 세상에서의 네트워크도 효율적으로 관리해, 하나의 세계에 국한되지 않고도 자신의 네트워크 운영 시스템을 능숙하게 다룬다. 그리고 이런 네트워크화된 개인은 황금률을 따른다. 새로운 네트워크 구축도 중요하지만, 기존의 네트워크가 자신의 인맥과 정보 출처를 확장할 수 있는 새로운 네트워크를 소개해줄 가능성이 있다고 판단하기 때문에 결코 과거의 인연에 소홀히 하는 법이 없다. 디지털 세상으로부터 새로운 기회를 얻고 타인을 도울 수 있다는 이익을 취해야 할 때는 적극적으로 온라인 세상으로 나가는 반면, 무언가에 집중하고 방해받지 않아야 할 때에는 주저 없이 온라인 세상에서 나올 줄 아는 균형 감각도 뛰어나다. 한마디로 정리하자면, 새로운 네트워크 운영 시스템을 완벽히 이해한 전문가만이 현명하고 훌륭한 네트워크화된 개인이 될 수 있다.

경제, 정치, 문화, 종교 등에 불어 닥친 강력한 변화의 바람은 사회적 변화를 불러일으켰고, 현대인이 정보통신 기술[ICT]을 받아들이면서 모든 사회가 과거와는 완전히 다른 형태로 변모했다.[1] 그리고 네트워크 운영 시스템의 변화는 사회에 몇 가지 불안 요소를 야기했다. 우선, 새로운 정보통신 기술은 전문가와 정보 통제자의 사회적 위치를 위협한다. 그리하여 이들은 조직적 연결망을 이용해 특정 권한과 자격을 획득함으로써 아마추어와 자신을 차별화하려 맞서고 있다. 현대의 의사들은 인터넷을 통해 온갖 정보를 무차별적으로 읽고 온 환자를 다뤄야 하며, 저널리스트는 개인 블로거의 비전문성을 비웃는다. 물론 이런 전문가들의 행동은, 비전문가도 얼마든지 수많은 정보에 접근해 새로운 컨텐츠와 정보, 경로를 생성하고 이를 도와주는 새로운 툴을 사용할 권리가 있다고 주장하는 포퓰리스트들의 반발을 산다. 한편, 포퓰리스트들의 주장에 힘입어 일반인이 일부 중요 정보와 갖가지 새로운 툴에 접근할 수 있게 되면서, 괴짜들을 선동하거나 사기를 치는 사기꾼들이 활개를 치고 다니기도 한다.

하지만 변화한 사회에 적응하려는 움직임은 완료형이 아닌 현재 진행형임을 알아야 한다. 정보의 홍수 속에서 살아남으려는 노력의 일환으로 정보에 접근해 분류하고, 검색하는 새로운 방법이 지금도 많이 개발되는 중이다. 기업가들은 완전히 새로운 조직적 구조를 받아들임으로써 오늘날 신기술의 장점을 받아들여 새롭게 양산되는 수많은 정보를 분류하고 활용하려 노력한다. 동시에, 구시대 방식으로 무언가를 창조하는 사람들은 기술의 발전으로 말미암아 정보를 쉽게 공유하고 복제하는 사람들로부터 지적 재산권을 위협받으며, 기업은 이런 위협으로부터 자산을 지키려 무던히 애쓰고 있는 실정이다. 또한 개인의 아이덴티티와 취향을 기반으로 하는 하위 집단의 등장으로, 사람들은 기술을 활용해 자신과 공통점을 지닌 사람들을 찾아 유대 관계를 맺고 싶어 한다. 예를 들어, 라이프스타일이나 건강 상태, 정치적 성향과 취미, 열정, 공포증, 배움에 대한 열정, 비슷한 인생 단계에 있거나 공공의 적을 지닌 사람들, 직업, 문화적 취향 등 공통된 관심사를 나눌 수 있는 사람을 찾아 다닌다. 이모티콘이나 POS(십대들이 주로 쓰는 표현으로 parent over shoulder, 즉 뒤에 부모님이 계시니 조심하자는 뜻으로 쓰인다) 같은 아리송한 축약 형태의 신조어도 등장했다. 검색엔진 최적화 전문가라든가 고객의 정보 유출을 막고 보호하는 개인정보 컨설턴트와 같은 새로운 직종도 각광받는다. 정보통신 기술은 사회 규범과 공간의 의미를 재정리하며, 현대인은 이 새로운 틀에 맞춰 살아가야 한다. 과거의 대중과 개인의 영역을 구분하는 경계는 완전히 없어졌거나 서로의 영역을 침범해 하나로 뭉뚱그려졌다.

소셜 네트워크, 인터넷, 모바일 혁명을 일컫는 이른바 3대 혁명은 엄청난 영향을 몰고 왔고, 그 한계가 어디까지인지는 아직도 명확하게 밝혀지지 않았다. 그나마 네트워크화된 개인주의가 기술적 변화와 맞물릴 거라는 사실만은 분명히 말할 수 있다. 따라서 더 늦기 전에, 현재의 트렌드를 짚어 미래 인류의 과학 기술적 행동을 예측해, 곧 다가올 기술적, 사회적 변화가 네트워크화된 개인에게 어떤 영향을 미칠지 고민해보는 편이 바람직하다고 생각한다. 우선 정보통신 기술이 사회에 어떤 영향을 미쳤으며, 이로 인해 어떻게 네트워크화된 개인으로 변모했는지 살펴보자.

미래 조력자의 역할: 디지털 발전의 법칙

3대 혁명이 지나가고 나면, 어떤 일이 벌어질까? 가장 간단하고도 정확한 답은 "아무도 모른다."이다. 수천 년 뒤의 은하제국 모습을 예측하려 했던, 아이작 아시모프[Isaac Asimov]의 공상과학 소설 속 주인공 해리 셀던[Hari Seldon]의 자만심과는 거리가 멀다.[2] 더군다나 셀던의 방식은 옳지 않았다. 미래를 예측하려 하는 사람이 인간 사회가 기술과 공존해야 한다는 사실을 망각해서야 되겠는가? 아마도 20년 안에, 인터넷과 휴대 전화는 인간의 네트워크화된 개인주의를 전세계적으로 확장해 발전시키는 주요 도구로 부상하지 않을까 생각한다. 노먼 오거스틴[Norman Augustin]의 '사회과학(과 공학)의 제2법칙'에서처럼 "모든 과학적(혹은 공학적) 행동에는 그와 동일하거나 반대되는 사회적 반작용이 있기 마련"이다.[3]

하지만 기술 발전과 사회적 현상의 상호 피드백에 관한 재미있는 상상을 하는 데 꼭 부정적인 면만 상기해야 할까? 우선 최근에 발생한 기술적 변화부터 생각해보자. 예를 들면, 급속도로 증가한 컴퓨팅 용량이나 제품의 소형화, 그래픽 화면의 크기나 디지털 저장 공간의 폭발적 증가, 파일 압축, 한층 더 빨라진 연결 속도 등 엄청난 변화가 있어왔다. 이 같은 변화는 우리가 다음 절에서 이야기할 기술적 트렌드의 바탕이자 우리에게 두려움으로 다가올지도 모르는 사회적 변화의 본질이다.

최근 이뤄진 미래주의에 대한 주장과 연구 중 가장 유용하고 주목할 만한 것은 2006-2007년 동안 연구돼 발표된 메타버스 로드맵[Metaverse Roadmap] 프로젝트다. 메타버스 로드맵 프로젝트는 미국 캘리포니아의 비영리 기술 연구 단체인 ASFMV[Acceleration Studies Foundation of Mountain View]에서 실시한 연구로, 월드와이드웹의 세상이 모두 3차원으로 발전할 거라는 작은 상상에서 시작됐다. 출발점은 작았으나, 이에 관한 여러 연구원들의 생각을 모으니 엄청난 범위로 확장된 것이다. 단체의 리더인 존 스마트[John Smart]와 저메이스 카시오Jamais Cascio, 제리 파펜도르프Jerry Paffendorf는, 영향력 있는 공상과학 소설가인 닐 스티븐슨Neal Stephenson의 1982년 작 『스노우 크래쉬Snow Crash』에서 처음 사용된 용어인 '메타버스Metaverse'를 사용하기로 결정하면서 연구를 시작했다.[4] 스티븐슨은 3차원 기술을 이용한 사용자를 에워싸는 듯한 가상 공간을 의미하는 용어로 '메타버스'를 사용했다. 하지만 메타버스 로드맵 연구원들은 단순히 메타버스를 가상 공간이 개념으로만 보지 않았다. 이들이 생각하는 메타버스란, 가상적으로 물리적 현실을 발전시켜 가상 공간 내에 물리적 존재를 담아내 이 둘을 하나의 공간 개념으로 수렴한다는 의미였다. 따라서 메타버스의 사용자는 물리적 현실 세계와 가상 공간을 모두 체험하되 이 둘을 하나로 섞어놓는 것이다.[5] 즉 메타버스는 물리적 현실 세계와 가상 세계를 연결하는 다리라 할 수 있다. 미래의 인간이 대부분 가상 공간에서 살게 될 거라 예측할 수는 없지만, 메타버스 로드맵 프로젝트는 앞으로 기술과 네트워크화된 개인주의의 나아가야 할 발전 방향을 제시한다.

지금부터 이야기할 변화의 '법칙'이 범세계적으로 벌어지는 물리적, 사회적 현상을 모두 설명할 수는 없다. 그보다는 지금까지 벌어진 일을 바탕으로 앞으로의 일을 예견하는 편이 현명할 게다. 이 법칙들은 특히 최첨단 산업이나 트렌드를 이끌어나가고자 하는 전문가에게 도움이 되리라 생각한다. 모든 법칙을 하나로 합쳐 생각하면, 유/무선을 통한 정보 전달을 훨씬 더 쉽고 저렴하게 할 수 있다. 그리고 덕분에 네트워크화된 개인은 이동성이 높은 환경에서 정보 집약형 미디어를 활용해 훨씬 더 많은 양의 정보를 공유하고 다양한 네트워크의 일원으로서 신속하게 상호작용할 수 있을 것이다. 무엇보다도, 온라인과 오프라인 세상에서 동시에 벌어지는 새로운 현상들은 네트워크화된 개인과 정보통신 기술을 연결하는 수준을 넘어 이 모두를 여러 종류의 네트워크로 아우르는 방향으로 발전할 것이라 믿는다.

컴퓨팅 용량: 컴퓨팅 하드웨어의 가격 대비 성능은 18-24개월마다 두 배로 증가한다. 기술이 지속적으로 발전하는 한, 컴퓨팅 용량은 5년마다 거의 10배 이상으로 뛰며, 15년마다 1000배 이상 발전한다. 이를 일반적으로 '무어의 법칙Moore's law'[6]이라 부르는데, 실질적인 물리적 법칙도 아니요 사회적 법칙도 아니지만 과거의 현상을 실증적으로 정리한 법칙이므로 미래를 예측하는 데 큰 도움이 된다.

소형화: 단언컨대, 제품을 소형화하는 기술은 소형 객체에게 엄청난 컴퓨팅 파워와 효율성을 심을 수 있으므로 점점 더 강력한 영향을 미치는 기술로 발전할 것이다. 당연한 일이긴 하지만, 지금 우리가 보유한 스마트폰의 컴퓨팅 능력은, 인간이 처음 우주로 나갔던 시절의 컴퓨팅 능력보다 뛰어나다.

그래픽 화면의 크기: 세상을 시각적으로 표현하는 용량을 뜻하는 해상도는 2년마다 두 배로 증가하는데, 이를 '니시무라의 법칙Nishimura's law'이라 한다. 정확히 말하면, 3.6년마다 같은 가격에서 표현할 수 있는 화면의 크기가 두 배씩 증가한다는 법칙이다.[7] 덕분에 인간은 정적인 스냅샷을 여러 개 이어 표현하는 방법에서 벗어나, 좀 더 상호작용적이며 상세한 그래픽 표현으로 인터넷을 활용해 훨씬 더 동적으로 현실을 표현할 수 있다. 또한 네트워킹 역시 좀 더 유동적이며 매력적인 대상으로 발전할 수 있다.

컴퓨터 저장 공간의 증가: 디지털 저장 용량이 1956년 이후 23개월마다 두 배로 증가한다는 '크라이더의 법칙Kryder's law'이 있다.[8] 저장 용량이 증가하면 동시에 파일 압축 기술도 발전해 현재 일반적인 mp3 파일 용량에 담긴 데이터의 10배 정도 더 많은 디지털 자료를 저장할 수 있게 돕는다. 게다가 최근에 들어서는, 본질적으로 약한 하드 디스크보다는 훨씬 더 작고, 빠르며, 안전한 솔리드스테이트 플래시 드라이브로 이동하는 엄청난 변화가 시작됐다. 덕분에 사용할 수 있는 파일 사이즈가 변화하면서 고해상도의 훨씬 더 자세하게 표현된 이미지를 사용할 수 있으며, 대용량 파일도 훨씬 더 빠르고 안전하게 주고받을 수 있다. "여러 기술의 복합적 발전으로 이뤄지는 저장 공간의 증가로 말미암아, 현재 아이팟에는 60기가 바이트, 1만 5,000곡의 노래를 담을 수 있지만 2014년에는 240만 곡의 노래를 담을 수 있을 정도로 발전할 것이다." 메타버스 로드맵 연구원의 말이다.[9]

2년마다 유선 환경의 대역폭이 두 배로 늘어난다는 '길더의 법칙Gilder's law'이나, 매년 인터넷 연결 속도가 50퍼센트씩 증가한다는 '닐슨의 법칙Nielsen's law', 그리고 2년 반마다 가능한 무선 커뮤니케이션 용량이 두 배로 증가한다는 '쿠퍼의 법칙Cooper's law'도 눈 여겨 볼 만하다.[10] 그리고 이렇게 기술이 발전하면서 인터넷과 모바일 네트워크의 신뢰도도 함께 높아져, 개인의 컴퓨터나 태블릿에 담긴 정보를 인터넷 클라우드로 옮기는 변화가 일어나기 시작했다. 하지만 클라우드에 담긴 정보는 악의적 목적을 지닌 해커나 정부, 기관의 감시에 취약할 수 있으므로 보안 문제를 해결해야 한다는 숙제가 남아있다.[11]

현실과 디지털 세계의 통합

톰 크루즈 주연의 영화 〈마이너리티 리포트〉를 기억하는가? 톰 크루즈가 허공에서 손을 움직여 컴퓨터에 저장된 정보에 접근하고, 가게 앞 창문을 지나자 주인공의 개인 맞춤 광고가 뜨던 모습이 기억나는지 모르겠다.[12] 현재 상황과 비교해보면 정말 엄청난 변화라 할 수 있다. 아직까지 인간은 생체 전화기나 컴퓨터 네트워크를 사용하지 않으며, 상대의 전화 번호나 로그인 아이디 이상의 정보를 알아내기에 쉽지 않다. 하지만 얼마 전부터 어디로 가든 디지털 네트워크와 함께 할 수 있으며, 개인화된 서비스와 정보 검색으로 많은 혜택을 누릴 수 있다. 바야흐로 새로운 시대가 시작되는 길목에 서 있는 것이다.

머지않아 비교적 일반적인 기기, 즉 컴퓨터나 휴대 전화 등이 서로 유비쿼터스하게 연결되어, 네트워크화된 개인은 언제 어디서나 데이터베이스나 다른 기기에 직접 연결돼 정보를 검색, 활용할 수 있으며, 기기는 훨씬 더 똑똑해질 것이다. 발전된 컴퓨팅 파워는 사용자로 하여금 자연스럽게 가상 세계와 함께 하도록 유도할 것이며, 가상 세계에 완전히 빠져든다기보다는 현실과 가상 세계를 자유자재로 오가며 통합된 네트워크를 활용할 수 있는 시대를 살아가게 도와줄 것이다.

'언제 어디서나 이뤄지는, 기기 간의 인터넷'이라고도 불리는 '유비쿼터스 컴퓨팅ubiquitous computing'은 정보를 처리하고 인간과 네트워크를 연결해주는 현대의 개인 컴퓨팅 환경의 범주를 벗어난, 발전된 형태의 사람과 컴퓨터의 상호작용을 뜻한다.[13] 유비쿼터스 컴퓨팅 기기는 의류나 보석, 자동차, 책, 부동산, 건물 등에 관한 갖가지 정보를 공유한다. 또한 기기가 관할하는 환경 내에 있는 사람에 관한 데이터를 수집해 선호하는 제품이나 부가적 정보를 배우기도 한다. 예를 들면, 자동차끼리 서로 정보를 교류해 같은 장소에 주차되지 않도록 스스로 조정하거나, 자전거가 앞에 가는 자동차에게 정보를 전달해 자전거가 지나갈 때까지 문을 열지 않게 할 수도 있다. 심지어 사람이 핵무기를 활성화하려 할 때 핵무기가 스스로 영향 범위 내에 있는 사람들에게 현재 활성화 중이라는 사실을 알릴 수도 있다. 이런 시스템을 통해, 인간은 컴퓨터를 사용한 다양한 시스템에 둘러싸여 이들이(기기가) 무엇을 하는지도 모른 채 살아갈지도 모른다. 현대인이 길을 알지 못하지만 내비게이션의 도움을 받아 운전하거나 차량 내 미끄럼 방지 시스템의 도움을 받는다면, 미래에는 훨씬 더 정교하게 연결된 기기들의 네트워크 속에서 살아갈 수 있다는 뜻이다.

지금도 기기는 점점 더 스마트해지고 있지만, 아직까지 유비쿼터스 컴퓨팅 시스템에 근접하지는 못했다. 물론 일반 용도의 컴퓨터와 스마트폰과 더불어, 좀 더 특화된 스마트한 기기가 등장하고는 있다. 마이크로소프트가 개발한 테이블은 자신이 놓인 위치의 주변을 탐지해 다른 기기를 탐지, 네트워크로 연결하는 기능을 탑재하기도 했다. 하지만 아직까지는 주변의 다른 전자 기기를 감지하는 수준을 크게 넘어서지는 못했다. 예를 들면, 테이블이 상판에 놓인 스마트폰을 인지하면 스마트폰의 캘린더에 담긴 일정을 테이블 위에 보여주는 정도다. 담벼락도 스마트해질 수 있다. 화가나 디자이너가 자신이 있는 곳에서 네트워크화된 캔버스나 테이블, 화이트보드에 각기 맡은 부분은 작업하면, 이를 하나로 합쳐 큰 담벼락에 스케치할 수도 있지 않은가.[14]

상호작용적인 '블로그젝트blogjects'는 인간과 객체의 네트워크와 기억을 모두 활용한다.[15] 예를 들어, 네트워크화된 카메라가 탑재된 사진 공유 사이트의 계정으로 촬영한 사진을 올리면, 구글 맵과 GPS 기능을 이용해 사진이 찍힌 장소가 어디이며 이동한 경로는 무엇인지 함께 알 수 있다. 게다가 주위 탐지 능력도 개발돼, 주변에 다른 블로그젝트가 있다면 네트워크로 연결돼 서로 커뮤니케이션할 수도 있을 것이다.

더 큰 스케일로 보자면, 거리나 차량에 장착된 센서에 의존한 인공지능 여행 시스템이 운전자에게 도로 상황 정보를 실시간으로 전달해 여행 중 운전 시간을 단축시킬 수도 있다. 게다가 센서가 사고를 감지, 다른 드라이버에게 이 사실을 알리고 도움을 청할 수도 있을 것이다. 궁극적으로는 자동차가 자신의 컴퓨팅 파워와 유비쿼터스 컴퓨팅 능력을 최대한 활용해 스스로 운전할 날도 오리라 생각한다.[16] 그러면 운전자는 아주 안전하게 자신의 스마트폰과 같은 휴대 기기를 사용할 수 있으리라.

유비쿼터스 컴퓨팅은 네트워크화된 개인주의를 두 가지 측면에서 발전시킨다. 정보를 찾고, 훑어보고 분류하는 과정 속에서 자신만의 정보를 점점 더 많이 창출해 낸다는 측면에서 우선 '개인주의'가 강화될 것이다. 이들은 기술을 활용해 스마트한 에이전트로서(혹은 로봇을 사용해) 세상을 탐색하는 능력을 신장시킬 것이다. 또한 하나의 독립된 에이전트로 온라인, 오프라인 세상에 자신의 자취를 남기고 정보를 확산시키며 자신만의 통찰력을 펼쳐 보이리라. 그리고 이 같은 활동은 캘린더나 선호하는 친구, 커뮤니티와 같은 개인의 데이터와 관심사를 자신이 사용하는 기기와 기술에게 교육시켜 궁극적으로 개인에게 안락함과 편안함을 가져올 것이라 생각한다. 간단히 말해, 기술의 발전으로 말미암아 인간은 자신이 원하는 때, 원하는 대로 네트워크로 연결돼 자신의 기량을 맘껏 펼칠 수 있을 것이다.

그럼 이제 '네트워크화'적인 면이 어떻게 향상되는지 알아보자. 앞으로 발전될 기술은, 자신과 동일한 자료를 검색하거나 비슷한 경험을 한 사람들을 찾아 이야기를 나누려는 사람들에게 훨씬 더 쉽게 검색 대상을 찾고 함께 모여 공유할 수 있는 기회를 더욱 많이 제공할 것이다. 그렇게 되면, 미래의 사람들은 자신이 모르는 정보를 잘 알고 있는 전문가를 찾거나 그들이 있는 커뮤니티로 신속하게 안내돼 문제를 해결하고 결정을 내리는 데 도움을 받을 수 있다. 또한 개인 정보를 기꺼이 노출한 사람들과 유쾌하고, 때론 감정적 위로를 받을 수도 있는 관계를 맺어 문화, 경제, 사회, 정치적 관심사 등에 관한 의견을 주고받고 이야기를 나눌 수도 있을 것이다.[17] 이와 비슷한 맥락으로, 자신이 알고 있는 지식을 공개하는 네트워크화된 개인은 그 지식을 알고자 하는 사람들에게 도움을 주어 그들의 네트워킹 활동의 일부분으로 자리잡을 수도 있다. 이 같은 환경에서 개인적 네트워크의 가치와 정보 유동성은 더더욱 발전될 것이며, 네트워크를 구축하기 위해 들여야 하는 노력도 지금보다는 감소하리라 예상한다. 종합하면, 네트워크화된 개인과 관련된 행동이나 이 행동들의 가치가 지금보다도 더 증가할 것이다.

액티브 에이전트와 시맨틱 웹: 유비쿼터스 컴퓨팅 시대를 이룩하려면, 월드와이드웹 창시자 팀 버너스리가 주창한 시맨틱 웹semantic web과 같이 폭넓게 접근 가능한 컴퓨터 언어가 필요하다.[18] 시맨틱 웹 시스템이란, 인간의 정보 활동을 가상적으로 돕는 비서와도 같은 개념이다. 이 시스템에서의 네트워크화된 에이전트는 관련 정보를 찾고 필요한 액션을 취하면서 지능적이고 체계적으로 웹에 접근한다. 또한 에이전트의 사용자에게 유용한 정보를 검색하고 수집하는 과정에서, 필요한 정보는 컴파일해 모아두고 불필요한 정보는 알아서 걸러내는 역할을 한다. 네트워크화된 개인들의 에이전트가 서로 스스로 연락해 중복 없이 약속을 잡고, 충돌을 해결하며 대책, 약속 장소까지 가는 경로 등을 알려주는 일도 가능하다. 게다가 사용자의 행동 패턴을 인식해 사용자가 원하는 사생활 보호 수준 내에서 개인 정보를 노출, 적절한 네트워크 구성원과 정보를 공유하고 초대할 수도 있다. 지금의 분리된 검색어 개념보다는 하나로 연결된 검색 개념으로 사용자가 원하는 정보와 더불어 관련 정보까지 검색해 에이전트가 스스로 이해하고 정리한 뒤 사용자에게 최종본을 전달함으로써, 에이전트의 사용자는 굳이 검색 리스트를 살펴보며 필요한 정보를 뽑아내는 부가 작업을 하지 않아도 된다. 즉 원치 않는 정보와 커뮤니케이션을 필터링해 걸러내야 하는 정보 부담을 덜어줄 수 있다는 말이다. 이렇게 되면 수시로 업데이트되는 네트워크 구성원들의 정보를 잘 파악할 수 있을뿐더러 소셜 컨트롤 능력도 향상된다.[19]

많은 기술 전문가는 시맨틱 웹이 구현되지 않을지라도, 분명 인터넷은 광범위한 기술 주도의 정보 이해 방향으로 발전할 것이며, 이로 인해 웹은 더 스마트해지고 더불어 인간이 원하는 데이터를 검색하고, 삶을 구성하며, 도움을 받을 수 있는 커뮤니티로 연결되는 일이 지금보다 한층 더 수월해질 거라고 이야기한다. 이미 현대의 네트워크화된 개인은, 데이터 마이닝, 소셜 네트워크 분석 툴, 소셜 컴퓨팅 연구, 사용자 생성 폭소노미

folksonomy(태그나 카탈로그를 여러 명이 협업으로 생성해내는 작업) 등의 기술 덕분에 웹을 더 쉽게 탐색할 수 있으며 도처에 퍼진 정보를 검색해 하나로 모아 의미 있는 존재로 탈바꿈시킬 수 있다. 또한 널리 쓰이고 있는 위치 기반 애플리케이션과 같은 툴을 이용해 정보에 한층 더 많은 레이어를 추가할 수도 있다. 검색 엔진 역시 훨씬 더 발전된 알고리즘을 사용해 고품질의 정보를 찾아낼 것이며, 비디오, 이미지, 외국어로 제작된 컨텐츠 등 지금 기술로는 분리하기 어려운 디지털 자료가 세분화돼 정보 검색에 도움을 줄 것이다.

인터페이스도 다양해질 것이다. 사람의 목소리라든가 심지어 생각까지, 다른 기기와 인간의 상호작용을 유도해낼 만한 소스가 점점 더 많아지리라 예상한다. 손뿐만 아니라 인간 신체의 전체적인 움직임이 인터페이스로 활용되는 일도 보편화될 것이다. 또한 하드웨어적인 현대의 스크린 대신, 필요할 때마다 스크린으로 활성화되는 벽이나 태블릿 등도 개발될 것이다.

증강현실(AR, Augmented Reality): 증강현실 시스템과 인터페이스는 인간이 일상적으로 자각하는 현실의 가장 피상적인 정보를 네트워크화하고 처리하는 역할을 한다. 즉 이미지, 동영상, 오디오 파일, 텍스트 등을 컴퓨터로 처리해 정보화한 뒤, 인간의 눈으로 보는 물리적 환경에 미리 처리해놓은 정보로 생성한 가상 객체를 겹쳐서 보여준다. 메타버스 로드맵의 연구원은 다음과 같이 이야기했다. "증강현실 시나리오는 인간의 눈으로 볼 수 있는 모든 사물에 대한 가려져 있는 잠재적 정보와 일반적인 인터페이스로 접근 가능한 존재감을 제공한다." 가장 일반적으로 생각할 수 있는 증강현실의 예로는, TV로 중계되는 육상 경기의 필드나 벽 쪽으로 표시되는 로고, 디지털 광고 등이 있다.

증강현실과 개인의 상호작용은 공생적인 관계라 할 수 있다. 예를 들어, 카메라가 장착된 스마트폰의 사용 증가 추세는 증강현실을 손바닥 안에서 느끼고 사용할 수 있게 하는 데 큰 역할을 한 일등공신이다. 여러분의 스마트폰에는 이미 증강현실을 활용할 수 있게 해주는 앱이 몇 개 설치돼 있을 것이며, 덕분에 길을 가다가 마음에 드는 식당이나 바를 발견했을 때 그 자리에서 바로 메뉴나 리뷰, 할인 쿠폰 등을 받아 볼 수 있다. 또 어떤 앱은 현재 스마트폰의 사용자가 촬영한 사물에 대한 관련 위키피디아 정보를 올려주기도 하고, 근처에 사용 가능한 와이파이 핫스팟을 알려주거나, GPS 정보와 나침반 기능을 증강현실 기술과 접목해 작은 망원경과 같은 역할을 하는 경우도 있으며, 밤하늘을 찍어 촬영한 별자리에 관한 정보를 알려주기도 한다. 수많은 차가 주차된 주차장에서 자신의 차를 찾기 쉽게 '페인팅' 기능을 이용해 주차한 공간을 태깅해 놓아 촬영한 비디오 이미지에 나타나는 화살표를 따라 차를 찾아가도록 도와주는 앱도 있으니, 증강현실의 활용 사례는 셀 수 없이 많다.

모바일 기기의 크기가 점점 작아지고, 객체가 점점 지능적이며 상호 소통이 가능한 형태로 발전하면서, 인간은 자신을 둘러싼 세계와 더 많은 대화를 나눌 수 있으며 이 때 인터넷을 통해 부가적인 자료를 받아 도움을 받는다. 실제로 브라질의 보안 담당자들은 2014년에 브라질에서 개최되는 월드컵에 증강현실 기술을 최대한 활용하고자 노력 중이다. 그 중 한 가지 사례를 이야기하면, 1초에 400개의 안면 인식 이미지를 스캔하고 4만 6,000개의 생체적 데이터를 처리해, 1,300만 개의 안면 인식 이미지가 저장된 중앙 컴퓨터 데이터베이스로 전송하는 일명 '로보캅^{robocop}' 안경을 브라질 내 모든 경찰관이 착용하게 하고자 한다. 따라서 이 안경을 착용한 경찰관은 자신이 현재 응시하고 있는 사람에 대한 정보를 신속하게 중앙 컴퓨터에서 받아 그 다음 행동을 취할 수 있다. 용의자와 데이터가 일치한다면, 그 즉시 모든 경찰관의 안경에 경고 신호가 나타나도록 해 적절한 대응

조치를 취하도록 하는 것이다.[20] 일상에서의 예를 생각해보면, 착용한 안경에 근처 사물 혹은 인물에 대한 간략한 위키피디아 정보가 올라오거나, 마주치는 사람의 페이스북 프로필 등을 즉각적으로 확인할 수도 있을지 모른다. 휴대 전화와 연계해 문자 메시지를 화면에 띄울 수도 있을 것이다. 궁극적으로 이 같은 기술 덕분에 다양한 사람들이 각자의 방법으로 마치 한 장소에서 함께하는 듯한 경험을 할 수 있으리라 생각한다.[21]

증강현실은 수많은 물체에 부가적 정보를 추가해, 물체를 관찰하며 접근이 가능한 사람이라면 누구든 시스템이 제공하는 링크를 따라가 부가 정보를 얻을 수 있게 해준다. 물리적 현실과 디지털의 가상 현실이 겹쳐져 그 경계를 모호하게 해주는 것이다. 예를 들면, 어떤 주차장은 현재 주차장의 빈 공간이 어디인지 운전자에게 보여줄 수 있으며, 또 어떤 음식점은 가상 메뉴판을 제공해 고객이 알러지를 일으키는 메뉴가 없는지 확인할 수 있게 도와줄 수 있다. 혹은 다른 고객이 추천하는 메뉴가 무엇인지 볼 수도 있을 것이다. 어쩌면 오늘날의 옐프^{yelp}처럼 모든 고객에게 음식점에 대한 평가나 별점을 내리도록 유도해, 음식점의 웹사이트나 실외 간판에 정보를 표시할 수도 있다. 그리고 이렇게 표시된 정보는 무선으로 조정해 상호작용할 수 있도록 제어할 것이다. 극장이나 회의 장소에 들어섰을 때, 휴대 전화가 본 장소에서는 조용히 해야 함을 인식해 스스로 진동 모드로 바뀌고, 장소를 나설 때 다시 벨 소리 모드로 바뀌는 날도 그리 멀지 않았다고 본다.

거울 세상: 거울과 같이 모든 걸 비추어내는 세상이라는 뜻으로, 실질적인 현실과 가상 현실이 통합된 환경을 이르는 말이다. 거울 세상$^{mirror world}$은 마치 지도처럼, 물리적 현실 공간의 묘사를 증가시킨다. 지형관리 시스템^{GIS}를 포함해 매핑과 모델링, 주석 표기와 센서를 기반으로 한 정보 입력, 위치 인식 기술 등을 구현한다. 웹 기반 디지털 지도인 구글 어스$^{Google\ Earth}$

는 가장 전형적인 거울 세상으로, 지도상의 정보와 상세 정보를 결합해 주요 건물에 대한 윤곽까지 제시한다. 후에 개발된 구글 스트리트뷰는 길거리에 있는 건물에 대한 상세 모습까지 제공하는데, 특정 건물이나 길을 찾는 사람에게는 유용하지만, 사실 건물 근처에 있는 사람들의 사생활이 노출된다는 단점을 지니기도 했다. 따라서 스트리트 뷰를 운영하는 데 어느 정도의 상호 협력이 필요한 셈이다. 반면 일반인은 단순히 GPS를 이용해 특정 장소나, 길에 대한 설명을 추가하고 사진에 태깅을 달 수 있다.[22] 미래에는, 지리학적 정보 인식 툴을 이용해 장소를 스캔한 뒤 친구 혹은 친구의 친구, 팔로워 등을 찾아 즉각적으로 만나 식사나 쇼핑을 함께 하는 일이 가능할 게다. 이 같은 미래의 모습은 하워드 라인골드가 이야기한[23] '스마트 모빙smart mobbing'의 한 형태로, 누가 어디에서 무엇을 하고 있는지 손쉽게 알아챌 수 있게 해줄 것이다. 따라서 거울 세상은 네트워크화된 개인이 서로의 물리적 환경을 지금보다 더 쉽게 알 수 있도록 해 즉각적인 만남이나 상황에 따라 적절한 장소를 물색하는 데 큰 도움을 줄 것이다.

여기에 자동화된 기술이 더해지면 친구의 집 모델이나 테이블 윗면의 그랜드 캐년처럼 디지털 그림이나 동영상, 센서 정보 등을 3D 모델로 조작할 수 있게끔 자동으로 변환시킬 수 있다.[24] 더 나아가, 엄청난 양의 데이터가 적용된 지리적 시뮬레이션은 전 세계의 기상 변화나, 이주 패턴, 확대되는 인류의 정착 지역과 같은 복잡한 글로벌 시스템에 관한 인사이트를 제공할 것이다.[25]

가상 현실: 가상 현실은 정보를 현실 세계에 투사한다기보다는 모든 컨텐츠가 그래픽적으로 구현된 온라인상의 공간이므로, 증강현실이나 거울 세계와는 분명 다르다. 영화 〈아바타〉에서 구현된 것처럼 매우 생생한 공간인 가상 현실은, 현재 전세계적으로 수백만의 사람들이 모여 〈월드 오브 워크래프트〉와 같은 MMORPG 게임을 즐기는, 때로는 자기 자신의 존재를

가상적으로 잃어버리기도 하는 바로 그 세계다.[26] 게임에서뿐만 아니라, 가상 현실을 즐기는 사람들은 현실 세계와는 다른 아이덴티티와 역할을 추구하기도 한다. 공상과학 소설가인 닐 스티븐슨은 『스노우 크래시』에서 다음과 같이 이야기한다. "여러분의 아바타는 여러분이 원하는 대로 표현할 수 있다. 외모에 자신이 없다면, 천하일색의 미인인 아바타를 만들어내면 된다. 방금 침대에서 일어나 부스스한 모습이라 해도 상관없다. 여러분의 아바타는 메이크업을 완료하고 옷까지 차려입은 완벽한 모습일 테니."[27]

〈세컨드 라이프second life〉는 역사상 가장 활발한 가상 현실이다(그냥 게임이 아니다). 사람들은 가상적으로 옷을 차려 입고, 상호작용하며, 때로는 집이나 물건을 구입하기도 한다.[28] 많은 사용자가 자신의 성적 환상을 충족시키려 세컨드 라이프에 접속하긴 하지만, 더 심오한 목적을 지닌 공간인 것만은 자신 있게 이야기할 수 있다. 예를 들어, 공동 저자인 웰먼은 〈세컨드 라이프〉의 심사 절차에 참여했는데, 당시 미국 국립과학재단NSF이 심사위원국을 조직했다.(여담이지만, 심사 절차에 참여하러 간 웰먼은 마치 영화 〈매트릭스〉의 스미스 요원처럼 차려 입고 로보캅처럼 얼굴 절반을 가리는 선글래스를 쓴 뒤, TV 시리즈의 여전사 제나처럼 레이스가 달린 긴 부츠를 신었다.) 〈세컨드 라이프〉에서 이틀을 보내는 동안, 실제로 심사위원들은 워싱턴 DC에서 3일을 체류했다. 대인 관계와 관련된 그 어떤 상호 작용도 일어나지 않았으며, 누가 무엇을 하든 모든 자유가 보장됐다. 한편 웰먼을 비롯한 〈세컨드 라이프〉를 처음 사용하는 참가자들은 아바타를 사용하고 NSF의 섬(비밀번호로 보호되는 공간)을 탐색하는 데 어려움을 겪었다. 아마도 이런 어려움 때문에 다른 게임에 비해 몰입도가 떨어졌으리라. 또한 세컨드 라이프에 등록한 2,300만 사용자가 활발히 활동하지 않는 이유도 여기에 있다고 생각한다. 어쨌든 〈세컨드 라이프〉 등록이 무료로 개방된 뒤, 단순히 구경을 하러 오거나 시험 삼아 한두 번 해보려는 사람들이 많아졌다. 실제로 활발하

게 활동하는 사용자는 5만 명 정도라 추산한다.[29]

가상 현실 게임과 〈세컨드 라이프〉는 사용자들로 하여금 현실을 벗어나게 해주지만, 얼마 지나지 않아 현실의 일상 생활과 통합되지 않을까 생각한다. 미래 사회가 실질적으로 인간을 전혀 마주하지 않는, 마치 공상과학 스릴러인 아이작 아시모프의 『벌거숭이 태양』처럼 될 수도 있다고 전혀 의심하지 않는 것은 아니나,[30] 오히려 가상 세계가 물리적 현실 세계와 통합되면 오늘날 영상 통화처럼 오히려 일상적인 인간 대 인간의 상호작용을 도와줄 수 있다고 생각한다.

소셜, 인터넷, 모바일 네트워크의 통합

이 책에서는 모바일과 데스크탑 인터넷 네트워크의 통합을 설명했다. 지금부터 이야기할 기술 혁신은 네트워크 통합을 더욱 활발하고 신속하게 이끌어나갈 주역이니 잘 읽어두길 바란다.

정보와 커뮤니케이션의 통합: 소셜 네트워킹 애플리케이션 사용자가 날로 증가하고 있으며, 이들 사용자는 엄청난 정보가 담긴 미디어에 언제든 연결되어 웹 전역에서 누구든 접속할 수 있는 정보의 접점, 즉 스스로가 포털 역할을 하기에 이르렀다. 소셜미디어 사이트를 정보 교환의 장으로 이용하는 경우도 매우 많아졌다. 예를 들어, 페이스북 사용자가 다른 사람 웹사이트의 '좋아요' 버튼을 누르면, 이 링크는 여러 사람의 뉴스 피드로 전송된다. 그러면 페이스북 네트워크 내 사용자들뿐만 아니라, 사이트의 운영자 역시 사용자의 관심사가 무엇인지 즉각적으로 알 수 있다.[31] 실리콘밸리에는 이미 위와 같이 정보와 미디어를 통합한 소셜 인터플레이social interplay가 탑재된 제품을 생성하자는 움직임이 한창이며, 이런 현상은 미래의 기술 발전을 더욱 가속화시킬 것이다.

네트워크화된 개인의 삼투현상: 이 책에서 우리가 이야기한 네트워크화된 존재의 개념은 마치 아메바와 같다. 즉 그 중심에는 핵심 '나'라는 자아가 존재하지만 이 자아는 각기 다른 상황과 네트워크, 어떤 사람들과 함께하느냐에 따라 스스로 자신과 비슷한 또 다른 자아를 생성해내기 때문이다. 하지만 점점 더 접근 가능한 정보가 늘어나고 다양한 사람과의 커뮤니케이션이 가능해지면서, 우리는 아메바적인 개념의 자아보다는 새로운 사람들을 미처 직접 만나기도 전에, 이들에 대한 정보를 신속하게 흡수해 적용하는 '삼투현상과 같은 자아osmotic self'의 개념을 추천하는 바이다. 과거에 상대에 대한 개인적 세부 사항을 알기 위해 직접 만나 상호작용해야 했다면, 미래에는 온라인 상에서 상대에 대한 파악이 모두 이뤄져 습득한 정보를 합성한 뒤에 직접 대면 상호작용을 시작하는 커뮤니케이션이 가능하리라 생각한다.

라이프로깅(lifelogging): 라이프로깅이란 과거와 현재의 삶, 미래의 가능성을 모두 통합한다는 뜻을 지닌다. 경험을 짚어내 저장하고, 통합해 기억 혹은 삭제하는 일련의 과정을 가능케 하는 하드웨어와 소프트웨어의 결합이라 생각하면 적절하다. 자동으로 개인의 삶을 기록하고 공유하는 기술이 발전하면서 가능해진 개념으로, 방문하는 장소나 타인과의 상호작용, 잡지나 자동차 등 개인이 활용한 미디어와 사물까지 모두 포함한다. 라이프로깅 기술은 두 가지 주요 기능을 제공한다. 첫째, 개인의 삶을 기록하는 비디오 카메라와 같은 역할을 해 하루 종일 만나는 사람이나 눈으로 보는 광경 등을 기록해 훗날 관련 정보를 검색하는 데 도움을 준다. 둘째, 삶의 경험을 모아 공유할 수 있게 해준다.[32] 따라서 라이프로깅은 과거와 현재를 통합하고, 가족과 친구, 동료들과 나눴던 상호작용과 개인의 기억을 담아낼 수 있는 기회를 제공한다.

라이프로깅의 예는 다음과 같다. 스티브 만Steve Mann이나 사회과학자 테레사 센프트Theresa Senft 같은 몇 안 되는 사람들은 머리에 달고 영상을 찍는 헤드캠과 센서 등을 이용해 자신의 삶을 기록한 '비디오블로그[Vlog]'를 운영한다.[33] 센프트는 캠걸[camgirl], 즉 웹캠을 이용해 자신의 모습을 웹 전역으로 방송해 인지도를 쌓는 여성을 연구했다.[34] 그 결과, 이 같은 네트워크화된 크리에이터가 어떻게 개인 정보를 공유하고 배포하는지, 때로는 이 같은 일반인이 어떻게 인터넷을 통해 준 유명인이 되는지 알아냈다.[35]

좀 더 제한적인 라이프로깅 사례도 있다. 나이키와 애플은 나이키의 조깅화와 애플이 아이폰을 결합해, 나이키 조깅화를 신은 사람이 자신의 운동 상태를 전세계의 친구들과 공유할 수 있게 하는 기능을 제공한다. 피트빗[fitbit]과 같은 기기는 인간의 운동과 수면 리듬을 기록해 이를 온라인 커뮤니티에 업로드, 서로의 상태를 모니터링하고 도움을 줄 수 있는 시스템을 갖췄다.[36] 또한 경찰차에 장착된 카메라는 지속적으로 상황을 녹화해 파일을 실시간으로 전송하기도 한다. 경찰관을 보호하는 동시에, 재판에서 사용될 증거 자료로 활용할 수 있다는 장점이 있다. 현재에는 라이프로거가 사진이나 동영상, 자신의 의견, 상태 등을 친구에게 실시간으로 알려주는 정도의 수준이지만, 머지 않아 점점 더 많은 사람이 소셜미디어를 이용해 훨씬 더 다양한 정보를 더 많은 사람과 공유할 것이라 예상한다.

페이스북, 구글, 휴대 전화 서비스 제공자 등 여러 방법을 통한 라이프로깅은 지금 누구와 연결돼 있는지, 어떤 문제에 관심을 보이며 무엇에 관해 이야기하고 어디를 향해 가고 있는지 등의 상황을 기록한다. "여러분의 일상과 여러분에게 어울릴 만한 친구가 누구인지 알고 있습니다." 2011년 4월 22일 개최된 구글 기술 보안 세미나에서 페이스북의 한 엔지니어가 주장한 말이다.[37] 구글은 지메일 컨텐츠를 분석해 사용자가 관심을 보일 만한 광고를 게재하며, 심지어 타갈로그어로 된 메시지도 분석해 사용자가 채팅 친구로 추가할 만한 사람이 누구 인지까지 알아내 추천하는 기능을 보유했다.[38] 애플의 아이폰은 적어도 1년 동안 사용자가 방문한 장소를 기억, 저장해 알려주기도 하는데, 이런 기록이 법정 증거로 채택되는 경우도 있다.[39] 페이스북의 타임라인은 사용자들에게 자신의 네트워크 내 사람들의 포스트와 사진, 좋아하는 웹 사이트 등을 시간 순으로 보여줌으로써, 시각적으로 개인 네트워크를 관리하는 데 큰 도움을 준다.

앞서 언급했지만, 가까운 미래에 더 정교한 라이프로깅이 가능해질 것이다. 미래를 예측하기 전에, 간단하게나마 라이프로깅의 역사를 살펴보기로 하자. 최초의 라이프로깅 시도는 1998년 마이크로소프트에서 근무하던 컴퓨터 과학자 고든 벨Gordon Bell의 '마이라이프비츠MylifeBits'였다. 벨은 바네바 부시가 1945년에 창안한 메멕스의 개념을 바탕으로 라이프로깅을 시작했는데, 과거 부시가 외부 문서(9장 참조)를 다루는 데 초점을 맞췄던데 반해 벨은 자기 자신의 상황과 상호작용에 초점을 맞췄다. 벨은 자신의 눈으로 보는 모든 것을 담아낼 카메라를 몸에 달고 자신의 삶을 한 순간도 놓치지 않고 기록하려 했다. 기록된 내용은 다음과 같다.

- 카메라에 담긴 모든 동영상
- 주고받은 이메일
- 주고받은 전화 통화
- 자신이 읽은 모든 문서
- 감상한 DVD 필름
- 재생한 모든 MP3 파일
- 휴대 전화의 GPS 시스템을 이용해 캡처한 모든 장소
- 방문한 모든 웹 페이지
- 촬영한 사진
- 착용한 센서에 캡처된 심장 박동 수

바네바 부시는 메멕스에 대해 인간의 기억을 '확장하고 보충해준다'고 말했다.[40] 현재, 고든 벨은 자신의 기억 중 대부분을 실제 자신이 기록한 자

료를 바탕으로 검색할 수 있다. 스스로 이야기하길, 자신의 라이프로그가 건강이나 인간 관계, 심지어 업무 능력에 큰 도움이 된다고 한다. 벨과 그의 동료인 짐 겜멜Jim Gemmell은 라이프로깅이 자기 자신을 들여다보게 하는 거울과 같은 역할을 하므로, 인간이 자신의 삶에 의미를 부여하는 방식 자체를 바꿔놓을 것이라 이야기한다. 언제든 열어볼 수 있는 자료의 형태로 기록된 삶에 대한 깊은 고찰은, 인간으로 하여금 자신의 존재와 역할을 다시 생각하게 하는 기회라 생각한다. 그리고 이에 대한 배경으로는, 인간이 활용하는 모든 기기가 자동으로 사생활 보호 기준에 맞춰 타인과 커뮤니케이션하고 인공지능 프로그램을 통해 삶을 기록하겠다는 허락을 받을 것이라는 가정이 깔려있다.

영화 〈토탈리콜〉은 네트워크 내 네트워크의 개념, 즉 개인의 신체 내의 네트워크가 홈 네트워크와 글로벌 네트워크, 심지어 인공위성이나 우주선의 네트워크 등 모든 것과 연결된다는 개념에서 탄생한 영화다. 먼지와도 같이 매우 작아, 보이지도 않을 정도의 센서가 자동으로 무선 네트워크를 센서로 감지되는 모든 대상과 연결한다. 그리고 신체에 심어진 센서는 '신체 영역(body area)'이라는 네트워크를 형성해 서로 커뮤니케이션한다. 이 신체 네트워크는 (예를 들어) 운전 중에 자동차와 연결되어 자동 운전 모드를 가능케 하며, 정원 네트워크는 홈 네트워크로 연결된다. 그러면 자동차와 홈 네트워크는 인터넷에 연결된다. 이렇게 형성된 어마어마한 규모의 네트워크들의 네트워크는 수백만 개의 프로세서와 페타바이트의 저장 공간을 지닌 수많은 서버팜을 호스트한다…. 현미경으로 봐야만 보일 정도로 작은 세포와 같은 존재부터 전 세계의 모든 사물에 이르기까지, 물리적으로 존재하는 모든 것이 감지되고, 네트워크로 연결돼 저장된다.[41]

이제부터 우리가 해야 할 일은 벨의 라이프로그 개념과 증강현실을 접목시켜 인간이 보는 모든 것, 예를 들면 타인과 이야기했던 내용과 상황을 마치 동영상 클립처럼 기록해 언제든 꺼내어 활용할 수 있게 하는 기술을 발전시키는 것이다. 동창회 모임이나 영업사원들의 비즈니스 미팅에 매우 요긴하지 않을까 생각한다.[42]

이와 같이 기억을 기록하고 검색한다는 라이프로그의 실질적, 감성적 혜택에도 불구하고, 보안 문제에 있어서 투자해야 하는 비용을 고려하지 않을 수가 없다. 이런 로그는 합법적으로 당국의 개인 기록 수집 대상이 될 수 있으며, 때로는 범죄자들의 표적이 될 수도 있다. 실수 하나 하지 않고, 흠집 하나 없이 살아가는 사람이 누가 있겠는가? 오히려 이들에게 자신의 기록된 기억이 부메랑으로 돌아올 수도 잇는 일이다. 게다가 신분 위조를 당할 수도 있다.

사생활(privacy): 사생활 보호 문제는 인터넷과 모바일 혁명의 혜택에 상응되는 기회 비용이다. 네트워크화된 개인은 자신이 기록하고 공유하는 개인 정보가 언젠가 자신을 공격하는 수단으로 쓰일지 모른다는 잠재적 위험부담을 고려해 균형을 맞춰야 한다. 인간의 취향, 선호도, 은밀한 생각까지 모든 것 디지털 자료로 남아 언제든 추적할 수 있는 〈토탈 리콜〉과 같은 상황이 될 수도 있으니 말이다.[43] 5장에서 이야기한 산업시대 이전의 사람들이 서로를 속속들이 알고 지내던 상황과 다를 바 없지 않은가?

그렇다면, 인터넷 사용자들이 자신의 디지털 발자취를 남기는 데에 관한 위험 부담을 최소화하는 방법은 무엇일까? 아마도 이 방법은, 법적, 상업적, 개인적 관점에서 벌어지는 모든 문제의 새로운 평형 관계를 가져올 수 있으리라. 우선 법적인 관점에서 볼 때, 법안입안자들은 개인 정보를 국가나 조직에서 활용하는 기준을 놓고 새로운 법을 제정하려 압력을 가할 것이다. 법정에서도 이 기준을 두고 다툼이 오갈 게 자명하다. 둘째 상업적 관점에서는, 소비자들이 자신의 삶에 대한 디지털 노출 기준을 어떻게 정하느냐에 따라 기업의 마케팅 기회가 달라질 것이다. 마지막 개인적 관점에서, 사람들은 자신이 타인에 관해 발견한 정보를 어떻게 다룰지에 관한 새로운 기준을 세워, 타인의 과거와 취향에 어느 정도의 중요성을 부여할지 결정할 것이다.[44] 궁극적으로, 정보통신 기술은 선천적으로 기술 활용의 편리함과 개인의 사생활 보호에 관한 기회비용 문제를 피할 수 없다. 따라서 정부와 서비스 제공자들은 새로운 사생활 보호 기준을 마련해야 할 것이며, 개인은 잠재적 위험부담을 재량껏 조절하는 능력을 키워야 할 것이다.[45]

국가 차원에서의 온라인 규제 주장: 디지털 세상(가상 세계)과 현실 세계를 통합하는 데에서의 가장 모호한 문제 중 하나가, 통합된 세상에서의 국가가 맡을 역할이다. 통합을 반대하는 사람들의 말로는, 글로벌 세상에서 자유로운 커뮤니케이션과 정보 공유에 어느 정도의 규제가 따라야 한다고 한다. 원칙적으로 전화망처럼 인터넷도 모든 곳과 연결된다. 실제로 정부와 조직은 인터넷 세상이 아닌 실제 세상에서 사적인 네트워크를 구축해 커뮤니케이션하는 데 제약을 둔다. 북한이나 미얀마 같은 몇 안 되는 국가에서 시행되는 정책이긴 하지만, 어쨌든 이들 국가는 인터넷 사용을 규제하거나 차단한다. 인터넷 서비스조차 정부가 제공하며 이렇게 제공된 인터넷을 사용한다 할지라도 국가의 보안망이 허락하는 한도에서만 커뮤니케이션이 가능하다.[46]

하지만 인터넷이 글로벌 네트워크로 성장할 것이라는 징후가 나타나고 몇십 년이 흐른 지금, 일부 국가는 온라인 통치권을 주장하고 나섰다. "정보는 자유로워야 한다."는 말이 있지만,[47] 모든 국가가 이런 '자유'에 동의하지는 않는다. 인터넷이 진정한 네트워크로 자리잡자마자, 이 같은 문제가 터진 것이다. 인터넷은 정부가 무시하기에는 너무나도 중요한 존재다.

이집트 정부 관계자들이 2011년 1월 혁명 당시 국가 내 인터넷 연결을 모두 차단하려 노력했지만, 혼란과 경제 기능만 마비시킬 뿐 며칠 차단하지도 못했다.[48]

인터넷과 모바일 네트워크에 참여하고 싶지 않은 국가의 정부라면, 사용자들을 감시하고 규제할 것이다. 이런 이유로 일부 국가는 자국의 국민들이 특정 웹 사이트에 접속하지 못하게 하고, 일부 온라인 서비스를 사용하지 못하게끔 막는다. 정치적, 사회적, 보안의 이유로 국민의 인터넷 컨텐츠 사용을 차단한 나라가 현재 십여 국 이상이라고 한다.[49] 예를 들어, 중국은 골든 쉴드Golden Shield 정책에 입각해 페이스북과 트위터 사용을 차단했고, 아랍의 봄 사건 이후로는 그 규제를 더욱 강화했다.[50] 미국 정부 역시 주요 인터넷 라우팅 지점을 어마어마한 양의 트래픽을 감시하는 기술을 보유했다.[51] 사용을 차단하지는 않지만, 사용자를 감시하는 것 역시 네트워크화된 개인의 정보 접근과 커뮤니케이션을 위협하는 존재다. 모든 삶의 중심이 인터넷이 되어가는 시대에, 온라인 통치권을 주장하는 정부의 노력은 계속될 것이다.[52]

개인 삶의 투명함과 유대 관계에 관한 새로운 논리

10장에서는 성공적인 네트워킹의 도덕적 의무가 황금률을 따른다는 이야기를 나눴다. 비슷하게, 새로운 사회적 자본을 습득하려면 기존의 사회적 자본을 투자해야 한다. 점점 더 발전하는 기술적 환경에서, 네트워크화된 개인은 매우 다양한 현실을 마주친다. 그 중 하나가 바로 정보 공유와 생성이다. 현대인은 자신의 존재를 설명하고, 어떤 능력이 있으며, 무엇을 알고 있고 또 무엇을 필요로 하는지 알리지 않고는 네트워크를 구축할 수 없다. 또한 소셜미디어 내에는 서로 도움을 주고받을 만한 관계를 형성하고 다른 사람에게 뒤처지지 않으려면 이런 개인 정보를 노출해야 한다는 무언의 압박이 도사리고 있기도 하다.

정보를 공유하는 데 있어서는, 타인과 연결돼야 한다는 부담감이 따르게 마련이다. 현대인은 디지털 도구를 사용하지 않고는 자신의 네트워크에 질문을 던지거나 도움을 요청하기가 어려우며, 타인을 도와줄 기회를 잡기도 결코 쉽지 않다. 네트워크화된 개인이 살아가는 사회는 서로 연결되고 찾아낼 수 있도록 자신을 드러내야 한다. 이것이 바로 성공적인 네트워킹과 네트워크 구축의 필수 조건이며, 사생활과 고독을 용납하지 않는 오늘날의 현실이다.

이미 온라인 소셜 네트워킹은 사용자들이 적극적으로 네트워크 활동을 해 신속하고 즉각적으로 데이터를 생성하고 대중의 활동에 응답하도록 허용해, 백과사전과 같은 검색 활동에 깊숙이 연계돼 유용하고 권위 잇는 정보를 만들어내게끔 유도한다. 메타버스에서는, 사람과의 상호작용이 단순히 의식적인 행동이 아니라 말한다. 기계와 객체는 소셜 네트워킹 활동에서 자신만의 역할을 찾아 그에 맞게 행동한다. 이들은 사람들의 행동, 정보 교류, 상호 작용 등에 관한 엄청난 양의 정보를 수집해 인간의 욕구를 예측하고 삶의 틀을 잡도록 도와준다. 예를 들어 어느 한 사용자의 취향이 하드웨어와 소프트웨어에 학습되면, 디지털적으로 향상된 소셜 네트워킹이 자동으로 이뤄진다. 그러면 네트워크화된 개인은 기술적으로 자신의 취향이 제대로 인식됐는지 확인한 후, 부가적인 고민이나 노력 없이 손쉽게 다른 사람이나 사물과 연결될 수 있다. 더불어 개인의 인맥은 점점 더 늘어나고, 타인에 대한 이해가 깊어져 주변 상황을 극적으로 발전시킬 수 있다. 궁극적으로 미래의 네트워크화된 개인은 현명한 군중의 무리에 들어가 광범위한 정보의 데이터베이스를 검색하는 능력이 향상되어 더 높은 수준의 지식도 습득할 수 있으리라.

하지만 안타깝게도 더욱 더 투명해진 삶과 고도로 연결된 유대 관계는,

당사자가 원하든 원하지 않든 간에 그 이상의 투명성과 유대감을 필요로 한다. 미래에는 점점 타인으로부터 숨거나 자신을 단절시키기 어려워질 것이다. 게다가 사물마저 네트워크로 연결되면, 인간은 마치 자신이 소유한 기기나 의류, 제품, 장난감처럼 자신의 정보를 전송해 타인이나 심지어 기계에까지 자신의 정보를 개방해야 한다. 정작 본인은 이렇게 자신의 개인 정보가 줄줄이 노출되고 있음을 인식하지 못할 경우가 대부분일 것이다. 인간은 언제나 '학습하는' 기계로부터 정의된 정보를 통해 무엇을 구입할지, 친구와 어떻게 시간을 보낼 것이며, 어디로 갈지, 어떤 정보를 노출해야 하는지 등을 결정할 것이므로, 기계가 비슷한 사람들에게 동일한 생각을 심어줄 경우 큰 사회적 문제가 야기될 수 있다는 위험이 있다. 엘리 패리저Eli Pariser가 집필한 『생각 조종자들』(알키, 2011)에서처럼, 인간은 자신의 프로필에 어울리는 사람만 만나게 되어 점점 우연한 만남이나 다양한 사람과 미디어를 접할 기회를 박탈당해, 문화적 분열마저 불러올지 모를 일이다.[53]

　　이런 수많은 예상에도 불구하고, 아직까지 네트워크화된 인간의 미래가 어떻게 진화할지 정확히 예상하기 어려운 이유가 있다. 두 가지 실현 가능한 시나리오를 지금부터 함께 살펴보자.

시나리오 1: 훨씬 더 네트워크화된 개인

네트워크화된 미래의 어느 날 아침, 해리 산체스는 디지털 에이전트의 부드러운 목소리를 들으며 잠에서 깬다. 밤새 해리의 수면 리듬을 모니터링해 현재 뇌 활동 스캔 데이터와 비교한 뒤 가장 알맞은 시각에 그를 깨운 것이다. 스트레칭을 좀 하고 눈을 비비며 침대에서 일어난 해리는, 순간 어제의 쇼핑을 떠올리자 입가에 미소가 피어 오른다. 그 전날 미리 웹에서 다운로드한 공동구매 쿠폰을 사용해, 사람들의 칭찬이 자자한 햅틱 피드백

임플란트와 증강현실 콘택트렌즈를 좋은 가격에 구입했기 때문이다.

핵틱 피드백 임플란트를 피부에 이식하는 과정은 매우 간단한 외래 진료 시술로, 일전에 귀걸이를 하기 위해 귀를 뚫은 것과 같은 정도 수준으로 보면 된다. 맥코이 의사에게 직접 진료를 받는 건 아니고, 맥코이 의사의 생각과 몸짓을 그대로 따라 하는 로봇의 투사체에게 진료를 받는다. 해리도 역시 직접 진료를 받는다고 말할 수는 없다. 해리의 증강현실 안경이 맥코이 의사의 가상 이미지와 함께 로봇을 감싸고 있으니 말이다. 이런 방식으로 요즘 의사들은 편안히 집에 앉아 자신의 투사체를 이용해 하루에도 수십 명의 환자들을 진료한다.

어쨌든 잠에서 깬 해리는 빨리 새로 구입한 증강현실 콘택트렌즈를 착용해보고 싶어 마음이 급해진다. 어제까지만 해도, 안경 렌즈 부분에 직접 투사체를 보여주는 구형 모델을 사용했으니 그럴 만도 하다. 새 렌즈는 즉각적으로 해리의 마이크로컴퓨터, 스마트폰, 인터넷과 네트워크로 연결된다. 그의 가시 범위 안에, 개인화된 증강 오버레이가 모습을 드러낸다. 현재 시간과 날짜, 날씨, 공기 중 먼지 밀도는 물론이요, 지난 밤에 켜두고 잔 애플리케이션이 뜨고, 밤새 확인하지 못한 메시지가 깜빡이는 아이콘으로 표시되며, 해리의 에이전트가 수집한 새로운 정보 업데이트가 있다는 알람 표시, 밤새 해리의 친구들이 올린 라이프로그 업데이트, 친구들과 대화하면서 태깅한 내용을 적절한 미디어를 통해 교차 비교하는 자료까지 순식간에 해리의 눈 앞에 펼쳐진다. 하나씩 확인하려는 찰나에, 가상 세계에서 정치적 스마트 몹에 참여하라는 연락이 오고, 해리는 에이전트에게 무시하라고 명령한다.

연락을 무시한 에이전트는 곧바로 해리에게 건강에 이상이 생겼음을 알린다. 간밤에 사람들과 중국에서 한 가상 회의가 그의 시스템에 큰 타격을 주어서인지, 밤새 잠을 깊게 못 잤기 때문이다. 하지만 오히려 해리는 행복하다. 중국에 위치한 팀에서, 액티브 월active wall과 테이블이 장착된 케이브캣 생산성 시스템cavecat productivity system을 구입한 덕에 가상으로 동영상과 텍스트, 차트 자료, 스프레드시트 등을 공유하고 함께 작업하며 회의할 수 있으므로 직접 중국까지 비행기를 타고 날아갈 이유가 없어졌으니 이만큼 좋은 소식이 어디 있을까? 해리와 중국에 있는 팀원들은 물리적으로는 떨어져 있으나 각자 서로 다른 색을 이용해 자료 작성자의 신분을 분리하며 자료를 같이 수정할 수 있었다. 게다가 웹캠으로 당시 누가 어떤 이야기를, 어떤 표정으로 하는 지까지 확인할 수 있으니 효율성은 극대화됐다.

　해리는 주방으로 가 식탁에 앉았다. 손에 들고 있던 커피잔을 내려놓자 식탁 테이블이 이를 인식했고, 에이전트는 곧 아침 뉴스를 업데이트 중이니 5분 정도만 기다려달라는 메시지를 띄웠다. 해리가 온라인에 접속하자, 언제나 그렇듯 마치 정오쯤 되어 가장 활발한 시간대라는 느낌이 들었으나 실상 해리는 아직 완벽히 잠에서 깨질 못하고 있었다. 전세계 어디에 있는 사람이든 대부분 한창 근무하는 낮 시간에 가장 온라인 활동을 활발하게 하며, 오락성 활동은 주로 저녁에 많이 하는 편이다. 어쨌든, 아직도 잠결인 해리의 눈 앞에 자신의 소셜 네트워크에 대한 증강현실 오버레이가 나타났다. 각 네트워크의 구성원이 보낸 메시지나 동영상, 라이프로그 업데이트 등이 해당 구성원의 사진과 함께 어서 빨리 확인해달라는 듯이 눈 앞에서 반짝였다. 어제 구입한 새로운 햅틱 임플란트는 뉴스를 감지해 느끼게 해주는 센서가 탑재돼 있다. 덕분에 해리는 마치 자기 자신이 실제로 그곳에 있는 것처럼, 카불에서 벌어지고 있는 전투 현장의 진동까지 순간적으로 느낄 수 있었다. 그리고 해리가 설치한 다양한 애플리케이션의 컴퓨터 아이콘 무게와 촉감까지도 해리에게 전달해줬다.

　급하게 확인해야 할 메시지가 없음을 확인한 해리의 에이전트는, 해리가 관심 있어 하는 분야의 소식을 정리했다. 그러는 도중 해리가 네트워크 구성원을 많이 만나고 싶어하지 않는다고 이야기한 대화 내용을 검색한 에이전트는, 해리의 인터페이스 네트워크 전체를 통틀어 사생활 노출 설정을 변경했다. 곧바로 에이전트는 해리의 지난 경험을 바탕으로 누구를 만나야 하며 무엇을 해야 할지 추천 목록으로 올렸고, 해리는 그래픽으로 표시되는 네트워크 오버레이를 이용해 누구와 무엇을 해야 할지 직접 다시 체크했다. 에이전트 체크된 사항을 정리해 오늘 하루 해리의 일정이 무엇인지, 순식간에 해리의 네트워크 전체에 업데이트 메시지로 전송했다. 해리의 에이전트를 비롯한 네트워크 구성원들의 에이전트가 이 메시지를 보고 자동으로 일정을 조정할 것이기 때문에, 정말 특별한 경우가 아닌 이상 오늘 하루를 예상치 못한 일로 방해받을 일은 없을 게다.

순간, 해리는 누군가 노크하는 소리에 집중이 흩어져버렸다. 에이전트는 곧바로 해리에게 친한 친구인 닐의 투사체가 주기적으로 함께 하는 주말 아침의 가상 농구를 하려고 노크한 것이라 알렸다. 50킬로미터 정도밖에 떨어져 있지 않은 닐이지만, 이따금씩 시간을 함께 보내는 데에는 이만큼 좋은 방법도 없는 것 같다. 아직 면도도 못해 부스스한 모습인 탓에, 해리는 가상 현실의 문을 열어 닐을 맞이하기 전에 깔끔한 얼굴을 선택해 가상 현실 속의 투사체 모습을 바꿨다. 그리고 새로 구입한 햅틱 칩의 흔들림 기능을 이용해 닐의 손을 잡고 악수했다. 실제로 하는 악수가 아닌지라 조금 어색한 면도 없지 않아 있지만, 해리의 신경계가 마치 누군가를 실제로 만지고 흔든다는 감각에 따라 반응을 보내왔다.

해리와 닐은 지난 밤 가상 술집에서 벌어진 아바타 파티에서 만난 친구들과의 모습이 담긴 파일을 공유하며 수다를 떨었다. 둘의 에이전트는 이미 당시의 상황은 물론 함께한 사람, 방문한 장소와 관련된 정보를 태그해 놓은 상태다. 요즘 아바타 파티는 인기가 한창이다. 파티 참가자들은 자신이 가장 좋아하는 게임 캐릭터처럼 차려 입고 나오는데, 때로는 같은 캐릭터를 좋아해 똑 같은 모습을 하고 있는 경우도 있다. 이렇게 역할 놀이를 하는 것도 재미있을뿐더러, 가상 세계에서는 서로의 목소리와 모습, 심지어 체취까지 느낄 수 있으므로 이런 정보가 모두 담긴 동영상을 태그해 모으는 일도 꽤나 흥미롭다.

자신의 이름이 태그된 포스트를 확인하고 정리한 뒤, 해리는 간밤에 누군가와 나눈 매우 재미있었던 대화 파일을 업데이트했고 에이전트는 관련 사람들에게 업데이트 알람 메시지를 전송했다. 해리는 에이전트에게 지난밤 아바타 파티에서 했던 유치한 장난에 대한 정보는 삭제하라고 지시한 뒤, 자신의 친구들에게도 삭제해줄 것을 요청했다. 그리고 에이전트는 해리에게 어제 밤 파티에서 닐과 들었던 음악이 뉴저지 심포니의 클래식 앨범에 실린 곡이며, 통합 라이브러리에서 해당 음악 파일을 다운로드해 해리의 재생 목록에 추가했다고 알려줬다. 그 순간 소리가 바뀌더니 닐이 해리에게 다시 말을 걸었고, 해리는 다른 커뮤니케이션에 잠시 자리를 비우겠다고 녹음해 놓은 파일을 업로드했다.

닐과 한참 농구를 하고 있는데, 해리의 에이전트가 알람 소리를 보내왔다. 닐과 헤어지고 동생인 메릴을 만나야 한다는 알람이었다. 메릴은 아이를 어린이집에 맡기고 오느라 원래 약속 시간을 바꿨고, 메릴이 시간을 바꿨다는 사실을 확인한 에이전트가, 해리의 우선 순위에 따라 메릴의 에이전트에게 연락했고 약속을 잡아놓은 것이었다. 원래 해리는 메릴은 시내에 위치한 항상 만나던 음식점에서 만나고자 했지만, 시간을 보니 다음 일정과 겹쳐 시내까지 나갈 시간이 부족할 것 같았다. 결국 해리와 메릴의 에이전트는 좀 더 가까운 장소를 검색했고, 다행히 근처에 있으면서 자동으로 테이블 예약을 받는 음식점으로 약속 장소를 잡았다.

한 번도 가본 적이 없는 음식적인 탓에, 해리는 혹시 맛이 없거나 분위기가 좋지 않을까 불안해 괜찮은 장소인지 확인해야겠다고 생각했다. 예전에 에이전트를 새로 구입했을 때, 아직 해리의 취향을 파악하지 못한 에이전트가 근처 식당을 잘못 예약해서 영화 주인공처럼 차려 입은 사람들이 서버로 있는 곳에 갔었다. 그런데 또 마침 해리가 별로 좋아하지 않는 영화 〈데몰리션 맨〉의 실베스터 스텔론 같은 복장을 한 서버가 해리의 테이블 담당이 되는 바람에 무척 불편했던 기억이 있기 때문에 확인은 필수였다. 해리는 자신의 투사체를 가상 공간 속 해당 음식점으로 보냈다. 실시간 웹캠 뷰로 보니 분위기도 좋고, 메뉴도 괜찮아 보였다. 메릴과 긴밀히 대화를 나누고 싶었던 터라 통합 RFID/GPS 개인 위치추적 소프트웨어를 이용해 주변에 친구가 없는지 미리 확인했다. 모든 사람이 유치원에 들어가기 전부터 자신이 방문한 장소에 대한 RFID 추적 기록을 남기는데, 이 기술 덕분에 해리는 메릴과 남매끼리 오붓한 시간을 보낼 수 있었다.

집에 나가기 전, 에이전트는 해리에게 어울릴 만한 코디 정보를 추천했다. 추천 목록을 쭉 살펴본 뒤, 해리는 여자친구가 추천한 새 바지를 입기로 했고, 다른 애플리케이션을 이용해 여동생인 메릴에게 괜찮아 보이는지도 물어봤다. 해리의 여자친구는 해리가 가상 아이쇼핑을 하는 동안 그에게 어울릴 만한 벨트를 골라 준비해놨다.

약속 시간에 늦고 싶지 않은 해리는, 에이전트에게 사용자 리뷰가 좋은 애플리케이션을 이용해 자동차를 대기시켜 놓으라고 말했다. 웬만한 일은 다 자동으로 알아서 배달이 오기 때문에 자동차를 이용할 일이 별로 없기 때문이다. 마이크로컴퓨터를 주머니에 넣고, 해리는 자동차에 올라탔다. 에이전트는 메릴을 만날 음식점의 좌표를 자동차에 입력했고, 자동차가 출발함과 동시에 해리는 좌석을 뒤로 젖혀 편안하게 누웠다.

시나리오 2: 서로가 감시하고 감시 당하는 세상

윌 리는 잠에서 깨자마자 '자신의 개인용' 컴퓨터 앞으로 다가가 밤새 놓친 소식이 없는지 확인한다. 그런데 사실 따지고 보면 이 컴퓨터는 윌의 것이 아니다. 사용할 권리만 갖고 있을 뿐, 그가 원하는 대로 하드웨어나 소프트웨어 등을 바꿀 수는 없다. 법을 무시해 고소당할 각오를 한다면 가능하겠지만 말이다. 윌의 컴퓨터는 그저 무선 접속 장치일 뿐, 데이터는 모두 클라우드에 저장돼 있으며 그 외의 것들은 모두 대기업의 소유다. 클라우드에 접속하기 전, 컴퓨터 시스템은 윌의 컴퓨터에 바이러스가 설치되진 않았는지, 저작권을 위반한 행위는 없었는지 검사부터 시작한다.

미디어에 접근하는 데 너무 많은 비용이 들어가다 보니, 결국 미디어에 대한 저작권 침해라는 좋지 않은 문화가 생겨나고 말았다. 이들은 주로 음악이나 TV 프로그램, 영화, 전자책 등이 담긴 테라바이트 크기의 플래시 드라이브를 들고 다니면서 직접 만나 컨텐츠를 공유했다. 그리고 재활용 센터나 창고 세일, 쓰레기 더미 등에서 오래된 컴퓨터를 수집하는 사람들에게서 자신의 '와레즈warez'를 얻어냈는데, 언제부터인가는 자신만의 코드 언어를 개발해 사용하기 시작했다. 하지만 윌은 계속 변화하는 이들만의 언어를 계속해서 공부하지 못했고, 칼라한의 와인 바에서 주기적으로 만나는 가장 친한 친구인 스파이더에게 의존해 웬만한 컨텐츠를 얻어냈다.

모닝 커피를 한 잔 마시면서, 윌은 개인용 에이전트를 보유할 수 있다면 얼마나 좋을지 상상해본다. 하지만 개인용 에이전트는 대부분 진짜 '개인용'이 아닌 더블 에이전트라 정부 당국에 개인 정보를 보고하거나 대기업에 팔아 넘긴다는 소문이 자자해 쉽게 꿈꾸지도 못할 처지다. 게다가 온라인 상으로 무언가를 하기만 하면 하는 족족 모든 정보를 수집해가는 페이스월facewall도 정말 마음에 안 든다. 그렇다고 사용하고 싶은 미디어 사이트 네트워크나 검색 엔진, 소셜 애플리케이션에 접근할 수 있게끔 도와주고 필요한 기기도 마련해주는 전문가를 고용할 처지도 안 된다. 온라인 도처에 퍼진 '정보 공개에 동의합니다.'라는 표시는 정보를 수집해 감시하려는 수단에 불과하니, 온라인상에서의 존재를 최대한 줄이고 과거 방식을 따른 이메일을 사용, 소셜미디어 활용은 자제하는 수밖에는 방법이 없다.

그런데 오늘은 어쩔 수 없이 어떤 정보를 검색해야 할 일이 있어 페이스월을 사용해야 한다. 우선 커피숍 회사인 커피코^CoffeeCo가 제공하는 개인 맞춤 광고가 재생되는 30초 동안 강제로 기다린다. 광고에는 월의 사진까지 들어가 있다. 이 광고를 내보내는 회사는 분명 월이 태그된 친구의 담벼락에서 사진을 구입했으리라. 순간 월의 컴퓨터 시스템이 점차 느려지는 것이 느껴졌다. 대역폭을 잡아먹는 광고의 엄청난 데이터 파일 때문이다. 하지만 인터넷 접속망 사용에 광고를 내보내는 대형 회사들이 개인보다 더 많은 비용을 지불하고 있으므로 한낱 개인에 불과한 월은 이런 불편을 모두 감수해야 한다. 사용 가능한 대역폭은 증가한 데 반해, 스크린을 로딩하는 데 걸리는 시간이 점점 더 늘어난다니 참으로 아이러니한 상황이지만, 이런 대역폭은 모두 몇 안 되는 대기업이 상상조차 못할 정도로 높은 가격에 사들인 것일 테니 무슨 할 말이 있겠는가.

드디어 커피코가 사용한 월의 사진이 담긴 친구의 사이트를 찾았다. 하지만 월은 이 사진을 지울 수 없다. 자신이 찍힌 사진이지만 소유권은 광고 회사에 있기 때문이다. 그나마 할 수 있는 일이라고는 친구를 비롯한 누구라도 자신이 찍힌 사진을 허락 없이 업로드하지 못하게 하는 방법뿐인데, 이마저도 쉽지는 않을 게다. 누구나 온라인 생활을 하지 않을 수는 없으므로 월과 같은 상황을 피하지는 못한다. 월은 온라인 활동을 감시하는 페이스월의 정보대로 맞춤화된 정보를 제공하는 회사에 비난을 퍼붓는다. 정부 당국이 국가 차원에서의 인터넷 규제를 시작해 국가 안보와 도덕성을 지켜야 한다고 주장하는 순간부터 일자리를 잃은 40대라면 모두 같은 마음이라 생각한다.

자신의 사진이 담긴 친구의 프로필을 들여다보던 중, 윌의 여동생이 페이스월에 개인 정보를 팔아 용돈을 번다는 사실을 발견한다. 이 개인 정보에는 자신의 프로필도 포함돼 있다. 이 친구가 아니라 여동생이 내 사진을 팔았나 보다. 윌은 이따가 여동생에게 단단히 일러둬야겠다고 다짐한다. 누구도 내 정보를 알지 못한다 장담할 수는 없지만, 이 경우는 국가가 아니라 일개 사기업이지 않은가. 윌은 역사 시간에 1960년대에 대한 수업을 받은 기억을 떠올린다. 당시 FBI 책임자 존 에드거 후버는 케네디 대통령까지 감시하는 등 역대 미국 대통령과 유럽 지도자들까지 감시해 개인 정보를 손에 쥐고 막강한 권력을 행사했다. 오늘날에는 바로 페이스월이 미국 내 모든 이에게 후버와 같은 존재인 것이다.

페이스월의 감시망을 피해 온라인 여기저기를 돌아다니다가 문득 배가 고파 손을 뻗어 도넛 하나를 집어 들었다. 설마 과자 하나 정도는 보험 회사의 감시 센서를 피해 먹을 수 있겠지. 그나마 윌이 한 일 중 한 가지 잘한 일은, 추가 비용을 더 지불하긴 하지만 보험 회사의 사생활 보호 조항에 체크한 일이다. 그렇게 하지 않았다면, 윌의 건강 정보는 아마 정보 거래 시장에 나와 누군가에게 팔렸을지도 모를 일이다. 그래도 확신하지는 못한다. 윌이 직접 보고 들은 바가 없으니 어딘가에서는 진짜 팔리고 있을지 누가 알겠는가.

윌과 스파이더는 직접 만나 이야기 나누는 것을 좋아한다. 그나마 감시당할 확률이 적기 때문이다. 얼마 전 누군가 보험 대리인을 사칭해 스파이더의 온라인 정보를 빼내려 한 일을 생각하면 아찔해진다. 가장 최근에 당한 사기는 역 신분 위조다. 이 도둑들은 공개된 프로필을 이용해 디지털 이미지와 목소리를 재구성해 아바타를 생성, 마치 오래된 친구인 것처럼 행동하면서 정보를 훔쳐낸다. 정부가 개인 신분 인증 프로그램을 없앴으니

그저 안타까울 뿐이다.[54]

월은 여동생 로렐라이에게 전화해 커피 한 잔 함께 하자고 물어본다. 동네에 있는 커피코 매장은 피하기로 했다. 저렴하게 인터넷을 사용할 수 있는 반면 항상 그 많은 개인 정보 사용 동의안에 체크해야 하는 번거로움을 피할 수 없기 때문이다. 결국 월과 로렐라이는 동네의 한 음식점에서 만나기로 약속을 잡는다. 그런데 집을 나오고 나서야 만료일이 얼마 남지 않은 여행 카드를 들고 나온 것을 확인한 로렐라이는 그저 무사히 시티 게이트를 통과하기만을 바라며 약속 장소로 향한다.

갑자기 월의 컴퓨터가 로컬 네트워크에 바이러스가 감지됐다고 알리더니 그만 멈춰버렸다. 누군가 자기도 모르게 바이러스가 심어진 파일을 공유해 시스템이 감염된 것 같다. 월의 커뮤니티는 지속적으로 월의 네트워크를 모니터링하며 감염된 컴퓨터 접속으로 인해 네트워크 전체가 피해를 입는 일을 방지하고는 있지만, 시스템의 '주인'이 전문가를 파견해 이 사건을 해결해주기까지 딱히 따로 할 일은 없다. 월은 바로 컴퓨터를 끄고 휴대전화와 여행 카드를 집어 든 채 예전에 사용하던 보안 스캐너를 지나쳐 밖으로 나간다.

한참을 기다린 후에야 로렐라이는 게이트에 위치한 보안 검색대를 통과한다. 전신 스캔이라 삐져나오는 웃음을 간신히 참아본다. "이번엔 사진이 좀 잘 찍혀야 할 텐데." 혼자 농담도 해보지만 혹시라도 경비원이 온라인 상에 올라온 다소 불량스러운 모습의 사진을 발견했을까 걱정이 되기도 한다. 로렐라이의 허락을 받지도 않고 촬영된 사진이지만 이미 그 사진 때문에 직장도 한 번 잃었다. 둘은 식당에 도착했고, 딱 그 순간 마지막 테이블은 다른 손님의 차지로 돌아갔다.

네트워크화된 개인의 가능한 미래

아직 현재의 기술로는 지금까지 이야기한 두 개의 시나리오를 실현하기엔 턱 없이 부족하지만, 분명 이 두 시나리오는 지금의 기술 발전을 바탕으로 충분히 예상할 수 있는 상황이다. 첫 번째 시나리오는 현재 발전하고 있는 기술 분야를 토대로 컴퓨터와 인간의 네트워크 간 신뢰가 유지된다는 가정 하에 네트워크화된 개인주의(모든 경계를 약화시키는)가 바람직한 방향으로 발전한다 예상했을 때의 모습이다. 그리고 두 번째 시나리오는 오히려 경계가 강화되고, 비용이 늘어나며, 기업의 제약 권한이 커져 훨씬 더 감시가 심한 세상의 모습이다. 현재 서방 국가들은 우선 첫 번째 시나리오와 비슷한 방향으로 발전하고 있지만, 두 번째 시나리오가 절대적으로 실현 불가능하다고 생각한다면 너무 순진한 발상이 아닐까?

자, 이제 우리가 두 시나리오를 예상하기까지 어떤 가정을 했는지 생각하면서 책을 덮어 보자. 동시에 지금까지 현재의 기술 개발자, 사회 과학자들이 이런 미래를 그려내는 데 어떤 도움을 줄 수 있는지 이야기한 내용을 곱씹어보길 바란다.

네트워크화된 개인++

지금 이 순간은 정보통신 기술의 역사 중 디지털 기술이 실현돼 그 모든 혜택을 누리는 단계다.[55] 첫 번째 단계는 새로운 기술이 기존의 기술을 대체해 효과적으로 작동하는 '대체' 단계다. 그리고 두 번째 단계는 새로운 기술이 기존의 기술보다 훨씬 더 많이, 자주 쓰여 복잡한 업무를 해결하는 '확장' 단계다. 그리고 마지막 세 번째 단계는 새로운 기술이 기본적으로 사물의 본질과 생성 과정을 변화시키는 '재구성' 단계다.[56]

가까운 미래에, 기술은 인간 관계를 완전히 변화시키고 정보를 재구성하리라 본다. 네트워크화된 개인에게는 이 외에도 엄청난 변화가 일어날 것이다. 우리가 이 책의 초입 부분에서 이야기한 3대 혁명으로 비롯된 변화는 좀 더 심화되고 훨씬 더 널리 적용될 것이다. 사람들은 하나의 독립된 객체로서 사물 혹은 개인과 더 많이 연결될 것이며 집단의 일원으로 자신의 존재를 감추는 일은 갈수록 어려워지리라. 또한 자신의 욕구를 훨씬 더 자주, 광범위하고 느슨하게 연결된 개인 네트워크에서 충족시켜 기존의 긴밀한 소규모 연결에 의존하는 경우는 줄어들 것이다. 매우 다양한 상황에서 타인과의 부분적인 관계를 시험해볼 기회가 생겨 고정된 집단 내에서의 영구적인 관계로의 의존도는 한층 낮아질 것이다. 즉 개인 네트워크의 본질 자체가 변화해 약한 관계를 구축하는 방법이 훨씬 더 늘어나 한층 다양화된 소셜 네트워크를 이끌어낼 것이다.

앞 절에서 살펴본 시나리오 1의 해리는 새로운 제품을 검색하는 과정에서 공동구매 쿠폰의 혜택을 톡톡히 봤다. 즉 해리는 전혀 모르는 낯선 타인과 자신의 소비 욕구를 공유함으로써 가격적 혜택을 누릴 수 있었다. 이런 소비 문화는 해리가 각기 다른 여러 집단의 구성원으로 활동하며 효과적으로 네트워크를 관리해 가치 있는 리소스에 접근했기 때문에, 다시 말해 커뮤니케이션과 정보가 통합됐기 때문에 가능한 것이다.

이 외에도 두 가지 시나리오를 종합해 생각해보면, 각 개인이 올리는 트윗, 문서, 블로그, 검색 결과, 소셜미디어 글 등이 어떻게 캡처, 저장, 분석, 새로운 형태로 재구성되는지에 따라 포스팅의 활용, 수집, 감시 여부가 달라지며 이 모든 변화는 개인의 평판에 영향을 미치므로, 네트워크화된 개인이 온라인 세상에 기여하는 정도는 점점 증가해 때로는 자신이나 타인의 생활을 완전히 바꿔놓을 수 있다는 결론을 도출할 수 있다. 미래 네트워크화된 개인과 개인의 관계는 점점 더 네트워크를 중심으로 구축될 것이다. 그리고 이런 맥락에서, 시나리오 1의 해리는 소셜미디어와 라이프로그에 올라온 업데이트 정보를 공유하고 수집하는 모습을 보였다. 지난 밤 친구들이 무엇을 했는지 알아보기 위해, 해리는 친구들의 라이프로그 업데이트를 소셜 네트워크 정보와 연결시켰다. 또한 증강현실 기술을 이용해 자신의 네트워크를 시각적으로 관리, 접속해 자신의 최근 활동을 비롯, 해야 할 일과 피해야 할 일 등을 관리했다. 그리고 그 덕분에 해리는 자신의 개인 정보를 효율적으로 보호할 수 있었으며 온라인 평판도 유지할 수 있었다. 반면 시나리오 2에 나온 윌의 여동생인 로렐라이는 자신의 철없는 행동이 찍힌 사진이 온라인에서 도는 바람에 개인 명성에 치명타를 입기도 했다.

또한 시나리오 1은 미래 네트워크화된 개인이 모바일 연결과 컨텐츠 제작 도구, 크라우드소싱 방법 등을 활용해 문제를 해결하고 삶의 결정을 내리며 사회적 지원을 제공해 자신의 네트워크를 운영하는 모습을 묘사했다. 그리고 여기에서 우리는 미래의 개인 소셜 네트워크가 훨씬 더 개인의 삶 속에 큰 의미로 자리잡고 있을 거라 예상할 수 있다. 해리는 컴퓨터를 소유했고, 유비쿼터스 컴퓨팅과 이 시스템에 연결된 스마트 기기, 가구 등에 의존한다. 특히 자신의 네트워크에 접속해 컨텐츠를 수집하는 에이전트의 도움을 매우 많이 받는다. 신뢰하는 친구들로부터 정보를 받는 넷소싱netsourcing이 잘 알지도 못하는 대중으로부터 정보를 수용하는 무분별한 크라우드소싱crowdsourcing의 자리를 대체한 것이다. 그리고 삶의 중요한 문제에 관한 결정을 내릴 때 이 에이전트가 수집한 컨텐츠를 참고한다. 해리가 사용하는 인터넷을 감지하는 에이전트는 이 센싱 기술을 활용해 해리의 관심사에 맞는 컨텐츠를 넷소싱으로 수집해 해리에게 알린다. 해리의 친구가 방문했을 때 해리의 음악적 취향에 맞는 새로운 음악을 소개한 경우를 생각해보면 무슨 뜻인지 이해할 수 있을 것이다. 반면 시나리오 2에서의 윌은 온라인 소스 사용을 제한받았다. 그는 하드웨어나 소프트웨어, 에이전트를 소유하지 못했으며 심지어 자신만의 파일도 갖고 있지 않다. 그가 사용하는 컨텐츠는 타인을 통해 얻은 것이며 윌의 여동생처럼 윌이 하는 행동 모두는 정부와 조직의 감시 대상이 된다. 시나리오 2에서의 개인 네트워크는 개인에게 무한한 자유를 부여해 해방시키기보다는, 이들을 속박하는 쇠고랑과 같은 존재다.

원심성과 구심력

시나리오 1은 3대 혁명이 원심력과 구심력의 복합적인 힘을 발휘한다고 설명한다. 해리는 태평양을 건너 중국에 있는 동료들과 함께 일한다. 친구나 여동생과 하는 상호작용은 모두 분리돼 있으며, 그의 삶은 물리적으로 또한 디지털(가상 현실)적으로 한데 어우러져 돌아간다. 에이전트를 기반으로 한 인터넷 연결은 그에게 친구들의 일정을 고려한 하루 일정 계획을 세우게끔 도와주며, 덕분에 타인과의 충돌이나 방해 없이 회의나 일상적인 약속을 잡을 수 있다.

하지만 인터넷은 아바타 파티와 물리적으로 떨어져 있는 친한 친구와의 가상 만남을 구심적으로 해리의 네트워크로 끌어온다. 이런 과정은 인터넷과 디지털 달력 연동, RFID/GPS 태그, 네트워크 내 구성원들을 통한 정보 생성과 공유로 가능한 것이다. 라이프로깅과 소셜 정보 수집 툴, 스마트 태깅 등과 같은 기술은 친구의 과거, 현재의 활동을 추적하거나 이후의 상호작용을 계획할 수 있게 도와준다. 해리가 가상 술집에서 친구들과 한 무모한 장난이 기록된 사진과 댓글 등을 삭제해 달라 요청한 경우가 바로 이 과정에 속한다.

이 같은 구심적 소셜 과정은 인간의 대면 상호작용을 발전시킬 잠재력을 지녔다. 시나리오 1처럼 발전한다 해도, 대면 관계를 중시하는 사람은 여전히 있을 게다. 해리도 친구를 만났을 때 가상적으로 악수를 하니 어색함을 느꼈다 하지 않았나. 그리고 해리가 여동생과 약속을 잡고 무엇을 입고 갈지 고르면서 적당한 음식점을 예약했던 것과 같이, 미래의 네트워크는 오히려 상대를 직접 만나 상호작용하는 전체 과정을 더욱 쉽게 처리할 수 있도록 도와주리라 생각한다.

반면 시나리오 2는 마치 과거로 돌아간 듯한 느낌을 줬다. 5장에서 이야기한 산업혁명 이전의 마을처럼 훨씬 더 철저한 구심적 사회로 회귀한 모습이었다. 도시를 이동할 때마다 게이트에서 심사를 받아야 하며, 국가의 인터넷이 비용과 보안 문제라는 이유로 규제 받으며, 네트워크 내에 바이러스에 감염된 컴퓨터가 있다고 즉각적으로 연결을 차단하는 가상 커뮤니티를 구축한 소셜미디어는 어딘가 부자연스럽게 느껴진다.

이 두 번째 시나리오는 도대체 가능한 일일까? 실제로 수많은 공상과학 소설이나 영화는 미래에는 오히려 사회가 퇴보해 이처럼 매일 함께하는 구성원이 아닌 이상 배척하고 두려워하는 지역 중심의 소규모, 폐쇄적 집단이 주를 이룰 것이라 경고해왔다. 이런 영화들로는 1930년대까지 거슬러 올라가 랄프 리차드슨 주연 영화 〈다가올 세상〉부터 시작해, 멜 깁슨 주연 〈매드 맥스2〉, 아놀드 슈왈즈제네거의 〈터미네이터〉, 데니스 호퍼의 〈랜드 오브 데드〉, 덴젤 워싱턴의 〈일라이〉 등 수없이 많다.[57] 소설로는 월터 밀러 작인 『리보위츠를 위한 찬송』(1960)부터 도리스 레싱이 집필한 『생존자의 회고록』(1974), 마가렛 애트우드의 『홍수』(2009)까지 적지 않다.[58]

어디까지나 소설이나 영화 속 허구이긴 하지만, 이런 경우는 인류의 역사 속에 분명히 존재한다. 그리스가 로마에 무너진 이후로 중세 시대까지 국민을 억압하고 외세의 침략에 강렬히 저항하던 역사를 우리 모두 배운 바 있다.[59] 또 어떤 의미에서는 지금 바로 이 순간 우리가 살고 있는 이 사회 역시 과거로 퇴보하고 있다고 말할 수 있다. 도시 폭력배들은 지역 영역권을 지키고자 다른 폭력 집단과 분쟁을 일삼고, 미국 내에서는 테러를 방지하고자 입국자들을 대상으로 검문을 실시하고 있지 않은가? 따라서 시나리오 2와 같은 미래는 분명 가능하다. 다만 이같이 배타적이고 편협한 폐쇄적 집단이 지배하는 미래가 오지 않길 바랄 뿐이다.

증강현실은 현실을 대체할 수 없다

시나리오 1에서는 유비쿼터스 컴퓨팅과 증강현실, 거울 세상, 가상 현실 등 외부의 물리적 세상을 네트워크화된 개인의 눈 앞에 펼쳐 보이는 잠재적 기술이 많이 소개됐다. 또한 정보통신 기술과 개인의 삶이 결합되면서 디지털과 물리적 현실 간의 경계가 모호해져 해리의 증강현실 렌즈에 그대로 투사되기도 했다.

시나리오 1에서, 해리는 증강현실과 가상 현실을 통해 의사의 진료를 받고, 의사의 일거수일투족을 그대로 따라 하는 로봇에게 시술을 받는다고 했다. 위치 기반 시스템과 인터페이스로 사람들이 일상적으로 하는 행동과 감각에 관한 모든 것을 네트워크화된 정보로 처리한다는 이야기도 있었다. 해리가 친구들의 RFID/GPS 신호를 분석해 물리적으로 주변에 있는 친구가 있는지 검색함과 동시에 거울 세계를 통해 동생과 만날 적당한 음식점을 찾는 모습이 이런 기술을 매우 잘 묘사한 사례다. 또 한 가지, 시나리오 1에서는 사람들이 태깅, 블로깅, 댓글, 가상 세계에서의 매시업과 아바타 활동을 통해 정보 생성에 이바지한다는 중요한 사실도 설명했다. 반면 시나리오 2에서의 윌은 감시망을 피해야 한다는 부담감이 너무 큰 나머지 에이전트에게 어떤 도움을 얻기엔 상황이 여의치 않았다.

디지털 정보 격차

시나리오 1에서의 네트워크화된 개인은 각자가 사용하는 디지털 도구와 에이전트 활용 방법이 다를 것임에도 불구하고, 디지털 정보 격차를 보이지 않았다. 반면 시나리오 2에서는 현실 세계에서의 경제적 격차로 인해 고가의 인터넷 비용을 지불하지 못해 그들의 디지털 삶마저 감시 당해야 했다. 결국 비용 문제와 감시의 두려움으로 인해 인터넷 사용마저 줄이고, 자신의 개인 정보가 거래되고 항상 감시당한다는 사실에 몸서리쳤다.

시나리오 2에서 다룬 또 다른 디지털 격차는 에이전트 사용 비용과 연결 속도 문제였다. 윌은 미디어가 풍부한 웹사이트에 접속하는 데 필요한 충분한 대역폭을 확보하기엔 경제력이 부족하므로, 증강 현실이나 가상 세계, 거울 세상이 제공하는 수많은 이점을 누릴 수 없었다. 또한 특별 제작된 가상 안경이나 유비쿼터스 컴퓨팅 기기 등을 구입할 수도 없었다.

개인 정보 보호와 디지털 흔적

시나리오 1에서, 해리는 별 어려움 없이 온라인상에 있는 자신의 철없는 모습을 삭제했다. 시나리오 2에서는 정부와 기업이 지속적으로 개인의 온라인 활동을 감시했다. 그 결과, 윌은 자신의 온라인 존재를 최소화했으며, 누구든 자신에 관한 컨텐츠를 업로드하지 못하게 하려고 노력했으나 자동화된 사진 태깅 기술 세상에서 지인들의 행동을 완벽히 차단하지는 못했다. 또한 윌은 페이스월의 감시를 피해 허위 정보를 올리는 일이 가능하다는 사실을 깨달으면서, 온라인 상에 올라온 컨텐츠의 진위 여부를 완벽히 믿을 수 없어 상대를 직접 만나는 방식을 선호했다.

온라인 정보는 윌의 여동생인 로렐라이의 평판을 좌지우지하기도 했다. 한때 실수한 모습이 담긴 사진이 정보의 흐름 속에서 돌고 돌면서 로렐라이는 엄청난 스트레스를 받았으나 쉽게 과거를 지울 수도 없었다. 사람이든 사물이든 어떤 대상에 대한 저장된 참고 자료에 접근하는 일이 가능해지면서, 자신의 상황을 알리거나 사회적 자본을 구축하는 일이 쉬워졌다. 하지만 동시에 로렐라이의 경우와 블로거이자 뉴욕시립대학교의 교수인 제프 자비스^{Jeff Jarvis}의 말처럼 상호확증 굴욕^{mutually assured humiliation}의 세상을 살아가야 한다는 단점도 있다.[60]

두 시나리오는 모두 온라인 상에서의 개인 정보 보호에 관한 이야기를 다뤘다. 결국 핵심 질문은 '제어'로 귀결된다. 즉 데이터와 소프트웨어, 하드웨어를 제어하는 사람이 과연 누구인가 하는 것이 문제의 핵심이다. 시나리오 1에서와 같이 이 문제는 국가적으로 처리해야 되는 문제가 아닌, 국제적으로 연결된 사람이라면 누구든 고려해야 하는 문제다. 새로운 기술 활용은 궁극적으로 삶의 편리함과 개인 정보 보호 간의 기회 비용 문제를 남긴다. 다가오는 미래에는, 정부와 서비스 제공자 모두 새로운 개인 정보 보호 규정을 수립해야 할 것이며, 네트워크화된 개인은 자신이 맞닥뜨릴 수 있는 잠재적 위험에 대한 다양한 정보를 습득해 대책을 세워야 한다.

미래는 다가오고 있다

앞서 이야기한 두 시나리오가 보여준 미래 사회는, 앞으로 네트워크화된 개인이 맞이해야 할 미래를 보여준다. 둘 중 어느 하나의 시나리오가 어느 정도 실현된다 하더라도, 디지털 기술의 발전이나 사회적인 모습이 동일하게 발전하리라는 보장은 없다. 지금 이 책을 쓰고 있는 우리와 네트워크로 연결된 열혈 디지털 원주민, 혹은 우리와 비슷한 사회적 취향을 지닌 사람들은 좀 더 발전된 네트워크의 모습을 보면 미래를 어느 정도 예측할 수 있다고 생각한다. 여기에는 우리의 이야기를 시작하게 해 준 피터와 트루디 존슨 렌츠 부부도 포함된다. 하지만 지금의 예측이 실현되지 않을 수 있으며, 심지어 그 중 일부는 아예 실현되지 못할 수도 있다.

미래의 사회적 이슈를 정리해보면 다음과 같다.

- 인터넷의 존재 그 자체: 미래의 인터넷은 어떻게 발전할 것이며 구조적 기능은 어떻게 변화할 것인가? 말 그대로 코드와 순환의 장으

로만 남을 것인가?

- 법적 문제: 개인 정보 보호와 지적 재산권에 대한 대규모 정치적 분쟁이 일어날 수 있으며, 이로 인해 미래에 누가 무엇을 공유하고 소유하며, 무엇에 관해 누가 어떻게 비용을 지불해야 하는지 정해질 것이다.

- 사회적 규범과 에티켓 재정비

- 애플리케이션과 기기와 같은 상업적 기술 분야: 인간은 네트워크화된 개인을 도와줄 새로운 툴과 기술을 개발할 것이다.

소셜 네트워크와 인터넷, 모바일 연결을 아우르는 3대 혁명은 네트워크화된 운영 시스템을 변화시킬 것이며 그 끝은 없으리라 본다. 즉 우리가 예상하는 미래 사회에서는, 독립된 객체로서의 개인의 역할이 더욱 더 중요해질 것이며 자신의 삶을 일궈나가는 주체로서 그 위치를 확고히 할 것이다. 물론 그 선택은 개개인에게 달렸으며 개인이 처한 상황이 허락해줘야 가능할 테지만 말이다. 하지만 그만큼 미래의 네트워크화된 개인은 자신의 욕구를 충족시키기 위해 더 많은 정보를 습득해야 하며 더 열심히 일해야 한다는 짐을 줄일 수는 없을 것이다. 또한 밀접하게 연관된 영구적 소규모 집단은 여전히 안정적인 핵심 관계로 남을 것이며, 소셜 네트워크는 모든 인간 활동에서 더 많은 역할을 수행할 것이다. 네트워크화된 개인의 의무는 여기서 끝이 아니며, 넷위빙netweaving(나를 중심으로 한 관계 맺기)의 불확실성과 만족감 역시 항상 현대인의 곁을 떠나지 않으리라.

참고문헌

본 참고문헌의 PDF 버전은 에이콘출판사 도서정보 페이지(http.www.acornpub.co.kr/book/networked)에서 도 내려받을 수 있습니다.

1장

1. 제프리 보스(Jeffrey Boase), 크리스틴 엔슬렌(Christine Ensslen), 트레이시 케네디(Tracy Kennedy), 스티븐 페럴굿(Stephen Perelgut), 베벌리 웰먼(Beverly Wellman), 샤오린 저우(Xiaolin Zhou)의 도움을 받아 1장을 집필했다.

2. Kurtelling.com/forum 참조

3. 그룹 재즈(Group Jazz)라 불리는 리사 킴벌(Lisa Kimball)의 회사와 회사의 웹사이트 http://www.groupjazz.com 참조

4. 조직 내 네트워크화된 팀을 개발하는 데 도움을 주는 회사인 넷에이지(NetAge)의 수장인 제시카 립낵(Jessica Lipnack) 'NetAge Endless Knots' 2007년 12월 7일 http://endlessknots.netage.com/endlessknots/2007/12/pt-paying-it-ba.html

5. 로트사 헬핑 핸즈(Lotsa Helping Hands)는 필요할 때 친구, 가족, 동료를 조직하는 할 수 있는 무료 웹 기반 커뮤니티로서 사람들의 '모임을 회합하는 서클'과도 같다. http://www.lotsahelpinghands.com

6. INFJ(Introversion, iNtuition, Feeling, Judging)는 마이어스 브릭스의 16가지 성격 구분 중 하나다. 이자벨 브릭스 마이어스(Isabelle Briggs Myers)의 『성격의 재발견 : 마이어스 브릭스 성격유형 탐구』(부글북스, 2008) 참조

7. 피터와 트루디 존슨 렌츠 부부는 우리의 요청에 따라 2008년 6월 24일에 겪은 일을 상세히 적어주었다. 그리고 2008년 12월부터 2011년 1월까지 받은 이메일 메시지와 인터뷰 내용을 덧붙였다.

8. 예: 로버트 퍼트넘(Robert Putnam)의 『나홀로 볼링』(페이퍼로드, 2009년)

9. 예: 셰리 터클(Sherry Turkle)의 『외로워지는 사람들』(청림출판, 2012년), 아니타 밴젤리스티(Anita Vangelisti)와 댄 펄먼(Dan Perlman) 공저 『Cambridge Handbook of Personal Relationships』 (Cambridge: Cambridge University Press, 2006년) 709-723페이지 중에서 제프리 보스와 배리 웰먼의 'Personal Relationships' 리뷰를 참조하라.

10. 2010년 『American Behavioral Scientist』 53, no. 8, 1148-1169페이지 후아 왕(Hua Wang)과 배리 웰먼(Barry Wellman)의 'Social Connectivity in America' 글

11. 에릭 슈미트는 데렉 톰슨(Derek Thompson)의 다음과 같은 글에서 인용됐다. 〈더 애틀랜틱〉 2010년 10월 1일 "Google's CEO: 'The Laws Are Written by Lobbyists" http://www.theatlantic.com/technology/archive/2010/10/googles-ceo-the-laws-are-written-by-lobbyists/63908

2장

1. 빈센트 추아(Vincent Chua)의 도움을 받아 2장을 집필했다. 그리고 2장의 집필을 위해 가장 많은 데이터를 수집하여 주고 통계자료를 준비해준 모하마드 하크(Mohammad Haque), 트위터 네트워크 구성에 도움을 준 아나톨리 그루즈드(Anatoliy Gruzd), 2008 미국 대선 이전의 서적 구매의 연관성을 보여준 그림 2.16 통계자료를 구성해 준 발디스 크렙스(Valdis Krebs)에게 특별한 감사의 말을 전한다. 후안안토니오 카라스코(Juan-Antonio Carrasco), 웬홍 첸(Wenhong Chen), 로셸 코테(Rochelle Côté), 데이비드 길렌(David Gillen), 크리스틴 엔슬렌(Christine Ensslen), 미르나 가자리안(Mirna Ghazarian), 키이스 햄튼(Keith Hampton), 잭 하얏트(Zack Hayat), 캐롤라인 헤이손스웨이트(Caroline Haythornthwaite), 버니 호건(Bernie Hogan), 트레이시 케네디(Tracy Kennedy), 모하마드 케이하니(Mohammad Keyhani), 알렉산드라 마린(Alexandra Marin), 윌리암 미첼슨(William Michelson), 다이애나 모크(Diana Mok), 애드리언 레드(Adrienne Redd), 톰 스미스(Tom Smith), 모 광 잉(Mo Guang Ying), 에스더와 어빙 제이틀린 부부(Esther and Irving Zeitlin)의 조언에 감사를 표하며, 저스틴 쿠처(Justin Couture), 잭 가르시아(Zack Garcia), 아나톨리 그루즈드, 그레고리 얀셀위츠(Gregory Jancelewicz), 쇼나 코로시(Shawna Korosi), 톰 스나이더스(Tom Snijders), 릴리아 스메일(Lilia Smale), 데이비드 토우즈(David Toews), 메디 자벳(Mehdi Zabet), 유 재니스 장(Yu Janice Zhang)의 조력에도 감사를 전한다.

2. 이 절에서 보여준 지표들이 권위있는 출처에서 인용되었다고 해도 학자들은 이 지표들의 정확한 수치에 관해 논쟁을 벌여왔다. 이 지표들을 한데 모아서 네트워크 사회로 나아가기 위한 제안을 하는 것이 우리의 목표이므로, 그와 같은 논쟁들을 피해서 언급했다. 여기서 논의한 트렌드를 선도하는 미국의 사회적 역사에 대해서는 클로드 피셔(Claude Fischer)의 『Made in America』(Chicago: University of Chicago Press, 2010)을 참조하라. 다른 국가들과 미국의 가치 비교에 대해서는 웨인 베이커(Wayne Baker)의 『America's Crisis of Values』(Princeton: Princeton University Press, 2005)을 참조하라.

   어포던스(affordance)에 대해서는 도날드 노먼(Donald Norman)의 『Interactions』(1999년 5월 출간) 책 38-44페이지 'Affordance, Conventions, and Design'와 에린 브래드너(Erin Bradner)가 캘리포니아 대학의 정보와 컴퓨터 과학부의 워킹 페이퍼(2000년 2월)'Understanding Groupware Adoption: The Social Affordances of Computer-Mediated Communication among Distributed Groups'을 참조하라.

3. 그림 2.1: 자동차 여행 데이터는 패트리샤 후(Patricia Hu)와 티모시 로셔(Timothy Reuscher)의 『USDOT Federal Highway Administration Report 2004』의 『Summary of Travel Trends: 2001 National Household Travel Survey』(http://nhts.ornl.gov/2001/pub/STT.pdf)에서 인용했다. 여기서 표 17, 워싱턴 D.C.의 미 교통국 연방고속도로공사의 1969년 가구 차량 보유 자료는 경트럭(밴이나 픽업트럭)은 포함하지 않는다. 1969년, 1977년, 1983년, 1990년 및 1995년 통계조사는 전국 대상의 개인용 교통수단에 대한 조사다. 2001년 조사는 전국 가구 교통수단 조사였다. J. D. 파워(J. D. Power)의 자동차 의존성 조사에서 인용한 자동차 의존성 데이터는 2000년 이후 유일한 연구로, 각각의 3년식 차량에 대해 평균 4.45 문제가 발생했다. 2010년에 그 평균은 1.55였다. 차후 10년이 시작하는 시점으로부터 각 차량 당 3분의 2(65퍼센트)의 문제가 감소했다. 2010년 자료는 전국고속도로교통안전공사에서 발췌한 것으로, 2010년의 Early Estimate of Motor Vehicle Traffic Fatalities(http://www-nrd.nhtsa.dot.gov/Pubs/811451.pdf)를 참조하라.

4. 그림 2.2: 1인당 항공운송 데이터는 연구혁신기술공사(RITA)의 교통통계국의 1954–2007 연감, http://www.bts.gov/programs/airline_information/air_carrier_traffic_statistics/airtraffic/annual/1954_1980 와 http://www.bts.gov/programs/airline_information/air_carrier_traffic_statistics/airtraffic/annual/1981_present.html에서 가져왔다. 소개된 교통 자료는 허가된 대형 항공사가 교통부의 교통통계국 41번 문서형식으로 보고한 자료이며, 대형 항공사, 국내 항공사, 대형 지역 항공사, 중형 대형 항공사 그룹을 포함한다. 허가된 소규모 항공사와 출퇴근용 항공사에 관한 교통 통계는 포함되지 않는다. 그리고 탑승기록은 http://www.census.gov/compendia/statab/2010/tables/10s0002.xls에서 볼 수 있는 미 인구통계조사국의 인구자료에 기반하여 미국 인구 추정치로 나누어 얻었다. 참고할 사항은 1954년의 1인당 0.22회 비행기 탑승 기록은 몇 명의 사람이 자주 비행기를 이용하고 대다수의 사람은 한 번도 이용하지 않았으므로 잘못 해석된 수치다. 이는 오로지 평균치만 활용할 수 있는 경우에 발생하는 통계학적 해석 문제다. 조이스 다게이(Joyce Dargay)와 마크 핸리(Mark Hanly)는 영국의 레저용 탑승 및 업무용 탑승에 대한 유사한 데이터를 제공한다. "The Determinants of the Demand for International Air Travel to and from the UK," Universities' Transport Studies Group Conference, Edinburgh, 2001년 11월. http://www2.cege.ucl.ac.uk/cts/tsu/papers/UTSGAIR2002.pdf

5. 그림 2.3과 2.4: 전화 데이터는 미국 인구조사국에서 가져왔다. 'Table 1110: Telephone Systems Summary', 「Statistical Abstract of the United States」: 2010. http://www.census.gov/compendia/statab/2010. 그리고 클로드 피셔의 『America Calling』(Berkeley: University of California Press, 1992)과 미 연방 통신위원회의 산업분석 및 기술부의 유선 경쟁국에서 2008년 낸 'Trends in Telephone Services', http://hraunfoss.fcc.gov/edocs_public/attachmatch/DOC-284932A1.pdf도 참조하라.

6. 스티븐 블룸버그(Stephen J. Blumburg)와 줄리안 루크(Julian V. Luke), 'Wireless Substitution: Early Release of Estimates from the National Health Interview Survey', 2010년 7–9월판. Centers for Disease Control and Prevention, 2011년 6월, http://www.cdc.gov/nchs/data/nhis/earlyrelease/wireless201106.pdf

7. 그림 2.5, 개인용 컴퓨터 자료는 국제통신연맹(ITU)에서 가져왔다. World telecommunication/ICT indicators database 2008 ed. Geneva. ITU. 도시에서의 변화 검토에 대해서는 자카리 닐의 'From Central Places to Network Bases', 「City & Community 10」no. 1(2011): 49–74페이지를 참조하라.

8. 그림 2.6, 국제 전쟁에 관한 자료는 'Number of State-Based Armed-Conflicts by Type, 1946–2006', 「Human Security Brief 2007」(Vancouver: Human Security Report Project, 2007)에서 인용했다. 표 3.3에서 사용한 자료의 출처는 http://www.hsrgroup.org/human-security-reports/2007/graphs-and-tables.aspx다.

9. 그림 2.7, 국제거래에 관한 자료는 울프람 알파(Wolfram Alpha) 데이터 아카이브 및 분석 프로그램을 통해 얻었다(http://www.wolframalpha.com).

10. 그림 2.8, 그레고리 얀셀위츠와 배리 웰먼이 찍은 과일 싸인의 합성사진. 토론토의 피에스타 팜스 슈퍼마켓, 2010년 5월. 세계화에 대한 폭넓은 해석에 관해서는 노벨상 수상자인 조셉 스티글리츠의 『Globalization and Its Discontents』(New York: Norton, 2002)을 참조하라.

11. 캐나다의 18–65세 인구의 가정에서 비수면 활동에 대한 시간 활용 데이터 자료는 'General Social

Survey Cycle 7'(1992)과 'Cycle 19'(2005)에서 가져왔다. 이를 통해 이 책의 저자들을 이끌어준 윌리엄 미첼슨에게 감사를 전한다. 혼자 먹는 식사에 관한 자료는 마틴 튀르코트(Martin Turcotte)의 'Time Spent with Family during a Typical Workday', 1986 to 2005, 'Canadian Social Trends', 2008년 11월 21일, http://www.statcan.gc.ca/pub/11-008-x/11-008-x2006007-eng.htm에서 가져왔다.

12. 로버트 퍼트넘의 『나홀로 볼링』(페이퍼로드, 2009년). 시드니 태로우(Sidney Tarrow)의 『Power in Movement (개정판)』(Cambridge: Cambridge University Press, 2011), 베스 캔터(Beth Kanter)와 앨리슨 파인(Allison Fine)의 『The Networked Nonprofit』(New York: Jossey-Bass, 2010), 미 노동 통계국의 'Families and Work in Transition in 12 Countries, 1980-2001' 「Monthly Labor Review」, 2003년 9월, 최신판 및 출판되지 않은 자료. http://www.census.gov/compendia/statab/2008/tables/08s1304.pdf

13. 표 2.1, 퓨 포럼 온 릴리전 앤 퍼블릭라이프(Pew Forum on Religion and Public Life)와 미 종교환경조사에서 발췌한 자료. 2008년 6월, http://religions.pewforum.org/reports, 마이클 하우트(Michael Hout)와 클로드 피셔의 'Unchurched Believers' UC 버클리의 연구조사센터의 2009년 12월 워킹 페이퍼, 페기 레빗(Peggy Levitt)의 'Redefining the Boundaries of Belonging' 「Sociology of Religion」 65, no. 1(2004) 1018페이지, 하이디 캠벨(Heidi Campbell)의 『Exploring Religious Community Online』(New York: Peter Lang, 2005), 로버트 퍼트넘과 데이비드 캠벨의 『American Grace』(New York: Simon & Schuster, 2010)도 참조하라.

14. 그림 2.10, 미 통계청, 'Table 1095 Utilization of Selected Media' Statistical Abstract of the United States, 2010. TV 광고국에서 펴낸 'Trends in Television'의 연간 보고서에 기반한 http://www.census.gov/compendia/statab/2010/tables/10s1095.xls 자료. TVB 연구 센터, 'Media Trends Track: TV Basics TV Sets per Household', http://www.tvb.org/media/file/TV_Basics.pdf; http://www.tvb.org.central/MediaTrendsTrack/tvbasics/07_5_TV_Per_HH.asp

15. 그림 2.11, 크리에이티브 클래스의 비율 자료, 케빈 스톨라릭(Kevin Stolarick)의 허가로 사용. 토론토 대학의 Martins Prosperity Institute, 크리에이티브 클래스와 그의 슈퍼크리에이티브 하위개념은 리차드 플로리다(Richard Florida)의 『The Rise of the Creative Class』(New York: Basic Books, 2002)에서 나온 것이다. 플로리다는 크리에이티브를 '경제적 기능이 새로운 아이디어, 새로운 기술 또는 새로운 창의적 컨텐츠를 만들어내는 사람들'이라고 정의하고(8페이지), 슈퍼크리에이티브는 '현대 사회의 사고적 리더십…. 쉽게 전수될 수 있고 널리 유용한 새로운 형태나 디자인을 만들어내는 사람들'(69페이지)로 정의했다. 더 많은 수의 노동자들이 현재 텍스트, 숫자 및 도면을 가지고 일하기 위해 컴퓨터를 사용하고 있는 것에 동의하기 위해서 플로리다의 자료에 대한 논쟁에 깊이 관여할 필요는 없다.

16. 그림 2.12, 사회학적인 용어로 더 큰 관용과 더 작은 차별은 '책임전가'에서 '책임감 있는' 태도와 행동으로 나아가는 전환점이다. 이는 몰리 안돌리나(Molly Andolina)와 제레미 메이어(Jeremy Mayer)의 'Demographic Shifts and Racial Attitudes' 「Social Science Journal」 40(2003): 19-31페이지에 나와 있다. 다른 인종 간 결혼에 관한 태도에 대한 자료는 제임스 데이비스(James A. Davis)와 톰 스미스(Tom Smith)의 「Social Surveys, 1972-2008」(machinereadable data file) (Chicago: National Opinion Research Center)에서 나온 것으로 GSS의 질문지에 '모름' 등을 제외한 모든 유효대답을 이용한다. "흑

460

인과 백인 간의 결혼에 반대하는 법이 있어야 한다고 생각하십니까?" 답변인의 비율은 질문에 대한 유효 답변 '예 또는 아니오'에 근거하여 계산한다. 샘플 집단은 18세 이상 미국에 거주하는 영어 사용자로 구성되었으며, 1972년부터 1978년까지는 오로지 흑인을 제외한 답변자에게만 이 질문을 던졌고, 1978년부터는 모든 답변자에게 이를 질문했다. 이 차이는 그림에서 단절된 부분으로 나타난다. 존 아이슬란드(John Iceland), 다니엘 와인버그(Daniel Weinberg)와 에리카 스타인메츠(Erika Steinmetz)의 『Racial and Ethnic Residential Segregation in the United States』, 1980–2002, 미 인구조사국, Series CENSR–3 (Washington, DC: U.S. Government Printing Office, 2002), 60페이지도 참조하라. 다른 인종 간 결혼에 대한 실제 데이터는 제프리 파셀(Jeffrey Passel), 웬디 왕(Wendy Wang), 폴 테일러(Paul Taylor)의 'Marrying Out', 퓨 리서치 센터, 2010년 6월 4일, http://pewsocialtrends.org/2010/06/04/marrying-out를 참조하라.

17. 미 국립과학재단이 재정 지원하는 제너럴 소셜 서베이(GSS, General Social Survey)는 전국을 대상으로 하는 현저한 대단위 사회학적 설문조사다. http://www.norc.org를 참조하라.

18. 윌 허버트(Will Herbert)의 1955년 저서는 『Protestant, Catholic, Jew』(Garden City, NY: oubleday)이다. 종교집단에 대한 낮은 참여도에 대한 현대적 트렌드는 마크 샤베스(Mark Chaves)의 『American Religion』(Princeton, NJ: Princeton University Press, 2011)에 나와 있다. '감히 그 정체를 밝힐 수 없는 사랑'은 알프레드 더글라스 경(Lord Alfred Douglas)의 『두 개의 시』(1984)에서 나온 문구로 그의 연인인 오스카 와일드의 '중대 외설행위' 재판에서의 주요한 증거로 사용되었다.

19. 고용인혜택조사기관의 자료. http://www.ebri.org. 스티븐 그린하우스(Steven Greenhouse)의 'Pensions on the Move' 기사, 〈뉴욕 타임즈〉, 2011년 3월 1일, B1면, B4면도 참조하라.

20. 우리의 주장은 다음에 표현된 주장들과 부분적으로 맥을 같이 한다. 알버트라즐로 바라바시(Albert-Laszlo Barabasi) 『링크(21세기를 지배하는 네트워크 과학)』(동아시아, 2002년), 요하이 벤클러(Yochai Benkler) 『The Wealth of Networks』(New Haven, CT: Yale University Press, 2006), 마뉴엘 카스텔(Manuel Castells) 『네트워크 사회의 도래』(한울아카데미, 2008), 니콜라스 크리스태키스(Nicholas A. Christakis)와 제임스 파울러(James H. Fowler) 『행복은 전염된다』(김영사, 2010), 달튼 콘리(Dalton Conley) 『Elsewhere USA』(New York: Pantheon, 2009), 찰스 카두신(Charles Kadushin), 『Making Connections』(New York: Oxford University Press, 2011), 던칸 와츠(Duncan Watts) 『SMALL WORLD: 여섯 다리만 건너면 누구와도 연결된다』(세종연구원, 2004), 데이비드 와인버거 『인터넷은 휴머니즘이다』(명진출판사, 2002), 배리 웰먼과 S. D. 버코위츠(S. D. Berkowitz) 등저 『Social Structures: A Network Approach』(Cambridge: Cambridge University Press, 1988)에서 19–61페이지, 배리 웰먼의 글 'Structural Analysis: From Method and Metaphor to Theory and Substance', 자넷 아부루고드(Janet Abu-Lughod) 등저의 『Sociology for the Twenty-First Century』(Chicago: University of Chicago Press, 1999)에서 94–114 페이지, 배리 웰먼의 글 'From Little Boxes to Loosely-Bounded Networks', 『The Semiotician』 14호(2009) 5페이지에 실린 버니 호건의 글 'The Networked Individual: A Profile of Barry Wellman'

21. 『Journal of Quantitative Anthropology』 1호(1989) 229–238페이지 린톤 프리먼(Linton Freeman), 수 프리먼(Sue Freeman), 앨라이나 마이클슨(Alaina Michaelson)의 글 'How Humans See Social Groups'

22. 에밀 뒤르켕(Émile Durkheim) 『The Division of Labor in Society』(New York: Macmillan, 1933[1893])

23. 노먼 셜먼(Norman Shulman), 1972년 토론토 대학 사회학과 박사 논문 'Urban Social Networks', 『Social Networks』 19, no. 1(1997) 27–51페이지에 실린 배리 웰먼, 레니타 육린 윙(Renita Yuk–Lin Wong), 데이비드 틴달(David Tindall), 낸시 네이저(Nancy Nazer) 'A Decade of Network Change'

24. 버즈 스토리는 〈연합 통신〉 2010년 2월 12일에 실린 바바라 오르투테이(Barbara Ortutay)의 글 'Google Tweaks Buzz Social Hub after Privacy Woes'과 〈뉴욕 타임즈〉 2010년 2월 18일에 실린 리바 리치몬드(Riva Richmond)의 글 'What You Need to Know about Google Buzz'(http://gadgetwise.blogs.nytimes.com/2010/02/17/what–you–need–to–know–about–google–buzz)에 잘 요약되어 있다.

25. 해리엇 제이콥스(Harriet Jacobs, 'Fugitivus'라는 필명으로 저작) 'Fuck You, Google' 2010년 2월 11일, http://www.fugitivus.net/2010/02/11/fuck–you–google

26. 에릭 골드먼(Eric Goldman) 'Technology and Marketing Law Blog'의 2010년 9월 9일 'Google Settles Buzz User Privacy Litigation' 글(http://blog.ericgoldman.org/archives/2010/09/googles_buzz_us.htm), 〈가디언〉지에 2010년 2월 17일 실린 리차드 레이(Richard Wray)의 'Google Boss Says 'Nobody Was Harmed' by Buzz Debacle'(http://www.guardian.co.uk/technology/2010/feb/17/google–buzz–schmidt) 글에 대한 에릭 슈미츠의 무반응과 하버의 반박은 2010년 3월 17일 〈월스트리스 저널 블로그〉에 에밀리 스틸(Emily Steel)이 쓴 글 'Google Buzz Exemplifies Privacy Problems, FTC Commissioner Says'(http://blogs.wsj.com/digits/2010/03/17/google–buzz–exemplifies–privacy–problems–ftc–commissioner–says)에 실렸다. FTC 뉴스는 'FTC Charges Deceptive Privacy Practices in Google's Rollout of Its Buzz Social Network'라는 기사를 송고했다. http://ftc.gov/opa/2011/03/ google.shtm

27. 'FTC Charges Deceptive Privacy Practices' 주석 26번 항목 참조

28. 이안 해킹(Ian Hacking) 『Why Does Language Matter in Philosophy?』(Cambridge: Cambridge University Press, 1975), 마크 뉴난(M[ark] E. J. Newnan) 'Complex Systems: A Survey'(『American Journal of Physics 79』(2011): 800–810페이지, arXiv: 112.1440 v1)

29. 제임스 배그로우(James Bagrow), 순 레만(Sune Lehmann), 안용열 'Robustness and Modular Structure in Networks' 『arXiv』(archive) 1102–5085 v1, 2011년 2월 24일

30. 리차드 르원틴(Richard Leowontin) 'The Corpse in the Elevator' 『New York Review of Books』 1983년 1월 20일 36페이지

31. '사회는 2인의 관계의 총합 그 이상은 아니다'라는 주장에 관해서는 사회학자 조지 호먼스(George Homans)의 『Social Behavior: Its Elementary Forms』(New York: Harcourt Brace Jovanovich, 1961)를 참조하라.

32. 마이클 애덤스(Michael Adams)의 『Fire and Ice』(Toronto: Penguin Canada, 2003), 웨인 베이커(Wayne Baker)의 『America's Crisis of Values』(Princeton, NJ: Princeton University Press, 2004)

33. 2009년 4월 17일 크레이그 킨슬리(Craig Kinsley), 시니에 탱(Sinye Tang)과 배리 웰먼과의 사적인 교류. 켈리 램버트(Kelly Lambert)와 크레이그 킨슬리 『Clinical Neuroscience』(New York: Worth, 2004)

34. 졸업생 네트워크에 관한 현대적 해석은 패래그 칸나(Parag Khanna)가 2011년 1월 24일 〈월스트리트 저널〉 'Ideas Market' 블로그에 기고한 'Davos: Congress of the New Middle Ages' 글(http://blogs. wsj.com/ideas-market/2011/01/24/davos-congress-of-the-new-middle-ages)을 참조하라. 연동기업 이사직에 관한 고전서는 베스 민츠(Beth Mintz)와 마이클 슈워츠(Michael Schwartz)의 『The Power Structure of American Business』(Chicago: University of Chicago Press, 1985)이다. 가장 최신 논문은 마크 미루치(Mark Mizruchi)가 「Annual Review of Sociology」 22(2003) 271-298페이지에 기고한 'What Do Interlocks Do?'이다. 이사진 교체에 관해서는 잭 리차드슨(R. Jack Richardson)이 「Administrative Science Quarterly 32」(1987) 367-386페이지에 기고한 'Directorship Interlocks and Corporate Profitability'를 참조하라. 유럽 연동기업의 경우 〈Global Networks〉 22, no. 4(2011) 1-21페이지에 실린 일크 힘스케르크(Eelke Heemskerk)의 'The Social Field of the European Corporate Elite'를 참조하라.

35. 〈연합 통신〉 2010년 2월 19일에 실린 ASAP Sports가 녹취한 '타이거 우즈의 발언 기록'(http://www. cbsnews.com/stories/2010/02/19/sportsline/main6223331.shtml)

36. 〈Sociology of Health Care〉 12(1995) 213-238페이지에 실린 베벌리 웰먼(Beverly Wellman)의 글 'Lay Referral Networks'

37. 사회적 네트워크 분석에 치중하는 주요 직업 단체의 회원제도는 2000년 이후 두 배가 되었다. 1976-1977년에 웰먼 공저자에 의해 설립된 사회적 네트워크 분석을 위한 국제 네트워크의 회원수는 현재 1300명이 넘는다(http://www.insna.org). 사회적 네트워크의 전망을 요약해보려면, 피터 캐링턴, 존 스콧이 저술한 『Handbook of Social Network Analysis』(Thousand Oaks, CA: Sage, 2011) 11-25페이지에 실린 알렉산드라 마린(Alexandra Marin)과 배리 웰먼의 글 'Social Network Analysis: An Introduction'번 항목 참조. 사회적 네트워크 분석의 기본적인 가이드북은 스텐리 워서맨(Stanley Wasserman)과 캐더린 파우스트(Katharine Faust)가 지은 『Social Network Analysis』(Cambridge: Cambridge University Press, 1994)이 있다.

38. 구글 엔그램(Google NGram) 소스는 낮은 경우의 수만 포함한다. Smoothing = 2 (http://ngrams. googlelabs.com/graph?content=social+networks,social+network&year_start=1950&year_end=2008&corpus=0&smoothing=2)

39. 난 린(Nan Lin), 카렌 쿡(Karen Cook), 로날드 버트(Ronald Burt)가 공저한 『사회 자본』(커뮤니케이션 북스, 2003)의 233-273페이지에 실린 배리 웰먼과 케니스 프랭크(Kenneth Frank)의 기고문 'Network Capital in a Multi-Level World: Getting Support in Personal Communities'를 참조하라.

40. 니콜라스 크리스태키스, 제임스 파울러의 『행복은 전염된다』(김영사, 2010)

41. 〈Molecular Psychiatry〉 16(2011년 3월 16일) 273-281페이지에 실린 닐즈 로젠키스트(J. Niels Rosenquist), 제임스 파울러, 니콜라스 크리스태키스의 글 'Social Network Determinants of Depression' (http://jhfowler.ucsd.edu/social_network_determinants_of_depression.pdf)

42. 〈Annals of Internal Medicine〉 152, no. 7(2010) 426-433페이지에 실린닐즈 로젠키스트, 조안 무라비토(Joanne Murabito), 제임스 파울러(James H. Fowler), 니콜라스 크리스태키스의 기고문 'The Spread of Alcohol Consumption Behavior in a Large Social Network'

43. 〈Annual Review of Sociology〉 27(2001) 415-444페이지에 실린 밀러 맥퍼슨(Miller McPherson), 린 스미스로빈(Lynn Smith-Lovin), 제임스 쿡(James M. Cook)의 글 'Birds of a Feather: Homophily in Social Networks', 〈PNAS(Proceedings of the National Academy of Science)〉 106, no. 51, 21544-21549페이지에 기고한 사이널 에이럴(Sinal Aral), 레브 머크닉(Lev Muchnik), 아룬 순다라얀(Arun Sundarajan)의 글 'Distinguishing Influence-Based Contagion from Homophily-Driven Diffusion in Dynamic Networks', 〈Science〉 329(2010년 9월 3일) 1194-1197페이지에 기고한 데이먼 센톨라(Damon Centola)의 글 'The Spread of Behavior in an Online Social Network Experiment'

44. 〈PNAS〉 2011년 1월 18일 제임스 파울러, 제이미 세틀(Jaime Settle), 니콜라스 크리스태키스가 기고한 'Correlated Genotypes in Friendship Networks'(http://www.phas.org/content/108/5/1993.full; on network gregariousness), 배리 웰먼이 지은 『Networks in the Global Village』(Boulder, CO: Westview Press, 1999)의 83-118페이지 배리 웰먼, 밀레나 굴리아(Milena Gulia)의 'A Network Is More Than the Sum of Its Ties' 글도 참조하라. 크리스태키스와 그의 동료들의 저서에 대한 비평은 「British Medical Journal」 337(2008)에 실린 이던 코엔콜(Ethan Cohen-Cole), 제이슨 플레처(Jason Fletcher)의 'Detecting Implausible SocialNetwork Effects in Acne, Height, and Headaches: Longitudinal Analysis'(http://www.bmj.com/content/337/bmj.a2533.full) 참조, 「Journal of Health Economics」 27, no. 5(2008) 1382-1387페이지에 실린 이던 코엔콜, 제이슨 플레처의 'Is Obesity Contagious?'(http://www.sciencedirect.com/science/article/pii/S0167629608000362), 「Statistics, Politics, and Policy」 2, no. 1(2011)에 실린 러셀 리욘스(Russell Lyons)의 'The Spread of Evidence-Poor Medicine via Flawed Social-Network Analysis'(http://arxiv.org/abs/1007.2876)를 참조하라.

45. 2009년 1월 「Semiotix」에 실린 버니 호건의 'The Networked Individual'(http://www.semioticon.com/semiotix/semiotix14/sem-14-05.html), 린톤 프리먼(Linton Freeman)의 『The Development of Social Network Analysis』(Vancouver: Empirical Press, 2004)도 참조하라.

46. 짐멜의 일생과 그의 역작은 영어로 번역된 수많은 저서에서 찾아볼 수 있다. 게오르크 짐멜, 커트 울프 번역 및 편집 『The Sociology of Georg Simmel』(Glencoe, IL: Free Press, 1950), 게오르크 짐멜, 커트 울프 옮김 『Conflict and the Web of Group Affiliations』(Glencoe, IL: Free Press, 1955), 게오르크 짐멜, 도날드 레빈 번역 및 편집 『On Individuality and Social Forms』(Chicago: University of Chicago Press, 1971), 페르난드 퇴니스 『Community and Organization[Gemeinschaft und Gesellschaft]』(London: Routledge & Kegan Paul [1887] 1955).

47. 게오르크 짐멜의 'The Metropolis and Mental Life'(1903) 글은 커트 울프가 번역한 『The Sociology of Georg Simmel』(Glencoe, IL: Free Press, 1950) 409-424페이지에 실려 있다.

48. 아프리카에 관해서는 클라이드 미첼(J. Clyde Mitchell) 등이 공저한 『Social Networks in Urban Situations』(Manchester: Manchester University Press, 1969)을 참조하라. 알빈 울프(Alvin Wolfe)는 「Social Network Analysis and Mining」 1, no. 1(2001): 3-19페이지에 실린 'Anthropologists View of Social Network Analysis and Data Mining'에서 인류학자의 관점에서 바라 본 추가적인 해석을 보여준다.

49. 엘리자베스 보트(Elizabeth Bott) 『Family and Social Network』(London: Tavistock, 1957)

50. 조 피긴(Joe Feagin)과 할란 한(Harlan Hahn) 『Ghetto Revolt』(New York: Macmillan, 1973), 이 시대에

대한 일반적인 역사적 해석을 보려면 휴 그라함, 테드 거가 공저한 『Violence in America』(Washington, DC: U.S. Government Printing Office, 1969) 4~45페이지에 찰스 틸리(Charles Tilly)가 기고한 글 'Collective Violence in European Perspective'를 보라. 더그 맥아담(Doug McAdam), 시드니 태로우(Sidney Tarrow), 찰스 틸리(Charles Tilly)의 『Dynamics of Contention』(Cambridge: Cambridge University Press, 1973)에서 검토한 최근 연구도 많다.

51. 허버트 건스(Herbert Gans) 『The Urban Villagers』(New York: Free Press, 1962), 엘리엇 리보우(Elliot Liebow) 『Tally's Corner』(Boston: Little, Brown, 1967), 캐롤 스택(Carol Stack) 『All Our Kin』(New York: Harper & Row, 1974), 수디르 벤카테시(Sudhir Venkatesh) 『괴짜사회학』(김영사, 2009)

52. 제프리 보스, 배리 웰먼 'A Plague of Viruses', 『Current Sociology』 49, no. 6(2001): 39~55페이지

53. 전체적인 평가를 보려면 토마스 발렌트(Thomas Valente)의 『Network Models of the Diffusion of Innovations』(Cresskill, NJ: Hampton Press, 1995)를 보라. 에이즈 네트워크에 관한 최근 활동은 UCLA 캘리포니아 인구조사 센터 2006년 3월 eScholarship series에 실린 수잔 코츠 와트킨스(Susan Cotts Watkins)와 앤 스위들러(Ann Swidler)의 'Hearsay Ethnography' (http://www.escholarship.org/uc/item/3bq2n770)를 보라. 반동 네트워크(insulgent networks)가 얼마나 분석되었는지에 관한 논의에 대해서는 캐슬린 칼리(Kathleen Carley)의 2009년 논문 'Dynamic Network Analysis for Counter-Terrorism Overview'(http://citeseerx.ist.psu.edu/viewdoc/download?doi=10.1.1.137.9475&rep=rep1& ype=pdf)을 비롯한 그녀의 저서를 참조하라.

54. 에버렛 로저스(Everett Rogers) 『Diffusion of Innovations 제5개정판』(New York: Free Press, 2003). 추후 연구에서보다 복잡한 모델들을 제안했음에도 로저스의 벨 곡선은 여전히 유용하다. 〈Marketing Science〉 30, no. 2(2011) 195~212페이지에 실린 라구림 아옌가르(Raghurim Iyengar), 크리스토프 반 덴 뷔트(Christophe Van den Buite), 토마스 발렌트(Thomas Valente)의 논평 'Opinion Leadership and Contagion in New Product Diffusion'을 참조하라.

55. 『Publications of the National Academy of Sciences』에 2011년 1월 31일 실린 시몬 코슈메즈(Simon Cauchemez), 아쉬트 바타리(Achuyt Bhattari), 티파니 마치뱅스(Tiffany Marchbanks), 라이언 패건(Ryan Fagan), 스티븐 오스트로프(Stephen Ostroff), 닐 퍼거슨(Neil Ferguson), 데이비드 스워들로우(David Swerdlow)와 펜실베이니아 H1N1 워킹그룹의 'Role of Social Networks in Shaping Disease Transmission During a Community Outbreak of 2009 H1N1 Pandemic Influenza'(http://www.pnas.org/content/early/2011/01/28/1008895108.full.pdf와 http://www.pnas.org/content/early/2011/01/28/1008895108.full.htm 문서)

56. 중심부와 주변부에 독감을 퍼뜨리는 인자의 규명과 관련해서는 〈Nature Physics〉 6(2010) 888~893페이지에 실린 막심 키트삭(Maksim Kitsak), 라자로스 갈로스(Lazaros Gallos), 쉴로모 하블린(Shlomo Havlin), 프레드릭 릴제로스(Fredrik Liljeros), 레브 무크닉(Lev Muchnik), 유진 스탠리(H. Eugene Stanley), 허난 막스(Hernán Makse)의 기고문 'Identification of Influential Spreaders in Complex Networks'를 보라.

57. 던칸 왓츠 『상식의 배반』(생각연구소, 2011)

58. 알버트 라즐로 바라바시 『링크(21세기를 지배하는 네트워크 과학)』(동아시아, 2002). 「PNAS」 105, no. 37(2008): 13724-13729페이지에 실린 조셉 콩(Joseph Kong), 니마 사르샤르(Nima Sarshar), 봐니 로이슈더(Vwani Roychowdhur)의 'Experience versus Talent Shapes the Structure of the Web'도 참조하라.

59. 「Science」 159(1968년 1월 5일) 56-63페이지에 실린 로버트 머튼(Robert K. Merton) 'The Matthew Effect in Science'

60. 배리 웰먼, S. D. 버코위츠가 지은 『Social Structures: A Network Approach』(Cambridge: Cambridge University Press, 1988)의 19-61페이지에 실린 글 'Structural Analysis: From Method and Metaphor to Theory and Substance'

61. 데이비드 이즐리(David Easley), 존 클라인버그(Jon Kleinberg) 『Networks, Crowds and Markets』(Cambridge: Cambridge University Press, 2010), 「Proceedings of the 9th International World-Wide Web Conference」(2000), 309-320페이지에 실린 안드레이 브로더(Andrei Broder), 라비 쿠마르(Ravi Kumar), 파르진 마굴(Farzin Maghoul), 프라바카르 라가반(Prabhakar Raghavan), 스리다 라자고팔란(Sridhar Rajagopalan), 레이미 스타타(Raymie Stata), 앤드류 톰킨스(Andrew Tomkins), 자넷 바이너(Janet Wiener)의 글 'Graph Structure in the Web', 그리고 20번 항목에 있는 던컨 와츠의 『SMALL WORLD: 여섯 다리만 건너면 누구와도 연결된다』도 참조하라.

62. 「Sociological Theory」 1(1983) 201-233페이지의 마크 그라노베터(Mark Granovetter)의 글 'The Strength of Weak Ties: A Network Theory Revisited',

63. 로날드 버트(Ronald Burt) 『Neighbor Networks』(New York: Oxford University Press, 2009)

64. 로날드 버트 'Structural Holes in Virtual Worlds' 시카고 대학 2011년 6월, http://faculty.chicagobooth.edu/ronald.burt/research/files/SHVW.pdf

65. 로버트 머튼이 지은 『Social Theory and Social Structure』(Glencoe, IL: Free Press, 1957) 387-420페이지의 'Patterns of Influence: Cosmopolitans and Locals'

66. 〈Science〉 328(2010년 5월 21일) 1029-1031페이지에 실린 네이션 이글(Nathan Eagle), 마이클 메이시(Michael Macy), 롭 클랙스턴(Rob Claxton)의 'Network Diversity and Economic Development'

67. 버튼 파스터나크(Burton Pasternak), 자넷 살라프(Janet Salaff) 『Cowboys and Cultivators』(Boulder, CO: Westview, 1993)

68. 트위터 분석은 2010년 4월 알렉스 쳉(Alex Cheng)의 'Six Degrees of Separation, Twitter Style'(http://www.sysomos.com/insidetwitter/sixdegrees)에서 가져왔다. 2010년 6월 토론토에서 열린 모델링 소셜 미디어 컨퍼런스의 디에드릭 반 리에르(Dierderik van Liere)의 'How Far Does a Tweet Travel?', 2010년 넷랩 보고서에 실린 유리 탁테예브(Yuri Takhteyev), 아나톨리 그루즈드, 배리 웰먼의 'Geography of Twitter Networks'(http://homes.chass.utoronto.ca/~wellman), 그루즈드와 웰먼의 네트워크 자료는 2010년 8월에 나왔으며, 아나톨리 그루즈드가 준비했다. 「American Behavioral Scientist」 55, no. 10: 1294-1318페이지에 실린 아나톨리 그루즈드, 배리 웰먼과 유리 탁테예브의 'Imagining Twitter as an Imagined Community'에서 좀 더 전개된 논의를 찾아볼 수 있다.

69. 「American Journal of Sociology」 86(1981): 1015-1035페이지에 실린 스콧 펠드(Scott Feld)의 'The Focused Organization of Social Ties'. 45년도 더 오래 전에 네트워크 분석의 선지자인 해리슨 화이트(Harrison White)는 유사한 속성을 가진 사람들의 카테고리와 네트워크의 교차점에 대해 공유 특징 및 네트워크 회원제의 결합을 '캣넷(catnet)'이라고 일컬었다. 조사 보고서 'Notes on the Constituents of Social Structure'(Harvard University: Department of Social Relations, 1965) 참조하라. 더 최신의 연구에 대해서는 「Notices of the AMS」 56, no. 9(2009) 1082-1097페이지, 1164-1166페이지에 실린 메이슨 포터(Mason Porter), 주카펠라 온넬라(Jukka-Pella Onnela), 피터 무차(Peter Mucha)의 'Communities in Networks'를 참조하라.

70. 「Social Forces」 53(1974) 181-190페이지 로날드 브레이거(Ronald Breiger)의 'The Duality of Persons and Groups'. 커뮤니티 사례는 「Urban Studies」 43, no. 13(2006): 2503-2523 페이지에 실린 존 힙(John Hipp), 앤드류 페린(Andrew Perrin)의 'Nested Loyalties'에서 나타난다.

71. 그림 2.16은 다음과 같은 아마존 서적 판매 노트에서 구성했다. "'이 책'을 샀던 사람들은 '저 책' 과 '또 다른 책'도 역시 구입한다." "소음을 줄이기 위해서 자료는 k값이 2일 때 k 핵심에서 약한 연결고리를 제거하기 위하여 살짝 지워진다. 서로 연결되지 않거나 다른 한 권의 책과만 연결된 모든 책은 제거된다. 그러나 모든 다리가 지워지는 것은 아니다. 클러스터만이 진정으로 해체되는 것이다." 발디스 크렙스, 사적 대화, 2010년 4월 24일

72. 스탠리 밀그램(Stanley Milgram), 'The Small-World Problem', 「Psychology Today」 1(1967): 62-67 페이지. 18번 주석 항목에서 언급한 와츠의 「SMALL WORLD: 여섯 다리만 건너면 누구와도 연결된다」도 참조하라. 그러나 주디스 클라인펠드(Judith Kleinfeld)는 밀그램의 최초 실험에 오류가 있었다고 기록했다. 「Society」 39, no. 2(2002) 61-66페이지에 실린 주디스 클라인펠드의 'The Small World Problem'를 참조하라.

73. 아나톨리 그루즈드는 리트윗에 대한 분석을 실시했다. 트위터의 비행기 운송과 유사한 연결성에 관해서는 「Social Networks」 34(2012) 73-81페이지에 실린 유리 탁테예브, 아나톨리 그루즈드, 배리 웰먼의 'Geography of Twitter Networks'를 참조하라.

74. 몰리에르(Molière) 티모시 무니 번역 「평민귀족」 1670년, 제2막 4장, http://moliere-in-english.com/bourgeois.html(각색본)

75. 브누아 맨델브로(Benoit Mandelbrot) 「The Fractal Geometry of Nature」(San Francisco: Freeman, 1983) 1페이지

76. 로버트 머튼 「Social Theory and Social Structure」(Glencoe, IL: Free Press, 1957) 387-420페이지 'Patterns of Influence: Cosmopolitans and Locals', 마크 그라노베터 「Sociological Theory」 1(1983) 201-233페이지 'The Strength of Weak Ties: A Network Theory Revisited'

77. 2010년 6월 10일 호건과 웰먼의 사적 대화. 2008년도 토론토 대학 사회학과 호건의 박사논문 「Networking in Everyday Life」도 참조하라.

3장

1. 크리스틴 엔슬렌, 미르나 가자리안(Mirna Ghazarian) 그리고 특히 모 광 잉과 바바라 바르보사 네브스(Barbara Barbosa Neves.)의 조언과 도움, 공헌에 감사를 드린다.

2. 최초의 개인용 컴퓨터가 어떻게 탄생했는지에 대한 매력적인 해석을 보려면 존 마코프(John Markoff)의 『What the Dormouse Said』(New York: Viking, 2005)를 보라.

3. 레이 톰린슨은 최초의 이메일에 관해 저술했었다. 'The First Network Email' http://openmap.bbn.com/~tomlinso/ray/firstemailframe.html

4. 1983년 9월 1일부터 11일까지 1256명의 영국 국적의 성인 샘플을 대상으로 한 전화 인터뷰를 바탕으로 루이 해리스 & 어소시에이트(Louis Harris & Associates)가 실시한 서던뉴잉글랜드 텔레폰(Southern New England Telephone)의 설문조사. 여론조사를 위한 로퍼 센터(Roper Center for Public Opinion Research)의 자료를 가지고 루이스 해리스 & 어소시에이트에서 여론조사를 시행했다. http://webapps.ropercenter.uconn.edu/CFIDE/cf/action/catalog/abstract.cfm?label=&keyword=USHARRIS1983-2033&fromDate=&toDate=&organization=Any&type=&keywordOptions=1&start=1&id=&exclude=&excludeOptions=1&topic=Any&sortBy=DESC&archno=USHARRIS1983-2033&abstract=abstract&x=32& y=9

5. 피터 루이스(Peter Lewis), 'The Executive Computer: A Growing Internet Is Trying to Take Care of Business', 〈뉴욕 타임즈〉, 1993년 12월 12일, http://www.nytimes.com/1993/12/12/business/the-executive-computer-a-growing-internet-is-trying-to-take-care-of-business.html

6. HTML의 창시자들은 결국 수십억의 웹사이트(와 그의 사용자들이)가 치명적으로 하이퍼텍스트 전달 프로토콜의 약자인 'http'라는 접두사를 사용하게 했다.

7. 인터넷에 관한 좀 더 구체적인 역사는 케이티 하프너(Katie Hafner), 매튜 라이언(Matthew Lyon)의 『Where Wizards Stay Up Late』(New York: Simon & Schuster, 1996)를 보라.. 그리고 개리 웰즈(Gary Welz) 등이 쓴 『The Internet World Guide to Multimedia on the Internet』(Westport, CT: Mecklermedia, 1995)에 기고된 헨리 에드워드 하디(Henry Edward Hardy)의 'A Short History of the Net'도 참조하라.

8. 케빈 워바흐(Kevin Werbach)의 'Digital Tornado' OPP 보고서 No. 29, 1997년 3월 (http://www.fcc.gov/Bureaus/OPP/working_papers/oppwp29.pdf)

9. 『Electronics』 38 no. 8(1965년 4월 19일)에 고든 무어(Gordon Moore)가 기고한 'Cramming More Components onto Integrated Circuits'(ftp://download.intel.com/museum/Moores_Law/ Articles-Press_Releases/Gordon_Moore_1965_Article.pdf)

10. 'Moore's Law: 40th Anniversary'(http://www.intel.com/pressroom/kits/events/moores_law_40th/index.htm?iid=tech_mooreslaw와 body_presskit)

11. 〈연합 통신〉 2011년 3월 30일 기사 'Google Brings High-speed Broadband Network to Kan'(http://abcnews.go.com/US/wireStory?id=13256735)

12. 위키피디아 '10 Gigabit Ethernet' 항목 (http://en.wikipedia.org/wiki/10_Gigabit _Ethernet)

13. 제이슨 옥스맨(Jason Oxman)이 1999년 7월 작성한 'The FCC and the Unregulation of the Internet' OPP 보고서 No. 31(http://transition.fcc.gov/Bureaus/OPP/working_papers/oppwp31.pdf)의 14페이지. 제이콥 닐슨(Jacob Nielsen)의 '인터넷 대역폭에 대한 니엘슨의 법칙'의 주장(http://www.useit.com/alertbox/980405.html)도 참조하라.

14. 웰먼은 인터넷의 출현 이전에 이미 '네트워크들의 네트워크(network of networks)'라는 용어를 창안했다. 「Sociological Inquiry」 43(1973) 57-88페이지에 실린 폴 크레이븐(Paul Craven), 배리 웰먼의 'The Network City'를 보라. 미래 인터넷의 소국 분열화(balkanization)에 대해서는 「The Atlantic」 2011년 2월 24일자에 실린 낸시 스콜라(Nancy Scola)의 'When the Internet Nearly Fractured, and How It Could Happen Again'(http://www.theatlantic.com/technology/archive/2011/02/when-the-internet-nearly-fractured-and-how-it-could-happen-again/71662)을 참조하라.

15. 「Scientific American」 2005년 7월호에 실린 칩 워커(Chip Walker)의 글 'Kryder's Law'(http://www.sciam.com/article.cfm?id=kryders-law)

16. 미국정보통신공사 1998년 7월 자료 'Falling Through the Net II: New Data on the Digital Divide'(http://www.ntia.doc.gov/ntiahome/fttn99/part2.html)

17. 2011년 8월 퓨 인터넷 앤 아메리칸 라이프 프로젝트, 크리스텐 퍼셀(Kristen Purcell)의 기고문 'Search and Email Still Top the List of the Most Popular Online Activities'(http://pewinternet.org/Reports/2011/Search-and-email.aspx)

18. 조슈아 메이로위츠(Joshua Meyrowitz)의 서신. 클로드 피셔의 「America Calling」(Berkeley: University of California Press, 1992) 40페이지도 참조하라.

19. 어포던스 방정식(228페이지)과 설명은 도날드 노먼의 「심플은 정답이 아니다」(교보문고, 2012)에서 가져왔다. 어포던스가 사회적 상호작용에 어떻게 영향을 미치는가에 관한 논의는 코펜하겐에서 1998년 11월에 열린 '유럽 컴퓨터 활용협업 컨퍼런스'에서 소개된 에린 브래드너(Erin Bradner), 웬디 켈로그(Wendy Kellogg), 토마스 에릭슨(Thomas Erickson)의 보고서 'Social Affordances of BABBLE'를 참조하라.

20. 2011년 2월 14일 〈뉴욕타임즈〉에 실린 존 마코프의 기고문 'A Fight to Win the Future: Computers vs. Humans'(http://www.nytimes.com/2011/02/15/science/15essay.html). 마코프가 자신의 2005년 저서 「What the Dormouse Said」(New York: Penguin)에서 보여주듯이, 인공지능에 관한 논쟁은 인간 중심적인 컴퓨터 사용의 최초 사용기부터 시작된다.

21. 쉴라 흐투(Sheila Htoo)는 현재 커뮤니티 계획가이지만 토론토 대학의 학생이었다. 본인 허락하에 그녀의 이야기를 싣는다.

22. 퓨 인터넷 앤 아메리칸 라이프 프로젝트에 2000년 5월 10일 기고한 리 레이니, 아만다 렌하트(Amanda Lenhart), 수잔나 폭스, 톰 스푸너(Tom Spooner), 존 호리건의 글 'Tracking Online Life'(http://pewinternet.org/Reports/2000/Tracking-Online-Life.aspx)

23. 레이니, 렌하트, 폭스, 스푸너, 호리건, 'Tracking Online Life', 상기 22번 참조

24. 레이니, 렌하트, 폭스, 스푸너, 호리건, 'Tracking Online Life', 상기 22번 참조

25. 2002년 3월 3일 퓨 인터넷 앤 아메리칸 라이프 프로젝트 보고서 'Getting Serious Online'(http://www.

pewinternet.org/~/media/Files/Reports/2002/PIP_Getting_Serious_Online3ng.pdf.pdf)

26. 레너드 위트(Leonard Witt)의 블로그는 http://pjnet.org다.

27. 2002년 6월 23일 퓨 인터넷 앤 아메리칸 라이프 프로젝트에 존 호리건이 기고한 글 'The Broadband Difference'(http://www.pewinternet.org/Reports/2002/The-Broadband-Difference-How-online-behavior-changes-with-highspeed-Internet-connections.aspx)

28. 2011년 7월 26일 퓨 인터넷 앤 아메리칸 라이프 프로젝트에 캐슬린 무어이 기고한 글 '71% of Online Adults Now Use Video-Sharing Sites'(http://pewinternet.org/Reports/2011/Video-sharing-sites.aspx)

29. 이 의미는 퓨 인터넷 설문조사의 전화 인터뷰에서 인터넷 사용자들이 '어제', 또는 설문조사 시행 전날 인터넷을 사용한 적이 있냐는 질문에 답한 것이다.

30. 2007년 12월 30일 퓨 인터넷 앤 아메리칸 라이프 프로젝트에 리 에스타브룩(Leigh Estabrook), 에반스 위트(Evans Witt), 리 레이니가 기고한 글 'Information Searches That Solve Problems'(http://www.pewinternet.org/Reports/2007/Information-Searches-That-Solve-Problems.aspx)

31. 2011년 9월 퓨 인터넷 앤 아메리칸 라이프 프로젝트(http://pewinternet.org)에 톰 로젠스틸, 에이미 미첼, 리 레이니, 크리스틴 퍼셀이 기고한 글 'The Local News Ecology'

32. 미국 인터넷 사용인구 구조와 미국인들이 인터넷에서 추구하는 일반적인 활동에 대한 통계는 퓨 인터넷 앤 아메리칸 라이프 프로젝트의 전국 대상 설문조사 이후 매년 수차례 업데이트되었다. 퓨 인터넷의 최근 결과는 http://pewinternet.org/Static-Pages/Trend-Data.aspx에서 볼 수 있다. 캐나다 북부 지역에 외딴 지방에 사는 캐나다인들의 시골에서의 인터넷 사용에 관한 자료는 「American Behavioral Scientist」 53 no. 9(2010) 1344-1366페이지에 제시카 콜린즈(Jessica Collins)와 배리 웰먼이 기고한 'Small Town in Internet Society'를 참조하라.

33. 퓨 인터넷 앤 아메리칸 라이프 프로젝트 데이터 중에서 디지털 격차에 대한 일반적인 해석은 '후스 온라인(Who's Online)'페이지(http://pewinternet.org/Static-Pages/Trend-Data/Online-Activities-Daily.aspx)에서 찾아볼 수 있다. 퓨 인터넷의 이러한 보고서들은 왜 일부 미국인들이 인터넷을 사용하지 않는지에 대한 이유에 집중되어 있다. 2010년 8월 11일에 기고한 애론 스미스(Aaron Smith)의 글 'Home Broadband 2010'(http://pewinternet.org/Reports/2010/Home-Broadband-2010.aspx), 2006년 2월 26일 존 호리건의 글 'Home Broadband Adoption in Rural America'(http://pewinternet.org/Reports/2006/Home-Broadband-Adoption-in-Rural-America.aspx), 아만다 렌하트의 2000년 9월 21일 글 'Who's Not Online'(http://pewinternet.org/Reports/2000/Whos-Not -Online.aspx)

34. 디지털 기술에 관해서는 에스테르 하르지타이(Eszter Hargittai)의 여러 논문을 참조하라. 「Social Science Quarterly」 87, no. 2(2006) 432-448페이지에 실린 'Differences in Actual and Perceived Online Skills'(스티븐 샤퍼와 공저), 「Communication Research」 35, no. 5(2006) 602-621페이지에 실린 'Digital Inequality'(아만다 힌넌트와 공저), 「Social Stratification」 936-944페이지(Boulder, CO: Westview, 2008, 3차 개정판)에 실린 데이비드 그루스키의 'The Digital Reproduction of Inequality', 「Canadian Journal of Communication」 35, no. 1(2010)에 실린 필립 하워드, 로라 부쉬, 페넬로프 쉬츠

'Comparing Digital Divides: Internet Access and Social Inequality in Canada and the United States' (http://www.cjc-online.ca/index.php/journal/article/view/2192), 「American Behavioral Scientist」 53, no. 8(2010) 1111-1132페이지에 실린 키이스 햄튼의 'Internet Use and the Concentration of Disadvantage', 하워드 라인골드의 『넷스마트』(문학동네, 2014)

35. 마뉴엘 카스텔의 매우 상세한 설명은 그의 저서 『인터넷 갤럭시』(한울아카데미, 2004)에서 찾아볼 수 있다. 특히 36-63페이지(원서 페이지)를 살펴보라. 인용구는 원서 46-47페이지에서 발췌했다. 마뉴엘 카스텔의 『네트워크 사회의 도래』(한울아카데미, 2008)도 참조하라.

36. The Precursor 블로그에 2006년 11월 1일 실린 스콧 클리랜드(Scott Cleland)의 글 "Google's Self-Serving 'Innovation without Permission'"(http://www.precursorblog.com/node/212). 35번 항목 카스텔의 서적 46-47페이지도 참조하라. 초기 해커 문화는 존 마코프의 『What the Dormouse Said』(New York: Viking, 2005)에 훌륭하게 묘사되어 있다.

37. 선례로 하워드 라인골드의 『The Virtual Community』(제2 개정판)(Cambridge, MA: MIT Press, 2000)를 보라.

38. 35번 항목 카스텔의 서적 52-55페이지 참조

39. 버나드 지라드(Bernard Girard)의 『구글은 일하는 방식이 다르다』(예문, 2010), 더그 커플랜드(Doug Coupland)의 『Microserfs』(New York: HarperCollins, 1995) 참조

40. 2007년 10월 15일 옥스포드 대학 이그재미네이션 스쿨에서의 윌리엄 더튼(William Dutton)의 'Through the Network (of Networks)-the Fifth Estate' 강의(http://people.oii.ox.ac.uk/dutton/wp-content/uploads/2007/10/5th-estate-lecture-text.pdf). 더튼의 블로그 http://people.oii.ox.ac.uk/dutton에서 '제5 자산'의 아이디어가 논의되고 연구되었다.

41. 2010년 5월 26일 퓨 인터넷 앤 아메리칸 라이프 프로젝트에 실린 메리 매든(Mary Madden), 애론 스미스의 글 'Reputation Management and Social Media'(http://pewinternet.org/Reports/2010/Reputation-Management.aspx), 2007년 12월 16일 퓨 인터넷 앤 아메리칸 라이프 프로젝트에 실린 수잔나 폭스, 메리 매든, 애론 스미스, 제시카 비탁(Jessica Vitak)의 글 'Digital Footprints'(http://www.pewinternet.org/Reports/2007/Digital-Footprints.aspx)

4장

1. 애나 브래디(Anna Brady), 로이 세션즈 굴렛(Loi Sessions Goulet), 버니 호건, 리 험프리즈(Lee Humphreys), 론다 맥큐언(Rhonda McEwen)의 조언과 조력에 감사를 표한다.

2. 2009년 11월 29일 CBC 뉴스 TV 다큐멘터리 〈The Passionate Eye〉 프로그램 중에서 파멜라 레이브(Pamela Rabe)의 'Surviving Mumbai'

3. 2007년 12월 20일 Valley of the Geeks 사이트에 실린 네이트 오렌스탐(Nate Orenstam)의 글 'Doctor Cellphone: Can You Hear Me Now?' http://www.valleyofthegeeks.com/Features/Cooper.html. 그리고 공저자인 레이니의 2011년 4월 29일자 마틴 쿠퍼(Martin Cooper) 인터뷰

4. 리치 링(Rich Ling)의 『The Mobile Connection』(San Francisco: Morgan Kaufmann, 2004) 6-11페이지. AT & T의 '1946: First Mobile Telephone Call'(http://www.corp.att.com/attlabs/reputation/timeline/46mobile.html)도 참조하라.

5. 위키피디아에 2010년 3월 19일 등록된 'History of Mobile Phones' 항목(http://en.wikipedia.org/wiki/History_of_mobile_phones) 참조

6. 무선인터넷 가입자에 대한 최신 미국 통계를 보려면 'CTIA Semi-Annual Wireless Industry Survey', http://www.ctia.org/media/industry_info/index.cfm/AID/10316를 참조하라.

7. 2010년 미 질병통제예방센터 자료는 'Wireless Substitution: Early Release of Estimates from the National Health Interview Survey, 2010년 7-12월'에 발표되었다. http://www.cdc.gov/nchs/data/nhis/earlyrelease/wireless201106.pdf. 향후 발표되는 자료는 미국 보건 인터뷰 조사 사이트인 http://www.cdc.gov/nchs/nhis.htm에서 'wireless substitution'으로 검색하면 찾을 수 있다.

8. 핫스펙스, 'Survey Reveals Less than 10 Per Cent of Canadians State They Can Live without Their Mobile Device', 〈익스체인지〉, 2010년 9월 10일, http://www.exchangemagazine.com/morningpost/2009/week37/Thursday/091023.htm#anchor

9. 2001년 11월 2일 퓨 인터넷 앤 아메리칸 라이프 프로젝트에 실린 크리스틴 퍼셀의 글 'Half of Adult Cell Phone Owners Have Apps on Their Phones'(http://pewinternet.org/Reports/2011/Apps-update.aspx)

10. 제임스 카츠(James Katz), 마크 애커스(Mark Aakhus)의 『Perpetual Contact』(Cambridge: Cambridge University Press, 2002)와 메리 체이코(Mary Chayko)의 『Portable Communities』(Albany: SUNY Press, 2008)도 참조하라.

11. 2009년 3월 25일 퓨 인터넷 앤 아메리칸 라이프 프로젝트에 실린 존 호리건의 글 'The Mobile Difference'(http://www.pewinternet.org/Reports/2009/5-The-Mobile-Difference-Typology.aspx)

12. 국제통신연맹 통계자료는 http://www.itu.int/ITU-D/ict/statistics/at_glance/KeyTelecom.html에서 볼 수 있다. 『Communications of the ACM』 51, no. 12(2009) 17-19페이지에 실린 사무엘 그린가드(Samuel Greengard)의 'Upwardly Mobile'도 참조하라.

13. 리치 링(Rich Ling)과 스콧 캠벨(Scott Campbell) 『The Reconstruction of Space and Time』(New Brunswick, NJ: Transaction, 2009). 2007년 케이틀린 디가(Scott Campbell)가 쓴 크와줄루 네이탈 대학 개발학과 석사 논문 'Mobile Cell Phones and Poverty Reduction'

14. 루이지애나 주립대학 사회학과의 응야가 음바티아(Nyaga Mbatia), 폴 팔락칼, 안토니 드조르그보(Antony Dzorgbo), 댄 브라이트(Dan Bright), 리카르도 귀크(Ricardo Duque), 마커스 안토니우스 인날베즈(Marcus Antonious Ynalvez), 웨즐리 슈럼(Wesley Shrum)가 2009년 작성한 보고서 'Mobile Telephony and Core Network Expansion in Kenya'. 톰 스탠데이지(Tom Standage)가 2009년 9월 24일 〈이코노미스트〉에 기고한 기사 'Mobile Marvels'(http://www.economist.com/specialreports/displayStory.cfm?story_id=14483896)도 참조하라. 제임스 카츠가 저술한 『Handbook of Mobile Communication Studies』(Cambridge, MA: MIT Press, 2008)도 참조하라. 국가별 자료는 리차드 힉

스(Richard Heeks)가 「ICTs for Development」 블로그에 2009년 11월 30일 기고한 'Mobile Phone Penetration'(http://ict4dblog.wordpress.com)를 보라.

15. 〈차이나 데일리〉 2011년 3월 25일자 기사 'China's Mobile Phone Users Top 879m in February' (http://www.chinadaily.com.cn/bizchina/2011-03/25/content_12229631.htm)

16. 「BT Technology Journal」 24, no. 3(2006) 41-48페이지에 실린 대니얼 밀러(Daniel Miller)의 글 'The Unpredictable Mobile Phone'

17. 2009년 5월 3일자 〈로스앤젤레스 타임즈〉 마크 밀리언(Mark Milian)의 기고문 'Why Text Messages Are Limited to 160 Characters'(http://latimesblogs.latimes.com/technology/2009/05/invented-text-messaging.html)

18. 2010년 4월 20일 퓨 인터넷 앤 아메리칸 라이프 프로젝트에 실린 아만다 렌하트, 리치 링, 스콧 캠벨, 크리스틴 퍼셀의 글 'Teens and Mobile Phones'(http://www.pewinternet.org/Reports/2010/Teens-and-Mobile-Phones.aspx)

19. 토론토 대학교 정보대학 론다 맥큐언의 2009년 박사 논문 'A World More Intimate: Exploring the Role of Mobile Phones in Maintaining and Extending Social Networks'. 일본인의 생활 속에서의 마이크로코디네이션(microcoordination)에 대한 설명은 마즈코 이토(Mazuko Ito), 미사 마츠다(Misa Matsuda), 오카베 다이스케(Okabe Daisuke)가 지은 「Portable, Personal, Pedestrian」(Cambridge, MA: MIT Press, 2005)를 보라.

20. 2005년 2월 4일 〈Toronto Star〉에 실린 테스 카리노우스키(Tess Kalinowski)의 글 'TTC Driver Caught on Break Suspended'(http://www.thestar.com/news/gta/article/760507--ttc-driver-caught-on-break-suspended). 2010년 2월 8일 〈CBC 뉴스〉에 실린 'TTC Workers' Facebook Site Swamped with Complaints'(http://www.cbc.ca/news/canada/toronto/story/2010/02/08/ttc-facebook.html)도 참조하라.

21. 2010년 1월 4일 〈이위크(eWeek)〉 10페이지에 실린 데브라 던스턴(Debra Donston)의 'The Decade's Most Important Tech'. 리치 링, 퍼 페더슨(Per Pedersen)이 지은 「Mobile Communication」(London: Springer, 2005) 427-449페이지에 실린 카쿠코 미야타(Kakuko Miyata), 배리 웰먼, 제프리 보스의 'The Wired-and Wireless-Japanese'

22. 2010년 9월 14일 퓨 인터넷 앤 아메리칸 라이프 프로젝트에 실린 크리스틴 퍼셀, 로저 엔트너(Roger Entner), 니콜 헨더슨(Nichole Henderson)의 'The Rise of Apps Culture'(http://www.pewinternet.org/Reports/2010/The-Rise-of-Apps-Culture.aspx)

23. 〈PC 월드〉 2010년 4월 15일자에 실린 제프 버르토루치(Jeff Bertolucci)의 '10 Things Killed by the Smartphone'(http://www.pcworld.com/article/225372/10_things_killed_by_the_smartphone.html)

24. 〈와이어드〉 2010년 8월 17일자에 실린 크리스 앤더슨(Chris Anderson), 마이클 울프(Michael Wolff)의 'The Web Is Dead. Long Live the Internet'(http://www.wired.com/magazine/2010/08/ff_webrip/all/1)

25. 퓨 인터넷 앤 아메리칸 라이프 프로젝트의 연구센터. 2011년 5월에 시행한 설문조사 자료 중 미출간 자료에서 발췌.

26. http://pewinternet.org/Shared-Content/Data-Sets/2010/May-2010-Cell-Phones.aspx에서 볼 수 있는 퓨 인터넷의 설문조사 자료를 참조하라.

27. 'All Things D' 블로그에 실린 존 팩즈코우스키(John Packzkowski)의 'Microsoft/Danger. Enough Said'(http://digitaldaily.allthingsd.com/20091012/sidekick/). 2009년 12월 18일 〈BBC 뉴스〉에 나온 기사 'Iranian cyber army' hits Twitter'(http://news.bbc.co.uk/2/hi/technology/8420233.stm)

28. 제임스 카츠와 공저한 『Handbook of Mobile Communications Studies』(Cambridge, MA: MIT Press, 2008) 448-449페이지의 마뉴엘 카스텔의 '후기'

29. 『Journal of Applied Communication Research』 34, no. 2(2006) 191-208페이지 스콧 캠벨, 마이클 켈리(Michael Kelley)의 'Mobile Phone Use in AA Networks'

30. 2011년 8월 퓨 인터넷 앤 아메리칸 라이프 프로젝트에 실린 애론 스미스의 'Americans and Their Cell Phones'(http://pewinternet.org/Reports/2011/Cell-Phones.aspx)

31. 2010년 8월 2일자 〈뉴요커〉 56페이지의 만화 'Gregory', 나오미 바론의 『올웨이즈 온』(예인출판사, 2012)도 참조하라.

32. 하워드 라인골드 『참여군중』(New York: Perseus, 2002), 링 『The Mobile Connection』 주석 4번 항목 참조

33. 링 『The Mobile Connection』 주석 4번 항목 참조.

34. 하워드 라인골드 『Smart Mobs』 주석 32번 항목 참조. 링 『The Mobile Connection』 주석 4번 항목 참조.

35. 링 『The Mobile Connection』 주석 4번 항목 참조. 링과 캠벨의 『The Reconstruction of Space and Time』 주석 13도 참조.

36. 리치 링 『The Mobile Connection』 주석 14번 항목 참조. 『Young』 15, no. 3(2007) 235-253페이지에 실린 에바 털린(Eva Thulin), 버틸 빌헬름슨(Bertil Vilhelmson)의 'Mobiles Everywhere'

37. 프랑스 케언크로스 방정식은 『The Death of Distance: How the Communications Revolution Is Changing Our Lives, Second Edition』(Boston: Harvard Business School Press, 2001)의 뒤표지에서 인용했다.

38. 2010년 12월 19일 자신의 트위터 글에 대해 2010년 12월 20일 배리 웰먼에게 보낸 이메일

39. 가정에서 사용하는 인터넷에 대해서는 『Urban Studies』 47, no. 13(2010) 2747-2783페이지에 실린 다이앤 목(Diane Mok), 배리 웰먼, 후안안토니오 카라스코의 'Does Distance Matter in the Age of the Internet?'를 참조하라.

40. 카스텔 『네트워크 사회의 도래』(한울아카데미, 2008)

41. 『Sociology Compass』(2008년 1월) 371-387페이지에 실린 스콧 캠벨, 박용진의 'Social Implications of Mobile Telephony'

42. 케네스 거겐(Kenneth Gergen) 『The Saturated Self』(New York: Basic Books, 1991)

43. 2010년 6월 18일 퓨 인터넷 앤 아메리칸 라이프 프로젝트에 실린 메리 매든, 리 레이니의 'Adults and Cell Phone Distractions'(http://pewinternet.org/Reports/2010/Cell-Phone-Distractions.aspx)

44. 매든, 레이니 'Adults and Cell Phone Distractions' 주석 43번 항목 참조. 2010년 6월 18일 'Sixth of Cell Phone Owners Have Bumped into Someone or Something while Using Their Handhelds'(http://www.pewinternet.org/Reports/2010/Cell-Phone-Distractions/Major-Findings/5-Bumping-into-people-and-objects.aspx)도 참조하라.

45. 대표적이라고 할 수 없을지도 모르는 이 연구들은 마이클 케스터슨(Michael Kesterson)이 요약했다. 〈토론토 글로브 앤 메일〉 2009년 12월 19일자 A22면에 실린 마이클 케스터슨의 기고문 'Social Studies'. 「Applied Cognitive Psychology」 23, no. 2(2010)에 실린 이라 히먼 주니어(Ira Hyman Jr.), 매튜 보스(S. Matthew Boss), 브린느 와이즈(Breanne Wise), 키라 맥켄지(Kira McKenzie), 제나 카지아노(Jenna Caggiano)의 'Did You See the Unicycling Clown?'(http://onlinelibrary.wiley.com/doi/10.1002/acp.1638/abstract)

46. 〈디어 애비 온 유익스프레스〉 2008년 10월 24일에 실린 애비게일 반 뷰렌(Abigail van Buren)의 사연 'Cell Phone Users Should Give It a Rest in the Ladies Room'(http://www.uexpress.com/dearabby/?uc_full_date=20081024)

47. 로펌과 재판소에 관한 가십을 다루는 법조계 웹사이트인 'Above the Law'에 2009년 2월 실린 글 'A Funny Thing Happened on the Way to New York (Or: Pillsbury Associates, Brace Yourselves)'(http://abovethelaw.com/2009/02/a-funny-thing-happened-on-the-way-to-new-yorkor-pillsbury-associates-brace-yourselves-)

48. 어빙 고프먼(Erving Goffman) 「Behavior in Public Places」(New York: Free Press, 1963). 커트 울프가 쓴 「The Sociology of Georg Simmel」(Glencoe, IL: Free Press, [1903]1950) 409-424페이지에 실린 게오르크 짐멜의 'The Metropolis and Mental Life', 「Sociology」 43(2009) 421-438페이지에 실린 루스 레티(Ruth Rettie)의 'Mobile Phone Communication: Extending Goffman to Mediated Interaction'도 참조하라.

49. 유튜브에 2009년 11월 22일 게시된 린 루체스터(Lynn Loucester) 'At My Wedding Twittering [sic] and Facebooking at the Altar' 동영상(http://www.youtube.com/watch?v=VSkT5XykJzo)

50. 퓨 인터넷 앤 아메리칸 소사이어티 프로젝트에 2008년 3월 실린 존 호리건의 'Mobile Access to Data and Information'(http://www.pewinternet.org/PPF/r/244/report_display.asp)

51. '끊임없이 단편화된 주의력(Continuous partial attention)'은 인터넷 분석가인 린다 스톤(Linda Stone)이 개발한 개념이다. http://lindastone.net

5장

1. 샤란프리트 켈리, 론다 맥큐언, 저스틴 유는 5장의 집필에 도움을 주었다. 카이 엑하우센, 크리스틴 버그, 제프리 보스, 후안 안토니오 카라스코, 줄리아 채, 제시카 콜린즈, 사브리나 커타이아, 클로드 피셔, 미르나 가자리안, 멜리사 갓부트, 키이스 햄튼, 베르니 호건, 장 린, 줄리아 마데즈, 에릭 밀러, 모 광 잉, 존 로

빈슨, 텔러스, 후아 헬렌 왕, 에린 웨인코프와 유 재니스 장의 조언과 조력에 감사를 표한다.

2. 「American Sociological Review」 71(2008) 353-375페이지에 실린 밀러 맥퍼슨(Miller McPherson), 린 스미스로빈(Lynn Smith-Lovin), 매튜 브래시어스(Matthew Brashears)의 'Social Isolation in America'

3. 〈워싱턴포스트〉 2006년 6월 26일 A21면에 실린 세바스찬 맬러비의 'Why So Lonesome?'(http://www.washingtonpost.com/wp-dyn/content/article/2006/06/25/AR2006062500566.html), 〈토론토 글로브 앤 메일〉 2006년 10월 13일 A13면에 실린 더글라스 코니쉬(Douglas Cornish)의 'Is Computer-Glow the New Hearth-Light?'(http://www.theglobeandmail.com/news/technology/is-computer-glow-the-new-hearth-light/article848997)

4. 레오 막스(Leo Marx) 「The Machine in the Garden」(New York: Oxford University Press, 1964), 클로드 피셔의 「America Calling」(Berkeley: University of California Press, 1992), 제인 제이콥스(Jane Jacobs) 「The Death and Life of Great American Cities」(New York: Random House, 1961), 안드레스 듀어니(Andres Duany), 엘리자베스 플래터지버크(Elizabeth Plater-Zyberk), 제프 스펙(Jeff Speck) 「Suburban Nation」(New York: North Point, 2000), 「Urban Studies」 37, no. 10(2000) 1849-1864페이지에 실린 케이 액소슨(Kay Axhausen)의 'Geographies of Somewhere'

5. 데이비드 리스먼(David Riesman), 뤼엘 데니(Reuel Denney), 네이선 글레이저(Nathan Glazer) 「고독한 군중」(홍신문화사, 1994), 윌리엄 콘하우저(William Kornhauser) 「The Politics of Mass Society」(New York: Free Press, 1959), 로버트 니스벳(Robert Nisbet) 「The Quest for Community」(Oxford:Oxford University Press, 1953)

6. 모리스 스타인 「The Eclipse of Community」(Princeton, NJ: Princeton University Press, 1960)

7. 「Communications of the ACM」 38, no. 8(1995) 11-12페이지에 실린 로버트 폭스(Robert Fox)의 글 'Newstrack'에서 짐 하이타워(Jim Hightower)가 인용되었다.

8. 원 기사는 「American Psychologist」 53, no. 9(1998) 1017-1031페이지에 실린 로버트 크라우트(Robert Kraut), 마이클 패터슨(Michael Patterson), 비키 룬드마크(Vicki Lundmark), 사라 키슬러(Sara Kiesler), 트리더스 무코패디아이(Tridas Mukhopadhyay), 윌리엄 셜리스(William Scherlis)의 'Internet Paradox'다. 이 기사에 대한 회자될 만한 글은 〈뉴욕 타임즈〉 1998년 8월 30일의 기사인 에이미 하몬(Amy Harmon)의 'Sad, Lonely World Discovered in Cyberspace'다. 후속 연구는 「Journal of Social Issues」 58, no. 1(2002) 49-74페이지에 실린 로버트 크라우트(Robert Kraut), 사라 키슬러(Sara Kiesler), 본카 보네바(Bonka Boneva), 조너선 커밍스(Jonathon Cummings), 비키 헬게슨(Vicki Helgeson), 앤 크로포드(Anne Crawford)의 'Internet Paradox Revisited'다.

9. 윌리엄 깁슨 「뉴로맨서」(황금가지, 2005)

10. 〈와이어드〉 1996년 1월호에 실린 셰리 터클의 'Who Am We?'(http://www.wired.com/wired/archive/4.01/turkle.html), 셰리 터클 「외로워지는 사람들」(청림출판, 2012)

11. 2009년 11월 퓨 인터넷 앤 아메리칸 라이프 프로젝트에 실린 키이스 햄튼, 로렌 세션즈, 허은자, 리 레이니의 'Social Isolation and New Technology'(http://www.pewinternet.org/Reports/2009/18-Social-Isolation-and-New-Technology.aspx)

12. 마샬 맥루한(Marshall McLuhan), 『미디어의 이해』(커뮤니케이션북스, 2012). 맥루한의 사상을 이해하기 위한 좋은 가이드북은 필립 마르샹(Phillip Marchand), 닐 포스트먼(Neil Postman)의 『Marshall McLuhan: The Medium and the Messenger 개정판』(Cambridge MA: MIT Press, 1998)이다.

13. 1966년 폴 매카트니 작사작곡 '엘레너 릭비(Eleanor Rigby)', 비틀즈 『Revolver』 앨범(Parlophone, London)

14. 이방인에게 문을 열어주지 말라. 〈Science〉지 167(1970) 1461-1468페이지 스탠리 밀그램의 'The Experience of Living in Cities'. 『Utne Reader』 68(1995년 3-4월) 50페이지에 실린 존 페리 발로우(John Perry Barlow)의 'Is There a There in Cyberspace?'

15. 인터넷 도래 이전 연구는 『International Journal of Urban and Regional Research』 25, no. 2(2001) 227-252페이지에 실린 배리 웰먼의 'Physical Place and Cyber Place', 『International Journal of Urban and Regional Research』 25, no. 2(2001) 227-252페이지에 실린 배리 웰먼의 'The Persistence and Transformation of Community: From Neighbourhood Groups to Social Networks', 2001년 10월 오타와에서 캐나다 법률 위원회에 제출한 보고서(http://homes.chass.utoronto.ca/~wellman/publications/lawcomm/lawcomm7.PDF)에 요약되어 있다.

16. 로버트 퍼트넘의 『나홀로 볼링』(페이퍼로드, 2009) 111-112페이지(원서 기준). 그의 주장에 대한 비판은 『American Sociological Review』 71(2006): 376-400페이지에 실린 로버트 앤더슨(Robert Andersen), 제임스 커티스(James Curtis), 에드워드 그랩(Edward Grabb)의 'Trends in Civic Association Activity in Four Democracies'를 보라.

17. 『American Journal of Sociology』 84(1979) 1201-1231페이지에 실린 배리 웰먼 'The Community Question', 『American Journal of Sociology』 96, no. 3(1990) 558-588페이지에 실린 배리 웰먼, 스콧 월트리(N. Scot Wortley)의 'Different Strokes from Different Folks', 『Social Networks』 29, no. 3(2007) 430-461페이지에 실린 다이애나 목, 배리 웰먼, 'How Much Did Distance Matter before the Internet?', 『Social Networks』 29, no. 3(2007): 405-429페이지에 실린 가브리엘 플리커트(Gabriele Plickert), 로셀 코테, 배리 웰먼의 'It's Not Who You Know, It's How You Know Them', 클로드 피셔의 『To Dwell among Friends: Personal Networks in Town and City』(Chicago: University of Chicago Press, 1982)과 『Still Connected』(New York: Russell Sage Foundation, 2011)

18. 웰먼 'The Community Question' 주석 17번 항목 참조. 배리 웰먼, S. D. 버코위츠가 지은 『Social Structures』(Cambridge: Cambridge University Press, 1988) 130-184페이지의 배리 웰먼, 피터 캐링턴(Peter Carrington), 앨런 홀(Alan Hall)의 글 'Networks as Personal Communities', 웰먼, 워트리 'Different Strokes' 주석 17번 항목 참조, 『Progress in Communication Science』 12(1993) 63-94페이지의 배리 웰먼, 데이비드 틴달 'How Telephone Networks Connect Social Networks'

19. 『Information, Communication & Society』 13, no. 3(2010) 375-395페이지에 실린 로렌 세션즈의 'How Offline Gatherings Affect Online Communities'

20. '유한 책임'은 사회학자 스콧 그리어(Scott Greer)의 『The Emerging City』(New York: Free Press, 1962)의 주 개념이다. 이 책은 여러 세계화된 커뮤니티로의 미국인들의 참여에 대해 문서화한 첫 번째 책이다.

21. 크리스티나 니퍼트잉(Christena Nippert-Eng)의 『Islands of Privacy』(Chicago: University of Chicago Press, 2011), 『Privacy Online』(New York: Springer, 2011) 19–32페이지에 실린 사빈느 트렙트, 레오나드 레이네크, 니콜 엘리슨(Nicole Ellison), 제시카 비탁(Jessica Vitak), 찰스 스타인펠드(Charles Steinfeld), 레베카 그레이(Rebecca Gray), 클리프 램프(Cliff Lampe)의 글 'Negotiating Privacy Concerns and Social Capital Needs in a Social Media Environment', 다나 보이드(danah boyd), 앨리스 마르윅(Alice Marwick)이 2011년 5월 보스턴 국제통신연합에 제출한 보고서 'Social Steganography: Privacy in Networked Publics'

22. 웰먼, 워트리, 'Different Strokes' 주석 17번 항목 참조

23. 콘스탄틴 세디키데스(Constantine Sedikides), 스티븐 스펜서(Steven Spencer)가 공저한 『The Self』(New York: Psychology Press, 2007)

24. 셰리 터클 『The Second Self』(New York: Simon & Schuster, 1984)과 『스크린 위의 삶』(민음사, 2003)

25. 케네스 거겐의 『The Saturated Self』(New York: Basic Books, 1991)와 크리스토프 니이리(Kristof Nyiri)가 지은 『Mobile Democracy』(Vienna: Passagen, 2002) 103–114페이지에 실린 거겐의 'Self and Community in the New Floating Worlds'도 참조하라.

26. 제이 데이비드 볼터(Jay David Bolter), 리차드 그루신(Richard Grusin)의 『글쓰기 공간』(커뮤니케이션북스, 2010) 원서 232페이지에서 인용. 지지 파파샤리시(Zizi Papacharissi)의 책 『Networked Self』(London: Routledge, 2010)는 제목과는 달리 자아보다는 온라인 소셜 네트워크에 대한 내용이다.

27. 퓨 인터넷 프로젝트 2008년 4월 24일의 아만다 렌하트, 수산 아라페(Sousan Arafeh), 애론 스미스, 알렉산드라 맥길(Alexandra Macgill) 'Writing, Technology and Teens'(http://www.pewinternet.org/Reports/2008/Writing-Technology-and-Teens.aspx)

28. 마샬 맥루한, 브루스 파워스(Bruce Powers)의 『지구촌』(커뮤니케이션북스, 2005)

29. 2011년 1월 24일 교황 베네딕트 16세의 '세계 소통의 날을 위한 메시지'(http://www.vatican.va/holy_father/benedict_xvi/messages/communications/documents/hf_ben-xvi_mes_20110124_45th-world-communications-day_en.html)

30. 『Transportation Research Record』 2076(2008) 114–122페이지에 실린 후안안토니오 카라스코, 배리 웰먼, 에릭 밀러의 'How Far—and with Whom—Do People Socialize?', 『Urban Studies』 47, no. 13(2010) 2747–2783페이지에 실린 다이애나 목, 배리 웰먼, 후안 카라스코의 'Does Distance Matter in the Age of the Internet?', 『Journal of Transport Geograph』 19, no. 4(2011) 782–793페이지에 실린 스티븐 파버(Steven Farber), 안토니오 파에즈(Antonio Paez)의 'Running to Stay in Place', 2010년 7월15일 로렌 듀건(Lauren Dugan)의 'Survey: Twitter Users Are More Active in Their Real Life Communities'

31. 2010년 『American Behavioral Scientist』 53, no. 8 1148–1169페이지에 실린 후아 왕과 배리 웰먼의 'Social Connectivity in America', 2006년 퓨 인터넷 앤 아메리칸 라이프 프로젝트에 실린 제프리 보스, 존 호리건, 배리 웰먼, 리 레이니의 'The Strength of Internet Ties'(http://www.pewinternet.org/Reports/2006/The-Strength-of-Internet-Ties.aspx)

32. 「Information, Communication & Society」 12, no. 3(2009) 408-427페이지에 실린 낸시 베임, 앤드류 레드베터(Andrew Ledbetter)의 'Tunes that Bind?', 2011년 6월 퓨 인터넷 앤 아메리칸 라이프 프로젝트에 실린 키이스 햄튼, 로렌 세션즈 굴레, 리 레이니, 크리스틴 퍼셀의 'Social Networking Sites and Our Lives'(http://www.pewinternet.org/Reports/2011/Technology-and-social-networks/Summary.aspx), 2011년 8월 라스베가스에서 열린 미국 사회학회에 랜디 린(Randy Lynn), 제임스 위트가 제출한 보고서 'Social Network Sites, Social Ties, and Social Capital', 「New Media & Society」 13(2011)에 실린 키이스 햄튼, 이철주, 허은자의 'How New Media Affords Network Diversity', 「Information, Communication & Society」 14, no. 4(2011) 510-528페이지에 실린 키이스 햄튼의 'Comparing Bonding and Bridging Ties for Democratic Engagement', 제니퍼 얼(Jennifer Earl), 카트리나 킴포트의 「Digially Enabled Social Change」(Cambridge, MA: MIT Press, 2011), 스테판 바우언슈터(Stefan Bauernschuster), 올리버 팔크(Oliver Falck), 러드거 웨스만(Ludger Woessmann)이 작성한 뮌헨 이포연구소의 8월 CESifo 보고서 'Surfing Alone? The Internet and Social Capital'(http://www.cesifo-group.de/portal/pls/portal/docs/1/1205909.PDF)

33. 공저자인 웰먼에게 2010년 2월 5일 보낸 개인 이메일

34. 왕, 웰먼의 'Social Connectivity', 주석 31번 항목 참조

35. 나디의 인용문은 http://darrouzet-nardi.net/bonnie/에서 발췌했다. 그녀의 연구는 그녀의 저서 「My Life as a Night Elf Priest」(Ann Arbor: University of Michigan Press, 2010)에 실려 있다. 윌리암 베인브리지(William Bainbridge)의 「The Warcraft Civilization」(Cambridge, MA: MIT Press 2010), 제임스 코디(James Cordy), 마크 치그넬(Mark Chignell), 조안나 응(Joanna Ng), 옐레나 예샤(Yelena Yesha)가 집필한 「The Smart Internet」(Berlin: Springer, 2010) 178-196페이지에 나오는 엘레니 스트루리아(Eleni Stroulia)의 'Smart Services across the Real and Virtual Worlds'도 참조하라.

36. 「City and Community」 2, no. 3(2003) 277-311페이지에 실린 키이스 햄튼, 배리 웰먼의 'Neighboring in Netville'

37. 「Information, Communication and Society」 10, no. 5(2007) 714-748페이지에 실린 키이스 햄튼의 'Neighborhoods in the Network Society'

38. 2009년 6월 퓨 인터넷 앤 아메리칸 라이프 프로젝트, 애런 스미스의 'Neighbors Online'(http://www.pewinternet.org/Reports/2010/Neighbors-Online.aspx)

39. 로빈 던바(Robin Dunbar)이 2010년 3월 30일 웰먼에게 보낸 이메일

40. 2010년 2월 4일 〈BBC 뉴스〉에 나온 로빈 던바의 'How Many Friends Do You Need? Dunbar's Number'(http://news.bbc.co.uk/today/hi/today/newsid_8497000/8497541.stm), 「Evolutionary Anthropology」 6, no. 5(1998) 178-190페이지에 실린 던바의 'The Social Brain Hypothesis, 로빈 던바, 클라이브 갬블(Clive Gamble), 존 고우렛(John Gowlett)이 쓴 「Social Brain, Distributed Mind」(Oxford: Oxford University Press, 2010), 특히 115-134페이지에 실린 샘 로버츠(Sam Roberts)의 'Constraints on Networks'도 참조하라. 「Social Networks」 31(2009) 138-146페이지에 실린 샘 로버츠, 로빈 던바, 토마스 폴렛(Thomas Pollet), 툰 쿠펜즈(Toon Kuppens), 'Exploring Variation in Active Network Size', 「British Journal of Psychology」 102, no. 4(2011)에 실린 앨리스테어 셔트클리프(Alistair

Sutcliffe), 로빈 던바, 젠스 바인더(Jens Binder), 홀리 애로우(Holly Arrow), 'Relationships and the Social Brain'도 참조하라.

41. 던바의 수(Dunbar's number)에 대한 미디어 영향력과 컴퓨터 과학자의 예를 보려면 런던 〈선데이 타임즈〉 2010년 1월 24일자에 실린 크리스 굴레이(Chris Gourlay)의 'OMG: Brains Can't Handle All Our Facebook Friends'(http://technology.timesonline.co.uk/tol/news/tech_and_web/the_web/article6999879.ece)를 참조하라.

42. 퍼트넘『나홀로 볼링』, 주석 16번 항목 참조

43. 존 카치오포(John Cacioppo), 윌리엄 패트릭(William Patrick)『인간은 왜 외로움을 느끼는가』(민음사 2013)

44. 토마스 발렌트(Thomas Valente)『Social Networks and Health』(New York: Oxford University Press, 2010)

45. 배리 웰먼, 캐롤라인 헤이손스웨이트가 지은『The Internet in Everyday Life』(Oxford: Blackwell, 2002) 345-371페이지에 실린 키이스 햄튼, 배리 웰먼의 'The Not So Global Village of Netville'

46. 『Current Sociology』49, no. 6(2001) 39-55페이지에 실린 제프리 보스, 배리 웰먼의 'A Plague of Viruses', 엠마뉴엘 로젠(Emanuel Rosen)의 『The Anatomy of Buzz Revisited』(New York: Broadway Business, 2009)

47. 『Sociological Theory』1(1983) 201-233페이지마크 그라노베터(Mark Granovetter)에 실린 'The Strength of Weak Ties: A Network Theory Revisited'

48. 에밀 뒤르켕『The Division of Labor in Society』(New York: Macmillan, [1893]1993)

49. 존 스콧(John Scott), 피터 캐링턴(Peter Carrington)가 쓴『Sage Handbook of Social Network Analysis』(London: Sage, 2011) 116-128페이지에 나오는 송리준(Lijun Song), 손준모, 난 린(Nan Lin)의 'Social Support', 윌리엄 코커햄(William Cockerham)이 쓴『The New Companion to Medical Sociology』(Oxford: Wiley-Blackwell, 2010) 184-210페이지에 나오는 송리준, 손준모, 난 린의 'Social Capial and Health', 『Journal of Health and Social Behavior』(근간)에 실리는 송리준의 'Social Capital and Psychological Distress', 『Journal of the American Medical Association 277』(1997) 1940-1944페이지에 실린 셀든 코엔(Sheldon Cohen), 윌리엄 도일(William Doyle), 데이비드 스코너(David Skoner), 브루스 라빈(Bruce S. Rabin), 잭 괄트니(Jack Gwaltney)의 'Social Ties and Susceptibility to the Common Cold', 니콜라스 크리스태키스, 제임스 파울러『행복은 전염된다』(김영사, 2010년)

50. 아니타 반젤리스티(Anita Vangelisti), 다니엘 펄먼(Daniel Perlman)가 쓴『Cambridge Handbook of Personal Relationships』(Cambridge: Cambridge University Press, 2006) 709-723페이지에 나오는 제프리 보스, 배리 웰먼의 'Personal Relationships: On and Off the Internet', 보스, 호리건, 웰먼, 레이니 'The Strength of Internet Ties' 주석 31번 항목 참조

51. 배리 웰먼이 지은『Networks in the Global Village』(Boulder CO: Westview, 1999) 83-118페이지에 나오는 배리 웰먼, 밀레나 굴리아(Milena Gulia)의 'A Network Is More Than the Sum of Its Ties'

52. 『Connections』24, no. 2(2001) 18-22페이지에 실린 러셀 버나드(H. Russell Bernard), 피터 킬워스

(Peter Killworth), 유진 존슨(Eugene Johnsen), 진 셸리(Gene Shelley), 크리스토퍼 매카시(Christopher McCarty), 'Estimating the Ripple Effect of a Disaster'

53. 「Journal of the American Statistical Association」 105, no. 489(2010) 59-70페이지에 실린 타일러 맥코믹(Tyler McCormick), 매튜 살가닉(Matthew Salganik), 티안 젱(Tian Zheng)의 'How Many People Do You Know? Efficiently Estimating Personal Network Size, 「Journal of the American Statistical Association」 101, no. 474 (2006) 409-423페이지에 실린 티안 젱, 매튜 살가닉, 앤드류 젤만(Andrew Gelman)의 'How Many People Do You Know in Prison?', 「American Journal of Sociology」 116, no. 4 (2011) 1234-1283페이지에 실린 토마스 디프레테(Thomas DiPrete), 앤드류 젤만, 타일러 맥코맥(Tyler McCormack), 줄리안 테이틀러(Julien Teitler), 티안 장, 'Segregation in Social Networks Based on Acquaintanceship and Trust도 참조하라.

54. 햄튼, 세션즈, 레이니, 퍼셀. 'Social Networking Sites and Our Lives', 주석 32번 항목 참조

55. 멜린다 블라우(Melinda Blau), 카렌 핑거맨(Karen Fingerman), 『가끔 보는 그가 친구보다 더 중요한 이유』(21세기북스, 2011)

56. 제레미 브아즈벵(Jeremy Boissevain) 『Friends of Friends』(Oxford: Blackwell, 1974)

57. 레이몬드 퍼스(Raymond Firth), 제인 허버트(Jane Hubert), 앤소니 포지(Anthony Forge) 『Families and Their Relatives』(London: Routledge, 1969)

58. 보스, 호리건, 웰먼, 레이니 'The Strength of Internet Ties', 주석 31번 항목 참조

59. 플로리다 세인트피트비치에서 2011년 2월에 열린 국제 선벨트 소셜 네트워크 컨퍼런스(International Sunbelt Social Network Conference)에서 멜리사 갓보트(Melissa Godbout), 트레이시 케네디(Tracy Kennedy), 배리 웰먼, 유 재니스 장이 발표한 'The Colors of Closeness'

60. 웰먼, 캐링턴, 홀, 'Networks as Personal Communities', 주석 18번 항목 참조

61. 「Marriage and Family Review」 15, no. 1/2(1990) 195-228페이지에 실린 배리 웰먼의 'The Place of Kinfolk in Personal Community Networks', 웰먼, 월트리의 'Different Strokes', 주석 17번 항목 참조. 시카고 대학교 사회학과의 제이콥 해비넥(Jacob Habinek), 존 레비 마틴(John Levi Martin), 벤자민 자블록키(Benjamin Zablocki)이 2010년 4월 작성한 보고서 'Long Term Persistence and Re-Formation of Close Personal Ties'

62. 「Journal of Social and Personal Relationships」 9 (1992) 385-409페이지에 실린 베벌리 웰먼, 배리 웰먼의 'Domestic Affairs and Network Relations'.

63. 피셔, 『To Dwell among Friends』, 주석 17번 항목 참조

64. 레이 메이 셩(Ray-May Hsung), 난 린, 로날드 브레이거(Ronald Breiger)이 쓴 『Contexts of Social Capital』(London: Routledge, 2009) 49-71페이지에 나오는 로셀 코테, 가브리엘 플릭커트(Gabriele Plickert), 배리 웰먼의 'Does the Golden Rule, Rule?'

65. OUPblog에 실린 'Oxford Word of the Year 2009: Unfriend'(http://blog.oup.com/2009/11/unfriend), '2011 하와이 시스템 사이언스 국제회의 회의록' (Washington, DC: IEEE Computer Society, 2011) 중

크리스토퍼 시보나(Chirstopher Sibona), 스티븐 월작(Steven Walczak)의 'Unfriending on Facebook' (http://dx.doi.org/10.1109/HICSS.2011.467)

66. 「Social Networks」 19(1997) 27–51페이지에 실린 배리 웰먼, 레니타 웡(Renita Wong), 데이비드 틴달(David Tindall), 낸시 네이저(Nancy Nazer)의 'A Decade of Network Change', 토마스 슈로프(Thomas Schopf) 「Models in Paleobiology」(San Francisco: Freeman, Cooper, 1972) 82–115페이지에 실린 나일즈 엘드리지(Niles Eldredge), 스티븐 굴드(Stephen Gould)의 'Punctuated Equilibria'

67. 여기서 우리가 실질적인 문제를 논의한다고 해도, 다음 논문에서 방법론적인 논의 역시 찾아보라. 「American Sociological Review」 74(2009) 657–669페이지에 실린 클로드 피셔의 'The 2004 GSS Finding of Shrunken Social Networks', 「American Sociological Review」 74(2009) 670–681페이지에 실린 밀러 맥퍼슨, 린 스미스로빈, 매튜 브래시어의 'Models and Marginals', 「Social Forces」 63(1984) 482–450페이지에 실린 피터 마즈덴(Peter Marsden), 카렌 캠벨(Karen Campbell)의 'Measuring Tie Strength'

68. 「Social Forces」 83, no. 2(2004) 535–557페이지에 실린 피터 비어맨(Peter Bearman), 파올로 파리기(Paolo Parigi)의 'Cloning Headless Frogs and Other Important Matters'

69. 피셔, 「To Dwell among Friends」, 주석 17번 항목 참조

70. '타겟' 친밀성(closeness) 질문은 다음 활동에서 시작된다. "여기 당신의 소셜 네트워크를 그릴 종이가 있다. 그림이 완성되면, 이와 같은 모양이 나올 것이다. [예시 그림을 보여준다.] 아주 가까운 이름을 적는 것에서부터 시작하라. 각자가 서로 아는 사람들끼리 가까이 쓰고, 당신에게 가장 친근하다고 느끼는 사람을 당신 이름 가까이 적어라." 두 번째 친밀성 질문 세트는 이렇게 시작한다. "이 설문조사에서, 누가 당신과 '매우 친한' 사람이고, '다소 친한' 사람인지 물어본다. '매우 친한'이란 중요한 문제를 상의하거나 정기적으로 연락을 하고 지내는 사람, 또는 당신에게 도움이 필요할 때 도움을 요청할 수 있는 사람이다. 이것이 우리의 '이름 템플릿'이다. 각각의 작은 라인에 당신은 아는 사람의 이름을 적어 내려갈 수 있다. 자, 이제 '매우 친한' 사람에 알맞은 사람을 생각해 보자. 당신이 매우 친하다고 느끼는 사람들의 이름을 전부 적어 보라. 같이 살고 있는 사람들은 제외하라." 더 많은 정보를 알고 싶다면, 인터뷰 및 설문조사 자료를 참조하라. http://homes.chass.utoronto.ca/~wellman/cgi-bin/counter.php?url=http://chass.utoronto.ca/~wellman/publications/ConnectedLives/InterviewGuide.htm&f=InterviewGuidea&mode=1. 더 알고 싶다면, 패트릭 퍼셀이 쓴 「Networked Neighborhoods」(Guildford, UK: Springer, 2006) 157–211페이지에 나오는 배리 웰먼, 베르니 호간, 크리스틴 버그, 제프리 보스, 후안안토니오 카라스코, 로셀 코테, 제니퍼 카야하라, 트레이시 케네디, 푸옥 트란(Phuoc Tran)의 'Connected Lives: The Project'를 참조하라. 이 연구는 가족을 벗어난 관계만을 고려한 것이지 배우자나 다른 동거인은 고려하지 않았다.

71. 맥퍼슨, 스미스 로빈, 브래시어, 'Social Isolation', 주석 2번 항목 참조

72. 최근 퓨 인터넷 설문조사에서 보고된 바는 다음에서 찾아볼 수 있다. 「Information Communication and Society」 14, no. 1 (2011) 130–155페이지에 실린 키이스 햄튼, 로렌 세션즈, 허은자의 'Core Networks and New Media'

73. 2009년 10월 2일 공저자 웰먼에게 보낸 이메일

74. 스티브 덕(Steve Duck), 대니얼 펄만(Daniel Perlman)이 쓴 『Understanding Personal Relationships』(London: Sage, 1985) 159–191페이지에 실린 배리 웰먼의 'Domestic Work, Paid Work and Net Work'

75. 『American Sociological Review』 55 (1990) 726–735페이지에 실린 그웬 무어(Gwen Moore)의 'Structural Determinants of Men's and Women's Personal Networks', 알리 러셀 호쉬칠드(Arlie Russell Hochschild)의 『The Time Bind』(New York: Metropolitan, 1997), 웰먼, 'Domestic Work', 주석 74번 항목 참조

76. 『Information, Communication and Society』 13, no. 4 (2010) 515–536페이지에 실린에츠테르 하르기타이, 율리 패트릭 쉬(Yu-li Patrick Hsieh)의 'Predictors and Consequences of Differentiated Practices on Social Network Sites'

77. 존 클라인버그, 'The Human Texture of Information', 세계문제센터, 2010년, http://edge.org/q2010/q10_9.html#kleinberg

78. 2011년 8월 퓨 인터넷 앤 아메리칸 라이프 프로젝트 설문조사 메리 매든, 캐스린 직커(Kathryn Zickuhr) '65% of Online Adults Use Social Networking Sites', http://pewinternet.org/Reports/2011/Social-Networking-Sites.aspx

79. 햄튼, 세션즈, 레이니, 퍼셀, 'Social Networking Sites and Our Lifes', 주석 32번 항목 참조

80. KABC 뉴스 로스앤젤레스 2011년 4월 14일 'Nielsen: Google Most Visited Site, But More Time Spent on Facebook'(http://abclocal.go.com/kabc/story?section=news/consumer&id=8072533)

81. 데이비드 커크패트릭 『페이스북 이펙트』(에이콘출판사, 2010) 원서 199페이지

82. 제이콥 해비넥(Jacob Habinek), 존 레비 마틴(John Levi Martin), 벤자민 자블록키(Benjamin Zablocki)의 시카고 대학교 사회학과 2010년 보고서 'Long Term Persistence and Re-Formation of Close Personal Ties', 버니 호건, 네이 리, 윌리암 더튼이 작성한 옥스포드 대학 옥스포드 인터넷 연구소 2010년 2월 14일 보고서 'A Global Shift in the Social Relationships of Networked Individuals'(http://papers.ssrn.com/sol3/papers.cfm?abstract_id=1763884)

83. 점차 커져 가는 페이스북의 국제적 위치에 관해서는 2010년 7월 8일 〈뉴욕 타임즈〉에 실린 미구엘 헬프트(Miguel Helft)의 'Friending the World', 2010년 2월 16일 벤 파(Ben Parr)의 'Facebook Is the Web's Ultimate Timesink'(http://mashable.com/2010/02/16/facebook-nielsenstats)를 보라.

84. 미네소타 미니애폴리스에서 2010년 8월 20–22일에 열린 제2차 IEEE 소셜 컴퓨팅에 관한 국제 회의 회의록 중 스콧 골더(Scott Golder), 사리타 야르디(Sarita Yardi)의 'Structural Predictors of Tie Formation in Twitter', 지지 파파샤리시가 쓴 『A Networked Self』(London: Routledge, 2010) 124–145페이지에 실린 니콜 엘리슨, 클리프 램프, 찰스 스타인필드, 제시카 비택의 'With a Little Help from My Friends', 데이비드 버킹엄(David Buckingham)이 쓴 『Youth, Identity and Digital Media』(Cambridge, MA: MIT Press, 2007) 119–142페이지에 나오는 다나 보이드(danah boyd)의 'Why Youth (Heart) Social Network Sites'

85. 레오폴디나 포르투나티(Leopoldina Fortunati), 제임스 카츠, 레이몬다 리치니(Raimonda Riccini)

『Mediating the Human Body』(Mahwah, NJ: Erlbaum, 2003)

86. 햄튼, 세션즈, 허, 레이니 'Social Isolation and New Technology' 주석 11번 항목 참조. 『Annals of Political and Social Sciences』 625, no. 1(2009) 74–86페이지에 나오는 존 로빈슨(John Robinson), 스티븐 마린(Steven Marin), 'Of Time and Television'

87. 『Journal of Computer Mediated Communication』 12, no. 4 (2007) no. 1에 나오는 니콜 엘리슨, 찰스 스타인필드, 클리프 램프의 'The Benefits of Facebook Friends'(http://onlinelibrary.wiley.com/doi/10.1111/j.1083–6101.2007.00367.x/pdf), 애틀랜타에서 2010년 4월 열린 CHI 회의(International Conference on Human Factors in Computing Systems)에 모이라 버크(Moira Burke), 카메론 말로우(Cameron Marlow), 토마스 렌토(Thomas Lento)가 제출한 보고서 'Social Network Activity and Social Well-Being'. 『American Behavioral Scientist』 53, no. 9(2010) 1344–1366페이지에 실린 마이클 스턴, 제시카 콜린즈, 배리 웰먼이 쓴 'The Internet in Rural North American Life'

88. 로버트 크라우트(Robert Kraut), 말콤 브리닌, 사라 키슬러(Sara Kiesler)가 쓴 『Computers, Phones and the Internet』(New York: Oxford University Press, 2006) 250–264페이지에 나오는 이리나 슈클로브스키(Irina Shklovski), 사라 키슬러, 로버트 크라우트의 'The Internet and Social Interaction', 햄튼, 세션즈, 허은자 'Core Networks' 주석 71번 항목 참조, 왕, 웰먼 'Social Connectivity' 주석 31번 항목 참조

89. 『New Media & Society』 13에 실린 키이스 햄튼, 이철주, 허은자의 'How New Media Affords Network Diversity', 프린트 DOI는 10.1177/1461444810390342

90. 『Human Communication Research』 35(2009) 309–336페이지에 실린스티븐 레인즈(Stephen Rains), 발레리 영(Valerie Young)의 'A Meta-Analysis of Research on Formal Computer-Mediated Support Groups', 보스, 호리건, 웰먼의 'The Strength of Internet Ties' 주석 31번 항목 참조, 토론토 대학 사회학과 제프리 보스의 2006년 박사논문 'America Online and Offline', 존 스콧, 피터 캐링턴이 쓴 『Sage Handbook of Social Network Analysis』(London: Sage, 2011) 116–128페이지에 나오는 송리준, 손준모, 난 린의 'Social Support', 토론토 대학 사회학부 크리스틴 버그(Kristen Berg)의 2011년 박사논문 'Health Management in the Age of the Internet'

91. 2011년 2월 28일자 퓨 인터넷 앤 아메리칸 라이프 프로젝트 2페이지에 나오는 수잔나 폭스의 'Peer to Peer Healthcare'(http://www.pewinternet.org/Reports/2011/P2PHealthcare.aspx)

92. 2010년 3월 24일 〈뉴욕 타임즈〉 클레어 케인 밀러(Claire Cain Miller)의 'Social Networks a Lifeline for the Chronically Ill'(http://www.nytimes.com/2010/03/25/technology/25disable.html)에 인용된 문구

93. 『Journal of Computer-Mediated Communication』 12, no. 4(2007) article 2에 실린 패티 발켄버그(Patti Valkenburg), 조셴 피터(Jochen Peter)의 'Online Communication and Adolescent Well-Being'(http://jcmc.indiana.edu/vol12/issue4/valkenburg.html)

94. 샌프란시스코에서 2010년 11월에 열린 미국 통신학회에 제시카 비택, 니콜 엘리슨이 제출한 보고서 'There's a Network Out There That You Might as Well Tap'

95. 『Transportation Research Record』 2076(2008) 114–122페이지에 실린 후안안토니오 카라스코, 에릭 밀러, 배리 웰먼의 'How Far and with Whom Do People Socialize?'

6장

1. 트레이시 케네디(Tracy L. M. Kennedy)가 6장을 공동 집필했다. 모하마드 하크, 알리 호쉬칠드, 마리아 마저스키, 멜리사 밀키, 유 재니스 장의 조언과 조력에 감사를 드린다.

2. 힐러리 로댐 클린턴(Hillary Rodham Clinton), 『집 밖에서 더 잘 크는 아이들』(디자인하우스, 1996) 원서 14페이지

3. 캐나다 통계청이 2010년 4월 13일 발표한 「Canadian Social Trends」에 실린 마틴 튀르코트(Martin Turcotte)의 'Time Spent with Family during a Typical Work Day, 1986 to 2006', 「Journal of Marriage and Family」 66, no. 3(2004) 739-761페이지에 실린 멜리사 밀키, 메리베스 매팅리(Marybeth Mattingly), 케이 노마구치(Kei Nomaguchi), 수잔 비앙키(Suzanne Bianchi), 존 로빈슨(John Robinson)의 'The Time Squeeze'

4. 이 내용은 추후 2010년에 트레이시 L. M. 케네디의 토론토대학 사회학과 박사논문 'The Household Internet'에 기술했다.

5. 6장에서는 공식적으로 결혼식을 올리지 않고도 같이 사는 북아메리카 사람들을 포함했다. 다만 공식적으로 결혼한 사람들만을 가리킬 때는 '기혼자' 혹은 '결혼한 부부'라는 용어를 사용했으며, '배우자'와 '부부'는 결혼을 하지 않고도 사는(동거) 경우를 모두 포함한다.

6. 미 상무부 미 인구조사국에 2009년 2월 25일 톰 에드워즈(Tom Edwards)가 기고한 글 'As Baby Boomers Age, Fewer Families Have Children under 18 at Home'(http://www.census.gov/newsroom/releases/archives/families_households/cb09-29.html)

7. 그림 6.1, 가구 규모에 대한 자료는 다음에서 발췌했다. 퓨 리서치 센터의 퓨 소셜 앤 데모그래픽 트렌즈에 발표된 그레첸 리빙스톤(Gretchen Livingstone), 베라 콘 박사(D'Vera Cohn)의 'Childlessness Up among All Women; Down among Women with Advanced Degrees'(http://pewsocialtrends.org/pubs/758/rising-share-women-have-no-children-childlessness), 오타와 캐나다 통계청의 1971년 인구조사(통권 93-715발간호), 오타와 캐나다 통계청의 1981년 인구조사: 세부항목으로 나눈 인구조사 개요(서지목록 no. SDP81A10), 오타와 캐나다 통계청의 1981-1991 통계조사: 세부항목으로 나눈 인구조사 개요(캐나다 통계청 서지목록 no. 95F0072XCB), 1998년 오타와 캐나다 통계청의 1996년 인구조사: 연방 선거구 개요(서지목록 no. 95F0180XDB), 2003년 오타와 캐나다 통계청의 2001년 인구조사: 연방 선거구 개요(서지목록 no. 95F0495XCB2001007), 2008년 오타와 캐나다 통계청 2006년 인구조사: 연방 선거구 개요(서지목록 no. 94-581-X2006007), 미 인구조사국의 2008년 및 그 이전의 현행 인구 조사의 표 FM-3: http://www.census.gov/population/www/socdemo/hh-fam.html (1960년 1분기, 1970년 1분기 등은 미국은 1960년에서 2005년, 캐나다에서는 1961년에서 2006년의 자료를 가리킨다.)

8. 만혼 자료는 다음에서 발췌했다. 퓨 리서치 센터의 퓨 소셜 앤 데모그래픽 트렌즈에 실린 베라 콘 박사의 'The States of Marriage and Divorce: Lots of Ex's Live in Texas'(http://pewsocialtrends.org/2009/10/15/the-states-of-marriage-and-divorce/), 퓨 리서치 센터의 퓨 소셜 앤 데모그래픽 트렌즈에 실린리차드 프라이(Richard Fry), 베라 콘 박사, 'Women, Men and the New Economics of Marriage'(http://pewsocialtrends.org/pubs/750/new-economics-of-marriage), 미 통상경제통계부

의 미 인구조사국 2004년 11월 자료 중 제이슨 필즈(Jason Fields)의 'America's Families and Living Arrangements: 2003'(http://www.census.gov/prod/2004pubs/p20-553.pdf)

9. 이혼율 자료는 다음에서 발췌했다. 2005년 3월 9일 〈더 데일리〉의 기사 'Divorces'(http://www.statcan. gc.ca/daily-quotidien/050309/dq050309b-eng.htm), R. D. 프레이저의 'Section B: VitalStatistics and Health', 시리즈 B75-81: 캐나다의 1921년에서 1947년까지 혼인 건수 및 혼인률, 혼인 평균 연령, 이혼 건수 및 이혼률, 순수 가족구성(http://www.statcan.gc.ca/pub/11-516-x/pdf/5500093-eng.pdf)[1960-1970 자료], 「Historical Statistics of Canada」(캐나다 통계청 서지목록 no. 11-516-X), 캐나다 통계청의 2006년 'Population Estimates', 「Annual Demographic Statistics 2005」(서지목록 no. 91-213-XPB)(http://www.chass.utoronto.ca./datalib/code books/dsp/ads2000.htm) [1975-2000 인구 추정치], 캐나다 통계청의 'Table 053-0002-Vital statistics, divorces, annual (number) (표)'(http://www40.statcan.gc.ca/l01/cst01/famil02-eng.htm, 캐나다 통계청의 'Table 101-6501-Divorces and crude divorce rates, Canada, provinces and territories, annual (표)' (http://estat.statcan.gc.ca/cgi-win/cnsmcgi.exe-Lang=E&EST-Fi=EStat/English/CII_1-eng.htm) [2005자료], 미 인구조사국, 미국 보건 통계 센터의 2009년 미국 통계요약본 「Vital Statistics of the United States」와 「National Vital Statistics Report (NSVR): 1960-2006」(http://www.census.gov/prod/2008pubs/09statab/vitstat.pdf), 미국 이혼률 자료에는 보고된 이혼 취소 건도 포함되었으나 2000년 이후의 캘리포니아, 콜로라도, 인디애나, 루이지애나의 이혼률과 2005년 이후의 캘리포니아, 조지아, 하와이, 인디애나, 루이지애나와 미네소타 주의 이혼률은 포함되지 않는다. 가구 안정성 자료는 퓨 소셜 앤 데모그래픽 트렌즈에 실린 리차드 프라이와 베라 콘 박사의 'Women, Men and the New Economics of Marriage'에서 발췌했다. 주석 8번 항목 참조

10. 2011년 4월 뉴욕의 '닐슨 리포트'에 실린 더그 앤더슨(Doug Anderson), 라다 서브라마니암(Radha Subramanyam)의 'The New Digital American Family'(http://www.mobimatter.com/wp-content/uploads/2011/04/New-Digital-American-Family.pdf)

11. 엘리자베스 애보트(Elizabeth Abbott)의 『A History of Marriage』(Toronto: Penguin, 2010), 앤드류 셜린(Andrew Cherlin)의 『The Marriage Go-Round』(New York: Random House, 2009) 참조. 더욱 경종을 울리는 관점에 대해서는 폴 아마토(Paul Amato), 앨런 부스(Alan Booth), 데이비드 존슨(David Johnson), 스테이시 로저(Stacy Rogers)의 『Alone Together』(Cambridge, MA: Harvard University Press, 2007)를 참조하라.

12. 맞벌이 가구 데이터는 다음에서 발췌했다. 「Historical Statistics of Canada」(캐나다 통계청, 서지목록 no. 11-516-X), D절, 12페이지에 실린 프랭크 덴튼(Frank T. Denton)의 'Section D: The Labour Force'의 '시리즈 D8-85: 각 산업 카테고리별 노동력, 성별 노동력, 1911년에서 1971년 인구조사'에서 발췌(1911년에서 1941년은 벌이를 위해 일을 하는 사람, 1951년부터 1971년까지는 노동력 통계)(http://www.statcan.gc.ca/pub/11-516-x/pdf/5500094-eng.pdf), 캐나다 통계청의 보고서 'Population Estimates and Projections: Citizenship and Immigration 1921-1971' 91-512(1973): 50페이지, 60페이지, 2008년 캐나다 통계청이 구체적인 연령 그룹, 성별, 캐나다 전국, 지방, 연간 평균에 따른 노동력 추정치, 캐나다 통계청 노동 통계 분과에서 조사한 'Labour Force Historical Review', 2009년

캐나다 통신의 자료보관 서비스 프로그램 STC cat. 71F0004XCB(http://datalib.chass.utoronto.ca/inventory/3000/3833.htm), 미 인구조사국 2008년 미국 통계 요람과 월간지 미국 노동 통계국 자료 기초 회보 2307호, 고용민 소득, 2008년 1월호의 'Table 569. Civilian Population—Employment Status by Sex, Race, and Ethnicity'(http://www.census.gov/prod/2007pubs/08abstract/labor.pdf). 저자들이 캐나다 비율을 계산한 방법은 고용된 인구 수를 전체 인구 추정치로 나누었다.

시간 활용 자료는 다음에서 발췌했다. 탄자 반 데르 리프(Tanja van der Lipp), 파스칼라 페터즈(Pascalla Petters)가 쓴 『Time Competition』(Northampton, MA: Elgar, 2007) 41–56페이지에 실린 리아나 세이어(Liana C. Sayer)의 'More Work for Mothers?', 『Social Forces』 84, no. 1(2005) 285–303페이지에 실린 리아나 세이어의 'Gender, Time and Inequality: Trends in Women's and Men's Paid Work, Unpaid Work and Free Time'

13. 캐나다 통계청, 표 355–0001: 레스토랑, 간이식당, 바 통계, 월간 수입, 2007년 11월에 CANSIM 최근 업데이트판(http://www5.statcan.gc.ca/cansim/pick–choisir?lang=eng&searchTypeByValue=1&id=3550001), 미 인구조사국 'County Business Patterns' 1998–2007(표 1238–서비스 관련 산업)

14. 프랜신 블라우(Francine Blau), 마리안느 퍼버(Marianne Ferber), 앤 윙클러(Anne Winkler)의 『Economics of Women, Men, and Work, 5th ed.』(Englewood Cliffs, NJ: Prentice Hall, 2006), 미 노동 통계국, 'Employment Characteristics of Families Summary'(http://www.bls.gov/news.release/famee.nr0.htm)

15. 1998년 오타와 바니어 가족 연구소에 기고한 알렌 모스코비치(Arlene Moscovitch)의 'Electronic Media and the Family', 『Canadian Social Trends』(Ottawa: 캐나다 통계청, 2008)에 실린 마틴 튀르코트의 'Time Spent with Family during a Typical Work Day, 1986 to 2006'(http://www.statcan.gc.ca/pub/11–008–x/2006007/9574–eng.htm), 『Work and Occupations』 28, no. 1 (2001): 40–63페이지에 실린 제리 제이콥스와 캐슬린 거슨의 'Overworked Individuals or Overworked Families?'

16. 『Social Forces』 84, no. 1(2005) 285–303페이지에 실린 리아나 세이어의 'Gender, Time and Inequality: Trends in Women's and Men's PaidWork, Unpaid Work and Free Time', 캐나다 통계청의 과학 혁신 전자정보부서 2006년 자료 중 벤 빈호프(Ben Veenhof)의 'The Internet: Is It Changing the Way Canadians Spend Their Time?', 『American Sociological Review』 20(2011) 809–833페이지에 실린 쉬라 오퍼(Shira Offer)와 바브라 슈나이더(Barbara Schneider)의 'The Gender Gap in Time-Use Patterns'

17. 2005년 노바 스코샤 핼리팩스에서 열린 '시간 사용 연구를 위한 국제협의회'에서 발표한 글렌 스토커(Glenn Stalker)의 'Change in the Social and Environmental Context of Canadian Leisure Time, 1986 – 1998', 윌리엄 미첼슨의 『From Sun to Sun』(New York: Oxford University Press, 2005), 헤더 멘지스(Heather Menzies)의 『No Time』(Vancouver: Douglas & McIntyre, 2005)

18. 『Journal of Social and Personal Relationships』 9(1992) 385–409페이지에 실린 배리 웰먼의 'Domestic Affairs and Network Relations', 스티브 덕과 다니엘 펄만이 쓴 『Understanding Personal Relationships』(London: Sage, 1985) 159–191페이지에 실린 배리 웰먼의 'Domestic Work, Paid Work and Net Work'

19. 로저 실버스톤과 에릭 허쉬가 쓴 『Consuming Technologies』(Routledge, London) 82-96페이지에 나오는 레슬리 하돈(Leslie Haddon)의 'Explaining ICT Consumption', 로저 실버스톤과 로빈 만셀이 쓴 『Communication by Design』(옥스포드대학 출판, 1996) 44-74페이지에 나오는 로저 실버스턴과 레슬리 하돈의 'Design and the Domestication of Information and Communication Technologies', 2011년 3월 21일 Environics Analytics and Delvinia의 'New Database Reveals Social Media Habits Tied to Canadian Lifestyles'(http://www.environicsanalytics.ca/media_room.aspx?tab=news&item=2011Mar21_Database)

20. 2011년 8월 퓨 인터넷 앤 아메리칸 라이프 프로젝트에서 발췌한 설문조사 자료(미발간)

21. 2010년 7-12월 질병예방통제센터 자료 중 스티븐 블룸버그, 줄리안 루크의 'Wireless Substitution: Early Release of Estimates From the National Health Interview Survey'(http://www.cdc.gov/nchs/data/nhis/earlyrelease/wireless201106.pdf), 〈더 데일리〉 2004년 7월 8일에 실린 캐나다 통계청 'Household Internet Use Survey'(http://www.statcan.gc.ca/daily-quotidien/040708/dq040708a-eng.htm), 미 인구조사국 2001년 9월 『Current Population Reports』 중 에릭 뉴버거(Eric Newburger)의 'Home Computers and Internet Use in the United States: August 2000'(http://www.census.gov/prod/2001pubs/p23-207.pdf)

22. 2009년 로스앤젤레스 남부 캘리포니아 대학 '디지털 미래를 위한 애넌버그 센터(Annenberg Center for the Digital Future)'의 'Family Time Decreasing with Internet Use'(http://uscnews.usc.edu/digital_media/family_time_decreases_with_internet_use.html), 2009년 7월 15일 〈USA 투데이〉의 'Family Eroding in U.S. as Internet Use Soars', 2009년 8월 워싱턴 DC 미국 경제 리서치국 자료 중 게리 래미(Garey Ramey), 발레리 래미(Valerie Ramey)의 'The Rug Rat Race'

23. 『Journal of Marriage and Family』 66, no. 3 (2004) 739-761페이지에 실린 멜리사 밀키, 메리베스 매팅리, 케이 노마구치, 수잔 비앙키, 존 로빈슨의 'The Time Squeeze', 『Social Forces』 81, no. 3(2003) 999-1030페이지에 실린 메리베스 매팅리, 수잔 비앙키의 'Gender Differences in the Quantity and Quality of Free Time'

24. 2011년 3월 25일 퓨 리서치 센터의 '62%-Crowded Tables This Thanksgiving'(http://pewresearch.org/databank/dailynumber/?NumberID=1137)

25. 『Global Networks』 6, no. 2 (2006) 125-142페이지에 실린 랠린 윌딩(Raelene Wilding)의 ''Virtual' Intimacies', 『Marriage & Family Review』 45 (2009) 654-676페이지에 실린 마이클 스턴(Michael Stern), 크리스 메서(Chris Messer)의 'How Family Members Stay in Touch'

26. 2009년 8월 텔러스 'Technology Usage and Attitudes of the Consumer'(미발간 보고서)

27. 〈뉴욕 타임즈〉 2003년 12월 11일에 실린 케이티 하프너의 'If the Kitchen's Warm, It May be the PC'(http://www.nytimes.com/2003/12/11/technology/if-the-kitchen-s-warm-it-may-be-the-pc.html)

28. 2009년 9월 28일 'Amother World' 블로그에 실린 마리아 리아노스카본(Maria Lianos-Carbone)의 'Kids Who Love Technology: My Kid is Tech Savvy'(http://amotherworld.com/main/parenting/

tech-savvy-kids)

29. 〈뉴욕 타임즈〉 2010년 10월 15일자 힐러리 스타우트(Hilary Stout)의 글 'Toddlers' Favorite Toy: The iPhone'(http://www.nytimes.com/2010/10/17/fashion/17TODDLERS.html)에서 인용. 뉴욕: 조안 갠즈 쿠니 센터 201의 아비비아 루카스 것닉(Avivia Lucas Gutnick), 마이클 롭(Michael Robb), 로리 타케우치(Lori Takeuchi), 제니퍼 코틀러(Jennifer Kotler)의 'Always Connected'도 참조하라.

30. 텔러스 'Technology Usage', 주석 26번 항목 참조

31. 퓨 인터넷 앤 아메리칸 라이프 프로젝트 2010년 2월 3일자 아만다 렌하트, 크리스틴 퍼셀, 애런 스미스, 캐스린 직커의 'Social Media & Young Adults'(http://www.pewinternet.org/Reports/2010/Social-Media-and-Young-Adults/Part-2/1-Cell-phones.aspx). 10대들의 온라인 생활에 대한 구체적인 인종 분포는 미주코 이토, 손자 보머, 마티오 비탄티, 다나 보이드, 레이첼 코디, 벡키 허 스티븐슨, 헤더 허스트, 파트리시아 랜지, 딜란 마헨드란, 카틴카 마르티네즈, C. J. 파스코에, 댄 퍼켈, 로라 로빈슨, 프리스토 심즈, 리사 트립의 『Hanging Out, Messing Around, and Geeking Out』(Cambridge, MA: MIT Press, 2009)을 참조하라.

32. 2010 컨퍼런스 회의록(New York: ACM, 2010) 85-88페이지에 실린 질 디몬드(Jill Dimond), 에리카 쉐한 풀(Erika Shehan Poole), 사리타 야르디(Sarita Yardi)의 'The Effects of Life Disruptions on Home Technology Routines'(http://dl.acm.org/citation.cfm?doid=1880071.1880085)

33. 『Information, Communication & Society』 10, no. 5(2007) 644-669페이지에 실린 트레이시 케네디, 배리 웰먼의 'The Networked Household'

34. 〈미국 사회의 정보과학 저널〉 49(1988) 1101-1014페이지에 실린 캐롤라인 헤이손스웨이트, 배리 웰먼의 'Work, Friendship, and Media Use for Information Exchange in a Networked Organization'

35. 마가렛 넬슨 『Parenting Out of Control』(New York: New York University Press, 2010)

36. 밴쿠버 'CHI 2011' 컨퍼런스에서 2011년 5월 7-12일 발표한 사리타 야르디, 에이미 벅맨의 'Social and Technical Challenges in Parenting Teens' Social Media Use'(http://www.cc.gatech.edu/~yardi/pubs/Yardi_ParentsTechnology11.pdf)

37. 캐롤라인 헤이손스웨이트, 리차드 앤드류 『E-Learning Theory and Practice』(London: Sage, 2011)

38. 후아 왕, 아빈드 싱할, 'Entertainment Education through Digital Games', 『시리어스 게임즈』, 어트 리터펠드, 마이클 코디, 피터 볼더러 (London: Routledge, 2009), 271-291페이지

39. 〈뉴욕 타임즈〉 2009년 5월 26일자에 실린 사라 리머(Sara Rimer)의 'Play with Your Food, Just Don't Text!'(http://www.nytimes.com/2009/05/27/dining/27text.html), 2008년 5월 9일 〈뉴욕 타임즈〉에 실린 로라 홀슨(Laura Holson)의 'Text Generation Gap: U R 2 Old (JK)'(http://www.nytimes.com/2008/03/09/business/09cell.html), 〈USA 투데이〉 2009년 6월 15일자에 실린 'Family Time Eroding in U.S. as Internet Use Soars'(http://www.usatoday.com/tech/news/2009-06-15-internet-family_N.htm)

40. 로버트 폴 스미스(Robert Paul Smith) 『Where Did You Go? Out. What Did You Do? Nothing』(New York: Norton, 1957)

41. 셰리 터클 『외로워지는 사람들』(청람출판, 2012)

42. 2010년 5월 18일자 〈메트로 토론토〉 21면에 실린 스티브 콜린즈(Steve Collins)의 'There's No We in iPod'

43. 2009년 10월 1일 〈연합 통신〉에 실린 'No Texting@Dinner! Parenting Digital Kids'(http://today. msnbc.msn.com/id/33122598/ns/today-parenting_and_family)

44. 2007년 10월 24일 퓨 인터넷 앤 아메리칸 라이프 프로젝트에 실린 알렉산드라 맥길(Alexandra Macgill) 의 'Parent and Teen Internet Use'(http://pewinternet.org/Reports/2007/Parent-and-Teen-Internet-Use.aspx)

45. 마가렛 넬슨(Margaret Nelson)의 『Parenting Out of Control』(New York: New York University Press, 2010), 『Computers in Human Behavior』 26 (2010) 277-287페이지에 실린 로버트 토쿠나가(Robert Tokunaga)의 'Following You Home from School', 『Cyberpsychology and Behavior』 12, no. 4(2009) 387-393페이지에 실린 구스타보 메쉬(Gustavo Mesch)의 'Parental Mediation, Online Activities, and Cyberbullying'

46. 퓨 인터넷 앤 아메리칸 라이프 프로젝트에 실린 아만다 렌하트의 'Social Networking Websites and Teens'(http://www.pewinternet.org/Reports/2007/Social-Networking-websites-and-Teens.aspx)

7장

1. 웬홍 첸(Wenhong Chen)이 7장을 공동집필했다. 애나 브래디(Anna Brady)의 큰 조력에 감사를 표하고, 줄리 아모로소(Julie Amoroso), 에이미 벅맨(Amy Bruckman), 조셉 코스렐(Joseph Cothrel), 마야 콜럼 (Maya Collum), 드미트리아나 드미트로바(Dimitrina Dimitrova), 리차드 플로리다(Richard Florida), 멜리 사 갓부트(Melissa Godbout), 조나단 그루딘(Jonathan Grudin), 모함마드 학(Mohammad Haque), 클리 프 램프(Cliff Lampe), 자라 마트슨(Zara Matheson), 스테픈 페렐굿(Stephen Perelgut), 애너벨 콴하아즈 (Anabel Quan-Haase), 케빈 스톨라릭(Kevin Stolarick), 찰스 스텐필드(Charles Steinfield)와 저스틴 유 (Justine Yu)의 조언과 조력에 고마움을 표한다.

2. 〈매드맨〉의 매니아는 규칙을 만드는 예외사항을 새겨둬야 할 것이다. '페기'라는 이름의 여성은 비서 직 에서 굉장히 잘 나가는 회계 임원으로 승진할 자격이 있다. 윌리엄 화이트(William H. Whyte)의 『The Organization Man』(New York: Simon & Schuster, 1956)도 보라.

3. 네트워크화된 일과 네트워크화된 기관의 성격에 대한 주요 주장은 다음 저서를 참고하라. 마뉴엘 카스텔 (Manuel Castells)의 『네트워크 사회의 도래』(한울아카데미, 200), 데이비드 리머릭(David Limerick), 버 트 커닝턴(Bert Cunnington)의 『Managing the New Organisation, 2nd ed.』(London: Allen & Unwin, 2003), 데이비드 노크(David Knoke)의 『Changing Organizations』(Boulder, CO: Westview Press, 2001), 『California Management Review』 40, no. 3(1998) 209-227페이지에 실린 앤드류 하가든 (Andrew Hargadon)의 'Firms as Knowledge Brokers', 웨인 베이커(Wayne Baker)의 『Networking Smart』(New York: McGraw-Hill, 1994), 롭 크로스(Rob Cross), 앤드류 파커(Andrew Parker)의 『The Hidden Power of Networks』(Boston: Harvard Business School Press, 2004), 찰스 헥스처(Charles

Heckscher), 폴 애들러(Paul Adler)의 『The Firm as a Collaborative Community』(New York: Oxford University Press 2006), 피터 몽즈(Peter Monge), 노시르 콘트랙터(Noshir Contractor)의 『Theories of Communication Networks』(New York: Oxford University Press, 2003), 닌틴 모리아(Nitin Nohria), 로버트 엑클즈(Robert G. Eccles)의 『Networks and Organizations, 2nd ed.』(Boston: Harvard Business School Press, 1992), 앤드류 맥아피(Andrew McAfee)의 『Enterprise 2.0』(Boston: Harvard Business School Press, 2009), 롭 크로스, 앤드류 파커, 리사 새슨(Lisa Sasson)의 『Networks in the Knowledge Economy』(New York: Oxford University Press, 2003), 『Information Systems Journal』 15, no. 4(2005) 279-306페이지에 실린 캐서린 슈도바(Katherine Chudoba), 엘레노어 윈(Eleanor Wynn), 메이 루(Mei Lu), 메리 왓슨맨하임(Mary Watson-Manheim)의 'How Virtual Are We?', 『Organization Science』 10, no. 6(1999) 741-757페이지에 실린 만주 아후자(Manju Ahuja), 캐슬린 칼리(Kathleen Carley) 'Network Structure in Virtual Organizations', 『Journal of Applied Behavioral Science』 42, no. 1(2006) 16-22페이지에 실린 마이클 버렛(Michael Barrett), 데이비드 그랜트(David Grant), 닉 웨일즈(Nick Wailes) 'ICT and Organizational Change', 주석 17을 보라, 피터 몽즈, 노시르 콘트랙터(Noshir Contractor), 『Theories of Communication Networks』(New York: Oxford University Press, 2003), 로날드 버트 『Structural Holes』(Cambridge, MA: Harvard University Press, 1992), 2009년 2월 유타주 솔트레이크 시티에서 열린 동계 정보시스템 학회의 린 우, 칭영 린(Ching-Yung Lin), 사이넌 애럴(Sinan Aral), 에릭 브리뇰프슨(Erik Brynjolfsson)의 발표 자료 'Value of Social Network'(http://smallblue. research.ibm.com/projects/snvalue)

4. 리차드 플로리다 『The Rise of the Creative Class』(New York: Basic Books, 2002) 8페이지

5. 우리가 알기로 '아톰 워커(atom workers)'와 '비트 워커(bit workers)'의 개념은 MIT 미디어 연구소 전 소장인 니콜라스 네그로폰테(Nicholas Negroponte)가 1990년대 초반에 주장한 것이다. 니콜라스 네그로폰테의 『디지털이다』(커뮤니케이션북스, 1999)을 참조하라. 그리고 플로리다의 『The Rise of the Creative Class』, 주석 4번 항목 참조

6. 토머스 프리드먼(Thomas Friedman) 『세계는 평평하다』(21세기북스, 2013), 존 프리드먼의 『The Prospect of Cities』(Minneapolis: University of Minnesota Press, 2002)도 참조하라.

7. 인용문은 찰스 헥셔(Charles Heckscher), 폴 애들러(Paul Adler) 'Towards Collaborative Community' 『The Firm as a Collaborative Community』, 찰스 헥셔, 폴 애들러 (New York: Oxford University Press, 2006) 11-105페이지 중 28-29페이지에서 인용했다.

8. 계층과 시장에서의 네트워크에 대한 좋은 예는 토마스 골드(Thomas Gold), 더그 거스리(Doug Guthrie), 데이비드 웽크(David Wank) 『Social Connections in China』(Cambridge, UK: Cambridge University Press, 2002)을 참조하라.

9. 19세기 선박에 대해서는 알란 프레드(Allan Pred)의 『Urban Growth and the Circulation of Information』 (Cambridge, MA: Harvard University Press, 1973)을 참조하라.

10. 컴퓨터의 역사에 관해서는 폴 세루치(Paul Ceruzzi), 『A History of Modern Computing, 2nd ed.』 (Cambridge, MA: MIT Press, 2003)을 참조하라.

11. 앤드류 맥아피(Andrew McAfee) 'IT Is Everywhere. Why?' 『하버드 비즈니스 리뷰』 HBR Blog

Network(2010년 4월 29일) http://blogs.hbr.org/hbr/mcafee/2010/04/it-is-everywhere-why. html, ICT사용에 관한 자료는 앤드류 맥아피의 'Corporate America's Ongoing Love Affair with Geek Gear' 「Harvard Business Review」 HBR Blog Network(2010년 4월 16일) http://blogs.hbr.org/hbr/mcafee/2010/04/corporate-americas-ongoing-lov.html을 참조하라.

12. 리 레이니 'Wired Workers: Who They Are, What They're Doing Online' 퓨 인터넷 앤 아메리칸 라이프 프로젝트, 현재의 인구조사(CPS) 보고서, CPS(2000년 9월) 상세 표-미국에서의 컴퓨터와 인터넷 사용, PPL-175, http://www.pewinternet.org/Reports/2000/Wired-Workers.aspx

13. 주당 컴퓨터를 사용한 업무시간에 관한 데이터는 서던캘리포니아 대학의 디지털 미래를 위한 센터의 연간 설문조사에서 발췌했다. 센터장은 제프 콜(Jeff Cole)이며 조사는 안드로메다 살바도르(Andromeda Salvador)가 편집했다.

14. 퓨 인터넷 앤 아메리칸 라이프 프로젝트(2008년 9월 24일)에 실린 메리 매든(Mary Madden), 시드니 존스(Sydney Jones)의 'Networked Workers'(http://www.pewinternet.org/Reports/2008/Networked-Workers.aspx)

15. 자크 부긴(Jacques Bughin), 마이클 추이(Michael Chui) 'The Rise of the Networked Enterprise' 「McKinsey Quarterly」 2010년 12월호, http://www.mckinseyquarterly.com/Organization/Strategic_Organization/The_rise_of_the_networked_enterprise_Web_20_finds_its_payday_2716?pagenum=3

16. 네트워크화된 사무실 설계는 롭 크로스, 앤드류 파커, 리사 세션즈가 저술한 「Networks in the Knowledge Economy」(New York: Oxford University Press, 2003) 180-189페이지에 나오는 말콤 글래드웰(Malcolm Gladwell)의 'Designs for Working' 글에 등장한다.

17. 벤자민 웨이버(Benjamin Waber), 사이넌 애럴(Sinan Aral), 다니엘 올귄(Daniel Olguin), 린 우(Lynn Wu), 에릭 브리뇰프슨(Erik Brynjolfsson), 알렉스 펜틀랜드(Alex Pentland)의 'Sociometric Badges'(2011년 3월 17일)(http://ssrn.com/abstract=1789103)

18. 「Economic Innovation and New Technologies」 12, no. 1(2003) 27-42페이지에 실린 게리 올슨(Gary Olson), 주디스 올슨(Judith Olson) 'Mitigating the Effects of Distance on Collaborative Intellectual Work', 「IEEE Transactions on Professional Communications」 44, no. 3(2001) 174-186페이지에 실린 짐 수천(Jim Suchan), 그렉 헤이작(Greg Hayzak), 'The Communication Characteristics of Virtual Teams', 우(Wu), 린(Lin), 애럴(Aral), 브리뇰프슨(Brynjolfsson) 'Value of Social Network' 주석 3번 항목 참조

19. 「International Journal of Virtual Communities and Social Networking」 20, 2(2010) 1-22페이지에 실린 드미트로바 코쿠(Dimitrina Dimitrova)와 엠마뉴엘 코쿠(Emmanuel Koku)의 'Managing Collaborative Research Networks'

20. 「Review of Network Economics」 8, no. 4(2009) 302-324페이지에 실린 닐 간달(Neil Gandal), 찰스 킹(Charles King), 마샬 반 앨스틴(Marshall Van Alstyne)의 'The Social Network within a Management Recruiting Firm', 로날드 버트(Ronald Burt)의 「Structural Holes」(Chicago: University of Chicago Press, 1992), 「IHRIM Journal」[International Association for Human Resources Information

492

Management] 11, no. 4(2007) 2-8페이지에 실린 발디스 크렙스(Valdis Krebs) 'Managing the 21 st Century Organization', 「International Review of Sociology」 20, no. 1(2010) 35-58페이지에 실린 아렌트 그레브(Arent Greve), 마리오 베나시(Mario Benassi), 아네 대그 스티(Arne Dag Sti) 'Exploring the Contributions of Human and Social Capital to Productivity'

21. 「Journal of the American Society for Information Science」 49, no. 12(1998년 10월) 1101-1114페이지에 실린 캐롤라인 헤이손스웨이트(Caroline Haythornthwaite), 배리 웰먼, 'Work, Friendship, and Media Use for Information Exchange in a Networked Organization', 「Journal of Communication」 61, no. 4(2011년 8월) 758-779페이지에 실린 이승윤, 피터 몽즈(Peter Monge) 'The Consolidation of Multiplex Communication Networks in Organizational Communities'

22. 「Communications of the ACM」 53, no. 8 (2010) 17-18페이지에 실린 알렉산더 포틀랜드 인용문은 사라 언더우드의 'Making Sense of Real-Time Behavior' 에서 재인용했다. 알렉산더 펜틀랜드의 「Honest Signals」(Cambridge, MA: MIT Press, 2010)도 참조하라.

23. 「New Technology, Work and Employment」 18, no. 3(2010) 181-195페이지에 실린 드미트리나 드미트로바(Dimitrina Dimitrova)의 'Controlling Teleworkers'

24. 구글의 전 CEO 슈미츠의 인용문은 2009년 5월 5일자 〈워싱턴 포스트〉에 실린 엘리자베스 트네티(Elizabeth Tenety), 안드레아 우심(Andrea Useem)의 'On Leadership: Google CEO Eric Schmidt on Google Culture'(http://www.washingtonpost.com/national/on-leadership-google-ceo-eric-schmidt-on-workplace-culture/2011/07/15/gIQAajkPGI_video.html)에서 인용했다. 구글에 대한 설명은 2009년 'The Google Culture'(http://www.google.ca/intl/en/corporate/culture.html)에서 가져왔다. 버나드 지라드(Bernard Girard)의 「구글은 일하는 방식이 다르다」(예문, 2010)도 참조하라.

25. 에티엔느 웽거(Etienne Wenger), 리차드 맥더모트(Richard McDermott), 윌리엄 스나이더(William Snyder) 「COP 혁명」(물푸레, 2004). 인용문은 튜도 리카드(Tudor Rickards), 마크 룬코(Mark Runco), 수잔 모저(Susan Moger) (London: Routledge, 2008) 가 지은「Routledge Companion to Creativity」의 132-145페이지에 실린 아렌트 그레브의 'Social Networks and Creativity' 중 142페이지에서 발췌했다. 「Research in the Sociology of Organizations」 18 (2001) 107-134페이지에 실린 아렌트 그레브, 자넷 살라프의 'The Development of Corporate Social Capital in Complex Innovation Processes'도 참조하라.

26. 피터 몽즈(Peter Monge), 노시르 콘트랙터(Noshir Contractor) 「Theories of Communication Networks」 (New York: Oxford University Press, 2003)

27. 로날드 버트(Ronald Burt) 「Neighbor Networks」(Oxford: Oxford University Press, 2010)

28. 우, 린, 애럴, 브리뇰프슨 'Value of Social Network' 주석 3번 항목 참조.

29. 〈토론토 글로브 앤 메일〉 2008년 5월 3일 B4면에 실린 사이먼 에이버리(Simon Avery), 싱클레어 스튜워트(Sinclair Stewart)의 'BlackBerry to Use SAP's Programs'에 빌 맥더모트가 인용되었다.

30. 비요른 에릭 문크볼드(Bjørn Erik Munkvold) 「Implementing Collaboration Technologies in Industry」 (London: Springer, 2003) 157페이지에 실린 스티븐 폴락(Steven Poltrock), 글로리아 마크(Gloria

Mark) 'Implementation of Data Conferencing in the Boeing Company'

31. 피터 카펠리(Peter Cappelli), 로리 바시(Laurie Bassi), 해리 카츠(Harry Katz), 데이비드 노크(David Knoke), 폴 오스터만(Paul Osterman), 마이클 우심(Michael Useem)이 지은 『Change at Work』(New York: Oxford University Press, 1997)

32. 데이비드 노크 『Changing Organizations』(Boulder, CO: Westview Press, 2001)

33. 정보프로세싱 국제연합 보고서 No. 236 (Laxenburg, Austria: 2007) 215-228페이지에 실린 마크 모텐슨(Mark Mortensen), 아니타 윌리엄즈 울리(Anita Williams Woolley), 마이클 오리리(Michael O'Leary) 'Conditions Enabling Effective Multiple Team Membership'

34. 「Information Systems Journal」 15 (2005) 279-306페이지에 실린 캐더린 슈도바(Katherine Chudoba), 메이 류(Mei Lu), 메리 베스 왓슨맨하임(Mary Beth Watson-Manheim), 엘레노어 윈(Eleanor Wynn)의 'How Virtual Are We?', 「Journal of Global Information Technology Management」 9, no. 1 (2006) 4-23페이지에 실린 메이 류, 메리베스 왓슨 맨하임, 캐더린 슈도바, 엘레노어 윈 'Virtuality and Team Performance'

35. 익명을 원한 관리자가 2009년 3월 9일 공저자 웰먼에게 보낸 이메일

36. 넝게서 인용문은 2010년 6월 12일 「New Orleans Times-Picayune」에 실린 크리스 커크햄(Chris Kirkham)의 'As Oil Spill Cleanup Workers Toil, Officials' Frustration Mounts'에서 재인용했다.

37. 일반적인 미국 데이터는 매든과 존스의 'Networked Workers'에서 가져왔다. 주석 14번 항목 참조. 직업별 재택근무 통계는 2009년 미 노동부의 노동 통계국에 보고된 「Issues in Labor Statistics」의 'Work-At-Home Patterns by Occupation'에서 발췌했다. 메타분석에 관해서는 「Journal of Applied Psychology」 92, no. 6 (2007) 1524-1541페이지에 실린 라비 가젠드란(Ravi Gajendran), 데이비드 해리슨(David Harrison)의 'The Good, the Bad, and the Unknown about Telecommuting'에서 발췌했다.

38. 2011년 2월 28일 'On Services 2.0 and 3D' 블로그에 실린 엘레니 스트루리아(Eleni Stroulia) 의 글 'email'(http://ssrg.cs.ualberta.ca/blogs/WS-20-3D/2011/02/28/email)

39. 트레이시 케네디, 줄리 아모로소, 배리 웰먼, 'Can You Take It with You?' 「Mobile Communication」, 제임스 카츠 (Piscataway, NJ: Transaction, 2011) 191-210페이지

40. 「Journal of Family Issues」 31, no. 10 (2010) 1391-1414페이지에 실린 스콧 쉬만(Scott Schieman), 마리사 영(Marisa Young)의 'Is There a Downside to Schedule Control for the Work-Family Interface?', 「Social Science Research」 39 (2010) 246-259페이지에 실린 스콧 쉬만, 마리사 영, 'The Demands of Creative Work'

41. 2010년 2월 12일 「토론토 글로브 앤 메일」에 실린 마크 에반스가 인터뷰한 샌디 워드(Sandy Ward), 'Homezilla CEO on Managing Remote Workers'(http://www.theglobeandmail.com/news/technology/homezilla-ceo-on-managing-remote-workers/article1464811)

42. 'travel to trust'라는 용어는 찰스 그랜덤(Charles Grantham)과 래리 니콜스(Larry Nichols)의 『The Digital Workplace』(New York: Wiley, 1993)에서 탄생했다.

43. 파멜라 힌즈(Pamela Hinds), 사라 키슬러가 쓴 「Distributed Work」(Cambridge, MA: MIT Press, 2002) 57-81페이지에 실린 사라 키슬러(Sara Kiesler), 조너선 커밍스(Jonathon Cummings), 'What Do We Know about Proximity and Distance in Work Groups?'

44. 「Information, Communication and Society」 12, no. 4(2009) 525-547페이지에 실린 웬홍 첸, 배리 웰먼 'Net and Jet'에서 더 자세한 정보를 찾아볼 수 있다. 「Die Erde」 14, no. 1 (2010) 1-16페이지에 실린 이반 라이트(Ivan Light)의 'Transnational Entrepreneurs in an English-Speaking World'가 최신 논평이다.

45. 「Communication Yearbook」 32 (2008) 187-229페이지에 실린 제니퍼 깁스, 디나 네크라소바(Dina Nekrassova), 즈벳라나 그루시나(Svetlana Grushina), 샐리 압둘 와합(Sally Abdul Wahab)의 'Reconceptualizing Virtual Teaming from a Constitutive Perspective', 「Human Relations」 62, no. 6(2009) 905-935페이지에 실린 제니퍼 깁스, 'Dialectics in a Global Software Team'

46. 「Journal of Knowledge Management」 8, no. 4(2004) 75-88페이지에 실린 어바인드 말호트라(Arvind Malhotra), 앤 마즈슈락(Ann Majchrzak)의 'Enabling Knowledge Creation in Far-Flung Teams: Best Practices for IT Support and Knowledge Sharing', 글로리아 마크(Gloria Mark), 스티븐 폴트락(Steven Poltrock) 'Diffusion of a Collaborative Technology Across Distance' 서포팅 그룹 작업에 관한 그룹, '01 컨퍼런스의 회의록(New York: Association for Computing Machinery Press, 2001)(http://www.ics.uci.edu/~gmark/Group01.pdf), 「Information & Software Technology」 41, no. 6 (1999) 331-339페이지에 실린 스티븐 폴트락, 조지 엥겔벡(George Engelbeck) 'Requirements for a Virtual Collocation Environment'

47. 2005년 9월 11일 〈시애틀 타임즈〉에 실린 도미닉 게이츠(Dominic Gates)의 'Boeing 787: Parts from around World Will Be Swiftly Integrated'(http://seattletimes.nwsource.com/html/businesstechnology/2002486348_787global11.html)

48. 2008년 11월 5일 〈월 스트리트 저널〉에 실린 린 런즈포드(J. Lynn Lunsford)의 'Fastener Woes to Delay Flight of First Boeing 787 Jets', 〈NPR 모닝 에디션〉 2010년 12월 9일에 실린 웬디 커프만(Wendy Kaufman)의 'Woes Mount for Boeing's Much-Awaited Dreamliner'(http://www.npr.org/2010/12/09/131856033/woes-mount-for-boeing-s-much-awaited-dreamliner), 2011년 8월 26일 〈로이터〉에 실린 로라 마이어즈(Laura Myers), 카일 피터슨(Kyle Peterson) 의 'Boeing's Game-Changing Dreamliner Gets Green Light, 'Boeing's Dreamliner Becomes Commercial Reality'(http://www.reuters.com/article/2011/08/26/us-boeing-idUSTRE77P0VS201 10826)도 참조하라.

49. 인용문은 루, 왓슨 맨하임, 슈도바(Chudoba), 윈(Wynn)의 'Virtuality and Team Performance' 16페이지, 주석 34번 항목 참조

50. 인용문은 어빙 라다스키버거(Irving Wladawsky-Berger)의 'The Entrepreneurial Society' 블로그 도입부(2009년 4월 20일)(http://blog.irvingwb.com/blog/2009/04/the-entrepreneurial-society.html)에서 인용했다.

8장

1. 저스틴 유(Justine Yu), 지아올린 츄(Xiaolin Zhuo)가 8장을 공동으로 집필했다. 브라이언 키건(Brian Keegan)과 '위키웨이'가 집필에 도움을 줬다.

2. 피터 마란시(Peter Maranci)의 포스트 내용을 보려면 그의 블로그인 〈Charlie on the Commuter Rail〉을 참조하라. http://charlieonthecommuterrail.blogspot.com

3. 2011년 9월 1일 퓨 인터넷 앤 아메리칸 라이프 프로젝트의 'Trend Data'(http://www.pewinternet.org/Static-Pages/Trend-Data/Online-Activites-Total.aspx)

4. 2003년 11월16일 피터 마란시의 글 'The Diary of a Simple Man-Separated At Birth?'(http://bobquasit.livejournal.com/32952.html)

5. 2011년 1월 27일 애비 필립(Abby Philipp)의 글 'Obama Takes Questions on YouTube'(http://www.politico.com/news/stories/0111/48324.html)

6. 2011년 1월 27일자 글 'President Obama Takes Questions from YouTube'(http://www.huffingtonpost.com/2011/01/27/president-obama-youtube-live-video_n_814955.html). 2010년 2월 1일 〈뉴욕 타임즈〉의 코커스(The Caucus) 블로그에 실린 제프 젤레니(Jeff Zeleny)의 'Obama Takes Questions on YouTube'(http://thecaucus.blogs.nytimes.com/2010/02/01/obama-takes-questions-on-youtube)

7. 인용문은 데이비드 건틀릿(David Gauntlett) 『커넥팅』(삼천리, 2011) 원서 5쪽에서 발췌했다.

8. 2002년 10월 9일 'Seb's Open Research' 블로그에 실린 세바스티앙 파크(Sebastien Paquet)의 'Making Group-Forming Ridiculously Easy'(http://radio-weblogs.com/0110772/2002/10/09.html)

9. 2010년 5월에 게시된 더글라스 러시코프(Douglas Rushkoff)의 'The Rise of the Amateur'(http://www.mpiweb.org/Magazine/Archive/US/May2010/RiseOfTheAmateur)

10. 2011년 3월 31일에 업데이트된 'Wikipedia: Size Comparisons'(http://en.wikipedia.org/wiki/Wikipedia: Size_comparisons). 278개의 언어로 쓰여진 위키피디아 항목도 있다. http://en.wikipedia.org/wiki/Wikipedia#Language_editions

11. 2006년 9월 4일 애론 스와츠(Aaron Swartz)의 글 'Who Writes Wikipedia?'(http://www.aaronsw.com/weblog/whowriteswikipedia). 위키피디아의 기원 및 정책에 대한 가장 자세한 설명은 조셉 리글(Joseph Reagle)의 『Good Faith Collaboration』(Cambridge, MA: MIT Press, 2010)에 나와 있다.

12. 인용문은 2011년 2월 플로리다 세인트피트비치에서 열린 국제 선벨트 소셜 네트워크 컨퍼런스의 브라이언 키건, 대런 거글, 노쉬르 콘트랙터의 발표 논문 'A Multi-theoretical, Multi-level Model of High Tempo Collaboration in an Online Community', 1페이지에서 발췌했다.

13. UTC는 국제표준시(Universal Coordinated Time)의 프랑스어(Temps Universel Coordonne)의 약자로 위키피디아에서 사용하는 세계 표준시이다.

14. 그림 8.1을 준비하고 우리가 사용할 수 있도록 만들어준 박사과정의 브라이언 키건과 NodeXL 프로그램을 사용하여 데이터 분석을 도와준 마크 스미스에게 감사를 전한다. 거번 뉴먼 알고리즘은 일관성 있

는 커뮤니티들의 교점을 그룹화하는데 사용된다. 이 그림은 http://www.flickr.com/photos/7371117@N05/sets/72157626529369758에서 칼라로 볼 수 있다. 더 많은 설명을 보려면 일리노이 주 에반스톤 노스웨스트 대학 커뮤니케이션 학부 SONIC 연구실의 2011년 3월 자료 중 브라이언 키건, 대런 거글, 노쉬르 콘트랙터의 'Hot off the Wiki'을 참조하라. 동영상 버전은 2011년 4월 6일에 올라온 '100 Hours of Wikipedia Activity for Sendai Earthquake'(http://vimeo.com/21088958)을 참조하라.

15. 「Social Forces」 53 (1974) 181-190페이지에 실린 로날드 브레이거(Ronald Breiger)의 'The Duality of Persons and Groups'

16. 많은 위키피디아 사용자들은 그들의 생활과 위키피디아 갈등 문제 간의 여파에서 벗어나기 위해 가명을 사용한다. 반박: 레이니의 퓨 인터넷 프로젝트는 객관적이며, 어떠한 종류의 정책이나 정치적인 이슈에는 입장을 표명하지 않는다.

17. 2007년 3월 1일 「타임」지에 실린 빌 탠서(Bill Tancer)의 'Look Who's Using Wikipedia'(http://www.time.com/time/business/article/0,8599,1595184,00.html), 2006년 12월 25일「타임」지에 실린 레브 그로스만(Lev Grossman)의 'You-Yes You-Are TIME's Person of the Year'(http://www.time.com/time/magazine/article/0,9171,1570810,0.html)

18. 이 절의 내용 중 대부분은 의회 도서관의 플리커 프로젝트로 수집한 자료(http://www.loc.gov/rr/print/flickr_pilot.html)에서 가져왔다. 1600여 개의 칼라 사진이 농장안전공사/전쟁정보청(FSA/OWI) 소장자료에서 나왔으며, 기타 1500여 개의 흑백 사진은 조지 그랜덤 베인 뉴스서비스 소장자료에서 가져왔다. 사진은 전부 http://www.flickr.com/photos/library_of_congress 링크에서 볼 수 있다.

19. 인용문은 2008년 10월 30일 미셸 스프링거(Michelle Springer), 베스 뒤라반(Beth Dulabahn), 필 미쳘(Phil Michel), 바바라 나탄슨(Barbara Natanson), 데이비드 레저(David Reser), 데이비드 우드워드(David Woodward), 헬레나 징크햄(Helena Zinkham)의 'For the Common Good: The Library of Congress Flickr Pilot Project'(http://www.loc.gov/rr/print/flickr_report_final.pdf) iv페이지에서 발췌했다.

20. 플리커 커먼 이니셔티브(Flickr Commons Initiative)는 http://www.flickr.com/commons에서 볼 수 있다. 이미 만들어진 다양한 도구를 보기 위해서는 http://www.indicommons.org/tools를 방문해 보라.

21. 2011년 1사분기의 중동 혁명의 타임라인을 보려면 http://www.guardian.co.uk/world/interactive/2011/mar/22/middle-east-protest-interactive-timeline 링크를 방문해 보라. 주요 웹페이지는 다음과 같다. 4월 6일 청년 시위 http://www.facebook.com/april6youth, 우리는 칼레드 사이드다 (We Are All Khaled Said) http://www.facebook.com/elshaheeed.co.uk. 튀니지 급진 청년 웹페이지는 더 이상 접속이 되지 않는다. (2011년 9월 5일)

22. 아스펜 연구소(2010)의 모나 엘타하위(Mona Eltahawy) 'Generation Facebook Creating Egyptians' Political Party of the Internet' http://www.aspeninstitute.org/policy-work/communications-society/programs-topic/journalism/arab-us-media-forum/dead-sea-scrolling/generation-

23. 2011년 2월 14일 〈뉴욕 타임즈〉에 실린 데이비드 커크패트릭(David Kirkpatrick), 데이비드 생어 (David Sanger)의 'A Tunisian-Egyptian Link That Shook Arab History'(http://www.nytimes.

com/2011/02/14/world/middleeast/14egypt-tunisia-protests.html)

24. 2011년 2월 22일에 실린 뒤산 스토자노빅(Dusan Stojanovic) 'Serbian Ousters of Milosevic Make Mark in Egypt'의 글 http://www.newsvine.com/_news/2011/02/22/6104771-serbian-ousters-of-milosevic-make-mark-in-egypt, 커크패트릭(Kirkpatrick)과 생어(Sanger)의 'A Tunisian-Egyptian Link'. 주석 23번 항목 참조

25. 커크패트릭과 생어의 'A Tunisian-Egyptian Link' 주석 23번 항목 참조

26. 2011년 1월 25일 알자지라 영어판 'Egypt Protestor Clash with Police'(http://english.aljazeera.net/news/middleeast/2011/01/201112511362207742.html), 커크패트릭과 생어의 'A Tunisian-Egyptian Link' 주석 25번 항목 참조

27. 이집트 카이로에서 2011년 3월 열린 TED 컨퍼런스의 와엘 고님(Wael Ghonim) 발표 'Inside the Egyptian Revolution'(http://www.ted.com/talks/wael_ghonim_inside_the_egyptian_revolution.html)

28. 커크패트릭과 생어의 'A Tunisian-Egyptian Link' 주석 25번 항목 참조

29. 2011년 2월 11일자 〈월 스트리트 저널〉에 실린 찰스 레빈슨(Charles Levinson), 마가렛 코커(Margaret Coker)의 'The Secret Rally That Sparked an Uprising'(http://online.wsj.com/article/SB10001424052748704132204576135882356532702.html)

30. 마흐무드 살렘의 인용문은 2011년 2월 21일 〈CNN〉에 실린 존 슈터(John Sutter)의 'The faces of Egypt's 'Revolution 2.0'(http://www.cnn.com/2011/TECH/innovation/02/21/egypt.internet.revolution/index.html)에서 발췌했다.

31. 2011년 1월 31일 〈CBS 뉴스〉에 실린 'Defiant Al-Jazeera Asks Egypt Audience for Help'(http://www.cbsnews.com/stories/2011/01/31/world/main7300870.shtml?tag=stack)

32. 더그 맥아담(Doug McAdam), 시드니 태로우(Sidney Tarrow), 찰스 틸리(Charles Tilly)의 『Dynamics of Contention』(Cambridge: Cambridge University Press, 2001), 제니퍼 얼(Jennifer Earl), 카트리나 킴포트(Katrina Kimport)의 『Digitally Enabled Social Change』(Cambridge, MA: MIT Press, 2011), 필립 하워드(Philip Howard)의 『The Digital Origins of Dictatorship and Democracy』(New York: Oxford University Press, 2010), 「Information Community & Society」 13, no. 2 (2010) 151-225페이지에 실린 배리 웰먼, 크리스티나 니퍼트엥(Christena Nippert-Eng)의 특별기고문 'The Contentious Internet'도 참조하라.

33. 커크패트릭과 생어의 'A Tunisian-Egyptian Link' 주석 23번 항목 참조

34. 2011년 1월 31일 〈시애틀 포스트글로브〉에 실린 메리안 웅(Marian Wong) / 프로퍼블리카(ProPublica)의 'Where Does the U.S. Money to Egypt Go—And Who Decides How It's Spent?'(http://seattlepostglobe.org/2011/02/01/where-does-the-us-money-to-egypt-goand-who-decides-how-its-spent)

35. http://www.journalism.org 참조

36. PEJ 뉴미디어 지수(NMI) 방법론은 다음 링크 페이지의 하단부에 설명되어 있다. http://www.journalism.

org/index_report/social_media_aid_haiti_relief_effort. 2010년 1월부터 6월까지 PEJ는 아이스로켓(Icerocket)과 테크노라티(Technorati)를 동시에 사용했다.

37. 이 내용의 경험적 자료는 뉴스 커버리지 인덱스 결과와 2010년 5월 23일 기고된 'New Media, Old Media: How Blogs and Social Media Agendas Relate and Differ from the Traditional Press'(http://www.journalism.org/analysis_report/new_media_old_media)라는 퓨 리서치 센터의 저널리즘의 특별 프로젝트에 의해 밝혀진 뉴미디어 지수의 1년간의 분석을 통해 나왔다.

38. PEJ의 뉴스 커버리지 인덱스의 구체적인 사항은 다음 링크에서 볼 수 있다. http://www.journalism.org/index_report/pej_news_coverage_index_march_30_april_5_2009

39. PEJ의 뉴 미디어 인덱스의 구체적인 사항은 다음 링크에서 볼 수 있다. http://www.journalism.org/index_report/bloggers_focus_april_ools%E2%80%99_joke_interrogation_techniques_and_outspoken_actress

40. http://www.thesarahpalinblog.com(사라 페일린(Sarah Palin)의 공식 블로그는 아니다.)

41. 예를 들어, 퓨 인터넷 앤 아메리칸 라이프 프로젝트에 2011년 3월 17일 실린 애런 스미스(Aaron Smith) 'The Internet and Campaign 2010'(http://pewinternet.org/Reports/2011/The-Internet-and-Campaign-2010.aspx), 2011년 2월 28일 수잔나 폭스(Susannah Fox) 'Peer-to-Peer Healthcare'의 글 (http://pewinternet.org/Reports/2011/P2PHealthcare.aspx)가 있다.

42. 저스틴 비버에게 영감을 준 비디오는 다음 링크에 있다. http://www.youtube.com/watch?v=eQOFRZ1wNLw과 http://www.justinbiebermusic.com을 참조하라.

43. 2009년 5월 10일 〈보스턴 글로브〉에 실린 조안 앤더만(Joan Anderman)의 'All Together Now: His YouTube Mashups Have Become a Hit'(http://www.boston.com/ae/music/articles/2009/05/10/all_together_now)

44. 2009년 3월 25일자 〈와이어드〉 스콧 틸(Scott Thill)의 글 'Kutiman's ThruYou Mashup Turns YouTube into Funk Machine'(http://www.wired.com/underwire/2009/03/kutimans-pionee)

45. 쿠티만[오피르 쿠티엘(Ophir Kutiel)] 'The Mother of All Funk Chords'(http://www.youtube.com/watch?v=tprMEs-zfQA). 후속 프로젝트는 http://thru-you.com에서 볼 수 있다.

46. 2009년 5월 30일 〈뉴요커〉 사샤 프레르존스(Sasha Frere-Jones) 'Heavy Sifting: An Interview with Kutiman'(http://www.newyorker.com/online/blogs/sashafrerejones/2009/03/heavy-sifting-a-1.html)

47. 앤더만(Anderman) 'All Together Now' 주석 43번 항목 참조

48. '비욘드 리얼리티' 채널은 다음 링크에서 볼 수 있다. http://www.youtube.com/user/Madrosed

49. 〈올 인 더 패밀리(All in the Family)〉는 파트리샤 랜지(Patricia G. Lange)가 제작한 프로그램으로 모녀 관계를 다채롭게 그려내고 있다. http://digitalyouth.ischool.berkeley.edu/book-creativeproduction. 웹사이트 3분의 1 지점을 스크롤하여 가운데 칸을 보거나 '랜지'를 검색해 보면 관련 기사가 나온다.

50. http://www.youtube.com/user/Madrosed, 2011년 4월 19일

51. 2010년 5월 26일 퓨 인터넷 앤 아메리칸 라이프 프로젝트에 실린 메리 매든, 애런 스미스의 'Reputation Management and Social Media'(http://www.pewinternet.org/Reports/2010/Reputation-Management.aspx)

52. 프레르존스 'Heavy Sifting' 주석 46번 항목 참조

53. 「New Media & Society」 12, no. 2(2009) 217-234페이지에 실린 브라이언 어크데일(Brian Erkdale), 강남궁(Namkoong Kang), 티모시 펑(Timothy Fung), 데이비드 펄머터(David Perlmutter) 'Why Blog? (Then and Now)'. 인용문은 227페이지에서 발췌했다.

54. 미주코 이토(Mizuko Ito), 손자 보머(Sonja Baumer), 마테오 비탄티(Matteo Bittanti), 다나 보이드(danah boyd), 레이첼 코디(Rachel Cody), 베키 허스티븐슨(Becky Herr-Stephenson), 헤더 호스트(Heather A. Horst), 파트리샤 랜지(Patricia G. Lange), 딜런 마헨드란(Dilan Mahendran), 카틴카 마르티네즈(Katynka Z. Martinez), 파스코(C. J. Pascoe), 댄 퍼켈(Dan Perkel), 로라 로빈슨(Laura Robinson), 크리스토 심즈(Christo Sims), 리사 트립(Lisa Tripp), 「Hanging Out, Messing Around, and Geeking Out: Kids Living and Learning with New Media」(Cambridge, MA: MIT Press, 2009)

55. 펄리스(Parles)에 관한 내용들 중 대부분은 전지전능한 인터넷 중독자(e-patients)들의 탄생에 관하여 백지에서 탄생했다. 이는 연구자인 톰 퍼거슨 박사(Dr. Tom Ferguson)와 퓨 인터넷의 수잔나 폭스를 비롯한 그의 지인들이 시작하여 박사의 사망 이후 2008년에 완성되었다. EPatients: How They Can Help Us Heal Health Care'(http://e-patients.net/e-Patients_White_Paper.pdf). 렁캔서 온라인 홈페이지(http://www.lungcanceronline.org)

56. 얼크데일, 강, 펑, 펄머터(Perlmutter) 'Why Blog?' 주석 53번 항목 참조

57. 2011년 3월 카이로에서 열린 TED 컨퍼런스의 와엘 고님(Wael Ghonim) 발표 'Inside the Egyptian Revolution'(http://www.ted.com/talks/wael_ghonim_inside_the_egyptian_revolution.html)

58. 어크데일, 강, 펑, 펄머터 'Why Blog?' 인용문은 226페이지에서 발췌했다. 주석 53번 항목 참조. 온라인 뉴스 자료인 ProPublica.com은 월스트리트의 은행가 스캔들에 대해 미국내 보도한 것으로 2011년 퓰리처상을 수상했다. 이는 전통적인 종이신문을 위해 종사하지 않는 기자가 받은 첫번째 수상이다. 하지만 이들은 시민기자가 아니라 새로운 형태의 정보 배포를 위한 전문 기자일 뿐이다.

59. 엘리자베스 아인슈타인(Elizabeth Eisenstein) 「The Printing Press as an Agent of Change」(Cambridge, UK: Cambridge University Press, 1980)

9장

1. 저스틴 애비게일 유(Justine Abigail Yu)가 9장을 공동으로 집필했다. 샤란프리트 켈리(Sharanpreet Kelley), 구스타보 메쉬(Gustavo Mesch), 제이넵 튀펙키(Zeynep Tufecki), 할 배리안(Hal Varian)이 유용한 조언을 주었다.

2. 존 실리 브라운(John Seely Brown), 폴 듀귀드(Paul Duguid) 「The Social Life of Information」(Boston: Harvard Business School Press, 2000)

3. 현대 탈무드 본문과 그에 대한 다니엘 봄버그(Daniel Bomberg)의 해석 및 논평은 http://www.experiencefestival.com/a/Talmud/id/1897212을 참조하라.

4. 〈월간 애틀랜틱〉(1945년 7월)에 실린 바네바 부시(Vannevar Bush)의 'As We May Think' (http://www.theatlantic.com/magazine/archive/1945/07/as-we-may-think/3881)

5. 테드 넬슨(Ted Nelson) 'Ted Nelson Specs'(http://hyperland.com/mlawLeast.html)

6. 톰 로젠스틸(Tom Rosenstiel)은 이 주제에 대한 그의 작업 '목록'과 프레젠테이션 슬라이드를 공유했다. 빌 코바치(Bill Kovach)과 공동으로 저술한 그의 최신 저서 『빌 코바치의 텍스트 읽기혁명』(다산초당, 2012)도 참조하라.

7. 할 배리안(Hal Varian), 피터 리만(Peter Lyman) 'How Much Information?' (2003) http://www2.sims.berkeley.edu/research/projects/how-much-info-2003/execsum.htm

8. 보고서는 http://www.emc.com/collateral/demos/microsites/idc-digital-universe/iview.htm에서 볼 수 있다. 2009년에 그들은 디지털 세계의 정보량이 80만 페타바이트에 달한다는 사실을 알아냈다.

9. 크리스 앤더슨(Chris Anderson) 『롱테일 법칙』(더숲, 2012)

10. 파블로 보츠코우스키(Pablo Boczkowski) 『News at Work』(Chicago: University of Chicago Press, 2010)

11. 리 레이니와 존 호리건의 'Election 2006 Online' 2007년 1월 17일(http://www.pewInternet.org/~/media/Files/Reports/2007/PIP_Politics_2006.pdf.pdf)

12. 존 호리건, 켈리 가레트, 폴 레즈닉 'The Internet and Democratic Debate' 2004년 10월 27일(http://www.pewInternet.org/Reports/2004/The-Internet-and-Democratic-Debate.aspx)

13. 서적, 신문, 위성 라디오, 인터넷 비디오를 포함하여 20여 종의 정보 출처를 분석하여 얻은 추정치. 2009년 12월 샌디에고 캘리포니아 주립대학 글로벌 인더스트리 인포메이션 센터의 'How Much Information?'(http://hmi.ucsd.edu/pdf/HMI_2009_ConsumerReport_Dec9_2009.pdf)

14. 2011년 4월 9일 〈뉴욕 타임즈〉에 실린 제나 워샘(Jenna Wortham)의 'Feel Like a Wallfl ower? Maybe It's Your Facebook Wall'(http://www.nytimes.com/2011/04/10/business/10ping.html?ref=technology)

15. 데보라 팰로우즈(Deborah Fallows) 'Internet Searchers Are Confident, Satisfied and Trusting But Are Also Unaware and Naive' 2005년 1월 23일(http://www.pewinternet.org/Reports/2005/Search-Engine-Users.aspx)

16. 리 레이니, 존 호리건, 'Counting on the Internet: Most Find the Information They Seek, Expect' 2002년 12월 29일, http://www.pewinternet.org/Reports/2002/Counting-on-the-Internet-Most-find-the-information-they-seek-expect.aspx

17. 니콜라스 네그로폰테(Nicholas Negroponte) 『디지털이다』(커뮤니케이션북스 1999). 추후 출간될 조셉 터로우(Joseph Turow) 『The Daily You: How the New Advertising Industry is Defi ning Your Identity and Your Worth』(New Haven: Yale University Press, 2012)도 참조하라.

18. 2004년 10월 폴 히틀린(Paul Hitlin), 리 레이니 'Booking Travel Online Soars—And Slows'(http://www.pewinternet.org/~/media/Files/Reports/2004/PIP_Datamemo_Reputation.pdf.pdf), 2007년 1월 리 레이니의 'Tagging'(http://www.pewinternet.org/Reports/2007/Tagging/Report.aspx)도 참조하라.

19. 플라톤의 『파이드로스』에 나오는 소크라테스와 파이드로스의 대화

20. 2010년 10월 20일 〈뉴욕 타임즈〉에 실린 니콜라스 크리스토프(Nicholas D. Kristof) 'D.I.Y. Foreign—Aid Revolution'(http://www.nytimes.com/2010/10/24/magazine/24volunteerism—t.html?pagewanted=1& ref=nicholasdkristof)

21. 2010년 10월 29일 〈온 더 그라운드〉에 실린 니콜라스 크리스토프 'Answering Readers on DIY Aid' (http://kristof.blogs.nytimes.com/2010/10/29/a—postscript—on—diy—aid/—ref =magazine)

22. 2010년 3월 1일 퓨 인터넷 앤 아메리칸 라이프 프로젝트에 실린 크리스틴 퍼셀,, 리 레이니,, 에이미 미첼, 톰 로젠스틸의 'Understanding the Participatory News Consumer'(http://pewInternet.org/Reports/2010/Online—News.aspx)

23. 엘리후 카츠(Elihu Katz), 폴 라자르펠드(Paul Lazarsfeld) 『Personal Influence』(Glencoe, IL: Free Press, 1955)

24. 『Journal of Computer—Mediated Communication』 12, no. 3 (2007)에 실린 제니퍼 카야하라(Jennifer Kayahara), 배리 웰먼 'Searching for Culture—High and Low'(http://jcmc.indiana.edu/vol12/issue3/kayahara.html)

25. 『Journal of the History of Ideas』 64, no. 1(2003) 11—28페이지에 실린 앤 블레어(Ann Blair) 'Reading Strategies for Coping with Information Overload ca. 1550—1700', 인용문은 11페이지에서 발췌했다.

26. 카야하라, 웰먼 'Searching for Culture' 주석 24번 항목 참조. 데이비드 와인버거 『지식의 미래』(리더스북, 2014)도 참조하라.

27. 팰로우스 'Internet Searchers' 주석 15번 항목 참조

28. 2010년 12월 20일, 마크 서스터(Mark Suster) 'Both Sides of the Table'(http://www.bothsidesofthetable.com/2010/12/20/the—power—of—twitter—in—information—discovery)

29. 리 레이니, 애런 스미스 'The Internet and the Recession'(2009년 7월) (http://www.pewinternet.org/Reports/2009/11—The—Internet—and—the—Recession/3—How—the—internet—and—other—sources—have—helped—people—cope—with—the—recession/1—Americans—have—used—several—sources—of—information—and—advice—in—the—recession.aspx)

30. 메리 매든, 애런 스미스 'Reputation Management and Social Media' 퓨 인터넷 앤 아메리칸 라이프 프로젝트(2010년 5월 26일)(http://www.pewinternet.org/Reports/2010/Reputation—Management.aspx)

31. 그렉 월튼(Greg Walton) 'China's Golden Shield: Corporations and the Development of Surveillance Technology in the People's Republic of China(ttp://www.dd—rd.ca/site/_PDF/publications/

globalization/CGS_ENG.PDF)

32. 중국 정부의 인터넷 정보 서비스 운영에 대한 조치 중 14조(http://www.chinaculture.org/library/2008-02/06/content_23369.htm)

33. 나트 빌뇌브(Nart Villeneuve) 'Breaching Trust: An analysis of surveillance and security practices on China's TOM-Skype platform'(http://www.scribd.com/doc/13712715/Breaching-Trust-An-analysis-of-surveillance-and-security-practices-on-Chinas-TOMSkype-platform)

34. 비즈니스에 이용되는 인터넷 트래킹 기술에 관한 〈월스트리트 저널〉의 'What They Know' 시리즈 보고서(http://online.wsj.com/public/page/what-they-know-digital-privacy.html)

35. 에브게니 모로조프(Evgeny Morozov) 『The Net Delusion: The Dark Side of Internet Freedom』(New York: Public Affairs, 2011) 97페이지

36. 〈월스트리트 저널〉 'What They Know' 주석 34번 항목 참조

37. 〈월스트리트 저널〉 2010년 7월 30일에 실린 줄리아 앵윈(Julia Angwin) 'The Web's New Gold Mine: Your Secrets'(http://online.wsj.com/article/SB10001424052748703940904575395073512989404.html)

38. 『ComputerWorld Canada』 2010년 10월 18일에 실린 린 그레이너(Lynn Greiner) 'The Perils of Social Networking'(http://www.itworldcanada.com/news/the-perils-of-social-networking/141749)

39. PleaseRobMe.com은 "당신의 정보가 모든 곳에 보여지는 것을 원치 않는다면, 과잉 공유는 하지 말라."고 지적한 뒤, 이 체크인을 보여주는 것을 멈추게 했다.

40. '코베일런스(coveillance)'라는 용어는 배리 웰먼이 만든 용어다. 『Surveillance and Society』 1, no. 3 (2003) 331-355페이지에 실린 스티브 만, 제이슨 놀란, 배리 웰먼의 'Sousveillance'를 보라.

41. 『Journal of Computer Mediated Communication』 13 (2008), no. 3, 751-767페이지에 실린 데이비드 웨스터만(David Westerman), 브랜든 반 데르 하이드(Brandon Van Der Heide), 캐서린 클라인(Katherine Klein), 조셉 월터(Joseph Walther)의 'How Do People Really Seek Information about Others?'

42. 2009년 1월 5일 보니 루버그(Bonnie Ruberg) '10 Signs You've Officially Become a Facebook Stalker'(http://www.heartlessdoll.com/2009/01/10_signs_youve_officially_become_a_facebook_stalke.php)

43. Facebook.com 'Facebook Stalking' http://www.facebook.com/pages/Face-book-Stalking-Admit-it-you-do-it/147838687575

44. 매든과 스미스의 'Reputation Management and Social Media' 주석 30번 항목 참조

45. 『Communication Research』 38, no. 1(2010년 12월) 70-100페이지에 실린 제니퍼 깁스, 니콜 엘리슨, 치 후이 라이, 'First Comes Love, Then Comes Google'

46. '수베일런스(sousveillance)'라는 용어는 스티브 만이 만들어 낸 용어다. 만, 놀란, 웰먼의 'Sousveillance' 주석 40번 항목 참조

47. 위키리크스의 미 대사관 보안 케이블 데이터베이스는 다음 링크에서 볼 수 있다. http://wikileaks.org/cablegate.html

48. 〈더 가디언〉 2010년 11월 28일에 실린 로버트 부스(Robert Booth), 줄리안 보거(Julian Borger) 'US Diplomats Spied on UN Leadership'(http://www.guardian.co.uk/world/2010/nov/28/us-embassy-cables-spying-un), 〈위키피디아〉 'Wikileaks' 2011년(http://en.wikipedia.org/wiki/Wikileaks)

49. 주 정치 정치자금에 관한 국가연구소는 1999년에 설립되어 주 차원에서 선거 자금에 대한 정확하고 포괄적이며 편견없는 연구와 자료 수집을 목적으로 한다. http://www.followthemoney.org, 스콧 워커 정보 http://www.followthemoney.org/database/StateGlance/candidate.phtml?c=116585

50. 오픈넷 이니셔티브는 토론토 대학의 시티즌 랩, 하버드 대학의 버크만 센터 포 인터넷 앤 소사이어티와 세크데브 그룹 간의 협동 프로젝트다. http://opennet.net

51. 오픈넷 이니셔티브 리즈널 오버뷰는 다음 링크에서 볼 수 있다. http://opennet.net/research/regions, 2009년 3월 29일인포메이션 워페어 모니터 'Tracking GhostNet: Investigating a Cyber Espionage Network'(http://www.scribd.com/doc/13731776/Tracking-GhostNet-Investigating-a-Cyber-Espionage-Network)

52. 선 마이크로시스템즈 전 CEO 스콧 맥닐리는 1999년에 이미 이렇게 말했다. http://www.wired.com/politics/law/news/1999/01/17538 참조

53. 주커버그가 2010년 1월 〈Crunchie Awards〉에서 한 발언(http://www.computerworld.com/s/article/9143859/Facebook_CEO_Zuckerberg_causes_stir_over_privacy; see also http://crunchies2009.techcrunch.com/about)

54. 데이비드 커크패트릭 『페이스북 이펙트』(에이콘출판사, 2010)

55. 2010년 10월 1일 〈더 애틀랜틱〉에 실린 에릭 슈미츠 인터뷰 'Google's CEO: 'The Laws Are Written By Lobbyists'(http://www.theatlantic.com/technology/archive/2010/10/googles-ceo-the-laws-are-written-by-lobbyists/63908)

56. 2011년 9월 메리 매든, 애런 스미스 'Reputation Management Online'

57. 「First Monday」 15, no. 8 (2010)에 실린 다나 보이드, 에츠테르 하르기타이의 'Facebook Privacy Setting: Who Cares?'(http://firstmonday.org/htbin/cgiwrap/bin/ojs/index.php/fm/article/view/3086/2589)

58. 아만다 렌하트, 메리 매든 'Teens, Privacy, and Online Social Networks' 2007년 4월(http://www.pewInternet.org/Reports/2007/Teens-Privacy-and-Online-Social-Networks/1-Summary-of-Findings.aspx)

59. 「PRism」 7, no. 3(2010)에 실린 브래디 로바츠(Brady Robarts)의 'Randoms in My Bedroom: Negotiating Privacy and UnsolicitedContact on Social Network Sites'(http://www.prismjournal.org/fieadmin/Social_media/Robards.pdf)

60. 주석 59번 항목 참조

10장

1. 10장에 나오는 이름들 중 이 이름만 필명이다.

2. 배리 웰먼의『Networks in the Global Village』(Boulder, CO: Westview Press, 1999) 83–118페이지
    에 실린 배리 웰먼, 밀레나 굴리아(Milena Gulia)의 'A Network Is More Than the Sum of Its Ties: The
    Network Basis of Social Support'

3. 존 클라인버그 'Authoritative Sources in a Hyperlinked Environment'(http://www.cs.cornell.edu/
    home/kleinber/auth.pdf, http://www.cs.cornell.edu/home/kleinber, http://en.wikipedia.org/wiki/
    Jon_Kleinberg)를 참조하라. 데이비드 이즐리(David Easley), 존 클라인버그의 『Networks, Crowds and
    Markets』(Cambridge: Cambridge University Press, 2010)도 보라.

4. 워싱턴 주 레드몬드에서 2009년 2월 26일 열린 마이크로소프트 리서치 테크 페스트 중 다나 보이드
    (danah boyd)의 'Social Media Is Here to Stay. Now What?' 발표(http://www.danah.org/papers/
    talks/MSRTechFest2009.html). 10장에 나오는 모든 보이드 방정식은 이 논문에서 인용했다.

5. 2010년 5월 26일 퓨 인터넷 앤 아메리칸 라이프 프로젝트에 실린 메리 매든, 애론 스미스, 'Reputation
    Management and Social Media'(http://pewinternet.org/Reports/2010/Reputation-Management.
    aspx). 발간되지 않은 데이터는 2011년 5월에 수집한 자료다.

6. 대니얼 솔로브(Daniel Solove) 『The Future of Reputation』(Ann Arbor, MI: Caravan, 2007) 35페이지

7. 마리오 푸조(Mario Puzo)와 프란시스 포드 코폴라(Francis Ford Coppola) 감독의 〈대부〉(Paramount,
    1972) 대본 중

8. 레이 메이 셩, 난 린, 로날드 브레이거의『Contexts of Social Capital』(London: Routledge, 2009) 49–71
    페이지에 실린 로셸 코테(Rochelle Côté), 가브리엘 플리커트(Gabriele Plickert), 배리 웰먼의 'Does the
    Golden Rule, Rule?'

9. 2008년 가을 캘리포니아 대학교 정보대학의 다나 보이드 「Taken Out of Context: American
    Teen Sociality in Networked Publics」 박사논문 172페이지(http://www.danah.org/papers/
    TakenOutOfContext.pdf)

10. 새로운 읽기능력(new literacies)에 대한 큰 틀의 대부분은 2010년 10월, 토론토 대학에서의 하워
    드 라인골드의 '네트워크화 된 읽기능력' 강의에서 비롯되었다. 하워드 라인골드의 『Net Smarts』
    (Cambridge, MA: MIT Press, 2012)와 팸 버거가 그녀의 인포서처 블로그에 게시한 글'Learning in
    the Web 2.0 World'(http://infosearcher.typepad.com/infosearcher/2007/04/learning_in_the.html),
    특히 헨리 젠킨스의 저작 중 케이티 클린튼(Katie Clinton), 라비 푸루숏마(Ravi Purushotma), 앨리스
    로빈슨(Alice J. Robinson), 마가렛 위젤(Margaret Weigel)과 함께한 'Confronting the Challenges of
    Participatory Culture: Media Education for the 21st Century'(http://digitallearning.macfound.org/
    atf/cf/%7B7E45C7E0-A3E0-4B89-AC9C-E807E1B0AE4E%7D/JENKINS_WHITE_PAPER.PDF)를
    참조하라.

11장

1. 크리스티안 비어만(Christian Beermann), 츠사히 하야트(Tsahi Hayat)가 11장을 공동으로 집필했다. 제 시 허쉬(Jesse Hirsh), 이든 릿(Eden Litt), 미첼 루다(Mitchell Ruda), 테레사 센프트(Theresa Senft)와 샤 리타 야르디(Sarita Yardi)가 유용한 조언을 주었다.

2. 아이작 아시모프(Isaac Asimov) 『파운데이션』(황금가지, 2013)

3. 「Science」 279, no. 5357(1998) 1640-1641페이지에 실린 노먼 오거스틴(Norman Augustine) 'What We Don't Know Does Hurt Us'(http://www.sciencemag.org/content/279/5357/1640.full)

4. 닐 스티븐슨(Neal Stephenson) 『스노우 크래쉬』(새와물고기, 1996)

5. 액셀러레이션 연구 재단(2007)에서 발표한 존 스마트(John Smart), 저메이스 카시오(Jamais Cascio), 제 리 파펜도르프(Jerry Paffendorf)의 'The Metaverse Roadmap」(http://metaverseroadmap.org). 이 저 자들은 이것이 '3D 웹 기술, 애플리케이션, 시장 및 잠재적인 사회적 영향력에 대해 10년을 미리 예견하 고 내다본 최초의 공공 설문조사'라고 언급했다.

6. 「Electronics」 38, no. 8(1965년 4월 19일)에 실린 고든 무어 'Cramming More Components onto Integrated Circuits'(http://download.intel.com/research/silicon/moorespaper.pdf)

7. 스마트, 카시오, 파펜도르프 「The Metaverse Roadmap」 주석 5번 항목 참조

8. 「Scientific American」 2005년 8월에 실린 칩 월터(Chip Walter) 'Kryder's Law'(http://www.scientifi camerican.com/article.cfm?id=kryders-law)

9. 스마트, 카시오, 파펜도르프 「The Metaverse Roadmap」 주석 5번 항목 참조

10. 조지 길더(George Gilder) 『텔레코즘』(청림출판, 2004), 제이콥 닐슨 'Nielsen's Law of Internet Bandwidth'(1998년 4월 5일)(http://www.useit.com/alertbox/980405.html), 「The Economist」에 실린 쿠퍼의 법칙: 법칙의 창시자 마티 쿠퍼의 이야기 '모바일 폰의 아버지'(2009년 6월 4일)(http://www. economist.com/node/13725793?story_id=13725793)

11. 〈PCWorld〉 2011년 4월 19일에 실린 새라 제이콥슨 퓨어월(Sarah Jacobsson Purewal) 'Dropbox Will Hand Over Your Files to the Feds If Asked'(http://www.pcworld.com/article/225549/dropbox_will_ hand_over_your_files_to_the_feds_if_asked.html)

12. 위키피디아 'Technologies in 〈Minority Report〉' 2011년 4월 20일 접속, 2011년 3월 5일 업데이트, http://en.wikipedia.org/wiki/Technologies_in_Minority_Report

13. 「Scientific American」 9월호(1991) 66-75페이지에 실린 마크 와이저(Mark Weiser)의 'The Computer of the 21st Century', 애덤 그린필드(Adam Greenfield)의 『Everyware』(Indianapolis: New Riders, 2006)

14. 마이크로소프트 'Welcome to Surface 2.0'(2011)(http://www.microsoft.com/surface/en/us/default. aspx)

15. 줄리안 블릭너(Julian Bleeckner) 『A Manifesto for Networked Objects』(Cambridge, MA: MIT Press, 2006) 4페이지

16. 「뉴욕 타임즈」 2007년 11월 5일에 실린 존 마코프 'Crashes and Traffic Jams in Military Test of Robotic Vehicles'(http://www.nytimes.com/2007/11/05/technology/05robot.htm?adxnnl=1 & adxnnlx=1303431109-jXXebZtwobwVBjOs1dOsMw), 바이런 스파이스(Byron Spice)와 앤 와츠먼(Anne Watzman) 'Carnegie Mellon Tartan Racing Wins $2 Million DARPA Urban Challenge' 카네기 멜론 대학, 2007년 11월 4일(http://www.cmu.edu/news/archive/2007/November/nov4_tartanracingwins.shtml)

17. 마이애미 나이트(Knight) 재단(2011) 다이애나 시어스(Diana Scearce) 'Connected Citizens', 스티븐 솔먼, 피터 셰인의 「Connecting Democrary」(Cambridge, MA: MIT Press, 2012)

18. 그리고리스 안토니우(Grigoris Antoniou), 프랑크 반 할머른(Frank van Harmelen) 「A Semantic Web Primer, 2nd ed.」(Cambridge, MA: MIT Press, 2008)

19. 시맨틱 웹에 관한 논의는 재나 앤더슨과 리 레이니의 'The Fate of the Semantic Web'(2010년 5월)(http://pewinternet.org/Reports/2010/Semantic-Web/Overview.aspx?r=1)과 리 레이니와 제나 앤더슨의 'The Future of the Internet III'(2008년 12월)(http://www.pewinternet.org/reports/2008/the-future-of-the-internet-iii.aspx)에서 볼 수 있다.

20. 2011년 4월 12일 「London Telegraph」에 실린 로빈 앱(Robin Yapp) 'Brazilian Police to Use 'Robocop-Style' Glasses at World Cup'(http://www.telegraph.co.uk/news/worldnews/southamerica/brazil/8446088/Brazilian-police-to-use-Robocop-style-glasses-at-World-Cup.html)

21. 매셔블닷컴(Mashable.com)에 2009년 실린 에이미 메이 엘리엇(Amy-Mae Elliott) '10 Amazing Augmented Reality iPhone Apps'(http://mashable.com/2009/12/05/augmented-reality-iphone', 40 Best Augmented Reality iPhone Applications' iPhoneness.com, http://www.iphoneness.com/iphone-apps/best-augmented-reality-iphone-applications)

22. 구글 'Annotating Google Earth' 구글 어스 아웃리치(http://earth.google.com/outreach/tutorial_annotate.html)

23. 하워드 라인골드 「참여군중」(황금가지, 2003)

24. 스마트, 카시오, 파펜도르프 「The Metaverse Roadmap」 9페이지, 주석 5번 항목 참조

25. 데이비드 겔런터(David Gelernter) 「Mirror Worlds」(New York: Oxford University Press, 1992)

26. 보니 나르디(Bonnie Nardi) 「My Life as a Night Elf Priest」(Ann Arbor: University of Michigan Press, 2010)

27. 스티븐슨 「스노우 크래쉬」 35-36페이지, 주석 4번 항목 참조

28. 마이클 리마스제우스키(Michael Rymaszewski) 「Second Life: The Official Guide」(New York: Sybex, 2008), 스마트, 카시오, 파펜도르프 「The Metaverse Roadmap」 7 페이지, 주석 5번 항목 참조

29. 타테루 니노(Tateru Nino) 'Second Life Statistical Charts'(2011))http://dwellonit.taterunino.net/sl-statistical-charts)

30. 아이작 아시모프 『벌거벗은 태양』(고려원, 1992)

31. 'Inside Facebook' 사이트에 2010년 실린 조쉬 콘스틴(Josh Constine)의 'Facebook Announces Friendship Pages That Show Friends' Mutual Content'(http://www.insidefacebook.com/2010/10/28/friendship-pages-mutual-content)

32. 스마트, 카시오, 파펜도르프 「The Metaverse Roadmap」 주석 5번 항목 참조

33. 「IEEE Intelligent Systems」 16, no. 3 (2001) 10-15페이지에 실린 스티브 만 'Wearable Computing'

34. 테레사 센프트(Theresa Senft) 『Cam Girls』(New York: Peter Lang, 2008) 1페이지

35. 테레사 센프트 'Fame to Fifteen: My Talk for TED'(2010)(http://tsenft.livejournal.com/412814.html)

36. 피트빗(FitBit) 'About the Fitbit' Fitbit.com(2010)(http://www.fitbit.com/product), 「MIT Technology Review」 2008년 9월 10일 실린 케이트 그린(Kate Green)의 'Self Surveillance' (http://www.technologyreview.com/communications/21361/page1)

37. 2010년 11월 30일 네덜란드 틸버그 대학의 틸버그 법률, 기술 및 사회학 연구소 아놀드 로센달(Arnold Roosendaal) 'Facebook Tracks and Traces Everyone: Like This!'(http://papers.ssrn.com/sol3/papers.cfm?abstract_id=1717563)을 참조하라.

38. 저스틴 유, 공동 저자인 웰먼에게 2011년 4월 19일 보낸 이메일 메시지

39. 「뉴욕 타임즈」(2011년 4월 20일)에 실린 닉 빌튼(Nick Bilton) 'Tracking File Found in iPhones'(http://www.nytimes.com/2011/04/21/business/21data.html?_r=2)

40. 「The Atlantic Monthly」(1945년 7월) 101-108페이지에 실린 바네바 부시의 'As We May Think'. 인용구는 106페이지에서 발췌했다.

41. 고든 벨, 짐 겜멜 『디지털 혁명의 미래』(청림출판, 2010). 인용구는 원서 218페이지에서 발췌했다. 네트워크화된 마이크로 센서가 퍼져있는 세계에 대한 덜 긍정적인 시각에 대해서는 닐 스티븐슨의 SF 소설 『다이아몬드 시대』(시공사, 2003)를 보라.

42. 'TAGlab[Techniques for Aging Gracefully]'(2011) 로날드 배커와 그의 학파의 'Digital Life Histories' (http://taglab.utoronto.ca/projects/digital-life-history)

43. 제프리 로슨(Jeffrey Rosen) 『The Unwanted Gaze』(New York: Knopf, 2001)

44. 일렉트로닉 프론티어 재단(2011년 4월 14일)에서 레이니 라이트만(Rainey Reitman) 'Well-Meaning 'Privacy Bill of Rights' Wouldn't Stop OnlineTracking'(http://www.eff.org/deeplinks/2011/04/well-meaning-privacy-bill-rights-could-codify)

45. 2011년 4월 20일 〈연합 통신〉에 실린 키어런 질스(Ciaran Giles) 'Internet' 'Right to be Forgotten Debate Hits Spain'(http://www.boston.com/news/world/europe/articles/2011/04/20/internet_right_to_be_forgotten_debate_hits_spain)

46. 로날드 데이버트(Ronald Deibert), 존 팔프리(John Palfrey), 라팔 로호진스키(Rafal Rohozinski), 조너선 지트레인(Jonathan Zittrain) 『Access Denied』(Cambridge, MA: MIT Press, 2008)

47. 이 널리 알려진 문구는 획기적인 잡지 「Whole Earth Catalog」의 편집자인 스튜워트 브랜드(Stewart

Brand) 덕이다. 2003년 5월 펜실베이니아 대학 로스쿨의 포크 바그너(R. Polk Wagner)의 'Information Wants to Be Free'(http://www.law.upenn.edu/fac/pwagner/wagner.control.pdf)를 참조하라.

48. 2011년 1월 28일 〈워싱턴 타임즈〉에 실린 조던 로빈슨 'The Day Part of the Internet Died'(http://www.washingtontimes.com/news/2011/jan/28/day-part-internet-died-egypt-goes-dark)

49. 2010년 9월 2일 〈Economist〉 75-77페이지에 실린 'The Future of the Internet: A Virtual Counter-Revolution'(http://www.economist.com/node/16941635?story_id=16941635 & fsrc=rss)

50. 위키피디아 'List of Websites Blocked in the People's Republic of China' 2011년 4월 20일 접속, 2011일 4월 20일 업데이트, 0758 UTC(http://en.wikipedia.org/wiki/List_of_websites_blocked_in_the_People%27s_Republic_of_China#Other_websites)

51. 2007년 11월 12일 일렉트로닉 프론티어 재단 'AT & T's Role in Dragnet Surveillance of Millions of Its Customers'(http://www.eff.org/files/filenode/att/presskit/ATT_onepager.pdf)

52. 로날드 데이버트, 존 팔프리, 라팔 로호진스키, 조너선 지트레인 『Access Controlled 』(Cambridge, MA: MIT Press, 2010), 〈The Economist〉 주석 49번 항목 참조

53. 엘리 패리저(Eli Pariser) 『생각 조종자들』(알키, 2011)

54. 2011년 4월 20일 'Read-WriteWeb' 사이트에 실린 댄 로윈스키(Dan Rowinski) 'Wave of the Future: Trusted Identities in Cyberspace'(http://www.readwriteweb.com/archives/wave_of_the_future_trusted_identities_in_cyberspac.php)

55. 윌리엄 미첼(William Mitchell)의 『Me ++』(Cambridge, MA: MIT Press, 2003)에 영감을 받아 머릿글을 작성했다.

56. 『Urban Affairs Quarterly』 14(1979) 363-390페이지에 실린 배리 웰먼, 배리 레이턴 'Networks, Neighborhoods, and Communities', 피터 몽주, 노시르 콘트랙터 『Theories of Communication Networks』(New York: Oxford University Press, 2003)

57. 웰즈(H. G. Wells)의 영화 〈다가올 세상〉(United Artists, 1936), 테리 헤이즈, 조지 밀러, 브라이언 한난트, 〈매드 맥스 2: 로드 워리어〉(Warner Bros., 1981), 제임스 카메론, 게일 앤 허드, 윌리암 위셔 주니어의 〈터미네이터〉(Orion, 1984), 조지 로메로의 〈랜드 오브 데드〉(Universal, 2005), 게리 휘타의 〈일라이〉(Warner Bros., 2010)

58. 월터 밀러(Walter B. Miller) 『리보위츠를 위한 찬송』(시공사, 2000), 도리스 레싱 『생존자의 회고록』(황금가지, 2007), 마가렛 애트우드 『홍수』(민음사, 2012)

59. 루이스 멈포드(Lewis Mumford)는 『The City in History』(New York: Harcourt, Brace, 1961)에서 성벽으로 둘러싸인 도시로의 변화를 요약했다. 『Sociological Inquiry』 43(1973) 209-240페이지에 실린 향토주의의 조건에 대한 고전적인 기사는 찰스 틸리의 'Do Communities Act?'이다. 도시 주변의 갱 조직 관리에 관하여 수디르 벤카테시의 『괴짜 사회학』(김영사, 2009)에 탁월한 해석이 들어있다.

60. '버즈머신'에 2007년 11월 28일 기고된 제프 자비스(Jeff Jarvis)의 'Friends Forever'(http://www.buzzmachine.com/2007/11/28/friends-forever-the-advantages-of-publicness)

찾아보기

비즈니스 미투데이

미투데이와 함께하는 소셜미디어 마케팅 실전 가이드

이주형, 김라희, 김수진 지음
9788960771611 | 140페이지 | 2010-11-08 | 9,500원

국내 환경에 최적화된 소셜미디어 미투데이(me2day.net)와 함께 스트레스 없이 소
셜미디어 마케팅을 마스터하는 실전 가이드! 유형별로 골라 보는 베스트 활용 가이
드와 파워 활용 팁은 물론 삼성전자부터 YG엔터테인먼트까지 다양한 성공사례를
소개한다.

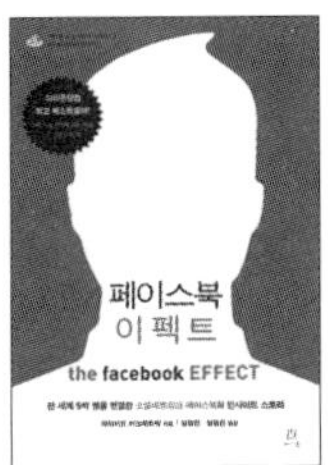

페이스북 이펙트

전 세계 5억 명을 연결한 소셜네트워크 페이스북의 인사이드 스토리

데이비드 커크패트릭 지음 | 임정민, 임정진 옮김
9788960771635 | 524페이지 | 2010-11-25 | 17,900원

「포브스」지 선정 2010년 부자 순위 35위로 전 세계 최연소 억만장자 기록, 전 세계 6억
명에 달하는 사용자, 650억 달러의 시장 가치를 평가 받는 페이스북(facebook). 이제는
인류의 일상생활을 지배하는 막강 미디어로 떠오른 페이스북의 최대 주주이자 창업자
마크 주커버그. 지구촌을 열광시키고 온 세상을 하나로 묶는 신화를 이룩한 하버드 천
재의 꿈과 이상, 페이스북 성공의 인사이드 스토리, 그 생생한 실화가 이제 펼쳐진다.

인게이지

ENGAGE! 기업 브랜드가 살아남기 위한 소셜미디어 마케팅 가이드

브라이언 솔리스 지음 | 이주만 옮김
9788960771840 | 560페이지 | 2011-02-28 | 25,000원

기업이 소비자에게 브랜드에 대해 설명하던 시대는 가고, 이제는 소비자가 기업 브랜
드에 대해 말하는 새로운 마케팅과 커뮤니케이션 혁명의 시대가 도래했다. 기업은 소
셜미디어 마케팅에 참여하고 소비자의 이야기를 이끌어내야 한다. PR2.0의 대가이자
저명한 소셜미디어 전문가 브라이언 솔리스가 알려주는 뉴미디어 시대 기업 브랜드의
생존 전략 프로젝트 완벽 가이드.

인바운드 마케팅

Inbound Marketing 고객 참여를 유도하는 소셜미디어 마케팅 패러다임

브라이언 핼리건, 다메쉬 샤 지음 | 최윤석 옮김
9788960771871 | 244페이지 | 2011-03-11 | 18,500원

DM이나 광고로 고객에게 간섭하기보다, 소셜미디어나 블로그 등을 이용해 고객의 참
여를 유도하고, 고객이 검색 결과를 통해 회사를 발견할 수 있는 새로운 마케팅 기법을
소개하는 책이다. '리마커블'한 컨텐츠를 만들어서 SEO, 소셜미디어, 블로그에서 유통
한 후, 성과를 분석하는 법에 이르기까지, 실제 사례와 함께 간단히 소화할 수 있는 분
량으로 설명한다.

페이스북 비즈니스

고객과 친구가 되는 페이스북 마케팅 가이드

저스틴 R. 레비 지음 | 콜레오마케팅그룹, 조은경, 김라희 옮김
9788960771932 | 264페이지 | 2011-04-25 | 18,000원

마케팅 실무자를 위한 실전 페이스북 마케팅 가이드! 저자는 자신의 실제 경험을 바탕으로 기업 페이스북이 고객을 만나고 이를 수익으로 연결하는 전략을 전수한다. 페이스북의 다양한 기능과 모범 사례, 애플리케이션, 페이스북 광고 등을 단계별로 살펴보다 보면 어느새 여러분의 머릿속에 자신만의 페이스북 전략이 자리 잡고 있음을 알게 될 것이다.

프리젠테이션, 소셜네트워크를 만나다

백채널 Backchannel

클리프 앳킨슨 지음 | 정진호 옮김
9788960771994 | 240페이지 | 2011-05-25 | 18,000원

백채널은 발표가 진행되는 동안 청중이 만들어가는 소통 채널을 말한다. 청중은 이제 더 이상 얌전히 앉아 발표자의 이야기에만 귀 기울이지 않는다. 노트북, 스마트폰 등 자신들의 무기를 이용해 소셜네트워크를 활용해 발표자의 이야기를 검증하고 공유하며 새로운 소통 채널을 만들어간다. 인터넷의 발달로 이 소통 채널은 발표장 안에만 머무르지 않는다. 발표자는 백채널의 존재를 인정하고 이를 긍정적으로 이용할 수 있는 지혜가 필요하다.

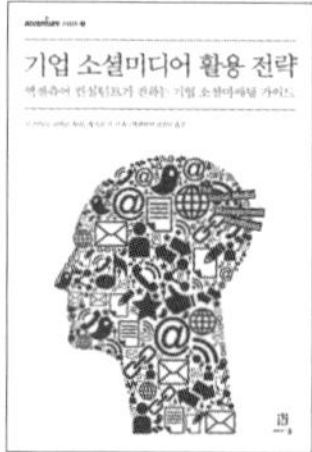

기업 소셜미디어 활용 전략

액센츄어 컨설턴트가 전하는 기업 소셜마케팅 가이드

닉 스미스, 로버트 윌런, 캐서린 주 지음 | 액센츄어 코리아 옮김
9788960771888 | 460페이지 | 2011-11-15 | 20,000원

정치, 사회, 문화, 비즈니스 모든 분야에서 혁신과 열풍을 일으키고 있는 소셜미디어. 이제 소셜미디어 활용은 기업의 선택이 아니라 필수인 시대가 열렸다. 투명하게 열린 소셜네트워크 세상에서 생존해야 하는 대기업, 중소기업, 비영리 단체, 정치권 등 모든 조직을 위한 필독서! 소셜미디어를 제대로 활용하기 위해 꼭 알아야 할 모든 것이 이 한 권에 담겨 있다!

소셜미디어 ROI

올리비에 블랜차드 지음 | inmD 옮김
9788960772496 | 408페이지 | 2011-11-30 | 18,500원

소셜미디어를 활용해 고객과 소통을 원하는 기업이 목표를 명확히 설정하고 달성할 수 있게 하기 위한 마케팅 바이블이다. 저자는 이 책을 통해 소셜미디어의 성공적인 임무 완성을 위한 전략, 계획, 실행, 측정, 분석, 최적화의 방법을 제시한다. 원하는 ROI(투자대비효과)가 재무적이든 비재무적이든 간에, 소셜미디어 확산으로 인한 기업의 위기관리 능력을 확립하고 매력적인 기업매체로서 고객들과 소통할 수 있는 구조와 프로그램이 무엇인지에 대한 혜안을 제시할 것이다.

(개정판) 소셜노믹스

세상을 바꾼 SNS 혁명

에릭 퀄먼 지음 | inmD 옮김
9788960772540 | 440페이지 | 2012-01-02 | 18,500원

소셜미디어가 기업에 미치는 영향을 날카롭게 분석한 저자 에릭 퀄먼과 함께, 세일즈를 높이기 위한 소셜미디어의 영향력 진단, 마케팅 비용 절감, 소비자와의 직접 소통 방법에 관해 통찰함으로써 소셜미디어 세계에서 방향을 잃지 않고 올바른 길을 찾아갈 나침반으로 삼아보자.

START! 링크드인 LinkedIn

세계로 향하는 개인과 기업의 필수 비즈니스 SNS 가이드

이정주 지음
9788960772915 | 200페이지 | 2012-03-30 | 16,500원

꿈의 직장에 들어가고 싶은가? 해외 비즈니스 파트너를 손쉽게 만나고 싶은가? 글로벌 시장 진출을 위해 SNS마케팅을 준비하고 있는가? 전 세계 유명 기업인들과 인맥을 맺고 비즈니스를 확장하고 싶은가? 링크드인(LinkedIn)은 자신의 경험과 인맥의 효용을 극대화해 비즈니스 목표를 달성하게 해주는 세계 최대 글로벌 비즈니스 SNS다. 이 책은 개인 학생 · 직장인)이든 기업(1인기업 · 중소기업 · 대기업)이든 비즈니스를 무기로 세계로 뻗어나가고 싶은 사람을 위한 링크드인 실전 활용 가이드다.

GROUPED 세상을 연결하는 관계의 비밀

마케터가 꼭 알아야 할 소셜 웹의 숨은 영향력, 그룹의 특성 탐구

폴 아담스 지음 | 이지선 옮김
9788960773264 | 252페이지 | 2012-07-23 | 18,500원

이 책은 사람들 간의 소규모 그룹들이 소셜 웹에서 어떻게 형성되고, 어떻게 영향력을 확보하는지, 어떤 관계를 맺는지 등에 대해 상세하게 설명해준다. 이 책이 소셜 웹을 설명하는 방식은 더 이상 '신기술'의 영역으로 접근하지 않는다. 대신 사회학적인, 그리고 집단 심리학적인 측면에서 친구 그룹, 즉 소비자의 행동을 해석한다. 미디어의 발전 과정이 궁금하거나 커뮤니케이션에 관심이 있는 사람들, 그리고 시장에서 소비자의 관심 끌기에 노력하는 마케터들이 꼭 읽어야 할 필독서.

소셜 시대 입소문 전자상거래 전략 PRE-COMMERCE

밥 피어슨 지음 | 김익현 옮김
9788960773875 | 392페이지 | 2013-01-23 | 24,000원

이 책에서는 소셜미디어 채널 이용이 폭발적으로 늘어나면서 고객들의 구매 결정과 교육 방법, 그리고 특정 브랜드를 선택하는 이유가 어떻게 근본적으로 달라지고 있는지를 설명해준다. 또한 기업들이 고객, 직원, 그리고 경쟁자들과 상호작용하고, 뭔가를 배우는 방식을 재창조해야 한다는 점도 보여준다. 저자인 밥 피어슨은 델의 글로벌 소셜미디어 팀장과 「포춘」 1,000대 기업을 상대로 컨설턴트로 일할 당시 행한 수많은 영향력 있는 최고 임원들과의 독점 인터뷰와 일화를 이 책에 실었다.

구글 플러스를 활용한 소셜 비즈니스 마케팅

Google+ for Business

크리스 브로건 지음 | 김익현 옮김
9788960774841 | 320페이지 | 2013-10-23 | 19,800원

기업 소셜미디어, 어떻게 하면 제대로 운영할 수 있을까. 이 책은 이와 같은 문제의식을 갖고 있는 사람들에게 큰 도움이 되는 책이다. 저자는 구글 플러스 활용법을 설명하기보다는, 바탕에 깔려 있는 근본 원리 쪽에 초점을 맞춘다. 소셜미디어라는 공통분모를 출발점 삼아 비즈니스에서 어떻게 활용할 수 있을지에 대해 설명한다.

디지털 컨슈머 & 마케팅 전략

조봉수 지음 | 9788960775428 | 264페이지 | 2014-03-31 | 19,800원

인간과 디지털 그리고 마케팅에 대해 본연적인 질문을 던진다. 디지털의 내재된 속성과 그 안에서 이루어지는 인간의 구매행동 변화, 그리고 이로 인해 나타나는 마케팅의 변화 발전에 대해 깊이 고민하게 만드는 책이다. 단순한 현상이 아니라 디지털과 인간의 내면을 탐구하고, 디지털 시대의 고객 집단인 디지털 컨슈머(Digital Consumer)를 위한 새로운 마케팅 전략에 관한 커다란 흐름에 눈을 뜨게 해 준다.

한상기의 소셜 미디어 특강

한상기 지음 | 9788960775701 | 488페이지 | 2014-06-27 | 28,000원

문화체육관광부가 주최한 "2014년 세종도서 교양부문" 선정도서

소셜미디어의 발전사와 사회적 가치, 그리고 미래까지 전망한 소셜미디어의 바이블과도 같은 책! 학계의 방대한 연구조사와 업계의 치밀한 데이터 분석 결과를 바탕으로 소셜미디어의 태동과 역사를 정리하고, 국내외 유명 소셜미디어 서비스의 성공과 실패요인을 분석해보며, 각종 소셜미디어의 사회적 이슈와 논점 등을 깊이 있게 살펴본다. 또한 소셜미디어 사회를 넘어 미래의 초연결 사회, 사물인터넷 사회에서 우리가 준비해야 할 자세는 무엇인지 정리해본다.

새로운 사회 운영 시스템

네트워크화된 개인주의Networked Individualism가 지배하는
디지털 세상의 현재와 미래

리 레이니, 배리 웰먼 지음 | 김수정 옮김
9788960776234 | 524페이지 | 2015-01-02 | 25,800원

이 책의 저자인 리 레이니와 배리 웰먼은 '3대 혁명', 즉 '소셜 네트워크의 탄생, 개인의 능력을 증폭시킨 인터넷의 역량, 모바일 기기를 통한 상시 온라인 접속'이 지금의 변화를 불러일으켰다고 말한다. 여러 영역에 걸친 사례들을 내보이며, 네트워크화된 개인주의가 어떻게 개인이 가정과 이웃을 넘어 관계를 확장시키고, 수직적인 업무 관계에서 탈피하며, 팀을 중심으로 한 기업 조직을 만들고, 개인들이 컨텐츠를 생성하고 공유하며, 사람들이 정보를 취득하는 방식을 발전시켰는지에 대해 설명한다.

에이콘출판의 기틀을 마련하신 故 정완재 선생님 (1935-2004)

새로운 사회 운영 시스템

네트워크화된 개인주의Networked Individualism가 지배하는
디지털 세상의 현재와 미래

인 쇄 | 2014년 12월 23일
발 행 | 2015년 1월 2일

지은이 | 리 레이니, 배리 웰먼 지음
옮긴이 | 김 수 정

펴낸이 | 권 성 준
엮은이 | 김 희 정
          공 지 해
표지 디자인 | 그린애플
본문 디자인 | 선우숙영

인 쇄 | (주)갑우문화사
용 지 | 다올페이퍼

에이콘출판주식회사
경기도 의왕시 계원대학로 38 (내손동 757-3) (437-836)
전화 02-2653-7600, 팩스 02-2653-0433
www.acornpub.co.kr / editor@acornpub.co.kr

Copyright ⓒ 에이콘출판주식회사, 2015, Printed in Korea.
ISBN 978-89-6077-623-4
ISBN 978-89-6077-111-6 (세트)
http://www.acornpub.co.kr/book/networked

이 도서의 국립중앙도서관 출판시도서목록(CIP)은 서지정보유통지원시스템 홈페이지(http://seoji.nl.go.kr)와
국가자료공동목록시스템(http://www.nl.go.kr/kolisnet)에서 이용하실 수 있습니다.
(CIP제어번호: CIP2014032389)

책값은 뒤표지에 있습니다.